史记

文/白/对/照

(西汉)司马迁○撰
中华文化讲堂○译

四

中国华侨出版社

列传（二）

季布栾布列传第四十

　　季布者，楚人也。为气任侠，有名于楚。项籍使将兵，数窘汉王。及项羽灭，高祖购求布千金，敢有舍匿，罪及三族。季布匿濮阳周氏。周氏曰："汉购将军急，迹且至臣家，将军能听臣，臣敢献计；即不能，愿先自刭。"季布许之。乃髡钳季布，衣褐衣，置广柳车中，并与其家僮数十人，之鲁朱家所卖之。朱家心知是季布，乃买而置之田。诫其子曰："田事听此奴，必与同食。"朱家乃乘轺车之洛阳，见汝阴侯滕公。滕公留朱家饮数日。因谓滕公曰："季布何大罪，而上求之急也？"滕公曰："布数为项羽窘上，上怨之，故必欲得之。"朱家曰："君视季布何如人也？"曰："贤者也。"朱家曰："臣各为其主用，季布为项籍用，职耳。项氏臣可尽诛邪？今上始得天下，独以己之私怨求一人，何示天下之不广也！且以季布之贤而汉求之急如此，此不北走胡即南走越耳。夫忌壮士以资敌国，此伍子胥所以鞭荆平王之墓也。君何不从容为上言邪？"汝阴侯滕公心知朱家大侠，意季布匿其所，乃许曰："诺。"待间，果言如朱家指。上乃赦季布。当是时，诸公皆多季布能摧刚为柔，朱家亦以此名闻当世。季布召见，谢，上拜为郎中。

　　孝惠时，为中郎将。单于尝为书嫚吕后，不逊，吕后大怒，召诸将议之。上将军樊哙曰："臣愿得十万众，横行匈奴中。"诸将皆阿吕后意，曰"然"。季布曰："樊哙可斩也！夫高帝将兵四十余万

季布是楚国人,为人爱打抱不平,急人之难,在楚地名气很大。项羽曾让他率领军队与汉王刘邦作战,多次使汉王陷于困境。等到项羽被打败以后,高祖悬赏千金捉拿季布,并且下令说胆敢窝藏的,连坐三族。季布就躲到濮阳一个姓周的人家里面,周氏说:"朝廷急切地悬赏捉拿你,很快就要追查到我家来了。将军如果相信我,我愿意替你出个计策;如果不能,我情愿先死在你面前。"季布答应了。于是周氏给季布剃去头发,脖子套上铁锁,换上粗布衣服,让他坐进运棺材的车里,和周家的数十名家僮一起卖给鲁县的朱家。朱家知道是季布,就把他买了下来,将他安排到田里去干农活,并告诫他的儿子说:"田里的事情听由这个家奴自己去做,你一定要和他吃同样的饭,不可以怠慢他。"随后朱家又乘轻便的马车到洛阳,拜见汝阴侯滕公。滕公邀请他一起喝了几天的酒,朱家乘着酒宴的机会对滕公说:"季布到底犯了什么大罪,让皇上这么急迫地追捕他?"滕公说:"季布多次替项羽出谋,把皇上逼入困境,皇上因此十分怨恨,所以一定要捉到他才肯善罢甘休。"朱家说:"您认为季布是个什么样的人呢?"滕公说:"他是个贤能的人。"朱家说:"臣子各自替自己的主子尽力,季布替项羽出谋划策,这只是他的职责而已。项羽的臣子难道就要统统斩尽杀光吗?如今皇上刚刚得到天下,仅仅为了自己的私仇而四处搜捕一个人,这是要向天下人显示自己器量狭小啊!况且像季布这样贤能的人而汉朝搜捕却如此急迫,这样一来,他不是向北逃往匈奴,就是向南逃往越地。这种嫉恨壮士而逼着他被迫去辅佐敌国的行为,就是伍子胥对楚平王掘墓鞭尸的缘故。您为什么不找个机会劝劝皇上呢?"汝阴侯滕公心里知道朱家是一位大侠,料到季布一定躲藏在他家里,就答应说:"好。"等到有了机会,滕公果然按照朱家的意思向皇上进言劝谏,皇上于是就把季布赦免了。那时候,大家都赞赏季布能变刚为柔,朱家也因此而闻名于当世。后来季布被皇上召见,他向皇上谢罪,并感激皇上赦免了他,而皇上任命他为郎中。

孝惠帝的时候,季布担任中郎将的官职。匈奴的单于曾经写信侮辱吕后,对吕后出言不逊。吕后大怒,就召集了众将领,一起来商讨这件事。上将军樊哙说:"臣愿意率领十万人马,横扫匈奴境内。"在场的将领们都想迎合吕后的心意,就一齐说"好"。季布说:"樊哙真该杀!当年,高祖带兵四十多万人,尚

众，困于平城，今哙奈何以十万众横行匈奴中，面欺！且秦以事于胡，陈胜等起。于今创痍未瘳，哙又面谀，欲摇动天下。"是时殿上皆恐，太后罢朝，遂不复议击匈奴事。

季布为河东守，孝文时，人有言其贤者，孝文召，欲以为御史大夫。复有言其勇，使酒难近。至，留邸一月，见罢。季布因进曰："臣无功窃宠，待罪河东。陛下无故召臣，此人必有以臣欺陛下者；今臣至，无所受事，罢去，此人必有以毁臣者。夫陛下以一人之誉而召臣，一人之毁而去臣，臣恐天下有识闻之有以窥陛下也。"上默然惭，良久曰："河东吾股肱郡，故特召君耳。"布辞之官。

楚人曹丘生，辩士，数招权顾金钱。事贵人赵同等，与窦长君善。季布闻之，寄书谏窦长君曰："吾闻曹丘生非长者，勿与通。"及曹丘生归，欲得书请季布。窦长君曰："季将军不说足下，足下无往。"固请书，遂行。使人先发书，季布果大怒，待曹丘。曹丘至，即揖季布曰："楚人谚曰'得黄金百，不如得季布一诺'，足下何以得此声于梁楚间哉？且仆楚人，足下亦楚人也。仆游扬足下之名于天下，顾不重邪？何足下距仆之深也！"季布乃大说，引入，留数月，为上客，厚送之。季布名所以益闻者，曹丘扬之也。

季布弟季心，气盖关中，遇人恭谨，为任侠，方数千里，士皆争为之死。尝杀人，亡之吴，从袁丝匿。长事袁丝，弟畜灌夫、籍福之属。尝为中司马，中尉郅都不敢不加礼。少年多时时窃籍其名以行。当是时，季心以勇，布以诺，著闻关中。

且被匈奴围困在平城，现在樊哙怎么可能凭十万兵力就在匈奴境内横冲直撞呢？真是当面撒谎！况且秦朝正是因为对胡人用兵，才引起陈胜等人的暴动。如今战争的创伤还没有恢复过来，樊哙又当面阿谀逢迎太后，是企图使天下陷于动荡不安的状态啊。"这时殿上的大臣听了都非常惊恐，太后也就退朝，从此不再商议征伐匈奴的事了。

季布担任河东郡守。孝文帝的时候，有人推荐说他很贤能，孝文帝就召见他，想任用他做御史大夫。后来又有人说他很勇敢，但爱喝酒使性子，令人难以亲近。季布到了京城，在客馆里住了一个月，文帝见过后就不理他了，让他继续回原郡。季布因此向皇上进言说："我无功而受宠，得以在河东担任郡守。陛下平白无故地召见我，这一定是有人妄誉我而欺骗陛下。现在我到了京城，却又没有什么事情，就这样让我回去，一定是有人在陛下面前诽谤我。陛下因为一个人的称赞便召见我，又因为一个人的诋毁便让我回去，我担心天下有识之士听说了这件事，就会由此看出您为人处事的深浅来了。"皇上听了默不作声，心中感到很惭愧，过了好一会儿才说："河东是朝廷最重要的郡，如同大腿和胳膊一般，所以才特地召见你啊。"季布便告辞，又回到河东郡守的任上。

楚人曹丘生，是一个能言善辩的人，多次用金钱巴结权贵。他曾经侍奉过权贵赵同等人，与窦长君的交情很好。季布知道了这件事，便给窦长君写了一封信劝他道："我听说曹丘生不是个有德行的人，您不要和他来往才好。"等到曹丘生回去时，想要窦长君写封介绍信，介绍他去见季布。窦长君说："季将军不喜欢你，你还是不要去了。"曹丘生坚决要求，最后得到了，于是拿着信去了。曹先派人给季布送介绍信，季布看了果然大为愤怒，等着曹丘生到来。曹丘生到了，马上向季布长揖行礼说："楚人有句谚语说'得到黄金百金，不如得到季布您的一句允诺'，您怎么能在梁、楚一带获得这么好的名声呢？况且我是楚国人，您也是楚国人。我周游天下到处宣扬您的大名，难道对您还不重要吗？您何必如此坚决地拒绝我呢？"季布听了于是十分高兴，把他请了进来，留住了几个月，待为贵宾，走的时候又送他一份厚礼。季布的名声后来之所以更大，都是曹丘生替他宣扬的。

季布的弟弟季心，勇气和胆略在关中享有盛名。他待人恭敬又谨慎，行侠仗义，好打抱不平，方圆数千里的士人都争着为他尽力效死。有一次季心杀了人，逃到吴国，躲在袁丝的家里。他以服侍长辈的礼节侍奉袁丝，对待灌夫、籍福等人就像对待弟弟一样地照顾有加。他曾经担任中尉下属司马的官职，中尉郅都对他以礼相待。很多年轻人常常借着他的名义在外面行事。那个时候，季心以他的勇敢而出名，季布以他的守信而出名，季氏兄弟闻名于关中。

季布母弟丁公，为楚将。丁公为项羽逐窘高祖彭城西，短兵接，高祖急，顾丁公曰："两贤岂相戹哉！"于是丁公引兵而还，汉王遂解去。及项王灭，丁公谒见高祖。高祖以丁公徇军中，曰："丁公为项王臣不忠，使项王失天下者，乃丁公也。"遂斩丁公，曰："使后世为人臣者无效丁公！"

栾布者，梁人也。始梁王彭越为家人时，尝与布游。穷困，赁佣于齐，为酒人保。数岁，彭越去之巨野中为盗，而布为人所略卖，为奴于燕。为其家主报仇，燕将臧荼举以为都尉。臧荼后为燕王，以布为将。及臧荼反，汉击燕，虏布。梁王彭越闻之，乃言上，请赎布以为梁大夫。

使于齐，未还，汉召彭越，责以谋反，夷三族。已而枭彭越头于雒阳下，诏曰："有敢收视者，辄捕之。"布从齐还，奏事彭越头下，祠而哭之。吏捕布以闻。上召布，骂曰："若与彭越反邪？吾禁人勿收，若独祠而哭之，与越反明矣。趣烹之。"方提趣汤，布顾曰："愿一言而死。"上曰："何言？"布曰："方上之困于彭城，败荥阳、成皋间，项王所以不能西，徒以彭王居梁地，与汉合从苦楚也。当是之时，彭王一顾，与楚则汉破，与汉而楚破。且垓下之会，微彭王，项氏不亡。天下已定，彭王剖符受封，亦欲传之万世。今陛下一征兵于梁，彭王病不行，而陛下疑以为反，反形未见，以苛小案诛灭之，臣恐功臣人人自危也。今彭王已死，臣生不如死，请就烹。"于是上乃释布罪，拜为都尉。

孝文时，为燕相，至将军。布乃称曰："穷困不能辱身下志，非人也；富贵不能快意，非贤也。"于是尝有德者厚报之，有怨者必以法灭之。吴反时，以军功封俞侯，复为燕相。燕齐之间皆为栾布立

季布的舅舅丁公，在楚王项羽手下担任将领。丁公曾经奉项羽之命，率军把高祖围困在彭城的西面。短兵相接，高祖见情势十分危急，就对丁公说："我们两个贤能的人难道要互相残害吗？"于是丁公就率领兵士返回，汉王便得以脱身而去。后来项王战败，丁公去拜见高祖。高祖却将丁公捉住，在军营中示众，说道："丁公身为项王的臣子，却不能对项王尽忠。使项王丧失天下的，正是丁公啊！"于是就杀了丁公，并说道："希望后代为人臣子的不要效法丁公！"

　　栾布是梁地的人。当初梁王彭越还是普通百姓的时候，曾与栾布有交情。栾布家里很贫困，被人雇佣在齐地替一个酒家做工。经过了几年时间，彭越离家来到巨野一带做了强盗，栾布此时被人掳去卖到燕地做奴隶。栾布曾因替他的主人报仇，被燕国的将军臧荼推荐做了都尉。臧荼后来成为燕王，就任命栾布做将领。等到臧荼起兵造反，汉朝进攻燕国，把栾布俘虏了。梁王彭越听说了这件事，就去请求皇上，赎回栾布让他担任了梁国的大夫。

　　后来栾布奉命出使到齐国，还没返回来。高祖召见彭越，将他以谋反的罪名论处，他的父母、兄弟、妻子三族都被斩尽杀绝。行刑后又把彭越的头悬挂在洛阳城门下示众，颁布诏令说："敢收殓或看望的，立即逮捕。"栾布从齐国返回，就把自己出使的情况，在城门下向彭越的头颅汇报，一边哭着一边祭祀。官吏就抓捕了他，并报告给皇上。皇上召见栾布，骂他道："你要和彭越一同造反吗？我禁止任何人收尸看望，你却偏偏跑去祭祀哭他，这分明是和彭越一起造反的，赶快把他烹了！"左右的人正要抬着栾布走向汤镬的时候，栾布回过头来说道："我还有一句话要说，说完再死。"皇上问："你要说什么？"栾布说："当年皇上被围困在彭城，在荥阳、成皋一带战败的时候，项王之所以不能继续向西追击，就是因为彭王驻守在梁地，跟汉军联合而使楚军为难的缘故啊。当时，只要彭王一回头，跟楚联合，汉就会失败；跟汉联合，楚就会失败。况且垓下之战，如果没有彭王的作战，项王是不会灭亡的。天下安定之后，彭王接受玺印接受分封，是希望能把这个封爵世世代代地传下去。现在陛下一声令下到梁国征调军队，彭王仅仅因病不能前来，陛下就怀疑，认为他要谋反。谋反的证据也没有看到，就以琐细的事情为罪名而把他的家族诛灭了，我担心功臣会人人感到危险。现在彭王已经死了，我活着倒不如死了更好，就请您把我烹了吧。"于是皇上就赦免了栾布的罪，并任命他做了都尉。

　　孝文帝的时候，栾布担任燕国的国相，官做到将军。栾布声称："贫穷潦倒的时候不能忍辱求全，就不是一个好汉；富贵以后不能称心快意，就不是一个贤能的人。"于是对那些曾经有恩于自己的人，都给他们丰厚的回报；对与自己有怨仇的人，一定借用法律来杀掉。吴、楚七国反叛时，栾布因功被封为俞侯，又

社,号曰栾公社。

景帝中五年薨。子贲嗣,为太常,牺牲不如令,国除。

太史公曰:以项羽之气,而季布以勇显于楚,身屦军搴旗者数矣,可谓壮士。然至被刑戮,为人奴而不死,何其下也!彼必自负其材,故受辱而不羞,欲有所用其未足也,故终为汉名将。贤者诚重其死。夫婢妾贱人感慨而自杀者,非能勇也,其计画无复之耳。栾布哭彭越,趣汤如归者,彼诚知所处,不自重其死。虽往古烈士,何以加哉!

做了燕国的国相。燕、齐一带许多地方都为栾布建造了祠堂,叫作栾公社。

孝景帝中元五年的时候,栾布去世。他的儿子栾贲继承爵位,担任太常官,后来因为祭祀所用的牲畜不合法令的规定,封国被撤销。

太史公说:以项羽那样的气概,而季布尚且能够凭借勇敢在楚国闻名。他身经百战,多次攻打敌军,斩将夺得敌人的军旗,真可算得上是好汉了。然而他遭受刑罚,给人做奴隶却不肯随便死去,表面看多么卑劣啊!他之所以如此,一定是因为对自己的才能很自信,因此虽然受到侮辱却并不感到羞耻,以期望将来可以施展他的抱负,所以最后终于成了汉朝的名将。凡是贤能的人,都不会轻易言死。奴婢、姬妾这些低贱的人因为一时冲动就要自杀,不能说是勇敢,是因为他们觉得再也没有其他办法了。栾布哭悼彭越,把赴汤镬就死看得如同回家一样,因为他真正懂得人死的价值,所以不再畏惧一死。即使古代那些激昂慷慨、重义轻生的人,也无法超过他啊!

袁盎晁错列传第四十一

袁盎者,楚人也,字丝。父故为群盗,徙处安陵。高后时,盎尝为吕禄舍人。及孝文帝即位,盎兄哙任盎为中郎。

绛侯为丞相,朝罢趋出,意得甚。上礼之恭,常自送之。袁盎进曰:"陛下以丞相何如人?"上曰:"社稷臣。"盎曰:"绛侯所谓功臣,非社稷臣,社稷臣主在与在,主亡与亡。方吕后时,诸吕用事,擅相王,刘氏不绝如带。是时绛侯为太尉,主兵柄,弗能正。吕后崩,大臣相与共畔诸吕,太尉主兵,适会其成功,所谓功臣,非社稷臣。丞相如有骄主色。陛下谦让,臣主失礼,窃为陛下不取也。"后朝,上益庄,丞相益畏。已而绛侯望袁盎曰:"吾与而兄善,今儿廷毁我!"盎遂不谢。

及绛侯免相之国,国人上书告以为反,征系清室,宗室诸公莫敢为言,唯袁盎明绛侯无罪。绛侯得释,盎颇有力。绛侯乃大与盎结交。

淮南厉王朝,杀辟阳侯,居处骄甚。袁盎谏曰:"诸侯大骄必生患,可适削地。"上弗用。淮南王益横。及棘蒲侯柴武太子谋反事觉,治,连淮南王,淮南王征,上因迁之蜀,辒车传送。袁盎时为中郎将,乃谏曰:"陛下素骄淮南王,弗稍禁,以至此,今又暴摧折之。淮南王为人刚,如有遇雾露行道死,陛下竟为以天下之大弗能容,有杀弟之名,奈何?"上弗听,遂行之。

袁盎是楚国人，字丝。他的父亲曾经当过强盗，后来迁居到安陵。吕后时期，袁盎曾经当过吕后侄子吕禄的家臣。等到孝文帝登基，袁盎的哥哥袁哙保他当了中郎的官。

绛侯周勃担任丞相时，每次朝见之后，都快速地走出朝廷，很是得意扬扬。皇上对他也非常恭敬，常常亲自目送他出去。袁盎对孝文帝进谏说："陛下认为丞相绛侯是什么样的人呢？"皇上说："他是关系国家安危的重臣。"袁盎说："绛侯是所谓的功臣，并不是国家的重臣。国家的重臣应该与皇上共存亡，当年吕后当政的时候，吕氏族人执掌大权，擅自争相封王，以致使得刘家的天下几乎快要灭亡，国脉就像丝带一样的细微。那个时候，绛侯身为太尉，掌握兵权，却不能匡正时政。吕后去世后，朝中大臣一起讨伐吕氏族人，太尉掌握兵权，恰好使他遇到这个立功的机会，故而说他是所谓的功臣，而不能说是社稷的重臣。现在丞相似对皇上露出骄傲的神色，而陛下却总是谦虚退让，人臣与君主都违背了应守的礼节，我私下认为这是不合适的。"从此再上朝的时候，皇上就逐渐严肃起来，丞相则日益畏惧。后来绛侯埋怨袁盎说："我与你的兄长袁哙交情甚好，如今你小子却在皇上面前毁谤我！"袁盎听了也不向他谢罪。

后来绛侯被罢免了丞相的职位，回到自己的封国，封国中有人上书朝廷，说他想谋反。于是绛侯被召进京，关在监狱中。这时皇室宗亲以及各位公卿都不敢替他辩驳，只有袁盎站出来证明绛侯是无辜的。绛侯最后得以释放，袁盎费了很多心力。绛侯从此与袁盎成为挚友。

淮南王刘长进京朝见的时候，杀了辟阳侯，他平时待人处世也甚为骄横。袁盎劝谏皇上说："诸侯太强大太骄横必然会生祸患，可以适当地削减他们的封地。"皇上不听，淮南王于是更加骄横。后来棘蒲侯柴武太子预备造反的事被察觉，追查治罪时，案子牵连到了淮南王。淮南王被调进京，皇上便将他贬到蜀地去，用囚车押送他。袁盎当时被任命为中郎将，便劝谏皇上说："陛下从前放任淮南王骄纵，而不稍稍加以限制，以致到了现在这种地步，如今又突然惩治他。淮南王性情刚烈，倘若在路上遇到风霜寒露，死在半途中，陛下就会被世人认为不能宽容弟弟，甚至背上杀死弟弟的恶名，那可怎么办呢？"皇上不听，就打发淮南王上路了。

淮南王至雍，病死，闻，上辍食，哭甚哀。盎入，顿首请罪。上曰："以不用公言至此。"盎曰："上自宽，此往事，岂可悔哉！且陛下有高世之行者三，此不足以毁名。"上曰："吾高世行三者何事？"盎曰："陛下居代时，太后尝病，三年，陛下不交睫，不解衣，汤药非陛下口所尝弗进。夫曾参以布衣犹难之，今陛下亲以王者修之，过曾参孝远矣。夫诸吕用事，大臣专制，然陛下从代乘六传驰不测之渊，虽贲育之勇不及陛下。陛下至代邸，西向让天子位者再，南面让天子位者三。夫许由一让，而陛下五以天下让，过许由四矣。且陛下迁淮南王，欲以苦其志，使改过，有司卫不谨，故病死。"于是上乃解，曰："将奈何？"盎曰："淮南王有三子，唯在陛下耳。"于是文帝立其三子皆为王。盎由此名重朝廷。

袁盎常引大体忼慨。宦者赵同以数幸，常害袁盎，袁盎患之。盎兄子种为常侍骑，持节夹乘，说盎曰："君与斗，廷辱之，使其毁不用。"孝文帝出，赵同参乘，袁盎伏车前曰："臣闻天子所与共六尺舆者，皆天下豪英。今汉虽乏人，陛下独奈何与刀锯余人载！"于是上笑，下赵同。赵同泣下车。

文帝从霸陵上，欲西驰下峻阪。袁盎骑，并车揽辔。上曰："将军怯邪？"盎曰："臣闻千金之子坐不垂堂，百金之子不骑衡，圣主不乘危而徼幸。今陛下骋六騑，驰下峻山，如有马惊车败，陛下纵自轻，奈高庙、太后何？"上乃止。

上幸上林，皇后、慎夫人从。其在禁中，常同席坐。及坐，郎署长布席，袁盎引却慎夫人坐。慎夫人怒，不肯坐。上亦怒，起，入禁中。盎因前说曰："臣闻尊卑有序则上下和。今陛下既已立后，慎夫

淮南王行至雍地就病死了，消息传来，文帝很难过，饭也吃不下，哭得很厉害。袁盎上朝，向文帝叩头请罪。文帝说："因为之前没有采用你的意见，所以才落到今天这个地步。"袁盎说："皇上请想开些，这已经是过去的事了，后悔还有什么用呢？再说陛下做过三件高出世人的事，这一件不足以坏掉您的名声。"皇上说："我做过哪三件一般人比不了的事？"袁盎说："陛下当初为代王时，太后曾经一病三年，陛下在这期间不曾合眼，也没有解下衣服好好睡过一觉，汤药不经陛下亲口尝过，就不进奉给太后。曾参作为布衣百姓，尚且难以做到这样，现在陛下身为君主却做到了，您比曾参要孝顺多了。吕氏族人当政，而后又是大臣们独断朝政，然而陛下居然乘上一辆六匹马拉的车子，从代国奔赴祸福不测的京师，即便孟贲、夏育那样的勇武之人，也比不上陛下您啊。陛下到达长安的代国府邸后，两次面向西方，三次面向南方辞让天子之位。贤者许由也不过辞让天下一次，而陛下竟能五次辞让天下，超过许由四次之多。况且陛下贬逐淮南王的本意，是想要借此劳苦他的心志，使他能够改过自新，由于官吏护卫不周，这才得病而死。"听了这话，文帝才稍稍宽慰了些，说道："那以后该怎么办呢？"袁盎说："淮南王有三个儿子，就看陛下您的安排了。"于是文帝便把淮南王的三个儿子全都封做了王。袁盎也因为这件事而名震朝廷。

袁盎常常在一些大的问题上慷慨陈词。宦官赵同倚仗皇上的宠幸，常常暗地中伤袁盎，袁盎为此也感到很头疼。袁盎的侄子袁种是皇上的侍从骑士，手持符节随从皇帝左右。袁种劝袁盎说："您可以找机会在朝廷上当众侮辱他一回，这样他日后所毁谤的话就不起作用了。"一次，孝文帝外出，赵同在车上陪侍，袁盎就过去跪在车前，说道："我听说只有国家的英雄豪杰才有资格陪同天子共乘一辆车。如今汉王朝即使再没有人才，也不至于让一个受过刀锯之刑的宦官陪同您坐一辆车啊！"文帝听后笑着让赵同下车，赵同流着眼泪下了车。

有一次，文帝从霸陵上山，打算从西边的陡坡纵马奔驰而下。袁盎骑着马，紧靠着皇帝的车子，拉住了马车的缰绳。皇上说："将军害怕了吗？"袁盎说："我听说家有千金的人就坐时不靠近房檐底下，家有百金财富的人站立的时候不倚在楼台的栏杆上，圣明的君主不去冒险而心存侥幸。现在陛下要驾着六匹马的车子冲下高坡，假如发生马匹受惊车辆毁坏的事，陛下即便看轻自己的性命，怎能对得起高祖和太后呢？"文帝这才中止。

皇上巡幸上林苑，窦皇后和慎夫人跟从。她们在宫中的时候，常常是同席而坐。这次，等到就坐的时候，郎署长布置坐席的位次，袁盎把慎夫人的坐席向后拉了一些。慎夫人发怒不肯坐。文帝也生气了，站起身来回到内宫。袁盎就上前劝说道："我听说尊卑有序则上下和睦。如今陛下既然已经立了皇后，慎夫人只

人乃妾，妾主岂可与同坐哉！适所以失尊卑矣。且陛下幸之，即厚赐之。陛下所以为慎夫人，适所以祸之。陛下独不见'人彘'乎？"于是上乃说，召语慎夫人。慎夫人赐盎金五十斤。

然袁盎亦以数直谏，不得久居中，调为陇西都尉。仁爱士卒，士卒皆争为死。迁为齐相。徙为吴相，辞行，种谓盎曰："吴王骄日久，国多奸。今苟欲劾治，彼不上书告君，即利剑刺君矣。南方卑湿，君能日饮，毋何，时说王曰毋反而已。如此幸得脱。"盎用种之计，吴王厚遇盎。

盎告归，道逢丞相申屠嘉，下车拜谒，丞相从车上谢袁盎。袁盎还，愧其吏，乃之丞相舍上谒，求见丞相。丞相良久而见之。盎因跪曰："愿请间。"丞相曰："使君所言公事，之曹与长史掾议，吾且奏之；即私邪，吾不受私语。"袁盎即跪说曰："君为丞相，自度孰与陈平、绛侯？"丞相曰："吾不如。"袁盎曰："善，君即自谓不如。夫陈平、绛侯辅翼高帝，定天下，为将相，而诛诸吕，存刘氏；君乃为材官蹶张，迁为队率，积功至淮阳守，非有奇计攻城野战之功。且陛下从代来，每朝，郎官上书疏，未尝不止辇受其言，言不可用置之，言可受采之，未尝不称善。何也？则欲以致天下贤士大夫。上日闻所不闻，明所不知，日益圣智；君今自闭钳天下之口而日益愚。夫以圣主责愚相，君受祸不久矣。"丞相乃再拜曰："嘉鄙野人，乃不知，将军幸教。"引入与坐，为上客。

盎素不好晁错，晁错所居坐，盎去；盎坐，错亦去：两人未尝同堂语。及孝文帝崩，孝景帝即位，晁错为御史大夫，使吏案袁盎受吴王财物，抵罪，诏赦以为庶人。

吴楚反，闻，晁错谓丞史曰："夫袁盎多受吴王金钱，专为蔽

是姬妾，姬妾怎么能和主上并排而坐呢？这样会扰乱尊卑的次序。再说陛下如果宠爱她，可以厚厚地赏赐她。刚才那种行为，陛下以为是宠爱她，其实恰恰害了她。陛下难道忘了'人彘'吗？"皇上这才高兴起来，召来慎夫人，把袁盎的话告诉了她。慎夫人就赐给袁盎黄金五十斤。

但是袁盎也因为屡屡直言劝谏，不能长久地留在朝中，后来被调到陇西任都尉。他对士兵们爱护有加，士兵们都争相为他效命。之后，他被升迁做了齐国丞相。后又调任做了吴国丞相，在辞别前行的时候，袁种对袁盎说："吴王骄横日久，国中有许多奸诈之人。如今您若要弹劾、惩治他们，他们不上书诬告您，就会用利剑来刺杀您。南方地势低洼潮湿，希望您能多喝酒，不要管什么事，时常劝说吴王不要造反就是了。如果能这样，就能侥幸免去祸患。"袁盎接受了袁种的建议，吴王于是厚待袁盎。

袁盎请假回家，在路上碰到丞相申屠嘉，他便下车向丞相行礼。丞相没有下车，只在车上表示谢意，袁盎回来后，面对属吏很感羞愧，于是就到丞相的府上，要求拜见。等了很长时间，丞相才出来，袁盎便跪下说："希望和丞相单独说话，请旁人回避一下。"丞相说："如果你所说的是公事，请前往官署与长史属官商议，我将把你的奏章呈报上去；如果说的是私事，我不听私下的言语。"袁盎就跪着说道："你当丞相，请自己揣度一下，比得上陈平、绛侯吗？"丞相说："我比不上他们。"袁盎说："好，你能认识到自己的不足就好。陈平、绛侯辅佐高祖，平定天下，位居将相，诛杀了吕氏族人，保住了刘氏的基业；您原来不过是个拉大弓的低级武士，被提升为队长，积累功劳做到了淮阳郡的太守，并没有出谋划策过，也没有在攻城夺地、野外厮杀中立下战功。再说陛下从代地来，每次上朝，郎官呈上奏书，皇上没有一次不是停下车驾，恭敬地听取他们的意见。意见不能采用的，就放置一边；可以采纳的，就采纳，而且没有一次不称道赞许他们。这是为什么呢？就是要用来招致天下的贤能士大夫啊。皇上每天聆听从前没听过的事情，明白以前所不知的道理，便日益英明智慧起来；您现在却亲自封闭天下人的口，而使得自己一天天变得愚昧。让一个圣明的君主来面对一个愚钝的丞相，你遭祸的日子不会远了。"申屠嘉向袁盎拜了两拜，说道："我这个粗鄙庸俗的人，不明事理，幸蒙将军您的教诲。"于是引袁盎入内室同坐，待为上客。

袁盎一向不喜欢晁错，只要有晁错在的地方，袁盎就离去；而袁盎在座时，晁错也离开。两个人从来没有在一间屋子谈过话。等到孝文帝去世后，孝景帝继位，晁错担任御史大夫，派遣官吏去核查袁盎收受吴王财物的事，要将其判罪下狱。后来景帝下诏令将袁盎赦免，贬为平民。

吴楚叛乱，消息传到了京城，晁错对丞史说："袁盎收了吴王许多金钱，

匿，言不反。今果反，欲请治盎宜知计谋。"丞史曰："事未发，治之有绝。今兵西乡，治之何益！且袁盎不宜有谋。"晁错犹与未决。人有告袁盎者，袁盎恐，夜见窦婴，为言吴所以反者，愿至上前口对状。窦婴入言上，上乃召袁盎入见。晁错在前，及盎请辟人赐间，错去，固恨甚。袁盎具言吴所以反状，以错故，独急斩错以谢吴，吴兵乃可罢。其语具在吴事中。使袁盎为太常，窦婴为大将军。两人素相与善。逮吴反。诸陵长者长安中贤大夫争附两人，车随者日数百乘。

及晁错已诛，袁盎以太常使吴。吴王欲使将，不肯。欲杀之，使一都尉以五百人围守盎军中。袁盎自其为吴相时，有从史尝盗爱盎侍儿，盎知之，弗泄，遇之如故。人有告从史，言"君知尔与侍者通"，乃亡归。袁盎驱自追之，遂以侍者赐之，复为从史。及袁盎使吴见守，从史适为守盎校尉司马，乃悉以其装赍置二石醇醪，会天寒，士卒饥渴，饮酒醉，西南陬卒皆卧，司马夜引袁盎起，曰："君可以去矣，吴王期旦日斩君。"盎弗信，曰："公何为者？"司马曰："臣故为从史盗君侍儿者。"盎乃惊谢曰："公幸有亲，吾不足以累公。"司马曰："君弟去，臣亦且亡，辟吾亲，君何患！"乃以刀决帐，道从醉卒隧出。司马与分背，袁盎解节毛怀之，杖，步行七八里，明，见梁骑，骑驰去，遂归报。

吴楚已破，上更以元王子平陆侯礼为楚王，袁盎为楚相。尝上书有所言，不用。袁盎病免居家，与闾里浮沈，相随行，斗鸡走狗。洛阳剧孟尝过袁盎，盎善待之。安陵富人有谓盎曰："吾闻剧孟博徒，将军何自通之？"盎曰："剧孟虽博徒，然母死，客送葬车千余乘，此亦有过人者。且缓急人所有。夫一旦有急叩门，不以亲为解，不以

专门为他遮掩，说他不会反叛。现在反叛已成事实，我请求处治袁盎的知情不报。"丞史说："事情如果还没有暴露出来就惩治他，也许能制止叛乱阴谋。现在叛军已向西进发，即使惩办袁盎又有什么用呢？再说袁盎也不会有什么阴谋。"晁错一时犹豫不决。有人将这件事告诉袁盎，袁盎心中恐惧，连夜去见窦婴，对他讲明吴王反叛的原因，并且愿意到皇上跟前当面对质。窦婴进宫向景帝上奏，景帝就召袁盎进宫。晁错也在场，袁盎就请求皇上屏开旁人单独接见，晁错心里非常怨恨，不得已退了下去。袁盎详细地说明了吴王谋反的原因，都是因为晁错的缘故，唯有速速斩杀晁错来向吴王致歉，吴王才会罢兵。他的这些言语都记载在《吴王濞列传》中。皇上于是任命袁盎担任太常，窦婴担任大将军。他们两个人向来交情很好。待到吴王反叛，长安附近的长者以及长安城里的士大夫们都争相依附他们，跟在他们后面的车子每天有好几百辆。

晁错被诛杀后，袁盎以太常的身份出使吴国。吴王想让他担任吴国的将领，袁盎不肯。吴王想杀死他，派了一名都尉带领五百将士，将袁盎包围在军营之中。当初袁盎担任吴国国相的时候，有个从史和袁盎的侍女私通，袁盎知道了这件事，却没有泄露出去，对待从史仍跟从前一样。有人告诉从史，说袁盎知道他跟侍女私通的事，从史很害怕，便赶紧往家逃，袁盎亲自驾车追赶从史，将那侍女赐给了他，仍旧叫他当从史。等到袁盎出使吴国被监禁，围困袁盎的校尉司马刚好是那个从史，他就把随身携带的全部财物卖了，买了两石味道浓厚的酒，又正值天寒，士卒们又饥又渴，喝醉了，围守城西南角的士兵都倒卧在地上，那司马乘夜请袁盎起身，说道："您赶紧逃走吧，吴王准备明天一早杀您。"袁盎不相信，说："您是什么人？"那个司马说："我就是从前担任从史时和您侍女私通的那个人。"袁盎这才大惊，道谢说："您尚有父母在堂，我可不能因此连累了您啊。"司马说："您但走无妨，我也要逃走，已把我的父母安置在安全的地方，您不必担心。"于是用刀把军营的帐幕割开，领着袁盎从醉倒的士兵堆里逃了出来。司马与袁盎分道而行，袁盎解下了节旄放在怀中，拄着拐杖，走了七八里，天亮的时候，碰上了梁国的骑兵，他便要了一匹马，骑上飞驰而去，终于得以回到朝廷奏报。

吴楚叛军被平息后，景帝便把楚元王的儿子平陆侯刘礼改封为楚王，任命袁盎担任楚相。袁盎曾经几次上书有所建言，但均未被采纳。于是就称病免职回家，整天和乡里人在一起混日子，跟他们玩斗鸡赛狗的游戏。洛阳的剧孟曾经拜访过袁盎，袁盎热情地接待他。安陵地方有个富人，对袁盎说："我听说剧孟是个赌徒，您为什么要和这种人来往呢？"袁盎说："剧孟虽是个赌徒，但他的母亲去世时，宾客们送葬的车马多达一千多辆，说明他也有过人的地方。再说人人

存亡为辞，天下所望者，独季心、剧孟耳。今公常从数骑，一旦有缓急，宁足恃乎！"骂富人，弗与通。诸公闻之，皆多袁盎。

袁盎虽家居，景帝时时使人问筹策。梁王欲求为嗣，袁盎进说，其后语塞。梁王以此怨盎，曾使人刺盎。刺者至关中，问袁盎，诸君誉之皆不容口。乃见袁盎曰："臣受梁王金来刺君，君长者，不忍刺君。然后刺君者十余曹，备之！"袁盎心不乐，家又多怪，乃之棓生所问占。还，梁刺客后曹辈果遮刺杀盎安陵郭门外。

晁错者，颍川人也。学申商刑名于轵张恢先所，与洛阳宋孟及刘礼同师。以文学为太常掌故。

错为人陗直刻深。孝文帝时，天下无治《尚书》者，独闻济南伏生故秦博士，治《尚书》，年九十余，老不可征，乃诏太常使人往受之。太常遣错受尚书伏生所。还，因上便宜事，以书称说。诏以为太子舍人、门大夫、家令。以其辩得幸太子，太子家号曰"智囊"。数上书孝文时，言削诸侯事，及法令可更定者。书数十上，孝文不听，然奇其材，迁为中大夫。当是时，太子善错计策，袁盎诸大功臣多不好错。

景帝即位，以错为内史。错常数请间言事，辄听，宠幸倾九卿，法令多所更定。丞相申屠嘉心弗便，力未有以伤。内史府居太上庙壖中，门东出，不便，错乃穿两门南出，凿庙壖垣。丞相嘉闻，大怒，欲因此过为奏请诛错。错闻之，即夜请间，具为上言之。丞相奏事，因言错擅凿庙垣为门，请下廷尉诛。上曰："此非庙垣，乃壖中垣，不致于法。"丞相谢。罢朝，怒谓长史曰："吾当先斩以闻，乃先请，为儿所卖，固误。"丞相遂发病死。错以此愈贵。

都有危难的时候,而遇到危难有急事来敲门,不以双亲尚在为辩解,也不以存亡与否为托词,众望所归之人只有季心、剧孟而已。如今您身后常常有数位骑马侍从跟随左右,可一旦遇到急事,这些人可以依靠吗?"袁盎便痛骂那个富人,从此不再与他来往。诸位王公贵人听说了这件事,都很称赞袁盎。

袁盎虽然闲居在家,而景帝经常派人来向他询问计谋策略。梁王曾想请求景帝让他成为皇位继承人,袁盎进言劝说,从此以后,景帝就不再提让梁王继位的事。梁王因此怨恨在心,曾经派人刺杀袁盎。刺客来到关中,打听袁盎的为人,众人都赞不绝口。刺客便去见袁盎说:"我接受了梁王的钱来刺杀您,但您是个厚道人,因此我不忍心刺杀您。但以后还会有十多批人来刺杀您,希望您小心防备!"袁盎心中很不愉快,家中又多有怪异之事,便到棓生那里去占卜问吉凶。回来的路上,走到安陵城门外的时候,被随后派来的梁国刺客刺杀了。

晁错是颍川人,曾经跟从轵县张恢先生学习申不害和商鞅的刑名学说,与洛阳人宋孟和刘礼是同学。由于他通晓典籍,被任命为太常掌故。

晁错为人严肃刚正,却又苛刻严酷。孝文帝的时候,国家研究《尚书》的人才很少,只听说济南伏先生曾担任秦朝的博士,研究过《尚书》,当时已经九十多岁,因为年老而不能征召来,于是文帝便诏令太常派人前往向他请教。太常便派遣晁错前去。晁错学成后回来,向文帝上书国家当前应该做的事,经常引用《尚书》里的观点。文帝下诏任命晁错担任太子舍人、门大夫、太子家令。他因为能言善辩而得到太子的宠幸,太子家称他为"智囊"。他在孝文帝之时屡屡上书,陈说削减诸侯权势的事,以及法令中尚需修改的地方。一连上了几十次,文帝都没有采纳,但文帝认为他有奇特的才能,就提升为中大夫。当时,只有太子称赞晁错的主张,而袁盎和许多大臣都不喜欢晁错。

孝景帝继位后,晁错被任命为内史。他曾多次请求单独谈论政事,景帝每每都听从,宠幸他超过了九卿,国家的法令许多都因此作了修改。丞相申屠嘉对晁错不满,但又没办法来挫伤他。内史府设在太上庙围墙里的空地之中,门朝东开,出入不便,晁错便向南开了两个门,因而把太上庙的围墙凿开了。丞相申屠嘉听说了这件事大怒,打算借这次机会,请求皇上把他诛杀了。晁错听到了这个消息,便连夜请求单独进见皇上,向皇上详细地讲明了此事的原委。等到申屠嘉上奏晁错擅自凿开太上庙的围墙做门,请求皇上把他交给廷尉处死的时候,皇上说:"晁错所凿的不是太上庙的墙,只是庙外空地上的小矮墙,没有触犯法令。"申屠嘉只得谢罪。退朝之后,申屠嘉愤愤地对长史说:"我本当先杀了他,再报告给皇上,却先奏请,结果被这小子给耍了,实在是大错。"于是气得旧病复发而死,晁错却因此更加显贵。

迁为御史大夫，请诸侯之罪过，削其地，收其枝郡。奏上，上令公卿列侯宗室集议，莫敢难，独窦婴争之，由此与错有卻。错所更令三十章，诸侯皆諠哗疾晁错。错父闻之，从颍川来，谓错曰："上初即位，公为政用事，侵削诸侯，别疏人骨肉，人口议多怨公者，何也？"晁错曰："固也。不如此，天子不尊，宗庙不安。"错父曰："刘氏安矣，而晁氏危矣，吾去公归矣！"遂饮药死，曰："吾不忍见祸及吾身。"死十余日，吴楚七国果反，以诛错为名。及窦婴、袁盎进说，上令晁错衣朝衣斩东市。

晁错已死，谒者仆射邓公为校尉，击吴楚军为将。还，上书言军事，谒见上。上问曰："道军所来，闻晁错死，吴楚罢不？"邓公曰："吴王为反数十年矣，发怒削地，以诛错为名，其意非在错也。且臣恐天下之士噤口，不敢复言也！"上曰："何哉？"邓公曰："夫晁错患诸侯强大不可制，故请削地以尊京师，万世之利也。计画始行，卒受大戮，内杜忠臣之口，外为诸侯报仇，臣窃为陛下不取也。"于是景帝默然良久，曰："公言善，吾亦恨之。"乃拜邓公为城阳中尉。

邓公，成固人也，多奇计。建元中，上招贤良，公卿言邓公，时邓公免，起家为九卿。一年，复谢病免归。其子章以修黄老言显于诸公间。

太史公曰：袁盎虽不好学，亦善傅会，仁心为质，引义慷慨。遭孝文初立，资适逢世。时以变易，及吴楚一说，说虽行哉，然复不遂。好声矜贤，竟以名败。晁错为家令时，数言事不用；后擅权，多所变更。诸侯发难，不急匡救，欲报私仇，反以亡躯。语曰"变古乱常，不死则亡"，岂错等谓邪！

晁错被提升为御史大夫后，请求查处诸侯的罪过，相应地削减他们的封地，并收回各诸侯国边境的郡城。奏章上呈后，皇上命令公卿、列侯和皇族宗室集中讨论，没有一个人敢提出不同的意见，只有窦婴表示反对，从此便与晁错有了嫌隙。晁错先后修改的法令有三十项，诸侯们全都哗然，痛恨晁错。晁错的父亲听说后，就从颍川赶来，对晁错说："皇上刚刚继位，你执掌政权，削夺诸侯的领地，离间人家的骨肉，惹得人们纷纷议论怨恨你，为什么要这样做呢？"晁错说："事情本来就应该这样，不然天子之位就得不到尊崇，国家宗庙社稷也不得安宁。"晁错的父亲又说："照你这么办，刘家的天下是安宁了，而我们晁家却大祸临头了，我要离开你回去了。"于是服毒药而死，死前说道："我不忍心眼见大祸殃及自己。"晁错的父亲死后十几天，吴楚七国果真反叛，以讨伐晁错为名。等到窦婴、袁盎进言劝说，皇上就命令晁错穿着朝服，在东市被处斩了。

晁错死后，谒者仆射邓公被任命为校尉，攻打吴楚叛军时，他担任将领。回京城后，他上书报告军事情况，进见皇上。皇上问道："你从军中来，晁错的死讯传到前方，吴楚的军队退了没有？"邓公说道："吴王蓄意叛乱已经有几十年了，因被削夺封地而激起怒气，诛杀晁错只是一种借口，而他的意图并非在晁错身上。而且我担心您这么一杀晁错，天下的士人从此都将闭口，再也不敢进言了。"皇上说："这是为什么？"邓公说："晁错因为担心诸侯强大了朝廷不能够控制，所以才要求削减封地，借以维护朝廷，加强中央政权，这本是关乎刘家万世基业的好事啊。而计划才开始实行，竟然遭到杀戮，这样对内堵住了忠臣的嘴，对外反而替诸侯报了仇，我私下认为陛下这样做是不对的。"景帝沉默了好久，说："您说得很对，我也很后悔。"于是任命邓公担任城阳中尉。

邓公是成固人，经常提出许多出人意料的妙计。建元年间，皇上招纳贤良，公卿们都推举邓公，当时邓公正罢职家居，于是被起用，一下子升到了九卿之位。一年后，邓公又推说有病辞职回家，他的儿子邓章因为研究黄帝、老子的学说在朝廷大臣中间享负盛名。

太史公说： 袁盎虽然没有什么学问，但是善于附会之说。他有一种仁爱之心，常常慷慨激昂地申引大义。赶上孝文帝刚刚继位，因此他的才华能得以尽情施展。而时局不断地在变化，等到吴楚反叛时，他建议诛杀晁错，虽然景帝采纳了，然而他后来却不再被重用。他追求声名，夸耀贤能，最终因追名逐利而身败名裂。晁错做太子家令的时候，多次上书而不被采用。后来掌握大权，对法令做了许多修改。诸侯发动叛乱，晁错不急于匡正救国，却想要报私仇，反而因此丧了命。俗话说"改变古法，搞乱常规，不是身死，就是逃亡"，说的不就是晁错这种人吗？

张释之冯唐列传第四十二

　　张廷尉释之者,堵阳人也,字季。有兄仲同居。以赀为骑郎,事孝文帝,十岁不得调,无所知名。释之曰:"久宦减仲之产,不遂。"欲自免归。中郎将袁盎知其贤,惜其去,乃请徙释之补谒者。释之既朝毕,因前言便宜事。文帝曰:"卑之,毋甚高论,令今可施行也。"于是释之言秦汉之间事,秦所以失而汉所以兴者久之。文帝称善,乃拜释之为谒者仆射。

　　释之从行,登虎圈。上问上林尉诸禽兽簿,十余问,尉左右视,尽不能对。虎圈啬夫从旁代尉对上所问禽兽簿甚悉,欲以观其能口对响应无穷者。文帝曰:"吏不当若是邪?尉无赖!"乃诏释之拜啬夫为上林令。释之久之前曰:"陛下以绛侯周勃何如人也?"上曰:"长者也。"又复问:"东阳侯张相如何如人也?"上复曰:"长者。"释之曰:"夫绛侯、东阳侯称为长者,此两人言事曾不能出口,岂敩此啬夫谍谍利口捷给哉!且秦以任刀笔之吏,吏争以亟疾苛察相高,然其敝徒文具耳,无恻隐之实。以故不闻其过,陵迟而至于二世,天下土崩。今陛下以啬夫口辩而超迁之,臣恐天下随风靡靡,争为口辩而无其实。且下之化上疾于景响,举错不可不审也。"文帝曰:"善。"乃止不拜啬夫。

　　上就车,召释之参乘,徐行,问释之秦之敝。具以质言。至宫,上拜释之为公车令。

　　顷之,太子与梁王共车入朝,不下司马门,于是释之追止太子、

廷尉张释之，是堵阳人，字季，刚开始和他的哥哥张仲一起生活。他因为家财殷实，得以入选为骑郎，侍奉孝文帝，但是为官十年都没有升迁，一直默默无名。张释之说："做了这么长时间的官，只是白白耗减哥哥的家产，使人不安。"就打算辞职回家。中郎将袁盎知道张释之的才能，惋惜他的离去，于是就请求孝文帝让他补了个谒者的空缺。有一天，张释之朝见完毕之后，趁机上前陈述一些便国宜民的事。文帝说："现实一些，不要高谈阔论，说些当前就能实施的事。"于是，张释之又谈起秦汉之间的事，对于秦朝灭亡和汉朝兴盛的原因，谈了很长时间。文帝听了很高兴，很赞赏他，就任命他做了谒者仆射。

一次，张释之跟随孝文帝出行，登临上林苑里的虎圈。孝文帝询问上林苑的官员各种禽兽的簿册登记情况，问了十几个问题，那些官员只能你看我、我看你，全都不知如何回答。看管虎圈的饲养员在旁边代替上林尉回答了皇帝提出的所有问题，并且答得极周全，他为了借此显示自己的本领，一切回答都是张口就来，毫无停顿。孝文帝说："做官吏不该像这样吗？上林尉真无能。"于是命令张释之任命这个饲养员做上林令。张释之沉默许久才上前说："陛下认为绛侯周勃是怎样的人呢？"文帝说："是个忠厚的长者啊！"张释之又问："东阳侯张相如是怎样的人呢？"文帝说："也是个忠厚的长者。"张释之说："绛侯与东阳侯都被称为长者，可这两个人谈论事情时都不善于言辞，现在这样做，难道让人们去效法这个人滔滔不绝、伶牙俐齿的样子吗？况且秦朝由于重用了那些刀笔吏，所以官吏们争着拿办事急快和督察苛刻来互比高低，到头来，都是一种形式，而没有一点实质性内涵。因为这个缘故，国君听不到自己的过失，日益衰败，只传到了秦二世，天下便土崩瓦解了。现在陛下因为一个人能言善辩就越级提拔他，我担心此风气一开，天下人都竞相追随，争相练嘴皮子而不求实实在在的东西。陛下做任何事情都不可以不慎重啊！"文帝说："好。"于是放弃了提拔饲养员的打算。

文帝上了车，让张释之也上来陪乘在身旁，车缓缓地前行。一路上文帝问张释之有关秦政的弊端，张释之都据实而言。待回到了宫里，文帝就任命张释之做了公车令。

不久，太子刘启与梁王同乘一辆车入朝，经过司马门时没有下车，当时张释

梁王无得入殿门。遂劾不下公门不敬，奏之。薄太后闻之，文帝免冠谢曰："教儿子不谨。"薄太后乃使使承诏赦太子、梁王，然后得入。文帝由是奇释之，拜为中大夫。

顷之，至中郎将。从行至霸陵，居北临厕。是时慎夫人从，上指示慎夫人新丰道，曰："此走邯郸道也。"使慎夫人鼓瑟，上自倚瑟而歌，意惨凄悲怀，顾谓群臣曰："嗟乎！以北山石为椁，用纻絮斫陈，蓫漆其间，岂可动哉！"左右皆曰："善。"释之前进曰："使其中有可欲者，虽锢南山犹有郄；使其中无可欲者，虽无石椁，又何戚焉！"文帝称善。其后拜释之为廷尉。

顷之，上行出中渭桥，有一人从桥下走出，乘舆马惊。于是使骑捕，属之廷尉。释之治问。曰："县人来，闻跸，匿桥下。久之，以为行已过，即出，见乘舆车骑，即走耳。"廷尉奏当，一人犯跸，当罚金。文帝怒曰："此人亲惊吾马，吾马赖柔和，令他马，固不败伤我乎？而廷尉乃当之罚金！"释之曰："法者天子所与天下公共也。今法如此而更重之，是法不信于民也。且方其时，上使立诛之则已。今既下廷尉，廷尉，天下之平也，一倾而天下用法皆为轻重，民安所措其手足？唯陛下察之。"良久，上曰："廷尉当是也。"

其后有人盗高庙坐前玉环，捕得，文帝怒，下廷尉治。释之案律盗宗庙服御物者为奏，奏当弃市。上大怒曰："人之无道，乃盗先帝庙器，吾属廷尉者，欲致之族，而君以法奏之，非吾所以共承宗庙意也。"释之免冠顿首谢曰："法如是足也。且罪等，然以逆顺为差。今盗宗庙器而族之，有如万分之一，假令愚民取长陵一抔土，陛下何以加其法乎？"久之，文帝与太后言之，乃许廷尉当。是时，中尉条

之迎上去拦住了太子和梁王,不让他们进宫,并且弹劾他们在皇宫门外不下车的不敬罪,并上奏朝廷。薄太后知道了这件事,文帝摘下帽子向太后赔罪说:"都怪我教导儿子不严。"薄太后就派使者传令赦免太子和梁王,他们才得以入宫。文帝因为这件事更加看出了张释之的与众不同,任命他做了中大夫。

又过了些日子,张释之升为中郎将。有一次跟随文帝到了霸陵,他们站在霸陵的北面眺望。这时慎夫人也跟在旁边,皇帝指着通往新丰的道路给她看,并说:"这是通往邯郸的路啊。"接着,让慎夫人鼓瑟,自己和着瑟的曲调而唱,心中一阵凄惨悲伤,他回过头来对着大臣们说:"唉!用北山的石头做外椁,把纻麻、绵絮剁碎,用漆黏合着塞在石椁的缝隙间,再用漆粘涂在上面,那么谁还能打得开呢?"左右的人都说:"是啊。"张释之走上前说道:"假若坟墓里有人们想要的东西,即使封铸南山做棺椁,也还是会有缝隙;假若里面没有人们想要的东西,即使没有石椁,又有什么值得忧虑的呢!"文帝称赞他说得好。后来又任命他做了廷尉。

此后不久,文帝外出经过长安城北的中渭桥,突然有一个人从桥下跑出来,文帝的车马受了惊。于是命令骑士捉住这个人,交给廷尉张释之处置。张释之审问那个人,那人说:"我是从长安县的乡下来的,听到了清道戒严的号令,就躲在桥下。等了好久,以为皇帝的队伍已经过去了,就从桥下出来,忽然看见了皇帝的车队,就吓得赶紧往回跑。"廷尉审理完毕,向皇帝报告那个人应得的处罚,认为他违反了清道的禁令,应处以罚款。文帝发怒说:"这个人惊了我的马,幸亏我的马性情温和,假若是别的马,不就会伤害到我了吗?可是廷尉却只判他罚金!"张释之说:"法律是天子和百姓都应该共同遵守的。按照法律就应该这样判决,如果要加重处罚,这样法律就不能取信于民。况且在当时,皇上派人就地杀掉他也就罢了,现在既然交付给廷尉,廷尉是天下公正执法的象征,如果稍微有所偏斜,那么天下执法者都会任意或轻或重,民众岂不要手足无措了吗?愿陛下明察。"过了许久,文帝才说:"廷尉的判处是正确的。"

后来,有人盗窃高祖庙神座前的玉环,被抓到了,文帝大怒,交给廷尉审理。张释之按法律中偷盗宗庙服饰器具的处罚规定奏报皇帝,判处斩首示众。文帝勃然大怒说:"这人无法无天,竟敢偷盗先帝庙中的器物,我之所以交付廷尉审理,是要灭掉他的全族,而你却一味按照法律条文行事,这不是我恭敬供奉宗庙的本意啊。"张释之摘下帽子叩头谢罪说:"依照法律这样处罚已经到头了。况且在罪名相同时,也要区别罪行的不同轻重程度。如今偷盗宗庙器物就诛灭他的全族,万一有愚蠢的人掘了长陵,陛下又该用什么刑罚惩处他呢?"文帝想了半天,又和薄太后谈论了这件事,才同意了廷尉的判决。当时,中尉条侯周亚夫

侯周亚夫与梁相山都侯王恬开见释之持议平，乃结为亲友。张廷尉由此天下称之。

后文帝崩，景帝立，释之恐，称病。欲免去，惧大诛至；欲见谢，则未知何如。用王生计，卒见谢，景帝不过也。

王生者，善为黄老言，处士也。尝召居廷中，三公九卿尽会立，王生老人，曰"吾袜解"，顾谓张廷尉："为我结袜！"释之跪而结之。既已，人或谓王生曰："独奈何廷辱张廷尉，使跪结袜？"王生曰："吾老且贱，自度终无益于张廷尉。张廷尉方今天下名臣，吾故聊辱廷尉，使跪结袜，欲以重之。"诸公闻之，贤王生而重张廷尉。

张廷尉事景帝岁余，为淮南王相，犹尚以前过也。久之，释之卒。其子曰张挚，字长公，官至大夫，免。以不能取容当世，故终身不仕。

冯唐者，其大父赵人。父徙代。汉兴徙安陵。唐以孝著，为中郎署长，事文帝。文帝辇过，问唐曰："父老何自为郎？家安在？"唐具以实对。文帝曰："吾居代时，吾尚食监高祛数为我言赵将李齐之贤，战于巨鹿下。今吾每饭，意未尝不在巨鹿也。父知之乎？"唐对曰："尚不如廉颇、李牧之为将也。"上曰："何以？"唐曰："臣大父在赵时，为官将，善李牧。臣父故为代相，善赵将李齐，知其为人也。"上既闻廉颇、李牧为人，良说，而搏髀曰："嗟乎！吾独不得廉颇、李牧时为吾将，吾岂忧匈奴哉！"唐曰："主臣！陛下虽得廉颇、李牧，弗能用也。"上怒，起，入禁中。良久，召唐让曰："公奈何众辱我，独无间处乎？"唐谢曰："鄙人不知忌讳。"

当是之时，匈奴新大入朝那，杀北地都尉印。上以胡寇为意，乃卒复问唐曰："公何以知吾不能用廉颇、李牧也？"唐对曰："臣闻上古王者之遣将也，跪而推毂，曰阃以内者，寡人制之；阃以外者，将军制之。军功爵赏皆决于外，归而奏之。此非虚言也。臣大父

与梁国国相山都侯王恬开看到张释之执法判决公正，就和他结为亲密的朋友。张释之从此得到全国人的称赞。

文帝去世后，景帝即位。张释之内心恐惧，常常假称生病。想要辞职离去，又担心招致杀身大祸；想要当面向景帝谢罪，却又不知怎么办好。后来，他采用王生的计策，得以当面谢罪，景帝也没有责怪他。

王生爱好黄老学说，是个处士。有一次被召进宫中，三公九卿全都在殿中侍立，王生年纪很大了，忽然声称"我的袜带松脱了"，回过头来对张廷尉说："给我系好袜带！"张释之就跪下替他系好袜带。事后，有人问王生："您为什么要在朝廷上羞辱张廷尉，让他跪着给您系袜带呢？"王生说："我年纪大了，而且地位又低，自己想着终究不会对张廷尉有什么帮助了。张廷尉是当今天下的名臣，我故意要侮辱廷尉，让他跪下替我系袜带，是想要以此提高他的名望。"各位公卿听说这件事，都称赞王生的贤能，并越发敬重张廷尉了。

张廷尉侍奉景帝一年多以后，被贬为淮南王相，还是因为以前得罪景帝的缘故。过了几年，张释之死了。他的儿子张挚，字长公，官职一直做到大夫，后来被免职。因为他不能迎合当时的权贵显要，所以终身也没有再做官。

冯唐，他的祖父是战国时赵国人，父亲移居到代地。汉朝建立后，又迁到安陵。冯唐以孝行闻名，孝文帝时被举荐做了中郎署长。一次，文帝乘车经过冯唐任职的官署，问冯唐说："老人家这么大年纪，怎么还在做郎官？老家在哪里？"冯唐一一如实回答。孝文帝说："我在代国的时候，我的尚食监高祛多次和我谈到赵将李齐的才能，讲到他在巨鹿城下作战的情形。如今我每当吃饭的时候，心思都未尝不是在巨鹿。老人家知道这个人吗？"冯唐回答说："他还比不上廉颇、李牧的才能。"孝文帝说："为什么？"冯唐说："我祖父在赵国时，担任过统率士兵的职务，和李牧交情很好。我父亲从前做代相，和赵将李齐也很友好，所以能知道他们的为人。"孝文帝听完冯唐的述说，很高兴，拍着大腿说："唉！我偏偏不能让廉颇、李牧这样的人给我做将领，如果有了他们，我还担忧匈奴吗？"冯唐说："臣诚惶诚恐，我想陛下就是得到廉颇、李牧，也不会起用的。"文帝大怒，起身回宫。过了很久，才又召见冯唐，责备他说："您为什么要当众侮辱我？难道就不能在没人的时候说吗？"冯唐谢罪说："是我这粗鄙的人不知道忌讳了。"

当时，匈奴人大举侵犯朝那，又杀死北地都尉孙卬。孝文帝正为此忧虑，于是又一次询问冯唐："您为什么说我不能任用廉颇、李牧呢？"冯唐回答说："我听说古时候君王派遣将军时，要跪下来为他们推车轴，并且对他们说，朝中的事情，我来决定；外面的事情，将军来决定。军功和爵位赏赐都由将军来决

言，李牧为赵将居边，军市之租皆自用飨士，赏赐决于外，不从中扰也。委任而责成功，故李牧乃得尽其智能，遣选车千三百乘，彀骑万三千，百金之士十万，是以北逐单于，破东胡，灭澹林，西抑强秦，南支韩、魏。当是之时，赵几霸。其后会赵王迁立，其母倡也。王迁立，乃用郭开谗，卒诛李牧，令颜聚代之。是以兵破士北，为秦所禽灭。今臣窃闻魏尚为云中守，其军市租尽以飨士卒，私养钱，五日一椎牛，飨宾客军吏舍人，是以匈奴远避，不近云中之塞。虏曾一入，尚率车骑击之，所杀其众。夫士卒尽家人子，起田中从军，安知尺籍伍符。终日力战，斩首捕虏，上功莫府，一言不相应，文吏以法绳之。其赏不行而吏奉法必用。臣愚，以为陛下法太明，赏太轻，罚太重。且云中守魏尚坐上功首虏差六级，陛下下之吏，削其爵，罚作之。由此言之，陛下虽得廉颇、李牧，弗能用也。臣诚愚，触忌讳，死罪死罪！"文帝说。是日令冯唐持节赦魏尚，复以为云中守，而拜唐为车骑都尉，主中尉及郡国车士。

七年，景帝立，以唐为楚相，免。武帝立，求贤良，举冯唐。唐时年九十余，不能复为官，乃以唐子冯遂为郎。遂字王孙，亦奇士，与余善。

太史公曰：张季之言长者，守法不阿意；冯公之论将率，有味哉！有味哉！语曰"不知其人，视其友"。二君之所称诵，可著廊庙。书曰"不偏不党，王道荡荡；不党不偏，王道便便"。张季、冯公近之矣。

定,回来时说一声就行了。这些都不是随便说说的。我的祖父说,李牧在赵国边境统率军队时,把军中征收的税金都用来犒赏部下。一切赏赐由将军们在外决定,朝廷从不干涉。君王只是委托给他重任,要求他成功,李牧因此才能充分发挥他的智慧和才能。他精选兵车一千三百辆,善于骑射的士兵一万三千人,精锐士卒十万人,因此能够在北面驱逐单于,大破东胡,消灭澹林,向西抑制了强大的秦国,在南面顶住了韩魏。当时,赵国几乎称霸天下。后来赵王迁即位,他的母亲原是卖唱的女子。他一即位,就听信郭开的谗言,把李牧给杀了,让颜聚取代他。结果军队溃败,被秦人俘虏消灭。如今我听说魏尚做云中郡的郡守,军中的税收也都用来犒赏士兵,还拿出自己的俸钱,每五天杀一次牛,款待宾客、军吏和属官,匈奴因此远远地避开,不敢靠近云中的要塞。匈奴曾经有一次入侵,魏尚率领兵马抗击,杀死很多敌军。那些士卒全都是民家子弟,刚从庄稼地里出来,哪里会知道'尺籍''伍符'之类琐琐碎碎的法令呢?他们只知道整天拼力作战,杀敌捕俘,到幕府报功时,仅仅因为一点不符合实际情况,司法官就用法令来制裁他们。结果立了功不一定能得到赏赐,可是犯了法一定要受惩罚。以我的愚见,陛下的法令太严苛,赏赐太轻,惩罚太重。况且魏尚就因为多报了六个人头,陛下就把他治罪下狱,削夺了他的爵位,罚他服劳役。从这件事看来,陛下即使是得到了廉颇、李牧,也不会重用的。我是个粗人,说话不知道忌讳,实在是该死!"文帝听了很高兴。当天下令让冯唐持节赦免魏尚,重新让他担任云中太守的职务,并且任命冯唐为车骑都尉,掌管中尉和各郡国的车战士兵。

孝文帝后元七年,孝景帝即位,任命冯唐做楚国的国相,不久他因事被免职。武帝即位时,下诏征求贤良之士,有人举荐冯唐。冯唐当时已九十多岁,不能再做官了,于是任用他的儿子冯遂做了郎官。冯遂,字王孙,也是杰出的人才,和我很友好。

太史公曰:张季谈论忠厚长者,遵守法度不迎合上面的意图;冯公谈论将官率军作战之道,都说得好,说得好啊!俗话说:"如果不了解一个人,看看他结交的朋友就知道了。"他们两位所赞许长者将帅的话,应该标著于朝廷。《尚书》上说:"如果君臣都能够不偏私不结党,国家就会一派兴旺,王道就会平坦通畅。"张释之与冯公的思想接近这种境界了!

万石张叔列传第四十三

万石君名奋,其父赵人也,姓石氏。赵亡,徙居温。高祖东击项籍,过河内,时奋年十五,为小吏,侍高祖。高祖与语,爱其恭敬,问曰:"若何有?"对曰:"奋独有母,不幸失明。家贫。有姊,能鼓琴。"高祖曰:"若能从我乎?"曰:"愿尽力。"于是高祖召其姊为美人,以奋为中涓,受书谒,徙其家长安中戚里,以姊为美人故也。其官至孝文时,积功劳至大中大夫。无文学,恭谨无与比。

文帝时,东阳侯张相如为太子太傅,免。选可为傅者,皆推奋,奋为太子太傅。及孝景即位,以为九卿;迫近,惮之,徙奋为诸侯相。奋长子建,次子甲,次子乙,次子庆,皆以驯行孝谨,官皆至二千石。于是景帝曰:"石君及四子皆二千石,人臣尊宠乃集其门。"号奋为万石君。

孝景帝季年,万石君以上大夫禄归老于家,以岁时为朝臣。过宫门阙,万石君必下车趋,见路马必轼焉。子孙为小吏,来归谒,万石君必朝服见之,不名。子孙有过失,不谯让,为便坐,对案不食。然后诸子相责,因长老肉袒固谢罪,改之,乃许。子孙胜冠者在侧,虽燕居必冠,申申如也。僮仆䜣䜣如也,唯谨。上时赐食于家,必稽首俯伏而食之,如在上前。其执丧,哀戚甚悼。子孙遵教,亦如之。万石君家以孝谨闻乎郡国,虽齐鲁诸儒质行,皆自以为不及也。

建元二年,郎中令王臧以文学获罪。皇太后以为儒者文多质少,

万石君，名奋，父亲是赵国人，姓石。赵国灭亡后，举家迁居到温县。高祖向东攻打项羽的时候，途中经过河内郡，那时石奋只有十五岁，担任一个小官吏，侍奉高祖。高祖和他交谈，很喜爱他的恭敬有礼，就问他道："你家中有些什么人？"他回答说："我家中只有母亲，不幸眼睛失明，家里很贫穷。还有个姐姐，会弹琴。"高祖又说："你愿意跟随我吗？"他回答说："愿竭尽全力追随。"于是，高祖把他的姐姐召入宫做了美人，让石奋做了中涓，负责收受大臣进献的文书和谒见之事。从此他的家搬到长安城中的戚里，因为他的姐姐做了美人的缘故。到文帝即位时，他积功积劳，逐渐升迁，官累至大中大夫。石奋没有文才学问，但论起恭敬谨慎，没有人可以和他相比。

文帝时，东阳侯张相如担任太子太傅，后被免职。文帝要选择可以做太傅的人，大家都推举石奋，石奋就做了太子太傅。等到景帝即位，让他做了九卿之位；因为他过于恭敬谨慎，景帝觉得在身边不自由，就调他做了诸侯丞相。他的长子石建，次子、三子都失其名，四子石庆，个个都品行温驯、孝顺谨严，做官都做到了二千石。于是景帝说："石君和四个儿子都官至二千石，作为臣子的尊贵荣耀都集中到你们一家来了。"于是就称呼石奋为万石君。

景帝末年，万石君告老回家，享受上大夫的俸禄。每年朝廷举行盛大典礼时，他都作为大臣来参加。每次经过宫门的双阙时，万石君一定要下车小步急行，以示恭敬，见到皇帝的车驾一定要用手扶在车前横木上行礼表示致意。他的子孙做了小吏，回家拜见他，万石君也必定要穿上朝服接见他们，不直呼他们的名字。子孙中有人犯了过错，他也不责备他们，而是自己坐到侧旁的座位上，对着桌子不肯吃饭。直到他的子孙们自己相互做了批评，再通过族中的长辈求情，本人裸露上身表示认错，并表示坚决改正，才答允他们的请求。如果有已成年的子孙在身边，即使是闲居在家，他也一定要穿戴整齐，显示出严肃恭谨的样子。对待他的仆人也都非常恭敬有礼。皇帝有时赏赐食物给他家，他必定叩头跪拜之后才弯腰低头去吃，如同在皇帝面前一样。他对待丧事，哀痛忧戚，极度悲伤。子孙遵从他的教诲，也像他一样。万石君一家以孝顺谨严闻名于各个郡国，即使齐、鲁那些品行质朴的儒者，也都自认为赶不上他。

建元二年，郎中令王臧因为推崇儒学而获罪。窦太后认为儒生文饰过多而质

今万石君家不言而躬行，乃以长子建为郎中令，少子庆为内史。

建老白首，万石君尚无恙。建为郎中令，每五日洗沐归谒亲，入子舍，窃问侍者，取亲中帬厕牏，身自浣涤，复与侍者，不敢令万石君知，以为常。建为郎中令，事有可言，屏人恣言，极切；至廷见，如不能言者。是以上乃亲尊礼之。

万石君徙居陵里。内史庆醉归，入外门不下车。万石君闻之，不食。庆恐，肉袒请罪，不许。举宗及兄建肉袒，万石君让曰："内史贵人，入闾里，里中长老皆走匿，而内史坐车中自如，固当！"乃谢罢庆。庆及诸子弟入里门，趋至家。

万石君以元朔五年中卒。长子郎中令建哭泣哀思，扶杖乃能行。岁余，建亦死。诸子孙咸孝，然建最甚，甚于万石君。

建为郎中令，书奏事，事下，建读之，曰："误书！'马'者与尾当五，今乃四，不足一。上谴死矣！"甚惶恐。其为谨慎，虽他皆如是。

万石君少子庆为太仆，御出，上问车中几马，庆以策数马毕，举手曰："六马。"庆于诸子中最为简易矣，然犹如此。为齐相，举齐国皆慕其家行，不言而齐国大治，为立石相祠。

元狩元年，上立太子，选群臣可为傅者，庆自沛守为太子太傅，七岁迁为御史大夫。

元鼎五年秋，丞相有罪，罢。制诏御史："万石君先帝尊之，子孙孝，其以御史大夫庆为丞相，封为牧丘侯。"是时汉方南诛两越，东击朝鲜，北逐匈奴，西伐大宛，中国多事。天子巡狩海内，修上古神祠，封禅，兴礼乐。公家用少，桑弘羊等致利，王温舒之属峻法，

朴欠缺，如今万石君一家虽不言不语，却能身体力行，于是就让万石君的长子石建做了郎中令，四子石庆做了内史。

石建年老头发完全白了的时候，万石君依然健在，且健康无病。石建做了郎中令，每五天可以休假一天。每次回去拜见父亲时，他总是先进入侍者的小屋，私下向侍者询问父亲的情况，并要过父亲的贴身衣裤和溺器，亲自洗涤干净，再交给侍从的人，不敢让父亲知道，常常如此。石建做郎中令时，有事要向皇帝谏说，就屏退旁人，畅所欲言，言语恳切极言直谏；等到上了朝廷，却好像不会说话一样。因此皇帝就对他非常信任，非常尊重。

万石君迁居到陵里。有一次担任内史的儿子石庆喝醉了酒回来，进入外门时没有下车。万石君听说以后就不肯吃饭。石庆慌了，就袒露上身向父亲请罪，万石君没有原谅。全族的人和他的哥哥石建也袒露上身替他请罪，万石君讽刺地说："内史是显贵的人，进入咱这个小里巷，乡里的父老们理应为您回避，大内史坐在车里态度自如，本是应该的嘛！"说完就让石庆走开了。从此以后，石庆和石家的子弟们进入里门时，都下车快步走回到家中。

万石君在武帝元朔五年去世。大儿子郎中令石建痛哭流涕非常伤心，以致虚弱到要手扶拐杖才能走路。一年以后，石建也死了。万石君的子孙们都很孝顺，其中石建最为突出，甚至超过了万石君。

石建做郎中令时，有一次书写奏章，奏章批下来，石建读了以后，非常惶恐不安地说："写错了！'马'字连同字的尾部应当是五笔，现在写成了四笔，少了一笔。糟了，皇上一定会怪罪下来，我该死啊！"他为人做事谨慎小心，即使对其他的事也都是这样。

万石君的四子石庆担任太仆，为皇帝驾车。有一次武帝外出，故意问他驾车的马有几匹，石庆用马鞭一一点数了一遍，才举手回答说："共有六匹。"石庆在几个儿子中算是最不讲究礼节的了，尚且如此谨慎小心。石庆担任齐国的国相时，齐国上下都敬慕他们的家风，所以不用发布政令，齐国就得以大治，非常安定，齐国人还为石庆立了个石相祠。

武帝元狩元年，皇帝册立太子，从群臣中挑选能够做太子老师的人，石庆从沛郡的太守任上被调任为太子太傅，七年以后升任御史大夫。

武帝元鼎五年的秋天，丞相赵周因为有罪被免除了官职。皇帝诏令御史大夫说道："先帝很敬重万石君，他的子孙都很孝顺，现在就让御史大夫石庆担任丞相，封为牧丘侯。"这时，汉朝正在向南讨伐两越，向东攻击朝鲜，向北驱逐匈奴，向西征伐大宛，国家正值多事之时。而皇帝又喜欢到各地去巡视，修复上古的神庙，到泰山封禅祭天，大兴礼乐。国家收入匮乏，武帝就让桑弘羊等想方设

儿宽等推文学至九卿，更进用事，事不关决于丞相，丞相醇谨而已。在位九岁，无能有所匡言。尝欲请治上近臣所忠、九卿咸宣罪，不能服，反受其过，赎罪。

元封四年中，关东流民二百万口，无名数者四十万，公卿议欲请徙流民于边以适之。上以为丞相老谨，不能与其议，乃赐丞相告归，而案御史大夫以下议为请者。丞相惭不任职，乃上书曰："庆幸得待罪丞相，罢驽无以辅治，城郭仓库空虚，民多流亡，罪当伏斧质，上不忍致法。愿归丞相侯印，乞骸骨归，避贤者路。"天子曰："仓廪既空，民贫流亡，而君欲请徙之，摇荡不安，动危之，而辞位，君欲安归难乎？"以书让庆，庆甚惭，遂复视事。

庆文深审谨，然无他大略，为百姓言。后三岁余，太初二年中，丞相庆卒，谥为恬侯。庆中子德，庆爱用之，上以德为嗣，代侯。后为太常，坐法当死，赎免为庶人。庆方为丞相，诸子孙为吏更至二千石者十三人。及庆死后，稍以罪去，孝谨益衰矣。

建陵侯卫绾者，代大陵人也。绾以戏车为郎，事文帝，功次迁为中郎将，醇谨无他。孝景为太子时，召上左右饮，而绾称病不行。文帝且崩时，属孝景曰："绾长者，善遇之。"及文帝崩，景帝立，岁余不噍呵绾，绾日以谨力。

景帝幸上林，诏中郎将参乘，还而问曰："君知所以得参乘乎？"绾曰："臣从车士幸得以功次迁为中郎将，不自知也。"上问曰："吾为太子时召君，君不肯来，何也？"对曰："死罪，实病！"上赐之剑。绾曰："先帝赐臣剑凡六剑，不敢奉诏。"上曰："剑，人之所施易，独至今乎？"绾曰："具在。"上使取六剑，剑

法为国家捞钱，王温舒等实行苛峻的法律，儿宽等人推崇文章学问，他们都官做到了九卿，交替升迁当政，做什么事都不通过石庆，石庆也就只是一味忠厚谨慎罢了。石庆在位九年，没有什么能够匡辅朝政的言论，他曾经想要惩治皇帝的近臣所忠、九卿咸宣的罪过，不仅没能制服他们，反使自己遭受了责难，后来花了钱才得免罪。

汉武帝元封四年，关东有两百万难民流离失所，没有户籍的有四十万人，公卿大臣商议把流民迁徙到边疆去安置。皇帝认为丞相年老拘谨，不能主持这种事务，就让他临时请假回家，而查办了御史大夫以下提出这种建议的官吏。丞相自感惭愧不能胜任职务，就上书说："石庆有幸得以担任丞相，但是才能浅薄无法辅助皇上治理国家，使得城内仓库空虚，很多百姓流亡在外，论罪我应该斩首，皇上不忍心将我法办。我情愿交还丞相侯爵的印信，请求告老还乡，给贤能的人让路。"武帝说："粮仓已经空虚，百姓贫困流离失所，而你们却想要把他们发配边疆，社会已经动荡不安了，人心浮动形势危急，您却在这时要辞去职位，您想要把危难推给谁呢？"就下诏书责备石庆，石庆又惭愧又害怕，才又重新出来处理政事。

石庆为人思虑细密，处事审慎拘谨，却没有什么高明的见解，也不能为百姓说话。三年以后，太初二年，丞相石庆去世，皇上赐谥号为恬侯。石庆的次子石德，很受石庆喜爱器重，皇上就让石德做继承人，承袭侯爵的爵位。后来石德官做到太常，因为触犯法律被判处死刑，后来花钱赎罪被免职降为平民。石庆担任丞相时，他的子孙中官做到两千石的有十三个人。等到石庆死了以后，这些人也因为犯罪而相继被免职，从此孝顺谨慎的家风也渐渐地没有了。

建陵侯卫绾，是代地大陵人。卫绾凭着高超的车技做了郎官，侍奉文帝，由于不断立功，累次升迁做到了中郎将，但他除了忠厚谨慎以外，没有其他长处。景帝做太子时，曾经请皇帝身边的近臣饮宴，而卫绾称病不肯去。文帝临死时嘱咐景帝说："卫绾是个忠厚的长者，你要好好待他。"等到文帝去世，景帝即位，一年多没理睬过卫绾，卫绾仍是每天都兢兢业业，谨慎尽责。

景帝有一次驾临上林苑，让中郎将卫绾陪同共乘一辆车，回来后问卫绾："知道我为什么要你陪同乘一辆车吗？"卫绾说："我从一个小小的车士有幸逐渐升为中郎将，自己不知道这是什么缘故。"景帝又问："我做太子时邀请你参加宴饮，你为什么不肯来呢？"卫绾回答说："臣该死，确实是生病了！"景帝赐给他一把剑。卫绾说："先帝曾经赐给我六把，我不敢再接受陛下的恩赐了。"景帝说："剑是人们所喜爱之物，往往用来交换买卖，你难道把它们保留到现在吗？"卫绾说："全部都还在。"皇帝派人取来那六把剑，宝剑完好地在

尚盛，未尝服也。郎官有谴，常蒙其罪，不与他将争；有功，常让他将。上以为廉，忠实无他肠，乃拜绾为河间王太傅。吴楚反，诏绾为将，将河间兵击吴楚有功，拜为中尉。三岁，以军功，孝景前六年中封绾为建陵侯。

其明年，上废太子，诛栗卿之属。上以为绾长者，不忍，乃赐绾告归，而使郅都治捕栗氏。既已，上立胶东王为太子，召绾，拜为太子太傅。久之，迁为御史大夫。五岁，代桃侯舍为丞相，朝奏事如职所奏。然自初官以至丞相，终无可言。天子以为敦厚，可相少主，尊宠之，赏赐甚多。

为丞相三岁，景帝崩，武帝立。建元年中，丞相以景帝疾时诸官囚多坐不辜者，而君不任职，免之。其后绾卒，子信代。坐酎金失侯。

塞侯直不疑者，南阳人也。为郎，事文帝。其同舍有告归，误持同舍郎金去，已而金主觉，妄意不疑，不疑谢有之，买金偿。而告归者来而归金，而前郎亡金者大惭，以此称为长者。文帝称举，稍迁至太中大夫。朝廷见，人或毁曰："不疑状貌甚美，然独无奈其善盗嫂何也！"不疑闻，曰："我乃无兄。"然终不自明也。

吴楚反时，不疑以二千石将兵击之。景帝后元年，拜为御史大夫。天子修吴楚时功，乃封不疑为塞侯。武帝建元年中，与丞相绾俱以过免。

不疑学老子言。其所临，为官如故，唯恐人知其为吏迹也。不好立名称，称为长者。不疑卒，子相如代。孙望，坐酎金失侯。

郎中令周文者，名仁，其先故任城人也。以医见。景帝为太子时，拜为舍人，积功稍迁，孝文帝时至太中大夫。景帝初即位，拜仁为郎中令。

剑套中，还不曾佩带使用过。每当属下郎官犯有过失，他常常承担罪责，不和别的将官争辩；有了功劳，他常常让给别的将官。皇上认为他清廉，为人忠诚，没有别的恶念，于是就任命卫绾做了河间王的太傅。吴、楚七国叛乱，皇上任命卫绾做将军，因为统率河间王的军队攻击吴、楚有功，又把他升迁做了中尉。三年后，因为军功，于孝景帝前元六年，受封为建陵侯。

第二年，景帝废黜了太子刘荣，杀了太子的舅父栗卿等人。景帝认为卫绾是个老好人，不忍心让他审理这件大案而大肆捕杀，就赐他休假回家，而另调了郅都逮捕审理栗氏族人。案子结束后，景帝立了胶东王刘彻做太子，征召卫绾，任命他为太子太傅。后来升迁为御史大夫。五年后，代替桃侯刘舍做了丞相。他上朝奏明政事，只限于上奏职权以内的事，因此从最初做官直到当了丞相，始终没有什么可称道的或可指责的地方。而景帝认为他敦厚老实，可以辅佐少主，于是对他特别尊重宠爱，赏赐了很多东西。

卫绾担任丞相三年，景帝去世，武帝即位。建元年间，景帝生病时各官署的囚犯有很多是无辜受累的，丞相因此被认为不称职，武帝罢免了他的官职。后来卫绾去世，他的儿子卫信继承了建陵侯的爵位，后来由于助祭献金不合规定而被削夺了爵位。

塞侯直不疑是南阳人，他担任郎官，侍奉过文帝。他的同屋有人请假回家，误拿走他人的金子。过了些时候，金子的主人才发觉，就胡乱怀疑是直不疑拿的，直不疑向他赔礼道歉并承认了这件事，买来金子偿还给他。后来请假回家的人发现拿错了，回来归还了金子，先前那个丢失金子的人极为惭愧，人们因此称赞他是个忠厚的人。文帝也称道荐举他，逐步提拔到太中大夫。一次在朝廷上集会，有人毁谤他说："直不疑相貌很美，但怎奈他会和嫂子私通，这是怎么回事！"直不疑听说了，说道："我没有哥哥。"说过后他始终不再做其他辩解。

吴、楚七国叛乱时，直不疑以二千石官员的身份率兵攻打叛军。景帝后元元年，任命他做了御史大夫。天子表彰平定吴、楚叛乱时的功劳，就封直不疑为塞侯。武帝建元年间，和丞相卫绾一起因为过失被免职。

直不疑学习老子的学说。他治理每个地方时，都依照前任的样子，唯恐人们知道他做官的事迹。他从不追求立功扬名，却为人所重，被人称为长者。直不疑去世后，其儿子直相如承袭侯爵之位。到孙子直望时，因为助祭献金不合规定失去了侯爵爵位。

郎中令周文，名仁，他的祖先原是任城县人。周文以医术闻名而进见天子，景帝做太子时，他被文帝任命为舍人，后来逐渐提升，一直做到太中大夫。景帝刚刚即位，就任命周仁做了郎中令。

仁为人阴重不泄，常衣敝补衣溺裤，期为不絜清，以是得幸。景帝入卧内，于后宫秘戏，仁常在旁。至景帝崩，仁尚为郎中令，终无所言。上时问人，仁曰："上自察之。"然亦无所毁。以此景帝再自幸其家。家徙阳陵。上所赐甚多，然常让，不敢受也。诸侯群臣赂遗，终无所受。

　　武帝立，以为先帝臣，重之。仁乃病免，以二千石禄归老，子孙咸至大官矣。

　　御史大夫张叔者，名欧，安丘侯说之庶子也。孝文时以治刑名言事太子。然欧虽治刑名家，其人长者。景帝时尊重，常为九卿。至武帝元朔四年，韩安国免，诏拜欧为御史大夫。自欧为吏，未尝言案人，专以诚长者处官。官属以为长者，亦不敢大欺。上具狱，事有可却，却之；不可者，不得已，为涕泣面对而封之。其爱人如此。

　　老病笃，请免。于是天子亦策罢，以上大夫禄归老于家。家于阳陵。子孙咸至大官矣。

　　太史公曰：仲尼有言曰"君子欲讷于言而敏于行"，其万石、建陵、张叔之谓邪？是以其教不肃而成，不严而治。塞侯微巧，而周文处讇，君子讥之，为其近于佞也。然斯可谓笃行君子矣！

周仁为人厚道持重，不泄露别人的秘密。常常穿着破旧打着补丁的衣服，溺湿裤子，故意显得很不干净，使妃嫔不愿接近，因此得到景帝宠爱。以至于景帝在寝宫和妃嫔戏耍取乐的时候，周仁常在旁边。景帝去世时，周仁还在做郎中令，始终没有什么建言。皇帝有时问他某个人的品行，周仁总是说："皇上亲自考察他吧。"他也从来不说别人的坏话，因此景帝信任他，曾经两次驾临他的家。他家后来迁徙到阳陵。皇帝赏赐给他很多东西，他都常常推让，不敢接受。诸侯大臣赠送的东西，他也从不接受。

汉武帝即位，认为他是先帝的大臣，非常尊重他。周仁称病辞职，得享二千石俸禄归家养老，子孙全都做到了大官。

御史大夫张叔，名欧，是安丘侯张说的庶子。文帝时，他因研究刑名家的学说受到赏识，被派去侍奉太子。尽管张欧研究刑名学说，为人却忠厚老实。景帝很尊重他，以至于官职常在九卿之中转换。到了元朔四年，韩安国因事被免职，武帝就任命张欧做了御史大夫。自从张欧做官以来，未曾说过要查办哪个人，对待一切人事，都以忠厚诚恳的态度。下属官吏也因为他忠厚老实，不敢太欺瞒他。向上呈送已结的案件，凡遇到有可以退回重审的，就将其退回；不可以退回的，不得已，就流着眼泪亲自看着封好它。他的仁爱之心就像这样。

后来他年老病重，请求辞去官职。天子也就颁布诏书准许了他的请求，按照上大夫的俸禄让他回乡养老。他的家在阳陵，子孙都做了大官。

太史公说：孔子曾经说过"君子言语要迟钝，而做事要敏捷"，说的就是万石君、建陵侯和张叔这类人啊！正因为他们有这种品行，所以教化不峻严而成功，措施不严厉而能使社会安定。而直不疑就过于巧诈，周文又近于谄媚，所以君子都讥讽他们，是因为他们接近谄佞了。但这几个人都可算是行为敦厚的君子了。

田叔列传第四十四

田叔者，赵陉城人也。其先，齐田氏苗裔也。叔喜剑，学黄老术于乐巨公所。叔为人刻廉自喜，喜游诸公。赵人举之赵相赵午，午言之赵王张敖所，赵王以为郎中。数岁，切直廉平，赵王贤之，未及迁。

会陈豨反代，汉七年，高祖往诛之，过赵，赵王张敖自持案进食，礼恭甚，高祖箕踞骂之。是时赵相赵午等数十人皆怒，谓张王曰："王事上礼备矣，今遇王如是，臣等请为乱。"赵王啮指出血，曰："先人失国，微陛下，臣等当虫出。公等奈何言若是！毋复出口矣。"于是贯高等曰："王长者，不倍德。"卒私相与谋弑上。会事发觉，汉下诏捕赵王及群臣反者。于是赵午等皆自杀，唯贯高就系。是时汉下诏书："赵有敢随王者罪三族。"唯孟舒、田叔等十余人赭衣自髡钳，称王家奴，随赵王敖至长安。贯高事明白，赵王敖得出，废为宣平侯，乃进言田叔等十余人。上尽召见，与语，汉廷臣毋能出其右者，上说，尽拜为郡守、诸侯相。叔为汉中守十余年，会高后崩，诸吕作乱，大臣诛之，立孝文帝。

孝文帝既立，召田叔问之曰："公知天下长者乎。"对曰："臣何足以知之。"上曰："公，长者也，宜知之。"叔顿首曰："故云中守孟舒，长者也。"是时孟舒坐虏大入塞盗劫，云中尤甚，免。上曰："先帝置孟舒云中十余年矣，虏曾一入，孟舒不能坚守，毋故士卒战死者数百人。长者固杀人乎？公何以言孟舒为长者也？"叔叩头对曰："是乃孟舒所以为长者也。夫贯高等谋反，上下明诏，赵有敢随张王，罪三族。然孟舒自髡钳，随张王敖之所在，欲以身死之，岂

田叔是赵国陉城人,他的祖先是齐国田氏的后代。田叔喜欢剑术,曾向乐巨公学习黄老的学说。田叔为人严正清廉、洁身自好,喜欢和那些德高望重的人相交。赵国人把他推荐给赵国的丞相赵午,赵午又向赵王张敖称道他,于是赵王任命他为郎中。为官几年,他刚直清廉公平,赵王很赏识他,但没有来得及提升他。

　　正逢陈豨在代地谋反,汉七年,高祖前去讨伐叛军。路过赵国,赵王张敖亲自端着桌案进献食物,礼节非常周到,高祖却傲慢地平伸开两条腿,坐着大骂他。这时丞相赵午等数十个官员都非常愤怒,对赵王张敖说:"大王您侍奉皇上,礼节够完备的了,现在他对待您却是这样,我们请求杀了他。"赵王咬破手指出血发誓说道:"当年先人失掉了国家,如果没有陛下,我们的尸体早就生了蛆。你们怎能说这样的话!不要再说了!"于是贯高等议论说:"大王是忠厚长者,不肯背弃皇上的恩德。"就私下里谋划杀掉皇上。后来事情败露,朝廷下令逮捕赵王和谋反的大臣。赵午等人纷纷自杀,只有贯高情愿被囚禁。这时朝廷又下诏书说:"赵国有胆敢跟随赵王进京的,罪及三族。"只有孟舒、田叔等十几人身着赤褐色的囚衣,剃掉头发,颈上带着刑具,扮作赵王的家奴,跟随赵王张敖到了长安。贯高把谋反的事交待清楚,赵王张敖得以被释放,降为宣平侯,向刘邦推荐田叔等十多人。高祖全部召见他们,跟他们谈话后,认为朝中的大臣没有能超过他们的。高祖十分高兴,任命他们为郡守、诸侯相等职位。田叔做汉中郡守十多年,这期间吕后去世,吕氏诸人作乱,大臣诛杀了他们,并拥立了孝文帝。

　　孝文帝即位后,召见田叔问他道:"先生知道天下谁是忠厚的长者吗?"田叔回答说:"臣哪里能够知道呢。"皇帝说:"先生就是长者啊,您应该知道。"田叔叩头说:"从前的云中郡太守孟舒是长者。"当时因为匈奴入塞抢劫,云中郡遭侵犯抢劫严重,孟舒被认为作战不力而被免职。文帝说:"先帝安排孟舒担任云中郡太守十多年,匈奴一入侵,孟舒就不能坚守,无故损失好几百士兵。忠厚长者难道会让士兵如此被杀吗?您为什么说孟舒是忠厚长者呢?"田叔叩头回答说:"这正是孟舒为长者的原因。当初贯高等人谋反,皇上颁下明令诏书,赵国有敢跟随赵王张敖进京的,罪及三族。然而孟舒剃掉头发、颈带刑具,跟随赵王张敖来到长安,以死相伴,哪里料到日后会做云中郡的太守呢?汉

自知为云中守哉！汉与楚相距，士卒罢敝。匈奴冒顿新服北夷，来为边害，孟舒知士卒罢敝，不忍出言，士争临城死敌，如子为父，弟为兄，以故死者数百人。孟舒岂故驱战之哉！是乃孟舒所以为长者也。"于是上曰："贤哉孟舒。"复召孟舒以为云中守。

后数岁，叔坐法失官。梁孝王使人杀故吴相袁盎，景帝召田叔案梁，具得其事，还报。景帝曰："梁有之乎。"叔对曰："死罪！有之。"上曰："其事安在？"田叔曰："上毋以梁事为也。"上曰："何也。"曰："今梁王不伏诛，是汉法不行也；如其伏法，而太后食不甘味，卧不安席，此忧在陛下也。"景帝大贤之，以为鲁相。

鲁相初到，民自言相，讼王取其财物百余人。田叔取其渠率二十人，各笞五十，余各搏二十，怒之曰："王非若主邪？何自敢言若主。"鲁王闻之大惭，发中府钱，使相偿之。相曰："王自夺之，使相偿之，是王为恶而相为善也。相毋与偿之。"于是王乃尽偿之。

鲁王好猎，相常从入苑中，王辄休相就馆舍，相出，常暴坐待王苑外。王数使人请相休，终不休，曰："我王暴露苑中，我独何为就舍。"鲁王以故不大出游。

数年，叔以官卒，鲁以百金祠，少子仁不受也，曰："不以百金伤先人名。"

仁以壮健为卫将军舍人，数从击匈奴。卫将军进言仁，仁为郎中。数岁，为二千石丞相长史，失官。其后使刺举三河。上东巡，仁奏事有辞，上说，拜为京辅都尉。月余，上迁拜为司直。数岁，坐太子事。时左相自将兵，令司直田仁主闭守城门，坐纵太子，下吏诛死。仁发兵，长陵令车千秋上变仁，仁族死。陉城今在中山国。

太史公曰：孔子称曰"居是国必闻其政"，田叔之谓乎！义不忘

和楚长期对峙，士兵疲劳困顿。匈奴王冒顿刚刚征服北夷，又来我们边塞作乱，孟舒知道士兵很疲劳，不忍心叫他们再作战，可是士兵们却登城拼死作战，好像儿子为了父亲、弟弟为了兄长打仗一样，所以才战死了几百人。这哪是孟舒故意赶着他们送死呢？所以我认为孟舒是长者。"皇帝听了说："孟舒真是贤德啊。"又重新召回孟舒，让他继续做云中郡太守。

几年后，田叔因犯法被免去汉中郡太守的职务。这时梁孝王派人暗杀前吴国的丞相袁盎，景帝召回田叔，让他查处此案。田叔查清案情后，回朝复命。景帝问："梁王有派人暗杀袁盎的事吗？"回答说："臣死罪！确有此事。"景帝说："有罪证吗？"田叔说："皇上就不要再追究梁王的事了。"景帝问："为什么？"田叔说："现在梁王如不伏法被处死，这是汉朝的法律没有执行；如果他伏法而死，太后就会吃饭不香睡眠不安，到那时陛下的麻烦就更大了。"景帝认为他非常贤能，让他做了鲁国的丞相。

田叔刚刚到任，百姓纷纷上访，指责鲁王掠夺很多人家财物的事情。田叔抓住为首的二十个人，每人各打五十大板，其余的人各打手心二十，对他们厉声说："鲁王不是你们的君主吗？怎敢毁谤君主呢？"鲁王听说了这件事，很惭愧，拿出王府内库的钱，让丞相偿还给他们。田叔说："大王自己夺来的，让丞相去偿还，这是让大王做恶事而让丞相做善事，万万使不得。"于是鲁王就将财物全部还给百姓了。

鲁王喜欢打猎，田叔经常跟随他到林苑之中，鲁王总是要他到馆舍中休息，田叔就走出苑圈，常常露天坐在猎场边上等待鲁王狩猎归来。鲁王多次派人请他去休息，他终究不肯，说："大王在露天苑圈奔驰，我怎能独自在馆舍中呢？"鲁王因此不再大举出外游猎了。

几年后，田叔在任期间去世，鲁王用一百斤黄金给他作祭礼。田叔的小儿子田仁不肯接受，说："不能因为百斤黄金，而损害先父的名声。"

田仁身体强健，行事果敢，曾做过卫青将军的门客，多次跟随他攻打匈奴。卫将军很称赞田仁，就推荐他做了郎中。几年后，田仁官做到享有两千石俸禄的丞相长史，接着又因失职丢了官。后来武帝派他监察河南、河东、河内三郡的政务。武帝东巡时，田仁奏事言辞精妙，武帝很高兴，又任命他做京辅都尉。一个月后，被提升做了司直。几年后因太子谋反受到牵连。当时左丞相刘屈氂亲自率军搜捕太子，命令司直田仁闭守城门，而田仁却把太子放了，于是田仁被交给法官审理后处以死刑。田仁抗旨带兵到长陵，长陵令车千秋上书告发田仁反叛，田仁被灭族处死。陉城县属于中山国。

太史公说：孔子说"到一个国家，就要参与它的政务解决它的问题"，说的

贤，明主之美以救过。仁与余善，余故并论之。

褚先生曰：臣为郎时，闻之曰田仁故与任安相善。任安，荥阳人也。少孤贫困，为人将车之长安，留，求事为小吏，未有因缘也，因占著名数。家于武功，扶风西界小邑也，谷口蜀划道近山。安以为武功小邑，无豪，易高也，安留，代人为求盗亭父。后为亭长。邑中人民俱出猎，任安常为人分麋鹿雉兔，部署老小当壮剧易处，众人皆喜，曰："无恙也，任少卿分别平，有智略。"明日复合会，会者数百人。任少卿曰："某子甲何为不来乎。"诸人皆怪其见之疾也。其后除为三老，举为亲民，出为三百石长，治民。坐上行出游共帐不办，斥免。

乃为卫将军舍人，与田仁会，俱为舍人，居门下，同心相爱。此二人家贫，无钱用以事将军家监，家监使养恶啮马。两人同床卧，仁窃言曰："不知人哉家监也。"任安曰："将军尚不知人，何乃家监也。"卫将军从此两人过平阳主，主家令两人与骑奴同席而食，此二子拔刀列断席别坐。主家皆怪而恶之，莫敢呵。

其后有诏募择卫将军舍人以为郎，将军取舍人中富给者，令具鞍马绛衣玉具剑，欲入奏之。会贤大夫少府赵禹来过卫将军，将军呼所举舍人以示赵禹。赵禹以次问之，十余人无一人习事有智略者。赵禹曰："吾闻之，将门之下必有将类。传曰'不知其君视其所使，不知其子视其所友'。今有诏举将军舍人者，欲以观将军而能得贤者文武之士也。今徒取富人子上之，又无智略，如木偶人衣之绮绣耳，将奈之何。"于是赵禹悉召卫将军舍人百余人，以次问之，得田仁、任安，曰："独此两人可耳，余无可用者。"卫将军见此两人贫，意不平。赵禹去，谓两人曰："各自具鞍马新绛衣。"两人对曰："家贫无用具也。"将军怒曰："今两君家自为贫，何为出此言？鞅鞅如有移德于我者，何也。"将军不得已，上籍以闻。有诏召见卫将军舍人，此二人前见，诏问能略，相推第也。田仁对曰："提桴

大概就是田叔吧！他有节义而不忘贤德，使君王之美发扬光大，还能纠正君王的过失，田仁和我很要好，我因此一并论及他。

褚先生说：我做侍郎时，听说田仁曾和任安有交情。任安是荥阳人，幼小时就成了孤儿，家境贫困，他替别人驾车到长安，想找个差事做，却没有机会，于是申报户籍落户，定居武功。武功是扶风西边的小县，谷口靠近山区，有入蜀的栈道。任安认为武功是小县，没有豪门望族，容易出人头地，就留了下来。他先是在亭长手下当捕头和杂工，后来做了亭长。县里的百姓集体外出打猎，任安时常替人分配麋鹿、野鸡、野兔等猎物，合理安排老人、孩子和壮丁到或难或易的地方，大家都很高兴，说："不用操心了，任少卿办事公平，又有智谋。"有一天数百人集合开会，任少卿说："某某的儿子为什么没有来呢？"他心明眼快，众人都惊异不已。从这以后他被任命为乡里的三老，又被推举做了亲民之吏，出任三百石级的官长，治理民事。后来由于皇帝出巡时没有事先准备好帷帐等物资，被罢斥免了官职。

后来，他做了卫青将军的门客，和田仁在一起，同为家臣，住在将军府里，二人志同道合，互相敬爱。又都因家中贫困，没有钱去奉承将军的管家，管家就派他们饲养烈马。两人同床而眠，田仁悄悄地说："这个管家太不识人才了。"任安说："将军尚且不知人，更何况他的管家呢！"一次，卫将军让他俩跟随自己拜访平阳公主，公主家人让他俩和骑奴同坐一张席子吃饭，这两人拔刀割裂席子，以示决不与骑奴同席。公主家人都又惊异又厌恶，但也没有谁敢大声喝斥。

后来皇帝下诏书征募选拔卫将军的门客担任郎官，将军挑选了门客中富裕的人，让他们准备好鞍马、绛衣和用玉装饰的剑。正想要进宫去禀告给皇上。恰好贤大夫、少府赵禹前来拜访卫将军，将军把他举荐的门客召来给赵禹看。赵禹依次提问他们，十多人中竟没有一个有本事有智谋的。赵禹说："我听说，将门之下必有将才。古书说：'不了解一个国君，看看他任用的人就行了；不了解一个人，看看他结交的朋友就了解了。'现在皇帝之所以下诏书命令举荐将军门客，是想借以考察一下将军所能得到的贤人和文武人才。现在您只是挑选富家子弟，这些人没有智谋，就好像木偶人穿上锦绣衣服一样，有什么用呢？"于是把卫将军的一百多门客全部叫来，又依次询问他们，发现了田仁和任安，说："只有这两个人行啊，其余的都不行。"卫将军看到这两个人贫困，内心忿忿不平。赵禹走后，对他们说："你们各自回去准备鞍子和新绛衣。"两人回答说："家中贫困没有可用的东西。"卫将军发怒说："贫穷是你们自己的事，为什么对我发脾气？愤愤不平的样子好像对我有恩似的，这是为什么？"虽然这么说，将军也无可奈何，只好写好簿册上奏给皇上。皇上下诏，两人就前往晋见，皇上询问他们

鼓立军门，使士大夫乐死战斗，仁不及任安。"任安对曰："夫决嫌疑，定是非，辩治官，使百姓无怨心，安不及仁也。"武帝大笑曰："善。"使任安护北军，使田仁护边田谷于河上。此两人立名天下。

其后用任安为益州刺史，以田仁为丞相长史。

田仁上书言："天下郡太守多为奸利，三河尤甚，臣请先刺举三河。三河太守皆内倚中贵人，与三公有亲属，无所畏惮，宜先正三河以警天下奸吏。"是时河南、河内太守皆御史大夫杜父兄子弟也，河东太守石丞相子孙也。是时石氏九人为二千石，方盛贵。田仁数上书言之。杜大夫及石氏使人谢，谓田少卿曰："吾非敢有语言也，愿少卿无相诬污也。"仁已刺三河，三河太守皆下吏诛死。仁还奏事，武帝说，以仁为能不畏强御，拜仁为丞相司直，威振天下。

其后逢太子有兵事，丞相自将兵，使司直主城门。司直以为太子骨肉之亲，父子之间不甚欲近，去之诸陵过。是时武帝在甘泉，使御史大夫暴君下责丞相"何为纵太子"，丞相对言"使司直部守城门而开太子"。上书以闻，请捕系司直。司直下吏，诛死。

是时任安为北军使者护军，太子立车北军南门外，召任安，与节令发兵。安拜受节，入，闭门不出。武帝闻之，以为任安为佯邪，不傅事，何也？任安笞辱北军钱官小吏，小吏上书言之，以为受太子节，言"幸与我其鲜好者"。书上闻，武帝曰："是老吏也，见兵事起，欲坐观成败，见胜者欲合从之，有两心。安有当死之罪甚众，吾常活之，今怀诈，有不忠之心。"下安吏，诛死。

夫月满则亏，物盛则衰，天地之常也。知进而不知退，久乘富贵，祸积为祟。故范蠡之去越，辞不受官位，名传后世，万岁不忘，岂可及哉！后进者慎戒之。

的才能谋略,让他们互相品评高下,田仁回答说:"手执鼓槌,站立军门,使部下甘心情愿战斗而死,这点我不如任安。"任安回答说:"要论决断嫌疑,评判是非,辨别属下的官员,使百姓没有怨恨之心,这点我不如田仁。"武帝大笑道:"好。"就让任安监护北军,让田仁到黄河边上监护边塞的屯田和谷物生产的事情。两人从此闻名天下。

后来,任安被任命为益州刺史,田仁被任命为丞相长史。

田仁曾上书给皇帝说:"天下郡太守中很多人行为不轨图谋私利,尤其以三河最为严重,臣请求首先侦视督察三河地区。三河地区的太守都内靠达官贵人,外和三公(丞相、太尉、御史大夫)有亲属关系,因此肆无忌惮,应该先整顿三河,以此来警示天下行为不轨的官吏。"这时河南、河内的太守都是御史大夫杜周的亲属,河东太守是石丞相的子孙。此时的石氏门中有九人担任二千石级的大官,正值富贵鼎盛之时。田仁屡次上书谈及此事,御使大夫杜周和石氏派人来道歉,对田少卿说:"我们不敢请您关照什么,但愿少卿您不要诬陷我们。"等田仁查办三河之事后,三河的太守全被法办处死。田仁回朝奏明此事,武帝很高兴,认为田仁有才能,又不畏强暴,任命他为丞相司直,威震天下。

后来太子谋反事发,丞相亲自率兵讨伐,命令田仁守卫城门。田仁认为太子和皇帝是骨肉至亲,父子之间的事外人不好介入,就离开城门到各个陵寝去,使太子得以逃出城门。这时武帝正在甘泉宫,派御史大夫斥责丞相为什么放了太子?丞相回答说:"我命令田仁守卫城门,他却开门放了太子。"御史大夫上报给皇帝,请武帝下令逮捕司直。田仁被送交法官审问后处死。

这时任安担任北军使者护军,太子在北军的南门外停下车,召见任安,授他符节,命他调动北军。任安下拜接受符节,入营后把军门关上不再出来。武帝听说后,想,任安是不是在假装受节呢,他不附和太子,是什么原因呢?任安曾笞打过一个掌管钱财的小吏,小吏趁机上书报告,举报他接受太子符节时说:"希望太子以后多多关照。"奏书上呈朝廷,武帝看过后说:"这是老于世故的官吏,看到太子谋反,就想要坐观胜败,见哪边胜了就去附和随从,心存二意。任安曾犯有很多该判死刑的罪,我都让他活了下来,现在竟心怀鬼胎,有不忠之心。"于是把任安交法官审判,判处了死刑。

月亮圆过之后就会亏缺,事物极盛之后就会衰弱,这是天地间万物的规律。只知进却不知后退,久居富贵之位,就要积祸成灾。所以范蠡功成后就离开越国,不肯接受官职爵位,这才得以美名流传后世,万载不忘,一般人哪能比得了呢?后来者千万要引以为戒啊。

扁鹊仓公列传第四十五

扁鹊者，勃海郡郑人也，姓秦氏，名越人。少时为人舍长。舍客长桑君过，扁鹊独奇之，常谨遇之。长桑君亦知扁鹊非常人也。出入十余年，乃呼扁鹊私坐，间与语曰："我有禁方，年老，欲传与公，公毋泄。"扁鹊曰："敬诺。"乃出其怀中药予扁鹊："饮是以上池之水，三十日当知物矣。"乃悉取其禁方书尽与扁鹊。忽然不见，殆非人也。扁鹊以其言饮药三十日，视见垣一方人。以此视病，尽见五藏症结，特以诊脉为名耳。为医或在齐，或在赵。在赵者名扁鹊。

当晋昭公时，诸大夫强而公族弱，赵简子为大夫，专国事。简子疾，五日不知人，大夫皆惧，于是召扁鹊。扁鹊入视病，出，董安于问扁鹊，扁鹊曰："血脉治也，而何怪！昔秦穆公尝如此，七日而寤。寤之日，告公孙支与子舆曰：'我之帝所甚乐。吾所以久者，适有所学也。帝告我："晋国且大乱，五世不安。其后将霸，未老而死。霸者之子且令而国男女无别。"'公孙支书而藏之，秦策于是出。夫献公之乱，文公之霸，而襄公败秦师于肴而归纵淫，此子之所闻。今主君之病与之同，不出三日必间，间必有言也。"

居二日半，简子寤，语诸大夫曰："我之帝所甚乐，与百神游于钧天，广乐九奏万舞，不类三代之乐，其声动心。有一熊欲援我，帝命我射之，中熊，熊死。有罴来，我又射之，中罴，罴死。帝甚喜，赐我二笥，皆有副。吾见儿在帝侧，帝属我一翟犬，曰：'及而子之壮也以赐之。'帝告我：'晋国且世衰，七世而亡。嬴姓将大败周人

扁鹊是渤海郡郑地人，姓秦，名越人。年少的时候为人管理客馆。有个叫长桑君的客人到客馆来，只有扁鹊认为他与众不同，对待他十分恭敬谨慎。长桑君也知道扁鹊不是普通人，他进进出出，在客馆住了十多年，一天私下里叫扁鹊到房间坐坐，悄悄对他说："我有个医方，年纪老了，想传给你，你不要泄露出去。"扁鹊说："遵命。"长桑君于是从怀中拿出一包药给扁鹊，并说："用未落地的雨水或露水喝下它，三十天后你就能了解很多事情。"接着又拿出秘方书籍给了扁鹊。忽然间人就不见了，看来他不是凡人。扁鹊按照他说的，服了三十天药，就能看见墙另一边的人了。他凭借这个本事给人看病，五脏的病变部位都一目了然，诊脉只是名义而已。他有时在齐国行医，有时在赵国。在赵国时被称作扁鹊。

晋昭公的时候，大夫的势力日益强盛而国君的力量逐渐衰弱，赵简子只是大夫，却独掌政事。有一次，赵简子病重，昏迷了五天，大夫们都很担忧，于是召来扁鹊。扁鹊入室诊察病情后走出来，大夫董安于向扁鹊询问病情，扁鹊说："他的血脉正常，你们不用大惊小怪！从前秦缪公像这样昏迷了七天才苏醒。醒来后，对公孙支和子舆说：'我在天帝那里玩得非常开心。我之所以去那么长时间，是因为正好碰上天帝要教导我。天帝告诉我："晋国将要大乱，五代国君都不安宁。之后将有人成为霸主，不久霸主就会死去。霸主的儿子将使你的国家男女淫乱。"'公孙支记录下这些话并收藏起来，秦国史册上记载的史事就从这时候开始了。晋献公时的内乱，晋文公的称霸，及晋襄公打败秦军，回朝后就纵情淫乐，这些都是你所知道的。现在你们主君的病和他一样，不出三天就会醒来，醒来后必定也有一番话。"

过了两天半，赵简子果然苏醒了，对众大夫说："我到天帝那儿非常快乐，与百神在天空中游玩，天上的仙乐演奏九曲，还有祭祀宗庙的万舞，不像夏商周三代传下来的音乐，乐声让人心动。有一只熊要抓我，天帝命令我射杀它，我一箭就射中了熊，熊死了。接着又有一只罴走过来，我又射，罴也被射死了。天帝非常高兴，赏赐我两个竹筒，里边都装有饰品。我看见儿子也在天帝的身边，天帝把一只翟犬交给我，并说：'等到你的儿子长大以后，就把这犬赐给他。'天帝告诉我说：'晋国将会一代一代地衰微下去，七代以后就会灭亡。秦国人将在

于范魁之西，而亦不能有也。'"董安于受言，书而藏之。以扁鹊言告简子，简子赐扁鹊田四万亩。

其后扁鹊过虢。虢太子死，扁鹊至虢宫门下，问中庶子喜方者曰："太子何病，国中治穰过于众事？"中庶子曰："太子病血气不时，交错而不得泄，暴发于外，则为中害。精神不能止邪气，邪气畜积而不得泄，是以阳缓而阴急，故暴蹶而死。"扁鹊曰："其死何如时？"曰："鸡鸣至今。"曰："收乎？"曰："未也，其死未能半日也。""言臣齐勃海秦越人也，家在于郑，未尝得望精光，侍谒于前也。闻太子不幸而死，臣能生之。"中庶子曰："先生得无诞之乎？何以言太子可生也！臣闻上古之时，医有俞跗，治病不以汤液醴洒，镵石挢引，案扤毒熨，一拨见病之应，因五藏之输，乃割皮解肌，诀脉结筋，搦髓脑，揲荒爪幕，湔浣肠胃，漱涤五藏，练精易形。先生之方能若是，则太子可生也；不能若是而欲生之，曾不可以告咳婴之儿。"终日，扁鹊仰天叹曰："夫子之为方也，若以管窥天，以郄视文。越人之为方也，不待切脉、望色、听声、写形，言病之所在。闻病之阳，论得其阴；闻病之阴，论得其阳。病应见于大表，不出千里，决者至众，不可曲止也。子以吾言为不诚，试入诊太子，当闻其耳鸣而鼻张，循其两股以至于阴，当尚温也。"

中庶子闻扁鹊言，目眩然而不瞚，舌挢然而不下，乃以扁鹊言入报虢君。虢君闻之大惊，出见扁鹊于中阙，曰："窃闻高义之日久矣，然未尝得拜谒于前也。先生过小国，幸而举之，偏国寡臣幸甚。有先生则活，无先生则弃捐填沟壑，长终而不得反。"言末卒，因嘘唏服臆，魂精泄横，流涕长潸，忽忽承睫，悲不能自止，容貌变更。扁鹊曰："若太子病，所谓'尸蹶'者也。夫以阳入阴中，动胃繵缘，中经维络，别下于三焦、膀胱，是以阳脉下遂，阴脉上争，会气闭而不通，阴上而阳内行，下内鼓而不起，上外绝而不为，使上有绝阳之络，下有破阴之纽，破阴绝阳，色废脉乱，故形静如死状。太子

范魁的西边打败周人，但也不能占有它。'"董安于听了这些话，记录并收藏起来。人们把扁鹊的话告诉赵简子，赵简子赐给扁鹊四万亩田地。

后来扁鹊路过虢国。刚巧虢太子死去，扁鹊来到虢国王宫门前，问一位懂医术的中庶子道："太子有什么病，为什么全国都在祭祀祈祷，把别的事情都搁置了？"中庶子回答说："太子的病是血气不按时运行，交汇错乱而不能疏泄，突然发作在体外，就使内脏受到了伤害。他体内的正气敌不过病邪之气，邪气就积聚在身体里得不到发泄，因此阳脉迟缓，而阴脉急促，所以突然昏厥就死了。"扁鹊问："他什么时候死的？"回答说："从鸡鸣到现在。"扁鹊问："收殓了吗？"回答说："还没有，还不到半天。"扁鹊说："请禀告虢君，我是渤海郡的秦越人，家住在郑地，还未能拜见君王，为他效力。听说太子不幸去世，我能让他死而复生。"中庶子说："先生该不是欺骗我吧？凭什么说太子可以复活呢？我听说上古的时候，有个叫俞跗的医生，治病不用汤药、酒剂，不用针灸砭石，也不用按摩和药物熨贴，一诊察就知道疾病的所在，按照五脏的穴道，割开皮肤，剖开肌肉，疏导脉络，结扎筋腱，按治髓脑，触动膏肓，疏理横膈膜，清理肠胃，洗涤五脏，修炼精气，改变神情气色，先生的医术如能同他一样，那么太子还可能复活；如果做不到却想要让太子活过来，简直连三岁小孩也不会相信。"两人谈了整整一天，扁鹊仰天长叹说："您所说的医治方法，就像透过竹管看天，透过缝隙看花纹一样。我秦越人的医治方法，不用切脉、观气、听声、察形，就能知道疾病所在的部位。可以由表知里，由里知表。人体内有病会表现在体表，据此就可诊断千里之外的病人，诊断的方法很多，不能只认一个道理。您如果不相信我，就进去试着诊察太子，一定会听到他的耳朵鸣响，而且鼻翼也在翕动，他的两条大腿直到阴部，应当还有余温呢。"

中庶子听完扁鹊的话，目瞪口呆，舌头翘着，久久说不出话来，于是就进宫把扁鹊的话通报给了虢君。虢君听后也十分惊讶，在宫廷的中门接见了扁鹊，说道："我早就听说您的大名了，只是不曾有机会当面拜见。先生经过我们小国，如果您能救活太子，那我这个小国的君王真是太幸运了。有了先生，我儿子才能活过来，没有先生也就只有抛尸野外埋到山沟里，永远不能够复生了。"话还没说完，他就悲伤抽噎起来，精神恍惚，泣流不止，泪珠挂在睫毛上，悲哀得不能自已，连容貌都改变了。扁鹊说："太子的病，就是人们所说的'尸蹶症'。那是因为阳气陷入阴脉，脉气缠绕冲动了胃，经脉受损伤，脉络被阻塞，分别下注入下焦、膀胱，因此使得阳脉下坠，阴气上升，阴阳二气交汇处闭塞不通，阴气又逆而上行，阳气只好向内运行，阳气只能在下在内鼓动却不能上升，在上在外被阻绝不能被阴气遣使，在上有隔绝了阳气的脉络，在下有破坏了阴气的筋

未死也。夫以阳入阴支兰藏者生，以阴入阳支兰藏者死。凡此数事，皆五藏蹙中之时暴作也。良工取之，拙者疑殆。"

扁鹊乃使弟子子阳厉针砥石，以取外三阳五会。有间，太子苏。乃使子豹为五分之熨，以八减之齐和煮之，以更熨两胁下。太子起坐。更适阴阳，但服汤二旬而复故。故天下尽以扁鹊为能生死人。扁鹊曰："越人非能生死人也，此自当生者，越人能使之起耳。"

扁鹊过齐，齐桓侯客之。入朝见，曰："君有疾在腠理，不治将深。"桓侯曰："寡人无疾。"扁鹊出，桓侯谓左右曰："医之好利也，欲以不疾者为功。"后五日，扁鹊复见，曰："君有疾在血脉，不治恐深。"桓侯曰："寡人无疾。"扁鹊出，桓侯不悦。后五日，扁鹊复见，曰；"君有疾在肠胃间，不治将深。"桓侯不应。扁鹊出，桓侯不悦。后五日，扁鹊复见，望见桓侯而退走。桓侯使人问其故。扁鹊曰："疾之居腠理也，汤熨之所及也；在血脉，针石之所及也；其在肠胃，酒醪之所及也；其在骨髓，虽司命无奈之何。今在骨髓，臣是以无请也。"后五日，桓侯体病，使人召扁鹊，扁鹊已逃去。桓侯遂死。

使圣人预知微，能使良医得蚤从事，则疾可已，身可活也。人之所病，病疾多；而医之所病，病道少。故病有六不治：骄恣不论于理，一不治也；轻身重财，二不治也；衣食不能适，三不治也；阴阳并，藏气不定，四不治也；形羸不能服药，五不治也；信巫不信医，六不治也。有此一者，则重难治也。

扁鹊名闻天下。过邯郸，闻贵妇人，即为带下医；过洛阳，闻周人爱老人，即为耳目痹医；来入咸阳，闻秦人爱小儿，即为小儿医：随俗为变。秦太医令李醯自知伎不如扁鹊也，使人刺杀之。至今天下

纽，阴气破坏，阳气断绝，才使得容颜失色、血脉紊乱，因此人的形体安静地躺着，就像死去了一样。而实际上太子没有死。由于阳入侵阴而阻绝脏气的还能治愈，阴入袭阳而阻绝脏气的则一定死。这几种情形，都是在五脏失调的时候突然发作的。高明的医生可以治愈，医术不高的人就只能疑惑不解了。"

扁鹊就叫他的弟子子阳把铁针、石针打磨好，在太子的三阳五会穴处扎下针。过了一会儿，太子苏醒过来了。扁鹊又让子豹准备五分剂量的熨药，混和八减方的药剂一起煎煮，交替在两胁下熨敷。一会儿太子就能够坐起来了。扁鹊又进一步调理他体内的阴阳之气，仅仅吃了二十天汤药，太子就恢复得和从前一样了。因此天下人都认为扁鹊有起死回生之术。扁鹊说："我并非能使人起死回生，这是他应该活下去，我能做的只是使这些本来没死的人站起来罢了。"

扁鹊经过齐国的时候，齐桓侯把他待为客人。他到朝廷拜见桓侯，说："大王您有小病，在皮肤和肌肉之间，不治将会加重。"桓侯说："寡人没病。"扁鹊出去后，桓侯对身边的人说："医生贪财好利，喜欢把没病的人说成有病，并想要把治好病当作自己的本事。"过了五天，扁鹊又去见桓侯，说："您的病已进入血脉了，不治恐怕会更加严重。"桓侯说："寡人没病。"扁鹊出去后，桓侯不太高兴。又过了五天，扁鹊又去见桓侯，说道："大王您的病已经到了肠胃间，如再不治，将更严重。"桓侯不理他。扁鹊出去后，桓侯更不高兴。又过了五天，扁鹊又去，这回只远远看了一眼，就赶紧往回跑。桓侯觉得奇怪，就派人问他跑的缘故。扁鹊说："病症在皮肉之间，汤剂、药熨的效力就能治好；病症到了血脉中，靠针刺和砭石的效力也能治好；病症到了肠胃，依靠药酒的效力还能治好；但是病症进入骨髓，就是掌管生死的神也无可奈何。现在大王的疾病已进入骨髓，我因此不再要求为他治病。"果然五天后，桓侯发病了，派人去请扁鹊，扁鹊早已逃离了齐国。桓侯于是就病死了。

假若圣人预先知道疾病的微细征兆，能够让好的医生及早治疗，那么就可以治愈，性命也就能保住。病人所担忧的，是疾病太多；然而医生所担忧的，是治病的方法太少。所以有六种患病的情形不能医治：其一骄狂放纵，不讲道理；其二轻视身体而看重钱财；其三衣着饮食调节不当；其四阴阳错乱，五脏失去正常功能；其五形体太弱而不能够承受药物；其六相信巫术而不相信医生。有其中一种情况，就很难医治了。

扁鹊名声传遍天下。他路过邯郸，听说当地人尊重妇女，就注意研究妇女病；经过洛阳时，闻知当地敬爱老人，就专门研究耳聋眼花和风湿症；到了咸阳，闻知秦人爱护孩子，就注意研究小孩疾病；他随着各地的习俗来改变自己的医治范围。秦国的太医令李醯自知医术不如扁鹊，就派人把扁鹊刺杀了。到如

言脉者，由扁鹊也。

太仓公者，齐太仓长，临菑人也，姓淳于氏，名意。少而喜医方术。高后八年，更受师同郡元里公乘阳庆。庆年七十余，无子，使意尽去其故方，更悉以禁方予之，传黄帝、扁鹊之脉书，五色诊病，知人死生，决嫌疑，定可治，及药论，甚精。受之三年，为人治病，决死生多验。然左右行游诸侯，不以家为家，或不为人治病，病家多怨之者。

文帝四年中，人上书言意，以刑罪当传西之长安。意有五女，随而泣。意怒，骂曰："生子不生男，缓急无可使者！"于是少女缇萦伤父之言，乃随父西。上书曰："妾父为吏，齐中称其廉平，今坐法当刑。妾切痛死者不可复生而刑者不可复续，虽欲改过自新，其道莫由，终不可得。妾愿入身为官婢，以赎父刑罪，使得改行自新也。"书闻，上悲其意，此岁中亦除肉刑法。

意家居，诏召问所为治病死生验者几何人也，主名为谁。

诏问故太仓长臣意："方伎所长，及所能治病者？有其书无有？皆安受学？受学几何岁？尝有所验，何县里人也？何病？医药已，其病之状皆何如？具悉而对。"臣意对曰：

自意少时，喜医药，医药方试之多不验者。至高后八年，得见师临菑元里公乘阳庆。庆年七十余，意得见事之。谓意曰："尽去而方书，非是也。庆有古先道遗传黄帝、扁鹊之脉书，五色诊病，知人生死，决嫌疑，定可治，及药论书，甚精。我家给富，心爱公，欲尽以我禁方书悉教公。"臣意即曰："幸甚，非意之所敢望也。"臣意即避席再拜谒，受其脉书上下经、五色诊、奇咳术、揆度阴阳外变、药论、石神、接阴阳禁书，受读解验之，可一年所。明岁即验之，有验，然尚未精也。要事之三年所，即尝已为人治诊病，决死生，有验，精良。今庆已死十年所，臣意年尽三年，年三十九岁也。

今，天下谈论诊脉法的人，都遵从扁鹊的理论和实践。

太仓公是齐国都城管理粮仓的长官，他是临淄人，姓淳于，名意。年轻时就喜好研究医术。高后八年，又拜了同郡元里的公乘阳庆为师，学习医术。当时阳庆已七十多岁，还没有继承人，就让淳于意把从前学的医方全部抛开，然后把自己的秘方全部传授给了他，并传授给他黄帝、扁鹊的脉书，五色诊病的方法，使他能预先知道病人的生死，决断疑难病症，确定可以治疗的病症，又传授给他药剂的理论，都十分精微。三年之后，淳于意为人治病，预断死生，大多应验。然而他却到处游历诸侯国，不把家当家，有时不肯为别人治病，因此许多病者都怨恨他。

汉文帝四年，有人上奏章控告他，根据刑律罪状，要被押送到长安去。淳于意有五个女儿，跟在车的后面哭泣。他生气地骂道："生孩子不生男孩，到紧要关头就没有管用的人！"最小的女儿缇萦听了父亲的话很伤心，就跟着父亲到了长安。她上书朝廷说："我父亲为官，齐国人民都称赞他廉洁公正，现在犯了法应当受刑。我非常痛心的是死了的人不能再复生，受刑致残的人也不能再复原，即使他们想改过自新，也没有办法了，最终不能如愿。我情愿自己做官家奴婢，来赎父亲的罪，使他能有改过自新的机会。"文帝看了缇萦的上书，为她的孝心所感动，就赦免了淳于意，并在这一年废除了肉刑。

淳于意住在家里，皇上下诏问他的病人中，决断死生应验的有多少人，叫什么。

诏令问前太仓长淳于意："医术有什么专长、能治什么病？有没有医书、都在哪里学的？学了几年、曾治好哪些人？他们都是什么地方的人？得的什么病？治疗用药后，病情怎样？全要详细地作出回答。"淳于意回答说：

我年轻时，就喜好医术药剂之方，但试着用学到的医术给人看病，却有很多不灵验的。到了高后八年，我在临淄元里拜公乘阳庆为师。阳庆这时七十多岁，我得以侍奉他。他对我说："把以前学过的医书全部抛开，那些都不正确。我有古代先人传授的黄帝、扁鹊的诊脉书，能根据五种颜色诊断疾病，预知人的生死，决断疑难病症，确定可否医治，还有论述药物的书，都非常精辟。我家里很富有，因为喜欢你，才想把自己收藏的秘方和书全部传给你。"我说："太荣幸了，这些我不敢奢望。"说完我就离开座位，再次拜谢老师。后来学习他传授的《脉书》《上经》《下经》，五色诊、奇咳术、揆度阴阳外变、药论、石神、接阴阳禁书，诵读理解实验，用了约一年时间。第二年试着为人治病，有些灵验，但是还不够精当。大概一共向他学习了三年，我就开始为人治病，诊断病症，确定死生，都能够灵验，医术也越来越精良。现在阳庆已经死了十来年，我学医三年，现在已经三十九岁了。

齐侍御史成自言病头痛，臣意诊其脉，告曰："君之病恶，不可言也。"即出，独告成弟昌曰："此病疽也，内发于肠胃之间，后五日当臃肿，后八日呕脓死。"成之病得之饮酒且内。成即如期死。所以知成之病者，臣意切其脉，得肝气。肝气浊而静，此内关之病也。脉法曰："脉长而弦，不得代四时者，其病主在于肝。和即经主病也，代则络脉有过。"经主病和者，其病得之筋髓里。其代绝而脉贲者，病得之酒且内。所以知其后五日而臃肿，八日呕脓死者，切其脉时，少阳初代。代者经病，病去过人，人则去。络脉主病，当其时，少阳初关一分，故中热而脓未发也，及五分，则至少阳之界，及八日，则呕脓死，故上二分而脓发，至界而臃肿，尽泄而死。热上则熏阳明，烂流络，流络动则脉结发，脉结发则烂解，故络交。热气已上行，至头而动，故头痛。

齐王中子诸婴儿小子病，召臣意诊切其脉，告曰："气鬲病。病使人烦懑，食不下，时呕沫。病得之忧，数忔食饮。"臣意即为之作下气汤以饮之，一日气下，二日能食，三日即病愈。所以知小子之病者，诊其脉，心气也，浊躁而经也，此络阳病也。脉法曰："脉来数疾去难而不一者，病主在心。"周身热，脉盛者，为重阳。重阳者，逿心主。故烦懑食不下，则络脉有过，络脉有过，则血上出，血上出者死。此悲心所生也，病得之忧也。

齐郎中令循病，众医皆以为蹶入中，而刺之。臣意诊之，曰："涌疝也，令人不得前后溲。"循曰："不得前后溲三日矣。"臣意饮以火齐汤，一饮得前溲，再饮大溲，三饮而疾愈。病得之内。所以知循病者，切其脉时，右口气急，脉无五藏气，右口脉大而数。数者，中下热而涌，左为下，右为上，皆无五藏应，故曰涌疝。中热，故溺赤也。

齐中御府长信病，臣意入诊其脉，告曰："热病气也。然暑汗，脉少衰，不死。"曰："此病得之当浴流水而寒甚，已则热。"信

齐国侍御史成说自己头疼,我诊完脉,告诉他说:"您的病情严重,不能一下子说清。"出来后单独告诉他的弟弟史昌说:"这是疽病,长在肠胃之间,五天后就会肿起,再过八天就会吐脓血而死。"史成的病是酗酒后行房事导致的,后来果然到时候就死了。我之所以知道他的病,是因为切脉时,感觉到肝脏的脉气重浊而静缓,这是内闭之症。脉法上说:"脉象长而弦,不能随四季变化,那他的病就在肝脏。如果脉象迟缓,是肝的经脉有病,如果脉象是无规则的,就是肝的络脉有病。"肝的经脉有病而脉均匀,他的病来自筋髓。脉象无规则,他的病来自酗酒后行房事。我之所以知道他过五天后会肿起来,再过八天吐脓血而死,是切脉时,发现少阳经络出现了代脉的脉象。代脉是经脉生病,病情如果遍及全身,人就会死去。络脉出现病症,当时,少阳脉的关部一分处开始出现代脉,因此只是有内热却还没有出脓,等到代脉达于五分处,就到了少阳经脉的边界,到八天后会吐脓血而死,所以到了关上二分处会产生脓血,到了少阳经脉的界限就会肿胀,其后疮破脓泄而死。当初内热就熏灼着阳明经脉,并灼伤络脉的分支,络脉病变就会使经脉郁结发肿,经脉郁结发肿其后就会糜烂离解。于是络脉之间交互阻塞,热邪上侵头部,头部受到扰动,因此头疼。

齐王二儿子家里最小的男孩生病了,召我去诊治,我告诉他说:"这是气膈病,这病使人心中烦闷,吃不下,并时常呕出胃液。得病原因是内心忧郁,常常厌食。"我当即为他开了下气汤,一天逆气就下来了,两天就能吃饭了,三天病就好了。我之所以知道他的病,是因为把脉时,切到心病的脉气,脉象浊重、躁动又轻浮,是阳气郁结的病。脉法上说:"脉达于手指时壮盛迅速,离开指下时艰涩而前后不一,表示病在心脏。"周身发热,脉气旺盛,称作重阳。重阳就会扰动心神,因此心中烦闷,吃不下东西,就是络脉有病,络脉有病就会血从上出,血从上出的人定会死亡。这是内心悲伤所得的病,病得自于忧郁。

齐国名叫循的郎中令生了病,许多医生都认为是逆乱之气侵入体内,导致阴阳失调,因此采用针刺法。我诊断后说:"这是涌疝,这种病使人不能大小便。"循回答说:"我已经三天不能大小便了。"我叫他服用火剂汤,服了一剂就能解下大小便了,服了第二剂后大小便就非常通畅,服完第三剂病就痊愈了。他的病是因为房事不节制造成的。我能知道他患的病,是因为切脉时,他右手寸口脉象急迫,脉象反映不出五脏的病症,右手寸口脉象旺盛而急促。脉快是中焦、下焦热邪涌动,他的左手脉快是热邪往下流,右手脉快是热邪上涌,都没有出现五脏病脉,所以说是"涌疝"。中焦内有热,所以尿是赤红色的。

齐国名叫信的中御府长病了,我去为他诊治,把脉后告诉他:"是热病的脉气,但是因为暑热多汗,脉稍衰一点,不会死的。"又说:"得这种病,是因

曰："唯，然！往冬时，为王使于楚，至莒县阳周水，而莒桥梁颇坏，信则揽车辕未欲渡也，马惊，即堕，信身入水中，几死，吏即来救信，出之水中，衣尽濡，有间而身寒，已热如火，至今不可以见寒。"臣意即为之液汤火齐逐热，一饮汗尽，再饮热去，三饮病已。即使服药，出入二十日，身无病者。所以知信之病者，切其脉时，并阴。脉法曰"热病阴阳交者死"。切之不交，并阴。并阴者，脉顺清而愈，其热虽未尽，犹活也。肾气有时间浊，在太阴脉口而希，是水气也。肾固主水，故以此知之。失治一时，即转为寒热。

齐王太后病，召臣意入诊脉，曰："风瘅客脬，难于大小溲，溺赤。"臣意饮以火齐汤，一饮即前后溲，再饮病已，溺如故。病得之流汗出㴑。㴑者，去衣而汗晞也。所以知齐王太后病者，臣意诊其脉，切其太阴之口，湿然风气也。脉法曰"沈之而大坚，浮之而大紧者，病主在肾"。肾切之而相反也，脉大而躁。大者，膀胱气也；躁者，中有热而溺赤。

齐章武里曹山跗病，臣意诊其脉，曰："肺消瘅也，加以寒热。"即告其人曰："死，不治。适其共养，此不当医治。"法曰"后三日而当狂，妄起行，欲走；后五日死"。即如期死。山跗病得之盛怒而以接内。所以知山跗之病者，臣意切其脉，肺气热也。脉法曰"不平不鼓，形弊"。此五藏高之远数以经病也，故切之时不平而代。不平者，血不居其处；代者，时参击并至，乍躁乍大也。此两络脉绝，故死不治。所以加寒热者，言其人尸夺。尸夺者，形弊；形弊者，不当关灸、镵石及饮毒药也。臣意未往诊时，齐太医先诊山跗病，灸其足少阳脉口，而饮之半夏丸，病者即泄注，腹中虚；又灸其少阴脉，是坏肝刚绝深，如是重损病者气，以故加寒热。所以后三日而当狂者，肝一络连属结绝乳下阳明，故络绝，开阳明脉，阳明脉伤，即当狂走。后五日死者，肝与心相去五分，故曰五日尽，尽即死矣。

为天寒时曾在流水中洗浴，然后全身就发热。"他说："嗯，确实如此！去年冬天，我奉王之命出使楚国，走到莒县阳周水边，莒桥坏得很厉害，我就揽住车辕不想过河，马却突然受到惊吓，当时就摔到河里去了，差一点淹死，随从官吏赶紧跑来救我，我从水中出来时，衣服全湿透了，过了一会儿，身上冷得厉害，接着全身发热如火，到现在还不能受寒。"我立即为他配制液汤火剂驱除热邪，服一剂就不再出汗，服两剂热消退，服三剂药病就好了。又让他继续服药，大约二十天后，身体就像没病的人了。我所以知道他的病，是因为切脉时，属于并阴。脉法上说"热病中，阴阳相交就会死亡"。我切他的脉，阴阳没有相交，属并阴。并阴脉，脉状顺的能用清法治愈，热邪虽没有完全消除，仍能治好。他的肾气有时重浊，我在太阴脉口依稀能切到这种情形，那是水汽。肾本来主水，由此知道他的病情。如果治疗迟误，就会转成寒热病。

　　齐王太后生病，召我去诊脉，我说："是风热侵袭膀胱，所以大小便困难，尿色赤红。"我让她服火齐汤，吃一剂就能大小便了，吃两剂，病就退去了，尿色也恢复正常。这是出汗时解小便得的病，就是脱掉衣服而汗被吹干的。我能够知道齐王太后的病，是切脉时，发现太阴口湿润，这是受风的脉气。脉法上说"脉沉时大而坚，脉浮时大而紧的，是肾有病"。我切太后的肾脉却是相反的，脉大而躁。大就表明膀胱有病；躁动的脉象显示中焦有热，而尿色赤红。

　　齐国章武里的曹山跗生了病，我诊完脉后说："这是肺消瘅，加上寒热症。"于是告诉他的家人说："这种病必死，没法治了。你们就尽量满足病人的要求，不必再治了。"脉法上说："病人三天后就会发狂，胡乱起坐行走，总想乱跑；五天以后就会死去。"那人真就如期死去了。曹山跗的病得自于大怒而行房事。我所以知道山跗的病，是因为切他脉的时候，从脉象发现他有肺气热。脉法上说"脉搏起伏不定，鼓动无力，表明形体很衰弱"。这是五脏由远及近，依次经过各脏气所属脉络而发生病变。所以我切脉时，脉状不平而且有代脉。脉不平稳表示血气不能归藏于肝；代脉，时而杂乱，时而浮躁，时而宏大。这是肺、肝两络脉断绝，因此说必死而不能治。至于说"加以寒热"，是因为他像死人一样，形神俱散，身体羸弱；对羸弱的人，不能用针灸的方法，也不能服药性猛烈的药。在我之前，齐国太医已先诊治了他的病，在他的足少阳脉口施灸，而且让他服半夏丸，病人于是下泄，腹中虚弱；又在他的少阴脉施灸，这样便极深地损坏了他肝脏的阳气，严重地损伤病人的元气，因此就患上了寒热病。之所以三天后会发狂，因为肝的一条络脉横出连结了乳下的阳明经，阳明经脉受伤，人就会发狂奔路。五天后死，因肝和心两脉相距五分，肝脏的元气五天耗尽，元气耗尽人也就死了。

齐中尉潘满如病小腹痛，臣意诊其脉，曰："遗积瘕也。"臣意即谓齐太仆臣饶、内史臣繇曰："中尉不复自止于内，则三十日死。"后二十余日，溲血死。病得之酒且内。所以知潘满如病者，臣意切其脉深小弱，其卒然合合也，是脾气也。右脉口气至紧小，见瘕气也。以次相乘，故三十日死。三阴俱抟者，如法；不俱抟者，决在急期；一抟一代者，近也。故其三阴抟，溲血如前止。

阳虚侯相赵章病，召臣意。众医皆以为寒中，臣意诊其脉曰："迵风。"迵风者，饮食下嗌而辄出不留。法曰"五日死"，而后十日乃死。病得之酒。所以知赵章之病者，臣意切其脉，脉来滑，是内风气也。饮食下嗌而辄出不留者，法五日死，皆为前分界法。后十日乃死，所以过期者，其人嗜粥，故中藏实，中藏实，故过期。师言曰"安谷者过期，不安谷者不及期"。

济北王病，召臣意诊其脉，曰："风蹶胸满。"即为药酒，尽三石，病已。得之汗出伏地。所以知济北王病者，臣意切其脉时，风气也，心脉浊。病法"过入其阳，阳气尽而阴气入"。阴气入张，则寒气上而热气下，故胸满。汗出伏地者，切其脉，气阴。阴气者，病必入中，出及瀺水也。

齐北宫司空命妇出于病，众医皆以为风入中，病主在肺，刺其足少阳脉。臣意诊其脉，曰："病气疝，客于膀胱，难于前后溲，而溺赤。病见寒气则遗溺，使人腹肿。"出于病得之欲溺不得，因以接内。所以知出于病者，切其脉大而实，其来难，是蹶阴之动也。脉来难者，疝气之客于膀胱也。腹之所以肿者，言蹶阴之络结小腹也。蹶阴有过则脉结动，动则腹肿。臣意即灸其足蹶阴之脉，左右各一所，即不遗溺而溲清，小腹痛止。即更为火齐汤以饮之，三日而疝气散，即愈。

故济北王阿母自言足热而懑，臣意告曰："热蹶也。"则刺其足

齐国的中尉潘满如患小腹疼痛的病,我为他诊脉后说:"这是腹中气体积聚,血脉凝结形成的腹中包块。"我对齐国太仆饶、内史繇说:"中尉再不停止房事,三十天内就会死掉。"过了二十多天,他尿血而死。他的病得自酗酒后行房事。我之所以能知道他的病,是因为切他的脉又沉又小,力量微弱,脾脉之气突然兴起,似欲与心脉之气交结。右手的寸口脉紧小,显现了瘕病的脉象。根据人体五脏相克制的规律,所以我断定他三十天内必死。太阴、少阴、厥阴三阴脉一齐出现,符合三十天内死的症状;三阴脉不一齐出现,在短期内就可以决断生死;交汇的阴脉和代脉交替出现,死期还短。所以他的三阴脉同时出现,就像前边说的那样尿血而死。

阳虚侯的宰相赵章生病,召我医治,许多医生都认为是腹部受寒。我诊完脉断定说:"是风邪入侵。"风邪入侵,会使饮食噎住又吐出来,食物不能留在胃中。医理上说"五天会死",而他过了十天才死。病因酗酒而生。我之所以知道赵章的病,因为切他的脉时,脉象很滑,是体内有风气的脉象。咽下的食物总吐出,胃中不能容纳,理论上说五天会死,这是前面说的分界法。病人十天后才死,是因为他喜好喝粥,所以脾胃充实,脾胃充实所以超过了期限。我的老师说过:"胃能容留消化食物,就会超过死亡期限。不能容留消化食物,等不到期限就会死掉。"

济北王生病,召我去诊治,我说:"这是风厥,胸闷不舒。"于是立刻为他调制药酒,服完三石,病就好了。病因是出汗时躺在地上。我能够知道济北王的病因,是因为切脉时,脉象有风邪,心脉重浊。病理上说:"病邪入侵体表,体表的阳气耗尽,阴气就会侵入。"阴气在体内扩张,就导致寒气上逆,热气下沉,因而胸闷。说他出汗时躺在地上,因为切他的脉时感到脉气阴寒。脉气阴寒的人,病邪必然会侵入内里,服药后病邪要等到出汗时才能排出体外。

齐国北宫司空夫人病了,许多医生都认为是风邪入侵体内,病在肺部,因此用针刺她的足少阳经。我诊脉后说:"是疝气病,疝气影响膀胱,使得大小便困难,尿色赤红。这病受寒就会遗尿,使人小腹肿胀。"她的病,是因为想解小便又不能解,然后行房事才得的。我是因切脉知道的,她的脉象大而有力,但脉来艰难,那是蹶阴肝经有变动。脉来艰难,是因为疝气影响到膀胱。之所以小腹肿胀,是因蹶阴络脉结聚在小腹,蹶阴脉有了病,脉结系的部位就会变动,一变动腹部就会肿胀。我就在她的足蹶阴肝经施灸,左右各灸一次,小便就不再失禁,而尿也清了,小腹也止住了疼。再用火剂汤给她服用,三天疝气就消散,病就好了。

前济北王的奶妈说自己的足心发热而胸闷,我告诉她:"这是热蹶病。"在

心各三所，案之无出血，病旋已。病得之饮酒大醉。

济北王召臣意诊脉诸女子侍者，至女子竖，竖无病。臣意告永巷长曰："竖伤脾，不可劳，法当春呕血死。"臣意言王曰："才人女子竖何能？"王曰："是好为方，多伎能，为所是案法新，往年市之民所，四百七十万，曹偶四人。"王曰："得毋有病乎？"臣意对曰："竖病重，在死法中。"王召视之，其颜色不变，以为不然，不卖诸侯所。至春，竖奉剑从王之厕，王去，竖后，王令人召之，即仆于厕，呕血死。病得之流汗。流汗者，法病内重，毛发而色泽，脉不衰，此亦内之病也。

齐中大夫病龋齿，臣意灸其左大阳明脉，即为苦参汤，日嗽三升，出入五六日，病已。得之风，及卧开口，食而不嗽。

菑川王美人怀子而不乳，来召臣意。臣意往，饮以莨䓖药一撮，以酒饮之，旋乳。臣意复诊其脉，而脉躁。躁者有余病，即饮以消石一齐，出血，血如豆比五六枚。

齐丞相舍人奴从朝入宫，臣意见之食宫门外，望其色有病气。臣意即告宦者平。平好为脉，学臣意所，臣意即示之舍人奴病，告之曰："此伤脾气也，当至春鬲塞不通，不能食饮，法至夏泄血死。"宦者平即往告相曰："君之舍人奴有病，病重，死期有日。"相君曰："卿何以知之？"曰："君朝时入宫，君之舍人奴尽食闺门外，平与仓公立，即示平曰，病如是者死。"相即召舍人而谓之曰："公奴有病不？"舍人曰："奴无病，身无痛者。"至春果病，至四月，泄血死。所以知奴病者，脾气周乘五藏，伤部而交，故伤脾之色也，望之杀然黄，察之如死青之兹。众医不知，以为大虫，不知伤脾。所以至春死病者，胃气黄，黄者土气也，土不胜木，故至春死。所以至夏死者，脉法曰"病重而脉顺清者曰内关"，内关之病，人不知其所痛，心急然无苦。若加以一病，死中春；一愈顺，及一时。其所以四

她足心各刺三次，出针时，按住穴孔，不能使血流出，病很快就好了。她的病得自喝酒大醉。

济北王召我给他的侍女们诊病，轮到名叫竖的女子，不像生病的样子。我对永巷长说："竖伤了脾脏，不能太劳累，依病理看到了春天就会吐血而亡。"我问济北王："这个人有什么才艺？"济北王说："她喜好方技，多才多艺，能在旧方技里创出新意来，去年从民间买的，花了四百七十万钱，是四个侍女的价钱。"又问："她是不是有病？"我回答说："她病得很重，属于不治之症。"济北王又叫她来就诊，见她的脸上没有病容，就认为没病，没有把她卖给其他诸侯。到了第二年春天，她捧着剑随王去厕所，济北王离开时，竖落在后面，济北王派人去叫她，她已倒在厕所里，吐血死了。她的病因流汗引起，流汗的病人，依医理说是病重在内里，从表面看，毛发脸色有光泽，脉气不衰，这也是内关的病。

齐国中大夫患龋齿病，我灸他的左手阳明经脉，又为他调制苦参汤，每天用三升漱口，前后五六天，病就好了。他的病得自受风，以及睡觉时张着口，饭后不漱口。

菑川王的美人怀孕难产，就召我去，我用莨菪药一撮，让她用酒服下，很快就生下来了。我又诊她的脉，发现脉很急躁，还有其他的病，就用消石一剂给她喝下，喝完阴道就出血了，血块如豆粒大小，有五六块。

齐国丞相门客的奴仆跟随主人上朝进入王宫，我见他在宫门外吃东西，观察到他的脸上有病色，就告诉一个名叫平的宦官，他因喜好诊脉向我学习。我就以这个奴仆做例子教导他，告诉他说："这是伤了脾脏的容色，到明年春天，胸膈就会阻塞不通，不能吃东西，依医理到夏天就会便血而死。"他就对丞相说："您门客的奴仆有病，病得很重，离死期不远了。"丞相问："你怎么知道的？"他回答说："丞相上朝时，您门客的奴仆在宫门外吃饭，我和太仓公站在那里，他就对我说，患这种病是要死的。"丞相于是就把这个门客请来问他："您的奴仆有病吗？"门客说："没有病，身上也不痛。"到了春天那个奴仆果真生病了，四月时，他就便血而死。我所以能知道他的病，是因脾脏的病气遍传五脏，伤病之色交错反映在面部各个部位上，因而如果是脾伤了，看上去就会脸色发黄，细看如同暗青色的死草。许多医生不知情形，认为是体内有寄生虫，却不知是伤了脾。患这种病的人之所以到春天病重，是因为脾病脸色发黄，黄色在五行里属土，脾土耐受不住肝木之盛，因而到春天就要死去。而这个奴仆之所以到夏天才死，是因为脉法上说"病情严重而脉却顺当、清宁的，叫作内关"，内关这类病，病人不知道疼痛，心中焦急而不痛苦。如若加上另一种病，就会死于

月死者，诊其人时愈顺。愈顺者，人尚肥也。奴之病得之流汗数出，于火而以出见大风也。

　　菑川王病，召臣意诊脉，曰："蹶上为重，头痛身热，使人烦懑。"臣意即以寒水拊其头，刺足阳明脉，左右各三所，病旋已。病得之沐发未乾而卧。诊如前，所以蹶，头热至肩。

　　齐王黄姬兄黄长卿家有酒召客，召臣意。诸客坐，未上食。臣意望见王后弟宋建，告曰："君有病，往四五日，君要胁痛不可俯仰，又不得小溲。不亟治，病即入濡肾。及其未舍五藏，急治之。病方今客肾濡，此所谓'肾痹'也。"宋建曰："然，建故有要脊痛。往四五日，天雨，黄氏诸倩见建家京下方石，即弄之，建亦欲效之，效之不能起，即复置之。暮，要脊痛，不得溺，至今不愈。"建病得之好持重。所以知建病者，臣意见其色，太阳色乾，肾部上及界要以下者枯四分所，故以往四五日知其发也。臣意即为柔汤使服之，十八日所而病愈。

　　济北王侍者韩女病要背痛，寒热，众医皆以为寒热也。臣意诊脉，曰："内寒，月事不下也。"即窜以药，旋下，病已。病得之欲男子而不可得也。所以知韩女之病者，诊其脉时，切之，肾脉也，啬而不属。啬而不属者，其来难，坚，故曰月不下。肝脉弦，出左口，故曰欲男子不可得也。

　　临菑氾里女子薄吾病甚，众医皆以为寒热笃，当死，不治。臣意诊其脉，曰："蛲瘕。"蛲瘕为病，腹大，上肤黄粗，循之戚戚然。臣意饮以芫华一撮，即出蛲可数升，病已，三十日如故。病蛲得之于寒湿，寒湿气宛笃不发，化为虫。臣意所以知薄吾病者，切其脉，循其尺，其尺索刺粗，而毛美奉发，是虫气也。其色泽者，中藏无邪气及重病。

　　齐淳于司马病，臣意切其脉，告曰："当病迥风。迥风之状，饮食下嗌辄后之。病得之饱食而疾走。"淳于司马曰："我之王家食马

仲春；稍一心情愉悦，就能延长一季。他所以到四月才死，就是因为我观察他时，看到他精神愉快，人还很胖，所以能拖延一些时候。他的病因是流汗太多又外出，遇着了大的风寒。

菑川王患病，召我去诊脉，我说："这是邪气上逆，使得上体发重，头疼身上发热，使人烦闷。"我就用凉水敷他的头，用针刺他的足阳明经脉，左右各三次，病很快就好了。他的病是因洗完头发没擦干就去睡觉而导致的。诊断如前，之所以说邪气上行，是因为头部有郁热之气，一直下达肩部。

齐王黄姬的哥哥黄长卿在家设酒席招待客人，也邀请了我。客人入座，还没上菜。我见王后弟弟宋建脸色异常，就说："您生病了，四五天前，你的腰胁疼得不能俯仰，又不能小便。如不赶快医治，病邪立马就会浸入肾脏。趁着病邪还没滞留在五脏，抓紧去治疗。如今病邪正侵入肾部，这就是所谓的'肾痹'。"宋建说："你说对了，我原来就腰脊疼。四五天前，天正下雨，黄氏的女婿们到我家里，看到了我家库房墙下的方石，就举起玩耍，我也想要效仿他们，却没举起来，就把它放下了。傍晚，腰脊就疼痛，解不出小便，到现在也没好。"他的病是由喜好举重物引起的。我所以能知道他的病，是看到他的脸色，太阳穴处色泽枯干，肾部及腰以下有四分左右的部位枯干，所以知道四五天前病就发作。我为他调制柔汤服用，十八天病就痊愈了。

济北王一个姓韩的侍女患了腰背疼的病，发冷发热，许多医生都认为是寒热病，我诊脉后说："是有内寒，月经不通。"我用药为她熏灸，很快月经就来了，病也好了。她的病是由于相思引起的。我所以能知道她的病，是切脉时，发现肾脉有病气，阻塞不通。不通，脉来得就艰难、坚实，所以月经也不通。她的肝脉硬直而长，超出左手寸口位置，所以说是相思病。

临淄氾里一个叫薄吾的女人病得很重，许多医生都认为是严重的寒热病，一定会死，无法医治。我诊脉后说："这是蛲瘕病。"患这种病的人肚子很大，腹部皮肤又黄又粗，用手触摸，病人很难受。我用芫花一撮让她用水送服，当即排出约数升蛲虫，病就好了，三十天后恢复正常。蛲瘕病得自寒湿气，寒湿气郁积太多不能散发，变化为虫。我能知道她的病，是因为切脉时按尺部脉位，她的尺肤干枯粗糙，而且毛发枯焦卷曲，这是有虫的迹象。她面色润泽，表明内脏没有邪气和重病。

齐国淳于司马病了，我诊脉后说："应该是风邪入侵，贯穿五脏。症状是饮食之后就又呕吐出，这种病来自于吃饱饭就快速奔跑的缘故。"他回答说："我到君王家吃马肝，吃得很饱，看到酒来了，就离开了，后来又骑着快马回家，到

肝，食饱甚，见酒来，即走去，驱疾至舍，即泄数十出。"臣意告曰："为火齐米汁饮之，七八日而当愈。"时医秦信在旁，臣意去，信谓左右阁都尉曰："意以淳于司马病为何？"曰："以为迵风，可治。"信即笑曰："是不知也。淳于司马病，法当后九日死。"即后九日不死，其家复召臣意。臣意往问之，尽如意诊。臣即为一火齐米汁，使服之，七八日病已。所以知之者，诊其脉时，切之，尽如法。其病顺，故不死。

齐中郎破石病，臣意诊其脉，告曰："肺伤，不治，当后十日丁亥溲血死。"即后十一日，溲血而死。破石之病，得之堕马僵石上。所以知破石之病者，切其脉，得肺阴气，其来散，数道至而不一也。色又乘之。所以知其堕马者，切之得番阴脉。番阴脉入虚里，乘肺脉。肺脉散者，固色变也乘也。所以不中期死者，师言曰："病者安谷即过期，不安谷则不及期。"其人嗜黍，黍主肺，故过期。所以溲血者，诊脉法曰"病养喜阴处者顺死，养喜阳处者逆死"。其人喜自静，不躁，又久安坐，伏几而寐，故血下泄。

齐王侍医遂病，自练五石服之。臣意往过之，遂谓意曰："不肖有病，幸诊遂也。"臣意即诊之，告曰："公病中热。论曰'中热不溲者，不可服五石'。石之为药精悍，公服之不得数溲，亟勿服。色将发臃。"遂曰："扁鹊曰'阴石以治阴病，阳石以治阳病'。夫药石者有阴阳水火之齐，故中热，即为阴石柔齐治之；中寒，即为阳石刚齐治之。"臣意曰："公所论远矣。扁鹊虽言若是，然必审诊，起度量，立规矩，称权衡，合色脉表里有余不足顺逆之法，参其人动静与息相应，乃可以论。论曰'阳疾处内，阴形应外者，不加悍药及镵石'。夫悍药入中，则邪气辟矣，而宛气愈深。诊法曰'二阴应外，一阳接内者，不可以刚药'。刚药入则动阳，阴病益衰，阳病益箸，邪气流行，为重困于俞，忿发为疽。"意告之后百余日，果为疽发乳上，入缺盆，死。此谓论之大体也，必有经纪。拙工有一不习，文理

家就泄了几十次。"我告诉他说:"把火剂汤用米汁送服,七八天就会痊愈。"当时医生秦信在旁边,我离去后,他对左右的都尉说:"他认为司马得的什么病?"回答说:"认为是风邪入侵,能够治愈。"秦信就笑着说:"这是不知道病情啊。司马的病,依照病理会在九天后死去。"九天后人并没有死,他家又召请我去。我去后询问,全都符合我的诊断。我就开了一服火剂米汁,让他服用,七八天病就好了。我所以能知道他的病,是因诊他的脉时,脉象完全正常,他的病和脉象一致,所以不会死。

齐国的中郎破石得了病,我诊脉后,告诉他说:"这是肺脏受损伤,不能医治了,十天后的丁亥日就会尿血而死。"过了十一天,他果然尿血而死。他的病,是从马背上摔下来,跌到石头上导致的。我之所以能知道他的病,是因切他的脉的时候,肺阴脉脉象浮散无根,大而不齐,从几条脉道上来且脉搏不齐,同时他脸色赤红,是心脉压肺脉的表现。我之所以能知道他是从马背上摔下来的,是因切得反阴脉。反阴脉进入虚里,克伐肺脉。肺脉出现了散脉,原来的面色改变,都因为肺被克伐。他没有如期而死,是因为我的老师说:"病人能消化吸收谷物的,就能超期才死,不能消化吸收的,等不到期限就会死。"这个人嗜好吃黍,黍能补肺,因而超过了期限。他尿血的原因,正如诊脉法上说:"病人调养时喜欢安静的,就会气血下行而死;喜好活动的,就会气血上逆而死。"这个人喜欢安静,不急躁,又能长时间地坐着,伏在几案上睡着,所以血从下部排泄而出。

齐王的侍医遂患了病,自己炼制五石散服用。我去拜访他,遂对我说:"我生病了,希望您能给我诊治一下。"我就为他诊脉,告诉他说:"您患了内热的病。医理书上说'内热不解小便的,不能服用五石散'。石药药力猛烈,您服后小便次数减少,赶快停止服用吧。看你的脸色,是要生疮肿。"遂说:"扁鹊说过'阴石可以治疗阴病,阳石可以治疗阳病,药石中有阴阳寒热不同的方剂。因此有内热,就用阴石配制的柔和方剂来治疗;内寒,就用阳石配制的猛烈方剂来治疗'。"我说:"您错了。扁鹊虽然说过这样的话,然而必须审慎诊断,确立标准,斟酌权衡,结合表里、盛衰、顺逆的原则,观察病人的举动与呼吸是否协调,才可以下结论。医理上说:'体内有阳热病,体表有阴冷症状,不能用烈性药和砭石的方法。'因为烈性药进入体内,邪气就会蓄积更深。诊病理论说:"外寒多于内热的病,不能用烈性药。"因烈性药进入体内会扰动阳气,阴虚病症就会更严重,阳气更加强盛,邪气流动,就会重重团聚在腧穴,最后发展成毒疮。"我告诉他之后一百多天,他乳头上果然长了一个毒疮,蔓延到锁骨上窝后,他就死了。这就是说理论只是概括,提出大体的原则。拙劣的医生有一处没

阴阳失矣。

齐王故为阳虚侯时，病甚，众医皆以为蹷。臣意诊脉，以为痹，根在右胁下，大如覆杯，令人喘，逆气不能食。臣意即以火齐粥且饮，六日气下；即令更服丸药，出入六日，病已。病得之内。诊之时不能识其经解，大识其病所在。

臣意尝诊安阳武都里成开方，开方自言以为不病，臣意谓之病苦沓风，三岁四支不能自用，使人瘖，瘖即死。今闻其四支不能用，瘖而未死也。病得之数饮酒以见大风气。所以知成开方病者，诊之，其脉法、奇咳言曰"藏气相反者死"。切之，得肾反肺，法曰"三岁死"也。

安陵阪里公乘项处病，臣意诊脉，曰："牡疝。"牡疝在鬲下，上连肺。病得之内。臣意谓之："慎毋为劳力事，为劳力事则必呕血死。"处后蹴踘，要蹷寒，汗出多，即呕血。臣意复诊之，曰："当旦日日夕死。"即死。病得之内。所以知项处病者，切其脉得番阳。番阳入虚里，处旦日死。一番一络者，牡疝也。

臣意曰：他所诊期决死生及所治已病众多，久颇忘之，不能尽识，不敢以对。

问臣意："所诊治病，病名多同而诊异，或死或不死，何也？"对曰："病名多相类，不可知，故古圣人为之脉法，以起度量，立规矩，县权衡，案绳墨，调阴阳，别人之脉各名之，与天地相应，参合于人，故乃别百病以异之，有数者能异之，无数者同之。然脉法不可胜验，诊疾人以度异之，乃可别同名，命病主在所居。今臣意所诊者，皆有诊籍。所以别之者，臣意所受师方适成，师死，以故表籍所诊，期决死生，观所失所得者合脉法，以故至今知之。"

问臣意曰："所期病决死生，或不应期，何故？"对曰："此皆饮食喜怒不节，或不当饮药，或不当针灸，以故不中期死也。"

能深入理解透彻，就会使生理紊乱、阴阳颠倒。

齐王还是阳虚侯时，有一次病得很重，许多医生都认为是邪气上逆。我为他诊脉后，认为是痹症，病根在右胁下部，大小如倒扣着的杯子，使人气喘，逆气上升，吃不下东西。我就让他服用火剂粥，过了六天，逆气下行；再让他改服丸药，又过了六天，病就好了。他的病是房事不当而得。我为他诊脉的时候，不能辨别什么经脉有病变，只能大体知道病症所在的位置。

我曾经为安阳武都里的成开方诊治，他称自己没病，我说他得了沓风病，三年后四肢不能受自己支配，人喑哑不能言语，一旦喑哑很快就会死。如今听说他的四肢已不能动弹，喑哑但还没有死。他的病是多次喝酒后受大风邪引起的。我所以知道他的病，是因为给他切脉时，脉象与脉法、奇咳术上说的"脏气相反的是死症"相符合。我切他的脉，得到肾气反冲肺气的脉象，医理上说："三年后当死。"

安陵阪里的公乘项处患了病，我为他诊脉，告诉他："这是牡疝病。"牡疝在胸膈下，上连肺脏。病因是房事不节制。我对他说："千万不能再做操劳费力的事，否则就会吐血死去。"项处后来却去玩"蹴踘"，结果腰部受寒，出汗很多，当即吐血。我又给他诊脉后说："会在明日黄昏时死去。"到时果真就死了。他的病是因房事而得，我所以能知道他的病，是因为切脉时得到反阳脉，反阳脉进入上虚，第二天就会死。一是出现了反阳脉，一是上连于肺，这就是牡疝。

臣淳于意说："其他能正确诊治、决断生死时间以及治好的病例很多，但日久大多忘了，不能都记住，所以不敢上奏。"

又问："你所诊治的病，许多病名相同，诊断结果却相异，有的人死了，有的还活着，这是为什么呢？"淳于意回答说："病名大多是类似的，不能确切辨知，所以古代圣人创立脉法，使人能用这些确立标准，订立尺度，斟酌权衡，依照规则，协调阴阳，区别人的脉象后各自命名。和天地相对应，和人体状况相参合，因此就可以区别找出差异。通晓医术的人能够指出其中的差别，不懂医术的人就会混同起来。然而脉法也不是完全灵验，诊治病人还要用分度脉的方法，才能区别相同名称的疾病，说出病因在什么地方。如今我所诊治的病例，都有诊病记录。我之所以能够区别它们，是因为刚刚从师学医结束，老师就去世了，因此我就记下诊治过的病例情形，以便能够决断死生、诊断病症的得失是否和脉法相符合，因此到现在还能知道。"

又问："你决断病人死生的时间，有时也不能应验，这是为什么？"回答说："这都是因为病人饮食喜怒不正常，或者不恰当地服药，或者不恰当地用针灸治疗，所以与预断的日期不相符。"

问臣意："意方能知病死生，论药用所宜，诸侯王大臣有尝问意者不？及文王病时，不求意诊治，何故？"对曰："赵王、胶西王、济南王、吴王皆使人来召臣意，臣意不敢往。文王病时，臣意家贫，欲为人治病，诚恐吏以除拘臣意也，故移名数左右，不修家生，出行游国中，问善为方数者事之久矣，见事数师，悉受其要事，尽其方书意，及解论之。身居阳虚侯国，因事侯。侯入朝，臣意从之长安，以故得诊安陵项处等病也。"

问臣意："知文王所以得病不起之状？"臣意对曰："不见文王病，然窃闻文王病喘，头痛，目不明。臣意心论之，以为非病也。以为肥而蓄精，身体不得摇，骨肉不相任，故喘，不当医治。脉法曰'年二十脉气当趋，年三十当疾步，年四十当安坐，年五十当安卧，年六十已上气当大董'。文王年未满二十，方脉气之趋也而徐之，不应天道四时。后闻医灸之即笃，此论病之过也。臣意论之，以为神气争而邪气入，非年少所能复之也，以故死。所谓气者，当调饮食，择晏日，车步广志，以适筋骨肉血脉，以泻气。故年二十，是谓'易贸'。法不当砭灸，砭灸至气逐。"

问臣意："师庆安受之？闻于齐诸侯不？"对曰："不知庆所师受。庆家富，善为医，不肯为人治病，当以此故不闻。庆又告臣意曰：'慎毋令我子孙知若学我方也。'"

问臣意："师庆何见于意而爱意，欲悉教意方？"对曰："臣意不闻师庆为方善也。意所以知庆者，意少时好诸方事，臣意试其方，皆多验，精良。臣意闻菑川唐里公孙光善为古传方，臣意即往谒之。得见事之，受方化阴阳及传语法，臣意悉受书之。臣意欲尽受他精方，公孙光曰：'吾方尽矣，不为爱公所。吾身已衰，无所复事之。是吾年少所受妙方也，悉与公，毋以教人。'臣意曰：'得见事侍公前，悉得禁方，幸甚。意死不敢妄传人。'居有间，公孙光间处，臣意深论方，见言百世为之精也。师光喜曰：'公必为国工。吾有所善

又问:"在你刚刚能够预知病症可否治愈、议论药物运用是否适宜的时候,诸侯王和大臣有没有向你请教过?等到齐文王生病时,为什么不请你去诊治?"回答说:"赵王、胶西王、济南王、吴王都曾派人召请我,我不敢前往。齐文王生病时,我家中贫穷,想以给人治病来谋生,非常害怕被官吏留住委任为侍医。所以就把户籍迁到亲戚邻居等人名下,不置家产,行医游学,寻访医术精妙的人向他求教。我拜了好几位老师,学到了他们所有的本领,领悟了全部的医方医书要点,并深入进行分析评定。我住在阳虚侯的国家,侍奉过他。他入朝时,我随他到了长安,因为这个缘故,才能给安陵的项处等人看病。"

问我说:"你知道齐文王一病不起的原因吗?"回答说:"我没有亲眼看到齐文王的病情,不过我听说齐文王气喘、头疼、视力差。我推想这不是病症。因为他身体肥胖而聚积精气,身体得不到运动,骨骼不能支撑肉躯,所以才气喘,用不着医治。脉理上说:'二十岁时人的脉气正旺,应该多跑步,三十岁时应该常快步行走,四十岁时应该安坐,五十岁时应该安神躺卧,六十岁以上时应该使元气深藏。'齐文王年纪不满二十岁,脉气正旺,应该多跑步,他却懒于活动,与天道四时不相应。后来听说医生用灸法治疗,病情马上就重起来,这是分析病情有误的原因。根据我的分析,这是身体内正气外争而邪气侵入体内的表现。这种病症不是年少人能够恢复的,因此他最后死了。这种情形,应该调节饮食,选择晴朗天气,驾车或是步行外出,以开阔情志,使得筋骨、肌肉和血脉互相适应,用以宣泄过盛的精气。所以二十岁被称作"气血质实"的时期,从医理看不应该用砭灸之法,使用这种方法就会导致气血奔逐不定。"

又问:"你的老师阳庆跟谁学的医术?齐国的诸侯是否知道他?"回答说:"我不知道阳庆的老师是谁,阳庆家中非常富有,他擅长行医,却不肯为人治病,也许因为这样他才不为人所知。阳庆又告诫我说:'千万别使我的后代知道你是从我这儿学习的医术。'"

又问:"你的老师阳庆为什么看中并喜爱你,想要把医方全部传给你呢?"回答说:"我本来不知老师的医术精妙。之所以知道,是因为我年轻时喜欢研究各家的医方,我用他的医方尝试,大多灵验,而且非常精妙。我听说菑川唐里公孙光擅长使用古代流传的医方,就去拜见他。得以做他的学生,从他那里学到调理阴阳的医方以及口诀,我都记了下来。我想要学习其他的医术,公孙光说:'我的秘方医术都教给你了,不会吝惜的,我已经老了,你无须再侍奉我了。这是我年少时所学到的妙方,全都教给你了,不要轻易地把它教给别人。'我说:'我能在您跟前侍奉学习,得到全部秘方,就已经很幸运了。我死也不会随便传给别人的。'过了些日子,公孙光闲居,我就跟他一起深入分析医方,他认为我

者皆疏，同产处临菑，善为方，吾不若，其方甚奇，非世之所闻也。吾年中时，尝欲受其方，杨中倩不肯，曰"若非其人也"。胥与公往见之，当知公喜方也。其人亦老矣，其家给富。'时者未往，会庆子男殷来献马，因师光奏马王所，意以故得与殷善。光又属意于殷曰：'意好数，公必谨遇之，其人圣儒。'即为书以意属阳庆，以故知庆。臣意事庆谨，以故爱意也。"

问臣意曰："吏民尝有事学意方，及毕尽得意方不？何县里人？"对曰："临菑人宋邑。邑学，臣意教以五诊，岁余。济北王遣太医高期、王禹学，臣意教以经脉高下及奇络结，当论俞所居，及气当上下出入邪逆顺，以宜镵石，定砭灸处，岁余。菑川王时遣太仓马长冯信正方，臣意教以案法逆顺，论药法，定五味及和齐汤法。高永侯家丞杜信，喜脉，来学，臣意教以上下经脉五诊，二岁余。临菑召里唐安来学，臣意教以五诊上下经脉，奇咳，四时应阴阳重，未成，除为齐王侍医。"

问臣意："诊病决死生，能全无失乎？"臣意对曰："意治病人，必先切其脉，乃治之。败逆者不可治，其顺者乃治之。心不精脉，所期死生视可治，时时失之，臣意不能全也。"

太史公曰：女无美恶，居宫见妒；士无贤不肖，入朝见疑。故扁鹊以其伎见殃，仓公乃匿迹自隐而当刑。缇萦通尺牍，父得以后宁。故老子曰"美好者不祥之器"，岂谓扁鹊等邪？若仓公者，可谓近之矣。

对历代医方的评论很精辟，高兴地说：'你一定会成为国家一流的医生。我擅长的医术都荒废了，我有个同胞兄弟住在临淄，对医术很精通，我不如他，他的医方非常神奇，不是一般人所能了解的。我中年时，曾想向他请教，我的朋友杨中倩不同意，说：'你不是学习医术的料。' 我必须和你一起前往拜见他，他就会知道您喜爱医术。他也老了，但家中很富有。'当时没去，正好阳庆的儿子阳殷来献马，通过公孙光进献给齐王，因为这个缘故我和阳殷相识了。公孙光就把我托付给阳殷说：'淳于意喜好医术，你一定要好好待他，他是倾慕圣人之道的人。'于是就写信把我介绍给阳庆，因此认识了阳庆。我侍奉阳庆十分恭敬谨慎，所以他才喜爱我。"

又问："官吏百姓有没有人向你学医术？全学会了吗？是哪里人？"回答说："临淄人宋邑，他向我求教，我教他五诊法，学了一年多。济北王派太医高明、王禹向我学习，我教他们经脉的高下分布以及奇经、络脉的交结，时常研究经络穴位，以及经络之气的上下出入，以及邪正逆顺的情况，以此选择合适的针石，确定砭灸的部位，学了一年多。淄川王时常派遣太仓马长冯信前来学习，我教他按摩的逆顺手法，讨论用药的方法，鉴定药性和调和汤剂的方法。高永侯的家丞杜信，喜好诊脉，前来求学，我把上下经脉的分布、五诊法教给了他，学了两年多的时间。临淄召里的唐安来求学，我教给他五诊法、上下经脉的位置、奇咳术，以及四季阴阳相应的道理，还没有学成，就被任命做了齐王的侍医。"

又问："你给人诊治病症决断死生，完全没有失误吗？"回答说："我医治病人，一定先切脉，再医治。脉象衰败或病情违背的就不能治了，脉象和病情相顺应的才给他治疗。如果不能精心诊脉，那所预期的死生结果及认为可救治的病，往往就会出现失误，我也不能完全保证。"

太史公说："女子无论美丑，只要一进宫中就会被人嫉妒；士人无论贤庸，只要一进朝廷就会遭人疑忌。扁鹊就因为他的医术而遭到祸殃，太仓公尽管隐居还是被判处了刑罚。缇萦上书皇帝，她的父亲后半生才得到安宁。所以老子说'美好的东西本身就是不吉祥的'，难道不是指扁鹊等人吗？太仓公这样的人，也与此很接近啊。"

吴王濞列传第四十六

吴王濞者，高帝兄刘仲之子也。高帝已定天下七年，立刘仲为代王。而匈奴攻代，刘仲不能坚守，弃国亡，间行走洛阳，自归天子。天子为骨肉故，不忍致法，废以为郃阳侯。高帝十一年秋，淮南王英布反，东并荆地，劫其国兵，西度淮，击楚，高帝自将往诛之。刘仲子沛侯濞年二十，有气力，以骑将从破布军蕲西会甄，布走。荆王刘贾为布所杀，无后。上患吴、会稽轻悍，无壮王以填之，诸子少，乃立濞于沛为吴王，王三郡五十三城。已拜受印，高帝召濞相之，谓曰："若状有反相。"心独悔，业已拜，因拊其背，告曰："汉后五十年东南有乱者，岂若邪？然天下同姓为一家也，慎无反！"濞顿首曰："不敢。"

会孝惠、高后时，天下初定，郡国诸侯各务自拊循其民。吴有豫章郡铜山，濞则招致天下亡命者铸钱，煮海水为盐，以故无赋，国用富饶。

孝文时，吴太子入见，得侍皇太子饮博。吴太子师傅皆楚人，轻悍，又素骄，博，争道，不恭，皇太子引博局提吴太子，杀之。于是遣其丧归葬。至吴，吴王愠曰："天下同宗，死长安即葬长安，何必来葬为！"复遣丧之长安葬。吴王由此稍失藩臣之礼，称病不朝。京师知其以子故称病不朝，验问实不病，诸吴使来，辄系责治之。吴王恐，为谋滋甚。及后使人为秋请，上复责问吴使者，使者对曰："王实不病，汉系治使者数辈，以故遂称病。且夫'察见渊中鱼，不祥'。今王始诈病，及觉，见责急，愈益闭，恐上诛之，计乃无聊。唯上弃之而与更始。"于是天子乃赦吴使者归之，而赐吴王几杖，老，不朝。吴得释其罪，谋亦益解。然其居国以铜盐故，百姓无赋。卒践更，辄与平贾。岁时存问茂材，赏赐闾里。它郡国吏欲来捕亡人

吴王刘濞，是高祖哥哥刘仲的儿子。高祖平定天下七年后，把刘仲封为代王。后来，匈奴围攻代地，刘仲不能守城，丢弃封国逃走了，抄小路跑回洛阳，向天子自首。天子因为兄弟骨肉的缘故，不忍以国法制裁他，只废黜其王位，贬为郃阳侯。高祖十一年秋天，淮南王英布谋反，向东兼并了荆地，挟持荆地的军队，向西渡过淮河，攻击楚国，高祖亲自率军讨伐他。刘仲的儿子刘濞这年才二十岁，强壮有力，以骑将的身份跟随高祖在蕲县西边的会甀打败了英布，英布逃走。当时荆王刘贾被英布所杀，没有后嗣。皇帝担心吴地、会稽民风彪悍，没有年富力强的人来镇慑他们，而自己的儿子们年龄都小，就封了刘濞在沛地做吴王，统辖三郡五十三个县。等到拜官受印完毕，高祖让刘濞前来看了看他的面相，说："你的相貌有反叛的模样。"心里自觉后悔，可已经任命了，就拍拍他的脊背，告诫说："汉朝今后五十年东南有叛乱发生，难道会是你吗？然而天下同姓的都是一家人，千万不要造反啊！"刘濞磕头说："我不敢。"

到孝惠帝、高后时，天下刚刚安定，各郡国的诸侯们都努力安抚自己的百姓。吴国有豫章郡的铜矿山，刘濞就招募天下亡命之徒私下铸钱，又煮海水制盐，因为有这两项收入，所以不用向百姓征缴赋税，而国家也很富足。

孝文帝时，吴王太子入京朝见，有一天陪伴皇太子饮酒下棋。吴太子的老师都是楚地人，浮躁强悍，又很骄纵，与皇太子下棋时，发生争执，态度不恭敬，皇太子拿起棋盘就砸向吴太子，把他打死了，事后把他的遗体送回吴国埋葬。到了吴国，吴王大怒说："天下既然都是一家，死在长安就应该葬在长安，何必送来吴国下葬呢！"又把遗体送到长安。吴王自此逐渐丢掉藩臣所应遵守的礼节，称病不肯入朝。朝廷知道他是因为儿子的缘故装病而不来朝见，调查之后，确实如此，后来吴国的使臣一来，就被扣留责问。吴王害怕了，更积极地策划谋反行动。等到后来派人代行秋季朝见礼仪，皇上又责问吴国使者，使者回答说："吴王确实没有病，朝廷扣留好几批使者，因此吴王就托词害病不来了。况且俗话说'如果连深水里的鱼都能看得清楚，那是不好的'。吴王当初装病，等到被发觉，遭到严厉的责问，就越加隐秘，害怕皇上处死他，这计谋也是出于无奈。希望皇上摒弃前嫌给他重新开始的机会。"于是皇上就赦免吴国的使者，放他们回去，并赐给吴王几案和拐杖，认为他老了，可以不必入京朝见。吴王得以解脱罪责，谋反的事情也就停止了。他所在的封国因为有铜盐的收益，百姓没有赋税。

者，讼共禁弗予。如此者四十余年，以故能使其众。

晁错为太子家令，得幸太子，数从容言吴过可削。数上书说孝文帝，文帝宽，不忍罚，以此吴日益横。及孝景帝即位，错为御史大夫，说上曰："昔高帝初定天下，昆弟少，诸子弱，大封同姓，故王孽子悼惠王王齐七十余城，庶弟元王王楚四十余城，兄子濞王吴五十余城：封三庶孽，分天下半。今吴王前有太子之郄，诈称病不朝，于古法当诛，文帝弗忍，因赐几杖。德至厚，当改过自新。乃益骄溢，即山铸钱，煮海水为盐，诱天下亡人，谋作乱。今削之亦反，不削之亦反。削之，其反亟，祸小；不削，反迟，祸大。"三年冬，楚王朝，晁错因言楚王戊往年为薄太后服，私奸服舍，请诛之。诏赦，罚削东海郡。因削吴之豫章郡、会稽郡。及前二年赵王有罪，削其河间郡。胶西王卬以卖爵有奸，削其六县。

汉廷臣方议削吴。吴王濞恐削地无已，因以此发谋，欲举事。念诸侯无足与计谋者，闻胶西王勇，好气，喜兵，诸齐皆惮畏，于是乃使中大夫应高诱胶西王。无文书，口报曰："吴王不肖，有宿夕之忧，不敢自外，使喻其欢心。"王曰："何以教之？"高曰："今者主上兴于奸，饰于邪臣，好小善，听谗贼，擅变更律令，侵夺诸侯之地，徵求滋多，诛罚良善，日以益甚。里语有之，'舐糠及米'。吴与胶西，知名诸侯也，一时见察，恐不得安肆矣。吴王身有内病，不能朝请二十余年，尝患见疑，无以自白，今胁肩累足，犹惧不见释。窃闻大王以爵事有适，所闻诸侯削地，罪不至此，此恐不得削地而已。"王曰："然，有之。子将奈何？"高曰："同恶相助，同好相留，同情相成，同欲相趋，同利相死。今吴王自以为与大王同忧，愿因时循理，弃躯以除患害于天下，亿亦可乎？"王瞿然骇曰："寡人何敢如是？今主上虽急，固有死耳，安得不戴？"高曰："御史大夫

士兵服役发给代役金。每到逢年过节就去慰问那些有才能的人，给平民赏赐。其他郡国的逃犯逃到吴国，吴王就收容他们，一概不交出。就这样过了四十多年，百姓都愿意听他的差遣。

晁错做太子家令，受到太子的宠幸，多次怂恿太子说吴王有罪，应削减他的封地。也多次上书文帝，文帝宽厚，不忍惩罚吴王，因此他更加骄横。景帝即位，晁错担任御史大夫，又劝皇帝说："从前高祖刚平定天下时，兄弟少，儿子又还幼小，就大量赐封同姓的人，所以封庶子悼惠王为齐王，管辖七十多个县，异母弟刘交做楚元王，管辖四十多个县，哥哥的儿子刘濞做吴王，管辖五十多个县：这三个人，就分去了一半的天下。现今吴王因从前儿子被打死产生嫌隙，假称生病不肯入京朝见，依照古法应杀，但皇上不忍心惩办，还赏他几、杖，对他非常优待，他本当改过自新。结果却更加骄横无度，凭借铜矿铸造钱币，煮海水制盐，招纳天下的亡命之徒，谋划叛乱。现在削减封地，他也是造反，不削减他还是造反。削减他，反得急，灾祸小；不削减他，反得迟缓，灾祸大。"景帝三年冬天，楚王来朝见，晁错即以楚王刘戊去年在为薄太后服丧期间，在宫室里偷偷淫乱为由，请求处死他。景帝下诏赦免了他的死罪，仅削减东海郡作为惩罚。随之削减了吴的豫章郡、会稽郡。还有两年前赵王有罪，削夺了他的河间郡。胶西王刘卬因为卖爵位犯法，被削去了六个县。

汉朝的大臣刚刚开始讨论削减吴王的封地。吴王刘濞担心这么削地没完没了，于是想借此事发动叛乱。又想到诸侯中没有能共商大计的人，听说胶西王勇壮，好逞势斗胜，齐地的几个诸侯王都畏惧他，于是派中大夫应高去引诱胶西王。没有书信，只是口头通报说："吴王不才，现有早晚将临的忧患，在您这不敢把自己看作外人，派我来明说他的心思。"胶西王说："有什么指教？"应高说："现在皇帝被奸邪之臣蒙蔽，喜欢眼前的利益，听信谗言，擅自改变法令，随便侵夺诸侯的封地，对封国索求越来越多，诛杀惩罚善良的人，一天比一天厉害。俗话说：'吃完米糠就要吃到米粒了'。吴国和胶西国都是有名的大国，一旦被朝廷盯上，恐怕永远不能安宁自由了。吴王因为有病，二十多年不能朝见皇帝，总是担心被猜疑，又没有办法表白，现在再谨小慎微，仍然害怕不被谅解。我私下听说大王您因为出卖爵位的事犯有罪责，所听到的诸侯被削夺封地，罪过还不到这个程度，这恐怕不是削减封地就能了事的。"胶西王说："是的，有这事。您说怎么办呢？"应高说："有相同憎恨的就应该互相援助，有相同爱好的要相互体贴，情趣相同的要互相成全，想法相同的要一起追求，利益相关的就要通力死干。如今吴王自认为和大王有共同的忧患，希望能顺应时势，遵循事理，牺牲生命来为天下人除去祸害，您想一想可以吗？"胶西王吃惊地说："我怎么

晁错，荧惑天子，侵夺诸侯，蔽忠塞贤，朝廷疾怨，诸侯皆有倍畔之意，人事极矣。彗星出，蝗虫数起，此万世一时，而愁劳圣人之所以起也。故吴王欲内以晁错为讨，外随大王后车，彷徉天下，所乡者降，所指者下，天下莫敢不服。大王诚幸而许之一言，则吴王率楚王略函谷关，守荥阳敖仓之粟，距汉兵。治次舍，须大王。大王有幸而临之，则天下可并，两主分割，不亦可乎？"王曰："善。"高归报吴王，吴王犹恐其不与，乃身自为使，使于胶西，面结之。

胶西群臣或闻王谋，谏曰："承一帝，至乐也。今大王与吴西乡，弟令事成，两主分争，患乃始结。诸侯之地不足为汉郡什二，而为畔逆以忧太后，非长策也。"王弗听。遂发使约齐、菑川、胶东、济南、济北，皆许诺，而曰"城阳景王有义，攻诸吕，勿与，事定分之耳"。

诸侯既新削罚，振恐，多怨晁错。及削吴会稽、豫章郡书至，则吴王先起兵，胶西正月丙午诛汉吏二千石以下，胶东、菑川、济南、楚、赵亦然，遂发兵西。齐王后悔，饮药自杀，畔约。济北王城坏未完，其郎中令劫守其王，不得发兵。胶西为渠率，胶东、菑川、济南共攻围临菑。赵王遂亦反，阴使匈奴与连兵。

七国之发也，吴王悉其士卒，下令国中曰："寡人年六十二，身自将。少子年十四，亦为士卒先。诸年上与寡人比，下与少子等者，皆发。"发二十余万人。南使闽越、东越，东越亦发兵从。

孝景帝三年正月甲子，初起兵于广陵。西涉淮，因并楚兵。发使遗诸侯书曰："吴王刘濞敬问胶西王、胶东王、菑川王、济南王、赵王、楚王、淮南王、衡山王、庐江王、故长沙王子：幸教寡人！以汉有贼臣，无功天下，侵夺诸侯地，使吏劾系讯治，以僇辱之为故，不以诸侯人君礼遇刘氏骨肉，绝先帝功臣，进任奸宄，诖乱天下，欲危

敢这样呢？主上虽然行事过急，最后无法，我不过一死，怎能不拥戴他呢？"应高说："御史大夫晁错，迷惑天子，削夺诸侯封地，蒙蔽忠良，阻塞贤能，朝廷大臣都愤恨不已，诸侯国都有背叛的意图，人情事理已经达到极点了。现在彗星出现，蝗虫之灾多次发生，这是万代难逢的时机，而忧愁劳苦正可以促使圣人兴起。因此吴王想以诛杀晁错为名对朝廷发起讨伐，跟随大王您的兵马，驰骋天下，一定会走到哪里哪里投降，打到哪里哪里归顺，天下没有敢不归服的。大王如果真能够有幸许诺一句话，那么吴王就率领楚王夺取函谷关，守住荥阳敖仓的粮食，抗拒汉兵。修筑军队驻扎的房舍，等待大王的到来。大王真肯去，那么天下就是我们的，两个君主分治，不也是可以的吗？"胶西王说："好。"应高回去报告吴王，吴王还担心胶西王变卦，就亲自出行到胶西，当面和胶西王订立了盟约。

胶西群臣中有人知道胶西王要反叛，规劝说："侍奉一个皇帝，不是很好吗？现在大王和吴王向西进兵，假使成功了，两个君主分裂争斗，祸患也就开始形成了。诸侯的土地不到朝廷各郡的十分之二，而背叛朝廷也会使太后担忧，这不是长远之计啊。"胶西王不听。于是派使者联合齐王、淄川王、胶东王、济南王、济北王，他们都答应了，而且说："城阳景王当年伸张正义，攻打吕氏族人，这件事情不要让他参与了，事成之后分他一份土地就行了。"

诸侯近来都因受到削减土地的惩罚而震惊恐惧，怨恨晁错。等到削减吴国会稽郡、豫章郡的文书一到，吴王就首先起兵作乱，胶西王在正月丙午这天杀死了朝廷派来的二千石以下的各级官员，胶东王、淄川王、济南王、楚王、赵王也都依此照办，然后一起向西进兵。齐王中途后悔，服毒自杀，违背了盟约。济北王损坏的城墙没有修好，被郎中令劫持控制着，不能发兵。胶西王为首领，和胶东王、菑川王、济南王一起率兵围攻临淄。北方的赵王刘遂也宣布造反，暗中派使者和匈奴商议联合作战的事。

七国造反的时候，吴王发动一切可以调动的人，对全吴国下令说："我今年六十二岁，还亲自统率军队。小儿子年仅十四岁，也身先士卒。所以凡是年长和我相同的，年幼和我小儿子相同的人，都要出征。"于是征招了二十多万人。又派人到南边的闽越、东越去联络，东越也派兵跟随。

景帝三年正月甲子，吴王先从广陵起兵，向西渡过淮河，和楚军会合。他派使者送给诸侯的信上说："吴王刘濞恭敬地问候胶西王、胶东王、菑川王、济南王、赵王、楚王、淮南王、衡山王、庐江王、已故的长沙王的儿子：希望得到你们的指教！因为朝廷有乱臣贼子，自己没有功劳，却侵夺诸侯的土地，派法吏弹劾囚系审讯惩治诸侯，以侮辱我们诸侯为能事，不用诸侯国君主的礼仪对待刘氏的兄弟骨肉，抛弃先帝的功臣，推荐任用奸邪作乱的人，惑乱天下，想要危害

社稷。陛下多病志失，不能省察。欲举兵诛之，谨闻教。敝国虽狭，地方三千里；人虽少，精兵可具五十万。寡人素事南越三十余年，其王君皆不辞分其卒以随寡人，又可得三十余万。寡人虽不肖，愿以身从诸王。越直长沙者，因王子定长沙以北，西走蜀、汉中。告越、楚王、淮南三王，与寡人西面；齐诸王与赵王定河间、河内，或入临晋关，或与寡人会洛阳；燕王、赵王固与胡王有约，燕王北定代、云中，抟胡众入萧关，走长安，匡正天子，以安高庙。愿王勉之。楚元王子、淮南三王或不沐洗十余年，怨入骨髓，欲一有所出之久矣，寡人未得诸王之意，未敢听。今诸王苟能存亡继绝，振弱伐暴，以安刘氏，社稷之所愿也。敝国虽贫，寡人节衣食之用，积金钱，修兵革，聚谷食，夜以继日，三十余年矣。凡为此，愿诸王勉用之。能斩捕大将者，赐金五千斤，封万户；列将，三千斤，封五千户；裨将，二千斤，封二千户；二千石，千斤，封千户；千石，五百斤，封五百户：皆为列侯。其以军若城邑降者，卒万人，邑万户，如得大将；人户五千，如得列将；人户三千，如得裨将；人户千，如得二千石；其小吏皆以差次受爵金。佗封赐皆倍军法。其有故爵邑者，更益勿因。愿诸王明以令士大夫，弗敢欺也。寡人金钱在天下者往往而有，非必取于吴，诸王日夜用之弗能尽。有当赐者告寡人，寡人且往遗之。敬以闻。"

七国反书闻天子，天子乃遣太尉条侯周亚夫将三十六将军，往击吴楚；遣曲周侯郦寄击赵；将军栾布击齐；大将军窦婴屯荥阳，监齐赵兵。

吴楚反书闻，兵未发，窦婴未行，言故吴相袁盎。盎时家居，诏召入见。上方与晁错调兵笇军食，上问袁盎曰："君尝为吴相，知吴臣田禄伯为人乎？今吴楚反，于公何如？"对曰："不足忧也，今破矣。"上曰："吴王即山铸钱，煮海水为盐，诱天下豪桀，白头举

国家。陛下多病,神志失常,不能明察。我想要发动军队诛杀乱臣,敬听各位指教。我国虽然狭小,土地方圆也有三千里;人口虽然少,精锐的士兵可以准备下五十万人。我三十多年和南越友善,那里的国王和君长都不推辞,愿意派兵支援,这样又可以得到三十多万人。我虽然不贤,甘愿亲身随从各位王侯。越和长沙接壤,由长沙王的儿子平定长沙以北地区,向西直下蜀汉。派人告知越王、楚王、淮南王三位,和我一起西进;齐地各位国王和赵王平定河间、河内,一路攻入临晋关,一路和我到洛阳会合;燕王、赵王原本和匈奴王有约定,燕王向北平定代郡、云中郡,统领匈奴的军队攻入萧关,直取长安,我们的目的是为了纠正天子的过错,使高庙安定,希望诸王们努力。楚元王的儿子、淮南三王各自心有所专注十多年了,怨恨深入骨髓,想要有所行动已很长时间了,我没有得知各位的意图,不敢听从。如今各位如果能够保存延续将要灭绝的国家,拯救弱小,讨伐强暴,从而使刘氏安定,这是国家的愿望。我国虽然贫穷,我节省穿衣吃饭的费用,积攒金钱,整修武器,积聚粮食,夜以继日的努力,有三十多年了,都是为的今天,希望诸王努力利用这些条件。能逮捕杀死大将军的,赏赐黄金五千斤,封邑万户;逮杀将军的,赏赐黄金三千斤,封邑五千户;逮杀副将的,赏赐黄金二千斤,封邑二千户;逮杀俸禄二千石的官员,赏赐黄金一千斤,食邑一千户;逮捕俸禄一千石的官员,赏赐黄金五百斤,封邑五百户;有以上功的人都可被封为列侯。那些带着军队或者城邑来投降的,士兵有万人,城中户口万户,按大将军标准封赏;士兵五千人,城邑五千户,按一般将领给予封赏;士兵三千人,城邑三千户,按副将给予封赏;士兵一千人,城邑一千户,按二千石级官员给予封赏;那些小官吏来降的也依职位差别受到封爵赏金。其他封赏都按照军法加倍。那些原先有爵位、城邑的,就在旧有基础上再给增加,绝不混为一谈。希望各位明确地通令士大夫们,不能有所欺骗。我的金钱散布天下,不一定都要到吴国来领取,诸王日日夜夜使用也用不完。如有应该赏赐的人,可以告诉我,我将会前往送给他。特此恭敬地奉告诸王。"

七国反叛的书信送达天子处后,天子派太尉条侯周亚夫率领三十六位将军,去攻打吴、楚两国;派曲周侯郦寄攻打赵国;派将军栾布攻打齐国;大将军窦婴驻扎在荥阳,监视齐、赵两国军队的动静。

吴楚等反叛的消息传出来后,汉朝军队还未出发,窦婴也尚未启行,向皇帝说起袁盎,袁盎过去曾称赞吴王。袁盎当时正闲居在家,皇帝召他进见。袁盎来时,皇上正和晁错一起商讨军队和军粮的事情,皇帝问袁盎:"你曾做过吴王的丞相,知道吴国臣子田禄伯的为人吗?现在吴楚反叛,你怎么看?"袁盎回答说:"不是大事,马上就能打败他们。"皇帝说:"吴王靠着铜矿山铸造钱币,

事。若此，其计不百全，岂发乎？何以言其无能为也？"袁盎对曰："吴有铜盐利则有之，安得豪桀而诱之！诚令吴得豪桀，亦且辅王为义，不反矣。吴所诱皆无赖子弟，亡命铸钱奸人，故相率以反。"晁错曰："袁盎策之善。"上问曰："计安出？"盎对曰："愿屏左右。"上屏人，独错在。盎曰："臣所言，人臣不得知也。"乃屏错。错趋避东厢，恨甚。上卒问盎，盎对曰："吴楚相遗书，曰'高帝王子弟各有分地，今贼臣晁错擅适过诸侯，削夺之地'。故以反为名，西共诛晁错，复故地而罢。方今计独斩晁错，发使赦吴楚七国，复其故削地，则兵可无血刃而俱罢。"于是上嘿然良久，曰："顾诚何如，吾不爱一人以谢天下。"盎曰："臣愚计无出此，愿上孰计之。"乃拜盎为太常，吴王弟子德侯为宗正。盎装治行。后十余日，上使中尉召错，绐载行东市。错衣朝衣斩东市。则遣袁盎奉宗庙，宗正辅亲戚，使告吴如盎策。至吴，吴楚兵已攻梁壁矣。宗正以亲故，先入见，谕吴王使拜受诏。吴王闻袁盎来，亦知其欲说己，笑而应曰："我已为东帝，尚何谁拜？"不肯见盎而留之军中，欲劫使将。盎不肯，使人围守，且杀之，盎得夜出，步亡去，走梁军，遂归报。

条侯将乘六乘传，会兵荥阳。至洛阳，见剧孟，喜曰："七国反，吾乘传至此，不自意全。又以为诸侯已得剧孟，剧孟今无动。吾据荥阳，以东无足忧者。"至淮阳，问父绛侯故客邓都尉曰："策安出？"客曰："吴兵锐甚，难与争锋。楚兵轻，不能久。方今为将军计，莫若引兵东北壁昌邑，以梁委吴，吴必尽锐攻之。将军深沟高垒，使轻兵绝淮泗口，塞吴饷道。彼吴梁相敝而粮食竭，乃以全强制其罢极，破吴必矣。"条侯曰："善。"从其策，遂坚壁昌邑南，轻

煮海水制盐，引诱天下豪杰，到如今头发白了才举兵作乱，如果没有周全的计谋，哪里会轻易发动叛乱呢？你为什么这么自信能打败他们？"袁盎回答说："吴国有铜矿煮盐之利确实不错，但哪里能得到豪杰并且引诱他们呢！假如真有豪杰，也应该辅佐吴王行仁义之事，就不会反叛了。那些投靠吴王的都是一些无赖子弟，逃亡私铸钱币的奸邪之徒，所以才互相勾结而反叛。"晁错说："袁盎分析得对。"皇上问："有什么好的对策吗？"袁盎说："希望屏退左右的人。"皇帝就让身边的人退下，只有晁错还在。袁盎说："我要说的，任何臣子也不能听。"于是又屏退晁错。晁错无法只好到东厢回避，对此十分恼恨。皇帝最后又问袁盎，袁盎回答说："吴、楚发下的文书，说'当初高祖封刘姓子弟为王，各自领有自己的封地，如今奸臣晁错擅自谴责诸侯，削夺他们的封地'。因此以反叛为名义，向西共同来诛杀晁错，恢复原来的封地就会罢兵。为今之计只有斩杀晁错，派使者赦免吴、楚七国的罪行，恢复原来被削减的封地，那样就可以兵不血刃而使各诸侯罢手。"皇上听后沉默了好久，说："关键是这样做行不行，我当然不会因为爱一个人而耽误天下了。"袁盎说："我很愚蠢，但再没有比这个更好的计策了，希望陛下认真地考虑考虑。"于是皇上任命袁盎做太常、吴王侄子德侯做宗正。袁盎整理行装准备出发。十多天后，皇帝派中尉召来晁错，骗晁错乘车巡视东市，晁错就穿着朝服在东市被杀了。然后就派袁盎以侍奉宗庙的太常身份，德侯以辅助亲戚的宗正身份、按照袁盎的计策出使吴国。到了吴国，吴楚的军队当时已进攻到梁国营垒了。宗正因有亲戚的关系，先拜见吴王，谕告吴王拜受诏书。吴王听说袁盎来了，知道是来做说客的，笑着回答说："我已经成为东帝，还向谁跪拜呢？"不肯见袁盎，而把他扣留在军中，想胁迫他做将军。袁盎不肯，吴王就派人把他包围住，将要杀他，袁盎趁夜色逃出，徒步离开，跑到梁王的军营，后来回朝复命。

　　这时条侯正乘坐六匹马拉的驿车急行，要和诸军会师荥阳。到洛阳时看见剧孟，高兴地说："七国反叛，我乘驿车到达这里，没有料到自己会保全下来。还以为诸侯们已经占领了剧孟的地盘，剧孟现在没有起兵的举动。我又占据荥阳，荥阳以东没有值得忧虑的地方了。"到达淮阳，询问父亲绛侯从前的门客邓都尉说："你看我们该怎么办？"门客说："吴兵锐气正盛，很难与其交战。楚兵浮躁，锐气不能保持长久。现在为将军筹划，不如率军在东北的昌邑筑垒坚守，把梁国丢给吴军，吴军一定会用全部精锐军队攻打梁国。将军深挖沟渠、高筑堡垒，派轻装的军队断绝淮河、泗水交汇处，阻塞吴军的粮道。吴梁因相持疲弊，粮草耗尽，然后用全盛锐气的军队攻打那些疲弊已极的军队，打败他们是必然的。"条侯说："好。"就听从他的计策，在昌邑南边坚守，接着派轻装军队断

兵绝吴饷道。

吴王之初发也，吴臣田禄伯为大将军。田禄伯曰："兵屯聚而西，无它奇道，难以就功。臣愿得五万人，别循江淮而上，收淮南、长沙，入武关，与大王会，此亦一奇也。"吴王太子谏曰："王以反为名，此兵难以藉人，藉人亦且反王，奈何？且擅兵而别，多它利害，未可知也，徒自损耳。"吴王即不许田禄伯。

吴少将桓将军说王曰："吴多步兵，步兵利险；汉多车骑，车骑利平地。愿大王所过城邑不下，直弃去，疾西据洛阳武库，食敖仓粟，阻山河之险以令诸侯，虽毋入关，天下固已定矣。即大王徐行，留下城邑，汉军车骑至，驰入梁楚之郊，事败矣。"吴王问诸老将，老将曰："此少年推锋之计可耳，安知大虑乎！"于是王不用桓将军计。

吴王专并将其兵，未度淮，诸宾客皆得为将、校尉、候、司马，独周丘不得用。周丘者，下邳人，亡命吴，酤酒无行，吴王濞薄之，弗任。周丘上谒，说王曰："臣以无能，不得待罪行间。臣非敢求有所将，原得王一汉节，必有以报王。"王乃予之。周丘得节，夜驰入下邳。下邳时闻吴反，皆城守。至传舍，召令。令入户，使从者以罪斩令。遂召昆弟所善豪吏告曰："吴反兵且至，至，屠下邳不过食顷。今先下，家室必完，能者封侯矣。"出乃相告，下邳皆下。周丘一夜得三万人，使人报吴王，遂将其兵北略城邑。比至城阳，兵十余万，破城阳中尉军。闻吴王败走，自度无与共成功，即引兵归下邳。未至，疽发背死。

二月中，吴王兵既破，败走，于是天子制诏将军曰："盖闻为善者，天报之以福；为非者，天报之以殃。高皇帝亲表功德，建立诸侯，幽王、悼惠王绝无后，孝文皇帝哀怜加惠，王幽王子遂、悼惠王子卬等，令奉其先王宗庙，为汉藩国，德配天地，明并日月。吴王濞

绝吴军的运粮通道。

吴王开始发兵的时候，吴臣田禄伯担任大将军。田禄伯说："军队集结在一起西进，没有其他出奇制胜之道，很难成功。我希望带领五万人，沿着长江、淮河而上，去收服淮南、长沙，进入武关，和大王您会师，这也是一招奇计啊。"吴太子不同意，劝谏道："父王现在是造反，此时军队不能交给他人，如果他也造反，那该怎么办呢？而且让他领着军队单独行动，会有许多不能预知的弊端，只是徒然损耗自己罢了。"吴王也就没有采纳田禄伯的建议。

吴国一位年轻的将领桓将军对吴王说："吴国多步兵，步兵适宜在险要地形作战；汉军多战车骑兵，战车骑兵适宜在平地作战。希望大王对途经的城邑不必攻下，径直抛开离去，迅速向西占据洛阳的武器库，夺取敖仓的粮食，倚仗山岭、黄河的险要来号令诸侯，即使不能入关，整个天下大势也就基本平定了。如果大王前进缓慢，耽搁下来攻取城邑，汉军的战车、骑兵一到，冲入梁国楚国的郊野，那这次行动也就失败了。"吴王征询老将们的意见，他们说："这是年轻人急躁冒进的做法，他哪里能知道深远的计谋呢？"于是吴王就没有采纳桓将军的计策。

吴王专断地集中兵力亲自率领，还没渡过淮河，众多的宾客都被授予将军、校尉、候、司马等职务，唯独周丘没被任用。周丘是下邳人，逃亡到吴国，喜欢喝酒，行为不规矩，吴王刘濞很轻视他，所以才没任用。周丘进见，劝说吴王道："我自知无能，不能在军队中任职。我不敢要求率领军队，只希望得到大王一个汉朝的符节，日后一定报答大王。"吴王就给了他符节。周丘得到符节，连夜驱驰进入下邳。下邳当时听说吴王反叛，都据城坚守。周丘到了驿站，召来下邳县令。县令刚进门，周丘就让随从人员将其斩杀了。又召集弟兄们交好的富豪官吏说："吴王造反的军队马上就到，一旦到达，屠杀下邳城不过吃顿饭的时间。如今先投降，就一定能保全家室，有才能的人还可以封侯。"他们出去就到处宣传，于是整个下邳都投降了。周丘在一夜之间得到了三万人，派人去禀报吴王，便率领他的军队向北夺取城邑。等到达城阳时，军队已达十余万人，击破城阳中尉的军队。后来听说吴王战败逃走，自己估计无法成就大事，就率领军队返回下邳。还没到达，就因后背毒疮发作而死。

二月中旬，吴王军队已被击垮，战败而逃，于是天子发布诏令给将军说："听说行善的人，上天会赐福报答他；作恶的人，上天会降灾惩罚他。高祖亲自表彰功德，封立诸侯，幽王、悼惠王没有后代继承王位，孝文皇帝哀怜他们，格外施恩，封幽王的儿子遂、悼惠王的儿子卬为王，让他们奉祀先王的宗庙，成为汉朝的藩国，这种恩德简直可以与天地相比、英明可以和日月同光辉。吴王刘濞

倍德反义，诱受天下亡命罪人，乱天下币，称病不朝二十余年，有司数请濞罪，孝文皇帝宽之，欲其改行为善。今乃与楚王戊、赵王遂、胶西王卬、济南王辟光、菑川王贤、胶东王雄渠约从反，为逆无道，起兵以危宗庙，贼杀大臣及汉使者，迫劫万民，夭杀无罪，烧残民家，掘其丘冢，甚为暴虐。今卬等又重逆无道，烧宗庙，卤御物，朕甚痛之。朕素服避正殿，将军其劝士大夫击反虏。击反虏者，深入多杀为功，斩首捕虏比三百石以上者皆杀之，无有所置。敢有议诏及不如诏者，皆要斩。"

初，吴王之度淮，与楚王遂西败棘壁，乘胜前，锐甚。梁孝王恐，遣六将军击吴，又败梁两将，士卒皆还走梁。梁数使使报条侯求救，条侯不许。又使使恶条侯于上，上使人告条侯救梁，复守便宜不行。梁使韩安国及楚死事相弟张羽为将军，乃得颇败吴兵。吴兵欲西，梁城守坚，不敢西，即走条侯军，会下邑。欲战，条侯壁，不肯战。吴粮绝，卒饥，数挑战，遂夜奔条侯壁，惊东南。条侯使备西北，果从西北入。吴大败，士卒多饥死，乃畔散。于是吴王乃与其麾下壮士数千人夜亡去，度江走丹徒，保东越。东越兵可万余人，乃使人收聚亡卒。汉使人以利啖东越，东越即绐吴王，吴王出劳军，即使人鏦杀吴王，盛其头，驰传以闻。吴王子子华、子驹亡走闽越。吴王之弃其军亡也，军遂溃，往往稍降太尉、梁军。楚王戊军败，自杀。

三王之围齐临菑也，三月不能下。汉兵至，胶西、胶东、菑川王各引兵归。胶西王乃袒跣，席稿，饮水，谢太后。王太子德曰："汉兵远，臣观之已罢，可袭，愿收大王余兵击之，击之不胜，乃逃入海，未晚也。"王曰："吾士卒皆已坏，不可发用。"弗听。汉将弓高侯颓当遗王书曰："奉诏诛不义，降者赦其罪，复故；不降者灭之。王何处，须以从事。"王肉袒叩头汉军壁，谒曰："臣卬奉法不

违背恩德,违反道义,收容各地逃亡的罪人,私铸钱币扰乱天下,称病不上朝已二十多年,大臣多次请求惩治刘濞的罪行,但孝文皇帝一再宽恕,希望他能改过从善。现在却和楚王刘戊、赵王刘遂、胶西王刘印、济南王刘辟光、淄川王刘贤、胶东王刘雄渠一起盟约反叛,做出大逆不道的事,危害宗庙,残杀大臣和使者,胁迫千万百姓,杀害很多无辜的百姓,烧毁宗庙,挖掘坟墓,残酷暴虐到极点。现在胶西王刘印等更加大逆无道,烧毁宗庙,掠夺宗庙中皇室的器物,这是我最为痛恨的。我现在穿着素服避居偏殿,希望将军们勉励将士英勇作战。攻击叛敌,进军深入、杀敌众多的算作功劳,抓到三百石级以上的反贼都要杀掉,不可释放。胆敢指责或不遵照这个诏书,一律腰斩。"

当初,吴王渡过淮河,与楚王向西去败棘壁的军队,乘胜向前,士气很盛。梁孝王很害怕,派了六个将军攻打吴王,结果有两个将军很快被打败,士卒都逃回梁。梁王多次派使者向条侯请求支援,条侯不答允。梁王没法又派使者向皇帝告条侯的状,皇帝派人催促条侯救援梁国,条侯还是坚持对自己有利的计策按兵不动。梁王派韩安国和为国事而被杀的楚国丞相的弟弟张羽做将军,才稍稍挫败吴国的军队。吴军想要西进,但梁国据城坚守,吴军不敢到西边去,就转向条侯驻军的地方,双方相峙于下邑。吴军出兵挑战,条侯仍坚守营垒,不肯交锋。后来吴军的粮草断绝,士兵饥饿,更急于向条侯挑战。一天夜里,偷袭条侯的营垒,惊扰东南方向。条侯下令防备西北方,吴军果然从西北方冲入。吴军大败,很多士兵饿死了,于是都叛离逃散了。这时吴王和他部下的数千壮士连夜逃走,渡过长江跑到丹徒,据守东越。东越军大约有一万多人,吴王就派人收容集中吴国的逃兵。汉朝派人用厚利引诱东越,东越就欺骗吴王,趁吴王出去慰劳军队时,派人用矛戟把吴王刺杀了,用木匣装着他的头,派驿车迅速前往长安,报知皇帝。吴王的儿子子华、子驹逃到了闽越。当吴王丢下军队逃跑时,他的军队就溃散了,大多人陆续投降了太尉及梁王的军队。楚王刘戊战败,自杀而亡。

胶西王、胶东王、菑川王围攻齐国的临淄,三个月也没有攻下。汉朝军队一到,三王各自率领军队回到自己属国。胶西王赤着胳膊光着脚,坐在草席上,只喝水不吃饭,向母亲王太后谢罪。王太子刘德说:"汉军从千里之外远道而来,已经很疲惫了,可以突袭他们,我愿意收集大王的残余军队去攻击他们,假如进攻不能取胜,再逃到海上去,也不算晚啊。"胶西王说:"我的士兵已经垮了,再不能发动他们了。"就没有听从太子的话。汉朝的将军弓高侯颓当给胶西王写信道:"奉诏书前来诛讨不义之人,投降的人赦免罪过,恢复原来的封土;凡是不投降的就全部诛灭。大王何去何从,我等待答复以采取相应措施。"胶西王一听,赶紧到汉军营垒前赤膊叩头请求说:"我刘印过去违犯王法,使百姓惊骇,

谨，惊骇百姓，乃苦将军远道至于穷国，敢请菹醢之罪。"弓高侯执金鼓见之，曰："王苦军事，愿闻王发兵状。"王顿首膝行对曰："今者，晁错天子用事臣，变更高皇帝法令，侵夺诸侯地。卬等以为不义，恐其败乱天下，七国发兵，且以诛错。今闻错已诛，卬等谨以罢兵归。"将军曰："王苟以错不善，何不以闻？未有诏虎符，擅发兵击义国。以此观之，意非欲诛错也。"乃出诏书为王读之。读之讫，曰："王其自图。"王曰："如卬等死有余罪。"遂自杀。太后、太子皆死。胶东、菑川、济南王皆死，国除，纳于汉。郦将军围赵十月而下之，赵王自杀。济北王以劫故，得不诛，徙王菑川。

初，吴王首反，并将楚兵，连齐赵。正月起兵，三月皆破，独赵后下。复置元王少子平陆侯礼为楚王，续元王后。徙汝南王非王吴故地，为江都王。

太史公曰：吴王之王，由父省也。能薄赋敛，使其众，以擅山海利。逆乱之萌，自其子兴。争技发难，卒亡其本；亲越谋宗，竟以夷陨。晁错为国远虑，祸反近身。袁盎权说，初宠后辱。故古者诸侯地不过百里，山海不以封。"毋亲夷狄，以疏其属"，盖谓吴邪？"毋为权首，反受其咎"，岂盎、错邪？

现在还烦劳将军远道来到我这个穷国，所以请求您把我碎尸万段。"弓高侯请出金鼓仪仗来接见他，说道："大王为战斗的事情受苦了，希望听听大王发兵的情由。"胶西王磕头，向前爬着说："就因为晁错是天子的当权大臣，他擅自变更高祖的法令，侵占削夺诸侯国的封地。我们认为这是不道义的，唯恐他败坏扰乱天下，七国之所以发动军队，就是要诛杀晁错。如今听说晁错已被处死，我们情愿收兵回去。"弓高侯说："大王如果认为晁错不对，为什么不上奏天子？没有诏书和虎符，竟擅自发动军队攻击坚守正义的国家。由此看来，用意不是想要诛杀晁错吧。"就拿出诏书宣读。读完后，说："大王自己考虑应怎么办吧！"胶西王说："像我这样的人死有余辜啊。"就自杀了。太后、太子也都跟着一起自杀了。胶东王、菑川王、济南王也先后死去，封国被废除，收归汉朝。郦将军围攻赵都城，经过十个月才攻克，赵王也自杀。济北王因被劫持的缘故，才未被诛杀，被迁封为淄川王。

当初，吴王刘濞带头造反，率领楚国和吴国的军队，又联合齐、赵的军队。结果正月起兵，三月就全线溃散，只有赵国是最后被攻克的。平定后，景帝又封立楚元王的小儿子平陆侯刘礼为楚王，作为楚元王的继承人。改封汝南王刘非统辖吴国原有封地，另起国号为江都。

太史公说：吴王刘濞之所以被封为吴王，是由于父亲被贬的缘故。吴王能够免除赋税，减轻民众负担，因为他拥有铜矿海盐的便利。他的反心是因儿子被打死萌生的。因一盘棋的争执而兴起，最后国灭身亡；吴王亲近外族而谋害同宗，最后落得个彻底灭亡。晁错为国家长远考虑，结果反而招来灾祸。袁盎善于玩弄权术，巧舌如簧，最初受到宠信，最后受辱。所以古时候诸侯的封地不超过百里，高山大海也不分封给诸侯。俗话说"不要亲近夷狄，以致疏远宗亲"，大概是对吴王说的吧？"不要带头出主意，否则要因此招来灾祸"，这大概说的就是袁盎、晁错这种人吧？

魏其武安侯列传第四十七

魏其侯窦婴者，孝文后从兄子也。父世观津人。喜宾客。孝文时，婴为吴相，病免。孝景初即位，为詹事。

梁孝王者，孝景弟也，其母窦太后爱之。梁孝王朝，因昆弟燕饮。是时上未立太子，酒酣，从容言曰："千秋之后传梁王。"太后欢。窦婴引卮酒进上，曰："天下者，高祖天下，父子相传，此汉之约也，上何以得擅传梁王！"太后由此憎窦婴。窦婴亦薄其官，因病免。太后除窦婴门籍，不得入朝请。

孝景三年，吴楚反，上察宗室诸窦毋如窦婴贤，乃召婴。婴入见，固辞谢病不足任。太后亦惭。于是上曰："天下方有急，王孙宁可以让邪？"乃拜婴为大将军，赐金千斤。婴乃言袁盎、栾布诸名将贤士在家者进之。所赐金，陈之廊庑下，军吏过，辄令财取为用，金无入家者。窦婴守荥阳，监齐赵兵。七国兵已尽破，封婴为魏其侯。诸游士宾客争归魏其侯。孝景时每朝议大事，条侯、魏其侯，诸列侯莫敢与亢礼。

孝景四年，立栗太子，使魏其侯为太子傅。孝景七年，栗太子废，魏其数争不能得。魏其谢病，屏居蓝田南山之下数月，诸宾客辩士说之，莫能来。梁人高遂乃说魏其曰："能富贵将军者，上也；能亲将军者，太后也。今将军傅太子，太子废而不能争；争不能得，又弗能死。自引谢病，拥赵女，屏闲处而不朝。相提而论，是自明扬主上之过。有如两宫螫将军，则妻子毋类矣。"魏其侯然之，乃遂起，

魏其侯窦婴，是孝文帝窦皇后堂兄的儿子，他的父辈世代是观津人。窦婴喜欢结交宾客。孝文帝时，窦婴担任吴国国相，后因病免职。孝景帝刚刚登上皇位时，他任詹事。

梁孝王是景帝的弟弟，他的母亲窦太后对他非常疼爱。有一次梁孝王入朝，和景帝以兄弟的身份一起宴饮，这时景帝还没有立太子。喝得高兴时，景帝随口说："我死之后把皇位传给梁王。"窦太后听了非常高兴。这时窦婴端起一杯酒上前阻拦皇上，说道："天下是高祖打下的，按照规矩，帝位应当父子相传，怎能擅自改变章程传给梁王呢！"窦太后听了很不高兴，从此憎恨窦婴。窦婴也嫌詹事的官职太小，就借口生病辞了职。窦太后趁机消除了窦婴进出宫门的名籍，不准他再进宫朝见。

孝景帝三年，吴、楚等七国反叛，皇上观察当时皇族成员和窦氏族人，觉得没有谁比得上窦婴贤能了，于是就把窦婴召来。窦婴入宫拜见，借口有病不足以担任这样的差事，坚决推辞。窦太后这时也为以前的看法感到惭愧。皇上说："国家正处在危急关头，您怎么可以推辞呢？"于是便任命窦婴为大将军，赏赐黄金千斤。窦婴就向皇上推荐袁盎、栾布等闲居在家的将领贤士，又把皇上所赏赐的黄金，都摆在走廊穿堂里，让属下的军官根据需要随便取用，自己一点儿也没有拿回家。窦婴驻守荥阳，监视齐国和赵国的兵马，等到七国的叛乱全部被平定之后，皇上就封窦婴为魏其侯。当时许多说客都争相归附魏其侯。景帝时每次朝廷讨论军政大事，条侯周亚夫、魏其侯窦婴位置最高，其他列侯都不敢与他们争论抗衡。

孝景帝四年，皇上册立栗太子，任命魏其侯担任太子太傅。景帝七年，栗太子被废，魏其侯多次为栗太子辩驳都没能挽回。窦婴就推说有病，在蓝田县南山隐居起来，一住就好几个月，许多宾客、辩士都来劝说他，但没有人能说服他回到朝廷。当时梁地人高遂来劝窦婴说："能使您富贵的是皇上，能使您成为朝廷亲信的是太后。如今您担任太子太傅，太子被废黜时不能力争，力争不奏效时又不能自杀殉职。最后只是称病引退，每天拥抱着歌姬美女，闲居在家而不参加朝会。把前后情况一对比，您分明是要张扬皇帝的过失。假如皇上和太后恼怒，那您的妻子儿女都会一个不剩地被杀害。"窦婴一听有理，于是就走出山来，像原

朝请如故。

桃侯免相，窦太后数言魏其侯。孝景帝曰："太后岂以为臣有爱，不相魏其？魏其者，沾沾自喜耳，多易。难以为相，持重。"遂不用，用建陵侯卫绾为丞相。

武安侯田蚡者，孝景后同母弟也，生长陵。魏其已为大将军后，方盛，蚡为诸郎，未贵，往来侍酒魏其，跪起如子姓。及孝景晚节，蚡益贵幸，为太中大夫。蚡辩有口，学《槃盂》诸书，王太后贤之。孝景崩，即日太子立，称制，所镇抚多有田蚡宾客计筴，蚡弟田胜，皆以太后弟，孝景后三年封蚡为武安侯，胜为周阳侯。

武安侯新欲用事为相，卑下宾客，进名士家居者贵之，欲以倾魏其诸将相。建元元年，丞相绾病免，上议置丞相、太尉。籍福说武安侯曰："魏其贵久矣，天下士素归之。今将军初兴，未如魏其，即上以将军为丞相，必让魏其。魏其为丞相，将军必为太尉。太尉、丞相尊等耳，又有让贤名。"武安侯乃微言太后风上，于是乃以魏其侯为丞相，武安侯为太尉。籍福贺魏其侯，因吊曰："君侯资性喜善疾恶，方今善人誉君侯，故至丞相；然君侯且疾恶，恶人众，亦且毁君侯。君侯能兼容，则幸久；不能，今以毁去矣。"魏其不听。

魏其、武安俱好儒术，推毂赵绾为御史大夫，王臧为郎中令。迎鲁申公，欲设明堂，令列侯就国，除关，以礼为服制，以兴太平。举适诸窦宗室毋节行者，除其属籍。时诸外家为列侯，列侯多尚公主，皆不欲就国，以故毁日至窦太后。太后好黄老之言，而魏其、武安、赵绾、王臧等务隆推儒术，贬道家言，是以窦太后滋不说魏其等。及建元二年，御史大夫赵绾请无奏事东宫。窦太后大怒，乃罢逐赵绾、王臧等，而免丞相、太尉，以柏至侯许昌为丞相，武强侯庄青翟为御

来一样照常上朝了。

桃侯刘舍被免去丞相职务时,窦太后多次推荐窦婴当丞相。景帝说:"太后难道认为我因为有所吝惜,才不让魏其侯当丞相吗?魏其侯这个人骄傲自满,常有轻率之举,难以出任丞相,担此重任。"于是就没有用他,而提拔了建陵侯卫绾做丞相。

武安侯田蚡,是孝景帝皇后的同母弟弟,出生在长陵。魏其侯当了大将军,正显赫的时候,田蚡还是个小郎官,远没有显达。他经常去魏其侯家中,侍奉魏其侯饮酒,完全以晚辈的礼节跪拜侍立。到孝景帝晚年的时候,田蚡日益显贵,受到宠爱,做了太中大夫。他善言辞,有口才,学习过《槃盂》之类的书籍,被王太后认为很贤能。景帝驾崩,当天太子刘彻就登位,王太后摄政,用来镇压、安抚百姓的措施大多采用田蚡和其门下宾客们的计策。田蚡和他的弟弟田胜,都因是王太后弟弟的缘故,在景帝后元三年,田蚡被封为武安侯,田胜被封为周阳侯。

武安侯刚掌权就想做丞相,所以对他的宾客非常谦卑,推荐闲居在家的名士出来做官,让他们显贵,想以此来压倒窦婴等将相的势力。建元元年,丞相卫绾因病免职,皇上正在考虑丞相和太尉的人选。籍福劝说武安侯道:"魏其侯掌权很久了,天下有才能的人一向归附他。现在您刚刚兴起,不能和魏其侯相比,即使皇上想让您做丞相,也一定要推让给魏其侯。魏其侯当了丞相,那么您一定会当太尉。太尉和丞相一样尊贵,您还有让贤的美名。"于是武安侯就委婉地告诉太后暗示皇上,这样就任命魏其侯当丞相,武安侯当太尉。籍福去向魏其侯道贺,便提醒他说:"您天性是喜欢好人憎恶坏人,如今正因有好人称赞您,所以才当了丞相。但是您也憎恶坏人,坏人更多,他们也会毁谤您的。您如果能够善恶兼容,就能好运长久;如果不能,马上就会由于毁谤而失势。"魏其侯却听不进他的话。

魏其侯窦婴和武安侯田蚡都爱好儒家学说,推荐赵绾当了御史大夫,王臧担任郎中令。他们迎来鲁申公,想设立明堂,命令住在长安的各诸侯回到封地去,废除关禁,按照古礼制定服饰制度,以此来表明太平的气象。同时检举谴责窦氏诸人及皇族中没有品德的人,消除他们的族籍。当时各外戚都是列侯,很多人娶了公主,都不想回到封地去,因此对魏其侯、武安侯的毁谤每天都会传到窦太后的耳中。窦太后喜欢黄老学说,而魏其侯、武安侯、赵绾、王臧等人则坚决推崇儒家学术,轻视道家学说,因此窦太后更加不喜欢他们。到了建元二年,御史大夫赵绾请皇上不要把政事禀奏给太后。窦太后大怒,便罢免并驱逐了赵绾、王臧等人,同时免除丞相和太尉的职务,任命柏至侯许昌当丞相、武强侯庄青翟当御

史大夫。魏其、武安由此以侯家居。

武安侯虽不任职，以王太后故，亲幸，数言事多效，天下吏士趋势利者，皆去魏其归武安，武安日益横。建元六年，窦太后崩，丞相昌、御史大夫青翟坐丧事不办，免。以武安侯蚡为丞相，以大司农韩安国为御史大夫。天下士郡诸侯愈益附武安。

武安者，貌侵，生贵甚。又以为诸侯王多长，上初即位，富于春秋，蚡以肺腑为京师相，非痛折节以礼诎之，天下不肃。当是时，丞相入奏事，坐语移日，所言皆听。荐人或起家至二千石，权移主上。上乃曰："君除吏已尽未？吾亦欲除吏。"尝请考工地益宅，上怒曰："君何不遂取武库！"是后乃退。尝召客饮，坐其兄盖侯南乡，自坐东乡，以为汉相尊，不可以兄故私桡。武安由此滋骄，治宅甲诸第。田园极膏腴，而市买郡县器物相属于道。前堂罗钟鼓，立曲旃；后房妇女以百数。诸侯奉金玉狗马玩好，不可胜数。

魏其失窦太后，益疏不用，无势，诸客稍稍自引而怠傲，唯灌将军独不失故。魏其日默默不得志，而独厚遇灌将军。

灌将军夫者，颍阴人也。夫父张孟，尝为颍阴侯婴舍人，得幸，因进之至二千石，故蒙灌氏姓为灌孟。吴楚反时，颍阴侯灌何为将军，属太尉，请灌孟为校尉。夫以千人与父俱。灌孟年老，颍阴侯强请之，郁郁不得意，故战常陷坚，遂死吴军中。军法，父子俱从军，有死事，得与丧归。灌夫不肯随丧归，奋曰："愿取吴王若将军头，以报父之仇。"于是灌夫被甲持戟，募军中壮士所善愿从者数十人。及出壁门，莫敢前。独二人及从奴十数骑驰入吴军，至吴将麾下，所杀伤数十人。不得前，复驰还，走入汉壁，皆亡其奴，独与一骑归。

史大夫。魏其侯、武安侯从此只能以列侯的身份闲居家中。

　　武安侯虽然不担任官职，但因为王太后的缘故，仍然受到皇上的宠信。他经常议论政事，屡次建议也都被采纳。天下趋炎附势的官吏和士人，于是纷纷离开魏其侯而巴结武安侯，武安侯也就一天比一天骄横。建元六年，窦太后逝世，丞相许昌、御史大夫庄青翟由于丧事办得不好而被免职。于是皇上任用武安侯为丞相，大司农韩安国为御史大夫。这样一来，天下的士人、郡太守和诸侯王就更加依附武安侯了。

　　武安侯身材矮小，其貌不扬，可是出身很尊贵。又因为当时的诸侯王都年纪大了，皇上刚刚即位，年纪很轻，田蚡作为皇上的心腹担任朝廷的丞相，他认为如果不用礼法狠狠地整顿一番，天下人就不会服服帖帖的。那个时候，丞相入朝廷奏事，坐下来一说就是大半天，所说的话皇帝都得听，他举荐的人，有的从平民一下子提拔到二千石级，丞相的权力超过了皇帝。皇上有一次生气地说："你封官封完了没有？我还想封几个呢。"他曾经要求把考工官署的地盘划给自己扩建住宅，皇上生气地说："您怎么不干脆直接拿走朝廷的武库！"从这以后他才有所收敛。他请客人宴饮，让他的兄长盖侯南向坐，自己却东向坐，认为自己作为汉朝丞相比较尊贵，不可以因为是兄长就私下委屈自己的地位。武安侯从此越加骄纵，修建的住宅，其规模、豪华在所有贵族府第中属第一。田地、园林极其肥沃，派到各郡县购买器物的车在大路上络绎不绝。前堂摆设着钟鼓，竖立着曲柄长条旗，后面寝宫的姬妾数以百计。至于诸侯们进献的金器、玉器、狗马和赏玩物品，就更没法计算了。

　　魏其侯在窦太后去世后，越发被皇上疏远，由于没有权势，那些门客渐渐离去，甚至对他懈怠傲慢起来，只有灌将军还保持原来的态度。魏其侯整天闷闷不乐，唯独对灌将军格外厚待。

　　灌夫将军是颍阴人。灌夫的父亲张孟，曾经做过颍阴侯灌婴的家臣，受到灌婴的宠信，被推荐做了二千石级的官，所以随灌氏的姓改名叫灌孟。吴楚叛乱时，灌婴的儿子颍阴侯灌何担任将军，是太尉周亚夫的部下，他推荐灌孟做了校尉。灌夫带着一千人和父亲一起从军。灌孟年老，颍阴侯勉强起用他，以致他郁郁不得志，因此战斗中时常攻打敌军的坚固阵地，最终在吴军阵营中战死。当时的军法规定：父子一同从军的，一个战死，另一个就能随同灵柩一起回家。但灌夫不肯回去，而是悲愤激昂地说："我希望斩取吴王或者吴国将军的头，来替父亲报仇。"于是披上铠甲，手拿戈戟，招募军队中要好而且愿意跟随的几十个勇士。等到出营门时，却没有人敢再前进。只有两人以及随从的奴仆共十来人飞马冲进吴军阵内，一直冲到吴军的将旗之下，杀死杀伤吴军将士几十个人。实在前

夫身中大创十余，适有万金良药，故得无死。夫创少瘳，又复请将军曰："吾益知吴壁中曲折，请复往。"将军壮义之，恐亡夫，乃言太尉，太尉乃固止之。吴已破，灌夫以此名闻天下。

颍阴侯言之上，上以夫为中郎将。数月，坐法去。后家居长安，长安中诸公莫弗称之。孝景时，至代相。孝景崩，今上初即位，以为淮阳天下交，劲兵处，故徙夫为淮阳太守。建元元年，入为太仆。二年，夫与长乐卫尉窦甫饮，轻重不得，夫醉，搏甫。甫，窦太后昆弟也。上恐太后诛夫，徙为燕相。数岁，坐法去官，家居长安。

灌夫为人刚直，使酒，不好面谀。贵戚诸有势在己之右，不欲加礼，必陵之；诸士在己之左，愈贫贱，尤益敬，与钧。稠人广众，荐宠下辈。士亦以此多之。

夫不喜文学，好任侠，已然诺。诸所与交通，无非豪桀大猾。家累数千万，食客日数十百人。陂池田园，宗族宾客为权利，横于颍川。颍川儿乃歌之曰："颍水清，灌氏宁；颍水浊，灌氏族。"

灌夫家居虽富，然失势，卿相侍中宾客益衰。及魏其侯失势，亦欲倚灌夫引绳批根生平慕之后弃之者。灌夫亦倚魏其而通列侯宗室为名高。两人相为引重，其游如父子然。相得欢甚，无厌，恨相知晚也。

灌夫有服，过丞相。丞相从容曰："吾欲与仲孺过魏其侯，会仲孺有服。"灌夫曰："将军乃肯幸临况魏其侯，夫安敢以服为解！请语魏其侯帐具，将军旦日蚤临。"武安许诺。灌夫具语魏其侯如所谓武安侯。魏其与其夫人益市牛酒，夜洒埽，早帐具至旦。平明，令门下候伺。至日中，丞相不来。魏其谓灌夫曰："丞相岂忘之哉？"灌夫不怿，曰："夫以服请，宜往。"乃驾，自往迎丞相。丞相特前戏

进不了了，才飞马驰回，等回到汉营一看，奴仆全都死了，只有一个骑兵跟他回来。这时灌夫身受重伤十多处，恰好碰到有好的药材，才得以保住性命。等伤势稍稍好转时，又再次向将军请求道："我现在对吴军军营的底细知道得更加清楚了，请让我再去。"将军很欣赏他的胆量和义气，但担心他会送命，于是报告给太尉，太尉便坚决地阻止了他。等到吴军被攻破以后，灌夫也因此而名扬天下。

颍阴侯把灌夫的事迹向皇上汇报，皇上就任命灌夫担任中郎将。几个月后，因为触犯法令而丢了官。后来到长安安了家，长安城中的显贵没有不称赞他的。景帝时，灌夫官至代国国相。景帝去世后，当今皇上武帝刚即位，认为淮阳是天下的交通枢纽，是兵家必争之地，因此调灌夫担任淮阳太守。建元元年，又把灌夫调进京做了太仆。二年，灌夫与长乐卫尉窦甫喝酒，结果灌夫喝醉酒，竟打了窦甫。窦甫是窦太后的兄弟，皇上担心窦太后杀灌夫，调派他担任燕国国相。几年后，他又因犯法被免职，闲居在长安家中。

灌夫为人刚强直爽，好发酒疯，不喜欢当面奉承人。对地位在自己之上的皇亲国戚及有势力的人，他偏对他们不礼貌，偏要凌辱他们；对地位在自己之下的士人，越是贫贱的，就越加恭敬，跟他们平等相待。在大庭广众之中，特别喜欢推荐夸奖那些比自己地位低的人，因此士人们都很称赞他。

灌夫不喜欢文章经学，爱打抱不平，行侠仗义，答应别人的事，就一定办到。和他交往的人，无不是豪绅或帮派巨猾。家中积累有几千万的资产，每天的食客少则几十，多则近百。他在居所修建池塘、田地庄园，他的族人和门客倚仗着他的势力，在颍川横行霸道。于是颍川的小孩编了首歌谣："颍水清清，灌氏安宁；颍水浑浊，灌氏灭族。"

灌夫闲居在家，虽然富有，但失去了权势，依附他的达官贵人及一般宾客也越来越少。等到魏其侯也失势后，就想让灌夫去报复那些原先趋炎附势，失势后又抛弃自己的人。灌夫也想依靠魏其侯去结交列侯和皇族以抬高自己的声望。两人互相倚重提携，关系如同父子一样密切，彼此心意相投，没有嫌忌，只恨相知太晚了。

灌夫在为姐姐服丧期内，有一天去拜访丞相田蚡，田蚡随口说："我想和你一起去拜访魏其侯，却正赶上你现在服丧不便前往。"灌夫说："您竟肯屈驾拜访魏其侯，我灌夫怎敢因为服丧而推辞呢！请让我先去告诉魏其侯备办酒席，您明天早点光临。"田蚡答应了。灌夫把田蚡的话详细地告诉了窦婴，窦婴就赶紧和夫人多买了肉和酒，连夜打扫厅堂，布置帷帐，准备酒宴，一直忙到天亮。天刚亮，就让府中管事的人在宅前迎接。等到中午，还不见丞相田蚡到来。窦婴对灌夫说："丞相难道忘记了这件事？"灌夫也不高兴地说道："我灌夫不顾丧服

许灌夫,殊无意往。及夫至门,丞相尚卧。于是夫入见,曰:"将军昨日幸许过魏其,魏其夫妻治具,自旦至今,未敢尝食。"武安鄂谢曰:"吾昨日醉,忽忘与仲孺言。"乃驾往,又徐行,灌夫愈益怒。及饮酒酣,夫起舞属丞相,丞相不起,夫从坐上语侵之。魏其乃扶灌夫去,谢丞相。丞相卒饮至夜,极欢而去。

丞相尝使籍福请魏其城南田。魏其大望曰:"老仆虽弃,将军虽贵,宁可以势夺乎!"不许。灌夫闻,怒,骂籍福。籍福恶两人有郤,乃谩自好谢丞相曰:"魏其老且死,易忍,且待之。"已而武安闻魏其、灌夫实怒不予田,亦怒曰:"魏其子尝杀人,蚡活之。蚡事魏其无所不可,何爱数顷田?且灌夫何与也?吾不敢复求田。"武安由此大怨灌夫、魏其。

元光四年春,丞相言灌夫家在颍川,横甚,民苦之。请案。上曰:"此丞相事,何请。"灌夫亦持丞相阴事,为奸利,受淮南王金与语言。宾客居间,遂止,俱解。

夏,丞相取燕王女为夫人,有太后诏,召列侯宗室皆往贺。魏其侯过灌夫,欲与俱。夫谢曰:"夫数以酒失得过丞相,丞相今者又与夫有郤。"魏其曰:"事已解。"强与俱。饮酒酣,武安起为寿,坐皆避席伏。已魏其侯为寿,独故人避席耳,余半膝席。灌夫不悦。起行酒,至武安,武安膝席曰:"不能满觞。"夫怒,因嘻笑曰:"将军贵人也,属之!"时武安不肯。行酒次至临汝侯,临汝侯方与程不识耳语,又不避席。夫无所发怒,乃骂临汝侯曰:"生平毁程不识不直一钱,今日长者为寿,乃效女儿呫嗫耳语!"武安谓灌夫曰:"程李俱东西宫卫尉,今众辱程将军,仲孺独不为李将军地乎?"灌夫

在身而应他之约，他应该来。"于是便驾车，亲自前往迎接田蚡。田蚡前一天只不过戏言答应了灌夫，实在无意前往。等灌夫来到门前，田蚡还在睡觉。于是灌夫进门对他说："将军昨天答应拜访魏其侯，魏其侯夫妇备办酒食，从早晨到现在，都没敢吃一点东西。"武安侯一听，吃了一惊，赶紧道歉说："我昨天喝醉了，忘记了跟您说的话。"便驾车前往，但又走得很慢，灌夫更加生气。等到喝酒喝得正高兴时，灌夫站起来跳舞，又邀请丞相，丞相竟不起身，灌夫便在酒宴上骂了起来。魏其侯赶紧搀扶着灌夫离去，并向田丞相谢罪。于是他们一直喝到天黑，才尽欢而去。

丞相田蚡曾经派籍福去索要窦婴在城南的田地。窦婴愤愤不平地说："虽然我被朝廷废弃，而将军显贵，但是您怎么可以仗势硬夺我的田地呢？"就没有答应。灌夫听说后，也很生气，大骂籍福。籍福不愿两家矛盾加深，就自己编了好话向丞相道歉说："魏其侯年事已高，就快死了，还不能忍耐吗，姑且等等吧！"不久，武安侯听说魏其侯和灌夫是因为愤怒而故意不肯给，也很生气地说："魏其侯的儿子曾经杀人，是我救的命。我待奉魏其侯时没有不听从他的，他为什么要吝惜那块地呢？况且这和灌夫又有什么关系？我再也不要这块地了。"从此武安侯对灌夫、魏其侯就非常怨恨了。

元光四年的春天，丞相进言说灌夫家在颍川十分横行，百姓生活非常困苦，请求皇上查办。皇上说："这是丞相的职责，何必请示朝廷。"灌夫也抓住了丞相的一些把柄，例如用非法手段谋取利益，接受淮南王的贿赂，并说了不该说的话等等。宾客们从中调解，双方才停止互相攻击，彼此和解。

那年夏天，丞相迎娶燕王的女儿，太后下诏令，叫列侯和皇族都去祝贺。魏其侯拜访灌夫，打算同他一起去。灌夫推辞不去："我多次因为酒后失言而得罪丞相，丞相近来又和我有嫌隙。"魏其侯说："事情已经和解了。"于是硬拉他一起去了。酒兴正浓时，武安侯起身祝酒，在座的宾客都赶紧离开席位，伏在地上，表示不敢当。过了一会儿，窦婴也起身敬酒，只有那些老朋友离开了席位，其余半数的人照常坐在那里，只是稍微欠了欠上身。灌夫不高兴，起身依次敬酒，敬到武安侯时，武安侯照常坐在那里，只稍欠了一下上身说："不能再喝满杯了。"灌夫火了，于是假笑着说："将军您是贵人啊，喝光了吧！"武安侯还是不肯。灌夫无法只好接着敬酒，轮到临汝侯，临汝侯正和程不识附耳说悄悄话，没有离开席位。灌夫的怒气无处发泄，便骂临汝侯道："你平时将程不识贬得一钱不值，今天长辈向你敬酒，你却学女子叽叽咕咕咬耳朵！"武安侯赶紧阻拦说："程将军和李将军是东西两宫的卫尉，你今天当众羞辱程将军，难道就不给李将军留点面子吗？"灌夫说："今天我连砍头穿胸都不怕了，又哪里在乎什

曰："今日斩头陷匈，何知程李乎！"坐乃起更衣，稍稍去。

魏其侯去，麾灌夫出。武安遂怒曰："此吾骄灌夫罪。"乃令骑留灌夫。灌夫欲出不得。籍福起为谢，案灌夫项令谢。夫愈怒，不肯谢。武安乃麾骑缚夫置传舍，召长史曰："今日召宗室，有诏。"劾灌夫骂坐不敬，系居室。遂按其前事，遣吏分曹逐捕诸灌氏支属，皆得弃市罪。魏其侯大愧，为资使宾客请，莫能解。武安吏皆为耳目，诸灌氏皆亡匿，夫系，遂不得告言武安阴事。

魏其锐身为救灌夫。夫人谏魏其曰："灌将军得罪丞相，与太后家忤，宁可救邪？"魏其侯曰："侯自我得之，自我捐之，无所恨。且终不令灌仲孺独死，婴独生。"乃匿其家，窃出上书。立召入，具言灌夫醉饱事，不足诛。上然之，赐魏其食，曰："东朝廷辩之。"

魏其之东朝，盛推灌夫之善，言其醉饱得过，乃丞相以他事诬罪之。武安又盛毁灌夫所为横恣，罪逆不道。魏其度不可奈何，因言丞相短。武安曰："天下幸而安乐无事，蚡得为肺腑，所好音乐狗马田宅。蚡所爱倡优巧匠之属，不如魏其、灌夫日夜招聚天下豪桀壮士与论议，腹诽而心谤，不仰视天而俯画地，辟倪两宫间，幸天下有变，而欲有大功。臣乃不知魏其等所为。"于是上问朝臣："两人孰是？"御史大夫韩安国曰："魏其言灌夫父死事，身荷戟驰入不测之吴军，身被数十创，名冠三军，此天下壮士，非有大恶，争杯酒，不足引他过以诛也。魏其言是也。丞相亦言灌夫通奸猾，侵细民，家累巨万，横恣颍川，凌轹宗室，侵犯骨肉，此所谓'枝大于本，胫大于股，不折必披'，丞相言亦是。唯明主裁之。"主爵都尉汲黯是魏其。内史郑当时是魏其，后不敢坚对。余皆莫敢对。上怒内史曰："公平生数言魏其、武安长短，今日廷论，局趣效辕下驹，吾并斩若属矣。"即罢起入，上食太后。太后亦已使人候伺，具以告太后。太

么程将军、李将军！"在座的人便起身借口上厕所，都溜出去了。

魏其侯也要出门，示意灌夫一同出去。武安侯于是大怒道："这是我骄宠灌夫的过错。"便令骑士扣留灌夫。灌夫这时想走也走不了。籍福起身替他谢罪，并按着灌夫的脖子让他道歉。灌夫越发生气，不肯谢罪。武安侯就指挥武士们捆住灌夫绑到客房去，召来长史说："今天请宗室宾客来参加宴会，是有太后诏令的。"于是让长史弹劾灌夫席间责骂宾客，犯了不敬之罪，把他拘禁在室内。接着追查他以前的不法行为，派遣小吏分头捉捕所有灌家的旁支近亲，通通判了死罪。魏其侯非常惭愧，百般花钱让宾客向田丞相求情，结果都没用。武安侯的属吏都为他做耳目，所有灌氏的人都逃跑、躲藏了起来，灌夫被拘押，也无法告发武安侯的隐密之事了。

魏其侯挺身而出想营救灌夫。他的夫人劝说道："灌将军得罪了丞相，和太后家的人作对，怎么能救得了呢？"魏其侯说："侯爵是我得来的，即使把它弄丢了，也没有什么可遗憾的。再说我怎忍心让灌仲孺自己去死，而我却独自活着呢？"于是就瞒着家人，偷偷上书给皇上。皇上就召见他，魏其侯就把灌夫因为喝醉而失言的情况详细地说了一遍，认为理不当死。皇上认为说得有理，赏赐魏其侯一同进餐，说："到东宫去公开辩论这件事情。"

魏其侯到东宫后，极力夸赞灌夫的长处，说他是酒后犯的过错，而丞相却拿别的罪来诬陷灌夫。武安侯则竭力诋毁灌夫骄横放纵，犯了大逆不道的罪。魏其侯眼看没有别的办法，便攻击丞相的短处。而丞相却说："现在天下幸而太平无事，我才得以做皇上的心腹，喜好的无非是音乐、狗马、田宅，喜欢的只是优伶、巧匠之类的人，不像魏其侯、灌夫他们，招聚天下的豪杰壮士在一起议论国家大事，诋毁朝廷，不是仰观天象，就是俯察地理，窥测于东西两宫，盼着天下出现什么变故，好立大功。我真不知道他们到底要做些什么。"于是皇上向大臣们问道："他们两人谁说得对？"御史大夫韩安国说："魏其侯说灌夫的父亲为国捐躯，灌夫手持戈戟冲入到强大的吴军中，身受创伤几十处，名声在全军数第一，这是天下的勇士，他并没有什么大的罪恶，只因喝了酒而引起口舌之争，是不足以援引其他的罪状来判处死刑的。魏其侯说得有理。丞相说灌夫结交奸猾歹徒，欺凌百姓，积累家产数万万，横行颍川，凌辱侵犯皇族，这就是俗话说的'树枝大于树干，小腿大于大腿，不折断就要分裂'，丞相的话也有道理。希望英明的主上自己裁决这件事。"主爵都尉汲黯认为魏其侯对。内史郑当时也认为魏其侯对，但后来又不敢坚持自己的意见去回答皇上。其余的人都不敢回答。皇上怒斥内史道："你平日常说魏其侯、武安侯的长短，今天当廷辩论，却畏首畏尾得像驾在车辕下的马驹，我要把你们这些人一并杀掉！"说罢站起身回了内

后怒，不食，曰："今我在也，而人皆藉吾弟，令我百岁后，皆鱼肉之矣。且帝宁能为石人邪！此特帝在，即录录，设百岁后，是属宁有可信者乎？"上谢曰："俱宗室外家，故廷辩之。不然，此一狱吏所决耳。"是时郎中令石建为上别言两人事。

武安已罢朝，出止车门，召韩御史大夫载，怒曰："与长孺共一老秃翁，何为首鼠两端？"韩御史良久谓丞相曰："君何不自喜？夫魏其毁君，君当免冠解印绶归，曰'臣以肺腑幸得待罪，固非其任，魏其言皆是'。如此，上必多君有让，不废君。魏其必内愧，杜门齰舌自杀。今人毁君，君亦毁人，譬如贾竖女子争言，何其无大体也！"武安谢罪曰："争时急，不知出此。"

于是上使御史簿责魏其所言灌夫，颇不仇，欺谩。劾系都司空。孝景时，魏其常受遗诏，曰"事有不便，以便宜论上"。及系，灌夫罪至族，事日急，诸公莫敢复明言于上。魏其乃使昆弟子上书言之，幸得复召见。书奏上，而案尚书大行无遗诏。诏书独藏魏其家，家丞封。乃劾魏其矫先帝诏，罪当弃市。五年十月，悉论灌夫及家属。魏其良久乃闻，闻即恚，病痱，不食欲死。或闻上无意杀魏其，魏其复食，治病，议定不死矣。乃有蜚语为恶言闻上，故以十二月晦论弃市渭城。

其春，武安侯病，专呼服谢罪。使巫视鬼者视之，见魏其、灌夫共守，欲杀之。竟死。子恬嗣。元朔三年，武安侯坐衣襜褕入宫，不敬。

淮南王安谋反觉，治。王前朝，武安侯为太尉，时迎王至霸上，谓王曰："上未有太子，大王最贤，高祖孙，即宫车晏驾，非大王立当谁哉！"淮南王大喜，厚遗金财物。上自魏其时不直武安，特为太

室，侍奉太后进餐。太后也派人探听消息，他们把廷辩的情况详细地汇报后，太后发怒不吃饭，说："如今我还活着，他们竟敢如此作践我的弟弟，假若我死了以后，还不像鱼肉一样任他们宰割啊。再说皇帝怎么能像石头人一样自己不做主张呢！现在皇帝还在，这班大臣就随声附合，假设皇帝死了以后，这些人还有可以信赖的吗？"皇上道歉说："只因都是皇族外戚，才当朝辩论。不然，只要一个狱吏就可以解决了。"这时郎中令石建单独向皇上谈了魏其侯、武安侯两个人的事情。

  武安侯退朝出了停车门，招呼韩御史大夫一同乘车，生气地说："我和你共同对付一个老家伙，你为什么还首尾两端、犹豫不定？"韩御史大夫沉默了好一会儿才说："您怎么这样不自重？当魏其侯攻击您的时候，您应当摘下官帽，解下印绶，辞职回家说：'我作为皇帝的心腹，侥幸得此相位，本来就不能够胜任，魏其侯说得很对。'这样的话，皇上必定会赞许您能够谦让，绝对不会罢免您。而魏其侯也一定会心中有愧，关门咬舌自杀。如今人家毁谤您，您也诋毁人家，好像菜市场里女人吵嘴一般，怎么这么不识大体呢！"武安侯一听，恍然大悟说："当时只顾争吵，没有想到应该这样做啊。"

  因此皇上派御史按文书追查魏其侯所说的灌夫的情况，很多不相符，于是魏其侯被认定犯了欺君之罪，被弹劾关押到了都司空。景帝时，魏其侯曾受有遗诏，遗诏上说"遇有不便之事，可以直接向皇上禀明"。但此时魏其侯已经被关押，灌夫定罪要灭族，情况一天比一天紧急，大臣们也不敢就这件事向皇上进谏。于是魏其侯让侄儿上书皇上，说他家存有先帝的遗诏，希望能被皇上召见。报告递呈上去后，查遍所藏，并没有这份遗诏。后来在魏其侯家中找到诏书，由家臣盖印加封。于是又弹劾魏其侯伪造先帝遗诏，应当斩首示众。元光五年十月，灌夫及其家属全部被处决了。魏其侯在监狱里很久之后才听说这件事，悲愤欲绝，当时就中了风，想要绝食寻死。后来又听说皇上本没有杀魏其侯的意思，魏其侯这才恢复饮食，医治疾病，决定不再寻死了。后来竟又有恶毒的流言蜚语传到皇上那里，因此就在当年的十二月月末将魏其侯在渭城斩首示众。

  这年的春天，武安侯也病了，嘴里一个劲儿叫喊着"我有罪，我服罪"。请来巫师诊视他的病，巫师称看见魏其侯和灌夫两个人的鬼魂一起守在那里，要杀死他，最终就这样死了。他的儿子田恬继承了爵位，元朔三年，武安侯田恬因穿短衣进入宫中，犯了"不敬"之罪，封爵被废除。

  淮南王刘安谋反的事被发觉了，皇上让追查此事。淮南王前次来朝，武安侯当时担任太尉，到灞上迎接淮南王说："皇上没有太子，大王最贤明，又是高祖的孙子，一旦皇上去世，不立大王为皇帝，又该立谁呢？"淮南王十分欢喜，送

后故耳。及闻淮南王金事,上曰:"使武安侯在者,族矣。"

　　太史公曰:魏其、武安皆以外戚重,灌夫用一时决筴而名显。魏其之举以吴楚,武安之贵在日月之际。然魏其诚不知时变,灌夫无术而不逊,两人相翼,乃成祸乱。武安负贵而好权,杯酒责望,陷彼两贤。呜呼哀哉!迁怒及人,命亦不延。众庶不载,竟被恶言。呜呼哀哉!祸所从来矣!

给武安侯许多金银财物。皇上自从魏其侯的事件发生时就不认为武安侯有理,只是碍着王太后的缘故罢了。后来听到淮南王向武安侯送金银财物的事,就说道:"假使武安侯还活着的话,该灭族了。"

太史公说:魏其侯和武安侯都凭外戚的身份而居显要职位,灌夫因为一时的英勇而显名于当时。魏其侯由于平定吴、楚七国叛乱有功被重用,武安侯则完全靠着太后和皇上的关系才得以显贵。然而魏其侯实在是太不懂顺应时势的变化,灌夫不学无术又不谦逊,两人互相庇护,酿成了这场祸乱。武安侯倚仗显贵的地位而专权跋扈,由于一杯酒的怨愤,陷害了两个重要人物。可悲啊!灌夫迁怒于别人,以致自己的性命也不长久。灌夫得不到百姓的拥戴,终究落个坏名声。可悲啊!灾祸就是这样一点点酝酿而成的!

韩长孺列传第四十八

御史大夫韩安国者，梁成安人也，后徙睢阳。尝受韩子、杂家说于驺田生所。事梁孝王为中大夫。吴楚反时，孝王使安国及张羽为将，扞吴兵于东界。张羽力战，安国持重，以故吴不能过梁。吴楚已破，安国、张羽名由此显。

梁孝王，景帝母弟，窦太后爱之，令得自请置相、二千石，出入游戏，僭于天子。天子闻之，心弗善也。太后知帝不善，乃怒梁使者，弗见，案责王所为。韩安国为梁使，见大长公主而泣曰："何梁王为人子之孝，为人臣之忠，太后曾弗省也？夫前日吴、楚、齐、赵七国反时，自关以东皆合从西向，惟梁最亲为艰难。梁王念太后、帝在中，而诸侯扰乱，一言泣数行下，跪送臣等六人，将兵击却吴楚，吴楚以故兵不敢西，而卒破亡，梁王之力也。今太后以小节苛礼责望梁王。梁王父兄皆帝王，所见者大，故出称跸，入言警，车旗皆帝所赐也，即欲以侘鄙县，驱驰国中，以夸诸侯，令天下尽知太后、帝爱之也。今梁使来，辄案责之。梁王恐，日夜涕泣思慕，不知所为。何梁王之为子孝，为臣忠，而太后弗恤也？"大长公主具以告太后，太后喜曰："为言之帝。"言之，帝心乃解，而免冠谢太后曰："兄弟不能相教，乃为太后遗忧。"悉见梁使，厚赐之。其后梁王益亲欢。太后、长公主更赐安国可直千余金。名由此显，结于汉。

其后安国坐法抵罪，蒙狱吏田甲辱安国。安国曰："死灰独不复然乎？"田甲曰："然即溺之。"居无何，梁内史缺，汉使使者拜安国为梁内史，起徒中为二千石。田甲亡走。安国曰："甲不就官，我

御史大夫韩安国，是梁国成安县人，后来迁居睢阳。曾经拜驺县的田先生为师，学习《韩非子》和杂家的学说。梁孝王时，担任中大夫。吴楚七国叛乱，梁孝王任命韩安国和张羽担任将军，在东界抵御吴国的军队。张羽敢于打硬战，而韩安国老成持重，两人相得益彰，因此吴军不能跨越梁国的防线。吴楚叛乱平息后，韩安国和张羽也因为配合默契而名声显扬。

梁孝王，是孝景帝的同母弟弟，窦太后很宠爱他，特别允许他自己推举梁国国相以及二千石级的官员。他进出京城、到处游猎的排场，简直就像皇帝一样。景帝听说后，很不高兴。窦太后知道景帝不满，就怪罪梁国派来的使者，不接见他们，而向他们追查责问梁王的所作所为。这时韩安国就以梁国使者身份进京，先去拜见大长公主，哭着说："为什么梁王作为儿子这么孝顺、作为臣子这么忠心，而太后竟然不能明察呢？从前吴、楚、齐、赵等七国叛乱时，函谷关以东的诸侯都联合起来向西进军，只有梁王与皇上关系最亲，处境也最为艰难。梁王想到太后和皇上在关中，而诸侯扰乱天下，他心里着急，一开口就泪流满面，跪着送我们六人，领兵抵抗吴楚叛军，吴、楚因此才没有敢大举西进，而最终被消灭，这都是梁王的功劳啊。如今太后却因为一些琐碎的礼节就来责怪梁王。梁王的父兄都是皇帝，从小见惯了这种场面，因而出入都清道，禁止行人通行，那些车马、旗帜本来就是皇帝赐予的，他只不过想借此向边远的小县夸耀，有时在都城往来驰骋，借此向诸侯夸耀，想让人都知道太后和皇上宠爱他。如今梁国的使者一来，当即就受到追查和责问。梁王很恐惧，日夜哭泣不住，不知如何是好。为什么梁王为人子尽孝，为人臣尽忠，太后却一点不体恤呢？"大长公主就把这些话一五一十地告诉了太后，太后很高兴，说道："把这些话讲给皇上听。"传话过去之后，皇上心里的结才算解开了，便摘下帽子向太后认错说："我没有管教好弟弟，以至于让母后操心了。"于是接见了全部的梁国使者，重重地赏赐了他们，从此梁王和景帝关系越发地亲近了。太后、长公主又赏赐给韩安国价值千余金的财物，他的名声因此更大了，与朝廷也建立了密切联系。

后来韩安国犯法进了监狱，蒙县的狱吏田甲侮辱韩安国。韩安国说："死灰难道就不会复燃吗？"田甲说："要是死灰再燃烧我就撒一泡尿浇灭它。"过了不久，梁国内史空缺，朝廷派使者任命韩安国为梁国内史，就从监狱中被起用，

灭而宗。"甲因肉袒谢。安国笑曰："可溺矣！公等足与治乎？"卒善遇之。

梁内史之缺也，孝王新得齐人公孙诡，说之，欲请以为内史。窦太后闻，乃诏王以安国为内史。

公孙诡、羊胜说孝王求为帝太子及益地事，恐汉大臣不听，乃阴使人刺汉用事谋臣。及杀故吴相袁盎，景帝遂闻诡、胜等计画，乃遣使捕诡、胜，必得。汉使十辈至梁，相以下举国大索，月余不得。内史安国闻诡、胜匿孝王所，安国入见王而泣曰："主辱臣死。大王无良臣，故事纷纷至此。今诡、胜不得，请赐死。"王曰："何至此？"安国泣数行下，曰："大王自度于皇帝，孰与太上皇之与高皇帝及皇帝之与临江王亲？"孝王曰："弗如也。"安国曰："夫太上、临江亲父子之间，然而高帝曰'提三尺剑取天下者朕也'，故太上皇终不得制事，居于栎阳。临江王，适长太子也，以一言过，废王临江；用宫垣事，卒自杀中尉府。何者？治天下终不以私乱公。语曰：'虽有亲父，安知其不为虎？虽有亲兄，安知其不为狼？'今大王列在诸侯，悦一邪臣浮说，犯上禁，桡明法。天子以太后故，不忍致法于王。太后日夜涕泣，幸大王自改，而大王终不觉寤。有如太后宫车即晏驾，大王尚谁攀乎？"语未卒，孝王泣数行下，谢安国曰："吾今出诡、胜。"诡、胜自杀。汉使还报，梁事皆得释，安国之力也。于是景帝、太后益重安国。孝王卒，共王即位，安国坐法失官，居家。

建元中，武安侯田蚡为汉太尉，亲贵用事，安国以五百金物遗蚡。蚡言安国太后，天子亦素闻其贤，即召以为北地都尉，迁为大司农。闽越、东越相攻，安国及大行王恢将。未至越，越杀其王降，汉兵亦罢。建元六年，武安侯为丞相，安国为御史大夫。

担任了二千石级的官员。田甲吓得弃官逃跑，韩安国说："田甲不回来就任，我就要夷灭他的宗族。"田甲于是肉袒前往赔罪。韩安国笑道："你可以撒尿了！你们这样的人值得我计较吗？"最后还是善待了他。

梁国内史空缺的时候，梁孝王刚刚得到齐人公孙诡，很喜欢他，打算任命他为内史。窦太后知道后不同意，命令梁孝王任命韩安国做内史。

公孙诡、羊胜曾怂恿梁孝王，要他向景帝请求做皇位继承人，并增加封地，怕朝廷大臣不肯答应，就暗地里派人刺杀当朝的谋臣。等到杀了原吴国国相袁盎，景帝便听到了公孙诡、羊胜等人的阴谋，就派使者去抓捕公孙诡和羊胜，要求务必抓到。前后派了十批使者，自丞相以下在全国进行大搜捕，结果搜了一个多月也没有抓到。内史韩安国听说公孙诡、羊胜藏到了梁孝王那儿，就哭着进见孝王说："主上受辱，为臣当死。大王因为没有良臣，所以事情才闹到如此地步。如今公孙诡、羊胜抓不到，请赐我一死吧。"孝王道："何必这样呢？"韩安国泪流满面，说道："大王您自己揣度一下，您和皇帝的关系，比起太上皇与高皇帝以及皇帝与临江王的关系，哪个更亲近呢？"孝王答道："比不上他们。"韩安国说："太上皇与高皇帝，皇上与临江王都是父子关系，但是高皇帝说：'提着三尺宝剑夺取天下的人是我'，所以太上皇始终不能过问政事，住在栎阳宫。临江王是嫡长太子，只因为他母亲说错一句话就被废黜降为临江王；又因建宫室时侵占了祖庙墙内的空地，被迫自杀。为什么会这样呢？因为皇帝治理天下，终究不能因私情而损害公事。俗话说：'即使是亲生父亲，怎么知道他不会变成老虎？即使是亲兄弟，怎么知道他不会变成恶狼？'如今大王位居诸侯之列，却因听信一个奸臣的妄言诱惑，就去冒犯皇上的禁令，扰乱朝廷法纪。皇上因为太后的缘故，不忍心把大王法办。太后日夜哭泣，希望您能改好，可是大王您始终不醒悟。这样下去倘若太后一旦仙逝，大王还能依靠谁呢？"话还没说完，孝王就泪下数行，向韩安国忏悔道："我现在就把公孙诡和羊胜交出来。"公孙诡、羊胜于是就自杀了。使者回朝报告，梁国的事情得以解决，都是韩安国的力量。从此之后，景帝、太后更看重韩安国了。孝王死后，共王即位，韩安国因犯法而丢了官，闲居在家。

建元年间，武安侯田蚡担任当朝太尉，受宠幸而掌大权，韩安国贿赂田蚡价值五百金的财物。田蚡就向王太后说到韩安国，皇上也常提起韩安国的贤能，就把他召来担任北地都尉，后来提升为大司农。当时闽越、东越互相攻打，韩安国和大行令王恢一起率军出征。还没有到达越地，越人就杀死了他们的国王向汉朝投降，汉军也就收兵了。建元六年武安侯田蚡做了丞相，韩安国被提升担任御史大夫。

匈奴来请和亲，天子下议。大行王恢，燕人也，数为边吏，习知胡事。议曰："汉与匈奴和亲，率不过数岁即复倍约。不如勿许，兴兵击之。"安国曰："千里而战，兵不获利。今匈奴负戎马之足，怀禽兽之心，迁徙鸟举，难得而制也。得其地不足以为广，有其众不足以为强，自上古不属为人。汉数千里争利，则人马罢，虏以全制其敝。且强弩之极矢，不能穿鲁缟；冲风之末力，不能漂鸿毛。非初不劲，末力衰也。击之不便，不如和亲。"群臣议者多附安国，于是上许和亲。

其明年，则元光元年，雁门马邑豪聂翁壹因大行王恢言上曰："匈奴初和亲，亲信边，可诱以利。"阴使聂翁壹为间，亡入匈奴，谓单于曰："吾能斩马邑令丞吏，以城降，财物可尽得。"单于爱信之，以为然，许聂翁壹。聂翁壹乃还，诈斩死罪囚，县其头马邑城，示单于使者为信。曰："马邑长吏已死，可急来。"于是单于穿塞将十余万骑，入武州塞。

当是时，汉伏兵车骑材官二十余万，匿马邑旁谷中。卫尉李广为骁骑将军，太仆公孙贺为轻车将军，大行王恢为将屯将军，太中大夫李息为材官将军。御史大夫韩安国为护军将军，诸将皆属护军。约单于入马邑而汉兵纵发。王恢、李息、李广别从代主击其辎重。于是单于入汉长城武州塞。未至马邑百余里，行掠卤，徒见畜牧于野，不见一人。单于怪之，攻烽燧，得武州尉史。欲刺问尉史。尉史曰："汉兵数十万伏马邑下。"单于顾谓左右曰："几为汉所卖！"乃引兵还。出塞，曰："吾得尉史，乃天也。"命尉史为"天王"。塞下传言单于已引去。汉兵追至塞，度弗及，即罢。王恢等兵三万，闻单于不与汉合，度往击辎重，必与单于精兵战，汉兵势必败，则以便宜罢兵，皆无功。

天子怒王恢不出击单于辎重，擅引兵罢也。恢曰："始约虏入马

匈奴派人前来请求和亲，皇上交由朝臣讨论。大行令王恢是燕地人，多次出任边郡官吏，因此熟悉匈奴的情况。他建议说："以前汉朝和匈奴和亲，但过不了几年匈奴就又背弃盟约。不如不答应，而发兵攻打他。"韩安国说："派军队去千里之外作战，不会有好结果。现在匈奴倚仗军马的充足，怀着禽兽般的野心，迁移如同群鸟，很难控制他们。即使得到它的土地也不能算是扩大我们的疆土，拥有它的百姓也不能使我们强大，自古以来就未把他们视为国中之人。汉军千里迢迢去争夺利益，就会人马疲惫，使匈奴得以全力制服我军的弱点。况且强劲的弓发出的箭到了最后，连薄薄的鲁缟也不能穿透；强风之末，连轻飘飘的鸿毛也不能吹起。并不是说开始的时候不强劲，而是到了最后力量衰减罢了。发兵攻打匈奴有很多不便，不如跟它和亲。"结果参加讨论的大臣大多附和韩安国，皇上就应允和亲了。

和亲的第二年，也就是元光元年，雁门郡马邑城的豪绅聂翁壹通过大行令王恢向皇上进言说："匈奴刚与汉和亲，十分亲近信任边地百姓，可以用财利去引诱他们。"于是暗中派遣聂翁壹做间谍，逃到匈奴，对单于说："我能杀死马邑城的县令县丞等官吏，将马邑城献给您，财物也就可以全部得到。"单于贪心就相信了他，认为他说得有道理，便答应了聂翁壹。聂翁壹回来，斩了几个死囚的头，把他们的脑袋悬挂在马邑城上，假充是马邑城官吏的头，给单于派来的使者看，说道："马邑城的长官已经死了，你们可以赶快来。"于是单于率领十余万骑兵穿过边塞，进入武州塞。

正在这个时候，汉王朝埋伏了二十多万兵士，隐藏在马邑城旁边的山谷中。卫尉李广担任骁骑将军，太仆公孙贺担任轻车将军，大行令王恢担任将屯将军，太中大夫李息担任材官将军，御史大夫韩安国担任护军将军，诸将都归护军将军统领。约定好等单于进入马邑城时汉军的伏兵就先出击，王恢、李息、李广另外从代郡夺取匈奴的军用物资。当单于进入汉长城武州塞，距离马邑城还有一百多里，将要劫掠时，只看见牲畜放养在荒野之中，却见不到一个人。单于觉得很奇怪，就攻打烽火台，俘虏了武州的一个尉史，逼问他，尉史说："汉军有几十万人正埋伏在马邑城下。"单于回过头来对左右说："差点儿就上了汉朝的当！"于是带领部队回去了。出边塞时说："我们捉到武州尉史，真是老天保佑啊！"称尉史为"天王"。等到塞下传来消息说单于已经退兵回去，汉军追到边塞，估计追不上了，就撤退回来了。王恢等人的三万兵力，听说单于没有跟汉军交战，估计如果攻打匈奴的辎重部队，一定会与单于的精兵碰上，那时就会处于不利形势，于是临时决定撤兵，所以汉军都无功而返。

天子对王恢不攻击匈奴的后勤部队，而擅自领兵撤回非常不满。王恢说：

邑城，兵与单于接，而臣击其辎重，可得利。今单于闻，不至而还，臣以三万人众不敌，祇取辱耳。臣固知还而斩，然得完陛下士三万人。"于是下恢廷尉。廷尉当恢逗桡，当斩。恢私行千金丞相蚡。蚡不敢言上，而言于太后曰："王恢首造马邑事，今不成而诛恢，是为匈奴报仇也。"上朝太后，太后以丞相言告上。上曰："首为马邑事者，恢也，故发天下兵数十万，从其言，为此。且纵单于不可得，恢所部击其辎重，犹颇可得，以慰士大夫心。今不诛恢，无以谢天下。"于是恢闻之，乃自杀。

安国为人多大略，智足以当世取合，而出于忠厚焉。贪嗜于财。所推举皆廉士，贤于己者也。于梁举壶遂、臧固、郅他，皆天下名士，士亦以此称慕之，唯天子以为国器。安国为御史大夫四岁余，丞相田蚡死，安国行丞相事，奉引堕车，蹇。天子议置相，欲用安国，使使视之，蹇甚，乃更以平棘侯薛泽为丞相。安国病免数月，蹇愈，上复以安国为中尉。岁余，徙为卫尉。

车骑将军卫青击匈奴，出上谷，破胡茏城。将军李广为匈奴所得，复失之；公孙敖大亡卒：皆当斩，赎为庶人。明年，匈奴大入边，杀辽西太守，及入雁门，所杀略数千人。车骑将军卫青击之，出雁门。卫尉安国为材官将军，屯于渔阳。安国捕生虏，言匈奴远去。即上书言方田作时，请且罢军屯。罢军屯月余，匈奴大入上谷、渔阳。安国壁乃有七百余人，出与战，不胜，复入壁。匈奴虏略千余人及畜产而去。天子闻之，怒，使使责让安国。徙安国益东，屯右北平。是时匈奴虏言当入东方。

安国始为御史大夫及护军，后稍斥疏，下迁；而新幸壮将军卫青等有功，益贵。安国既疏远，默默也；将屯又为匈奴所欺，失亡多，甚自愧。幸得罢归，乃益东徙屯，意忽忽不乐。数月，病欧血死。安

"当初约定匈奴一进入马邑城,汉军就与单于大军交战,而后我的部队才夺取军用物资,这样才有利可图。现在单于听到了消息,没有到达马邑城就回去了,我那三万人要和他作战,只会自寻失败。我知道回来会被杀头,但是这样可以保全陛下的三万军士。"皇上于是把王恢交给廷尉审判。廷尉判他避敌观望,应当杀头。王恢暗中贿赂田蚡一千金。田蚡不敢直接对皇帝说,就向王太后说道:"王恢首先倡议马邑诱敌之计,今天没有成功而杀了王恢,这是替匈奴报仇呀。"皇上朝见王太后时,王太后就把丞相的话告诉了皇上。皇上说:"首先提出这次计划的人就是王恢,所以调动天下几十万士兵,按他的意见出击匈奴,结果匈奴却跑了。再说即使这次抓不到单于,如果王恢能按约定攻击匈奴的后勤部队,那可能还有些收获,也算是一点安慰了,谁想到他把事情搞成这样。现在不杀王恢就无法向天下人交代。"王恢一听,就自杀了。

韩安国为人有大韬略,能够顺应形势获得当权者的欢心,同时也有忠厚之心。他贪嗜钱财,但所推荐的都是廉洁的士人,比他高明。在梁国时推荐了壶遂、臧固、郅他,都是天下的名士,士人因此对他也很称道,连天子也认为他有治国之才。韩安国担任御史大夫第四年,丞相田蚡死了,韩安国代理丞相的职务,有一次给皇帝导引车驾时坠下车,跛了脚。天子商议任命丞相,打算任用韩安国,就派使者前往探视,他的脚跛得很厉害,于是就又改用平棘侯薛泽担任丞相。韩安国因病免职数月,等跛脚痊愈了,皇上又任命他做了中尉。一年后,调任做了卫尉。

车骑将军卫青攻打匈奴,从上谷郡出兵,在龙城打败了匈奴。将军李广被匈奴俘虏,后来又逃脱了;公孙敖损失了大量士兵;依军法他们都该杀头,后来花钱赎罪成为平民。第二年,匈奴大举入侵边境,杀了辽西太守,又侵入雁门,杀死和掳去几千人,等到车骑将军卫青赶到出兵追击时,他们已从雁门郡逃走。卫尉韩安国担任材官将军,驻守在渔阳。他抓到一个俘虏,说匈奴已经远远离去了。韩安国立即上书皇帝说现在正是农耕时节,请求暂且撤回屯驻的军队。撤回屯驻的军队一个多月后,匈奴大举侵入上谷、渔阳。韩安国的军营中只有七百多人,无法与敌交战,只好又撤回到军营中。结果匈奴掳掠了一千多人以及牲畜离去。天子听到这件事,大怒,派遣使者责备韩安国。把韩安国调往更东边的地方,屯军在右北平。这个时候匈奴的俘虏供称要侵入东方。

韩安国开始时担任御史大夫和护军,后来就渐渐地被排斥疏远了,贬了官;而新得宠的年轻将军卫青等又有军功,更加受到皇上的重用。韩安国既被疏远,也就无声无闻了;他领兵驻防又被匈奴欺骗,损失伤亡很多,内心很是惭愧,希望能够回到朝廷,却被调往更东边驻守,心中恍惚,闷闷不乐。几个月后,韩安

国以元朔二年中卒。

　　太史公曰：余与壶遂定律历，观韩长孺之义，壶遂之深中隐厚。世之言梁多长者，不虚哉！壶遂官至詹事，天子方倚以为汉相，会遂卒。不然，壶遂之内廉行修，斯鞠躬君子也。

国得病呕血而死,这一年是元朔二年。

太史公曰:我和壶遂审定律历,看到韩长孺很有德义,壶遂则深藏忠厚。世人都说梁国多忠厚长者,这话确实不错啊!壶遂官做到詹事,天子正想重用他担任汉朝丞相,不巧壶遂就去世了。不然的话,以壶遂廉洁的品行和端正的行为,说不定真能干一番大事业呢!

李将军列传第四十九

李将军广者，陇西成纪人也。其先曰李信，秦时为将，逐得燕太子丹者也。故槐里，徙成纪。广家世世受射。孝文帝十四年，匈奴大入萧关，而广以良家子从军击胡，用善骑射，杀首虏多，为汉中郎。广从弟李蔡亦为郎，皆为武骑常侍，秩八百石。尝从行，有所冲陷折关及格猛兽，而文帝曰："惜乎，子不遇时！如令子当高帝时，万户侯岂足道哉！"

及孝景初立，广为陇西都尉，徙为骑郎将。吴楚军时，广为骁骑都尉，从太尉亚夫击吴楚军，取旗，显功名昌邑下。以梁王授广将军印，还，赏不行。徙为上谷太守，匈奴日以合战。典属国公孙昆邪为上泣曰："李广才气，天下无双，自负其能，数与虏敌战，恐亡之。"于是乃徙为上郡太守。后广转为边郡太守，徙上郡。尝为陇西、北地、雁门、代郡、云中太守，皆以力战为名。

匈奴大入上郡，天子使中贵人从广勒习兵击匈奴。中贵人将骑数十纵，见匈奴三人，与战。三人还射，伤中贵人，杀其骑且尽。中贵人走广。广曰："是必射雕者也。"广乃遂从百骑往驰三人。三人亡马步行，行数十里。广令其骑张左右翼，而广身自射彼三人者，杀其二人，生得一人，果匈奴射雕者也。已缚之上马，望匈奴有数千骑，见广，以为诱骑，皆惊，上山陈。广之百骑皆大恐，欲驰还走。广曰："吾去大军数十里，今如此以百骑走，匈奴追射我立尽。今我留，匈奴必以我为大军诱，必不敢击我。"广令诸骑曰："前！"前未到匈奴陈二里所，止，令曰："皆下马解鞍！"其骑曰："虏多且近，即有急，奈何？"广曰："彼虏以我为走，今皆解鞍以示不走，

李广将军,是陇西郡成纪县人。他的先祖李信,是秦朝时的将军,就是追获了燕太子丹的那位。他老家在槐里县,后来迁到成纪。李广家世代相传射箭之术。文帝十四年,匈奴人大举入侵萧关,李广以良家子弟的身份参军抗击匈奴,因为他善于骑射,斩杀很多敌人的首级,所以被任命为朝廷的中郎。李广的堂弟李蔡,也担任中郎。二人又都任武骑常侍,俸禄八百石。李广曾护卫皇帝外出,常常冲锋陷阵、抵御敌人,与猛兽格斗也表现出无比的勇敢,文帝说:"可惜啊!你没遇到时机,如果出生在高祖的时代,万户侯也不值得一提!"

　　景帝即位后,李广任陇西都尉,又改任骑郎将。吴、楚七国叛乱时,李广任骁骑都尉,跟随太尉周亚夫攻打吴、楚叛军,在昌邑城下勇猛夺取叛军的军旗,一举扬名。由于梁孝王私自把将军印授给李广,回朝后,朝廷没有对他再进行封赏。他担任上谷太守时,匈奴每天都来挑战。典属国公孙昆邪哭着对皇上说:"李广将军的才气,天下无双,他自恃有才能,屡次和匈奴交锋,我担心他会因此牺牲。"于是皇上又调他任上郡太守。以后李广历任边境各郡太守,然后调任上郡太守。他曾任陇西、北地、雁门、代郡、云中等太守,都以作战勇猛而出名。

　　匈奴大举入侵上郡,天子派一名宦官随李广抗击匈奴。这位宦官带领几十名骑兵,纵马驰骋,途中遇到三个匈奴人,和他们交战,那三个匈奴人转身放箭,射伤了宦官,把他手下的骑兵几乎都杀光了。宦官逃回到李广那里,李广说:"这一定是匈奴的射雕能手。"于是就带上一百名骑兵前去追赶那三个匈奴人。那三个人没有马,徒步前行。走了几十里,李广命令他的骑兵左右散开,他亲自射击那三个人,射死了两个,活捉了一个,果然是匈奴的射雕手。把他捆绑上马之后,远远望见几千名匈奴的骑兵。他们看到李广,以为是诱敌的骑兵,都很惊慌,跑上山去摆好了阵势。李广的百名骑兵也都很惊恐,想要快马往回跑。李广说:"我们离大军有几十里地,按照如今情形,我们只要一跑,匈奴人就会追赶射杀我们,会立刻把我们都杀光。现在假如我们停留不动,匈奴人一定会认为我们是大军的诱敌部队,必然不敢来攻击。"李广于是就命令各位骑兵说:"前进!"到了离匈奴人的阵地还有两里远的地方,停住了,李广下令:"全都下马,解下马鞍!"手下骑兵说:"敌军人多又这么近,如果发生紧急情况,怎么办?"李广说:"那些匈奴人原以为我们会逃跑,现在看到我们全都解下马鞍表示不

用坚其意。"于是胡骑遂不敢击。有白马将出护其兵，李广上马与十余骑饹射杀胡白马将，而复还至其骑中，解鞍，令士皆纵马卧。是时会暮，胡兵终怪之，不敢击。夜半时，胡兵亦以为汉有伏军于旁欲夜取之，胡皆引兵而去。平旦，李广乃归其大军。大军不知广所之，故弗从。

居久之，孝景崩，武帝立，左右以为广名将也，于是广以上郡太守为未央卫尉，而程不识亦为长乐卫尉。程不识故与李广俱以边太守将军屯。及出击胡，而广行无部伍行陈，就善水草屯，舍止，人人自便，不击刀斗以自卫，莫府省约文书籍事，然亦远斥候，未尝遇害。程不识正部曲行伍营陈，击刀斗，士吏治军簿至明，军不得休息，然亦未尝遇害。不识曰："李广军极简易，然虏卒犯之，无以禁也；而其士卒亦佚乐，咸乐为之死。我军虽烦扰，然虏亦不得犯我。"是时汉边郡李广、程不识皆为名将，然匈奴畏李广之略，士卒亦多乐从李广而苦程不识。程不识孝景时以数直谏为太中大夫。为人廉，谨于文法。

后汉以马邑城诱单于，使大军伏马邑旁谷，而广为骁骑将军，领属护军将军。是时单于觉之，去，汉军皆无功。其后四岁，广以卫尉为将军，出雁门击匈奴。匈奴兵多，破败广军，生得广。单于素闻广贤，令曰："得李广必生致之。"胡骑得广，广时伤病，置广两马间，络而盛卧广。行十余里，广佯死，睨其旁有一胡儿骑善马，广暂腾而上胡儿马，因推堕儿，取其弓，鞭马南驰数十里，复得其余军，因引而入塞。匈奴捕者骑数百追之，广行取胡儿弓，射杀追骑，以故得脱。于是至汉，汉下广吏。吏当广所失亡多，为虏所生得，当斩，赎为庶人。

顷之，家居数岁。广家与故颍阴侯孙屏野居蓝田南山中射猎。尝夜从一骑出，从人田间饮。还至霸陵亭，霸陵尉醉，呵止广。广骑

逃,就更坚信我们是诱敌之兵的猜想。"就这样匈奴的骑兵终于没敢来攻击。有个骑白马的将军走出阵地来监护他的士兵,李广立即跨上马带着十多名骑兵上前去,射死了那个将军,而后又回到他的骑兵队里,解下马鞍,命令士兵全都把马放开,随便躺卧。这时正值日暮黄昏,匈奴军队始终觉得蹊跷,不敢进攻。到了半夜,匈奴兵怀疑附近有伏兵,想趁夜偷袭他们,因而就领兵撤离了。第二天早晨,李广才回到他的军营中,大军不知道李广的去向,所以没有前去接应。

几年后,景帝去世,武帝即位。左右大臣都认为李广是名将,这样李广就由上郡太守调任未央宫的禁卫军长官,程不识也做了长乐宫的禁卫军长官。程不识和李广从前都任边郡太守并兼管军队驻防。等到出兵攻打匈奴的时候,李广行军作战没有严格的列队和阵势,军队驻扎在水草丰茂的地方,停留时,人人均可自便,夜里也不打更巡逻,军中幕府的文书簿籍都很简单,但是他在远处设置了侦察哨兵,因此未曾遇到袭击。程不识对队伍的编制、行军队列、驻营阵势等要求很严格,夜里打更,文书军吏处理考绩等公文簿册往往要到天明,全都忙忙碌碌,不曾休息,但也不曾遇到危险。程不识说:"李广的治兵方法,简单省事,然而如果遇到敌人突袭,他就无法抵挡了。他的士卒倒也安逸快乐,作战时都甘心拼命。我的军队虽然军务纷繁忙乱,但是敌人也不敢侵犯我。"那时李广、程不识都是汉朝边郡的名将,但是匈奴人特别害怕李广,士兵也大多愿意跟随李广,而不愿跟随程不识。程不识因为敢于直谏被封为太中大夫,为人清廉,谨守朝廷规章法度。

后来,汉朝用马邑城引诱单于,派大军在马邑两旁的山谷中埋伏,李广任骁骑将军,受护军将军韩安国统领。当时单于发觉了汉军的计谋逃跑了,汉军都无功而返。四年以后,李广由卫尉被提升为将军,出雁门关进攻匈奴。匈奴兵多,打败了李广的军队,并生擒了李广。单于以前就听说李广很贤能,下令说:"一定要活着把李广送来。"匈奴骑兵抓获了李广,当时李广受伤生了病,就把他放在两匹马中间绳编的网兜里。走了十多里路,李广假装死去,斜眼偷偷看到他旁边的一个匈奴少年骑着一匹好马,李广就突然一纵身跳上匈奴少年的马,趁势把他推了下去,夺了他的弓,然后快马加鞭,一口气向南飞驰数十里,遇到他的残部,于是带领他们返回关塞。匈奴出动几百名骑兵来追赶他,李广一边逃一边拿起匈奴少年的弓射杀追来的骑兵,因此才得以逃脱。回到京城,朝廷把李广交给军法处。执法官判决李广损失伤亡太多士兵,且自身又被活捉,应该斩首。李广花钱赎了死罪,被削职为民。

转眼间,李广已闲居在家数年,和已故颍阴侯灌婴的孙子灌强一起隐居在蓝田,常到南山打猎。一天夜里,他带着一名随从骑马外出,和朋友在田间饮酒。

曰:"故李将军。"尉曰:"今将军尚不得夜行,何乃故也!"止广宿亭下。居无何,匈奴入杀辽西太守,败韩将军,后韩将军徙右北平。于是天子乃召拜广为右北平太守。广即请霸陵尉与俱,至军而斩之。

广居右北平,匈奴闻之,号曰"汉之飞将军",避之数岁,不敢入右北平。

广出猎,见草中石,以为虎而射之,中石没镞,视之石也。因复更射之,终不能复入石矣。广所居郡闻有虎,尝自射之。及居右北平射虎,虎腾伤广,广亦竟射杀之。

广廉,得赏赐辄分其麾下,饮食与士共之。终广之身,为二千石四十余年,家无余财,终不言家产事。广为人长,猿臂,其善射亦天性也,虽其子孙他人学者,莫能及广。广讷口少言,与人居则画地为军陈,射阔狭以饮。专以射为戏,竟死。广之将兵,乏绝之处,见水,士卒不尽饮,广不近水,士卒不尽食,广不尝食。宽缓不苛,士以此爱乐为用。其射,见敌急,非在数十步之内,度不中不发,发即应弦而倒。用此,其将兵数困辱,其射猛兽亦为所伤云。

居顷之,石建卒,于是上召广代建为郎中令。元朔六年,广复为后将军,从大将军军出定襄,击匈奴。诸将多中首虏率,以功为侯者,而广军无功。后二岁,广以郎中令将四千骑出右北平,博望侯张骞将万骑与广俱,异道。行可数百里,匈奴左贤王将四万骑围广,广军士皆恐,广乃使其子敢往驰之。敢独与数十骑驰,直贯胡骑,出其左右而还,告广曰:"胡虏易与耳。"军士乃安。广为圜陈外乡,胡急击之,矢下如雨。汉兵死者过半,汉矢且尽。广乃令士持满毋发,而广身自以大黄射其裨将,杀数人,胡虏益解。会日暮,吏士皆无人

回来时经过霸陵亭,霸陵尉喝醉了,大声喝斥,不让李广通过。李广的随从说:"这是前任李将军。"霸陵尉说:"现任将军尚且不许通行,何况是前任呢!"便扣留了李广,让他停宿在霸陵亭下。没过多久,匈奴入侵杀死辽西太守,打败了韩安国将军,后来韩将军被调到右北平。于是天子就召来李广,任他为右北平太守。李广当即请求派霸陵尉一起前去,到了军中就把他杀了。

李广驻守在右北平,匈奴听说后,称他为汉朝的"飞将军",一连几年都躲避他,不敢入侵右北平。

李广外出打猎的时候,看见草丛里的一块石头,以为是老虎就向它射去,射中了石头,箭头都射进去了,过去一看,原来是石头。接着重新再射,却怎么都不能再射进去了。李广驻守过各郡,听说有老虎,常常亲自去射杀。后来在右北平射虎时,老虎跳起来咬伤了李广,但最后还是射死了这只老虎。

李广为官清廉,得到的赏赐统统都分给部下,饮食总是与士兵在一起。李广一生,担任二千石俸禄的高官长达四十多年,但家中没有多余的财物,也从不谈及家产的事。李广身材高大,两臂如猿,他善于射箭也是来自好的天赋,所以不管是他的子孙或外人向他学习,都没人能赶上他。李广不善言辞,说话不多,与别人在一起时就在地上演画军阵,然后比射箭,比试箭法的疏密、准确,输了的罚酒。他一直以射箭为消遣,到死都不变。李广带兵,遇到缺水断粮时,见到水,士兵不全都喝到,他就不喝;士兵还没有完全吃上饭,他一口饭也不尝。李广对士兵宽厚和气不苛刻,因此深得士兵爱戴,乐于为他效命。他射箭时,一见敌人冲过来,不到几十步之内,如果揣度射不中就从不发箭,只要一发箭敌人当即就会应声倒下。正因为如此,他统领军队好几次被困受辱,射杀猛兽时也曾被猛兽所伤。

没过多久,石建死了,于是皇上召见李广,让他接替石建做了郎中令。元朔六年,李广又被任命为后将军,跟随大将军卫青的军队出兵定襄,讨伐匈奴。许多将领因斩杀敌人首级符合规定数额,以战功被封侯,唯独李广没有战功。两年后,李广以郎中令的身份率领四千骑兵从右北平出发讨伐匈奴,博望侯张骞率领一万骑兵与李广一同出征,分行两条路。走了几百里,突然被匈奴左贤王率领的四万骑兵包围了,手下的士兵都很害怕,李广就派他的儿子李敢骑马冲向匈奴军中。李敢率几十名骑兵飞奔,直穿匈奴骑兵阵,又从其左右两翼突出,回来向李广报告说:"这些匈奴敌兵很容易对付的!"士兵们这才安心。李广布成圆形兵阵,面向外,匈奴猛攻他们,箭如雨下。汉军死了一半多,箭也快用光了。李广就命令士兵拉满弓,不要放箭,而他亲自用大黄弩弓射杀匈奴的副将,杀死了好几个,匈奴军这才渐渐散开。这时天色已晚,军吏士兵们都面无人色,唯独李

色，而广意气自如，益治军。军中自是服其勇也。明日，复力战，而博望侯军亦至，匈奴军乃解去。汉军罢，弗能追。是时广军几没，罢归。汉法，博望侯留迟后期，当死，赎为庶人。广军功自如，无赏。

初，广之从弟李蔡与广俱事孝文帝。景帝时，蔡积功劳至二千石。孝武帝时，至代相。以元朔五年为轻车将军，从大将军击右贤王，有功中率，封为乐安侯。元狩二年中，代公孙弘为丞相。蔡为人在下中，名声出广下甚远，然广不得爵邑，官不过九卿，而蔡为列侯，位至三公。诸广之军吏及士卒或取封侯。广尝与望气王朔燕语，曰："自汉击匈奴而广未尝不在其中，而诸部校尉以下，才能不及中人，然以击胡军功取侯者数十人，而广不为后人，然无尺寸之功以得封邑者，何也？岂吾相不当侯邪？且固命也？"朔曰："将军自念，岂尝有所恨乎？"广曰："吾尝为陇西守，羌尝反，吾诱而降，降者八百余人，吾诈而同日杀之。至今大恨独此耳。"朔曰："祸莫大于杀已降，此乃将军所以不得侯者也。"

后二岁，大将军、骠骑将军大出击匈奴，广数自请行。天子以为老，弗许；良久乃许之，以为前将军。是岁，元狩四年也。

广既从大将军青击匈奴，既出塞，青捕虏知单于所居，乃自以精兵走之，而令广并于右将军军，出东道。东道少回远，而大军行水草少，其势不屯行。广自请曰："臣部为前将军，今大将军乃徙令臣出东道，且臣结发而与匈奴战，今乃一得当单于，臣愿居前，先死单于。"大将军青亦阴受上诫，以为李广老，数奇，毋令当单于，恐不得所欲。而是时公孙敖新失侯，为中将军从大将军，大将军亦欲使敖与俱当单于，故徙前将军广。广时知之，固自辞于大将军。大将军不听，令长史封书与广之莫府，曰："急诣部，如书。"广不谢大将军而起行，意甚愠怒而就部，引兵与右将军食其合军出东道。军亡导，

广却神态自若、意气风发,他把军队又整顿了一下,准备继续作战。从此军中都很佩服他的勇气。第二天,他们又接着奋力作战,博望侯的军队也赶到了,匈奴军才退去。汉军非常疲惫,所以也没有去追击。这一次,李广几乎全军覆没,只好收兵回朝。按汉朝军法,博望侯行军迟缓,延误限期,应处死刑,后花钱赎了罪,降为平民。李广功过相抵,没有封赏。

　　当初,李广的堂弟李蔡和李广一起侍奉文帝。景帝时,李蔡已慢慢升迁到年俸二千石的官位。武帝时,做到代国的国相。元朔五年,李蔡担任轻车将军,跟随大将军卫青攻打匈奴右贤王有功,达到封赏标准,被封为乐安侯。元狩二年间,代替公孙弘做了丞相。李蔡论才干,只能算是下等,声名比李广差得更远,然而李广一辈子也没能得到封爵和封地,官位没超过九卿,可是李蔡却位居列侯,官至三公。李广属下的军官和士兵们,也有人被封了侯。李广曾和星象家王朔私下闲谈说:"自从汉朝攻打匈奴以来,我李广未尝不是在汉军之中,而各军中校尉以下的人,他们的才能还赶不上一般人,然而因为建立军功而被封侯的,就有几十个,我不比别人差,却没有尺寸之功来取得封邑,这是为什么呢?难道是我的生相不该被封侯吗?还是命中注定的呢?"王朔说:"将军仔细回想一下,曾经有什么悔恨的事吗?"李广说:"我担任陇西太守时,羌人反叛,我曾经引诱他们投降,结果有八百多人来投降,但我欺骗了他们,在一天内就把他们全杀掉了。至今最悔恨的就是这件事。"王朔说:"没有比杀害投降的人罪过更大的了,这就是将军您之所以不能被封侯的原因了。"

　　又过了两年,大将军卫青、骠骑将军霍去病率军大举出击匈奴,李广几次请求随行。但天子认为他年纪已大,就没有答应;过了好久才准许他,让他任前将军。这一年是元狩四年。

　　李广不久随大将军卫青出征匈奴,出塞以后,卫青捉到敌兵,知道了单于所居住的地方,就亲自率领精兵前往,而命令李广和右将军的队伍合并,从东路出击。东路有些迂回绕远,而且大军走在水草缺少的地方,形势不允许并队行进。李广就主动请求说:"我身为前将军,如今大将军却命令我改从东路出兵,况且我从少年时就与匈奴作战,到今天才得到一次与单于对战的机会,我愿打前阵,即使战死也心甘情愿。"大将军卫青曾暗中受到皇上告诫,认为李广年老,屡次不走运,不要让他和单于对阵交锋,否则恐怕难以取胜。这个时候,公孙敖刚刚失掉了侯爵,担任中将军跟随大将军,大将军也想让公孙敖和他共同来和单于对阵,因此就把李广调离了。李广也知道内情,就坚决向大将军陈请。大将军没有听从,后来命令长史直接下文书给李广军中的幕府,说:"赶快照文书到军部去。"李广非常气愤,没有向大将军辞行,就满腔怒气地回到了军队,率领军

或失道，后大将军。大将军与单于接战，单于遁走，弗能得而还。南绝幕，遇前将军、右将军。广已见大将军，还入军。大将军使长史持糒醪遗广，因问广、食其失道状，青欲上书报天子军曲折。广未对，大将军使长史急责广之幕府对簿。广曰："诸校尉无罪，乃我自失道。吾今自上簿至莫府。"

广谓其麾下曰："广结发与匈奴大小七十余战，今幸从大将军出接单于兵，而大将军又徙广部行回远，而又迷失道，岂非天哉！且广年六十余矣，终不能复对刀笔之吏。"遂引刀自刭。广军士大夫一军皆哭。百姓闻之，知与不知，无老壮皆为垂涕。而右将军独下吏，当死，赎为庶人。

广子三人，曰当户、椒、敢，为郎。天子与韩嫣戏，嫣少不逊，当户击嫣，嫣走。于是天子以为勇。当户早死，拜椒为代郡太守，皆先广死。当户有遗腹子名陵。广死军时，敢从骠骑将军。广死明年，李蔡以丞相坐侵孝景园壖地，当下吏治，蔡亦自杀，不对狱，国除。李敢以校尉从骠骑将军击胡左贤王，力战，夺左贤王鼓旗，斩首多，赐爵关内侯，食邑二百户，代广为郎中令。顷之，怨大将军青之恨其父，乃击伤大将军，大将军匿讳之。居无何，敢从上雍，至甘泉宫猎。骠骑将军去病与青有亲，射杀敢。去病时方贵幸，上讳云鹿触杀之。居岁余，去病死。而敢有女为太子中人，爱幸，敢男禹有宠于太子，然好利，李氏陵迟衰微矣。

李陵既壮，选为建章监，监诸骑。善射，爱士卒。天子以为李氏世将，而使将八百骑。尝深入匈奴二千余里，过居延视地形，无所见虏而还。拜为骑都尉，将丹阳楚人五千人，教射酒泉、张掖以屯卫胡。

数岁，天汉二年秋，贰师将军李广利将三万骑击匈奴右贤王于祁连天山，而使陵将其射士步兵五千人出居延北可千余里，欲以分匈奴

队和右将军赵食其会合，出兵东道。大军没有向导，有时就迷路，落在大将军后面。大将军和单于交战，单于逃跑了，卫青没有取得战果只好回兵。向南越过大沙漠后，遇到了前将军、右将军的部队。李广谒见大将军之后，就回到自己军中。大将军派长史拿着干粮和酒送给李广，顺便询问迷路的情况，想要上书向天子汇报行军不利的原因。李广置之不理，大将军就派长史急切责问李广的部下。李广忍无可忍，说："各位校尉无罪，是我自己迷失了道路。我现在就亲自去幕府对质候审。"

李广对他的部下说："我从少年时到现在，与匈奴打过大小仗七十多次，如今有幸跟随大将军出征，同单于的军队交战，可是大将军又调我的部队去走迂回绕远的路，偏又迷了路，这难道不是天意吗！况且我已六十多岁了，无论如何也不能再受那些刀笔吏的侮辱了。"于是就拔刀自刎了。李广军中的所有将士都为之痛哭。百姓听到这个消息，不论认识的不认识的，也不论男女老少，都为他落泪。右将军赵食其被交给执法官吏，应判为死罪，后来用财物赎罪，降为平民。

李广有三个儿子，名叫李当户、李椒、李敢，都任郎官。有一次，天子和弄臣韩嫣戏耍，韩嫣有点放肆的举动，李当户就打了韩嫣，韩嫣逃跑了，天子很欣赏他的勇敢。当户死得早，李椒被封为代郡太守，二人都比李广先死。当户有个遗腹子叫李陵。李广在军中自杀的时候，李敢正跟随骠骑将军霍去病。李广死后第二年，丞相李蔡因侵占景帝陵园前道旁空地而获罪，应送交法吏查办，李蔡不愿受审对质，也自杀了，他的封邑就被废除了。李敢以校尉官职随从骠骑将军攻击匈奴左贤王，他作战英勇，夺得左贤王的战鼓和军旗，斩杀很多敌人，因而被封为关内侯，封给食邑二百户，接替李广任郎中令。不久，李敢怨恨大将军卫青使他父亲饮恨而死，就把他打伤了，大将军把这件事隐瞒下来，没有说出去。又过了不久，李敢随从皇上去雍地，到甘泉宫打猎。骠骑将军霍去病是卫青的外甥，把李敢射死了。霍去病当时正显贵受宠，皇上就隐瞒真相，说李敢是被鹿撞死的。一年多后，霍去病也死了。李敢有个女儿是太子的侍妾，很受宠爱，李敢的儿子李禹也受太子宠信，但他贪财好利，李氏家族日渐败落衰微了。

李陵长大以后，被选拔为建章营的监督官，监管所有骑兵。他善于射箭，爱护士兵，天子认为李家世代为将，因而让李陵率领八百骑兵。李陵曾经深入匈奴境内二千多里，到居延以北视察地形，没发现敌人，就回来了。被任命为骑都尉，统领丹阳的楚兵五千人，在酒泉、张掖一带练习射箭，屯驻在那里防备匈奴。

几年后，天汉二年秋天，贰师将军李广利率领三万骑兵在祁连山进攻匈奴右贤王，武帝派李陵率领他的步兵射手五千人，出兵到居延海以北大约一千里的

兵，毋令专走贰师也。陵既至期还，而单于以兵八万围击陵军。陵军五千人，兵矢既尽，士死者过半，而所杀伤匈奴亦万余人。且引且战，连斗八日，还未到居延百余里，匈奴遮狭绝道，陵食乏而救兵不到，虏急击招降陵。陵曰："无面目报陛下。"遂降匈奴。其兵尽没，余亡散得归汉者四百余人。

单于既得陵，素闻其家声，及战又壮，乃以其女妻陵而贵之。汉闻，族陵母妻子。自是之后，李氏名败，而陇西之士居门下者皆用为耻焉。

太史公曰：传曰"其身正，不令而行；其身不正，虽令不从"。其李将军之谓也？余睹李将军悛悛如鄙人，口不能道辞。及死之日，天下知与不知，皆为尽哀。彼其忠实心诚信于士大夫也？谚曰"桃李不言，下自成蹊"。此言虽小，可以谕大也。

地方，想以此分散匈奴的兵力，不让他们集中力量去对付贰师将军。李陵到了预定的期限返回时，被单于的八万大军包围。李陵只有五千人马，箭射光了，士兵损失大半，杀伤杀死匈奴也有一万多人。李陵军且战且退，一连八天。往回走到离居延还有一百多里的地方，被匈奴兵拦堵在狭窄的山谷，截断了归路。李陵军队既无粮食，又无救兵，匈奴军则加紧进攻，并劝诱李陵投降。李陵说："我没脸再去见皇帝了！"于是就投降了匈奴。他的军队全军覆没，逃回到汉朝的只有四百多人。

单于得到李陵之后，因平素就听说过李陵家的名声，又很欣赏他打仗时的勇敢，就把自己的女儿嫁给他，对他很尊宠。汉朝知道后，就杀了李陵的母亲妻儿全家。从这以后，李氏声名败落，那些居于陇西李氏门下的士人都因此感到耻辱。

太史公说：《论语》里说："在上位的人自身行为端正，不下命令人们也会遵守执行；自身行为不正，发下命令也没人听从。"这说的就是李将军吧！我所看到的李将军，老实厚道像个乡下人，不善讲话，可在他死的那天，天下人不论认识的还是不认识的，都为他哀悼。是他的忠厚诚实之心感动了将士吧？谚语说"桃李不言，下自成蹊"，这话虽说得浅显，但可以用来说明大道理。

匈奴列传第五十

匈奴，其先祖夏后氏之苗裔也，曰淳维。唐虞以上有山戎、猃狁、荤粥，居于北蛮，随畜牧而转移。其畜之所多则马、牛、羊，其奇畜则橐驼、驴骡、駃騠、騊駼、驒騱。逐水草迁徙，毋城郭常处耕田之业，然亦各有分地。毋文书，以言语为约束。儿能骑羊，引弓射鸟鼠；少长则射狐兔：用为食。士力能毌弓，尽为甲骑。其俗，宽则随畜，因射猎禽兽为生业，急则人习战攻以侵伐，其天性也。其长兵则弓矢，短兵则刀铤。利则进，不利则退，不羞遁走。苟利所在，不知礼义。自君王以下，咸食畜肉，衣其皮革，被旃裘。壮者食肥美，老者食其余。贵壮健，贱老弱。父死，妻其后母；兄弟死，皆取其妻妻之。其俗有名不讳，而无姓字。

夏道衰，而公刘失其稷官，变于西戎，邑于豳。其后三百有余岁，戎狄攻大王亶父，亶父亡走岐下，而豳人悉从亶父而邑焉，作周。其后百有余岁，周西伯昌伐畎夷氏。后十有余年，武王伐纣而营雒邑，复居于酆、鄗，放逐戎夷泾、洛之北，以时入贡，命曰"荒服"。其后二百有余年，周道衰，而穆王伐犬戎，得四白狼四白鹿以归。自是之后，荒服不至。于是周遂作《甫刑》之辟。穆王之后二百有余年，周幽王用宠姬褒姒之故，与申侯有却。申侯怒而与犬戎共攻杀周幽王于骊山之下，遂取周之焦获，而居于泾渭之间，侵暴中国。秦襄公救周，于是周平王去酆、鄗而东徙雒邑。当是之时，秦襄公伐戎至岐，始列为诸侯。是后六十有五年，而山戎越燕而伐齐，齐釐公与战于齐郊。其后四十四年，而山戎伐燕。燕告急于齐，齐桓公北伐山戎，山戎走。其后二十有余年，而戎狄至洛邑，伐周襄王，

匈奴的先祖是夏后氏的后裔，叫淳维。唐尧、虞舜以前有山戎、猃狁、荤粥，居住在北方蛮荒的地方，随着放牧而迁移。他们饲养的牲畜，多数是马、牛、羊，特别的有骆驼、驴、骡、駃騠、騊駼、驒騱等。哪里水草茂盛他们就迁徙到哪里，没有城郭和固定的住处，也不从事农业生产，但是也有各自的牧地。他们没有文字和书籍，靠言语来约束人们的行动。很小即能骑羊，拉弓射击飞鸟和老鼠，稍微长大就能射杀狐狸和野兔，用作食物。成年男子都能拉弓，全都是铁甲骑兵。匈奴的风俗是，平常无战事时，便随意放牧，顺便射猎飞禽走兽以为生计；有紧急情况时，则人人练习攻战本领，以便侵袭掠夺，这是他们的天性。他们的长兵器就是弓箭，短兵器有大刀、小矛。形势有利时就进攻，不利时则后退，不把逃跑当作羞耻的事。只要有利可图，便不顾及礼义廉耻。自君王以下，人人都吃畜肉，穿兽皮，披着带毛的皮袄。青壮年吃鲜肥美味的，老年人只能吃剩下的食物。他们尊重强壮的人，轻视老弱。若父亲死了，儿子就娶后母为妻；若兄弟死了，则其他兄弟都可以娶他的寡妻为妻。他们的习俗是人有名，但不避讳，所以没有姓和字。

夏朝衰落以后，公刘失去了世袭的农官，改变了西戎的风俗，在豳地建起都邑住了下来。又过了三百多年，戎狄族进攻周太王亶父，亶父逃到岐山脚下，豳地民众全都跟随亶父来到岐山下，建立城邑，创建周国。这以后百余年，周的君王西伯昌攻打畎夷氏。又过了十多年，武王伐纣，营建洛邑，重又回到丰京、鄗京居住，把戎夷驱逐到泾水、洛水的北面，让他们按时进贡，称为"荒服"。其后二百多年，周朝国运衰落，周穆王讨伐犬戎，结果捕获了四只白狼和四只白鹿回来。从此以后，荒服之人不再向周朝进贡。这时，周朝便制定了《甫刑》法令。周穆王之后二百多年，周幽王由于宠爱褒姒的缘故，和申侯产生矛盾。申侯一气之下，就和犬戎一起在骊山之下杀死了周幽王，犬戎于是夺取了周朝的焦获，居住到泾水和渭水之间，大肆侵掠中原地区。秦襄公起兵援救周朝，这样周平王便离开了丰京、鄗京，而向东迁都到了洛邑。就在这个时候，秦襄公讨伐戎夷，到了岐山，被周天子列为诸侯。此后六十五年，山戎越过燕国攻打齐国，齐釐公和他们在齐国野外交战。又过了四十四年，山戎攻打燕国。燕国向齐国求救，齐桓公北上进攻山戎，山戎逃跑。又过了二十多年，戎狄到洛邑，攻打周襄

襄王奔于郑之氾邑。初，周襄王欲伐郑，故娶戎狄女为后，与戎狄兵共伐郑。已而黜狄后，狄后怨，而襄王后母曰惠后，有子子带，欲立之，于是惠后与狄后、子带为内应，开戎狄，戎狄以故得入，破逐周襄王，而立子带为天子。于是戎狄或居于陆浑，东至于卫，侵盗暴虐中国。中国疾之，故诗人歌之曰"戎狄是应"，"薄伐猃狁，至于大原"，"出舆彭彭，城彼朔方"。周襄王既居外四年，乃使使告急于晋。晋文公初立，欲修霸业，乃兴师伐逐戎翟，诛子带，迎内周襄王，居于雒邑。

当是之时，秦晋为强国。晋文公攘戎翟，居于河西圁、洛之间，号曰赤翟、白翟。秦缪公得由余，西戎八国服于秦，故自陇以西有绵诸、绲戎、翟、獂之戎，岐、梁山、泾、漆之北有义渠、大荔、乌氏、朐衍之戎。而晋北有林胡、楼烦之戎，燕北有东胡、山戎。各分散居溪谷，自有君长，往往而聚者百有余戎，然莫能相一。

自是之后百有余年，晋悼公使魏绛和戎翟，戎翟朝晋。后百有余年，赵襄子逾句注而破并代以临胡貉。其后既与韩魏共灭智伯，分晋地而有之，则赵有代、句注之北，魏有河西、上郡，以与戎界边。其后义渠之戎筑城郭以自守，而秦稍蚕食，至于惠王，遂拔义渠二十五城。惠王击魏，魏尽入西河及上郡于秦。秦昭王时，义渠戎王与宣太后乱，有二子。宣太后诈而杀义渠戎王于甘泉，遂起兵伐残义渠。于是秦有陇西、北地、上郡，筑长城以拒胡。而赵武灵王亦变俗胡服，习骑射，北破林胡、楼烦。筑长城，自代并阴山下，至高阙为塞。而置云中、雁门、代郡。其后燕有贤将秦开，为质于胡，胡甚信之。归而袭破走东胡，东胡却千余里。与荆轲刺秦王秦舞阳者，开之孙也。燕亦筑长城，自造阳至襄平。置上谷、渔阳、右北平、辽西、辽东郡以拒胡。当是之时，冠带战国七，而三国边于匈奴。其后赵将李牧时，匈奴不敢入赵边。后秦灭六国，而始皇帝使蒙恬将十万之众北击胡，悉收河南地。因河为塞，筑四十四县城临河，徙適戍以充之。而通直道，自九原至云阳，因边山险堑溪谷可缮者治之，起临洮至辽东

王，襄王无力抵抗，逃到郑国的氾邑。当初，周襄王想讨伐郑国，就特意娶了戎狄女子做王后，和戎狄共同攻打郑国。不久，襄王废掉了狄后，狄后怨恨于心。襄王的后母惠后，有个儿子叫子带，想立他为王，所以惠后便和狄后、子带做内应，为戎狄打开城门，因此戎狄得以进城，赶走了周襄王，而改立子带为周天子。当时戎狄有的人就迁到了陆浑，东达卫国，更加侵掠践踏中原地区。中原人深为痛恨，因此《诗经》里有"抗击戎狄""攻伐猃狁，兵至大原""战车齐动，到北方筑城"这样的句子。周襄王流亡在外四年，最后只好派使者向晋国求救。当时晋文公刚刚即位，想要图谋霸业，便发兵攻打，驱逐了戎狄，诛杀了子带，迎回周襄王，使他重返洛邑。

这时，秦、晋都是强国。戎狄被晋文公赶跑后，居住在河西的圁水、洛水之间，称为赤狄、白狄。秦缪公得到由余的帮助，使西戎八国都亲附秦国，所以自陇山以西有绵诸、绲戎、翟、䝠等戎族，在岐山、梁山、泾河、漆河以北，则有义渠、大荔、乌氏、朐衍等戎族。而晋国北面又有林胡、楼烦等戎族，燕国北面则有东胡、山戎。他们各自分散居住在溪谷之中，都有自己的首领，常常相聚一起的竟有百多个戎族部落，但都不相统属。

从这以后一百多年，晋悼公派魏绛与戎狄讲和，戎狄于是都臣服晋国。又过了百多年，赵襄子越过句注山，击败并地和代地，与胡人和貉人居住地区接壤。这以后，赵襄子与韩康子、魏桓子共同打败智伯，瓜分了晋国。这样，赵国就占有了代地与句注山以北的土地，魏国的河西和上郡，都和戎人接界。这之后，义渠的戎人修建城郭以自守，而秦国则逐渐蚕食他们的土地，到了惠王时，夺取了义渠的二十五城。惠王攻打魏国，魏国把西河和上郡都割给了秦国。秦昭王时，义渠戎王与宣太后通奸，生下两个孩子。宣太后在甘泉宫谋杀了义渠戎王，并发兵攻灭了义渠。从此秦国占据了陇西、北地、上郡的大片土地，修筑长城抵御匈奴。而赵武灵王也改变风俗，穿起胡服，练习骑马射箭的本领，打败了北方的林胡、楼烦。修筑长城，从代地沿着阴山山麓，直到高阙，作为关塞，又设置云中郡、雁门、代郡。后来燕国有位贤能的将领叫秦开，曾到胡人那里当人质，胡人特别信任他，他回国后率兵袭击东胡，东胡后退了千余里。当年同荆轲一起去刺杀秦王的秦舞阳，就是秦开的孙子。燕国也修筑长城，从造阳一直到襄平；设置了上谷、渔阳、右北平、辽西和辽东等郡来抵御胡人。这个时候，华夏地区的大国共有七个，其中三个和匈奴邻界。李牧当赵国将军时，匈奴不敢进入赵国的边境。其后秦朝灭了六国，秦始皇便派蒙恬领十万大军向北攻打匈奴，把黄河以南的土地全都收复，以黄河为边塞，沿着黄河修起四十四座县城，把受罚守边之人迁徙到那里。又修筑直道，从九原直到云阳，利用山边、险要的沟堑、溪谷等可

万余里。又度河据阳山北假中。

当是之时，东胡强而月氏盛。匈奴单于曰头曼，头曼不胜秦，北徙。十余年而蒙恬死，诸侯畔秦，中国扰乱，诸秦所徙适戍边者皆复去，于是匈奴得宽，复稍度河南与中国界于故塞。

单于有太子名冒顿。后有所爱阏氏，生少子，而单于欲废冒顿而立少子，乃使冒顿质于月氏。冒顿既质于月氏，而头曼急击月氏。月氏欲杀冒顿，冒顿盗其善马，骑之亡归。头曼以为壮，令将万骑。冒顿乃作为鸣镝，习勒其骑射，令曰："鸣镝所射而不悉射者，斩之。"行猎鸟兽，有不射鸣镝所射者，辄斩之。已而冒顿以鸣镝自射其善马，左右或不敢射者，冒顿立斩不射善马者。居顷之，复以鸣镝自射其爱妻，左右或颇恐，不敢射，冒顿又复斩之。居顷之，冒顿出猎，以鸣镝射单于善马，左右皆射之。于是冒顿知其左右皆可用。从其父单于头曼猎，以鸣镝射头曼，其左右亦皆随鸣镝而射杀单于头曼，遂尽诛其后母与弟及大臣不听从者。冒顿自立为单于。

冒顿既立，是时东胡强盛，闻冒顿杀父自立，乃使使谓冒顿，欲得头曼时有千里马。冒顿问群臣，群臣皆曰："千里马，匈奴宝马也，勿与。"冒顿曰："奈何与人邻国而爱一马乎？"遂与之千里马。居顷之，东胡以为冒顿畏之，乃使使谓冒顿，欲得单于一阏氏。冒顿复问左右，左右皆怒曰："东胡无道，乃求阏氏！请击之。"冒顿曰："奈何与人邻国爱一女子乎？"遂取所爱阏氏予东胡。东胡王愈益骄，西侵。与匈奴间，中有弃地，莫居，千余里，各居其边为瓯脱。东胡使使谓冒顿曰："匈奴所与我界瓯脱外弃地，匈奴非能至也，吾欲有之。"冒顿问群臣，群臣或曰："此弃地，予之亦可，勿予亦可。"于是冒顿大怒曰："地者，国之本也，奈何予之！"诸言予之者，皆斩之。冒顿上马，令国中有后者斩，遂东袭击东胡。东胡初轻冒顿，不为备。及冒顿以兵至，击，大破灭东胡王，而虏其民人

以修缮的地方筑起城池，西起临洮，东达辽东，长达万余里。又渡过黄河，占据了阳山、北假一带。

这时，东胡很强大，月氏也很兴盛。这时匈奴的单于叫头曼，头曼敌不过秦国，就向北迁徙。过了十多年，蒙恬死去，各地诸侯纷纷而起，反叛秦国，中原连年混战，那些被秦流放戍边的人又全都离去了。于是匈奴得到宽缓之机，又渐渐渡过黄河，在南面和中原以原先的边塞为界。

头曼单于的太子叫冒顿，后来单于宠爱的阏氏又生了个小儿子。单于就想废黜冒顿而立小儿子为太子，于是便派冒顿到月氏当人质。当冒顿来到月氏做人质的时候，头曼却急攻月氏，月氏欲杀冒顿，冒顿就偷了月氏的良马，骑着它逃了回来。头曼认为他很勇猛，就让他统领一万骑兵。冒顿就制造了一种响箭，用这种响箭训练他的部下，下令说："我的响箭射什么，如果不跟着去射，就斩首。"他率人外出捕猎飞鸟走兽，遇到有不跟着响箭的方向射击的士兵，就当即斩杀。不久，冒顿用响箭亲自去射他的良马，左右侍从中，有不敢射击的，被冒顿立即斩杀了。不久，他又用响箭亲自去射爱妻，左右侍从恐慌不敢去射，冒顿就又斩了他们。过了不久，冒顿出外打猎，用响箭射单于的良马，左右之人全都跟着去射。这时冒顿知道他的侍从都已和他一条心，能够听从指挥了。他跟随父亲头曼单于打猎，便用响箭去射头曼，他的左右侍从也都跟着响箭发射，杀死了头曼单于，接着他又把他的后母、兄弟以及不服从于他的大臣统统杀尽，自己即位做了单于。

冒顿即位的时候，东胡很强大。听说冒顿杀父自立，东胡就派使者向冒顿索要头曼的千里马。冒顿问群臣，群臣都说："千里马是匈奴的宝马，不能给他。"冒顿说："跟人家做邻居，怎可吝惜一匹马呢？"于是就把千里马给了东胡。过了一段时间，东胡以为冒顿畏惧他，就派使者对冒顿说，想要单于的一个阏氏。冒顿又询问左右大臣，大臣都发怒说："东胡无礼至极，竟敢想要阏氏，请出兵攻打他。"冒顿却说："跟人家做邻居，怎可吝惜一个女人呢？"于是就把自己喜爱的阏氏送给了东胡。东胡王日益骄傲起来，向西侵犯。东胡与匈奴之间有一片荒地，无人居住，方圆一千多里，双方各自在边界上建有据点。东胡派使者对冒顿说："匈奴和我们边界上屯守据点以外的荒地，是你们匈奴不能达到的地方，我们想要这块土地。"冒顿询问群臣，群臣中有人说："这本来就是无人居住的不毛之地，给他们也可以，不给也可以。"冒顿大怒道："土地，是国家的根本，怎可给他们！"把诸臣之中说送地给东胡的人都斩首了。冒顿亲自上马，对国人下令说，如有后退的就斩首，于是便向东袭击东胡。东胡起初轻视冒顿，因此没有戒备。后来冒顿大军杀到，大举进击，一开战就大败东胡，消灭了

及畜产。既归，西击走月氏，南并楼烦、白羊河南王。悉复收秦所使蒙恬所夺匈奴地者，与汉关故河南塞，至朝那、肤施，遂侵燕、代。是时汉兵与项羽相距，中国罢于兵革，以故冒顿得自强，控弦之士三十余万。

自淳维以至头曼千有余岁，时大时小，别散分离，尚矣，其世传不可得而次云。然至冒顿而匈奴最强大，尽服从北夷，而南与中国为敌国，其世传国官号乃可得而记云。

置左右贤王，左右谷蠡王，左右大将，左右大都尉，左右大当户，左右骨都侯。匈奴谓贤曰"屠耆"，故常以太子为左屠耆王。自如左右贤王以下至当户，大者万骑，小者数千，凡二十四长，立号曰"万骑"。诸大臣皆世官。呼衍氏，兰氏，其后有须卜氏，此三姓其贵种也。诸左方王将居东方，直上谷以往者，东接秽貉、朝鲜；右方王将居西方，直上郡以西，接月氏、氐、羌；而单于之庭直代、云中：各有分地，逐水草移徙。而左右贤王、左右谷蠡王最为大，左右骨都侯辅政。诸二十四长亦各自置千长、百长、什长、裨小王、相、封、都尉、当户、且渠之属。

岁正月，诸长小会单于庭，祠。五月，大会茏城，祭其先、天地、鬼神。秋，马肥，大会蹛林，课校人畜计。其法，拔刃尺者死，坐盗者没入其家；有罪，小者轧，大者死。狱久者不过十日，一国之囚不过数人。而单于朝出营，拜日之始生，夕拜月。其坐，长左而北乡。日上戊己。其送死，有棺椁金银衣裘，而无封树丧服；近幸臣妾从死者，多至数千百人。举事而候星月，月盛壮则攻战，月亏则退兵。其攻战，斩首虏赐一卮酒，而所得卤获因以予之，得人以为奴婢。故其战，人人自为趣利，善为诱兵以冒敌。故其见敌则逐利，如鸟之集；其困败，则瓦解云散矣。战而扶舆死者，尽得死者家财。

东胡王，掳走了那里的百姓以及牲畜等财产。回来后，冒顿大军又趁势西进打跑了月氏，向南吞并了楼烦、白羊河南王，并把蒙恬夺去的匈奴土地全部收复了，跟汉朝以原先的河南塞为界，最南到达朝那、肤施一带，并继续入侵燕国和代国。当时汉军正和项羽对峙，中原疲于征战，因此冒顿得以趁机壮大起来，能拉弓射箭的士卒有三十多万。

从淳维到头曼这中间一千多年的时间，匈奴势力时强时弱，忽散忽离，因为时间久远，所以他们的世系不能依次列出来。到了冒顿时，匈奴势力达到顶峰，征服了北方所有的夷人，与南方的汉朝分庭抗礼。此后，他们的世系，国家的官位名号才开始被记录下来。

匈奴设置有左右贤王，左右谷蠡王，左右大将，左右大都尉，左右大当户，左右骨都侯等官位。匈奴人把"贤"称为"屠耆"，所以常常任命太子为左屠耆王。从左右贤王以下直到当户，官职大的拥有万名骑兵，小的也有数千骑兵，共有二十四位长官，都称"万骑"。诸位大臣的官职是世袭的。有呼衍氏、兰氏，后来又有须卜氏，这三个是他们贵族的姓。左方诸王都居住在东方，对着上谷郡以东地区，东与秽貉、朝鲜接壤。右方诸王都居住在西方，对着上郡以西地区，和月氏、氐、羌接壤。而单于的大本营所在地正对着汉朝的代郡和云中郡。他们各有自己的分地，逐水草而迁徙。左右贤王和左右谷蠡王的封地最大，左右骨都侯辅佐单于治国。二十四位首领也可以各自设置千长、百长、什长、裨小王、相封、都尉、当户、且渠等属官。

每年正月，各位首领在单于王庭举行小聚会，进行祭祀。五月，在龙城有大的聚会，祭祀祖先、天地和鬼神。秋天，马肥壮时候，在蹛林有大的集会，核算人口和牲畜的数目。匈奴的法律规定，拔刀伤人造成伤口一尺长的要处死，犯盗窃罪的要没收家产，犯罪轻者压断其骨节，重者处死。坐牢时间最长的也不过十天，全国的囚犯不过几人而已。单于清晨要走出营地，朝拜初升的太阳，夜晚朝拜月亮。他们的坐法是，年长的在左边，面朝北方。对于日期，他们把戊己两日作为良辰。他们给死者安葬，有棺椁、金银和衣裘，但没有坟和树以及丧服礼仪。王侯贵族死后，以近臣和宠妾陪葬，一般数十人或多至上百人。准备打仗前，要先观察星月，如果月亮圆满就进攻，月亮亏损就退兵。作战时，杀死或俘虏敌人，都会赏赐一壶酒，所缴获的战利品也归他，抓到的人也给他们充做奴婢。所以在打仗时，人人为了自身利益主动上前，善于用诱敌之军来包围敌军。所以他们见到有利可图时就一拥而上，如同飞鸟云集。如果遇到危难失败，队伍就会瓦解，如同云雾消散。谁能将战死同伴的尸体运回来，就把死者的全部家产给他。

后北服浑庾、屈射、丁零、鬲昆、薪犁之国。于是匈奴贵人大臣皆服，以冒顿单于为贤。

是时汉初定中国，徙韩王信于代，都马邑。匈奴大攻围马邑，韩王信降匈奴。匈奴得信，因引兵南逾句注，攻太原，至晋阳下。高帝自将兵往击之。会冬大寒雨雪，卒之堕指者十二三，于是冒顿佯败走，诱汉兵。汉兵逐击冒顿，冒顿匿其精兵，见其羸弱，于是汉悉兵，多步兵，三十二万，北逐之。高帝先至平城，步兵未尽到，冒顿纵精兵四十万骑围高帝于白登，七日，汉兵中外不得相救饷。匈奴骑，其西方尽白马，东方尽青駹马，北方尽乌骊马，南方尽骍马。高帝乃使使间厚遗阏氏，阏氏乃谓冒顿曰："两主不相困。今得汉地，而单于终非能居之也。且汉王亦有神，单于察之。"冒顿与韩王信之将王黄、赵利期，而黄、利兵又不来，疑其与汉有谋，亦取阏氏之言，乃解围之一角。于是高帝令士皆持满傅矢外乡，从解角直出，竟与大军合，而冒顿遂引兵而去。汉亦引兵而罢，使刘敬结和亲之约。

是后韩王信为匈奴将，及赵利、王黄等数倍约，侵盗代、云中。居无几何，陈豨反，又与韩信合谋击代。汉使樊哙往击之，复拔代、雁门、云中郡县，不出塞。是时匈奴以汉将众往降，故冒顿常往来侵盗代地。于是汉患之，高帝乃使刘敬奉宗室女公主为单于阏氏，岁奉匈奴絮缯酒米食物各有数，约为昆弟以和亲，冒顿乃少止。后燕王卢绾反，率其党数千人降匈奴，往来苦上谷以东。

高祖崩，孝惠、吕太后时，汉初定，故匈奴以骄。冒顿乃为书遗高后，妄言。高后欲击之，诸将曰："以高帝贤武，然尚困于平城。"于是高后乃止，复与匈奴和亲。

至孝文帝初立，复修和亲之事。其三年五月，匈奴右贤王入居河南地，侵盗上郡葆塞蛮夷，杀略人民。于是孝文帝诏丞相灌婴发车骑八万五千，诣高奴，击右贤王。右贤王走出塞。文帝幸太原。是时济北王反，文帝归，罢丞相击胡之兵。

后来，冒顿又向北征服了浑庾、屈射、丁零、鬲昆、薪犁诸国。于是匈奴的贵族、大臣都很信服冒顿，认为冒顿单于非常贤能。

这时，汉朝刚刚平定了中原，把韩信改派到代国，建都马邑城。匈奴大举进攻马邑，韩信投降了匈奴。匈奴得到了韩王信，便引兵南下，越过句注山，攻打太原，直到晋阳城下。高帝亲自率军前往迎击。正逢严冬大寒下雪，十分之二三的士卒冻坏手指，这时冒顿便佯装战败逃跑，引诱汉军。汉军追击冒顿，冒顿把他的精兵都隐藏起来，而让一些老弱残兵暴露在外。于是汉朝出动全部大军，多半是步兵，共三十二万人，向北追击匈奴。高帝率少数人马率先到达平城，步兵还未全到，冒顿指挥他的四十万精锐骑兵，把高帝包围在白登。一连七天，汉军内外不能相互救济军粮。而匈奴的骑兵，西方的全是白马，东方的全是青马，北方的全是黑马，南方的全是赤色马。高帝就派使者暗中送给阏氏厚礼，阏氏就对冒顿说："两国的君王不能相互逼得太甚。即使得到汉朝的土地，单于终究还是不会居住在那里的。而且汉王也是有天神相助的，希望单于认真考虑这件事。"冒顿与韩信的将军王黄、赵利约定了会师的日期，但王黄与赵利的军队迟迟未到，冒顿就疑心他们同汉军有预谋，便采纳了阏氏的建议，解除了包围圈的一角。于是高帝命令士兵们全都拉满弓，搭上箭，面向外，从解开的一角径直冲出重围，终于和大军会合，而冒顿也领兵离去。汉军罢兵还朝后，派刘敬前往匈奴缔结和亲的盟约。

此后，韩王信当上匈奴的将军，他同赵利、王黄屡次违背汉与匈奴所订的盟约，侵掠代郡和云中郡。过了不久，汉朝将军陈豨造反，和韩信合谋进攻代地。汉朝派樊哙前去阻击，重新攻占了代郡、雁门和云中等郡县，没有出兵塞外。当时，投降匈奴的汉朝将军很多，所以冒顿常常入侵代地。汉朝对此也很忧虑，高帝就派刘敬护送宗室的公主去给单于当阏氏，又每年送给匈奴一定数量的棉絮、缯、酒、米和食物，结为兄弟之国，实行和亲政策，冒顿才稍稍减少了侵扰。后来，燕王卢绾造反，率领数千党徒投降了匈奴，又来侵扰上谷以东的地区。

高祖去世后，孝惠帝、吕太后掌政，汉王朝刚刚安定，所以匈奴非常狂妄。冒顿竟写信给高后，口出狂言。高后想要去攻打他，将官们都说："以高帝那样的贤明勇武，尚且被围困在平城。"高后只好作罢，重又和匈奴和亲。

到了孝文帝继位初期，国家又推行和亲政策。文帝三年的五月，匈奴右贤王住到河南地，侵掠上郡保卫边塞的外族百姓，屠杀抢掠人民。于是文帝下令丞相灌婴率八万五千战车和骑兵，进军高奴，攻打右贤王。右贤王战败逃到塞外。文帝亲到太原，恰逢济北王刘兴居造反，文帝就又回到京城，撤回了丞相的军队。

其明年，单于遗汉书曰："天所立匈奴大单于敬问皇帝无恙。前时皇帝言和亲事，称书意，合欢。汉边吏侵侮右贤王，右贤王不请，听后义卢侯难氏等计，与汉吏相距，绝二主之约，离兄弟之亲。皇帝让书再至，发使以书报，不来，汉使不至，汉以其故不和，邻国不附。今以小吏之败约故，罚右贤王，使之西求月氏击之。以天之福，吏卒良，马强力，以夷灭月氏，尽斩杀降下之。定楼兰、乌孙、呼揭及其旁二十六国，皆以为匈奴。诸引弓之民，并为一家。北州已定，愿寝兵休士卒养马，除前事，复故约，以安边民，以应始古，使少者得成其长，老者安其处，世世平乐。未得皇帝之志也，故使郎中系雩浅奉书请，献橐他一匹，骑马二匹，驾二驷。皇帝即不欲匈奴近塞，则且诏吏民远舍。使者至，即遣之。"以六月中来至薪望之地。书至，汉议击与和亲孰便。公卿皆曰："单于新破月氏，乘胜，不可击。且得匈奴地，泽卤，非可居也。和亲甚便。"汉许之。

孝文皇帝前元六年，汉遗匈奴书曰："皇帝敬问匈奴大单于无恙。使郎中系雩浅遗朕书曰：'右贤王不请，听后义卢侯难氏等计，绝二主之约，离兄弟之亲，汉以故不和，邻国不附。今以小吏败约，故罚右贤王使西击月氏，尽定之。愿寝兵休士卒养马，除前事，复故约，以安边民，使少者得成其长，老者安其处，世世平乐。'朕甚嘉之，此古圣主之意也。汉与匈奴约为兄弟，所以遗单于甚厚。倍约离兄弟之亲者，常在匈奴。然右贤王事已在赦前，单于勿深诛。单于若称书意，明告诸吏，使无负约，有信，敬如单于书。使者言单于自将伐国有功，甚苦兵事。服绣袷绮衣、绣袷长襦、锦袷袍各一，比余一，黄金饰具带一，黄金胥纰一，绣十匹，锦三十匹，赤绨、绿缯各四十匹，使中大夫意、谒者令肩遗单于。"

第二年，匈奴单于给汉朝送来一封信说："上天所立的匈奴大单于恭敬地问候皇帝平安，前些时候，皇帝所说和亲的事，和信中所言相符，双方都很高兴。汉朝边境的官吏侵侮右贤王，右贤王没有请示我，却听信了后义卢侯难氏等人的计谋，同汉朝官吏对峙交战，破坏了匈奴单于与汉朝皇帝缔结的条约，离间了汉朝与匈奴的兄弟之情。皇帝责备匈奴的书信，我们派出使者回信，结果不知什么原因使者被汉朝扣留未归，而汉朝的使者也不到匈奴来，汉朝不愿和好，邻国之人也不得归附。如今因为小吏破坏了和约的缘故，我惩罚了右贤王，派他西击月氏。依靠上天护佑，官吏和士卒都很精良，战马强壮有力，因此消灭了月氏，月氏死的死、降的降。接着又平定了楼兰、乌孙、呼揭和旁边的二十六个国家，使他们都变成匈奴的臣民，使所有骑马射箭的民族都成为了一家。北方已经安定，我们愿意停战，使百姓休养生息，消除从前的不快，恢复旧有的盟约，用以安定边境百姓，友好如初，使年少的都能够健康成长、老年人安度晚年，世世代代和平安乐。我们尚不知皇帝的想法如何，所以派郎中系雩浅奉书前往，并献上骆驼一匹、战马二匹、驾车之马八匹。皇帝如果不想让匈奴靠近汉朝的边塞，那也该让您的官吏百姓远离边塞居住。使者到达后，请即刻让他回来。"使者于六月中旬来到薪望这个地方。书信送到后，汉朝就商议攻打和和亲哪种政策更有利。公卿们都说："单于刚打败月氏，正处势头上，不能攻打他，况且匈奴所处都是低洼盐碱地，不能居住，还是和亲为上策。"于是汉朝答应了匈奴的请求。

孝文帝前元六年，汉朝送给匈奴的信中说："皇帝敬问匈奴大单于无恙，郎中系雩浅送给我的信中说：'右贤王没作请示，就听信了后义卢侯难氏等的计谋，破坏了两国的和约，损害了兄弟之情，汉朝因此不肯与我们和解，邻国也不得归附。如今因为小官吏破坏了和约，所以罚右贤王到西边去攻打月氏，完全平定了他们。希望偃武修文，使百姓休养生息，消除从前的嫌隙，恢复旧约，以使边民得到安宁，使年少的都能够健康成长、老年人安度晚年，世世代代和平安乐。'我很赞成这一想法，这是古来圣明君主的心意啊。汉朝和匈奴缔结和约，结为兄弟，用来馈赠匈奴的礼物非常丰厚。而违背和约、离间兄弟之情的，却常常是匈奴。但是右贤王所为是在大赦之前，单于就不要深责了。单于若是按信中之意，明确告知各位官吏，不要违背和约，信守承诺，我们会谨遵单于信中所言。使者说单于亲自率军讨伐别国，立有功劳，作战却很辛苦。特备下绣袷绮衣、绣袷长襦、锦袷袍各一件，比余一个，黄金装饰的腰带一件，黄金带钩一个，绣花绸十匹，锦缎三十匹，赤绨和绿缯各四十匹，派中大夫意、谒者令送给单于。"

后顷之，冒顿死，子稽粥立，号曰老上单于。

老上稽粥单于初立，孝文皇帝复遣宗室女公主为单于阏氏，使宦者燕人中行说傅公主。说不欲行，汉强使之。说曰："必我行也，为汉患者。"中行说既至，因降单于，单于甚亲幸之。

初，匈奴好汉缯絮食物，中行说曰："匈奴人众不能当汉之一郡，然所以强者，以衣食异，无仰于汉也。今单于变俗，好汉物，汉物不过什二，则匈奴尽归于汉矣。其得汉缯絮，以驰草棘中，衣裤皆裂敝，以示不如旃裘之完善也。得汉食物皆去之，以示不如湩酪之便美也。"于是说教单于左右疏记，以计课其人众畜物。

汉遗单于书，牍以尺一寸，辞曰"皇帝敬问匈奴大单于无恙"，所遗物及言语云云。中行说令单于遗汉书以尺二寸牍，及印封皆令广大长，倨傲其辞曰"天地所生日月所置匈奴大单于敬问汉皇帝无恙"，所以遗物言语亦云云。

汉使或言曰："匈奴俗贱老。"中行说穷汉使曰："而汉俗屯戍从军当发者，其老亲岂有不自脱温厚肥美以赍送饮食行戍乎？"汉使曰："然。"中行说曰："匈奴明以战攻为事，其老弱不能斗，故以其肥美饮食壮健者，盖以自为守卫，如此父子各得久相保，何以言匈奴轻老也？"汉使曰："匈奴父子乃同穹庐而卧。父死，妻其后母；兄弟死，尽取其妻妻之。无冠带之饰，阙庭之礼。"中行说曰："匈奴之俗，人食畜肉，饮其汁，衣其皮；畜食草饮水，随时转移。故其急则人习骑射，宽则人乐无事，其约束轻，易行也。君臣简易，一国之政犹一身也。父子兄弟死，取其妻妻之，恶种姓之失也。故匈奴虽乱，必立宗种。今中国虽佯不取其父兄之妻，亲属益疏则相杀，至乃易姓，皆从此类。且礼义之敝，上下交怨望，而室屋之极，生力必屈。夫力耕桑以求衣食，筑城郭以自备，故其民急则不习战功，缓则罢于作业。嗟土室之人，顾无多辞，令喋喋而佔佔，冠固何当？"

这以后不久，冒顿单于去世，他的儿子稽粥当了君王，叫作老上单于。

老上稽粥单于刚刚继位，孝文帝就送皇族公主去做单于的阏氏，让宦官燕国人中行说随行。中行说不愿去，汉朝强迫他。他说："一定要我去，我将成为汉朝的祸患。"结果中行说到达后，就投降了单于，深得单于宠幸。

起初，匈奴喜欢汉朝的缯絮和食物，中行说就说："匈奴的人口，抵不上汉朝的一个郡，然而之所以能够强大，就在于衣食与汉人不同，不必依赖汉朝。如今单于若改变原来风俗，而喜欢汉朝的东西，那么汉朝用不着拿出十分之二的物产，就会把整个匈奴完全收买了。希望您穿上汉朝送的缯絮奔驰在杂草棘丛中，让衣裤都被扯烂撕裂，以此显示汉朝的缯絮不如匈奴的旃衣皮袄坚固完美。把从汉朝得来的食物都丢掉，以此显示它们不如匈奴的乳酪味美。"中行说还教单于身边的人分条记事的方法，以便统计他们的人口和牲畜。

汉朝送给单于的书信，木牍长度为一尺一寸，开头是"皇帝敬问匈奴大单于无恙"，及所送的东西和要说的话。中行说就让单于用一尺二寸的木牍写信送给汉朝皇帝，封套所盖的印也又宽又长，开头语傲慢地写道："天地所生、日月所置的匈奴大单于敬问汉朝皇帝无恙。"再写上所送东西和要说的话。

汉朝使者中有人说匈奴"虐待老人"时，中行说就反问汉朝使者："你们汉朝风俗，凡有当兵被派去戍守边疆的，将要出发时，他们年迈的父母难道不会省下暖和的衣物和肥美的食物，送给出行者吃穿吗？"汉朝使者说："是这样的。"中行说说："匈奴人都知道战争非常重要，那些年老体弱的人不能打仗，所以把肥美的食物让给强壮体健的人，这正是为了保卫自己，这样父子都能长久地相互保护，怎么可以说匈奴虐待老人呢？"汉朝使者说："匈奴人父子竟然同在一个毡房睡觉。父亲死后，儿子竟以后母为妻。兄长死后，弟弟竟以嫂子为妻。毫无冠带服饰，不讲朝廷礼仪。"中行说说："匈奴的风俗是，吃畜肉，喝乳汁，穿皮毛；牲畜吃草喝水，随时令而转移。所以他们在紧急时候，人人练习骑马射箭；闲暇时，人人和乐无事。约束很少，容易做到。君臣之间也没有繁文缛节，指挥一个国家，就像大脑指挥一个人的身体一样，父子和兄弟死了，活着的娶他们的妻子为妻，这是担心种族没有后代。所以匈奴虽然伦常混乱，但一定要立本族的子孙。如今中原人虽然佯装正派，不娶父兄的妻子，可是关系却日益疏远，而且相互残杀，甚至改朝易姓，都是这类缘故造成的。况且礼义发展的末路，上下交相怨恨，而营造宫室则极尽奢华，使得民力劳力衰竭。人们努力耕田种桑，以满足衣食所需，修筑城郭以自卫，使得百姓在战时，不熟习战事，和平时期又疲于耕作。哎，可叹你们这些身居土屋的人们，还是闭上嘴吧，如果还要喋喋不休、窃窃私议，就算头戴高冠，又有什么了不起的呢？"

自是之后，汉使欲辩论者，中行说辄曰："汉使无多言，顾汉所输匈奴缯絮米糵，令其量中，必善美而已矣，何以为言乎？且所给备善则已；不备，苦恶，则候秋孰，以骑驰蹂而稼穑耳。"日夜教单于候利害处。

汉孝文皇帝十四年，匈奴单于十四万骑入朝那、萧关，杀北地都尉卬，虏人民畜产甚多，遂至彭阳。使奇兵入烧回中宫，候骑至雍甘泉。于是文帝以中尉周舍、郎中令张武为将军，发车千乘，骑十万，军长安旁以备胡寇。而拜昌侯卢卿为上郡将军，宁侯魏遬为北地将军，隆虑侯周灶为陇西将军，东阳侯张相如为大将军，成侯董赤为前将军，大发车骑往击胡。单于留塞内月余乃去，汉逐出塞即还，不能有所杀。匈奴日已骄，岁入边，杀略人民畜产甚多，云中、辽东最甚，至代郡万余人。汉患之，乃使使遗匈奴书。单于亦使当户报谢，复言和亲事。

孝文帝后二年，使使遗匈奴书曰："皇帝敬问匈奴大单于无恙。使当户且居雕渠难、郎中韩辽遗朕马二匹，已至，敬受。先帝制：长城以北，引弓之国，受命单于；长城以内，冠带之室，朕亦制之。使万民耕织射猎衣食，父子无离，臣主相安，俱无暴逆。今闻渫恶民贪降其进取之利，倍义绝约，忘万民之命，离两主之欢，然其事已在前矣。书曰：'二国已和亲，两主欢说，寝兵休卒养马，世世昌乐，阕然更始。'朕甚嘉之。圣人者日新，改作更始，使老者得息，幼者得长，各保其首领而终其天年。朕与单于俱由此道，顺天恤民，世世相传，施之无穷，天下莫不咸便。汉与匈奴邻国之敌，匈奴处北地，寒，杀气早降，故诏吏遗单于秫糵金帛丝絮佗物岁有数。今天下大安，万民熙熙，朕与单于为之父母。朕追念前事，薄物细故，谋臣计失，皆不足以离兄弟之欢。朕闻天不颇覆，地不偏载。朕与单于皆捐往细故，俱蹈大道，堕坏前恶，以图长久，使两国之民若一家，子元元万民，下及鱼鳖，上及飞鸟，跂行喙息蠕动之类，莫不就安利而辟危殆。故来者不止，天之道也。俱去前事：朕释逃虏民，单于无言章

自此之后，汉使中无论谁想要辩论，中行说就说："你们无须多言，我们只想着汉朝送给匈奴的缯絮米蘖，能够保质保量就行了，何必还要说其他的话呢？而且供给匈奴的东西一定要齐全要好，如果不齐全、粗劣，那么等到庄稼成熟时，匈奴就要骑着铁骑践踏你们的庄稼。"中行说还日夜教导单于等待有利的进攻时机和地点。

汉文帝十四年，匈奴单于率领十四万骑兵攻入朝那、萧关，杀死北地都尉孙卯，劫掠了很多百姓和牲畜，进而到达彭阳，并派突击队侵入并烧毁了回中宫。匈奴侦察兵到达雍地的甘泉宫。这时汉文帝任命中尉周舍、郎中令张武为将军，派出千辆兵车、十万骑兵，驻守在长安附近，防备匈奴的侵扰。同时又任命昌侯卢卿为上郡将军，宁侯魏遬为北地将军，隆虑侯周灶为陇西将军，东阳侯张相如为大将军，成侯董赤为前将军，大举出动战车、骑兵前往攻打匈奴。匈奴单于在汉朝边塞逗留了一个多月才离开，汉朝兵马追出塞外不远就返回了，没能杀伤敌军。匈奴日益骄横，每年入侵边塞，屠杀、掳掠很多百姓和牲畜，云中郡和辽东郡受害最为严重，至于代郡则被掠杀一万多人。汉朝廷对此很忧虑，又派使臣送书信给匈奴。单于也派了一个当户送信来，以表谢罪之意，双方再次商量和亲之事。

孝文帝后元二年，派使者给匈奴送信说："皇帝敬问匈奴大单于无恙。你派当户且居雕渠难和郎中韩辽送给我的两匹马，已经收到，敬受。汉朝先帝曾规定：长城以北，是拉弓射箭者的国家，受命单于。长城以内，是礼仪之邦，由我受命治理。双方要使得万民百姓耕种纺织，射猎劳作，丰衣足食，使父子不相离散，君臣修睦，全都没有暴虐横逆的事情。如今听说有些邪恶之徒贪图攻掠的小利，就背信弃义，破坏和约，不顾及万民的性命，离间两国君主的友好，但这些都是以前的事情了。你在信中说：'两国已经和亲，两国君王都高兴，偃武修文，休养生息，世代和乐，安定友好，重新开始。'我特别赞成这个想法。圣人天天都能有新的进步，改正不足，重新开起，使年老的得到安养、年幼的能够健康成长，各自平平安安度过一生。我和单于都遵循这个道理，顺乎天意，体恤万民，代代相传，延续无穷，使天下人无不获得其利。汉朝与匈奴实力相当，又互为邻国，而匈奴地处北方，气候寒冷，肃杀之气早早降临，所以我诏命官吏每年送给单于一定数量的秫蘖、金帛、丝絮及其他物品，如今天下太平，万民安乐，朕与单于都是民之父母。我回想从前的事情，都是些微不足道的小事，是谋臣失策导致的，但都不足以离间我们兄弟之情。我听说天地都是无私的，不会偏袒哪一方，我和单于都要捐弃前嫌，同遵世间正道，消除从前不快，共图长久和好，让两国人民有如一家的子弟一样和睦。千千万万的善良百姓，以及水中的鱼鳖，天上的飞鸟，地上爬行的、喘息的蠕动的种种动物，无不趋吉避凶。所以前来归

尼等。朕闻古之帝王，约分明而无食言。单于留志，天下大安，和亲之后，汉过不先。单于其察之。"

单于既约和亲，于是制诏御史曰："匈奴大单于遗朕书，言和亲已定，亡人不足以益众广地，匈奴无入塞，汉无出塞，犯约者杀之，可以久亲，后无咎，俱便。朕已许之。其布告天下，使明知之。"

后四岁，老上稽粥单于死，子军臣立为单于。既立，孝文皇帝复与匈奴和亲。而中行说复事之。

军臣单于立四岁，匈奴复绝和亲，大入上郡、云中各三万骑，所杀略甚众而去。于是汉使三将军军屯北地，代屯句注，赵屯飞狐口，缘边亦各坚守以备胡寇。又置三将军，军长安西细柳、渭北棘门、霸上以备胡。胡骑入代句注边，烽火通于甘泉、长安。数月，汉兵至边，匈奴亦去远塞，汉兵亦罢。后岁余，孝文帝崩，孝景帝立，而赵王遂乃阴使人于匈奴。吴楚反，欲与赵合谋入边。汉围破赵，匈奴亦止。自是之后，孝景帝复与匈奴和亲，通关市，给遗匈奴，遣公主，如故约。终孝景时，时小入盗边，无大寇。

今帝即位，明和亲约束，厚遇，通关市，饶给之。匈奴自单于以下皆亲汉，往来长城下。

汉使马邑下人聂翁壹奸兰出物与匈奴交，详为卖马邑城以诱单于。单于信之，而贪马邑财物，乃以十万骑入武州塞。汉伏兵三十余万马邑旁，御史大夫韩安国为护军，护四将军以伏单于。单于既入汉塞，未至马邑百余里，见畜布野而无人牧者，怪之，乃攻亭。是时雁门尉史行徼，见寇，葆此亭，知汉兵谋，单于得，欲杀之，尉史乃告单于汉兵所居。单于大惊曰："吾固疑之。"乃引兵还。出曰："吾得尉史，天也，天使若言。"以尉史为"天王"。汉兵约单于入马邑

顺的都不阻止，这是上天好善之德。往事就让它过去，我不再追究逃往匈奴的汉人的罪责，单于也不要再责备章尼等人。我听说古来帝王，都是约定分明而从不食言。希望单于留心盟约，天下将会太平，两国和亲之后，汉朝绝不首先负约，希望单于明察。"

单于签署和亲盟约后，文帝就下令御史说："匈奴大单于给我的信中说，和亲已确定，过去以牺牲士卒为代价的战争不足以增加民众和扩大土地，今后匈奴人不再闯入边塞，汉朝人也不要走出边塞，违犯条约的立即处死，这样就可以长久保持亲近友好关系，不再产生祸患，对双方都有利。我已答应了他的要求，希望向全国发布告示，让百姓都知道此事。"

汉文帝后元四年，老上稽粥单于去世，他的儿子军臣继位。军臣单于继位后，文帝又与匈奴和亲。而中行说又继续侍奉军臣单于。

军臣单于继位第四年，匈奴又破坏和亲盟约，大举进攻上郡、云中郡，各派出三万骑兵，杀死许多汉人，抢掠大量财物才离去。于是汉朝派出张武等三位将军，驻军北地、代国的句注山，赵国的飞狐口、沿边要塞，也都派兵坚守，防备匈奴入侵。又派周亚夫等三位将军率兵驻守长安西边的细柳、渭河北岸的棘门和灞上，以防御匈奴。匈奴骑兵入侵到代地句注山边界，报警的烽火一直传到甘泉和长安。几个月后，汉军来到边境，匈奴也就远远地离开边塞，汉朝的军队也就作罢。一年多后，孝文帝去世，孝景帝继位，赵王刘遂暗中派人与匈奴勾结。吴、楚七国叛乱时，匈奴想同赵国联合入侵边塞。后来，汉王朝很快灭了赵国，匈奴也就停止入侵的计划。这以后，景帝又和匈奴和亲，开放边境贸易，赠送匈奴礼物，派遣公主下嫁，一如原有的盟约。一直到景帝去世，匈奴虽然时有小的骚扰活动，却没有大的侵掠行动。

当今皇帝武帝继位后，重新申明和亲的各项规定，并厚待匈奴，互通关市，赠送大批财物。匈奴从单于到平民都与汉朝亲善，经常与汉朝人在长城脚下往来。

汉朝指使马邑城的商人聂翁壹故意违犯禁令，私运货物同匈奴交易，诈称出卖马邑城以诱使单于入侵。单于信以为真，又贪图马邑城的财物，就率领了十万骑兵侵入武州边塞。这时，汉朝在马邑城附近埋伏了三十余万大军，御史大夫韩安国担任护军将军，统领四位将军准备伏击单于。单于已经进入汉朝的边塞，离马邑城尚有一百余里时，看到牲畜遍野却没有人放牧，感到奇怪，就去攻打侦察哨所。这时，雁门郡的尉史正在巡察，看到敌军来攻，就跑进侦察哨所躲了起来，他知道汉朝的计划。单于捉到了尉史，想要杀了他，尉史便把汉军埋伏的地点告诉了单于。单于大惊，说道："我本来就疑心此事。"于是率兵返回。走出边境时说道："我得到这个尉史，是上天的意思，是上天让你告诉我内情的。"

而纵,单于不至,以故汉兵无所得。汉将军王恢部出代击胡辎重,闻单于还,兵多,不敢出。汉以恢本造兵谋而不进,斩恢。自是之后,匈奴绝和亲,攻当路塞,往往入盗于汉边,不可胜数。然匈奴贪,尚乐关市,嗜汉财物,汉亦尚关市不绝以中之。

自马邑军后五年之秋,汉使四将军各万骑击胡关市下。将军卫青出上谷,至茏城,得胡首虏七百人。公孙贺出云中,无所得。公孙敖出代郡,为胡所败七千余人。李广出雁门,为胡所败,而匈奴生得广,广后得亡归。汉囚敖、广,敖、广赎为庶人。其冬,匈奴数入盗边,渔阳尤甚。汉使将军韩安国屯渔阳备胡。

其明年秋,匈奴二万骑入汉,杀辽西太守,略二千余人。胡又入败渔阳太守军千余人,围汉将军安国,安国时千余骑亦且尽,会燕救至,匈奴乃去。匈奴又入雁门,杀略千余人。于是汉使将军卫青将三万骑出雁门,李息出代郡,击胡。得首虏数千人。其明年,卫青复出云中以西至陇西,击胡之楼烦、白羊王于河南,得胡首虏数千,牛羊百余万。于是汉遂取河南地,筑朔方,复缮故秦时蒙恬所为塞,因河为固。汉亦弃上谷之什辟县造阳地以予胡。是岁,汉之元朔二年也。

其后冬,匈奴军臣单于死。军臣单于弟左谷蠡王伊稚斜自立为单于,攻破军臣单于太子于单。于单亡降汉,汉封于单为涉安侯,数月而死。

伊稚斜单于既立,其夏,匈奴数万骑入杀代郡太守恭友,略千余人。其秋,匈奴又入雁门,杀略千余人。其明年,匈奴又复入代郡、定襄、上郡,各三万骑,杀略数千人。匈奴右贤王怨汉夺之河南地而筑朔方,数为寇,盗边,及入河南,侵扰朔方,杀略吏民甚众。

其明年春,汉以卫青为大将军,将六将军,十余万人,出朔方、高阙击胡。右贤王以为汉兵不能至,饮酒醉,汉兵出塞六七百里,夜围右贤王。右贤王大惊,脱身逃走,诸精骑往往随后去。汉得右贤王

就称尉史为"天王"。汉军曾约定,等到单于进入马邑城后,再纵兵出击。结果单于没有到马邑来,所以汉军一无所获。汉将王恢原本负责从代郡出发攻击匈奴的辎重部队,后来听说单于已撤回,由于对方人多,因而不敢出击。朝廷认为王恢本是这次伏击战的最初策划者,却不敢进攻,因而杀了王恢。从此以后,匈奴断绝了与汉朝的和亲关系,进攻守卫大路的要塞,常常入侵、掳掠汉朝边地,次数多得无法计算。然而匈奴人贪心,还是乐于互通关市,爱好汉朝的财物,汉朝也仍然与匈奴保持着关市贸易关系,来笼络他们。

马邑事件后的第五年秋天,汉朝派卫青等四位将军各率一万骑兵,在关市附近攻打匈奴。将军卫青率兵从上谷郡出发,到达龙城,俘获匈奴七百多人。公孙贺率兵出云中,一无所获。公孙敖出兵代郡,被匈奴打败,损失七千余人。李广出兵雁门郡,被匈奴打败,匈奴人活捉了李广,后来李广又逃了回来。公孙敖和李广被罚下狱,后来交了赎金免罪,被贬为庶民。这年冬天,匈奴屡次入侵边境抢掠,渔阳受害尤其严重。朝廷就派将军韩安国驻军渔阳,以防备匈奴。

第二年秋天,匈奴两万骑兵侵入汉疆,杀了辽西太守,掳走两千余人。接着又侵入渔阳,打败渔阳太守的军队千余人,包围了韩安国。这时韩安国的一千多骑兵也将要被歼灭,恰巧燕王的救兵赶到,匈奴这才撤去。匈奴又侵入雁门郡,杀死和抢走千余人。于是朝廷派将军卫青率三万骑兵出兵雁门,李息出兵代郡,同时攻打匈奴,杀死和俘虏数千匈奴。第二年,卫青又出兵云中郡西边以及至陇西一带,在黄河以南大破匈奴所属的楼烦和白羊王,杀死和俘虏数千人,得到牛羊百余万头。于是汉朝收复了黄河以南的大片地区,修筑朔方城,又整修了从前秦将蒙恬所修建的关塞,并以黄河为依托,加强了边疆防卫。为了便于防守,汉朝把上谷郡曲折僻远的造阳一带给了匈奴。这一年是武帝元朔二年。

这一年的冬天,匈奴军臣单于去世。军臣单于的弟弟左谷蠡王伊稚斜自立为单于,打败了军臣单于的太子于单。于单逃归汉朝,被封为涉安侯,但没过几个月就死了。

伊稚斜单于继位后的那年夏天,匈奴数万骑兵攻入代郡,杀死太守恭友,掳走一千余人。当年秋天,匈奴又入侵雁门,杀死和掳走一千余人。第二年,匈奴又兵分三路各率三万骑兵攻入代郡、定襄、上郡,杀掠了数千人。匈奴右贤王怨恨汉朝夺走了他在黄河以南的土地,又修筑朔方城,因而多次侵犯边境,甚至入侵到河套南岸,骚扰朔方城,杀掠很多官吏和平民。

第二年春天,汉朝任命卫青做大将军,统领六位将军、十多万将士,从朔方、高阙出兵攻打匈奴。右贤王以为汉兵来不了,喝醉了酒,汉兵出塞前进了六七百里,在夜间把右贤王包围了。右贤王大惊,脱身逃走,各路精锐骑兵也都

众男女万五千人，裨小王十余人。其秋，匈奴万骑入杀代郡都尉朱英，略千余人。

其明年春，汉复遣大将军卫青将六将军，兵十余万骑，乃再出定襄数百里击匈奴，得首虏前后凡万九千余级，而汉亦亡两将军，军三千余骑。右将军建得以身脱，而前将军翕侯赵信兵不利，降匈奴。赵信者，故胡小王，降汉，汉封为翕侯，以前将军与右将军并军分行，独遇单于兵，故尽没。单于既得翕侯，以为自次王，用其姊妻之，与谋汉。信教单于益北绝幕，以诱罢汉兵，徼极而取之，无近塞。单于从其计。其明年，胡骑万人入上谷，杀数百人。

其明年春，汉使骠骑将军去病将万骑出陇西，过焉支山千余里，击匈奴，得胡首虏万八千余级，破得休屠王祭天金人。其夏，骠骑将军复与合骑侯数万骑出陇西、北地二千里，击匈奴。过居延，攻祁连山，得胡首虏三万余人，裨小王以下七十余人。是时匈奴亦来入代郡、雁门，杀略数百人。汉使博望侯及李将军广出右北平，击匈奴左贤王。左贤王围李将军，卒可四千人，且尽，杀虏亦过当。会博望侯军救至，李将军得脱。汉失亡数千人，合骑侯后骠骑将军期，及与博望侯皆当死，赎为庶人。

其秋，单于怒浑邪王、休屠王居西方为汉所杀虏数万人，欲召诛之。浑邪王与休屠王恐，谋降汉，汉使骠骑将军往迎之。浑邪王杀休屠王，并将其众降汉。凡四万余人，号十万。于是汉已得浑邪王，则陇西、北地、河西益少胡寇，徙关东贫民处所夺匈奴河南、新秦中以实之，而减北地以西戍卒半。其明年，匈奴入右北平、定襄各数万骑，杀略千余人而去。

其明年春，汉谋曰"翕侯信为单于计，居幕北，以为汉兵不能至"。乃粟马，发十万骑，负私从马凡十四万匹，粮重不与焉。令大将军青、骠骑将军去病中分军，大将军出定襄，骠骑将军出代，咸约绝幕击匈奴。单于闻之，远其辎重，以精兵待于幕北。与汉大将军接战一日，会暮，大风起，汉兵纵左右翼围单于。单于自度战不能如汉

跟着离去。汉朝俘获了右贤王部下一万五千男女，十多位裨小王。这年秋天，匈奴一万骑兵攻入代郡，杀死代郡都尉朱英，掠走一千余人。

第二年春天，汉朝又派遣大将军卫青统领六位将军，和十余万骑兵，再次从定襄出塞数百里攻打匈奴，前后共斩获匈奴军一万九千余人，而汉军也损失了两位将军和三千多骑兵。右将军苏建单身脱逃，而前将军翕侯赵信出军不利，最后投降了匈奴。赵信本是匈奴的一个小王，后来投降汉朝，汉朝封他为翕侯，因为与右将军合并，又与大军分开行进，不想遇上了单于的军队，所以全军覆没。单于得到翕侯以后，就封他做了自次王，并将自己的姐姐嫁给他做妻子，同他商量对付汉朝的计谋。赵信献计让单于继续向北迁移，越过沙漠，以此引诱拖垮汉军，待他们极度疲劳时再攻打，而不要到汉朝边塞那里。单于听从了他的计谋。第二年，匈奴一万骑兵攻入上谷郡，杀死数百汉人。

次年春天，汉朝派骠骑将军霍去病率领一万骑兵从陇西出发，越过焉支山一千余里，攻打匈奴，共斩获匈奴一万八千余人，击败休屠王，夺得祭天金人。这年夏天，骠骑将军又与合骑侯率领数万骑兵出陇西、北地二千余里，攻打匈奴。经过居延，攻打祁连山，斩杀匈奴三万余人，其中裨小王以下七十余人。这时匈奴也入侵代郡、雁门郡，杀掠数百人。汉朝派博望侯张骞和将军李广从右北平出兵，进攻匈奴左贤王。左贤王把李将军包围，李将军所率领的四千士卒几乎全军覆没，但他们所杀匈奴的数目还要更多。正好博望侯的救兵赶到，李将军得以逃脱。汉朝伤亡几千人。合骑侯因未能按骠骑将军所规定的日期到达，所以与博望侯张骞都被判了死刑，后来交付赎金，才被贬为平民。

这年秋天，单于对浑邪王、休屠王驻守西方却被汉朝杀死和俘虏数万人感到愤怒，想要召来杀掉他们。浑邪王与休屠王大为惊恐，密谋投降汉朝，汉朝派骠骑将军前去迎接他们。浑邪王杀了休屠王，收取了他的军队投降汉朝。总共四万余人，号称十万。汉朝自从接纳浑邪王投降之后，陇西、北地、河西便很少有匈奴侵扰的事发生了，就开始把关东的贫民，迁移到从匈奴那里夺回的河套南岸和新秦中地区，来充实这里的人口，并将北地以西的戍卒减少一半。第二年，匈奴入侵右北平、定襄，各路有几万骑兵，杀掠了一千多人才离去。

第二年春天，汉朝群臣分析匈奴形势，说："翕侯赵信向单于献计，在沙漠以北潜伏，认为汉朝军队不能到达。"于是就用粟米喂马，出动十万骑兵，加上自愿携带军需品随从的骑兵总共十四万人，粮草辎重尚不算在内。命令大将军卫青、骠骑将军霍去病平分军队，大将军从定襄出兵，骠骑将军从代郡出兵，约定穿过大漠，攻打匈奴。单于听到这一消息后，运走辎重，率精兵守候在漠北。同大将军卫青的军队苦战了一天，晚上狂风大作，汉军从左右两翼快速围攻单于。

兵，单于遂独身与壮骑数百溃汉围西北遁走。汉兵夜追不得。行斩捕匈奴首虏万九千级，北至阗颜山赵信城而还。

单于之遁走，其兵往往与汉兵相乱而随单于。单于久不与其大众相得，其右谷蠡王以为单于死，乃自立为单于。真单于复得其众，而右谷蠡王乃去其单于号，复为右谷蠡王。

汉骠骑将军之出代二千余里，与左贤王接战，汉兵得胡首虏凡七万余级，左贤王将皆遁走。骠骑封于狼居胥山，禅姑衍，临翰海而还。

是后匈奴远遁，而幕南无王庭。汉度河自朔方以西至令居，往往通渠置田，官吏卒五六万人，稍蚕食，地接匈奴以北。

初，汉两将军大出围单于，所杀虏八九万，而汉士卒物故亦数万，汉马死者十余万。匈奴虽病，远去，而汉亦马少，无以复往。匈奴用赵信之计，遣使于汉，好辞请和亲。天子下其议，或言和亲，或言遂臣之。丞相长史任敞曰："匈奴新破，困，宜可使为外臣，朝请于边。"汉使任敞于单于。单于闻敞计，大怒，留之不遣。先是汉亦有所降匈奴使者，单于亦辄留汉使相当。汉方复收士马，会骠骑将军去病死，于是汉久不北击胡。

数岁，伊稚斜单于立十三年死，子乌维立为单于。是岁，汉元鼎三年也。乌维单于立，而汉天子始出巡郡县。其后汉方南诛两越，不击匈奴，匈奴亦不侵入边。

乌维单于立三年，汉已灭南越，遣故太仆贺将万五千骑出九原二千余里，至浮苴井而还，不见匈奴一人。汉又遣故从骠侯赵破奴万余骑出令居数千里，至匈河水而还，亦不见匈奴一人。

是时天子巡边，至朔方，勒兵十八万骑以见武节，而使郭吉风告单于。郭吉既至匈奴，匈奴主客问所使，郭吉礼卑言好，曰："吾见单于而口言。"单于见吉，吉曰："南越王头已悬于汉北阙。今单于即前与汉战，天子自将兵待边；单于即不能，即南面而臣于汉。何徒

单于思量敌不过汉军,就独自同数百名健壮的骑兵,冲破汉军的包围圈,向西北逃跑。汉军连夜追击没有追到,行进中杀死和活捉匈奴一万九千人,向北直到阗颜山赵信城才收兵。

单于逃跑时,他的军队常常同汉军混在一起追随单于。单于很长时间和他的大军失去联系,右谷蠡王以为单于死了,就自立为单于。后来真单于又找到了他的大军,于是右谷蠡王就取消他的单于王号,仍为右谷蠡王。

骠骑将军霍去病从代郡出发走了两千余里,同左贤王交战,杀死和俘虏匈奴兵共七万多人,左贤王与部将都逃跑了。骠骑将军便在狼居胥山祭天,在姑衍山祭地,举行封禅之礼,直到翰海才回师。

此后,匈奴远远地逃走,大漠以南没有了匈奴的王庭。汉朝渡过黄河,自朔方以西直抵令居,修通渠道,开垦田地,设置官吏、士卒五六万人,逐渐拓展,地界接近匈奴旧地以北。

当初,汉朝两位将军大规模地出兵进攻匈奴单于,杀死和俘虏匈奴军八九万人,而汉朝士卒也损失了好几万,战马损失十多万匹。匈奴虽然疲极而远去,但汉朝也因为马匹匮乏,无力再次进攻。匈奴采用赵信的计谋,派遣使者去汉朝请求和亲。天子下交群臣商议,有人主张和亲,有人主张趁机让匈奴臣服于汉。丞相长史任敞说道:"匈奴刚被打败,处境困难,应当让他们做外臣,每年春秋两季到边境上来朝拜皇上。"朝廷就派任敞出使匈奴,单于听了任敞的提议,大怒,把他扣留在匈奴,不许回去。早前,汉朝也招降过匈奴使者,单于也扣留汉朝使者以抵偿。汉朝正在重新收买兵马,恰逢骠骑将军霍去病病逝,于是汉朝很长时间没有再北伐匈奴。

几年后,伊稚斜单于统治十三年后去世,他的儿子乌维继位当了单于。这年,是汉武帝元鼎三年。乌维单于继位,汉天子开始出巡各郡县。这以后汉朝又忙于向南讨伐南越和东越,就没有进攻匈奴,匈奴也没有入侵汉朝边境。

乌维单于继位三年的时候,汉朝已经把南越灭掉了,派遣原太仆公孙贺率一万五千骑兵从九原出塞两千多里,直到浮苴井才返回,没有看到一个匈奴人。汉朝又派原来的从骠侯赵破奴率一万多骑兵从令居出兵几千里,直达匈河水才返回,也没有见到一个匈奴人。

这时,天子巡视边境,到达朔方郡,统率十八万骑兵以显示军威,又派郭吉出使匈奴,向单于传话。郭吉到了匈奴,匈奴主客询问他出使的意图,郭吉礼貌谦卑,善言温语地说:"我见到单于时再亲口对他说。"单于接见了郭吉,郭吉说:"南越王的人头已经悬挂在汉朝京城的北宫门上。如今单于若是敢和汉军交战,天子将亲自领兵在边境上等着;单于若不敢,就应赶快向汉朝称臣。何必远

远走，亡匿于幕北寒苦无水草之地，毋为也。"语卒而单于大怒，立斩主客见者，而留郭吉不归，迁之北海上。而单于终不肯为寇于汉边，休养息士马，习射猎，数使使于汉，好辞甘言求请和亲。

汉使王乌等窥匈奴。匈奴法，汉使非去节而以墨黥其面者不得入穹庐。王乌，北地人，习胡俗，去其节，黥面，得入穹庐。单于爱之，佯许甘言，为遣其太子入汉为质，以求和亲。

汉使杨信于匈奴。是时汉东拔秽貉、朝鲜以为郡，而西置酒泉郡以鬲绝胡与羌通之路。汉又西通月氏、大夏，又以公主妻乌孙王，以分匈奴西方之援国。又北益广田至眩雷为塞，而匈奴终不敢以为言。是岁，翕侯信死，汉用事者以匈奴为已弱，可臣从也。杨信为人刚直屈强，素非贵臣，单于不亲。单于欲召入，不肯去节，单于乃坐穹庐外见杨信。杨信既见单于，说曰："即欲和亲，以单于太子为质于汉。"单于曰："非故约。故约，汉常遣翁主，给缯絮食物有品，以和亲，而匈奴亦不扰边。今乃欲反古，令吾太子为质，无几矣。"匈奴俗，见汉使非中贵人，其儒先，以为欲说，折其辩；其少年，以为欲刺，折其气。每汉使入匈奴，匈奴辄报偿。汉留匈奴使，匈奴亦留汉使，必得当乃肯止。

杨信既归，汉使王乌，而单于复谄以甘言，欲多得汉财物，绐谓王乌曰："吾欲入汉见天子，面相约为兄弟。"王乌归报汉，汉为单于筑邸于长安。匈奴曰："非得汉贵人使，吾不与诚语。"匈奴使其贵人至汉，病，汉予药，欲愈之，不幸而死。而汉使路充国佩二千石印绶往使，因送其丧，厚葬直数千金，曰"此汉贵人也"。单于以为汉杀吾贵使者，乃留路充国不归。诸所言者，单于特空绐王乌，殊无意入汉及遣太子来质。于是匈奴数使奇兵侵犯边。汉乃拜郭昌为拔胡将军，及浞野侯屯朔方以东，备胡。路充国留匈奴三岁，单于死。

乌维单于立十岁而死，子乌师庐立为单于。年少，号为儿单于。

远地逃跑，躲藏在沙漠以北又冷又艰苦又缺少水草的地方呢，这样能有什么作为呢？"单于听完大怒，立刻杀了允许郭吉进见的那位主客，又扣留了郭吉，不放他回去，把他放逐到北海一带。但单于终究也没敢再到边境侵扰抢夺，只是休养士卒和马匹，练习射箭打猎的技术，多次派使者到汉朝，好言好语地请求和亲。

朝廷派遣王乌等去窥探匈奴的情况。匈奴的法令规定，汉使若不放下旌节，不用墨在脸上涂抹，就不能进入毡帐。王乌是北地人，熟悉匈奴风俗，就放下旌节，用墨在脸上涂抹，得以进入毡帐。单于很喜欢他，假说马上就派遣太子到汉朝做人质，以此要求同汉朝和亲。

汉朝派杨信出使匈奴。这时汉朝在东边攻取了秽貉和朝鲜，并设置了若干郡；在西边设置了酒泉郡，用以隔绝匈奴和羌人的通路。接着又向西与月氏和大夏通好，并把公主嫁给乌孙王，以此离间匈奴和西域各国的关系。接着又向北扩展，直到朐雷，作为边塞。匈奴始终不敢说什么。这一年，翕侯赵信去世，汉朝官员以为匈奴已经衰弱，可以让它臣服于汉了，就派杨信出使。杨信为人刚正倔强，因为他不是显贵的大臣，单于也不重视。单于本想召他进帐，但他不肯放下旌节，单于便坐到毡帐外面接见杨信。杨信见到单于后，说道："如果真想和亲，就要派太子到汉朝做人质。"单于答道："这不是以前的盟约。按从前的约定，汉朝应常常派遣公主，供给一定等级的绸绢、丝绵和食物，用以和亲，而匈奴也不再去边境骚扰。如今你们却想要违背以前的约定，让我的太子去做人质，这样做，和亲就没有希望了。"匈奴的习俗，见到使者并非帝王宠臣，而是儒生，就会认为是想要来游说的，便驳斥他的辩词；若是年少之人，便认为是想要来行刺的，就挫败他的锐气。每逢汉朝使者出使匈奴，匈奴便要回访。汉朝若扣留匈奴使者，匈奴便也扣留汉朝使者，一定要对等，才肯罢休。

杨信回来后，汉朝又派王乌出使匈奴，单于又用好话谄媚他，想多得到些财物，便欺骗说："我想要去汉朝面见天子，当面缔约，结为兄弟。"王乌归来向汉朝作了汇报，朝廷就为单于在长安修筑了官邸。匈奴说："若没有汉朝尊贵之人来出使，我不能同他说真话。"匈奴有个显贵之人出使时得了病，汉朝派人给他医治，但不幸死了。汉朝派路充国佩带二千石的官印前往出使，顺便送还匈奴贵人的灵柩，以及价值数千金的丧葬用品，并声称"这在汉朝是给贵人殡葬的规格"。单于认为是汉朝杀害了他的使者，便把路充国扣留下不许回去。而单于所说过的话，都是为了欺骗王乌，根本无意到汉朝拜见天子，也无意派太子去做人质。于是匈奴屡次派突击队侵犯汉朝边境。汉朝就任命郭昌为拔胡将军，同浞野侯屯兵在朔方以东，防备匈奴。路充国被扣留在匈奴的第三年，单于死去。

乌维单于继位十年就死去了，他的儿子乌师庐继位当了单于。因为乌师庐年

是岁元封六年也。自此之后，单于益西北，左方兵直云中，右方直酒泉、炖煌郡。

儿单于立，汉使两使者，一吊单于，一吊右贤王，欲以乖其国。使者入匈奴，匈奴悉将致单于。单于怒而尽留汉使。汉使留匈奴者前后十余辈，而匈奴使来，汉亦辄留相当。

是岁，汉使贰师将军广利西伐大宛，而令因杆将军敖筑受降城。其冬，匈奴大雨雪，畜多饥寒死。儿单于年少，好杀伐，国人多不安。左大都尉欲杀单于，使人间告汉曰："我欲杀单于降汉，汉远，即兵来迎我，我即发。"初，汉闻此言，故筑受降城，犹以为远。

其明年春，汉使浞野侯破奴将二万余骑出朔方西北二千余里，期至浚稽山而还。浞野侯既至期而还，左大都尉欲发而觉，单于诛之，发左方兵击浞野。浞野侯行捕首虏得数千人。还，未至受降城四百里，匈奴兵八万骑围之。浞野侯夜自出求水，匈奴间捕，生得浞野侯，因急击其军。军中郭纵为护，维王为渠，相与谋曰："及诸校尉畏亡将军而诛之，莫相劝归。"军遂没于匈奴。匈奴儿单于大喜，遂遣奇兵攻受降城。不能下，乃寇入边而去。其明年，单于欲自攻受降城，未至，病死。

儿单于立三岁而死。子年少，匈奴乃立其季父乌维单于弟右贤王呴犁湖为单于。是岁太初三年也。

呴犁湖单于立，汉使光禄徐自为出五原塞数百里，远者千余里，筑城鄣列亭至庐朐，而使游击将军韩说、长平侯卫伉屯其旁，使强弩都尉路博德筑居延泽上。

其秋，匈奴大入定襄、云中，杀略数千人，败数二千石而去，行破坏光禄所筑城列亭鄣。又使右贤王入酒泉、张掖，略数千人。会任文击救，尽复失所得而去。是岁，贰师将军破大宛，斩其王而还。匈奴欲遮之，不能至。其冬，欲攻受降城，会单于病死。

呴犁湖单于立一岁死。匈奴乃立其弟左大都尉且鞮侯为单于。

汉既诛大宛，威震外国。天子意欲遂困胡，乃下诏曰："高皇帝

幼，所以称为儿单于。这年是汉武帝元封六年。从此，单于越发向西北迁移，左边的军队直到云中郡，右方军队直达酒泉和敦煌郡。

儿单于继位后，汉朝派遣两位使者出使，一位吊唁单于，一位吊唁右贤王，想以此离间匈奴内部。使者进入匈奴后，匈奴人把他们全部送到了单于那儿。单于见到他们如此光景很生气，就把使者全部扣留了。这以后汉朝的使者又有十多批被扣留在匈奴，而匈奴使者来到汉朝也被扣留了十多批。

这一年，汉朝派贰师将军李广利到西边攻打大宛，而命令因杅将军公孙敖修筑受降城。这年冬天，匈奴遭遇暴风雪，牲畜多半因饥寒而死去。儿单于年少气盛，喜欢打杀，国人多有不安。左大都尉想要杀了单于，派人私下对汉朝说："我想杀死单于归降汉朝，但汉朝遥远，如果能派兵来接应我，我就立刻杀了单于。"汉朝听到这话，就修筑了受降城，但左大都尉还是觉得路途遥远。

第二年春天，汉朝派浞野侯赵破奴率领两万多骑兵从朔方郡出兵西北二千余里，预定到达浚稽山进行接应。浞野侯按时到达约定地点便率兵返回，左大都尉想杀单于不幸被发觉，单于杀了他，并令左方的军队攻击浞野侯。浞野侯边走边捕杀了数千匈奴人，在离受降城四百里的地方，被八万匈奴骑兵围攻。浞野侯趁夜晚独自出去找水，被在暗中埋伏的匈奴人活捉，匈奴趁机急攻他的军队。汉军中的郭纵担任护军，维王担任匈奴降兵的头领，两人商量道："诸位校尉都害怕因失掉将军回去要被杀头，都不想再回汉朝。"于是全军都投降匈奴。匈奴儿单于大喜，就派遣突击队攻打受降城，没能攻下来，就到边塞劫掠了一番才离去。第二年，单于想亲自攻打受降城，结果在途中就病死了。

儿单于继位三年就死了。他的儿子年纪还小，匈奴就立他叔父乌维单于的弟弟右贤王呴犁湖为单于。这一年是汉武帝太初三年。

呴犁湖单于继位后，汉朝派光禄徐自为出五原塞，近的数百里，远的一千余里，修筑城堡和哨所，一直到庐朐，又派游击将军韩说、长平侯卫伉驻守在附近，又派强弩都尉路博德在居延泽修建城堡。

这年秋天，匈奴大举入侵定襄、云中两郡，杀死和抢掠数千人，打败数位二千石级的高官才离开。行军途中还破坏了光禄徐自为所修的城堡。又派右贤王侵入九泉、张掖二郡，掠走了数千人。恰好遇上汉朝将军任文引兵相救，匈奴不得已抛下抢来的汉人逃去。这一年，贰师将军李广利攻破大宛，杀了大宛王归来。匈奴想截击李广利，却未能赶到。这年冬天，匈奴想攻打受降城，却正好赶上单于病死。

呴犁湖单于继位一年就死去了，匈奴便立他的弟弟左大都尉且鞮侯当了单于。

汉朝灭掉大宛国后，威震国外。天子想乘机围困匈奴，就颁布诏命说："高

遗朕平城之忧,高后时单于书绝悖逆。昔齐襄公复九世之仇,《春秋》大之。"是岁太初四年也。

且鞮侯单于既立,尽归汉使之不降者。路充国等得归。单于初立,恐汉袭之,乃自谓"我儿子,安敢望汉天子!汉天子,我丈人行也"。汉遣中郎将苏武厚币赂遗单于。单于益骄,礼甚倨,非汉所望也。其明年,浞野侯破奴得亡归汉。

其明年,汉使贰师将军广利以三万骑出酒泉,击右贤王于天山,得胡首虏万余级而还。匈奴大围贰师将军,几不脱。汉兵物故什六七。汉复使因杅将军敖出西河,与强弩都尉会涿涂山,毋所得。又使骑都尉李陵将步骑五千人,出居延北千余里,与单于会,合战,陵所杀伤万余人,兵及食尽,欲解归,匈奴围陵,陵降匈奴,其兵遂没,得还者四百人。单于乃贵陵,以其女妻之。

后二岁,复使贰师将军将六万骑,步兵十万,出朔方。强弩都尉路博德将万余人,与贰师会。游击将军说将步骑三万人,出五原。因杅将军敖将万骑步兵三万人,出雁门。匈奴闻,悉远其累重于余吾水北,而单于以十万骑待水南,与贰师将军接战。贰师乃解而引归,与单于连战十余日。贰师闻其家以巫蛊族灭,因并众降匈奴,得来还千人一两人耳。游击说无所得。因杅敖与左贤王战,不利,引归。是岁汉兵之出击匈奴者不得言功多少,功不得御。有诏捕太医令随但,言贰师将军家室族灭,使广利得降匈奴。

太史公曰:孔氏著《春秋》,隐桓之间则章,至定哀之际则微,为其切当世之文而罔褒,忌讳之辞也。世俗之言匈奴者,患其徼一时之权,而务谄纳其说,以便偏指,不参彼己;将率席中国广大,气奋,人主因以决策,是以建功不深。尧虽贤,兴事业不成,得禹而九州宁。且欲兴圣统,唯在择任将相哉!唯在择任将相哉!

皇帝给我留下平城之忧，高后时，单于的来信极为大逆不道。从前齐襄公要报九世的怨仇，《春秋》大加赞美。"这一年是汉武帝太初四年。

且鞮侯单于继位后，把汉朝被扣留的又不肯投降的使者全部送回去，路充国等人才得以回汉朝。单于刚刚继位，唯恐汉朝袭击他，就说："我是个小孩子，哪敢同汉朝天子相比！汉朝天子是我的长辈啊。"汉朝派遣中郎将苏武给单于送去丰厚的礼物。结果单于非常骄狂无礼，完全不是汉朝所想的那个样子。第二年，浞野侯赵破奴逃离匈奴，回到汉朝。

第二年，汉朝派贰师将军李广利率三万骑兵从酒泉出兵，在天山攻击右贤王，杀死和俘虏匈奴一万多人，在回来的时候，被匈奴人包围，几乎没能逃脱，汉兵死亡了十分之六七。汉朝又派因杅将军公孙敖从西河地区出发，同强弩都尉在涿涂山会师，结果一无所获。又派骑都尉李陵率步兵五千人，从居延出发，向北步行千余里，同单于相遇，双方激战，匈奴死伤一万余人，汉军最后武器和粮食用完，李陵想解脱回来，却被匈奴包围，最后投降了匈奴，他的军队只有四百人回到汉朝。单于对李陵非常尊宠，把他的女儿嫁给李陵做妻子。

又过了两年，汉朝又派贰师将军率六万骑兵、十万步兵，从朔方郡出发。强弩都尉路博德率领一万余人，同贰师将军会师。游击将军韩说率领步兵和骑兵三万人，从五原出发。因杅将军公孙敖率领一万骑兵、三万步兵，从雁门出发。匈奴闻讯，就把他们的辎重与人畜转移到余吾水以北，而单于率领十万骑兵在余吾水以南等候汉军，同贰师将军交战。贰师将军失利后，引兵边退边战十多天。后来听说他的家属因为巫蛊之罪而被灭族，就率众投降了匈奴，能够回到汉朝的不到千分之一二。游击将军韩说一无所得。因杅将军公孙敖同左贤王交战，形势不利，就领兵回到汉朝。这年汉朝出兵攻打匈奴，谈不上有多少功劳，因为功劳还抵偿不了损失。皇帝下令逮捕太医令随但，因为就是他传出的贰师将军家被灭族的消息，致使李广利投降匈奴。

太史公说：孔子著《春秋》，对于鲁隐公、鲁桓公时期的事情记述得详尽明白，到了鲁定公和鲁哀公时期，就记述得简略而含蓄，因为时代太靠近，不能如实褒贬，有许多忌讳的缘故。世俗之中谈论匈奴的人，其弊病在于为求取一时的权贵恩宠，而极力谄媚迎合，发表片面言辞，而不考虑敌我双方实际情况；将帅们则倚仗中原国土广大，士气昂扬。君主就据此决策，因此未能建立深远的功业。尧帝虽贤能，但也不能靠自己一人的力量完成大业，是得到夏禹之后，才使九州得以安宁。要想发扬光大圣王的传统，就在于择用好将相啊！就在于择用好将相啊！

卫将军骠骑列传第五十一

　　大将军卫青者，平阳人也。其父郑季，为吏，给事平阳侯家，与侯妾卫媪通，生青。青同母兄卫长子，而姊卫子夫自平阳公主家得幸天子，故冒姓为卫氏。字仲卿。长子更字长君。长君母号为卫媪。媪长女卫孺，次女少儿，次女即子夫。后子夫男弟步、广皆冒卫氏。

　　青为侯家人，少时归其父，其父使牧羊。先母之子皆奴畜之，不以为兄弟数。青尝从入至甘泉居室，有一钳徒相青曰："贵人也，官至封侯。"青笑曰："人奴之生，得毋笞骂即足矣，安得封侯事乎！"

　　青壮，为侯家骑，从平阳主。建元二年春，青姊子夫得入宫幸上。皇后，堂邑大长公主女也，无子，妒。大长公主闻卫子夫幸，有身，妒之，乃使人捕青。青时给事建章，未知名。大长公主执囚青，欲杀之。其友骑郎公孙敖与壮士往篡取之，以故得不死。上闻，乃召青为建章监，侍中，及同母昆弟贵，赏赐数日间累千金。孺为太仆公孙贺妻。少儿故与陈掌通，上召贵掌。公孙敖由此益贵。子夫为夫人。青为大中大夫。

　　元光五年，青为车骑将军，击匈奴，出上谷；太仆公孙贺为轻车将军，出云中；大中大夫公孙敖为骑将军，出代郡；卫尉李广为骁骑将军，出雁门：军各万骑。青至茏城，斩首虏数百。骑将军敖亡七千骑；卫尉李广为虏所得，得脱归：皆当斩，赎为庶人。贺亦无功。

　　元朔元年春，卫夫人有男，立为皇后。其秋，青为车骑将军，出雁门，三万骑击匈奴，斩首虏数千人。明年，匈奴入杀辽西太守，虏略渔阳二千余人，败韩将军军。汉令将军李息击之，出代；令车骑

大将军卫青，是平阳县人，他的父亲郑季是个小吏，在平阳侯曹寿家当差，与平阳侯的小妾卫媪通奸，生下了卫青。卫青同母的哥哥是卫长子，同母姐姐卫子夫在平阳公主家得到汉武帝的宠爱，他们都冒充姓卫。卫青，字仲卿。卫长子，字长君，长君的母亲叫卫媪。卫媪的大女儿叫卫孺，二女儿叫卫少儿，三女儿就是卫子夫。后来卫子夫的弟弟步和广都冒充姓卫。

卫青是平阳侯家的仆人，但小的时候就回到生父郑季家里，郑季让他牧羊。郑季前妻生的儿子们都把他当作奴仆看待，不把他当兄弟。卫青曾经跟人来到甘泉宫的居室，有个脖子上戴着铁枷的囚徒给他相面说："你是富贵相，将来要被封侯的！"卫青笑一笑说："我是奴仆的命，能不挨打受骂就已经心满意足了，怎么可能封侯呢？"

卫青长大后，当了平阳侯家的骑兵，时常跟随侍候平阳公主。汉武帝建元二年的春天，卫青的姐姐卫子夫进入皇宫，受到武帝的宠幸。皇后陈阿娇是堂邑大长公主刘嫖的女儿，但没有儿子，生性嫉妒，大长公主听说卫子夫受到武帝宠幸，且有了身孕，很嫉妒，就派人逮捕了卫青。当时卫青在建章宫供职，还没有什么显赫地位。大长公主把卫青囚禁起来，想杀了他。卫青的朋友骑郎公孙敖就和一些壮士设法把他抢了出来，卫青得以免除一死。武帝听说了这件事，就召来卫青，任命他当建章监，加侍中官衔。连同他的同母兄弟们也一起显贵起来，几天之内得到的赏赐竟有千金之多。卫孺做了太仆公孙贺的妻子。卫少儿原来同陈掌私通，武帝便召来陈掌加以宠用。公孙敖因为救卫青有功，也越来越显贵。卫子夫被封为夫人，卫青升为大中大夫。

元光五年，卫青担任车骑将军，讨伐匈奴，从上谷出兵；太仆公孙贺担任轻车将军，由云中出兵；大中大夫公孙敖担任骑将军，由代郡出兵；卫尉李广担任骁骑将军，由雁门出兵；每人各领一万骑兵。卫青领兵到达龙城，斩杀匈奴数百人。骑将军公孙敖损失七千骑兵，卫尉李广被匈奴俘获，幸而逃脱归来。公孙敖和李广都被判了死刑，后来用财物赎罪贬为平民。公孙贺也没立下战功。

元朔元年春天，卫子夫生了个男孩，被立为皇后。这年秋天，卫青当了车骑将军，从雁门出兵，率领三万骑兵攻打匈奴，斩杀匈奴数千人。第二年，匈奴入侵，杀死辽西郡的太守，掳掠渔阳郡二千多人，击败了韩将军的军队。汉朝命令

将军青出云中以西至高阙。遂略河南地，至于陇西，捕首虏数千，畜数十万，走白羊、楼烦王。遂以河南地为朔方郡。以三千八百户封青为长平侯。青校尉苏建有功，以千一百户封建为平陵侯。使建筑朔方城。青校尉张次公有功，封为岸头侯。天子曰："匈奴逆天理，乱人伦，暴长虐老，以盗窃为务，行诈诸蛮夷，造谋藉兵，数为边害，故兴师遣将，以征厥罪。诗不云乎，'薄伐猃狁，至于太原'，'出车彭彭，城彼朔方'。今车骑将军青度西河至高阙，获首虏二千三百级，车辎畜产毕收为卤，已封为列侯，遂西定河南地，按榆溪旧塞，绝梓领，梁北河，讨蒲泥，破符离，斩轻锐之卒，捕伏听者三千七十一级，执讯获丑，驱马牛羊百有余万，全甲兵而还，益封青三千户。"其明年，匈奴入杀代郡太守友，入略雁门千余人。其明年，匈奴大入代、定襄、上郡，杀略汉数千人。

其明年，元朔之五年春，汉令车骑将军青将三万骑，出高阙；卫尉苏建为游击将军，左内史李沮为强弩将军，太仆公孙贺为骑将军，代相李蔡为轻车将军，皆领属车骑将军，俱出朔方；大行李息、岸头侯张次公为将军，出右北平：咸击匈奴。匈奴右贤王当卫青等兵，以为汉兵不能至此，饮醉。汉兵夜至，围右贤王，右贤王惊，夜逃，独与其爱妾一人壮骑数百驰，溃围北去。汉轻骑校尉郭成等逐数百里，不及，得右贤裨王十余人，众男女万五千余人，畜数千百万，于是引兵而还。至塞，天子使使者持大将军印，即军中拜车骑将军青为大将军，诸将皆以兵属大将军，大将军立号而归。天子曰："大将军青躬率戎士，师大捷，获匈奴王十有余人，益封青六千户。"而封青子伉为宜春侯，青子不疑为阴安侯，青子登为发干侯。青固谢曰："臣幸得待罪行间，赖陛下神灵，军大捷，皆诸校尉力战之功也。陛下幸已益封臣青。臣青子在襁褓中，未有勤劳，上幸列地封为三侯，非臣待罪行间所以劝士力战之意也。伉等三人何敢受封！"天子曰："我非忘诸校尉功也，今固且图之。"乃诏御史曰："护军都尉公孙敖三从

将军李息攻打匈奴,从代郡出兵;又命令车骑将军卫青从云中出发,向西去攻打匈奴,直奔高阙。先攻取了河南地区,接着西下到陇西,俘获几千名匈奴兵,缴获牲畜十万头,赶走了白羊王和楼烦王。于是就把河南地区改设为朔方郡。卫青因功被封为长平侯,食邑三千八百户。卫青的校尉苏建也因军功被封为平陵侯,食邑一千一百户,朝廷派苏建修筑朔方城。卫青的校尉张次公有军功,被封为岸头侯。天子说:"匈奴背逆天理,违背人伦,侵凌长辈,虐待老人,专以盗窃为事,欺诈各个蛮夷之国,策划阴谋,凭借武力,屡次侵扰汉朝边境,所以朝廷才调动军队,派遣将领,来征讨他们。《诗经》上不是说吗?'驱逐猃狁,直到太原''战车隆隆,在朔方筑城'。如今车骑将军卫青越过西河地区,直到高阙,斩杀匈奴二千三百人,大批车辆辎重和牲畜财产都被缴获,卫青已被封为列侯,于是往西平定了黄河以南地区,占领了榆溪的旧塞,越过梓领,在北河上架设桥梁,又讨伐蒲泥,攻破符离,斩杀匈奴的精兵与捕获匈奴的侦察兵三千零七十一人,押来了俘虏,赶来匈奴一百多万头马、牛和羊,而自己的军队却完整无损,胜利回师,为此又加封卫青三千户。"第二年,匈奴又入侵边境,杀死代郡太守共友,侵入雁门,抢掠一千余人。第二年,匈奴更大规模入侵代郡、定襄、上郡,斩杀抢掠汉朝百姓几千人。

又过了一年,即元朔五年的春天,朝廷命令车骑将军卫青率领骑兵三万,从高阙出兵;任命卫尉苏建为游击将军,左内史李沮为强弩将军,太仆公孙贺为骑将军,代国国相李蔡为轻车将军,都隶属车骑将军卫青统领,一同从朔方出兵;朝廷又任命大行令李息、岸头侯张次公为将军,从右北平出发,一齐攻打匈奴。匈奴右贤王抵挡卫青等人的大兵,以为汉朝军队不能到达这里,便喝得大醉。汉军趁夜色袭来,包围了右贤王;右贤王大惊,同他的一个爱妾和几百个精壮骑兵,冲破包围圈,向北逃去。汉朝的轻骑校尉郭成等追了几百里,没有追上。抓到了右贤王的小王十多人,男女民众一万五千余人,牲畜数千百万头,于是卫青率兵凯旋而归。当卫青走到边塞时,武帝派遣使者拿着大将军的官印在那里迎接,就在军中任命他为大将军,其他将军所率领的军队都由大将军指挥,大将军确立名号后,班师回京。武帝说:"大将军亲自领军作战,大获全胜,俘虏匈奴王十多人,加封卫青六千户食邑。"又封卫青的儿子卫伉为宜春侯,卫不疑为阴安侯,卫登为发干侯。卫青坚决推辞说:"我有幸能在军中任职,依赖陛下的圣威,才使军队获得大捷,同时这也是各位校尉拼命奋战的功劳。陛下已经降恩加封我了。儿子们年龄还小,没有丝毫劳苦之功,皇上却要封列侯,这不是我劝勉将士奋力作战的本意。他们三个怎么敢接受封赏呢!"天子说:"我并没有忘了各位校尉的功劳,如今正要给他们封赏。"于是诏令御史说:"护军都尉公孙敖

大将军击匈奴，常护军，傅校获王，以千五百户封敖为合骑侯。都尉韩说从大将军出窳浑，至匈奴右贤王庭，为麾下搏战获王，以千三百户封说为龙嵒侯。骑将军公孙贺从大将军获王，以千三百户封贺为南窌侯。轻车将军李蔡再从大将军获王，以千六百户封蔡为乐安侯。校尉李朔，校尉赵不虞，校尉公孙戎奴，各三从大将军获王，以千三百户封朔为涉轵侯，以千三百户封不虞为随成侯，以千三百户封戎奴为从平侯。将军李沮、李息及校尉豆如意有功，赐爵关内侯，食邑各三百户。"其秋，匈奴入代，杀都尉朱英。

其明年春，大将军青出定襄，合骑侯敖为中将军，太仆贺为左将军，翕侯赵信为前将军，卫尉苏建为右将军，郎中令李广为后将军，左内史李沮为强弩将军，咸属大将军，斩首数千级而还。月余，悉复出定襄击匈奴，斩首虏万余人。右将军建、前将军信并军三千余骑，独逢单于兵，与战一日余，汉兵且尽。前将军故胡人，降为翕侯，见急，匈奴诱之，遂将其余骑可八百，奔降单于。右将军苏建尽亡其军，独以身得亡去，自归大将军。大将军问其罪正闳、长史安、议郎周霸等："建当云何？"霸曰："自大将军出，未尝斩裨将。今建弃军，可斩以明将军之威。"闳、安曰："不然。兵法'小敌之坚，大敌之禽也'。今建以数千当单于数万，力战一日余，士尽，不敢有二心，自归。自归而斩之，是示后无反意也。不当斩。"大将军曰："青幸得以肺腑待罪行间，不患无威，而霸说我以明威，甚失臣意。且使臣职虽当斩将，以臣之尊宠而不敢自擅专诛于境外，而具归天子，天子自裁之，于是以见为人臣不敢专权，不亦可乎？"军吏皆曰"善"。遂囚建诣行在所。入塞罢兵。

是岁也，大将军姊子霍去病年十八，幸，为天子侍中。善骑射，再从大将军，受诏与壮士，为剽姚校尉，与轻勇骑八百直弃大军数百里赴利，斩捕首虏过当。于是天子曰："剽姚校尉去病斩首虏二千二十八级，及相国、当户，斩单于大父行籍若侯产，生捕季父罗姑，比再冠军，以千六百户封去病为冠军侯。上谷太守郝贤四从大将

三次跟随大将军攻打匈奴，协调各军，配合校尉俘获匈奴王，封为合骑侯，食邑一千五百户。都尉韩说跟随大将军从窳浑出兵，直打到匈奴右贤王的王庭，在大将军指挥下奋力作战，捕获匈奴小王，封为龙嵒侯，食邑一千三百户。骑将军公孙贺跟随大将军捕获敌王，封为南窌侯，食邑一千三百户。轻车将军李蔡两次跟随大将军俘获敌王，封为乐安侯，食邑一千六百户。校尉李朔、校尉赵不虞、校尉公孙戎奴，各三次跟随大将军捕获敌王，封李朔为涉轵侯，食邑一千三百户；封赵不虞为随成侯，食邑一千三百户；封公孙戎奴为从平侯，食邑一千三百户。将军李沮、李息以及校尉豆如意有战功，赐封关内侯的爵位，各领有三百户食邑。"这年秋天，匈奴又入侵代郡，杀死了都尉朱英。

第二年春天，大将军卫青从定襄出兵。合骑侯公孙敖做中将军，太仆公孙贺为左将军，翕侯赵信为前将军，卫尉苏建做右将军，郎中令李广做后将军，左内史李沮做强弩将军，都隶属大将军统领，斩杀数千匈奴而回。一个多月后，又全都从定襄出兵攻打匈奴，匈奴死伤一万多人。右将军苏建、前将军赵信的军队合为一军，共三千多骑兵，途中遭遇匈奴单于的军队，激战一天，汉军眼看要全军覆没，前将军赵信原本是匈奴人，投降汉朝后被封为翕侯，如今看到形势危急，匈奴又引诱他，于是率领剩余八百骑兵，投降单于。右将军苏建全军覆没，独自一人逃回到大将军卫青那里。卫青向军正闳、长史安和议郎周霸等询问如何处置苏建，周霸说道："自从您出征以来，从未杀过副将。如今苏建弃军逃跑，应该杀了他以显示大将军的威严。"闳和安反对说："不能这样。兵法上说'两军交锋，力量小的一方即使硬拼，也要被力量大的一方打败。'如今苏建以几千兵力抵御单于的几万军队，奋战一天多，将士全部牺牲，仍然不敢有二心，自动归来。若归来反而被处死，这等于告诉后来者战败后再不要有返回的意图了。所以苏建不能被杀。"卫青说："我侥幸作为朝廷亲信在军队中当官，并不担心没有威严，而周霸却劝我要显示威严，这不符合我为人臣的本分。况且即使我有权斩杀将士，以我所受到的尊宠，也不敢在境外擅自诛杀，所以我要把情况向皇上详细汇报，请天子自己来裁决，以此来表明做臣子的不敢专权，这不是很好吗？"军官们都说"好"。卫青于是把苏建押送到京城，然后率大军返回塞内休兵。

这一年，卫青的外甥霍去病年方十八岁，受到武帝宠爱，当了皇帝的侍中。霍去病善于骑马射箭，两次随从大将军出征，大将军奉皇上之命，拨给他一些壮士，任命他为剽姚校尉。他率领八百轻骑兵，抛开大军几百里去奔袭匈奴，结果斩杀和捕获相当多的匈奴兵。于是皇上说："剽姚校尉霍去病杀敌二千零二十八人，其中包括匈奴的相国和当户，杀死单于祖父一辈的籍若侯产，活捉单于叔父罗姑比，两次功劳都在全军称冠，封为冠军侯，食邑一千六百户。上谷太守郝贤

军，捕斩首虏二千余人，以千一百户封贤为众利侯。"是岁，失两将军军，亡翕侯，军功不多，故大将军不益封。右将军建至，天子不诛，赦其罪，赎为庶人。

大将军既还，赐千金。是时王夫人方幸于上，宁乘说大将军曰："将军所以功未甚多，身食万户，三子皆为侯者，徒以皇后故也。今王夫人幸而宗族未富贵，愿将军奉所赐千金为王夫人亲寿。"大将军乃以五百金为寿。天子闻之，问大将军，大将军以实言，上乃拜宁乘为东海都尉。

张骞从大将军，以尝使大夏，留匈奴中久，导军，知善水草处，军得以无饥渴，因前使绝国功，封骞博望侯。

冠军侯去病既侯三岁，元狩二年春，以冠军侯去病为骠骑将军，将万骑出陇西，有功。天子曰："骠骑将军率戎士逾乌盭，讨遬濮，涉狐奴，历五王国，辎重人众慑慑者弗取，冀获单于子。转战六日，过焉支山千有余里，合短兵，杀折兰王，斩卢胡王，诛全甲，执浑邪王子及相国、都尉，首虏八千余级，收休屠祭天金人，益封去病二千户。"

其夏，骠骑将军与合骑侯敖俱出北地，异道；博望侯张骞、郎中令李广俱出右北平，异道；皆击匈奴。郎中令将四千骑先至，博望侯将万骑在后至。匈奴左贤王将数万骑围郎中令，郎中令与战二日，死者过半，所杀亦过当。博望侯至，匈奴兵引去。博望侯坐行留，当斩，赎为庶人。而骠骑将军出北地，已遂深入，与合骑侯失道，不相得，骠骑将军逾居延至祁连山，捕首虏甚多。天子曰："骠骑将军逾居延，遂过小月氏，攻祁连山，得酋涂王，以众降者二千五百人，斩首虏三万二百级，获五王，五王母，单于阏氏、王子五十九人，相国、将军、当户、都尉六十三人，师大率减什三，益封去病五千户。"赐校尉从至小月氏爵左庶长。鹰击司马破奴再从骠骑将军斩遬濮王，捕稽沮王，千骑将得王、王母各一人，王子以下四十一人，捕虏三千三百三十人，前行捕虏千四百人，以千五百户封破奴为从骠

四次随大将军出征，斩获敌军二千多人，封为众利侯，食邑一千一百户。"这一年，汉朝损失了两支人马，翕侯赵信投降，军功不多，所以大将军没有增封。右将军苏建回来后，天子没有杀他，赦免了他的罪过，让他赎罪贬为平民。

卫青回到京城，皇上赏赐千金。这时，王夫人正受到武帝的宠幸，宁乘就劝说卫青道："将军您之所以军功还不太多，就食邑万户，三个儿子都受封为侯，都是因为卫皇后的缘故。如今王夫人得幸，而她的家族宗亲还没有富贵，希望将军把皇上赏赐的千金，拿去给王夫人的双亲祝寿。"于是卫青就拿出五百金给王夫人的双亲祝寿。武帝听说后，就问卫青，卫青如实汇报，皇上就任命宁乘做了东海都尉。

张骞随从大将军出征，因为他曾经出使大夏，在匈奴停留很长时间，这次就为大军做向导。他熟知水草丰美之地，大军因而得以免于饥渴，再加上他之前出使异国有功，被封为博望侯。

冠军侯霍去病封侯三年后，元狩二年的春天，皇帝命霍去病做骠骑将军，率领一万骑兵，从陇西出兵攻打匈奴，立有军功。武帝说："骠骑将军亲自率军越过乌盭山，讨伐了遫濮，渡过狐奴河，前后经过了五个王国，不掠取慑服者的财物和民众，只希望捕获单于的儿子。转战六天，越过焉支山一千多里，与匈奴短兵相接，杀死了折兰王，又砍掉卢胡王的头，全歼了敌军，抓住了浑邪王的儿子以及相国、都尉，杀敌八千余人，缴获了休屠王的祭天金人。加封霍去病食邑二千户。"

这年夏天，骠骑将军与合骑侯公孙敖一同从北地出兵，分路进军；博望侯张骞、郎中令李广都从右北平出兵，分道进军。各军一起进攻匈奴。郎中令李广率领四千骑兵首先到达，博望侯率领一万骑兵随后赶到。左贤王率领数万骑兵围攻郎中令李广的军队，李广苦战两天，士卒战死大半，他们杀死敌人的数目更多。博望侯领兵赶到时，匈奴的军队已撤走。博望侯因行军迟缓延误军机而获罪，被判为死刑，赎罪贬为平民。骠骑将军出了北地后，已远远地深入到匈奴之中，因合骑侯公孙敖走错了路，没能会合。骠骑将军越过居延泽，到达祁连山，捕获了很多敌人。天子说："骠骑将军越过居延泽，经过小月氏，进攻祁连山，俘虏了酋涂王，集体投降的有二千五百人，杀敌三万零二百人，俘获五个匈奴小王、五个王后，还有单于的妻子，以及五十九个匈奴王子，还俘获匈奴相国、将军、当户、都尉等共六十三人，汉军损失大约十分之三，因此加封霍去病食邑五千户。赏赐随霍去病到达小月氏的校尉以左庶长的爵位。鹰击司马赵破奴两次跟随骠骑将军出征，斩杀了遫濮王，俘获了稽沮王。千骑将捉到匈奴小王和王母各一人，王子以下四十一人，俘虏敌兵三千三百三十人。先头部队俘虏敌兵一千四百人，

侯。校尉句王高不识,从骠骑将军捕呼于屠王王子以下十一人,捕虏千七百六十八人,以千一百户封不识为宜冠侯。校尉仆多有功,封为辉渠侯。"合骑侯敖坐行留不与骠骑会,当斩,赎为庶人。诸宿将所将士马兵亦不如骠骑,骠骑所将常选,然亦敢深入,常与壮骑先其大军,军亦有天幸,未尝困绝也。然而诸宿将常坐留落不遇。由此骠骑日以亲贵,比大将军。

其秋,单于怒浑邪王居西方数为汉所破,亡数万人,以骠骑之兵也。单于怒,欲召诛浑邪王。浑邪王与休屠王等谋欲降汉,使人先要边。是时大行李息将城河上,得浑邪王使,即驰传以闻。天子闻之,于是恐其以诈降而袭边,乃令骠骑将军将兵往迎之。骠骑既渡河,与浑邪王众相望。浑邪王裨将见汉军而多欲不降者,颇遁去。骠骑乃驰入与浑邪王相见,斩其欲亡者八千人,遂独遣浑邪王乘传先诣行在所,尽将其众渡河,降者数万,号称十万。既至长安,天子所以赏赐者数十巨万。封浑邪王万户,为漯阴侯。封其裨王呼毒尼为下摩侯,鹰庇为辉渠侯,禽犁为河綦侯,大当户铜离为常乐侯。于是天子嘉骠骑之功曰:"骠骑将军去病率师攻匈奴西域王浑邪,王及厥众萌咸相犇,率以军粮接食,并将控弦万有余人,诛獟駻,获首虏八千余级,降异国之王三十二人,战士不离伤,十万之众咸怀集服,仍与之劳,爰及河塞,庶几无患,幸既永绥矣。以千七百户益封骠骑将军。"减陇西、北地、上郡戍卒之半,以宽天下之繇。

居顷之,乃分徙降者边五郡故塞外,而皆在河南,因其故俗,为属国。其明年,匈奴入右北平、定襄,杀略汉千余人。

其明年,天子与诸将议曰:"翕侯赵信为单于画计,常以为汉兵不能度幕轻留,今大发士卒,其势必得所欲。"是岁元狩四年也。

元狩四年春,上令大将军青、骠骑将军去病将各五万骑,步兵转者踵军数十万,而敢力战深入之士皆属骠骑。骠骑始为出定襄,当单

为此封赵破奴为从骠侯，食邑一千五百户。校尉句王高不识，跟随骠骑将军霍去病俘虏呼于屠王和王子以下共十一人，俘虏敌兵一千七百六十八人，封为宜冠侯，食邑一千一百户。校尉仆多立有军功，封为辉渠侯。"合骑侯公孙敖因延误军期而未能与骠骑将军会师，被判为死刑，赎罪贬为平民。当时各位老将军所率领的兵士和马匹武器都不如骠骑将军的精锐，但他敢于深入敌军内部作战，常常和健壮的骑兵跑在大军的前面，他的军队也常有好运，未曾遭遇困境。相比之下，各位老将却经常因为行军迟缓落后，错失良机。从此以后，骠骑将军日益受到皇上亲近，地位与大将军卫青不相上下。

　　这年秋天，匈奴单于因为西方的浑邪王屡次被骠骑将军打败，损失几万人而大怒，想将浑邪王召来杀掉。浑邪王和休屠王等因此想投降汉朝，就先派人到边境和汉军联络。这时，大行令李息率兵在黄河岸边筑城，见到浑邪王的使者后，立即派人乘驿车向皇帝报告。皇上听说后，怕浑邪王用诈降的办法偷袭边境，于是就命令骠骑将军领兵前去迎接浑邪王和休屠王。骠骑将军渡过黄河后，与浑邪王的部队遥遥相望。浑邪王的副将们看到汉军，又有人变卦不想投降，有好多人逃离而去。霍去病就快马奔入敌营，见了浑邪王，杀了八千逃走的士兵，接着让浑邪王一个人乘着驿车，先到皇帝出巡所在地，然后由他领着浑邪王的全部军队渡过黄河，共有几万人，号称十万。他们到达长安后，天子赏赐几十万财物。封浑邪王为漯阴侯，食邑一万户。封他的小王呼毒尼为下摩侯，鹰庇为辉渠侯，禽梨为河綦侯，大当户铜离为常乐侯。武帝因此称赞霍去病说："骠骑将军霍去病率领军队攻打匈奴西部的浑邪王，浑邪王和他的军众都归降汉朝，骠骑将军用军粮接济他们，并且率领一万多弓箭手，诛杀了妄图逃亡的凶悍之人，共八千多，降服三十二位异国国王，几乎没有损失士卒，就使得十万降军全部归来，将军连续征战，因而使河塞地区几乎消除了边患，幸而得以永保平安。增封骠骑将军食邑一千七百户。"于是就减少了陇西、北地、上郡一半的驻军，以此减轻全国百姓的徭役负担。

　　过了不久，朝廷就把归降的匈奴人分别安置到边境五郡原先的边塞以外，都在黄河以南，让他们保留原有的习俗，作为汉王朝的属国。第二年，匈奴入侵右北平、定襄，杀掠汉朝一千多人。

　　又过了一年，武帝同诸将商议说："翕侯赵信替匈奴单于出谋划策，总以为汉朝军队不能越过沙漠，尤其不敢在那儿轻易停留，现在如果派大军出击，势必能大功告成。"这一年是元狩四年。

　　元狩四年春天，武帝命令大将军卫青、骠骑将军霍去病各率五万骑兵先行，数十万步兵和运输物资的部队紧随其后，那些敢于奋战深入的士兵都归骠骑将军

于。捕虏言单于东，乃更令骠骑出代郡，令大将军出定襄。郎中令为前将军，太仆为左将军，主爵赵食其为右将军，平阳侯襄为后将军，皆属大将军。兵即度幕，人马凡五万骑，与骠骑等咸击匈奴单于。赵信为单于谋曰："汉兵既度幕，人马罢，匈奴可坐收虏耳。"乃悉远北其辎重，皆以精兵待幕北。而适值大将军军出塞千余里，见单于兵陈而待，于是大将军令武刚车自环为营，而纵五千骑往当匈奴。匈奴亦纵可万骑。会日且入，大风起，沙砾击面，两军不相见，汉益纵左右翼绕单于。单于视汉兵多，而士马尚强，战而匈奴不利，薄莫，单于遂乘六骡，壮骑可数百，直冒汉围西北驰去。时已昏，汉匈奴相纷挐，杀伤大当。汉军左校捕虏言单于未昏而去，汉军因发轻骑夜追之，大将军军因随其后。匈奴兵亦散走。迟明，行二百余里，不得单于，颇捕斩首虏万余级，遂至窴颜山赵信城，得匈奴积粟食军。军留一日而还，悉烧其城余粟以归。

大将军之与单于会也，而前将军广、右将军食其军别从东道，或失道，后击单于。大将军引还过幕南，乃得前将军、右将军。大将军欲使使归报，令长史簿责前将军广，广自杀。右将军至，下吏，赎为庶人。大将军军入塞，凡斩捕首虏万九千级。

是时匈奴众失单于十余日，右谷蠡王闻之，自立为单于。单于后得其众，右王乃去单于之号。

骠骑将军亦将五万骑，车重与大将军军等，而无裨将。悉以李敢等为大校，当裨将，出代、右北平千余里，直左方兵，所斩捕功已多大将军。军既还，天子曰："骠骑将军去病率师，躬将所获荤粥之士，约轻赍，绝大幕，涉获章渠，以诛比车耆，转击左大将，斩获旗鼓，历涉离侯。济弓闾，获屯头王、韩王等三人，将军、相国、当户、都尉八十三人，封狼居胥山，禅于姑衍，登临翰海。执卤获丑七万有四百四十三级，师率减什三，取食于敌，逴行殊远而粮不绝，

统领。骠骑将军起初想要从定襄出兵，迎击单于。后来捕到的匈奴俘虏说单于向东而去，朝廷于是就改派骠骑将军从代郡出兵，派大将军卫青从定襄出兵。郎中令李广做前将军，太仆公孙贺任左将军，主爵都尉赵食其任右将军，平阳侯曹襄任后将军，都隶属大将军统领。大军随即越过沙漠，共五万骑兵，和骠骑将军约定共同攻打单于。赵信替单于出主意说："汉军已越过沙漠，人马疲乏，匈奴可以坐收胜利了。"于是便把他们的全部辎重远远地运到北方，而布下全部的精锐部队等候在大漠以北。大将军所率部队出塞一千多里，看见单于的军队列阵等在那里，就下令用武刚车围成营盘。又命五千骑兵前去攻打匈奴，匈奴也派出大约一万骑兵。恰好赶上太阳将落，刮起了大风，沙石打在脸上，都看不清对方。汉军又命左右两翼急驰包抄单于。单于看到汉朝兵多，而且人马战斗力还很强，估摸打下去对匈奴不利。因此天快黑的时候就乘着六头骡子拉的车子，同几百名精壮骑兵，径直冲出汉军包围圈，奔向西北而去。这时天已黑了，汉军和匈奴兵相互混战，伤亡大致相同。汉军左校尉捕到的匈奴俘虏说单于在天未黑时已经逃跑了，于是汉军派出轻骑兵连夜追击，大将军的军队紧随其后。匈奴兵四散逃走。天快亮时，汉军已行走二百余里，没有追到单于，俘获和斩杀敌兵一万多人，军队到了寘颜山的赵信城，缴获了匈奴屯积的粮草以供军队食用。汉军驻留一日后返回，并烧掉了城中剩余的粮草。

　　正当大将军卫青同单于交战时，前将军李广和右将军赵食其的军队从东路进军，因为迷了路，没能如期同大将军会合。大将军领兵回到大漠以南时，才遇到他们。大将军想派使者回京报告天子，就命令长史根据文书所列罪状审问李广，李广自杀。右将军回京后，交到军法处审判，后来交了赎金，被贬为平民。大将军此次入塞，总共斩获匈奴兵一万九千人。

　　这时匈奴的部众一连十多天没有单于的下落，右谷蠡王听说后，就自立为单于。单于后来又回到大军中，右谷蠡王就去掉了单于的称号。

　　骠骑将军霍去病也是统率了五万骑兵，车辆辎重和大将军的相同，但没有副将，就任命李敢等为大校担任副将，从代郡、右北平出发一千多里，进攻左贤王的军队，所斩获匈奴的数目远远超过大将军。大军归来时，武帝说："骠骑将军霍去病率领军队，亲自指挥从前俘获的荤粥勇士，轻装上阵，横越大沙漠，涉水俘获了单于的近臣章渠，诛杀了比车耆，转而又攻打左翼大将，缴获军旗和战鼓。翻过离侯山，渡过弓闾河，捕获了屯头王、韩王等三人，以及将军、相国、当户、都尉等共八十三人。然后在狼居胥山祭天，在姑衍山祭地，并且登上高山俯视大沙漠。共计俘获和斩杀匈奴七万零四百四十三人，汉军损失十分之三。他们从敌人那里夺得粮食，所以虽然行军到很远地方，却没有断绝军粮。加封骠骑

以五千八百户益封骠骑将军。"右北平太守路博德属骠骑将军,会与城,不失期,从至梼余山,斩首捕虏二千七百级,以千六百户封博德为符离侯。北地都尉邢山从骠骑将军获王,以千二百户封山为义阳侯。故归义因淳王复陆支、楼专王伊即轩皆从骠骑将军有功,以千三百户封复陆支为壮侯,以千八百户封伊即轩为众利侯。从骠侯破奴、昌武侯安稽从骠骑有功,益封各三百户。校尉敢得旗鼓,为关内侯,食邑二百户。校尉自为爵大庶长。军吏卒为官,赏赐甚多。而大将军不得益封,军吏卒皆无封侯者。

两军之出塞,塞阅官及私马凡十四万匹,而复入塞者不满三万匹。乃益置大司马位,大将军、骠骑将军皆为大司马。定令,令骠骑将军秩禄与大将军等。自是之后,大将军青日退,而骠骑日益贵。举大将军故人门下多去事骠骑,辄得官爵,唯任安不肯。

骠骑将军为人少言不泄,有气敢任。天子尝欲教之孙吴兵法,对曰:"顾方略何如耳,不至学古兵法。"天子为治第,令骠骑视之,对曰:"匈奴未灭,无以家为也。"由此上益重爱之。然少而侍中,贵,不省士。其从军,天子为遣太官赍数十乘,既还,重车余弃粱肉,而士有饥者。其在塞外,卒乏粮,或不能自振,而骠骑尚穿域蹋鞠。事多此类。大将军为人仁善退让,以和柔自媚于上,然天下未有称也。

骠骑将军自四年军后三年,元狩六年而卒。天子悼之,发属国玄甲军,陈自长安至茂陵,为冢象祁连山。谥之,并武与广地曰景桓侯。子嬗代侯。嬗少,字子侯,上爱之,幸其壮而将之。居六岁,元封元年,嬗卒,谥哀侯。无子,绝,国除。

自骠骑将军死后,大将军长子宜春侯伉坐法失侯。后五岁,伉弟二人,阴安侯不疑及发干侯登皆坐酎金失侯。失侯后二岁,冠军侯国除。其后四年,大将军青卒,谥为烈侯。子伉代为长平侯。

将军霍去病食邑五千八百户。"右北平太守路博德隶属骠骑将军,与骠骑将军会师与城,没有贻误军期,并跟着一起打到梼余山,俘获斩杀匈奴二千七百人,封为符离侯,食邑一千六百户。北地都尉邢山捕获匈奴小王,封为义阳侯,食邑一千二百户。原先归顺汉朝的匈奴因淳王复陆支、楼专王伊即靬攻匈奴有功,封复陆支为壮侯,食邑一千三百户,封伊即靬为众利侯,食邑一千八百户。从骠侯赵破奴、昌武侯赵安稽都攻打匈奴有功,各增食邑三百户。校尉李敢夺取了匈奴的军旗战鼓,封为关内侯,赐食邑二百户。校尉徐自为赐封大庶长的爵位,此外军中很多小吏士卒都被封官赐赏。而大将军没能得到加封,军中官兵也没有被封赏的。

当卫青和霍去病率领大军出塞时,根据边塞上的统计,当时官府和私人马匹共十四万匹,当他们返回时,所剩不到三万。朝廷于是增设了大司马的职位,大将军和骠骑将军都获得大司马的头衔。并明确规定,骠骑将军的官阶和俸禄同大将军相等。从此,大将军卫青的地位日益衰落,而骠骑将军霍去病日益显贵。大将军的老友和门客多半改投侍奉骠骑将军,很多人都获得了官职和爵位,只有任安不肯这样做。

骠骑将军为人寡言少语,性格内向,但果敢有气魄。武帝曾想教他学习孙子和吴起的兵法,他回答说:"打仗只看方针策略怎样就行了,没必要学习古代兵法。"武帝为他建造府邸,让骠骑将军去看,他回答说:"匈奴还没有消灭,无心考虑自己的事情。"由此武帝更加重用宠信他。然而霍去病从少年时就在皇上身边侍候,富贵惯了,不知道体恤士卒。他外出打仗时,天子给他派去太官,携带上几十车的军需品。等到回来时,很多没吃完的食物都放坏了,而他的士卒还有挨饿的。在塞外打仗时,士兵们缺粮,有的都饿得站不起来了,而他还在画场地踢球,诸如此类的事情很多。大将军卫青为人却非常仁厚善良,谦和忍让,以宽和顺从获得皇上喜爱,天下人却不怎么称道他。

骠骑将军从元狩四年开始出击匈奴,三年后,即元狩六年就去世了。武帝非常悲伤,调集了边境五郡的铁甲军,列队从长安一直排到茂陵,仿照祁连山的样子为他修建坟墓。因他英勇威武,开拓边疆,因此赐封谥号景桓侯。他的儿子霍嬗接替了爵位。霍嬗,字子侯,年纪尚小,皇上很宠爱,希望等他长大后任命为将军。没想到六年后,即元封元年,霍嬗去世,皇上赐封谥号哀侯。他没有儿子,因而绝了后,封国被废除。

骠骑将军去世后,大将军卫青的长子宜春侯卫伉因犯法失去了侯爵。五年以后,卫伉的两个弟弟阴安侯卫不疑和发干侯卫登,都因为助祭献金不合规定而失掉侯爵。两年后,冠军侯的封国被废除。又过了四年,大将军卫青去世,朝廷加封谥号烈侯。卫青儿子卫伉接替爵位做长平侯。

自大将军围单于之后，十四年而卒。竟不复击匈奴者，以汉马少，而方南诛两越，东伐朝鲜，击羌、西南夷，以故久不伐胡。

大将军以其得尚平阳长公主故，长平侯伉代侯。六岁，坐法失侯。

左方两大将军及诸裨将名：

最大将军青，凡七出击匈奴，斩捕首虏五万余级。一与单于战，收河南地，遂置朔方郡，再益封，凡万一千八百户。封三子为侯，侯千三百户。并之，万五千七百户。其校尉裨将以从大将军侯者九人。其裨将及校尉已为将者十四人。为裨将者曰李广，自有传。无传者曰：

将军公孙贺。贺，义渠人，其先胡种。贺父浑邪，景帝时为平曲侯，坐法失侯。贺，武帝为太子时舍人。武帝立八岁，以太仆为轻车将军，军马邑。后四岁，以轻车将军出云中。后五岁，以骑将军从大将军有功，封为南窌侯。后一岁，以左将军再从大将军出定襄，无功。后四岁，以坐酎金失侯。后八岁，以浮沮将军出五原二千余里，无功。后八岁，以太仆为丞相，封葛绎侯。贺七为将军，出击匈奴无大功，而再侯，为丞相。坐子敬声与阳石公主奸，为巫蛊，族灭，无后。

将军李息，郁郅人。事景帝。至武帝立八岁，为材官将军，军马邑；后六岁，为将军，出代；后三岁，为将军，从大将军出朔方：皆无功。凡三为将军，其后常为大行。

将军公孙敖，义渠人。以郎事武帝。武帝立十二岁，为骑将军，出代，亡卒七千人，当斩，赎为庶人。后五岁，以校尉从大将军有功，封为合骑侯。后一岁，以中将军从大将军，再出定襄，无功。后二岁，以将军出北地，后骠骑期，当斩，赎为庶人。后二岁，以校尉从大将军，无功。后十四岁，以因杅将军筑受降城。七岁，复以因杅将军再出击匈奴，至余吾，亡士卒多，下吏，当斩，诈死，亡居民间

大将军围攻单于之后的第十四年就去世了,这期间因为汉朝战马少,而且正在讨伐南方的东越和南越、东方的朝鲜,以及羌人和西南夷,因此长时间没有讨伐匈奴。

大将军卫青因为娶了平阳公主的缘故,所以儿子长平侯卫伉才得以接替他的侯爵。但是六年后,他又因犯法而失掉侯爵。

下面是两位大将军及其诸位副将的名单:

大将军卫青共计出兵匈奴七次,俘获斩杀敌兵五万多人。同单于交战一次,收复河南失地,因而设置了朔方郡,两次加封,共受封一万一千八百户。他的三个儿子都封为列侯,每人享有食邑一千三百户。全家总共享有食邑一万五千七百户。他的校尉副将被封侯的共有九人,担任将军的共有十四人,副将李广自己有传记。没有专门列传的人有:

将军公孙贺,义渠人,他的祖先是匈奴族人。公孙贺的父亲浑邪,景帝时被封为平曲侯,后来因为犯法而失掉侯爵。公孙贺在武帝当太子时为太子舍人。武帝即位后八年,公孙贺以太仆身份做了轻车将军,驻守马邑。四年后,公孙贺以轻车将军的身份从云中郡出发攻打匈奴。又过了五年,公孙贺以骑将军的身份跟随大将军攻打匈奴,因功被封为南窌侯。又过了一年,公孙贺以左将军的身份两次跟随大将军从定襄出发攻打匈奴,无功而返。又过了四年,因为助祭献金不合规定而失掉侯爵。又过了八年,以浮沮将军的身份从五原出兵两千余里,讨伐匈奴无功而返。又过了八年,以太仆的身份出任丞相,被封为葛绎侯。公孙贺七次担任将军,出击匈奴没有立下大功,却两次被封侯,当了丞相。后来因儿子公孙敬声与阳石公主有奸情,又搞巫蛊之事,于是全家被灭族,从此绝后。

将军李息,郁郅人。他曾经服侍过景帝,武帝即位八年时,担任材官将军,率领军队驻扎在马邑。六年后,他担任将军,从代郡出兵攻打匈奴。过了三年,他又以将军身份跟随大将军从朔方出兵攻打匈奴,都没有立下战功。李息总共三次担任将军,后来在朝廷任大行令。

将军公孙敖,义渠人。先是在武帝跟前任郎官。武帝即位十二年时,他以骑将军身份从代郡出兵攻打匈奴,损失士兵七千多人,被判了死刑,后来交了赎金,被贬为平民。五年后,他以校尉身份跟随大将军攻打匈奴有功,被封为合骑侯。又过了一年,他以中将军身份随大将军两次从定襄出兵攻打匈奴,无功而回。又过了两年,他以将军身份从北地出兵,由于未能按时与骠骑将军会合,被判为死刑,交了赎金赎罪,被贬为平民。又过了两年,他以校尉的身份跟随大将军攻打匈奴,没有战功。又过了十四年,他以因杅将军的身份率军修筑受降城。七年后,他再次以因杅将军的身份出兵匈奴,前进至余吾,因为损失惨重,被交

五六岁。后发觉,复系。坐妻为巫蛊,族。凡四为将军,出击匈奴,一侯。

将军李沮,云中人。事景帝。武帝立十七岁,以左内史为强弩将军。后一岁,复为强弩将军。

将军李蔡,成纪人也。事孝文帝、景帝、武帝。以轻车将军从大将军有功,封为乐安侯。已为丞相,坐法死。

将军张次公,河东人。以校尉从卫将军青有功,封为岸头侯。其后太后崩,为将军,军北军。后一岁,为将军,从大将军,再为将军,坐法失侯。次公父隆,轻车武射也。以善射,景帝幸近之也。

将军苏建,杜陵人。以校尉从卫将军青,有功,为平陵侯,以将军筑朔方。后四岁,为游击将军,从大将军出朔方。后一岁,以右将军再从大将军出定襄,亡翕侯,失军,当斩,赎为庶人。其后为代郡太守,卒,冢在大犹乡。

将军赵信,以匈奴相国降,为翕侯。武帝立十七岁,为前将军,与单于战,败,降匈奴。

将军张骞,以使通大夏,还,为校尉。从大将军有功,封为博望侯。后三岁,为将军,出右北平,失期,当斩,赎为庶人。其后使通乌孙,为大行而卒,冢在汉中。

将军赵食其,祋祤人也。武帝立二十二岁,以主爵为右将军,从大将军出定襄,迷失道,当斩,赎为庶人。

将军曹襄,以平阳侯为后将军,从大将军出定襄。襄,曹参孙也。

将军韩说,弓高侯庶孙也。以校尉从大将军有功,为龙嵒侯,坐酎金失侯。元鼎六年,以待诏为横海将军,击东越有功,为按道侯。以太初三年为游击将军,屯于五原外列城。为光禄勋,掘蛊太子宫,卫太子杀之。

将军郭昌,云中人也。以校尉从大将军。元封四年,以太中大夫

付军法处，判处死刑。他装作病死，到民间逃亡五六年，后来还是被发觉，再次入狱。又因他妻子涉及巫蛊活动，全家被诛杀。公孙敖先后四次担任过将军，出击匈奴，其中一次被封侯。

将军李沮，云中人，曾服侍景帝。武帝即位十七年时，他以左内史的身份担任强弩将军。一年后，又担任强弩将军。

将军李蔡，成纪人，先后在文帝、景帝和武帝驾前任职。曾以轻车将军身份跟随大将军攻打匈奴有功，被封为乐安侯。后来官升至丞相，因犯法而被杀。

将军张次公，河东人，曾以校尉身份随从大将军攻打匈奴，立有战功，被封为岸头侯。王太后死后，他当了将军，驻守在北军中。一年后，以将军身份跟随大将军卫青攻打匈奴。张次公两次担任将军，后来因犯法而失掉侯爵。张次公的父亲张隆，是轻车军队中勇武的射手。因为他善于射箭，受到景帝宠爱。

将军苏建，杜陵人，以校尉身份跟随大将军北伐匈奴，立有战功而被封为平陵侯，又以将军身份负责修筑朔方城。过了四年，他担任游击将军，跟随大将军卫青从朔方出兵北伐匈奴。又过了一年，他以右将军的身份再次随大将军从定襄出兵北伐匈奴，结果翕侯叛逃，他又全军覆没，因此被判处死刑，后来交了赎金，被贬为平民。以后他又担任了代郡太守，死后葬在大犹乡。

将军赵信，原是匈奴人，以匈奴相国的身份投降汉朝，被封为翕侯。武帝即位后第十七年，赵信担任前将军，同匈奴单于对抗，失败后投降了匈奴。

将军张骞，以使者的身份出访大夏，回来后当了校尉。他随大将军卫青攻打匈奴，因功被封为博望侯。过了三年，他以将军身份从右北平出兵攻打匈奴，因为延误了军期，被判处死刑，后来交了赎金赎罪，被贬为平民。这以后，他作为使者出使乌孙，后来又当了大行令，死后葬在汉中。

将军赵食其，祋祤人。武帝即位第二十二年时，他以主爵都尉的身份当了右将军，跟随大将军卫青从定襄出兵攻打匈奴，因为迷路而延误了军期，罪当斩首，花钱赎为平民。

将军曹襄，以平阳侯的身份当了后将军，跟随大将军卫青从定襄出兵攻打匈奴。曹襄是高祖功臣曹参的孙子。

将军韩说是弓高侯韩颓当的庶出孙子。他以校尉的身份跟随大将军卫青北伐匈奴，立功被封为龙嵒侯，后因交纳助祭金不合规定而失掉侯爵。元鼎六年，韩说以待诏的身份担任横海将军，讨伐东越有功，被封为按道侯。至太初三年，又以游击将军的身份，驻守在五原郡北的长城边。后来回朝任光禄勋，因为到太子宫中挖掘巫蛊，被卫太子杀死。

将军郭昌，云中人。他以校尉身份跟随大将军卫青攻打匈奴。元封四年，他

为拔胡将军，屯朔方。还击昆明，毋功，夺印。

将军荀彘，太原广武人。以御见，侍中，为校尉，数从大将军。以元封三年为左将军击朝鲜，毋功。以捕楼船将军坐法死。

最骠骑将军去病，凡六出击匈奴，其四出以将军，斩捕首虏十一万余级。及浑邪王以众降数万，遂开河西酒泉之地，西方益少胡寇。四益封，凡万五千一百户。其校吏有功为侯者凡六人，而后为将军二人。

将军路博德，平州人。以右北平太守从骠骑将军有功，为符离侯。骠骑死后，博德以卫尉为伏波将军，伐破南越，益封。其后坐法失侯。为强弩都尉，屯居延，卒。

将军赵破奴，故九原人。尝亡入匈奴，已而归汉，为骠骑将军司马。出北地时有功，封为从骠侯。坐酎金失侯。后一岁，为匈河将军，攻胡至匈河水，无功。后二岁，击虏楼兰王，复封为浞野侯。后六岁，为浚稽将军，将二万骑击匈奴左贤王，左贤王与战，兵八万骑围破奴，破奴生为虏所得，遂没其军。居匈奴中十岁，复与其太子安国亡入汉。后坐巫蛊，族。

自卫氏兴，大将军青首封，其后枝属为五侯。凡二十四岁而五侯尽夺，卫氏无为侯者。

太史公曰：苏建语余曰："吾尝责大将军至尊重，而天下之贤大夫毋称焉，愿将军观古名将所招选择贤者，勉之哉。大将军谢曰：'自魏其、武安之厚宾客，天子常切齿。彼亲附士大夫，招贤绌不肖者，人主之柄也。人臣奉法遵职而已，何与招士！'"骠骑亦仿此意，其为将如此。

以太中大夫的身份当了拔胡将军，屯驻在朔方郡。回来以后，他又被调到南方领兵进攻昆明，由于没有功劳，被收回官印罢了官。

将军荀彘，太原郡广武人。他以擅长驾车，被任命为侍中，后来又当了校尉，多次跟随大将军卫青攻打匈奴。元封三年时，以左将军身份，领兵攻打朝鲜，没有功劳。后来因为擅自抓捕楼船将军杨仆，被处死。

骠骑将军霍去病共计六次出击匈奴，其中四次是以将军的身份，共俘获斩杀匈奴兵士十一万多人。又使浑邪王率领数万人投降，开拓了黄河以西的酒泉等地，使得西部地区从此很少受匈奴侵扰。他四次受加封，共食邑一万五千一百户。他的校尉被封侯的共有六人，后来晋升为将军的有两人。

将军路博德，平州人。他以右北平太守的身份跟随骠骑将军攻打匈奴有功，被封为符离侯。骠骑将军去世后，路博德以卫尉的身份当了伏波将军，平定南越，获得加封。后来他因犯法而失掉侯爵。以后，他当了强弩都尉，驻军居延，一直到死。

将军赵破奴，原来是九原人，曾经逃到匈奴，后来又回到汉朝，担任骠骑将军霍去病的司马。他领兵从北地出兵匈奴时，常常有功劳，被封为从骠侯。后来因交纳助祭金不合规定而失掉侯爵。一年后，以匈河将军身份攻打匈奴直到匈河水，没有战功。过了两年，他攻打楼兰并俘虏了楼兰王，被封为浞野侯。六年后，以浚稽将军的身份率领两万骑兵攻打匈奴左贤王，左贤王同他交战，以八万骑兵包围了赵破奴，赵破奴全军覆没，他自己也被活捉。他在匈奴度过了十年，又同长子赵安国逃回汉朝。最后因为巫蛊罪而被灭族。

卫氏家族兴起，大将军卫青是第一个被封侯的，后来他的子孙有五人被封侯。前后经历了二十四年，之后五个侯爵全被剥夺，从此卫氏家族再没有人被封侯。

太史公说：苏建曾对我说："我曾经责备过大将军，有这么高的地位权势，而天下的贤大夫却不称赞他，希望将军能够效法古代名将的做法，也努力招贤纳士。大将军拒绝说：'自从魏其侯窦婴和武安侯田蚡广招宾客以来，天子对此恨得咬牙切齿。亲近和安抚士大夫，招选贤才，废除不肖者的事，是国君的权力。作为臣子就只管奉公守法，做好本职的工作就好了，何必参与招选贤士的事呢？'"骠骑将军霍去病也基本是这种想法，他们就是这样当将军的。

平津侯主父列传第五十二

丞相公孙弘者，齐菑川国薛县人也，字季。少时为薛狱吏，有罪，免家贫，牧豕海上。年四十余，乃学《春秋》杂说。养后母孝谨。

建元元年，天子初即位，招贤良文学之士。是时弘年六十，征以贤良为博士。使匈奴，还报，不合上意，上怒，以为不能，弘乃病免归。

元光五年，有诏征文学，菑川国复推上公孙弘。弘让谢国人曰："臣已尝西应命，以不能罢归，愿更推选。"国人固推弘，弘至太常。太常令所征儒士各对策，百余人，弘第居下。策奏，天子擢弘对为第一。召入见，状貌甚丽，拜为博士。是时通西南夷道，置郡，巴蜀民苦之，诏使弘视之。还奏事，盛毁西南夷无所用，上不听。

弘为人恢奇多闻，常称以为人主病不广大，人臣病不俭节。弘为布被，食不重肉。后母死，服丧三年。每朝会议，开陈其端，令人主自择，不肯面折庭争。于是天子察其行敦厚，辩论有余，习文法吏事，而又缘饰以儒术，上大说之。二岁中，至左内史。弘奏事，有不可，不庭辩之。尝与主爵都尉汲黯请间，汲黯先发之，弘推其后，天子常说，所言皆听，以此日益亲贵。尝与公卿约议，至上前，皆倍其约以顺上旨。汲黯庭诘弘曰："齐人多诈而无情实，始与臣等建此议，今皆倍之，不忠。"上问弘。弘谢曰："夫知臣者以臣为忠，不知臣者以臣为不忠。"上然弘言。左右幸臣每毁弘，上益厚遇之。

丞相公孙弘是齐地菑川国薛县的人，字季。他年少时当过薛县的狱官，因为犯了罪被免职。家中贫穷，只得到海边以放猪为生。四十多岁，才学习《春秋》及各种释文杂说。他奉养后母极其孝顺谨慎。

建元元年，武帝刚刚即位，就招选"贤良""文学"之士。这时公孙弘已经六十岁，以贤良的身份被征召入京，做了博士。他奉命出使匈奴，回来汇报情况，因为不合皇上的心意，皇上大怒，认为他无能，公孙弘就称病罢官回家了。

元光五年，武帝再次招选"贤良""文学"之士，菑川国又推荐公孙弘。公孙弘向国人推辞说："前些年我已经应命去过京城一次，因为无能而罢官回来。这回还是推举其他的人吧。"国人仍然坚决推举公孙弘，公孙弘就到了太常那里。太常让所征召的一百多个儒士分别对策，公孙弘被排在最后。全部对策文章送到武帝那里，武帝看后把公孙弘的对策文章提到第一。公孙弘就被召去入朝觐见，武帝见他相貌堂堂，就封他为博士。当时汉朝正忙着开拓西南夷通道，在那里设置郡县，巴蜀百姓对此苦不堪言。武帝就派公孙弘前去探视。公孙弘视察归来，向皇帝报告，极力斥责西南夷没有用处，但皇上没采纳他的意见。

公孙弘为人豁达，见闻广博，常说人主的弊病就在于心胸不够广大、人臣的弊病就在于太奢侈。因此他盖布被，吃饭时从不吃两种以上的肉菜。后母死了，他守丧三年。每次上朝同大家议论政事，他只阐明事情的原委，让皇上自己去选择决定，从不当面驳斥或在朝廷上力争。于是皇上渐渐发现他品行忠厚，善于言谈，熟悉文书法令和官场事务，而且还能用儒学观点加以文饰，就非常喜欢他。因此两年时间，他便官至左内史。公孙弘上奏事情，有时不被采纳，他也不当庭争辩。他曾经和主爵都尉汲黯向皇上单独奏事，汲黯先说，公孙弘随后加以推究阐述，皇上常常很高兴。他所奏的事情都被采纳，从此，公孙弘一天天受到皇帝的亲近，地位显贵起来。他曾经与公卿们事先商定好了一套方法，但到了皇上面前，他却违背初约，而顺从皇上的旨意。汲黯在朝廷上责备公孙弘说："齐人多半狡诈而无诚意，开始时同我们一起提出这个建议，现在却完全违背，这简直是不忠。"皇上问公孙弘，公孙弘谢罪说："了解我的人认为我忠诚，不了解我的人就认为我不忠诚。"皇上赞同他的说法。皇上身边的宠臣常常诋毁公孙弘，但皇上却更加厚待他。

元朔三年，张欧免，以弘为御史大夫。是时通西南夷，东置沧海，北筑朔方之郡。弘数谏，以为罢敝中国以奉无用之地，愿罢之。于是天子乃使朱买臣等难弘置朔方之便。发十策，弘不得一。弘乃谢曰："山东鄙人，不知其便若是，愿罢西南夷、沧海而专奉朔方。"上乃许之。

汲黯曰："弘位在三公，奉禄甚多。然为布被，此诈也。"上问弘。弘谢曰："有之。夫九卿与臣善者无过黯，然今日庭诘弘，诚中弘之病。夫以三公为布被，诚饰诈欲以钓名。且臣闻管仲相齐，有三归，侈拟于君，桓公以霸，亦上僭于君。晏婴相景公，食不重肉，妾不衣丝，齐国亦治，此下比于民。今臣弘位为御史大夫，而为布被，自九卿以下至于小吏，无差，诚如汲黯言。且无汲黯忠，陛下安得闻此言。"天子以为谦让，愈益厚之。卒以弘为丞相，封平津侯。

弘为人意忌，外宽内深。诸尝与弘有却者，虽详与善，阴报其祸。杀主父偃，徙董仲舒于胶西，皆弘之力也。食一肉脱粟之饭。故人所善宾客，仰衣食，弘奉禄皆以给之，家无所余。士亦以此贤之。

淮南、衡山谋反，治党与方急。弘病甚，自以为无功而封，位至丞相，宜佐明主填抚国家，使人由臣子之道。今诸侯有畔逆之计，此皆宰相奉职不称，恐窃病死，无以塞责。乃上书曰："臣闻天下之通道五，所以行之者三。曰君臣，父子，兄弟，夫妇，长幼之序，此五者天下之通道也。智，仁，勇，此三者天下之通德，所以行之者也。故曰'力行近乎仁，好问近乎智，知耻近乎勇'。知此三者，则知所以自治；知所以自治，然后知所以治人。天下未有不能自治而能治人者也，此百世不易之道也。今陛下躬行大孝，鉴三王，建周道，兼文武，厉贤予禄，量能授官。今臣弘罢驽之质，无汗马之劳，陛下过意

武帝元朔三年，张欧被免官，皇上任命公孙弘当御史大夫。这时，汉朝正忙着开通西南夷，在东边设置沧海郡，在北边修建朔方城。公孙弘屡次上书劝谏，认为这些做法白白使汉朝疲惫不堪，都是一些无用之事，希望停止这些事情。于是，武帝就让朱买臣等以设置朔方郡的好处来责问公孙弘。朱买臣等提出十个问题，公孙弘没办法应对。于是赔罪说："我是个崤山以东的粗人，不知道还有这些好处，但希望能把西南夷和沧海郡的事暂时停下来，集中力量专营朔方城。"皇上同意了。

汲黯说："公孙弘位居三公，俸禄很多，却盖布被，这是故意骗人。"皇上就问公孙弘，公孙弘谢罪说："确有此事。九卿中与我交情深的莫过于汲黯了，但他今天在朝廷上诘难我，确实说中了我的要害。我作为三公却盖布被，确实是巧行欺诈、沽名钓誉。不过我听说管仲担任齐相时，有三处住宅，其奢侈可与国君相比，齐桓公依靠管仲而称霸天下，也是对在上位的国君的越礼行为。晏婴为相辅佐齐景公，吃饭时从不吃两样以上的肉菜，妾不穿丝织衣服，齐国也治理得很好，这是晏婴向下自比于百姓了。如今我当了御史大夫，却盖布被，使得上自九卿下至小吏，没有了贵贱的差别，确实像汲黯所说的那样。况且如果没有汲黯的忠诚，陛下又怎能够听到这些话呢？"武帝认为公孙弘谦让有礼，越发厚待他。后来任命他当了丞相，封为平津侯。

公孙弘为人猜忌多疑，外表宽宏大量，内心却城府很深。曾经同他有嫌隙的人，公孙弘虽然表面与之很友善，却暗中加害报复他们。杀死主父偃，董仲舒被改派到胶西国当相，都是他暗地里加害。他自己每顿饭只吃一个肉菜，和粗米饭，但老友以及相好的宾客，衣食都仰仗他。公孙弘把全部俸禄都用来供给他们，家中则一点剩余也没有，因此也深得许多士大夫的称赞。

淮南王和衡山王谋反，朝廷正在紧急追查党羽的时候，公孙弘病得很厉害，他自认为没有什么功劳而被封侯，官至丞相，理应辅佐贤明的君王治理国家，使人人都遵循臣子之道。如今诸侯有反叛的事情，这都是宰相不称职导致的，害怕一旦默默病死，没有办法交代。于是，他向皇帝上书说："我听说天下的常道有五种，用来实行这五种常道的有三种美德。君臣、父子、兄弟、夫妇和长幼的次序，这五个方面就是天下的常道。智、仁、勇，这三项是天下的常德，是用来实行常道的。所以孔子说：'努力实践接近于仁，勤学好问接近于智，知道羞耻接近于勇。'懂得了这三点，就知道怎样自我约束了。懂得自我约束，然后就知道怎样管理别人。天下没有不能自治却能治理别人的，这是百世不变的道理。现在陛下亲自施行孝道，以三王为借鉴，建立周代那样的政道，兼备文王和武王的才德，鼓励贤才，给与俸禄，根据才能授予相应的官职。如今我才智低劣，没有什

擢臣弘卒伍之中，封为列侯，致位三公。臣弘行能不足以称，素有负薪之病，恐先狗马填沟壑，终无以报德塞责。愿归侯印，乞骸骨，避贤者路。"天子报曰："古者赏有功，褒有德，守成尚文，遭遇右武，未有易此者也。朕宿昔庶几获承尊位，惧不能宁，惟所与共为治者，君宜知之。盖君子善善恶恶，君若谨行，常在朕躬。君不幸罹霜露之病，何恙不已，乃上书归侯，乞骸骨，是章朕之不德也。今事少间，君其省思虑，一精神，辅以医药。"因赐告牛酒杂帛。居数月，病有瘳，视事。

元狩二年，弘病，竟以丞相终。子度嗣为平津侯。度为山阳太守十余岁，坐法失侯。

主父偃者，齐临菑人也。学长短纵横之术，晚乃学《周易》、《春秋》、百家言。游齐诸生间，莫能厚遇也。齐诸儒生相与排摈，不容于齐。家贫，假贷无所得，乃北游燕、赵、中山，皆莫能厚遇，为客甚困。孝武元光元年中，以为诸侯莫足游者，乃西入关见卫将军。卫将军数言上，上不召。资用乏，留久，诸公宾客多厌之，乃上书阙下。朝奏，暮召入见。所言九事，其八事为律令，一事谏伐匈奴。其辞曰：

臣闻明主不恶切谏以博观，忠臣不敢避重诛以直谏，是故事无遗策而功流万世。今臣不敢隐忠避死以效愚计，原陛下幸赦而少察之。

《司马法》曰："国虽大，好战必亡；天下虽平，忘战必危。"天下既平，天子《大凯》，春搜秋狝，诸侯春振旅，秋治兵，所以不忘战也。且夫怒者逆德也，兵者凶器也，争者末节也。古之人君一怒必伏尸流血，故圣王重行之。夫务战胜穷武事者，未有不悔者也。昔秦皇帝任战胜之威，蚕食天下，并吞战国，海内为一，功齐三代。务胜不休，欲攻匈奴，李斯谏曰："不可。夫匈奴无城郭之居，委积之

么汗马功劳，陛下却格外施恩，把我从行伍之中破格提拔上来，封为列侯，位居三公之职。我的德行才能都不足以与之相称，平素又多病，恐怕会先于陛下而去，最终无法报答陛下的恩德，尽臣子之责。我希望能交回侯印，辞官归家，给那些贤者让位。"武帝答复说："古来奖赏有功的人，表彰有德的人，守住先人已成的事业要崇尚文治，遭遇祸患要崇尚武功，这个道理未曾改变。我从前勉强继承皇位，经常担心不能使国家安宁，只想和众大臣共同治理天下，你应当知道这些。作为一个君子，应该称扬善良的人，憎恶丑恶的人，你若行事谨慎，就可常在我的身边。如今你只是不幸染了风寒，何愁不愈？却上书要退回侯印，辞官归家，这是显扬我的无德呀！如今朝中稍有闲暇，你还是少些顾虑，集中精神治好病。"于是恩准公孙弘继续休假，赐给他牛酒和各种布帛。几个月后，公孙弘的病情转好，就上朝理事了。

武帝元狩二年，公孙弘发病，终于死在丞相的位子上。他的儿子公孙度继承了平津侯的爵位。公孙度当山阳太守十多年后，因为犯法被废除侯爵。

主父偃是齐地临淄人，早年学习战国时代纵横家的学说，后来才开始研究《周易》《春秋》、诸子百家的学说。他周游于齐国读书人之间，但没有人重视他。齐国许多读书人一起排挤他，使得他无法继续待下去。他家境贫寒，没有人肯借给他东西，就到北方的燕、赵、中山等国游学，都没人重视他，客居在外，处境艰难。孝武帝元光元年，他认为各诸侯国都不值得再去，就西入函谷关，拜见大将军卫青。卫青屡次向皇上推荐他，皇上却不肯召见。眼看身上的钱已经花光，又由于留在长安已久，王公及其门客都讨厌他，主父偃出于无奈就冒险向皇帝上书。不料早晨进呈奏书，傍晚时就被召见了。他所提到的九件事，其中八件是律令方面的，一件是关于征伐匈奴的。他的原文是这样说的：

我听说贤明的君主为了拓展自己的见识，不厌恶严词劝谏，忠臣也不会因为逃避重罚而不直言相劝，因此才使得政事全无失策而功垂后世。如今我要毫无隐瞒、不惧杀头地提出我愚昧的想法，希望陛下能赦免我的罪过，稍微留心听一听。

《司马法》上说："一个国家尽管很强大，若是喜欢战争，就必然走向灭亡；天下尽管很太平，若是忘掉战争，毫无准备，就必然很危险。"天下已经平定，天子演奏《大凯》的乐章，春秋两季行猎，诸侯春天整顿军队，秋天练兵，这都是为了不忘战争。况且发怒是背逆的行为，武器是不祥之物，争斗更是末节小事。古代君王一发怒必然血流成河，所以圣明的天子都要慎重行事。专事战争、穷兵黩武之人，没有不后悔的。当初秦始皇凭借屡战屡胜的威力，蚕食天下，统一全国，功绩与三代相齐。但他好战不肯停止，竟想攻打匈奴，李斯劝谏

守,迁徙鸟举,难得而制也。轻兵深入,粮食必绝;踵粮以行,重不及事。得其地不足以为利也,遇其民不可役而守也。胜必杀之,非民父母也。靡弊中国,快心匈奴,非长策也。"秦皇帝不听,遂使蒙恬将兵攻胡,辟地千里,以河为境。地固泽卤,不生五谷。然后发天下丁男以守北河。暴兵露师十有余年,死者不可胜数,终不能逾河而北。是岂人众不足,兵革不备哉?其势不可也。又使天下蜚刍挽粟,起于黄、腄、琅邪负海之郡,转输北河,率三十钟而致一石。男子疾耕不足于粮饷,女子纺绩不足于帷幕。百姓靡敝,孤寡老弱不能相养,道路死者相望,盖天下始畔秦也。

及至高皇帝定天下,略地于边,闻匈奴聚于代谷之外而欲击之。御史成进谏曰:"不可。夫匈奴之性,兽聚而鸟散,从之如搏影。今以陛下盛德攻匈奴,臣窃危之。"高帝不听,遂北至于代谷,果有平城之围。高皇帝盖悔之甚,乃使刘敬往结和亲之约,然后天下忘干戈之事。

故《兵法》曰"兴师十万,日费千金"。夫秦常积众暴兵数十万人,虽有覆军杀将系虏单于之功,亦适足以结怨深仇,不足以偿天下之费。夫上虚府库,下敝百姓,甘心于外国,非完事也。夫匈奴难得而制,非一世也。行盗侵驱,所以为业也,天性固然。上及虞夏殷周,固弗程督,禽兽畜之,不属为人。夫上不观虞夏殷周之统,而下循近世之失,此臣之所大忧,百姓之所疾苦也。且夫兵久则变生,事苦则虑易。乃使边境之民弊靡愁苦而有离心,将吏相疑而外市,故尉佗、章邯得以成其私也。夫秦政之所以不行者,权分乎二子,此得失之效也。故《周书》曰"安危在出令,存亡在所用"。愿陛下详察之,少加意而熟虑焉。

是时赵人徐乐、齐人严安俱上书言世务,各一事。徐乐曰:

说："不可以攻打。匈奴没有固定居住的城郭，也没有积聚财物的府库，迁徙就像飞鸟一般飘忽不定，很难制服他们。若派轻装部队进军深入，粮草必然断绝；如果携带很多粮食行军，负担太重，难以济事。即使得到他们的土地也无法利用，得到他们的百姓也没法役使。一旦战胜，就必然要杀死他们，这并非是万民父母的圣君所应做的事。因此消耗人力物力，追求战胜的快慰，这不是好的政策。"秦始皇不听，就派蒙恬率兵攻打匈奴，把边境开拓了上千里，以黄河为国界。结果这些土地都是盐碱地，不生五谷。后来又调发全国的成年男子驻守在黄河边。军队驻外劳顿十几年，死的人不计其数，却始终没能再越过黄河北进。这难道是人马不足、武器装备不够吗？实在是形势不允许啊！后来又让天下的人急运粮草，从黄、腄、琅邪那些靠海的县出发，转运到北河，沿途大量消耗，差不多耗费三十钟粮草才只能运到一石。全国男子努力耕种，也满足不了粮饷之需；女子努力纺织，也满足不了帷幕之需。百姓们精疲力竭，孤寡老弱得不到养育，道路上死尸遍地，因为这个缘故天下人开始反叛了。

等到高祖平定天下，攻取了边境的土地，后来听说匈奴聚积在代郡的山谷之外，就想攻打他们。御史成进劝阻说："不可进攻。匈奴人天性，像飞鸟走兽一样飘散不定，追赶他们就像捕捉影子一样了不可得。如今以陛下的盛德去攻打匈奴，我私下很忧虑。"高祖不听，于是向北进军到代郡的山谷，结果在平城被围。汉高祖想必很后悔，就派刘敬前往匈奴缔结和亲。这以后，天下解除了战争之苦。

所以《孙子兵法》上说："发兵十万，每天要耗费千金。"秦朝经常兴师动众多达几十万兵力，虽然也歼灭敌军，杀死敌将，俘虏匈奴单于建有军功，但也恰恰因此结下深仇大恨，不足以抵偿全国耗费的资财。上使国库空虚，下使百姓疲惫，只图一点战争的痛快，这并非是完美的事情。匈奴难以制服，这并非当前的事情。他们边走边掠夺，并以此为职业，是天性本来如此。所以上自虞舜、夏朝、商朝和周朝，从来都不以道德的要求来督导他们，而视为禽兽一类，不把他们当作人。作为一个统治者，如果对上不借鉴虞夏商周的经验，只想遵循近世秦始皇的错误做法，这是我最忧虑，也是百姓最痛苦的事情。况且战争过多就会发生变乱，百姓受苦过深就会想到造反。边境百姓疲惫愁苦过深，就会对国家离心离德。使将军官吏们相互猜疑而与外敌勾结，尉佗和章邯就是因为这样才叛乱的。秦朝的政令之所以不能推行，就是因为国家大权被他二人所掌控，这是秦朝灭亡的最好证明。所以《周书》上说："国家的安危在于君王发布的政令，国家的存亡在于君王任用的人选。"希望陛下能特别注意，稍微认真考虑这一点。

这时，赵人徐乐、齐人严安也都就现前的政治向皇帝上书，各自发表了意

臣闻天下之患在于土崩，不在于瓦解，古今一也。何谓土崩？秦之末世是也。陈涉无千乘之尊，尺土之地，身非王公大人名族之后，无乡曲之誉，非有孔、墨、曾子之贤，陶朱、猗顿之富也，然起穷巷，奋棘矜，偏袒大呼而天下从风，此其故何也？由民困而主不恤，下怨而上不知，俗已乱而政不修，此三者陈涉之所以为资也。是之谓土崩。故曰天下之患在于土崩。何谓瓦解？吴、楚、齐、赵之兵是也。七国谋为大逆，号皆称万乘之君，带甲数十万，威足以严其境内，财足以劝其士民，然不能西攘尺寸之地而身为禽于中原者，此其故何也？非权轻于匹夫而兵弱于陈涉也，当是之时，先帝之德泽未衰而安土乐俗之民众，故诸侯无境外之助。此之谓瓦解，故曰天下之患不在瓦解。由是观之，天下诚有土崩之势，虽布衣穷处之士或首恶而危海内，陈涉是也。况三晋之君或存乎！天下虽未有大治也，诚能无土崩之势，虽有强国劲兵不得旋踵而身为禽矣，吴、楚、齐、赵是也。况群臣百姓能为乱乎哉！此二体者，安危之明要也，贤主所留意而深察也。

间者关东五谷不登，年岁未复，民多穷困，重之以边境之事，推数循理而观之，则民且有不安其处者矣。不安故易动。易动者，土崩之势也。故贤主独观万化之原，明于安危之机，修之庙堂之上，而销未形之患。其要，期使天下无土崩之势而已矣。故虽有强国劲兵，陛下逐走兽，射蜚鸟，弘游燕之囿，淫纵恣之观，极驰骋之乐，自若也。金石丝竹之声不绝于耳，帷帐之私俳优侏儒之笑不乏于前，而天下无宿忧。名何必汤武，俗何必成康！虽然，臣窃以为陛下天然之圣，宽仁之资，而诚以天下为务，则汤武之名不难侔，而成康之俗可复兴也。此二体者立，然后处尊安之实，扬名广誉于当世，亲天下而服四夷，余恩遗德为数世隆，南面负扆摄袂而揖王公，此陛下之所服也。臣闻图王不成，其敝足以安。安则陛下何求而不得，何为而不成，何征而不服乎哉！

见。徐乐在上书中说：

我听说国家的忧患在于土崩，而不在于瓦解，古往今来都是一样的。什么叫土崩呢？秦朝末年的农民起义就是这样。陈涉并没有千乘的尊贵地位，也没有尺寸封地，出身卑微，并非王公大人和有名望的贵族的后代，在家乡也没有什么名望，既没有孔丘、墨翟、曾参的贤能，又没有陶朱、猗顿的富有。他从穷乡僻壤崛起，挥舞着戟矛，赤臂大喊，天下人就闻风响应，这是什么原因呢？这是由于人民贫困而国君不知体恤爱护，民众怨恨而在上位者并不知情，社会的风俗已乱，国家的政务却不加整治，这三点都是陈涉所利用的有利条件，这就叫作土崩。所以说国家的祸患在于土崩。什么叫瓦解呢？吴、楚、齐、赵的叛乱就是这样。吴、楚等七国反叛，全都号称万乘之君，发兵数十万，声威足以整饬他们全国，财富足以鼓励所有的国民，但最终没能夺来尺寸之地，自己又被朝廷打败，这又是什么原因呢？并不是他们的权势连一个平民都不如、兵力比陈涉还弱，而是因为在当时，先帝的恩德还深入人心，而且安居乐业的百姓为数众多，因此诸侯得不到外边的援助。这就叫作瓦解。所以说国家的祸患不在于瓦解。由此可见，天下若有土崩的趋势，纵然是穷困的百姓，只要有人首先发难，就可能使国家遭到危害，陈涉就是如此，何况还有三晋国君那样的人存在呢！天下即使没有得到大治，若真能没有土崩的趋势，就算是有强国劲旅，自身也不能避免被擒，吴、楚、齐、赵等国就是这样，何况群臣百姓起来造反呢！这两种情况，是国家安危的关键，希望贤明的君主多多留意、深加考察。

最近关东地区五谷歉收，至今未得丰收，百姓多半生计艰难。再加上边境一带的战争，按常理推断，老百姓都将心神不安。一不安就容易有变故，有变故就是土崩的苗头。所以，贤明的君主能看到各种变化的原因，洞察安危的关键，及时制定拨乱反正的政策制度，就可以把祸患消灭于萌芽状态。最主要的是，想方设法不使天下出现土崩的形势。因此就算有强国劲旅，陛下也可以打猎、游赏，尽情享乐，往来驰骋，安然自若。金石丝竹的乐音不绝于耳，帷帐中的私情和俳优侏儒们的戏谑之态常在面前，天下也没有积久的忧患。没必要把追求的目标定成商汤周武一般，民俗也不必如成王康王时那么淳美！即使这样，我私下认为陛下如此圣明之君，有宽厚仁爱的禀赋，若果真把天下放在心上，那么商汤、周武那样的名望就不难赶上，成王、康王那时的民俗也可以复兴。这两方面做到了，然后就可以享有尊贵与太平的生活，在当代美名盛传，使天下之人拥戴，使四方边远之民臣服，您的恩泽将一代一代盛传下去，您的子孙将面朝南方，背靠屏风，卷起衣袖，接见王公大臣们，这是陛下现在所该做的事情。我听说想实行王道、治理国家，即使没有成功，起码也可以使国家安宁。国家一旦安宁，陛下难

严安上书曰：

臣闻周有天下，其治三百余岁，成康其隆也，刑错四十余年而不用。及其衰也，亦三百余岁，故五伯更起。五伯者，常佐天子兴利除害，诛暴禁邪，匡正海内，以尊天子。五伯既没，贤圣莫续，天子孤弱，号令不行。诸侯恣行，强陵弱，众暴寡，田常篡齐，六卿分晋，并为战国，此民之始苦也。于是强国务攻，弱国备守，合从连横，驰车击毂，介胄生虮虱，民无所告愬。

及至秦王，蚕食天下，并吞战国，称号曰皇帝，主海内之政，坏诸侯之城，销其兵，铸以为钟虡，示不复用。元元黎民得免于战国，逢明天子，人人自以为更生。乡使秦缓其刑罚，薄赋敛，省繇役，贵仁义，贱权利，上笃厚，下智巧，变风易俗，化于海内，则世世必安矣。秦不行是风而其故俗，为智巧权利者进，笃厚忠信者退；法严政峻，谄谀者众，日闻其美，意广心轶。欲肆威海外，乃使蒙恬将兵以北攻胡，辟地进境，戍于北河，蜚刍挽粟以随其后。又使尉屠雎将楼船之士南攻百越，使监禄凿渠运粮，深入越，越人遁逃。旷日持久，粮食绝乏，越人击之，秦兵大败。秦乃使尉佗将卒以戍越。当是时，秦祸北构于胡，南挂于越，宿兵无用之地，进而不得退。行十余年，丁男被甲，丁女转输，苦不聊生，自经于道树，死者相望。及秦皇帝崩，天下大叛。陈胜、吴广举陈，武臣、张耳举赵，项梁举吴，田儋举齐，景驹举郢，周市举魏，韩广举燕，穷山通谷豪士并起，不可胜载也。然皆非公侯之后，非长官之吏也。无尺寸之势，起闾巷，杖棘矜，应时而皆动，不谋而俱起，不约而同会，壤长地进，至于霸王，时教使然也。秦贵为天子，富有天下，灭世绝祀者，穷兵之祸也。故周失之弱，秦失之强，不变之患也。

道还会有得不到的东西吗？还会有做不成的事吗？还会有征服不了的国家吗？

严安上书说：

我听说周朝治理天下八百余年，太平盛世有三百多年，成王和康王是最兴盛的时代，竟然四十多年不用刑罚。待到周朝政治衰微时也有三百多年，这期间五霸轮番兴起。这些霸主经常辅佐天子，兴利除害，诛伐暴虐，禁止奸邪，率领天下诸侯尊奉天子，使天子得到尊贵。五霸过去之后，没有贤圣之人接替他们，使天子处于孤立软弱的地位，号令无人遵行。诸侯恣意行事，以强凌弱，以众欺寡。田常篡夺了齐国的政权，六卿瓜分了晋国的土地，于是天下形成了战事纷扰的局面，这是百姓苦难的开始。这时强国致力于对外扩张，弱国谋求防守，出现合纵和连横的策略，说客们的车子疾驰奔波，战争连年不断，战士的铠甲帽盔都长满了虱子，百姓无处诉苦。

待到秦王嬴政时代，他蚕食天下，并吞六国，号称皇帝。掌握了全国的政权后，铲平旧时诸侯国的都城，销毁诸侯的兵器，熔铸成钟虡，表示从此不再兴兵动武。善良的百姓刚刚免于战争的灾害，碰上一位圣明的天子，人人都以为获得了新生。假如这时的秦朝能够宽缓刑罚，少征赋税，减轻徭役，崇尚仁义，贬低权利，崇尚忠厚，鄙视智巧，移风易俗，教化全国，那么世世代代都会安享太平。遗憾的是秦朝不推行这种政治，却因循从前的风俗，使得那些专做智巧权利之事的人得以任用，而那些忠厚诚信的人却被屏退；刑法严酷，政令森严，阿谀谄媚之人日多，始皇天天听他们的歌功颂美之辞，变得骄纵自满起来。他一心想到海外扬威，就派蒙恬率兵北伐匈奴，开辟疆土，在黄河以北驻军戍守，让百姓急运粮草紧随其后。又派都尉屠睢率楼船水军南攻百越，派监禄开渠运粮，深入越地。越人开始时逃入深山，战争旷日持久，秦军粮草断绝，越人群起反攻，秦军大败，秦朝只好又派都尉赵佗率兵戍守越地。那时候，秦朝北面与匈奴对峙，南面又与越人纠缠，几十万大军长年驻守在没有用处的地方，进退维谷，前后历经十多年。成年男子要披甲上阵，女子要运送物资，使百姓困顿不堪，民不聊生，吊死在路边树上的尸首到处可见。待到秦始皇一死，天下大乱。陈胜、吴广在陈县举兵，武臣、张耳在赵地举兵，项梁在吴举兵，田儋在齐举兵，景驹在郢举兵，周市在魏举兵，韩广在燕举兵，天下豪杰之士并起，不可胜数。但是，他们都不是六国诸侯的后代，也并非大官的下属，没有一点权势，都是从民间兴起，手持戟矛，顺应时势，一拥而起，不约而同。他们不断扩大土地，最后成为霸王，这都是当时的形势造成的。秦帝贵为天子，富有整个天下，却落得家破人亡、断子绝孙的下场，这是他穷兵黩武的恶果啊。所以周朝的败亡在于国势软弱，秦朝的败亡在于恃强逞威，这都是不懂得顺应客观形势的改变而变通的缘故。

今欲招南夷，朝夜郎，降羌僰，略濊州，建城邑，深入匈奴，燔其茏城，议者美之。此人臣之利也，非天下之长策也。今中国无狗吠之惊，而外累于远方之备，靡敝国家，非所以子民也。行无穷之欲，甘心快意，结怨于匈奴，非所以安边也。祸结而不解，兵休而复起，近者愁苦，远者惊骇，非所以持久也。今天下锻甲砥剑，桥箭累弦，转输运粮，未见休时，此天下之所共忧也。夫兵久而变起，事烦而虑生。今外郡之地或几千里，列城数十，形束壤制，旁胁诸侯，非公室之利也。上观齐晋之所以亡者，公室卑削，六卿大盛也；下观秦之所以灭者，严法刻深，欲大无穷也。今郡守之权，非特六卿之重也；地几千里，非特闾巷之资也；甲兵器械，非特棘矜之用也：以遭万世之变，则不可称讳也。

书奏天子，天子召见三人，谓曰："公等皆安在？何相见之晚也！"于是上乃拜主父偃、徐乐、严安为郎中。数见，上疏言事，诏拜偃为谒者，迁为中大夫。一岁中四迁偃。

偃说上曰："古者诸侯不过百里，强弱之形易制。今诸侯或连城数十，地方千里，缓则骄奢易为淫乱，急则阻其强而合从以逆京师。今以法割削之，则逆节萌起，前日晁错是也。今诸侯子弟或十数，而适嗣代立，余虽骨肉，无尺寸地封，则仁孝之道不宣。愿陛下令诸侯得推恩分子弟，以地侯之。彼人人喜得所愿，上以德施，实分其国，不削而稍弱矣。"于是上从其计。又说上曰："茂陵初立，天下豪桀并兼之家，乱众之民，皆可徙茂陵，内实京师，外销奸猾，此所谓不诛而害除。"上又从其计。

尊立卫皇后，及发燕王定国阴事，盖偃有功焉。大臣皆畏其口，赂遗累千金。人或说偃曰："太横矣。"主父曰："臣结发游学四十余年，身不得遂，亲不以为子，昆弟不收，宾客弃我，我戹日久矣。

如今国家想招降南夷，让夜郎前来朝拜，降服羌、僰，攻夺濊州，在新占的地区建立城邑。又想要派兵深入匈奴，烧毁他们的龙城，受到一些议论者的赞美。但这是对臣子有益，并非是天下的长远大计。如今中原太平安定，百姓安乐，却受到远方备战的连累，使国家疲惫，这不是养育百姓的办法。为满足个人无止尽的欲望，图一时的痛快，而同匈奴结怨，这不是安定边疆的办法。结下怨恨而不能消除，战争无休无止，使身处其中的人蒙受愁苦，远观者感到惊骇，这不是持久的办法。如今全国上下为战争打造铠甲兵器、转运粮食，不知道何时是个头，这是天下百姓们共同忧虑的事情。战争拖久了，变故就会产生；事情繁杂，疑虑就会产生。现在外郡的土地大到数千里，列城数十个，以土地控制百姓，胁迫附近的诸侯，这对于刘氏皇族很是不利。从宏观来看，齐国和晋国被灭亡，就是公室势力衰微、六卿势力太大的缘故。秦国所以被灭亡，就是刑法严酷、欲望无边的缘故。如今郡守的权力之大，是当年的六卿所不能比的；土地之广，不仅仅是依靠部分百姓同巷；铠甲武器，不仅仅是戟矛之类。这样的客观条件，如果碰上万世不遇的变乱，那么其后果将难以言表。

奏书送交武帝后，武帝召见了主父偃、徐乐和严安，对他们说："你们当初都在哪里啊？为何我们相见得这样晚？"于是武帝就任命他们三人都做了郎中。后来主父偃又多次进见皇帝，上疏陈说政事。于是皇帝下令任命他为谒者，又升为中大夫。一年当中，竟连续四次提升。

主父偃向武帝进谏说："古时候，诸侯的封地不能超过百里，强弱对比明显，中央容易控制局面。如今有的诸侯竟有城邑数十座，土地方圆千里。这样一来，没事的时候，他们骄奢淫逸，容易胡乱行事；危急之时，他们就会恃强联合起来，对抗朝廷。如今若是以制度来削弱他们，就会使其产生反叛之心，从前晁错的悲剧就是这么造成的。如今诸侯家的子弟有的多达十几个，而只有嫡长子可以世代继立，其余的虽是亲骨肉，但没有尺寸之地的封赐，这不能体现陛下的仁义孝道。希望陛下诏令诸侯们广泛地施恩德，给他们的子弟分配土地，让他们做侯。这样一来，诸侯子弟们都高兴得到自己所希望的。皇上施以恩德，实际上是分割了诸侯的封国，不用削夺封地而诸侯就会逐渐削弱了。"于是皇上就采纳了他的主意。主父偃又去劝说皇上道："如今茂陵的工程刚刚开始，可以把天下的豪强富人、聚众作乱之人，统统都迁徙到茂陵去，这样一则充实了京师，二则消除了奸猾之徒，这就是所谓的不用诛杀而祸害自除。"武帝一听，又同意了。

尊立卫子夫当皇后，及揭发燕王刘定国的丑事，其中都有主父偃的功劳。大臣们都畏惧主父偃的嘴，贿赂和赠送给他的钱，累计有千金之多。有人劝主父偃道："你太专横跋扈了。"主父偃说："我结发游学四十多年，一直不得志，以

且丈夫生不五鼎食，死即五鼎烹耳。吾日暮途远，故倒行暴施之。"

偃盛言朔方地肥饶，外阻河，蒙恬城之以逐匈奴，内省转输戍漕，广中国，灭胡之本也。上览其说，下公卿议，皆言不便。公孙弘曰："秦时常发三十万众筑北河，终不可就，已而弃之。"主父偃盛言其便，上竟用主父计，立朔方郡。

元朔二年，主父言齐王内淫佚行僻，上拜主父为齐相。至齐，遍召昆弟宾客，散五百金予之，数之曰："始吾贫时，昆弟不我衣食，宾客不我内门；今吾相齐，诸君迎我或千里。吾与诸君绝矣，毋复入偃之门！"乃使人以王与姊奸事动王，王以为终不得脱罪，恐效燕王论死，乃自杀。有司以闻。

主父始为布衣时，尝游燕、赵，及其贵，发燕事。赵王恐其为国患，欲上书言其阴事，为偃居中，不敢发。及为齐相，出关，即使人上书，告言主父偃受诸侯金，以故诸侯子弟多以得封者。及齐王自杀，上闻大怒，以为主父劫其王令自杀，乃征下吏治。主父服受诸侯金，实不劫王令自杀。上欲勿诛，是时公孙弘为御史大夫，乃言曰："齐王自杀无后，国除为郡，入汉，主父偃本首恶，陛下不诛主父偃，无以谢天下。"乃遂族主父偃。

主父方贵幸时，宾客以千数，及其族死，无一人收者，唯独洨孔车收葬之。天子后闻之，以为孔车长者也。

太史公曰：公孙弘行义虽修，然亦遇时。汉兴八十余年矣，上方乡文学，招俊乂，以广儒墨，弘为举首。主父偃当路，诸公皆誉之，及名败身诛，士争言其恶。悲夫！

太皇太后诏大司徒大司空："盖闻治国之道，富民为始；富民之

至于父母都不把我当作儿子看，兄弟们没人肯收留我，宾客们一一抛弃我，我受了太多罪了。况且大丈夫活在世上，如不能列五鼎而食，那么宁可死时受五鼎烹煮的刑罚。我已经年纪大了，所以无所顾忌地倒行逆施、横暴行事。"

主父偃极力夸说朔方土地肥沃富饶，外有黄河为险阻，又有蒙恬筑的城墙以阻止匈奴的侵扰，如果在此地垦荒种植，就能省下转运和戍守漕运的人力物力，同时扩大中原的土地，这是消灭匈奴的根本。皇上看完他的奏章，就交给公卿们议论，大家都不赞成。公孙弘说："秦朝时曾经调发三十万人在那儿修城守河，始终也未修成，后来还是放弃了。"但主父偃极力主张，武帝最后还是采纳了他的计策，设置了朔方郡。

元朔二年，主父偃向皇上告发齐王刘次景淫乱骄佚，皇上任命他为齐相，前往调查。主父偃到了齐国，就把他的兄弟和宾客都召集起来，散发五百金给他们，而后数落他们说："当初我贫穷的时候，兄弟们不给我衣食，宾客们不让我进门；如今我做了齐相，你们居然有人到千里以外去迎接我。我今天要和你们一刀两断，请不要再进我主父偃的家门！"而后他就派人用齐王与其姐姐通奸的事来触动齐王，齐王估计自己终究不能逃脱罪责，不愿像燕王刘定国那样被判处死罪，就自杀了。主管此事的官员把这事报告给了皇上。

主父偃还是平民的时候，曾经到过燕地和赵地，等到他当了大官后，就揭发了燕王的丑事。赵王害怕他又祸及赵国，就想要先发制人，上书揭发主父偃的罪行。因为主父偃在朝中，不敢揭发。等到他当了齐相，走出函谷关，赵王就立即派人上书，告发主父偃是因为接受了诸侯的贿赂，才倡议把诸侯子弟封侯的。武帝开始未置可否，等到后来齐王自杀，武帝大怒，认为一定是主父偃威胁使其自杀的，就交给官吏审问。主父偃承认接受诸侯贿赂的事实，但并没有威胁齐王使他自杀。皇上开始也不想诛杀主父偃，但御史大夫公孙弘对皇上说："齐王自杀，没有后代，封国被取消而设为郡县，这事的罪魁祸首就是主父偃，陛下不杀主父偃，无法向天下人交待。"于是皇上就把主父偃灭族了。

主父偃正当显贵受宠时，门下的宾客数以千计，待到他被灭族后，没有一个人敢为他收尸，唯独洨县人孔车为他收尸并将他安葬了。武帝后来听说了这事，认为孔车是厚道人。

太史公说：公孙弘的品行虽然好，然而也是因为他机遇好。汉朝建国八十余年了，皇上正崇尚儒家学说，招贤纳士，以发扬儒家和墨家学说，公孙弘是第一个被选拔出来的人。主父偃当权的时候，身居要职，朝中高官都称赞他，待到他名声败坏、被处斩的时候，士人都争着讲他的不是，真是可悲呀！

汉平帝元始年间，太皇太后王政君向大司徒马宫和大司空甄丰下诏书说：

要,在于节俭。《孝经》曰'安上治民,莫善于礼'。'礼,与奢也,宁俭'。昔者管仲相齐桓,霸诸侯,有九合一匡之功,而仲尼谓之不知礼,以其奢泰侈拟于君故也。夏禹卑宫室,恶衣服,后圣不循。由此言之,治之盛也,德优矣,莫高于俭。俭化俗民,则尊卑之序得,而骨肉之恩亲,争讼之原息。斯乃家给人足,刑错之本也欤?可不务哉!夫三公者,百寮之率,万民之表也。未有树直表而得曲影者也。孔子不云乎,'子率而正,孰敢不正'。'举善而教不能则劝'。维汉兴以来,股肱宰臣身行俭约,轻财重义,较然著明,未有若故丞相平津侯公孙弘者也。位在丞相而为布被,脱粟之饭,不过一肉。故人所善宾客皆分奉禄以给之,无有所余。诚内自克约而外从制。汲黯诘之,乃闻于朝,此可谓减于制度而可施行者也。德优则行,否则止,与内奢泰而外为诡服以钓虚誉者殊科。以病乞骸骨,孝武皇帝即制曰'赏有功,褒有德,善善恶恶,君宜知之。其省思虑,存精神,辅以医药'。赐告治病,牛酒杂帛。居数月,有瘳,视事。至元狩二年,竟以善终于相位。夫知臣莫若君,此其效也。弘子度嗣爵,后为山阳太守,坐法失侯。夫表德章义,所以率俗厉化,圣王之制,不易之道也。其赐弘后子孙之次当为后者爵关内侯,食邑三百户,征诣公车,上名尚书,朕亲临拜焉。"

班固称曰:公孙弘、卜式、儿宽皆以鸿渐之翼困于燕雀,远迹羊豕之间,非遇其时,焉能致此位乎?是时汉兴六十余载,海内乂安,府库充实,而四夷未宾,制度多阙,上方欲用文武,求之如弗及。始以蒲轮迎枚生,见主父而叹息。群臣慕乡,异人并出。卜式试于刍

"我听说治理国家之道，首先是要使百姓富裕起来；而使百姓富裕的关键，就在于为官者的节俭。《孝经》上说'使在上位者能平安，使百姓能够稳定的办法，没有比用礼更好的了'。'至于说到礼，与其过于奢侈，不如节俭一点'。从前，管仲当齐桓公的丞相，辅佐齐桓公称霸诸侯，有九合诸侯、匡正天下的大功，但是孔子说他不知礼，这就是因为他奢侈过度，排场已经同国君不相上下的缘故。夏禹住矮小的房屋，穿粗劣的衣服，后来的帝王不遵循他的做法。由此看来，一个国家治理得好不好，君王的德行很重要，而德行之高莫过于节俭。用节俭的美德教化民众，那么尊卑的次序就清楚了，而父母兄弟间的骨肉恩情就会更加亲密，纷争诉讼的争端也就不存在了。这不就是让百姓富足、不用刑罚就能治好国家的根本吗？怎可不努力实践呢！国家的三公是百官的统帅，是万民的表率。只要竖起的标杆垂直，就不会有弯曲的影子。孔子不是说过吗，'你领着走正路，谁敢不走正路？''选拔贤能的人，教育不好的人，那么人们就会争相努力学好了。'汉朝兴盛以来，作为皇上股肱之臣的宰相都能自身节俭，轻财重义，堪称楷模，没有比得上丞相平津侯公孙弘的了。他身居丞相的高官地位却盖着布被，每天吃糙米饭，每顿饭只有一个肉菜。但对老朋友和他喜欢的宾客，都把自己的俸禄分给他们，而自己却所剩无几。他确实是严格要求自己，遵守制度。他的这些事是由于汲黯质问他，才传到了朝廷上，这可以说是以低于制度的标准来力行节俭的人。好的德行就去做，不好的就制止，这和那些表面假装节俭来沽名钓誉，实际奢侈无度的人是根本不同的。后来公孙弘因病请求退职还家，孝武皇帝就诏令说：'奖赏有功的人，褒奖有德的人，喜好善良，厌恶丑恶，这些原则你应该都知道。请你少顾虑，多多保养精神，辅之以医药。'于是赐予他假期让他好好养病，并不断赏赐他牛肉、酒和杂帛之物。过了几个月，公孙弘的病痊愈，又去上朝理事了。元狩二年，公孙弘以丞相之位善终。知臣者莫如君，这就是个证明。公孙弘的儿子公孙度承袭爵位，后来做了山阳太守，因为犯法丢掉了官爵。表彰德行仁义，目的就是为了要移风易俗、厉行教化，作为圣王的古制，这是个不可变易的天道。特赐予公孙弘子孙中可承袭爵位的后人为关内侯，赐给三百户食邑，让他们在公车门候旨，把姓名上报到尚书那里，到时候我要亲自给他封赏。"

班固评论说：公孙弘、卜式、兒宽都身有鸿雁奋飞之翼，却早年困顿在燕雀当中，或者被斥逐到远方去放牧，如果不是遇到好的时机，又怎么能达到公卿的地位呢？当时汉朝建国六十多年，海内安定，府库充实，而四方夷狄尚未归服，制度又多有缺失，皇上希望得到更多的文武人才，因而努力搜寻。开始用蒲轮安车迎来了枚乘，见到主父偃而叹息相见太迟。因此，群臣都众心归一，在野的奇

牧，弘羊擢于贾竖，卫青奋于奴仆，日䃅出于降虏，斯亦曩时版筑饭牛之朋矣。汉之得人，于兹为盛。儒雅则公孙弘、董仲舒、兒宽，笃行则石建、石庆，质直则汲黯、卜式，推贤则韩安国、郑当时，定令则赵禹、张汤，文章则司马迁、相如，滑稽则东方朔、枚皋，应对则严助、朱买臣，历数则唐都、落下闳，协律则李延年，运筹则桑弘羊，奉使则张骞、苏武，将帅则卫青、霍去病，受遗则霍光、金日䃅。其余不可胜纪。是以兴造功业，制度遗文，后世莫及。孝宣承统，纂修洪业，亦讲论六艺，招选茂异，而萧望之、梁丘贺、夏侯胜、韦玄成、严彭祖、尹更始以儒术进，刘向、王褒以文章显。将相则张安世、赵充国、魏相、邴吉、于定国、杜延年，治民则黄霸、王成、龚遂、郑弘、邵信臣、韩延寿、尹翁归、赵广汉之属，皆有功迹见述于后。累其名臣，亦其次也。

才异士也纷纷出现。卜式从割草牧羊的人群中被选出，桑弘羊从商人中被选拔起来，卫青奋起于奴仆之间，金日䃅出自于俘虏营里，这都是有如从前那筑墙的傅说、喂牛的宁戚一类的人啊。汉朝选拔人才，以武帝时期为最多。学识渊博而有雍容风度的有公孙弘、董仲舒、兒宽；忠厚老实、做事勤奋的有石建和石庆；刚直敢言的有汲黯、卜式；以推举贤才著称的有韩安国、郑当时；善于制定律令的有赵禹、张汤；以文章写作闻名的有司马迁、司马相如；诙谐滑稽的有东方朔、枚皋；善于应对的有严助、朱买臣；以天文历法著称的有唐都、落下闳；擅长音律曲谱的有李延年；擅长筹划的有桑弘羊；奉命出使的有张骞、苏武；杰出的将帅则有卫青、霍去病；接受皇帝遗诏而辅佐幼主的有霍光、金日䃅；其余种种，多得数不过来。因此这个时期创建的功业，所制定的各种制度和文献典籍，远非后世所能及。汉宣帝继承大统后，继续阐扬汉朝的大业，也大力讲述宣扬儒家的六艺，招选优秀特异的人才，因而萧望之、梁丘贺、夏侯胜、韦玄成、严彭祖、尹更始因为精通儒家学说而被任用；刘向、王褒因为文章写作而闻名。当时的将相有张安世、赵充国、魏相、邴吉、于定国、杜延年；善于治理百姓的有黄霸、王成、龚遂、郑弘、邵信臣、韩延寿、尹翁归、赵广汉等等，他们都有功勋事迹被后世人所称道记述。这种名臣辈出的盛况，可以说仅次于武帝时代了。

南越列传第五十三

　　南越王尉佗者,真定人也,姓赵氏。秦时已并天下,略定杨越,置桂林、南海、象郡,以谪徙民,与越杂处十三岁。佗,秦时用为南海龙川令。至二世时,南海尉任嚣病且死,召龙川令赵佗语曰:"闻陈胜等作乱,秦为无道,天下苦之,项羽、刘季、陈胜、吴广等州郡各共兴军聚众,虎争天下,中国扰乱,未知所安,豪杰畔秦相立。南海僻远,吾恐盗兵侵地至此,吾欲兴兵绝新道,自备,待诸侯变,会病甚。且番禺负山险,阻南海,东西数千里,颇有中国人相辅,此亦一州之主也,可以立国。郡中长吏无足与言者,故召公告之。"即被佗书,行南海尉事。嚣死,佗即移檄告横浦、阳山、湟溪关曰:"盗兵且至,急绝道聚兵自守!"因稍以法诛秦所置长吏,以其党为假守。秦已破灭,佗即击并桂林、象郡,自立为南越武王。高帝已定天下,为中国劳苦,故释佗弗诛。汉十一年,遣陆贾因立佗为南越王,与剖符通使,和集百越,毋为南边患害,与长沙接境。

　　高后时,有司请禁南越关市铁器。佗曰:"高帝立我,通使物,今高后听谗臣,别异蛮夷,隔绝器物,此必长沙王计也,欲倚中国,击灭南越而并王之,自为功也。"于是佗乃自尊号为南越武帝,发兵攻长沙边邑,败数县而去焉。高后遣将军隆虑侯竈往击之。会暑湿,士卒大疫,兵不能逾岭。岁余,高后崩,即罢兵。佗因此以兵威边,财物赂遗闽越、西瓯、骆,役属焉,东西万余里。乃乘黄屋左纛,称

南越王尉佗是真定人，姓赵。秦国统一了天下之后，接着又平定了杨越，设置了桂林、南海和象郡，把犯了罪的百姓都迁徙安置到这些地方，同越人杂居在一起，这样过了十三年。尉佗，在秦始皇时被任命为南海郡的龙川县令。秦二世时，南海郡尉任嚣病重，把龙川令赵佗召来，对他说："秦朝推行暴虐无道的政策，天下百姓都怨恨不已，听说陈胜等发动了叛乱，现在项羽和刘邦、陈胜、吴广等，都在各自的州郡，招兵买马，组建军队，如猛虎般争夺天下，中原地区正陷于一片混乱，不知何时得安宁，豪杰们背叛秦朝，相继称王。南海郡虽偏僻遥远，我担心强盗也会打到这里，侵夺土地，因此想发兵切断通往中原的交通，自己早做防备，以等待中原战局的变化，不巧赶上我病重。再说我们番禺这个地方，背后有险要的山势，南有大海作屏障，东西几千里，还有些中原人帮助我们，这也能成一州中的霸主，可以立国兴邦。南海郡的长官中没有一个可以和他们商量，所以才把你召来。"于是任嚣当即向赵佗颁布任命文书，让他代理南海郡尉的职务。任嚣死后，赵佗随即向横浦、阳山、湟溪三处关口发布檄文说："强盗的军队很快就要到来，要赶紧切断道路，集合军队，加强守卫。"接着他又借此机会，依法处置了秦朝安置的官吏，而用他的亲信做代理长官。秦朝被灭亡后，赵佗就发兵兼并了桂林和象郡，自立为南越武王。待到汉高祖已经平定了天下，考虑到中原百姓劳顿困苦，所以就没有派兵讨伐赵佗，放过了他。汉高帝十一年，高祖派遣陆贾出使南越，封赵佗因袭南越王的称号，同他剖符定约，互通使者，让他协调南越各族间的关系，使其和睦相处，不要成为汉朝南边的祸患。南越边界与北方的长沙郡接壤。

　　高后当政时，有关部门请求禁止南越在边境市场上买卖铁器。赵佗一听，说："高帝封我为南越王，双方互通使者，互相贸易。如今高后听信谗臣的挑拨，把蛮夷视为异类，断绝器物的互通，这一定是长沙王的主张，他想依靠中原的汉王朝，消灭南越而一并统治，自谋功利。"于是赵佗就宣告独立，擅加尊号，自称南越武帝，出兵攻打长沙的边境城邑，一连攻破了几个县才离去。高后派遣将军隆虑侯周灶前去迎击。正赶上暑热阴湿天气，士兵中很多人染上了瘟疫，军队无法越过阳山岭。一年多以后，高后去世，于是对南越的讨伐也就不了了之。赵佗趁此而以大军扬威于边地，用财物贿赂闽越、西瓯和骆越，让它们

制,与中国侔。

及孝文帝元年,初镇抚天下,使告诸侯四夷从代来即位意,喻盛德焉。乃为佗亲冢在真定,置守邑,岁时奉祀。召其从昆弟,尊官厚赐宠之。诏丞相陈平等举可使南越者,平言好畤陆贾,先帝时习使南越。乃召贾以为太中大夫,往使。因让佗自立为帝,曾无一介之使报者。陆贾至南越,王甚恐,为书谢,称曰:"蛮夷大长老夫臣佗,前日高后隔异南越,窃疑长沙王谗臣,又遥闻高后尽诛佗宗族,掘烧先人冢,以故自弃,犯长沙边境。且南方卑湿,蛮夷中间,其东闽越千人众号称王,其西瓯骆裸国亦称王。老臣妄窃帝号,聊以自娱,岂敢以闻天王哉!"乃顿首谢,愿长为藩臣,奉贡职。于是乃下令国中曰:"吾闻两雄不俱立,两贤不并世。皇帝,贤天子也。自今以后,去帝制黄屋左纛。"陆贾还报,孝文帝大说。遂至孝景时,称臣,使人朝请。然南越其居国窃如故号名,其使天子,称王朝命如诸侯。至建元四年卒。

佗孙胡为南越王。此时闽越王郢兴兵击南越边邑,胡使人上书曰:"两越俱为藩臣,毋得擅兴兵相攻击。今闽越兴兵侵臣,臣不敢兴兵,唯天子诏之。"于是天子多南越义,守职约,为兴师,遣两将军往讨闽越。兵未逾岭,闽越王弟馀善杀郢以降,于是罢兵。

天子使庄助往谕意南越王,胡顿首曰:"天子乃为臣兴兵讨闽越,死无以报德!"遣太子婴齐入宿卫。谓助曰:"国新被寇,使者行矣。胡方日夜装入见天子。"助去后,其大臣谏胡曰:"汉兴兵诛郢,亦行以惊动南越。且先王昔言,事天子期无失礼,要之不可以说好语入见。入见则不得复归,亡国之势也。"于是胡称病,竟不入

归服自己，从而使南越的疆土东西长达一万多里。赵佗竟然乘坐起黄屋左纛车，自称皇帝，和中原相抗衡。

待到孝文帝元年，文帝刚刚即位，便派出使者向诸侯和四方蛮夷的君长，告知他从代国来京即位的意图，以昭示皇帝隆盛的恩德。又为赵佗双亲在真定的墓冢设置守墓的人家，逢年过节供奉祭祀。又召来赵佗老家的堂兄弟，赐予高官厚礼，大加宠幸。接着文帝又诏命丞相陈平等人举荐可以出使南越的人，陈平就提到好畤人陆贾，在先帝时曾出使南越之事。文帝于是就召来陆贾，任命他做了太中大夫，前往出使。借此机会责备赵佗竟然没有派出一个使者前来通报，就自立为皇帝。陆贾到了南越，赵佗大为惊恐，写信请罪，道："蛮夷大长老夫臣赵佗，前些时因为高后歧视南越，视为异类，我私下怀疑是长沙王进谗言害我，又听闻高后把我的全族都杀了，还挖了我们的祖坟，因此才被迫起兵，侵犯长沙边境。而且南方低湿之地，在蛮夷中间，东边的闽越只有一千多人，其首领却称为王；西面的西瓯和骆越这样的原始野蛮之国也称王。所以我才大胆地窃取皇帝的尊号，聊以自娱，又怎敢把这事禀告天子呢！"于是就叩头谢罪，表示愿意永远做汉朝的藩属臣子，向汉朝纳贡。接着赵佗就向全国发布命令，说："我听说两雄不能同时并立，两贤不可并世共存。汉朝皇帝是贤明的天子。从今以后，我去掉帝制，也不再乘坐黄屋左纛的车子。"陆贾回朝汇报后，文帝非常高兴。一直到孝景帝年间，赵佗都称臣，派使者入朝拜见天子。然而南越王在其国内仍然使用帝号名称，当其遣使者朝见天子时，就同其他诸侯一样称王。到了建元四年赵佗去世。

赵佗的孙子赵胡当了南越王。这时闽越王郢发兵攻打南越边境城镇，赵胡派人向汉天子上书说："南越和闽越都是汉朝的藩臣，怎敢擅自发兵相互攻击呢？如今闽越发兵侵犯臣，臣不敢发兵抗击，希望天子下诏书制止他们。"天子一听很赞扬南越忠义的行为，遵守职责和盟约，就为他们派遣两位将军前去讨伐闽越。汉军还没越过阳山岭，闽越王的弟弟馀善杀死郢向汉朝投降，于是汉军就撤回去了。

武帝派庄助去向南越王讲明朝廷的意图，赵胡深深叩头谢恩说："天子是为臣发兵讨伐闽越的，臣死了也无法报答天子的恩德！"于是就派太子婴齐到朝廷去充当宿卫。他又对庄助说："国家刚刚遭受侵略，请使者先走一步。我也快速准备行装，去京城朝见天子。"庄助离开后，他的大臣向赵胡进谏说："汉朝发兵诛杀闽越，也是借此来警告南越。而且先王曾说过，侍奉天子，只希望不要失礼就行了，万不可因为听了他们几句好话就去朝见天子。一旦入朝就不能再回来了，这是亡国的形势啊。"于是赵胡就推说有病，最终也没去朝见天子。十多年

见。后十余岁，胡实病甚，太子婴齐请归。胡薨，谥为文王。

婴齐代立，即藏其先武帝玺。婴齐其入宿卫在长安时，取邯郸樛氏女，生子兴。及即位，上书请立樛氏女为后，兴为嗣。汉数使使者风谕婴齐，婴齐尚乐擅杀生自恣，惧入见要用汉法，比内诸侯，固称病，遂不入见。遣子次公入宿卫。婴齐薨，谥为明王。

太子兴代立，其母为太后。太后自未为婴齐姬时，尝与霸陵人安国少季通。及婴齐薨后，元鼎四年，汉使安国少季往谕王、王太后以入朝，比内诸侯；令辩士谏大夫终军等宣其辞，勇士魏臣等辅其缺，卫尉路博德将兵屯桂阳，待使者。王年少，太后中国人也，尝与安国少季通，其使复私焉。国人颇知之，多不附太后。太后恐乱起，亦欲倚汉威，数劝王及群臣求内属。即因使者上书，请比内诸侯，三岁一朝，除边关。于是天子许之，赐其丞相吕嘉银印，及内史、中尉、太傅印，余得自置。除其故黥劓刑，用汉法，比内诸侯。使者皆留填抚之。王、王太后饬治行装重赍，为入朝具。

其相吕嘉年长矣，相三王，宗族官仕为长吏者七十余人，男尽尚王女，女尽嫁王子兄弟宗室，及苍梧秦王有连。其居国中甚重，越人信之，多为耳目者，得众心愈于王。王之上书，数谏止王，王弗听。有畔心，数称病不见汉使者。使者皆注意嘉，势未能诛。王、王太后亦恐嘉等先事发，乃置酒，介汉使者权，谋诛嘉等。使者皆东乡，太后南乡，王北乡，相嘉、大臣皆西乡，侍坐饮。嘉弟为将，将卒居宫外。酒行，太后谓嘉曰："南越内属，国之利也，而相君苦不便者，何也？"以激怒使者。使者狐疑相杖，遂莫敢发。嘉见耳目非是，即起而出。太后怒，欲戳嘉以矛，王止太后。嘉遂出，分其弟兵就舍，

后，赵胡真的病了，而且很严重，于是太子婴齐就请求回国。赵胡死后，谥号为文王。

婴齐即位后，就把他祖先的武帝印玺藏了起来，不再称帝。婴齐在长安做宿卫时，娶了邯郸樛家的女子为妻，生了个儿子叫赵兴。待到他即位，便向汉天子上书，请求立妻子樛氏为王后，赵兴为太子。这时汉朝屡次派使者婉转劝告婴齐要入朝拜见天子，婴齐喜欢自己掌握生杀大权，惧怕进京朝拜天子，会被强迫和内地诸侯一样，执行汉朝法令，因此也推说有病，不肯入京，只是派了儿子次公入京当了宿卫。婴齐死后，被谥为明王。

太子赵兴即位后，他母亲樛氏做了太后。樛氏在没嫁给婴齐做妾时，曾经同霸陵人安国少季通奸。等到婴齐死后，汉朝在元鼎四年派安国少季前去规劝南越王和王太后，让他们依照内地的诸侯，进京朝见。又命令辩士谏大夫终军等宣谕这个意思，让勇士魏臣等辅助不足，随时准备动用武力，卫尉路博德率兵驻守在桂阳，援助使团。赵兴年幼，王太后是中原人，曾同安国少季通奸，此次安国少季来当使者，两人又搭上关系。这事南越人多半知道，因此大多不依附王太后。太后害怕发生动乱，也想依靠汉朝的威势巩固自己的势力，就屡次劝说南越王和群臣请求归属汉朝。后来就通过使者上书天子，请求和内地诸侯一样，每隔三年入朝一次，撤除边境的关塞。天子随即答应了他们的要求，赐给南越丞相吕嘉一枚银印，也给内史、中尉、大傅等都赐了官印，其余的官职由南越自己委任。废除他们从前的黥刑和劓刑，沿用汉朝的法律，和内地的诸侯一样。使者都留下来镇抚南越。与此同时，南越王及王太后开始备办行装和礼物，为入朝做准备。

南越丞相吕嘉年纪大了，辅佐过三位国王，他的宗族内当官做长吏的有七十多人，男子娶的都是王室女子，女子嫁的都是王子及其兄弟宗室之人，同苍梧郡的秦王也有联姻关系。因此他在南越国内的地位非常显要，南越人民都很信任他，很多人都是他的亲信，比南越王还得民心。当南越王要上书汉天子要求内附时，他屡次劝阻，但是国王没听。他因此产生了反叛的念头，多次托病不去会见汉朝使者。使者也都注意到吕嘉这个人，只是因为形势的关系，没有诛杀他。南越王和王太后也怕吕嘉首先动手，就设置酒宴，想借助汉朝使者的权势，除掉吕嘉等人。宴席上，使者都面朝东坐，太后面朝南，南越王面朝北，丞相吕嘉和大臣都面朝西，陪着一起饮酒。吕嘉的弟弟是将军，率兵守候在宫外。酒席宴中，太后对吕嘉说："南越归属朝廷，这对国家是有利的，可是丞相您总说不好，这是为何？"想借以激怒汉朝使者杀了他。但使者们满腹狐疑，面面相觑，双方僵持不下，始终未敢发作。吕嘉见座中人们脸色不对，当即起身出去。太后大怒，想派人用矛刺杀吕嘉，被南越王阻止了。吕嘉出来后，分取他弟弟的军队，护卫

称病，不肯见王及使者。乃阴与大臣作乱。王素无意诛嘉，嘉知之，以故数月不发。太后有淫行，国人不附，欲独诛嘉等，力又不能。

天子闻嘉不听王，王、王太后弱孤不能制，使者怯无决。又以为王、王太后已附汉，独吕嘉为乱，不足以兴兵，欲使庄参以二千人往使。参曰："以好往，数人足矣；以武往，二千人无足以为也。"辞不可，天子罢参也。郏壮士故济北相韩千秋奋曰："以区区之越，又有王、太后应，独相吕嘉为害，愿得勇士二百人，必斩嘉以报。"于是天子遣千秋与王太后弟樛乐将二千人往，入越境。吕嘉等乃遂反，下令国中曰："王年少。太后，中国人也，又与使者乱，专欲内属，尽持先王宝器入献天子以自媚，多从人，行至长安，虏卖以为僮仆。取自脱一时之利，无顾赵氏社稷，为万世虑计之意。"乃与其弟将卒攻杀王、太后及汉使者。遣人告苍梧秦王及其诸郡县，立明王长男越妻子术阳侯建德为王。而韩千秋兵入，破数小邑。其后越直开道给食，未至番禺四十里，越以兵击千秋等，遂灭之。使人函封汉使者节置塞上，好为谩辞谢罪，发兵守要害处。于是天子曰："韩千秋虽无成功，亦军锋之冠。"封其子延年为成安侯。樛乐，其姊为王太后，首愿属汉，封其子广德为龙亢侯。乃下赦曰："天子微，诸侯力政，讥臣不讨贼。今吕嘉、建德等反，自立晏如，令罪人及江淮以南楼船十万师往讨之。"

元鼎五年秋，卫尉路博德为伏波将军，出桂阳，下汇水；主爵都尉杨仆为楼船将军，出豫章，下横浦；故归义越侯二人为戈船、下厉将军，出零陵，或下离水，或抵苍梧；使驰义侯因巴蜀罪人，发夜郎兵，下牂柯江；咸会番禺。

他回到府中。从此更加托词有病，不肯去见南越王和使者，暗地里却勾结大臣准备谋反作乱。南越王原本无意杀掉吕嘉，吕嘉深知这一点，因此历经数月始终没有动手。太后因为有淫乱之举，国人都不依附于她，所以她特别想杀掉吕嘉等人，但是又力所不能及。

汉天子听说吕嘉不服从南越王，南越王和太后力弱势孤，不能制服他，使者胆怯而无决断的能力。又想到南越王和太后已经归附汉朝，独有吕嘉作乱，用不着发大兵征讨，就想派庄参率两千人出使南越。庄参说："若是以友好使团的名义去，几个人就足够了；若是想动用武力，两千人不足以解决问题。"庄参推辞不能胜任，天子于是就不让他去了。这时郏地壮士、原济北王丞相韩千秋自告奋勇说道："这么一个小小的南越，又有国王和太后做内应，独有丞相吕嘉从中破坏，我愿意率领二百个勇士前往，一定杀了吕嘉，回来向天子报告。"于是天子派遣韩千秋和王太后的弟弟樛乐，率兵二千人前往南越。他们进入南越境内，吕嘉等人这才起兵造反，并向南越国的人下令说："国王年轻，太后是中原人，又同汉朝使者私通，一心想归属汉朝，把先王的珍宝重器全部拿去献给汉天子，来谄媚讨好他们；她还要带很多随从的人，到长安后便把他们卖给汉人做奴隶。她只想自己的利益，根本不顾赵氏的大业，也没有为后世永久之计而谋划。"于是吕嘉就同他弟弟率兵发动进攻，杀死了南越王、王太后和汉朝的使者。他又派人告知苍梧秦王和各郡县官员，另立明王与南越籍的妻子所生的长子术阳侯赵建德为南越王。这时韩千秋的军队已经进入南越境内，攻破几个小城镇。奇怪的是，以后南越人径直让开道路，供给他们饮食，让韩千秋的军队顺利前进，一直走到离番禺还有四十里的地方，南越人突然派兵出击，一下子把韩千秋等全部消灭了。接着让人把汉朝使者的符节用木匣装好封上，送到边塞之上，假装向汉朝谢罪，同时派兵守卫在各个要害的地方。天子闻讯说："韩千秋虽然没有成功，但他的勇敢还是少有的。"就封韩千秋的儿子韩延年为成安侯。樛乐战死了，他姐姐是王太后，又是她首先愿意归属汉朝，因此封樛乐的儿子樛广德为龙亢侯。于是发布赦令说："当初周天子衰微，诸侯左右朝政，孔子作《春秋》来讽刺那些不知讨伐叛贼的大臣。如今吕嘉、赵建德等造反，自立为王而安闲自得，特诏令罪犯及江、淮以南十万楼船大军前往讨伐。"

元鼎五年秋天，朝廷任命卫尉路博德为伏波将军，率兵从桂阳出发，直下汇水；任命主爵都尉杨仆为楼船将军，从豫章出发，直下横浦；任命原来归降汉朝被封侯的两个南越人为戈船将军和下厉将军，率兵从零陵出发，然后一军直下离水，一军直奔苍梧；让驰义侯率领巴蜀的罪犯，就近调动夜郎的兵卒，直下牂柯江。各路大军最后都在番禺会师。

元鼎六年冬，楼船将军将精卒先陷寻陕，破石门，得越船粟，因推而前，挫越锋，以数万人待伏波。伏波将军将罪人，道远，会期后，与楼船会乃有千余人，遂俱进。楼船居前，至番禺。建德、嘉皆城守。楼船自择便处，居东南面；伏波居西北面。会暮，楼船攻败越人，纵火烧城。越素闻伏波名，日暮，不知其兵多少。伏波乃为营，遣使者招降者，赐印，复纵令相招。楼船力攻烧敌，反驱而入伏波营中。犁旦，城中皆降伏波。吕嘉、建德已夜与其属数百人亡入海，以船西去。伏波又因问所得降者贵人，以知吕嘉所之，遣人追之。以其故校尉司马苏弘得建德，封为海常侯；越郎都稽得嘉，封为临蔡侯。

　　苍梧王赵光者，越王同姓，闻汉兵至，及越揭阳令定自定属汉；越桂林监居翁谕瓯骆属汉：皆得为侯。戈船、下厉将军兵及驰义侯所发夜郎兵未下，南越已平矣。遂为九郡。伏波将军益封。楼船将军兵以陷坚为将梁侯。

　　自尉佗初王后，五世九十三岁而国亡焉。

　　太史公曰：尉佗之王，本由任嚣。遭汉初定，列为诸侯。隆虑离湿疫，佗得以益骄。瓯骆相攻，南越动摇。汉兵临境，婴齐入朝。其后亡国，徵自樛女；吕嘉小忠，令佗无后。楼船从欲，怠傲失惑；伏波困穷，智虑愈殖，因祸为福。成败之转，譬若纠墨。

元鼎六年冬天，楼船将军率领精锐兵卒，首先攻下了寻陕，然后攻破石门，缴获不少南越的战船和粮食，乘机向前推进，连续挫败南越的先头部队，率数万大军等候伏波将军的到来。伏波将军率领被赦的罪人，道路遥远，不巧又误了会师的日期，因此同楼船将军按时会师的才有一千余人，于是一同前进。楼船将军在前边，直打到番禺城下。赵建德和吕嘉都在城中防守。楼船将军自己选择有利的地势，驻兵在番禺的东南面；伏波将军驻军在番禺西北边。这时天已经黑了，楼船将军首先攻破城门，然后放大火烧城。南越人平时就听到过伏波将军的大名，如今天黑，不知道他有多少军队。伏波将军安营扎寨后，就派使者进城招纳越人投降，赐给他们印信，又让他们回去招降别的人。楼船将军在南面奋力攻击，放火烧城，反而驱赶南越兵跑入伏波将军的营中来投降。待到天亮，全城的南越兵都投降了伏波将军。吕嘉和赵建德带领几百个部下在夜里逃到海上，乘船向西逃去。伏波将军又乘机询问已投降的南越贵人，弄清了吕嘉的去向，立即派人前去追捕。结果校尉司马苏弘捕到赵建德，被封为海常侯；南越的郎官都稽俘获到吕嘉，被封为临蔡侯。

苍梧王赵光，同南越王同姓，听说汉朝军队已到，同南越揭阳县令，一起决定归降汉朝；这时南越的桂林郡监居翁，也说服瓯骆归降汉朝。他们都被封为侯爵。戈船将军和下濑将军的军队，以及驰义侯调发的夜郎军队还未到达，南越已经被平定了。于是汉朝在此设置了九个郡。伏波将军因为功大增加了封邑，楼船将军的军队攻破南越军的坚固防守，因而被封为将梁侯。

南越自从赵佗最初称王到亡国，共经历了五代，共九十三年。

太史公说：尉佗得以当上南越王，本是由于任嚣的提拔。正赶上汉朝初建需要安定，所以他被封为诸侯。后来隆虑侯领兵讨伐南越，由于碰上酷暑潮湿的气候，士卒多染上瘟疫，无法进军，致使赵佗越发骄横。待到闽越进犯、南越国势动摇的时候，汉朝大军压境，讨伐了闽越，南越太子婴齐也就前往长安当了宿卫。后来南越亡国，是由于婴齐娶的樛氏女引起的。吕嘉只知道对赵佗忠诚，却最终致使赵佗绝了后。楼船将军仗势恣意妄为，粗心骄傲，失之昏惑。伏波将军在不利的形势下，智谋反倒越来越高，结果因祸得福。可见成败的转换，就同纠墨一样，难以预料。

东越列传第五十四

闽越王无诸及越东海王摇者，其先皆越王句践之后也，姓驺氏。秦已并天下，皆废为君长，以其地为闽中郡。及诸侯畔秦，无诸、摇率越归鄱阳令吴芮，所谓鄱君者也，从诸侯灭秦。当是之时，项籍主命，弗王，以故不附楚。汉击项籍，无诸、摇率越人佐汉。汉五年，复立无诸为闽越王，王闽中故地，都东冶。孝惠三年，举高帝时越功，曰闽君摇功多，其民便附，乃立摇为东海王，都东瓯，世俗号为东瓯王。

后数世，至孝景三年，吴王濞反，欲从闽越，闽越未肯行，独东瓯从吴。及吴破，东瓯受汉购，杀吴王丹徒，以故皆得不诛，归国。

吴王子子驹亡走闽越，怨东瓯杀其父，常劝闽越击东瓯。至建元三年，闽越发兵围东瓯。东瓯食尽，困，且降，乃使人告急天子。天子问太尉田蚡，蚡对曰："越人相攻击，固其常，又数反覆，不足以烦中国往救也。自秦时弃弗属。"于是中大夫庄助诘蚡曰："特患力弗能救，德弗能覆；诚能，何故弃之？且秦举咸阳而弃之，何乃越也！今小国以穷困来告急天子，天子弗振，彼当安所告愬？又何以子万国乎？"上曰："太尉未足与计。吾初即位，不欲出虎符发兵郡国。"乃遣庄助以节发兵会稽。会稽太守欲距不为发兵，助乃斩一司马，谕意指，遂发兵浮海救东瓯。未至，闽越引兵而去。东瓯请举国徙中国，乃悉举众来，处江淮之间。

至建元六年，闽越击南越。南越守天子约，不敢擅发兵击而以闻。上遣大行王恢出豫章，大农韩安国出会稽，皆为将军。兵未逾岭，闽越王郢发兵距险。其弟馀善乃与相、宗族谋曰："王以擅发兵

闽越王无诸同越东海王摇，他们的祖先都是越王勾践的后代，姓驺。秦朝吞并天下后，都被废除王号，降为君长，居住在闽中郡。待到诸侯群起反叛秦朝时，无诸和摇便率领越人归附鄱阳县令吴芮，就是人们所说的鄱君，跟随诸侯灭了秦国。当时，项羽掌权号令诸侯，没有封无诸和摇为王，因此，他们没有归附楚王。待到汉王进攻项羽，无诸和摇就率领越人辅助汉王。汉王五年时，高帝重新立无诸为闽越王，统治原先的闽中故地，建都东冶。孝惠帝三年，列举高帝时越人辅佐之功，认为闽君摇的功劳最多，他的百姓也愿意归附，于是就立摇为东海王，建都东瓯，世俗称之为东瓯王。

　　几代之后，到景帝三年时，吴王刘濞谋反，想让闽越跟随他一起反叛，闽越不肯，只有东瓯愿意跟随吴王造反。吴国后来被攻破后，东瓯接受了汉朝的重金收买，在丹徒杀死了吴王刘濞，因此东瓯王没有被诛杀，又回到了自己的国中。

　　吴王的儿子子驹逃亡到闽越，因怨恨东瓯骗杀了他父亲，经常劝说闽越去攻打东瓯。武帝建元三年，闽越发兵围攻东瓯。东瓯城内粮食用尽，将要投降，就派人向天子告急。天子向田蚡征求意见，田蚡回答说："越人之间相互攻打，是常有的事，又反复无常，不值得烦扰中原前去救援。再说从秦朝时朝廷就抛弃了他们，已经不把他们当作属国了。"中大夫庄助反驳说："朝廷只是担心力量不足，救不了他们，恩德浅薄，不能覆盖他们；如果真有力量救助他们，怎能抛弃不管呢？而且秦国当时连整个咸阳都抛弃了，何况是越地呢？如今小国在危难时，向天子告急，天子不去救援，他们又将向哪里诉苦求救呢？天子又怎么当万民的父母呢？"武帝说："太尉的主张不足取。我刚即位，也不想拿出虎符从郡国调动军队前往。"于是就派庄助拿着信符到会稽郡就近调兵出征。会稽太守想违抗圣令，不给调兵，庄助立刻斩杀了一位军司马，明白地申明天子的旨意，会稽太守这才发兵从海上去救援东瓯。汉军尚未到达东瓯，闽越闻讯就领兵撤离了。东瓯请求举国都迁徙到中原去，于是朝廷就将他们迁到江淮一带。

　　建元六年，闽越攻打南越。南越遵守天子的约定，不敢擅自发兵回去，而把这事上报天子。天子派遣大行令王恢领兵从豫章出发，大农令韩安国从会稽出发，任命他们为将军。他们的军队还未越过阳山岭，闽越王郢就派出军队守在险要的地方，准备对抗汉朝军队。郢的弟弟馀善同丞相及宗族商量说："我们的国

击南越，不请，故天子兵来诛。今汉兵众强，今即幸胜之，后来益多，终灭国而止。今杀王以谢天子。天子听，罢兵，固一国完；不听，乃力战；不胜，即亡入海。"皆曰"善"。即鏦杀王，使使奉其头致大行。大行曰："所为来者诛王。今王头至，谢罪，不战而耘，利莫大焉。"乃以便宜案兵告大农军，而使使奉王头驰报天子。诏罢两将兵，曰："郢等首恶，独无诸孙繇君丑不与谋焉。"乃使郎中将立丑为越繇王，奉闽越先祭祀。

余善已杀郢，威行于国，国民多属，窃自立为王。繇王不能矫其众持正。天子闻之，为余善不足复兴师，曰："余善数与郢谋乱，而后首诛郢，师得不劳。"因立余善为东越王，与繇王并处。

至元鼎五年，南越反，东越王余善上书，请以卒八千人从楼船将军击吕嘉等。兵至揭扬，以海风波为解，不行，持两端，阴使南越。及汉破番禺，不至。是时楼船将军杨仆使使上书，原便引兵击东越。上曰士卒劳倦，不许，罢兵，令诸校屯豫章梅领待命。

元鼎六年秋，余善闻楼船请诛之，汉兵临境，且往，乃遂反，发兵距汉道。号将军驺力等为"吞汉将军"，入白沙、武林、梅岭，杀汉三校尉。是时汉使大农张成、故山州侯齿将屯，弗敢击，却就便处，皆坐畏懦诛。余善刻"武帝"玺自立，诈其民，为妄言。天子遣横海将军韩说出句章，浮海从东方往；楼船将军杨仆出武林；中尉王温舒出梅岭；越侯为戈船、下濑将军，出若邪、白沙。元封元年冬，咸入东越。东越素发兵距险，使徇北将军守武林，败楼船军数校尉，杀长吏。楼船将军率钱唐辕终古斩徇北将军，为御儿侯。自兵未往。

故越衍侯吴阳前在汉，汉使归谕余善，余善弗听。及横海将军先至，越衍侯吴阳以其邑七百人反，攻越军于汉阳。从建成侯敖，与其

王因为擅自发兵攻打南越,不请示朝廷,所以天子派兵来讨伐。如今汉朝军队众多,现在就是侥幸战胜了他们,天子必然会派更多的军队来,直到把我们消灭为止。如果我们杀了国王向天子谢罪,天子要是接受,我们就可以罢兵了。如果天子不理睬我们的谢罪,我们就拼死作战,不能取胜就逃到海上去。"大家都说:"好主意!"于是发动政变杀死了郢,派使者带着他的头送给了大行令王恢。王恢说:"我军来这儿的目的就是为了讨伐东越王,现在东越王的头已经送到,东越也已谢罪,不用打仗就消除了祸患,没有比这再好的了。"就停止了前进,并把情况告知了大农令韩安国,又派使者携带东越王的人头急驰回长安,报告天子。天子下诏令撤军,说:"东越王郢等首先作恶,只有无诸的孙子繇君丑没有参与谋反。"于是便派了郎中将去立丑为越繇王,继承闽越国的王位。

余善杀了郢以后,威震全国,国中的百姓多半听从他,他就暗中要自立为王。繇王不能让民众拥护他。天子得知这事后,认为不值得为余善的事再兴师动众,就说:"余善屡次同郢阴谋作乱,后来却首先杀了郢,使汉军得以避免许多劳苦。"于是就立余善为东越王,同繇王同时并处。

元鼎五年,南越造反,东越王余善向汉朝天子上书,请求率兵八千人跟随楼船将军去攻打吕嘉。但是待他的军队到达揭阳时,却借口海上风大,不再向前进军,采取骑墙观望的态度,暗中又派使者与南越联系。等到汉军攻克番禺后,东越的军队也未到。这时楼船将军杨仆派使者上书,要求乘便领兵去攻打东越。天子因为士卒已经疲倦,就没有批准。于是罢军,命令诸位校官驻军在豫章的梅岭等候命令。

元鼎六年秋天,余善听说楼船将军请求讨伐他,而且汉军已经逼近东越边境,因而十分恐慌。于是就起兵造反,派兵守在汉军的必经之路。他还加封将军驺力等为"吞汉将军",入侵白沙、武林和梅岭,杀了汉军的三个校尉。这时,汉朝派遣大农张成、原山州侯刘齿率兵驻守在这里,但他们怕死不敢进攻,退到了安全地带,后来都因懦弱畏敌被杀。这时余善刻了"武帝"的印玺而自立为皇帝,欺诈百姓,口出狂言,不可一世。武帝于是派遣横海将军韩说由句章出发,从东边海上进军;楼船将军杨仆从武林出发;中尉王温舒从梅岭出发;投降汉朝而被封侯的两个越人为戈船将军和下濑将军,分别从若邪、白沙出发。元封元年冬天,四路军马围剿东越。东越已派兵防守在险要的地方,又派徇北将军守卫武林,打败了楼船将军的几个校尉,杀了一些长吏。楼船将军部下的钱塘人辕终古杀了徇北将军,被封作御儿侯。他自己的军队却没有前往武林。

早在大军出动之前,朝廷就派了已投降汉朝、留在汉地的原越衍侯吴阳,回到东越劝说余善罢兵,余善不听。等到横海将军韩说率兵先到了东越,越衍侯

率从繇王居股谋曰："馀善首恶,劫守吾属。今汉兵至,众强,计杀馀善,自归诸将,傥幸得脱。"乃遂俱杀馀善,以其众降横海将军,故封繇王居股为东成侯,万户;封建成侯敖为开陵侯;封越衍侯吴阳为北石侯;封横海将军说为案道侯;封横海校尉福为缭嫈侯。福者,成阳共王子,故为海常侯,坐法失侯。旧从军无功,以宗室故侯。诸将皆无成功,莫封。东越将多军,汉兵至,弃其军降,封为无锡侯。

于是天子曰东越狭多阻,闽越悍,数反复,诏军吏皆将其民徙处江淮间。东越地遂虚。

太史公曰:越虽蛮夷,其先岂尝有大功德于民哉,何其久也!历数代常为君王,句践一称伯。然馀善至大逆,灭国迁众,其先苗裔繇王居股等犹尚封为万户侯,由此知越世世为公侯矣。盖禹之余烈也。

吴阳就率领邑中七百人反叛东越，从汉阳进攻东越。他同建成侯敖及其部下，同繇王居股商量说："馀善首先作乱，挟持我们造反。如今汉朝大军已到，兵多势强，我们不如设计杀了馀善，各自归顺汉朝的将军们，或许能侥幸免除罪过。"于是大家合力杀了馀善，率领他们的部下投降了横海将军。因此汉朝封繇王居股为东成侯，食邑一万户；封建成侯敖为开陵侯；封越衍侯吴阳为北石侯；封横海将军韩说为案道侯；封横海校尉刘福为缭嫈侯。刘福是成阳共王刘喜的儿子，原先为海常侯，因为犯法而失掉侯爵。从前参军也没立下军功，因为是宗室子弟的缘故而被封侯。其余诸将没有战功，所以都没受封。东越将军多军，在汉军到来时，抛弃所率的军队投降，因而被封为无锡侯。

因此，武帝认为东越狭小而多险阻之地，闽越人强悍，屡次反复无常。因而命令军官们率领全部东越民众迁徙到江淮一带。从此东越一带就空无人烟了。

太史公说：越国虽然是蛮夷，他的祖先难道曾经对百姓有过很大的功德吗？不然为何传世这么久远呢？经历数代，常常称王，到勾践时竟一度称霸。然而由于馀善的大逆不道，导致国家被消灭、百姓被迁徙。但是他们祖先的后代子孙繇王居股等还被封为万户侯，由此可知，越人世世代代都有当公侯的。这大概是大禹丰功伟绩的余荫吧。

朝鲜列传第五十五

朝鲜王满者，故燕人也。自始全燕时，尝略属真番、朝鲜，为置吏，筑鄣塞。秦灭燕，属辽东外徼。汉兴，为其远，难守，复修辽东故塞，至浿水为界，属燕。燕王卢绾反，入匈奴，满亡命，聚党千余人，魋结蛮夷服而东走出塞，渡浿水，居秦故空地上下鄣，稍役属真番、朝鲜蛮夷及故燕、齐亡命者王之，都王险。

会孝惠、高后时天下初定，辽东太守即约满为外臣，保塞外蛮夷，无使盗边；诸蛮夷君长欲入见天子，勿得禁止。以闻，上许之，以故满得兵威财物侵降其旁小邑，真番、临屯皆来服属，方数千里。

传子至孙右渠，所诱汉亡人滋多，又未尝入见；真番旁众国欲上书见天子，又拥阏不通。元封二年，汉使涉何谯谕右渠，终不肯奉诏。何去至界上，临浿水，使御刺杀送何者朝鲜裨王长，即渡，驰入塞，遂归报天子曰"杀朝鲜将"。上为其名美，即不诘，拜何为辽东东部都尉。朝鲜怨何，发兵袭攻杀何。

天子募罪人击朝鲜。其秋，遣楼船将军杨仆从齐浮渤海；兵五万人，左将军荀彘出辽东：讨右渠。右渠发兵距险。左将军卒正多率辽东兵先纵，败散，多还走，坐法斩。楼船将军将齐兵七千人先至王险。右渠城守，窥知楼船军少，即出城击楼船，楼船军败散走。将军杨仆失其众，遁山中十余日，稍求收散卒，复聚。左将军击朝鲜浿水西军，未能破自前。

朝鲜王卫满，原是燕国人。燕国全盛时，曾经攻取真番、朝鲜，设置官吏，在边塞修筑防御城堡。后来秦国灭燕，朝鲜就成了辽东郡以外的小国。汉朝建立后，因为朝鲜离得远，难以防守，所以重新修复辽东边防，直到浿水，属燕国领土。后来燕王卢绾造反，逃入匈奴。卫满也流亡于外，聚集了一千多个同党，梳着椎形发髻，穿上蛮夷服装，东逃出塞，渡过浿水，定居在秦朝时无人居住的上下鄣，并逐渐地役使真番、朝鲜蛮夷以及燕国和齐国的逃亡者。他自称为王，建都王险城。

到了孝惠帝和高后时代，天下刚刚安定，辽东太守就约定卫满做汉朝的外臣，约束边塞以外的蛮夷，不要让他们到边境来骚扰抢夺；如有哪个蛮夷的首领想到汉朝进见天子，不得阻止。辽东太守的奏章得到天子的允许，因此，卫满得以凭借他的兵威和财物，侵略、招降周边的小国，真番、临屯都来投降卫满，使他统辖的地区方圆达到数千里。

卫满后来把王位传给儿子，再传到他的孙子右渠，这时受他诱使而来的汉朝流民日益增多，而朝鲜王又从来未曾入朝拜见过天子；真番近旁的许多小国想要上书拜见汉朝天子，却又被阻碍，无法让天子知道。元封二年，汉朝派涉何前往责备并且警告右渠，但右渠始终不愿奉行天子诏令。涉何离开朝鲜，来到边界，行到浿水，就让驾车的车夫刺杀了护送自己的朝鲜小王，随即渡过河去，疾驰而回。回到京城向天子报告说："我杀了朝鲜的一个将军。"天子因为他杀死朝鲜将军有功，就不再追究他的过失，还任命他为辽东东部都尉。朝鲜人怨恨涉何，就调兵偷袭，杀了涉何。

天子募集了一批罪犯去攻打朝鲜。这年秋天，派楼船将军杨仆从齐地出兵，渡过渤海，率士卒五万人；左将军荀彘从辽东出兵讨伐右渠。右渠派出军队据守在险要地方。左将军卒正多率领辽东军队首先迎击朝鲜军，被朝鲜军打败冲散，多也逃走了，后来被斩首。楼船将军率领齐地的军队七千人首先攻到了王险城。右渠据城防守，探听到了楼船将军兵少，就出城去攻击楼船将军，楼船将军的军队战败后，四散逃跑。将军杨仆同大部队失去联系，逃到山中十多天，以后才逐渐将溃散的士兵重又聚集起来。左将军攻击朝鲜浿水西面的驻军，没能取胜，未能前进一步。

天子为两将未有利，乃使卫山因兵威往谕右渠。右渠见使者顿首谢："愿降，恐两将诈杀臣；今见信节，请服降。"遣太子入谢，献马五千匹，及馈军粮。人众万余，持兵，方渡浿水，使者及左将军疑其为变，谓太子已服降，宜命人毋持兵。太子亦疑使者左将军诈杀之，遂不渡浿水，复引归。山还报天子，天子诛山。

左将军破浿水上军，乃前，至城下，围其西北。楼船亦往会，居城南。右渠遂坚守城，数月未能下。

左将军素侍中，幸，将燕代卒，悍，乘胜，军多骄。楼船将齐卒，入海，固已多败亡；其先与右渠战，困辱亡卒，卒皆恐，将心惭，其围右渠，常持和节。左将军急击之，朝鲜大臣乃阴间使人私约降楼船，往来言，尚未肯决。左将军数与楼船期战，楼船欲急就其约，不会；左将军亦使人求间郤降下朝鲜，朝鲜不肯，心附楼船：以故两将不相能。左将军心意楼船前有失军罪，今与朝鲜私善而又不降，疑其有反计，未敢发。天子曰将率不能前，乃使卫山谕降右渠，右渠遣太子，山使不能剸决，与左将军计相误，卒沮约。今两将围城，又乖异，以故久不决。使济南太守公孙遂往之，有便宜得以从事。

遂至，左将军曰："朝鲜当下久矣，不下者有状。"言楼船数期不会，具以素所意告遂，曰："今如此不取，恐为大害，非独楼船，又且与朝鲜共灭吾军。"遂亦以为然，而以节召楼船将军入左将军营计事，即命左将军麾下执捕楼船将军，并其军，以报天子。天子诛遂。

左将军已并两军，即急击朝鲜。朝鲜相路人、相韩阴、尼谿相

天子因为两支军队没能取胜，就让卫山倚仗士兵的军威前去警告右渠。右渠接见了汉朝的使者，叩头谢罪说："我原来就想要投降，因为怕杨、荀二将军欺骗，想以此杀了我，所以才抵抗。如今看到了天子的信符，请允许我们投降归顺。"右渠就派遣太子去汉朝谢罪，献上五千匹马，又赠送许多军粮。一万多朝鲜民众，手拿兵器，正要跟着渡过浿水，使者和左将军怀疑朝鲜人趁机发动叛乱，说既然太子已投降归顺，应当命令众人放下兵器。太子也怀疑汉朝使者和左将军有诈，想要杀了自己，于是就不肯渡河，又领着众人归去。卫山回到京城向天子汇报了情况，天子大怒杀了卫山。

左将军攻破了浿水上的朝鲜军队，于是继续向前进军，到了王险城下，把王险城的西北角包围了。楼船将军也前去会师，驻守在城南。右渠于是坚守王险城，汉军几个月也没能攻下。

左将军一向在宫中侍奉皇上，深得皇上宠爱。他的士兵多是燕国和代国人，非常凶悍，又因为打了胜仗，所以军中的士卒都很骄傲。楼船将军率领的是齐兵，渡海打仗，本来就死伤许多人；他们先前和右渠交战时，因为受辱，又死伤很多人，士卒都恐惧，将官的心中也觉得惭愧，在他们包围右渠时，楼船将军经常采取和缓有节制的战术。左将军竭力进攻敌城，朝鲜的大臣就私下和楼船将军联系，商量朝鲜投降事宜，使者往来传话，但一直没有定下来。左将军好几次和楼船将军约定一起开战的时间，楼船将军因为急于要达成与朝鲜方面的约定，就没有遵从与左将军的约定；左将军也派了人寻找时机让朝鲜投降，朝鲜不肯投降左将军，而一心想要归顺楼船将军：两位将军因此不和。左将军猜测楼船将军前有失军之罪，如今又与朝鲜私下往来，而朝鲜又不肯归降，就怀疑他要谋反，但左将军也不敢轻举妄动。武帝见此情景说："将帅无能，前次派卫山去晓谕右渠投降，右渠已经派太子入朝，卫山不能果断处理，同左将军的计谋皆出现了失误，最终破坏了朝鲜投降。现在两位将军围攻王险城，步调不一致，因此久攻不下。"就派了济南太守公孙遂前往解决纠纷，并且授予他遇有利时机可以灵活处理的权力。

公孙遂到达朝鲜后，左将军说："朝鲜本来早就可以攻下了，如今久攻不下是有原因的。"他又提及同楼船将军约定时间进军，而楼船将军没有前来的事，以及怀疑楼船将军想谋反，说道："现在到了这种地步如不捉拿他，恐怕会酿成大祸，不仅楼船要谋反，而且会联合朝鲜一起来打败我军。"公孙遂认为所说有理，就用符节召楼船将军来左将军军营中议事，当场逮捕了楼船将军，并把他的军队合并到左将军旗下，然后把此事报知天子。天子大怒杀了公孙遂。

左将军合并了两军，就加紧攻打朝鲜。朝鲜的国相路人、韩阴，尼谿相参、

参、将军王唊相与谋曰:"始欲降楼船,楼船今执,独左将军并将,战益急,恐不能与,王又不肯降。"阴、唊、路人皆亡降汉。路人道死。元封三年夏,尼谿相参乃使人杀朝鲜王右渠来降。王险城未下,故右渠之大臣成巳又反,复攻吏。左将军使右渠子长降、相路人之子最告谕其民,诛成巳,以故遂定朝鲜,为四郡。封参为澅清侯,阴为荻苴侯,唊为平州侯,长为几侯。最以父死颇有功,为温阳侯。

左将军征至,坐争功相嫉,乖计,弃市。楼船将军亦坐兵至列口,当待左将军,擅先纵,失亡多,当诛,赎为庶人。

太史公曰:右渠负固,国以绝祀。涉何诬功,为兵发首。楼船将狭,及难离咎。悔失番禺,乃反见疑。荀彘争劳,与遂皆诛。两军俱辱,将帅莫侯矣。

将军王唊一起商议说:"当初想要投降楼船将军,如今楼船将军被捕,只有左将军率领两路军队,加紧攻打,战事越发紧急,恐怕不能坚持下去,而大王又不肯投降。"于是韩阴、王唊、路人都逃到汉军那里,请求投降。路人在途中死去。元封三年夏天,尼谿相参派人杀了朝鲜王右渠,投降汉朝。王险城还没攻下,右渠的大臣成巳又造反,并继续负隅顽抗。左将军派右渠的儿子长降、国相路人的儿子路最去通告朝鲜百姓,杀了成巳,最终平定了朝鲜,设立四个郡。汉天子封参为澅清侯、韩阴为荻苴侯、王唊为平州侯、长降为几侯。路人有功先死,封其子路最为温阳侯。

左将军被召回京城,因战时争功,嫉妒同僚,计谋失当被斩首示众。楼船将军也因犯了擅自抢先进攻,致使伤亡过多的罪过,被判处死刑。他花钱赎了死罪,被贬为平民。

太史公说:朝鲜王右渠倚仗地势险固来据守,致使国家灭亡。涉何谎报功劳,引发两国战端。楼船将军因兵少而作战不利,遭受到祸殃。后汲取攻陷番禺时失利的教训按兵不动,反而被人怀疑要造反。荀彘争功而计谋不当,与公孙遂都被诛杀。杨仆和荀彘的两支军队都曾溃败受辱,讨伐朝鲜的战役中没有一个将帅被封侯。

西南夷列传第五十六

　　西南夷君长以什数，夜郎最大；其西靡莫之属以什数，滇最大；自滇以北君长以什数，邛都最大：此皆魋结，耕田，有邑聚。其外西自同师以东，北至楪榆，名为嶲、昆明，皆编发，随畜迁徙，毋常处，毋君长，地方可数千里。自嶲以东北，君长以什数，徙、筰都最大；自筰以东北，君长以什数，冉、駹最大。其俗或土箸，或移徙，在蜀之西。自冉駹以东北，君长以什数，白马最大，皆氐类也。此皆巴蜀西南外蛮夷也。

　　始楚威王时，使将军庄蹻将兵循江上，略巴、黔中以西。庄蹻者，故楚庄王苗裔也。蹻至滇池，方三百里，旁平地，肥饶数千里，以兵威定属楚。欲归报，会秦击夺楚巴、黔中郡，道塞不通，因还，以其众王滇，变服，从其俗，以长之。秦时常頞略通五尺道，诸此国颇置吏焉。十余岁，秦灭。及汉兴，皆弃此国而开蜀故徼。巴蜀民或窃出商贾，取其筰马、僰僮、髦牛，以此巴蜀殷富。

　　建元六年，大行王恢击东越，东越杀王郢以报。恢因兵威使番阳令唐蒙风指晓南越。南越食蒙蜀枸酱，蒙问所从来，曰"道西北牂柯，牂柯江广数里，出番禺城下"。蒙归至长安，问蜀贾人，贾人曰："独蜀出枸酱，多持窃出市夜郎。夜郎者，临牂柯江，江广百余步，足以行船。南越以财物役属夜郎，西至同师，然亦不能臣使也。"蒙乃上书说上曰："南越王黄屋左纛，地东西万余里，名为外臣，实一州主也。今以长沙、豫章往，水道多绝，难行。窃闻夜郎所

西南夷的少数民族部落有几十个，其中夜郎的势力为最大；它西面是靡莫的几十个部落，其中以滇国势力为最大；从滇国往北，又有几十个部落，其中以邛都势力为最大。这些少数民族全都结着椎形的发髻，耕种田地，生活在一些小城邑和聚居的村落里。它们的外面，从西边的同师往东，北到楪榆，那里有国叫巂和昆明，国中之人全都结发为辫，以放牧为业，逐水草而居，没有固定的居处，也没有君长，这块地方约有数千里。从巂向东北，也有几十个部落，其中以徙、筰都的势力最大；自筰往东北，又有几十个部落，其中以冉、駹的势力最大。那里的风俗，有的是定居在一个地方，有的在蜀郡的西面迁徙不定。从冉和駹再往东北，又有几十个部落，其中以白马势力最大，全都是氐族。这就是全部的巴、蜀以外西南蛮夷之国。

当初楚威王在世时，曾派将军庄蹻率领军队沿着长江而上，攻取了巴郡和黔中以西的地方。庄蹻本是楚庄王的后代。他到了滇池，一看池水浩瀚，纵横三百余里，旁边是肥沃富饶几千里的大平原，就以武力占领了这个地方，把它纳入楚国的领土。他正打算回楚国报告这情况，正赶上秦国攻打并夺取了楚国巴郡、黔中郡，道路被阻隔而不能通过，因而又回到滇池，带领他的军队做了滇王。他们改换了服饰，随着当地的习俗，做了滇人的君长。秦朝时，朝廷派常頞开辟通往这些地区的道路，并在这些国家设置了一些官吏。过了十几年，秦朝灭亡。汉朝兴起后，把这些国家都丢弃了，而将蜀郡原来的边界当作关塞。巴蜀两郡的百姓常常偷着出塞到这些地方做买卖，换取筰国的马，僰国的奴隶与牦牛，因此巴、蜀一带特别富有。

建元六年，大行令王恢攻打东越，东越人杀死闽越王郢前来谢罪。王恢就借着军威让番阳县令唐蒙暗示南越，让他们好好服从朝廷。南越人拿蜀地的枸杞酱招待唐蒙，唐蒙问是从哪里来的，他们回答"由西北方的牂柯江而来，牂柯江宽有数里，从番禺城下流出"。唐蒙回到长安，就询问蜀地的商人，商人说道："只有蜀地出产枸杞酱，很多人就偷偷拿出去卖给夜郎。夜郎挨着牂柯江，江水宽一百多步，完全可以行驶船只。南越人常用财物收买夜郎，他们曾经向西到过同师，可是还是不能使夜郎向它臣服。"于是唐蒙就上书劝皇上说："南越王乘坐黄屋左纛之车，统辖的地方东西长达一万多里，名义上称作外臣，实际上是一

有精兵，可得十余万，浮船牂柯江，出其不意，此制越一奇也。诚以汉之强，巴蜀之饶，通夜郎道，为置吏，易甚。"上许之。乃拜蒙为郎中将，将千人，食重万余人，从巴蜀筰关入，遂见夜郎侯多同。蒙厚赐，喻以威德，约为置吏，使其子为令。夜郎旁小邑皆贪汉缯帛，以为汉道险，终不能有也，乃且听蒙约。还报，乃以为犍为郡。发巴蜀卒治道，自僰道指牂柯江。蜀人司马相如亦言西夷邛、筰可置郡。使相如以郎中将往喻，皆如南夷，为置一都尉，十余县，属蜀。

当是时，巴蜀四郡通西南夷道，戍转相饷。数岁，道不通，士罢饿离湿，死者甚众；西南夷又数反，发兵兴击，耗费无功。上患之，使公孙弘往视问焉。还对，言其不便。及弘为御史大夫，是时方筑朔方以据河逐胡，弘因数言西南夷害，可且罢，专力事匈奴。上罢西夷，独置南夷夜郎两县一都尉，稍令犍为自葆就。

及元狩元年，博望侯张骞使大夏来，言居大夏时见蜀布、邛竹杖，使问所从来，曰"从东南身毒国，可数千里，得蜀贾人市"。或闻邛西可二千里有身毒国。骞因盛言大夏在汉西南，慕中国，患匈奴隔其道，诚通蜀，身毒国道便近，有利无害。于是天子乃令王然于、柏始昌、吕越人等，使间出西夷西，指求身毒国。至滇，滇王尝羌乃留，为求道西十余辈。岁余，皆闭昆明，莫能通身毒国。

滇王与汉使者言曰："汉孰与我大？"及夜郎侯亦然。以道不通故，各自以为一州主，不知汉广大。使者还，因盛言滇大国，足事亲附。天子注意焉。

方霸主。如今我们若由长沙、豫章南下进攻，那里水路纵横，很难通行。我私下听说夜郎小国有精兵十多万。可乘船沿牂柯江而下，出其不意，这倒是制服南越的一个好办法。凭借我们汉朝的强大，巴、蜀之地的富饶，开通夜郎的通道，到那里去设置官吏辖制，这不会很难。"皇上一听同意了。于是便任命唐蒙为郎中将，率领一千多士兵，还有运输粮草、辎重的一万多人，从巴蜀筰关进入夜郎，于是见到了夜郎首领多同。唐蒙重重地赏赐他，并向他宣传汉朝的威严和恩德，约定向这里派驻官吏，让他的儿子担任县令。夜郎旁边的小国全都贪图汉朝的缯帛织物，认为汉朝距此路途遥远，终究不可能占据此地，于是便暂且答应了唐蒙的约定。唐蒙回朝禀报，朝廷便把此地设置为犍为郡，并征发巴、蜀的士卒开山修路，从僰道直通往牂柯江。当时蜀郡的司马相如也进言说西夷的邛都和筰都也可以设郡。于是汉朝就派司马相如作为郎中将前往那里，告知当地人，像对待南夷那样，在那里设置了一个都尉，划分成十多个县，归蜀郡统管。

　　这个时候，巴郡、蜀郡、广汉郡、汉中郡要开通西南夷的道路，戍边的士卒、运送物资和军粮的人很多。过了几年，道路也没修通，士卒因为疲惫饥饿和遭受暑湿疾病，死了很多人。西南夷又屡次造反，汉朝发兵镇压，耗费钱财和人力很多，却没有收到成果。武帝为此也很忧虑，便派公孙弘去视察。公孙弘回京禀告皇上，声称不利。等到后来公孙弘当了御史大夫，那时候汉朝正准备修筑朔方郡城，以便凭借黄河之险抵抗匈奴，公孙弘就屡次建议停止开发西南夷的活动，集中力量对付匈奴。武帝于是下令停止对西南夷的活动，只在南夷的夜郎设置两县和一都尉，命令犍为郡仍保留自己的建制，并逐渐完善。

　　待到汉武帝元狩元年，博望侯张骞从大夏国出使归来，说起他待在大夏时曾经看到过蜀郡出产的布帛、邛都的竹杖，让人询问这些东西的来历，回答说"从东南边的身毒国弄来的，离大夏路途约有数千里，是从蜀地的商人那买来的"。当时也有人说邛地以西大约二千里处有个身毒国。张骞乘机怂恿武帝说，大夏在汉朝的西南方，他们仰慕中原愿意交好，但是忧虑匈奴阻隔两方之间的交通要道，假若能开通蜀地的道路，经身毒国往大夏，那么路程既方便又近，对汉朝有利无害。于是武帝就让王然于、柏始昌、吕越人等从西夷的西边出发，去寻找身毒国。他们到达滇国时，滇王尝羌就留下了他们，而自己派出十多批人到西边去寻找。结果过了一年多，寻路的人都被拦在了昆明，根本没能往前走。

　　滇王曾同汉朝使者说道："汉朝和我国相比，哪个大？"汉朝使者到达夜郎，连夜郎这样的小国也这样问过。这是因为道路不通，这些小国的君主各自称霸一方，所以不知道汉朝的广大。使者回到京城，极力陈说滇是个大国，值得使它亲近和归附。于是武帝开始注意滇国了。

及至南越反，上使驰义侯因犍为发南夷兵。且兰君恐远行，旁国虏其老弱，乃与其众反，杀使者及犍为太守。汉乃发巴蜀罪人尝击南越者八校尉击破之。会越已破，汉八校尉不下，即引兵还，行诛头兰。头兰，常隔滇道者也。已平头兰，遂平南夷为牂柯郡。夜郎侯始倚南越，南越已灭，会还诛反者，夜郎遂入朝。上以为夜郎王。

南越破后，及汉诛且兰、邛君，并杀筰侯，冉駹皆振恐，请臣置吏。乃以邛都为越嶲郡，筰都为沈犁郡，冉駹为汶山郡，广汉西白马为武都郡。

上使王然于以越破及诛南夷兵威风喻滇王入朝。滇王者，其众数万人，其旁东北有劳浸、靡莫，皆同姓相扶，未肯听。劳浸、靡莫数侵犯使者吏卒。元封二年，天子发巴蜀兵击灭劳浸、靡莫，以兵临滇。滇王始首善，以故弗诛。滇王离难西南夷，举国降，请置吏入朝。于是以为益州郡，赐滇王王印，复长其民。

西南夷君长以百数，独夜郎、滇受王印。滇小邑，最宠焉。

太史公曰：楚之先岂有天禄哉？在周为文王师，封楚。及周之衰，地称五千里。秦灭诸候，唯楚苗裔尚有滇王。汉诛西南夷，国多灭矣，唯滇复为宠王。然南夷之端，见枸酱番禺，大夏杖邛竹。西夷后揾，剽分二方，卒为七郡。

等到南越造反时，皇上派驰义侯到犍为郡，就近调遣南夷的军队。且兰君担心他的军队远行后，周围的国家会乘机掳掠他国内的老弱之民，于是就和部下一起谋反，杀了汉朝使者和犍为郡的太守。汉朝就只好调动巴郡和蜀郡中原想攻打南越的罪犯跟随八个校尉前往征讨。正好南越已被攻破，汉朝的八个校尉尚未南下，就领兵撤回，在行军中先攻破了头兰。头兰就是经常阻隔汉朝与滇国交通要道的那个国家。头兰被平定后，又平定了整个南夷，在那儿设置了牂柯郡。夜郎的头领开始依靠南越，南越被灭后，汉军又回来诛杀了反叛者，夜郎的头领就到京城朝见皇上，表示归顺。武帝就封他为夜郎王。

南越破灭之后，接着汉朝又诛杀了且兰君、邛君，并且杀了筰侯，冉、駹都大为震惊，便纷纷向汉朝请求称臣，为他们派遣官吏。于是汉朝就在邛都设置了越嶲郡，筰都设置了沈犁郡，在冉、駹设置了汶山郡，在广汉西边的白马一带设置了武都郡。

接着武帝又派王然于趁着击破南越及诛杀南夷君长的兵威，去委婉劝告滇王前来朝见。当时滇王部下的军队有数万人，东北方有劳浸和靡莫，都和滇王同姓，他们相互扶持，不肯听从劝告。而且劳浸和靡莫屡次侵犯汉朝使者和官兵。武帝元封二年，天子调动巴郡和蜀郡的军队消灭了劳浸和靡莫，大军逼近滇国。滇王开始就对汉朝怀有善意，因此没有被诛杀。滇王因西南夷遭受此难，便举国向汉朝投降，请求为他们派遣官吏，并进京朝见。于是汉朝就在滇国一带设置了益州郡，赐给滇王王印，仍然让他统治那里的百姓。

西南夷的少数民族有一百多个，只有夜郎和滇国的首领得到了汉朝授予的王印。滇虽然是个小地区，却和汉朝关系最好。

太史公说：楚国的祖先难道有上天赐给的禄位吗？在周朝初年，他们的先祖鬻熊做过周文王的老师，后来的熊绎又被周成王封到楚蛮之地。随着周朝的衰微，楚国领土越来越大，号称有五千里。秦国灭掉诸侯后，只有楚国的后代还做着滇王。汉朝讨伐西南夷，那里的部落多半被消灭，只有滇王仍然受宠。南夷战乱的开始，是唐蒙在番禺见到了枸杞酱，张骞在大夏看到了邛竹杖。西夷后来被分割，分成西、南两方，最终朝廷在此一共设了七个郡。

司马相如列传第五十七

司马相如者，蜀郡成都人也，字长卿。少时好读书，学击剑，故其亲名之曰犬子。相如既学，慕蔺相如之为人，更名相如。以赀为郎，事孝景帝，为武骑常侍，非其好也。会景帝不好辞赋，是时梁孝王来朝，从游说之士齐人邹阳、淮阴枚乘、吴庄忌夫子之徒，相如见而说之，因病免，客游梁。梁孝王令与诸生同舍，相如得与诸生游士居数岁，乃著《子虚》之赋。

会梁孝王卒，相如归，而家贫，无以自业。素与临邛令王吉相善，吉曰："长卿久宦游不遂，而来过我。"于是相如往，舍都亭。临邛令缪为恭敬，日往朝相如。相如初尚见之，后称病，使从者谢吉，吉愈益谨肃。临邛中多富人，而卓王孙家僮八百人，程郑亦数百人，二人乃相谓曰："令有贵客，为具召之。"并召令。令既至，卓氏客以百数。至日中，谒司马长卿，长卿谢病不能往，临邛令不敢尝食，自往迎相如。相如不得已，强往，一坐尽倾。酒酣，临邛令前奏琴曰："窃闻长卿好之，愿以自娱。"相如辞谢，为鼓一再行。是时卓王孙有女文君新寡，好音，故相如缪与令相重，而以琴心挑之。相如之临邛，从车骑，雍容闲雅甚都；及饮卓氏，弄琴，文君窃从户窥之，心悦而好之，恐不得当也。既罢，相如乃使人重赐文君侍者通殷勤。文君夜亡奔相如，相如乃与驰归成都。家居徒四壁立。卓王孙大怒曰："女至不材，我不忍杀，不分一钱也。"人或谓王孙，王孙终不听。文君久之不乐，曰："长卿第俱如临邛，从昆弟假贷犹

司马相如是蜀郡成都人，字长卿。少年时酷爱读书，也学习剑术，所以父母给他取名犬子。司马相如学业完成后，对蔺相如的为人很仰慕，于是改名相如。起初，他凭借家中富有的财资而被授予郎官之职，侍卫孝景帝，做了武骑常侍，但这并不是他的爱好。正好赶上汉景帝不喜欢辞赋，这时梁孝王来京城朝见景帝，跟随他而来的善于游说的人，有齐郡人邹阳、淮阴人枚乘、吴县人庄忌先生等。司马相如见到这些人就喜欢上了，因此就以生病为由辞掉官职，然后旅居梁国，司马相如才有机会与读书人和游说之士们相处了好几年，于是就写了《子虚赋》。

赶上梁孝王去世，相如就回家了。但是他家境贫寒，也没有可以维系自己生活的职业。司马相如向来同临邛县令王吉相处得不错，王吉说："长卿，你离乡在外多年，求官任职，不太顺心，可以到我这里看看。"于是，司马相如来到临邛，暂住在城内的一座小亭中。王吉假装恭敬，每天都来拜访司马相如。开始，司马相如还以礼相见。后来，他就佯称有病，让随从拒绝了王吉的拜访。可是，王吉却更加谨慎恭敬。临邛县里富人很多，像卓王孙家就有家奴八百人，程郑家也有数百人。两人互相商量后说："县令有贵客，不如我们备办酒席，请请他。"一并把县令也请来。当县令来到了卓家后，卓家已经有上百的客人在了。到了中午，去请司马长卿，长卿却推托有病，不愿意前来。临邛县令见司马相如没来，不敢进食，便亲自前去迎接司马相如。相如没办法，便勉强来到卓家，满座的客人都很惊美他的风采。酒兴正浓时，临邛县令慢步走上前去，把一张琴放到司马相如面前，说："我听说长卿非常喜欢弹琴，希望能聆听一曲，以助欢乐。"司马相如辞谢一番，推辞不过，便弹奏了一两支曲子。此时，卓王孙有个叫文君的女儿，刚守寡时间不长，特别喜欢音乐，所以司马相如佯装与县令相互敬重，而用琴声暗自诱发她的爱慕之情。司马相如来临邛时，车马跟在其后，堂堂仪表，典雅文静，落落大方。待到卓王孙家喝酒、弹奏琴曲时，卓文君从门缝里偷偷望他，心中十分高兴，特别喜欢他，但又担心他不了解自己的心情。宴会完毕，司马相如托人赏赐文君的侍者以重金，通过这种方式向她转达倾慕之情。于是，卓文君连夜逃出家门，找到司马相如，司马相如便同文君急急忙忙赶回成都。进得家门，所见空无一物，只有立在那里的四面墙壁。卓王孙知道女儿私奔之事，大怒道："女儿相当不成材，我不忍心伤害她，但也不会分给她一个钱。"有的人便劝说卓王孙，但他一直不肯听。过了很长一段时间，文君感到很

足为生，何至自苦如此！"相如与俱之临邛，尽卖其车骑，买一酒舍酤酒，而令文君当炉。相如身自著犊鼻裈，与保庸杂作，涤器于市中。卓王孙闻而耻之，为杜门不出。昆弟诸公更谓王孙曰："有一男两女，所不足者非财也。今文君已失身于司马长卿，长卿故倦游，虽贫，其人材足依也，且又令客，独奈何相辱如此！"卓王孙不得已，分予文君僮百人，钱百万，及其嫁时衣被财物。文君乃与相如归成都，买田宅，为富人。

居久之，蜀人杨得意为狗监，侍上。上读《子虚赋》而善之，曰："朕独不得与此人同时哉！"得意曰："臣邑人司马相如自言为此赋。"上惊，乃召问相如。相如曰："有是。然此乃诸侯之事，未足观也。请为天子游猎赋，赋成奏之。"上许，令尚书给笔札。相如以"子虚"，虚言也，为楚称；"乌有先生"者，乌有此事也，为齐难；"无是公"者，无是人也，明天子之义。故空藉此三人为辞，以推天子诸侯之苑囿。其卒章归之于节俭，因以风谏。奏之天子，天子大说。其辞曰：

楚使子虚使于齐，齐王悉发境内之士，备车骑之众，与使者出田。田罢，子虚过诧乌有先生，而无是公在焉。坐定，乌有先生问曰："今日田乐乎？"子虚曰："乐。""获多乎？"曰："少。""然则何乐？"曰："仆乐齐王之欲夸仆以车骑之众，而仆对以云梦之事也。"曰："可得闻乎？"

子虚曰："可。王驾车千乘，选徒万骑，田于海滨。列卒满泽，罘罔弥山，掩兔辚鹿，射麋脚麟。骛于盐浦，割鲜染轮。射中获多，矜而自功。顾谓仆曰：'楚亦有平原广泽游猎之地饶乐若此者乎？楚

不快乐，说："长卿，只要你跟我一块儿去临邛，向兄弟们借钱也完全可以维持生活，何必要让自己困苦到这个样子！"司马相如就同文君来到临邛，把自己的车马全部卖掉，盘下一家酒店，做起了卖酒的生意。并且让文君亲自主持垆前酤酒以应对顾客，而司马相如自己也穿起犊鼻裈，同雇工们一起忙活操作，在熙熙攘攘的闹市之中洗涤酒器。卓王孙听说这件事后，感到十分耻辱，因此闭门不出。有些兄弟和长辈都不停地劝说卓王孙，说："你有两个女儿一个儿子，家中所缺少的并不是钱财。如今，文君已经成了司马长卿的妻子，再加上长卿本来也已厌倦了奔波离家的生涯，虽然他贫穷，但他的确是个人才，完全可以依靠。更何况他又是县令的贵客，为什么你偏偏如此地轻视他呢！"卓王孙听了不得已，只好分给文君钱一百万，奴一百人，以及她出嫁时的一些衣服被褥和各种财物。文君就同司马相如回到成都，购置了田地和房屋，成为富有的人家。

过了比较长的一段时间，蜀郡人杨得意担任狗监，侍奉汉武帝。有一天，汉武帝读《子虚赋》，认为写得不错，说："我偏偏不能与这个作者生在一个时代。"杨得意便说："我的同乡人司马相如说是他写了这篇赋。"汉武帝听了很惊喜，就忙召来司马相如询问。司马相如说："是有这件事。但是，这赋只写了诸侯之事，不值得看。请让我写篇天子游猎赋，赋写成以后我就进献皇上。"汉武帝答应了，并命令尚书给他书写用的笔和木简。司马相如用"子虚"这一虚构的言辞，是为了表现楚国之美；"乌有先生"就是哪有这回事，以此为齐国驳难楚国；"无是公"就是没有这个人，以阐明做天子的道理。所以就假借这三个人来写成文章，用以推演天子和诸侯的苑囿美盛的情景。赋的最后一章，将主旨归结到了节俭上去，借以规劝皇帝。司马相如把赋进献天子后，天子非常高兴。赋中说道：

子虚被楚王派去出使齐国，齐王调集了境内所有的士卒，准备了很多的车马，与使者一同出外打猎。打猎完毕，子虚前去拜访乌有先生，并以此事向他夸耀，恰好无是公也在场。大家落座后，乌有先生向子虚问道："今天打猎快乐吗？"子虚说："当然快乐。""猎物很多吧？"子虚回答道："不多。""那么既然如此，乐又从何来？"子虚回答说："我高兴的是齐王本来想向我夸耀他的众多车马，我却用楚王在云梦泽打猎的盛况来回答他。"乌有先生说道："可以说出来让我听听吗？"

子虚说："当然可以。齐王指挥千辆兵车，选拔了上万名骑手，打猎到东海之滨。草泽上排满士卒，山岗上布满了捕兽的罗网，兽网罩住野兔，车轮辗死大鹿，射中麋鹿，抓住麟的小腿。车骑在海边的盐滩驰骋，车轮被宰杀的禽兽的鲜血染红。射中禽兽，获猎物很多，齐王便骄傲地夸耀自己的猎获成绩。他回头看

王之猎何与寡人？'仆下车对曰：'臣，楚国之鄙人也，幸得宿卫十有余年，时从出游，游于后园，览于有无，然犹未能遍睹也，又恶足以言其外泽者乎！'齐王曰：'虽然，略以子之所闻见而言之。'

"仆对曰：'唯唯。臣闻楚有七泽，尝见其一，未睹其余也。臣之所见，盖特其小小者耳，名曰云梦。云梦者，方九百里，其中有山焉。其山则盘纡岪郁，隆崇嵂崒；岑岩参差，日月蔽亏；交错纠纷，上干青云；罢池陂陀，下属江河。其土则丹青赭垩，雌黄白坿，锡碧金银，众色炫耀，照烂龙鳞。其石则赤玉玫瑰，琳瑉琨珸，瑊玏玄厉，瑌石武夫。其东则有蕙圃衡兰，芷若射干，穹穷昌蒲，江离麋芜，诸蔗猼且。其南则有平原广泽，登降陁靡，案衍坛曼，缘以大江，限以巫山。其高燥则生葴菥苞荔，薛莎青薠。其卑湿则生藏莨兼葭，东蔷雕胡，莲藕菰芦，庵䕡轩芋，众物居之，不可胜图。其西则有涌泉清池，激水推移；外发芙蓉菱华，内隐巨石白沙。其中则有神龟蛟鼍，玳瑁鳖鼋。其北则有阴林巨树，楩楠豫章，桂椒木兰，檗离朱杨，樝梸梬栗，橘柚芬芳。其上则有赤猿蠼蝚，鹓鶵孔鸾，腾远射干。其下则有白虎玄豹，蟃蜒貙犴，兕象野犀，穷奇獌狿。

'于是乃使专诸之伦，手格此兽。楚王乃驾驯驳之驷，乘雕玉之舆，靡鱼须之桡旃，曳明月之珠旗，建干将之雄戟，左乌嗥之雕弓，右夏服之劲箭；阳子骖乘，纤阿为御；案节未舒，即陵狡兽，轥邛邛，蹴距虚，轶野马而惤騊駼，乘遗风而射游骐；儵眒淒浰，雷动熛至，星流霆击，弓不虚发，中必决眦，洞胸达腋，绝乎心系，获若雨

着我对我说：'楚国可有供游玩打猎的平原广泽，可以让人这样富于乐趣吗？我与楚王游猎相比，谁更壮观一些？'我便下车回答说：'小臣我只不过是一个见识鄙陋的楚国人，但侥幸在楚担任了十余年的宫中侍卫，常随楚王出猎，王宫的后苑就是猎场，还可以顺便观赏四周的景色，但还不能遍览全部盛况，又哪有资格来谈论远离王都的大泽盛景呢？'齐王说：'虽然这样，但还是请你大概地谈谈你的所闻所见吧！'

"我回答说：'好，好。臣听说楚国有七个大泽，我曾经见过其中的一个，而其余的没见过。我所看到的这个，也只是七个大泽中最小的一个，名叫云梦。云梦九百里方圆，其中有山。山势盘旋，曲折迂回，险要高耸，山峰峭拔，参差不齐；日月要么被完全遮蔽，要么遮掩一半；群山错落，重叠无序，青云直上；山坡连绵倾斜，下连江河。那土壤中有朱砂、石青、雌黄、赤土、白垩、石灰、碧玉、锡矿、黄金、白银等种种色彩，光辉夺目，似龙鳞般地灿烂照耀。那里的石料有赤色的玉石、玫瑰宝石、琳、瑊玏、瑎、琨珸、磨刀的黑石、半白半赤的石头、红地白文的石头。东面的花圃有蕙草，其中生长着杜衡、白芷、兰草、杜若、芎䓖、射干、菖蒲、藁芜、茳蓠、甘蔗、芭蕉。南面有平原大泽，高低不平的地势，绵延倾斜，土地低洼，平坦广阔，沿着大江延伸，直到巫山为界。那地方高峻干燥，生长着马蓝和形似燕麦的草，还有苞草、艾蒿、荔草、莎草及青薠。那低湿的地方，生长着狗尾巴草、东蔷、芦苇、菰米、荷藕、莲花、庵草、葫芦、菸草、众多麦木，在这里生长，数不胜数。西面则有奔涌的泉水、清澈的水池，激荡的水波，后浪冲击前浪，滚滚向前；荷花与菱花在水面上开放着，巨石和白沙在水面下隐伏着。水中有神龟、猪婆龙、蛟蛇、玳瑁、鳖和鼋。北面则有茂密的森林和巨大的树木：黄檗树、樟木、楠木、桂树、木兰、花椒树、黄檗树、赤茎柳、山梨树、山楂树、橘树、黑枣树、柚子树等芳香远溢。那些树上有赤猿、蠵、猕猴、鸢鸟、孔雀和善跳的猴子和射干。树下则有白虎、蟃蜒、黑豹、豻、大象、雌犀牛、穷奇、野犀牛、獌狿。

'于是就派专诸之类的勇士，空手来格杀这些野兽。被驯服的杂毛之马被楚王驾御着，还乘坐着雕饰美玉的车，用鱼须作旒穗的曲柄旌旗不停地挥动着，缀着明月珍珠的旗帜也被摇动着。锋利的三刃戟高举，雕有花纹的乌嘷名弓拿在左手，夏籭中的强劲之箭拿在右手。骖乘是伯乐，御者为纤阿。车马缓慢行驶，在还没有尽情驰骋时，就已踩踏倒了强健的猛兽。车轮辗压邛邛、践踏距虚，突击野马，騊駼被轴头撞死，乘着千里马，游荡之骐被箭射。楚王的车骑异常迅疾，有如滚动惊雷，好似狂飙袭来，像飞坠的流星，若雷霆撞击。弓不虚发，箭箭都把禽兽的眼眶射裂，或者贯穿胸膛，直达腋下，使连着心脏的血管断裂。猎获的

兽，掩草蔽地。于是楚王乃弭节裴回，翱翔容与，览乎阴林，观壮士之暴怒，与猛兽之恐惧，徼郤受诎，殚睹众物之变态。

'于是郑女曼姬，被阿锡，揄纻缟，杂纤罗，垂雾縠；襞积褰绉，纡徐委曲，郁桡溪谷；衯衯裶裶，扬袘恤削，蜚纤垂髾；扶与猗靡，吸呷萃蔡，下摩兰蕙，上拂羽盖，错翡翠之威蕤，缪绕玉绥；缥乎忽忽，若神仙之仿佛。

'于是乃相与獠于蕙圃，媻珊勃窣上金堤，揜翡翠，射鵕鸃，微矰出，纤缴施，弋白鹄，连驾鹅，双鸧下，玄鹤加。怠而后发，游于清池；浮文鹢，扬桂枻，张翠帷，建羽盖，罔玳瑁，钓紫贝；摐金鼓，吹鸣籁，榜人歌，声流喝，水虫骇，波鸿沸，涌泉起，奔扬会，礧石相击，硠硠礚礚，若雷霆之声，闻乎数百里之外。

'将息獠者，击灵鼓，起烽燧，车案行，骑就队，纚乎淫淫，班乎裔裔。于是楚王乃登阳云之台，泊乎无为，澹乎自持，勺药之和具而后御之。不若大王终日驰骋而不下舆，脟割轮淬，自以为娱。臣窃观之，齐殆不如。'于是王默然无以应仆也。"

乌有先生曰："是何言之过也！足下不远千里，来况齐国，王悉发境内之士，而备车骑之众，以出田，乃欲戮力致获，以娱左右也，何名为夸哉！问楚地之有无者，愿闻大国之风烈，先生之余论也。今足下不称楚王之德厚，而盛推云梦以为高，奢言淫乐而显侈靡，窃为足下不取也。必若所言，固非楚国之美也。有而言之，是章君之恶；无而言之，是害足下之信。章君之恶而伤私义，二者无一可，而先生

野兽，纷纷而落像雨点飞降般，野草被覆盖，大地也被遮蔽。于是，楚王就徘徊停鞭，缓步而行自由自在，游览山北的森林，欣赏壮士的暴怒，还有野兽的恐惧。拦截那疲倦的野兽，捕捉那精疲力竭的野兽，遍观群兽各种迥异的姿态。

'于是，漂亮的郑国姑娘，细嫩肤色的美女，披着细缯细布制成的上衣，穿着麻布和白绢制做的裙子，纤纤的罗绮被装点着，轻雾般的柔纱在身上垂挂着。裙幅重叠褶绉，纹理细密，线条多姿婉曲，好似深幽的溪谷。美女们穿着修长的衣服，飘扬裙幅，裙缘整齐美观；衣上的飘带，飞舞随风，燕尾形的衣端在身间垂挂。婀娜多姿的体态，走路时衣裙相磨，发出噏呷萃蔡的响声。衣裙饰带飘动，摩着下边的兰花蕙草，上面的羽饰车盖被拂拭着。翡翠的羽毛在头发上杂缀着作为饰物，用玉装饰的帽缨在颔下缠绕着。隐约缥缈，恍恍惚惚，就像神仙般的似有似无。

'于是楚王就在蕙圃夜猎，和众多美女一起，缓慢而从容地走上坚固的水堤。用网捕取翡翠鸟，用箭射取锦鸡。射出带丝线的短小之箭，发射系着细丝绳的箭。白天鹅被射落了，野鹅被击中了。中箭的鸧鸹双双从天落，箭射穿了黑鹤身体。打猎疲倦之后，拨动游船，在清池之中泛舟。划着画有鹢鸟的龙船，桂木的船桨被扬起。画有翡翠鸟的帷幔张挂着，竖起鸟毛装饰的伞盖。玳瑁用网捞取，紫贝被钓取。敲打金鼓，吹起排箫。船夫唱起歌来，声调嘶哑悲楚，动听悦耳。鱼鳖为此惊骇，洪波因而沸腾。涌起泉水，与浪涛汇聚。众石相互撞击，发出硠硠磕磕的响声，就像轰鸣雷霆，传声几百里之外。

'夜猎将停，灵鼓敲起，火把点起。战车按行列行走，骑兵归队而行。队伍接续不断，整整齐齐，缓慢前进。于是，楚王就登上阳云之台，显示出安然无事泰然自若的神态，保持着怡适安静的心境。待用芍药调和的食物备齐之后，就献给楚王让其品尝。不像大王终日奔驰，车身不离，甚至切割肉块，然后在轮间烤炙而吃，却自以为乐。我以为齐国恐怕不如楚国吧。'于是，齐王默默无言，没有话回答我。"

乌有先生说："这话为什么要说得这么过分呢？您不远千里前来赐惠齐国，齐王调集境内的所有士卒，准备了如此多的车马，同您外出打猎，是想齐心协力猎获禽兽，使您感到快乐，怎么称作夸耀呢！询问楚国有无游猎的平原广泽，是希望听听楚国的政治教化与光辉的功业，以及先生的美论高言。现在楚王丰厚的德政先生不称颂，却去畅谈什么云梦泽以为高论，大谈纵乐淫游之事，而且炫耀奢侈靡费，我个人以为您不应当这样做。如果真像您所说的那样，那根本算不上是楚国的美好之事。楚王若是有这些事，您把它说出来，这就是宣扬国君的丑恶；如果楚王没有这些事，您却说有，这就有损于您的名誉，张扬国君的丑恶，

行之，必且轻于齐而累于楚矣。且齐东陼巨海，南有琅邪，观乎成山，射乎之罘，浮勃澥，游孟诸，邪与肃慎为邻，右以汤谷为界，秋田乎青丘，傍徨乎海外，吞若云梦者八九，其于胸中曾不蒂芥。若乃俶傥瑰伟，异方殊类，珍怪鸟兽，万端鳞萃，充仞其中者，不可胜记，禹不能名，契不能计。然在诸侯之位，不敢言游戏之乐，苑囿之大；先生又见客，是以王辞而不复，何为无用应哉！"

无是公听然而笑曰："楚则失矣，齐亦未为得也。夫使诸侯纳贡者，非为财币，所以述职也；封疆画界者，非为守御，所以禁淫也。今齐列为东籓，而外私肃慎，捐国逾限，越海而田，其于义故未可也。且二君之论，不务明君臣之义而正诸侯之礼，徒事争游猎之乐，苑囿之大，欲以奢侈相胜，荒淫相越，此不可以扬名发誉，而适足以贬君自损也。且夫齐楚之事又焉足道邪！君未睹夫巨丽也，独不闻天子之上林乎？

"左苍梧，右西极，丹水更其南，紫渊径其北；终始霸浐，出入泾渭；酆镐潦潏，纡余委蛇，经营乎其内。荡荡兮八川分流，相背而异态。东西南北，驰骛往来，出乎椒丘之阙，行乎洲淤之浦，径乎桂林之中，过乎泱莽之野。汩乎浑流，顺阿而下，赴隘陕之口。触穹石，激堆埼，沸乎暴怒，汹涌滂湃，滭弗宓汩，偪侧泌瀄，横流逆折，转腾潎冽，滂濞沆溉，穹隆云桡，蜿灗胶戾，逾波趋浥，莅莅下濑，批壢冲壅，奔扬滞沛，临坻注壑，瀺灂霣坠，湛湛隐隐，砰磅訇礚，潏潏淈淈，湁潗鼎沸，驰波跳沫，汩急漂疾，悠远长怀，寂漻无声，肆乎永归。然后灏溔潢漾，安翔徐徊，翯乎滈滈，东注大湖，衍

损害自己的信誉,这两件事没有一样是可以做的,而您却做了。这必将让齐国所轻视,而楚国的声誉也会因此而受到牵连。况且齐国东临大海,南有琅邪山,观赏美景在成山,狩猎在之罘山,泛舟在渤海,游猎在孟诸泽中。东北与肃慎为邻,左边以汤谷为界;秋天打猎在青丘,在海外自由漫步。像云梦这样的大泽,纵然吞下八九个,胸中也丝毫没有哽塞之感。至于那超凡卓异之物,各地特产,怪异珍奇的鸟兽,聚集万物,好像荟萃鱼鳞,充满其中,不可胜记,它们的名字就是大禹也辨不清,契也无法计算它们的数目。但是,齐王处在诸侯的地位,不敢陈说嬉戏和游猎的欢乐、苑囿的广大。先生又是被以贵宾之礼接待的客人,所以齐王才没有回答您任何言辞,又怎么能说他无言以对呢!"

无是公微笑着说:"楚国错了,但是齐国也未必正确。天子之所以让诸侯交纳贡品,其实并不是为了财物,目的是为了让他们到朝廷陈述其履行职务的情况;所以封国疆界的划分,并非为了守卫边境,而是为了杜绝诸侯越规违法的行为。现在,齐国位列东方的藩国,却与国外的肃慎私自交往,弃离封国,越过国界,漂洋过海,游猎到青丘去,这种做法从诸侯应遵守的道义来说,是不允许的。况且你们两位先生的言论,都不是竭力阐明君臣之间的正常关系,也不是端正诸侯的礼仪,而只是去争辩游猎的欢乐、苑囿的广大,想以奢侈争胜负、以荒淫赛高下。这样做不但不能使你们的国君名望显扬、声誉提高,却恰恰贬低其声望,使自己蒙受损失。更何况那齐国和楚国的事物又哪里值得称道呢!先生们没有亲眼看到那浩大壮丽的场面,难道你们就没有听说过天子的上林苑吗?

"上林苑的左边是苍梧,右边是西极,在它的南方有丹水流过,它的北方有紫渊流经;灞水和浐水始终未流出上林,泾水和渭水流进来又流出去;酆水、鄗水、潦水、潏水,宛转曲折,在上林苑中盘转回环。八条河川,浩浩荡荡,流向相背,姿态各异,东西南北,奔驰往来,从两山对峙的椒丘山谷流出,流经砂石堆积的小洲,穿过桂树之林,流过茫茫的原野。水流盛大且迅疾,沿着高丘奔腾而下,直赴狭隘的山口。撞击着巨石,激荡着沙石形成的曲折河岸,水流涌起,暴怒异常,澎湃汹涌。河水盛涌,水流迅疾,撞击波浪,砰砰作响;横流回旋,奔腾转折,潎洌作响。激流冲击着不平的河岸,震响轰鸣,水势高耸,浪花回旋,卷曲如云,萦绕蜿蜒。后浪推击着前浪,流向深渊,形成湍急的水流,在沙石之上冲过。拍击着岩石,冲击着河堤,飞扬奔腾,不可阻挡。大水冲过小洲,流入山谷,水势渐缓,水声渐细,跌落于沟谷深潭之中。有时水大潭深,水流激荡,发出轰隆的乒乓巨响。有时水波飞扬翻涌,如同鼎中沸腾的热水。水波急驰,泛起白沫层层,跳跃不止。有时水流急转,奔扬轻疾,流向远方,长归大湖。有时水面平静无声,安然地向着远方流去。然后,无边无际的大水,徐缓迁

溢陂池。于是乎蛟龙赤螭，䱭䱾螹离，鰅鰫鳍魠，禺禺鱋魶，揵鳍擢尾，振鳞奋翼，潜处于深岩；鱼鳖欢声，万物众伙，明月珠子，玓瓅江靡，蜀石黄碝，水玉磊砢，磷磷烂烂，采色澔旰，丛积乎其中。鸿鹄鹔鸨，䴔鹅鸀鳿，鵁鶄䴋目，烦鹜鹔鷞，䴇䴏䴈䴆，群浮乎其上。泛淫泛滥，随风澹淡，与波摇荡，掩薄草渚，唼喋菁藻，咀嚼菱藕。

"于是乎崇山矗矗，崔巍嵯峨，深林钜木，崭岩嵾嵯，九嵕、嶻嶭，南山峨峨，岩岹甗锜，摧崣崛崎，振溪通谷，蹇产沟渎，谽呀豁閜，阜陵别岛，崴磈嵔瘣，丘虚崛崟，隐磷郁䂴，登降施靡，陂池貏豸，沇溶淫鬻，散涣夷陆，亭皋千里，靡不被筑。掩以绿蕙，被以江离，糅以蘪芜，杂以流夷。尃结缕，欑戾莎，揭车衡兰，稿本射干，茈姜蘘荷，葴橙若荪，鲜枝黄砾，蒋芧青薠，布濩闳泽，延曼太原，丽靡广衍，应风披靡，吐芳扬烈，郁郁斐斐，众香发越，肸蚃布写，晻暧苾勃。

"于是乎周览泛观，瞋盼轧沕，芒芒恍忽，视之无端，察之无崖。日出东沼，入于西陂。其南则隆冬生长，踊水跃波；兽则㺎旄貘犛，沈牛麈麋，赤首圜题，穷奇象犀。其北则盛夏含冻裂地，涉冰揭河；兽则麒麟角䇶，騊駼橐驼，蛩蛩驒騱，駃騠驴骡。

"于是乎离宫别馆，弥山跨谷，高廊四注，重坐曲阁，华榱璧珰，辇道纚属，步櫩周流，长途中宿。夷嵕筑堂，累台增成，岩突洞房，俯杳眇而无见，仰攀橑而扪天，奔星更于闺闼，宛虹拖于楯轩。青虬蚴蟉于东箱，象舆婉蝉于西清，灵圉燕于闲观，偓佺之伦暴于南荣，醴泉涌于清室，通川过乎中庭。槃石裖崖，嵚岩倚倾，嵯峨磼

回，闪闪银光，奔向东方，注入太湖，湖水满溢，流进附近的池塘。于是，蛟龙、赤螭、䱷、鰅、鳙、禺禺、魠、鱸、魶等，都扬起背鳍，摇动着鱼尾，抖动着鱼鳞，奋扬起鱼翅，潜处于深渊岩谷当中。鱼鳖喧哗欢跃，万物成群结伙。明月、珠子，在江边光彩闪烁。蜀石、黄色的硬石、水晶石，堆积层层，夺目灿烂，光彩映照，聚积于水中。天鹅、䴀鸟、鹔鹴、鸳鸯、鵁、䴊目、䴋鹈、烦鹜、鸀鳿、鵁鸬、鵁鸱，结队成群，在水面上浮游。任凭河水横流浮动，鸟儿随风漂流，乘着波涛，自由摇荡。有时，成群的鸟儿聚集在野草覆盖的沙洲上，口衔着菁、藻，喋喋作响，口含着菱、藕，咀嚼不已。

"于是高山耸立挺拔，雄峻巍峨。广阔的山林中生长着高大的树木。山高险峻，高低不齐。藏薜山、九嶷山、终南山巍峨耸立，或倾斜，或奇险，有的上下大，中间小，有的像锜，三足鼎立，异常险峻，陡峭崎岖。有的地方是收蓄流水的山溪，有的地方是水流贯通的山谷，溪水曲折，流入沟渎。溪谷空旷宽大，水中的丘陵、孤立的山，高高挺立，层迭不平。山势起伏，忽低忽高，连绵不绝，山坡倾斜，渐趋平缓。河水流动缓缓，溢出河面，四散于平坦的原野。水边平地，一望千里，无不被捣筑开拓。地上长满蕙草和菉草，江蓠覆盖着，间杂着蘼芜和留夷，布满了结缕，深绿色的莎草丛生在一起，还有揭车与杜蘅、稿本、兰草、射干、蘘荷、茈姜、杜若、蒇、橙、鲜枝、荪、黄、芧、蒋、青薠，在广阔的大泽中遍布，在广大的平原之上蔓延。绵延不绝的花草，广布繁衍，迎着微风倒伏，芬芳吐露，散发着浓烈的香味，郁郁菲菲，香气四溢，沁人心田，更令人感到浓烈的芳香。

"于是观看四周，广泛欣赏，睁大眼睛也辨识不清，只见一片茫茫，恍恍惚惚，放眼望去，没有边际；仔细察看，宽广无涯。早晨，太阳从苑东的池沼升起，傍晚，太阳从苑西的陂池落下。苑南在严冬时也依然生长草木，河水翻腾奔涌；这里的野兽有，偶、䝙、牦、獏、沈牛、麈、赤首、麋、圜题、象、穷奇、犀。苑北则盛夏季节也是河水结冰，大地冻裂，只要提起衣裳就可以过河。这里的野兽有麒麟、角䚇、橐驼、驹騟、蛩蛩、駃騠、驒騱、驴、骡。

"于是别馆离宫，布满山坡，横跨溪谷。高大的回廊，四周相连，双重的楼房之间，阁道曲折相连。绘花的屋椽子，璧玉装饰的瓦珰。辇道连绵不绝，在长廊之中周游，路程遥远，须在中途住宿。削平高山，构筑殿堂，修起层层台榭，山岩底部有幽深的房室与此相通。俯视山下，遥远而无所见，仰视天空，攀上屋椽可以摸天。闪过宫门的流星，弯曲的彩虹横挂在窗板与栏杆之上。青虬蜿蜒在东厢，大象拉的车子行走在清静的西厢。众神在清闲的馆舍休息，偓佺类的仙人在南檐下沐浴阳光。甘甜的泉水从清室中涌出，流过院中的流动的河水，用巨石

礤，刻削峥嵘，玫瑰碧琳，珊瑚丛生，瑉玉旁唐，瑸斒文鳞，赤瑕驳荦，杂臿其间，垂绥琬琰，和氏出焉。

"于是乎卢橘夏孰，黄甘橙楱，枇杷橪柿，楟柰厚朴，梬枣杨梅，樱桃蒲陶，隐夫郁棣，楛蒙荔枝，罗乎后宫，列乎北园。貤丘陵，下平原，扬翠叶，杌紫茎，发红华，秀朱荣，煌煌扈扈，照曜钜野。沙棠栎槠，华泛檗栌，留落胥余，仁频并闾，欃檀木兰，豫章女贞，长千仞，大连抱，夸条直畅，实叶葰茂，攒立丛倚，连卷累佹，崔错癹骫，阬衡閜砢，垂条扶于，落英幡纚，纷容萧蓼，旖旎从风，浏莅芔吸，盖象金石之声，管籥之音。柴池茈虒，旋环后宫，杂遝累辑，被山缘谷，循阪下隰，视之无端，究之无穷。

"于是玄猿素雌，蜼玃飞鸓，蛭蜩蠷蝚，螹胡豰蛫，栖息乎其间；长啸哀鸣，翩幡互经，夭蟜枝格，偃蹇杪颠。于是乎隃绝梁，腾殊榛，捷垂条，踔稀间，牢落陆离，烂曼远迁。

"若此辈者，数千百处。嬉游往来，宫宿馆舍，庖厨不徙，后宫不移，百官备具。
"于是乎背秋涉冬，天子校猎。乘镂象，六玉虬，拖蜺旌，靡云旗，前皮轩，后道游；孙叔奉辔，卫公骖乘，扈从横行，出乎四校之中。鼓严簿，纵獠者，江河为阹，泰山为橹，车骑雷起，隐天动地，先后陆离，离散别追，淫淫裔裔，缘陵流泽，云布雨施。

"生貔豹，搏豺狼，手熊罴，足野羊，蒙鹖苏，绔白虎，被豳文，跨野马。陵三嵏之危，下碛历之坻；俓峻赴险，越壑厉水。推蜚廉，弄解豸，格瑕蛤，铤猛氏，羂騕褭，射封豕。箭不苟害，解脰陷

修整河岸，险要高峻，参差不齐。山岩高耸巍峨，峥嵘奇特，好像工匠雕刻而成。这里的玫瑰、琳、碧、珊瑚丛聚而生。瑉玉庞大，似鱼鳞般有纹采。赤玉纹采交错，插杂其间。琬琰、垂绥、和氏璧皆在这里出现。

"于是在夏天成熟的卢橘、黄柑、榛、柚子、枇杷、柿子、酸小枣、山梨、羊枣、厚朴、杨梅、棠棣、葡萄、樱桃、椪蒙、荔枝等果树，后宫之中罗生，北园之内列植，绵延至丘陵之上，下至于平原之间。翠绿的树叶摆动，紫色的干茎摇动，红色的花朵开放着，秀出了朱红的小花。光彩繁盛，照耀着广阔的原野。栎、沙果、桦树、楷、枫树、银杏树、黄栌树、石榴、槟榔树、椰子树、檀树、槟桐树、枕木、木兰、冬青树、樟木，有的树木高达千仞，粗的要几个人才能合抱，花朵和枝条生长得舒展畅达，果实和叶子硕大茂密，有的聚立在一处，有的相倚丛集。树枝卷曲而相连，重叠而交叉，繁茂交错，纠结盘纡，横出高举，相倚相扶，下垂的枝条四散伸展，落花飞扬；树木繁茂高大，随风摇荡，婀娜多姿；风吹草木，凄清作响，有如钟磬之声，好似管籥之音。树木高低不齐，环绕着后宫；众多草木重叠累积，覆盖着山野，沿着溪谷生长，顺着山坡，直下低湿之地，放眼望去，没有边际，仔细探究，又觉得无穷无尽。

"于是黑猿和仰鼻长尾猿、白色的雌猴、小飞鼠、大母猴、能飞的蛭、善爬树的猕猴、蜩、似猴的蜥蝴、似狗的㺎、如猴的蟩，都在林间栖息，有的哀鸣，有的长啸，上下跳跃，轻捷如飞，交相往来，在树枝间共同戏耍，屈曲婉转，直上树梢。于是跳越断桥，跃过奇异的丛林，接持下垂的枝条，或四散奔走，或杂乱相聚，散乱远去。

"有数千百处像这样的地方，可供往来嬉戏游乐，在离宫住宿，在别馆歇息，厨房不需要迁徙，后宫妃嫔自然也不必跟随，文武百官也已齐备。

"于是从秋至冬，天子开始郊猎，乘坐着象牙雕饰的车子，驾驭六条白色的虬龙，五彩旌旗摇动着，云旗挥舞着。前面有蒙着虎皮的车子开路，后边有导游之车护行。孙叔执辔驾车，卫公做骖乘，为天子护驾的侍卫不循正道而行，活动在四郊之中。在森严的卤薄里敲起鼓来，猎手们便纵情出击；江河是郊猎的围栅，大山是望楼。车马飞奔，如雷声忽起，动地震天。猎手们四散分离，互相追逐着自己的目标。出猎者络绎行进，沿着山陵，顺着沼泽，像云雾密布，如倾注的大雨。

"活捉貔豹，搏击豺狼，徒手杀死熊黑，踏倒野羊。猎者头戴鹖尾装饰的帽子，穿着画有白虎的裤子，披着有斑纹的衣服，骑着野马。登上三山对峙的山头，走下崎岖不平的山坡，直奔高陡险峻的山峰，越过谷沟，连衣涉水。排击蜚廉，击杀瑕蛤、摆布解豸，用矛刺杀猛氏，用绳索绊取騕褭，射杀大野猪。箭不

脑；弓不虚发，应声而倒。于是乎乘舆弥节裴回，翱翔往来，睨部曲之进退，览将率之变态。然后浸潭促节，儵夐远去，流离轻禽，蹵履狡兽，轊白鹿，捷狡兔，轶赤电，遗光耀，追怪物，出宇宙，弯繁弱，满白羽，射游枭，栎蜚虡，择肉后发，先中命处，弦矢分，艺殪仆。

"然后扬节而上浮，陵惊风，历骇猋，乘虚无，与神俱，辚玄鹤，乱昆鸡。遒孔鸾，促鵔鸃，拂翳鸟，捎凤皇，捷鸳雏，掩焦明。

"道尽涂殚，回车而还。招摇乎襄羊，降集乎北纮，率乎直指，晻乎反乡。"道尽涂殚，回车而还。招摇乎襄羊，降集乎北纮，率乎直指，晻乎反乡。蹶石关，历封峦，过鳷鹊，望露寒，下棠梨，息宜春，西驰宣曲，濯鹢牛首，登龙台，掩细柳，观士大夫之勤略，钧猎者之所得获。徒车之所辚轹，乘骑之所蹂若，人民之所蹈籍，与其穷极倦䌤，惊惮慑伏，不被创刃而死者，佗佗籍籍，填阬满谷，掩平弥泽。

"于是乎游戏懈怠，置酒乎昊天之台，张乐乎轇輵之宇；撞千石之钟，立万石之钜；建翠华之旗，树灵鼍之鼓。奏陶唐氏之舞，听葛天氏之歌，千人唱，万人和，山陵为之震动，川谷为之荡波。巴俞宋蔡，淮南于遮，文成颠歌，族举递奏，金鼓迭起，铿鎗铛鼞，洞心骇耳。荆吴郑卫之声，《韶》《濩》《武》《象》之乐，阴淫案衍之音，鄢郢缤纷，激楚结风，俳优侏儒，狄鞮之倡，所以娱耳目而乐心意者，丽靡烂漫于前，靡曼美色于后。

"若夫青琴宓妃之徒，绝殊离俗，姣冶娴都，靓庄刻饬，便嬛绰约，柔桡嬛嬛，妩媚姌弱；抴独茧之褕袘，眇阎易以戌削，媥姺徶撇，与世殊服；芬香沤郁，酷烈淑郁；皓齿粲烂，宜笑旳皪；长眉连娟，微睇绵藐；色授魂与，心愉于侧。

能随意射杀野兽，一箭射出后，则必破獬颈项，穿裂头脑。弓不虚发，野兽皆应声而倒。于是，天子便乘着车子，徐缓徘徊，自由自在地往来遨游，观看士卒队伍的进退，浏览将帅应变的神态。然后，车驾由缓行而逐渐加快，疾速远去。用网捕捉轻捷飞翔的禽鸟，践踏敏捷狡猾的野兽。用车轴撞击白鹿，迅速捕获狡兔。其速度之快，超越赤色的闪电，而把电光留在后边。追逐怪兽，逸出宇宙。拉弯繁弱良弓，张满白羽之箭，射击游动的枭羊，击倒蜚虡。选好肉肥的野兽然后发箭，命中之处正是预想的地方。弓箭分离，一箭被射中的猎物就倒在地上。

"然后，天子的车驾高举起旌节而上浮，驾御着疾风，越过狂飙，升上天空，与神灵同处。践踏黑鹤，扰乱鹍鸡，近捕鹜鸟和孔雀，捉取鹔䴗，鹥鸟被击落，用竹竿击打凤凰，疾取鸳雏，掩捕焦明。

"直到路的尽头，车头才掉转回来。逍遥徜徉，降落在上林苑的极北之地。直道前行，忽然之间返回帝乡。踏上石阙，经过封峦，过了鹁鹊，望着露寒。下抵棠梨宫，休息在宜春宫，再奔驰到昆明池西边的宣曲宫，饰有鹢鸟的船划起，荡漾在牛首池中。然后登上龙台观，到细柳观休息。观察士大夫们的辛勤与收获，猎者所捕获的猎物平均分配。至于步卒和车驾所践踏辗轧而死的、大臣与随从人员所踩死的、骑兵所踏死的，以及那疲惫不堪、走投无路、惊惧伏地、没受刀刃的创伤就死去的野兽，其尸体交错纵横，坑谷都被填满了，平原覆盖，弥漫大泽，不计其数。

"于是倦怠松懈游乐嬉戏，在上接云天的台榭摆下酒宴，在广阔无边的寰宇演奏音乐。撞击千石的大钟，万石的钟架竖起；翠羽为饰的旗帜高擎，设置灵鼍皮制成的大鼓；奏起尧时的舞曲，聆听葛天氏的乐曲；千人同唱，万人相和；山陵被这歌声震动，河川之水被激起大波。巴渝的舞蹈，蔡、宋的歌曲，淮南的《于遮》，云南和文成的民歌，同时并举，轮番演奏。钟鼓之声此起彼伏，铿锵铛铛，震耳惊心。荆、郑、吴、卫的歌声，《韶》《武》《濩》《象》的音乐，淫靡放纵的曲乐，飘逸的鄢、郢地区的舞姿，《激楚》之音高亢激越，可以掀起回风，俳优侏儒的表演，西戎的乐伎，用来使心情快乐、耳目欢愉的事物，应有尽有。悦耳美妙的音乐在君王面前回荡，在君王身后站立着皮肤细腻的美女。

"像那青琴、宓妃之类的美女，拔俗超群，高雅艳丽。面施粉黛，刻画鬓发，体态轻盈，苗条多姿，美好柔弱，妩媚婀娜。身穿纯一色丝坦噶尼喀织的罩衣，拖着衣袖，细看那修长的衣衫，非常整齐，飘动轻柔，和世俗的衣服不同。散发着浓重的芳香，清美浓郁。明亮洁白的牙齿，微微露出含着笑，光洁动人。眉毛弯曲修长，双目含情，远视流盼。美色诱人，心魂荡漾，女乐高兴地在君侧侍立。

"于是酒中乐酣，天子芒然而思，似若有亡。曰：'嗟乎，此泰奢侈！朕以览听余闲，无事弃日，顺天道以杀伐，时休息于此，恐后世靡丽，遂往而不反，非所以为继嗣创业垂统也。'于是乃解酒罢猎，而命有司曰：'地可以垦辟，悉为农郊，以赡萌隶；隤墙填堑，使山泽之民得至焉。实陂池而勿禁，虚宫观而勿仞。发仓廪以振贫穷，补不足，恤鳏寡，存孤独。出德号，省刑罚，改制度，易服色，更正朔，与天下为始。'

"于是历吉日以齐戒，袭朝衣，乘法驾，建华旗，鸣玉鸾，游乎六艺之囿，骛乎仁义之涂，览观《春秋》之林，射《狸首》，兼《驺虞》，弋玄鹤，建干戚，载云䍐，揜群雅，悲《伐檀》，乐乐胥，修容乎《礼》园，翱翔乎《书》圃，述《易》道，放怪兽，登明堂，坐清庙，恣群臣，奏得失，四海之内，靡不受获。于斯之时，天下大说，向风而听，随流而化，喟然兴道而迁义，刑错而不用，德隆乎三皇，功羡于五帝。若此，故猎乃可喜也。

"若夫终日暴露驰骋，劳神苦形，罢车马之用，抏士卒之精，费府库之财，而无德厚之恩，务在独乐，不顾众庶，忘国家之政，而贪雉兔之获，则仁者不由也。从此观之，齐楚之事，岂不哀哉！地方不过千里，而囿居九百，是草木不得垦辟，而民无所食也。夫以诸侯之细，而乐万乘之所侈，仆恐百姓之被其尤也。"

于是二子愀然改容，超若自失，逡巡避席曰："鄙人固陋，不知忌讳，乃今日见教，谨闻命矣。"

赋奏，天子以为郎。无是公言天子上林广大，山谷水泉万物，及子虚言楚云梦所有甚众，侈靡过其实，且非义理所尚，故删取其要，归正道而论之。

"于是半酣酒兴，狂热乐舞，天子怅惘有感，似有所失，说道：'唉，这太奢侈了！我在理政的闲暇之时，不愿时日虚度，顺应天道，前来猎杀上林苑野兽，有时在此休息。生怕后代子孙淫靡奢侈，循此而行，不肯休止，这不是为后人立业创功发扬传统的行为。'于是就撤去酒宴，不再打猎，而命令主管官员说：'凡是可以开垦的土地，都变成农田，用以供养黎民百姓。围墙要推倒，壕沟要填平，使乡野之民都可以来此谋生。陂池中满是捕捞者也不加禁止，宫馆空闲也不进住。粮仓打开，赈济给贫穷的百姓，补助不足，抚恤鳏寡，慰问孤儿和无子的老人。给百姓发布施恩德的政令，减轻刑罚，改变制度，变换服色，更改历法，同天下百姓一道从头做起。'

"于是挑选了好日子来斋戒，穿着朝服，乘坐天子的车驾，高举起翠华之旗，响起了玉饰的鸾铃。在六艺的范围里游观，在仁义的大道之上奔驰；观览《春秋》之林，演奏《狸首》，以及《驺虞》的乐章，举行射礼；射中玄鹤，举起盾牌和大斧，高兴而舞。高张云天的罗网车载着，众多的文雅之士被掩捕；为《伐檀》作者的慨叹而悲伤，替《桑扈》乐得才智之士而快乐，在《礼》园中修容饰仪，在《书》圃中游赏徘徊，阐释《周易》的道理，上林苑中各种珍禽怪兽被放走。登上明堂，在祖庙之中坐，君王群臣遍命，尽奏朝政的得失之见，使天下黎民，无不受益。正当此时，天下百姓都皆大喜悦。他们顺应天子的风教，听从政令，顺应时代的潮流，接受教化。圣明之道振兴且勃然，人民都归向仁义，刑罚也被废弃而不用。君王高于三皇的恩德，超越五帝的功业。如果政绩达到这个地步，游猎这才是可喜的事情。

"如果整天在苑囿之中暴露身躯驰骋，劳累精神，辛苦身体，废弃车马的功用，损伤士卒的精力，国库的钱财浪费，而对百姓却没有大恩厚德，只是专心个人的欢乐，不考虑众多的百姓，忘掉国家大政，却贪图猎获野鸡兔子，这是仁爱之君不肯做的事情。由这看来，齐国和楚国的游猎之事，岂不是令人悲哀的吗？两国各有不过方圆千里的土地，而苑囿却占据九百里。这样一来，草木之野不能为耕田而开垦，百姓就没有可吃的粮食。他们凭借诸侯微贱的地位，却在享受天子的奢侈之乐，我害怕百姓会遭受祸患。"

于是子虚和乌有两位先生脸色都改变了，怅然若失，后退徘徊，离开坐席，说道："鄙人浅薄无知，不知顾忌，没想到在今天得到了教诲，我要认真领教。"

这篇赋写成后进献天子，皇帝立即任命司马相如为郎官。无是公称说上林苑的广大，水泉、山谷和万物，以及子虚称说的云梦泽所有之物甚多，淫靡奢侈，言过其实，且也不是礼仪所崇尚的，所以删取其中的一些要点，归之于正道，加以评论。

相如为郎数岁，会唐蒙使略通夜郎西僰中，发巴蜀吏卒千人，郡又多为发转漕万余人，用兴法诛其渠帅，巴蜀民大惊恐。上闻之，乃使相如责唐蒙，因喻告巴蜀民以非上意。檄曰：

告巴蜀太守：蛮夷自擅不讨之日久矣，时侵犯边境，劳士大夫。陛下即位，存抚天下，辑安中国。然后兴师出兵，北征匈奴，单于怖骇，交臂受事，诎膝请和。康居西域，重译请朝，稽首来享。移师东指，闽越相诛。右吊番禺，太子入朝。南夷之君，西僰之长，常效贡职，不敢怠堕，延颈举踵，喁喁然皆争归义，欲为臣妾，道里辽远，山川阻深，不能自致。夫不顺者已诛，而为善者未赏，故遣中郎将往宾之，发巴蜀士民各五百人，以奉币帛，卫使者不然，靡有兵革之事，战斗之患。今闻其乃发军兴制，惊惧子弟，忧患长老，郡又擅为转粟运输，皆非陛下之意也。当行者或亡逃自贼杀，亦非人臣之节也。

夫边郡之士，闻烽举燧燔，皆摄弓而驰，荷兵而走，流汗相属，唯恐居后，触白刃，冒流矢，义不反顾，计不旋踵，人怀怒心，如报私仇。彼岂乐死恶生，非编列之民，而与巴蜀异主哉？计深虑远，急国家之难，而乐尽人臣之道也。故有剖符之封，析珪而爵，位为通侯，居列东第，终则遗显号于后世，传土地于子孙，行事甚忠敬，居位甚安佚，名声施于无穷，功烈著而不灭。是以贤人君子，肝脑涂中原，膏液润野草而不辞也。今奉币役至南夷，即自贼杀，或亡逃抵诛，身死无名，谥为至愚，耻及父母，为天下笑。人之度量相越，岂不远哉！然此非独行者之罪也，父兄之教不先，子弟之率不谨也；寡廉鲜耻，而俗不长厚也。其被刑戮，不亦宜乎！

司马相如担任郎官很多年，正遇唐蒙受命略取和开通夜郎及其西面的僰中，征发巴、蜀二郡官吏士卒上千人，两郡又多为他征调一万多陆路及水上的运输人员。他又用战时法规杀了大帅，巴、蜀百姓很是震惊恐惧。皇上闻听这种情况，就派司马相如去责备唐蒙，趁机喻告巴、蜀百姓，唐蒙所为并不是皇上的本意。檄文说：

告示巴、蜀太守：蛮夷自擅兵权，不服朝廷，久未讨伐，时常在边境侵扰，使士大夫蒙受劳苦。当今皇上即位，存恤安抚天下，使中原和睦安宁。然后调兵出征，北上讨伐匈奴，使其单于震惊恐怖，拱手称臣，屈膝求和。康居与西域诸国，也都翻译辗转，沟通语言，请求朝见汉皇，虔敬地叩头，还进献贡物。然后大军直指东方，闽越之君也被其弟诛杀。接着军至番禺，南越王派太子婴齐入朝。南夷的君主和西僰的首领，都经常进献贡物和赋税，不敢怠慢，人人都伸长脖颈，脚跟高抬，景仰朝廷，争归仁义，愿做汉朝的臣仆，只是路途遥远，山河阻隔，不能亲自入朝向汉君致意。现在，已诛杀不顺从者，而尚未奖赏做好事者，所以派遣中郎将前来以礼相待，使其归服。至于征发巴、蜀士卒百姓各五百人，只是为了供奉礼品，保卫使者没有意外发生，并没有要进行战争，造成打仗的祸患。如今，皇上听说中郎将竟然动用战时法令，使巴、蜀子弟受怕担惊，巴、蜀父老长者忧祸虑患。巴、蜀二郡又擅自为中郎将转运粮食，这些均非皇上的本意。至于被征当行的人，有逃跑的，有自相残杀的，这也不是为臣者的节操。

边疆郡县的那些士卒，听到高举烽火、点燃燧烟的消息，都张弓待射，驰马进击，扛着兵器，奔向战场，人人浃背汗流，唯恐落后；打起仗来，就是身触利刃，冒流矢射中的危险，也义无反顾，从没想到脚跟掉转，向后逃脱。人人怀着愤怒的心情，像报私仇一般。他们难道讨厌生存而乐意死去，不是名在户籍的良民，而与巴、蜀不是同一个君主吗？只是他们更思想深邃，虑事长远，一心想着国家的危难，而喜欢竭尽全力去履行臣民的义务而已。所以他们之中有人得到剖符拜官的封赏，位在列侯，住宅排列在东第。他们死后可以将显贵的谥号流传后世，传给后代子孙封赏的土地。他们做事非常忠诚严肃，当官也十分安佚，好的名声传播延续到久远的后世，功业卓著，永不泯灭。因此有贤德的人们都能肝脑涂地，野草被血液润泽而在所不辞。现在仅仅是承担供奉币帛的差役去到南夷，就互相杀害，或者逃跑被诛杀，身死还无美名，其谥号应称为"至愚"，其耻辱牵连到父母，让天下人所嘲笑。人的才识和气度的差距，难道不是很远么？当然这也不只是应征之人的罪过，父兄们平素没给他很严格的教育，也没有谨慎地给子弟做表率。人们缺少清廉的美德，不知羞耻，则世风也就不会淳厚了。因而他们被判刑杀戮，也是理所当然的事。

陛下患使者有司之若彼，悼不肖愚民之如此，故遣信使晓喻百姓以发卒之事，因数之以不忠死亡之罪，让三老孝弟以不教诲之过。方今田时，重烦百姓，已亲见近县，恐远所溪谷山泽之民不遍闻，檄到，亟下县道，使咸知陛下之意，唯毋忽也。

相如还报。唐蒙已略通夜郎，因通西南夷道，发巴、蜀、广汉卒，作者数万人。治道二岁，道不成，士卒多物故，费以巨万计。蜀民及汉用事者多言其不便。是时邛筰之君长闻南夷与汉通，得赏赐多，多欲原为内臣妾，请吏，比南夷。天子问相如，相如曰："邛、筰、冄、駹者近蜀，道亦易通，秦时尝通为郡县，至汉兴而罢。今诚复通，为置郡县，愈于南夷。"天子以为然，乃拜相如为中郎将，建节往使。副使王然于、壶充国、吕越人驰四乘之传，因巴蜀吏币物以赂西夷。至蜀，蜀太守以下郊迎，县令负弩矢先驱，蜀人以为宠。于是卓王孙、临邛诸公皆因门下献牛酒以交欢。卓王孙喟然而叹，自以得使女尚司马长卿晚，而厚分与其女财，与男等同。司马长卿便略定西夷，邛、筰、冄、駹、斯榆之君皆请为内臣。除边关，关益斥，西至沫、若水，南至牂柯为徼，通零关道，桥孙水以通邛都。还报天子，天子大说。

相如使时，蜀长老多言通西南夷不为用，唯大臣亦以为然。相如欲谏，业已建之，不敢，乃著书，籍以蜀父老为辞，而己诘难之，以风天子，且因宣其使指，令百姓知天子之意。其辞曰：

汉兴七十有八载，德茂存乎六世，威武纷纭，湛恩汪濊，群生澍濡，洋溢乎方外。于是乃命使西征，随流而攘，风之所被，罔不披靡。因朝冄从駹，定筰存邛，略斯榆，举苞满，结轶还辕，东乡将报，至于蜀都。

皇上担心使者和官员们就像那个样子，又哀伤不贤的愚民像这个样子，所以派遣信使把征发士卒的事一清二楚地告诉百姓，趁机告诫他们不能忠于朝廷、不能为国事而死的罪过，斥责三老和孝悌没能很好履行教诲职责的过失。这时正是农忙时节，一再烦扰百姓，已经亲眼看到了附近县城的情况，担心特别偏远的溪谷山泽间的百姓不能全听到皇上的心声，待这篇檄文一到，赶忙向县道百姓那里下发，让他们全都知道当今皇上的心意，千万不要遗忘！

司马相如出使完毕，回京向汉武帝汇报。唐蒙已略取并开通了夜郎，并且想趁机开通西南夷的道路，征发巴、蜀、广汉的士卒，有数万人参加筑路。修路二年，没有修成，士卒多死亡，耗费的钱财多得可用亿来计算。蜀地民众以及汉朝当权者多有反对者。这时，邛、笮的君长听说南夷已与汉朝交往，且得到很多赏赐，因而多半都想做汉朝的臣仆，希望比照南夷的待遇，请求汉朝委任他们以官职。皇上向司马相如询问此事，相如说："邛、笮、冉、駹等都离蜀很近，容易开通道路。郡县在秦朝时就已设置，到汉朝兴国时才废除。如今若能重新开通，设置为郡县，其价值超过南夷。"皇上认为司马相如说得对，就任命司马相如为中郎将，令持节出使。副使王然于、壶充国、吕越人等，乘坐四匹马驾驭的驿车向前奔驰，凭借财物和巴、蜀的官吏去拉拢西南夷。司马相如等到达蜀郡，蜀郡太守及其属官都到郊界来迎接司马相如，县令背负着弓箭在前面开路，蜀人都以此为荣。于是卓王孙、临邛诸位父老都凭借关系来到司马相如门下，献上牛和酒，与司马相如畅叙欢乐之情。卓王孙喟然感叹，自恨把女儿嫁给司马相如的时间太晚，便把一份丰厚的财物给了文君，使与儿子所分一样多。司马相如就便平定了西南夷。邛、冉、笮、駹、斯榆的君长都请求成为汉朝的臣子。于是拆除了旧时的关隘，使边关扩大，西边到达沫水和若水，南边到达牂柯，并以此为边界，开通了灵关道，建桥在孙水上，直通邛、笮。司马相如回京报告皇上，皇上非常高兴。

司马相如出使西南夷时，蜀郡的年高长者大多都说开通西南夷没有用，纵然是朝廷大臣也有人是这样认为的。司马相如也想向皇上进谏，但建议业已由自己提出，因而不敢再进谏言了，于是就写文章，假借蜀郡父老的语气，而自己来诘难对方，以此讽谏皇上，并且借此来宣扬自己出使的本意，使百姓了解天子的心意。那文章说：

汉朝建立已七十八年，美德充盛，存在于六代君王的政事之中，国势威武盛大，历久相传的皇恩深远广大，不但国内百姓受恩惠，就连方外也得到余恩。于是皇上才下令使者西征，阻挠者顺应形势而退让，德教之风所到之处，无不随风倒伏。因而使冉夷臣服，駹夷顺从，平定了笮，保全了邛，占领了斯榆，攻取了苞满。然后让络绎不绝的车马掉转车辕，起程向东来，将回京向天子禀报，到达蜀郡成都。

耆老大夫荐绅先生之徒二十有七人，俨然造焉。辞毕，因进曰："盖闻天子之于夷狄也，其义羁縻勿绝而已。今罢三郡之士，通夜郎之涂，三年于兹，而功不竟，士卒劳倦，万民不赡，今又接以西夷，百姓力屈，恐不能卒业，此亦使者之累也，窃为左右患之。且夫邛、筰、西僰之与中国并也，历年兹多，不可记已。仁者不以德来，强者不以力并，意者其殆不可乎！今割齐民以附夷狄，弊所恃以事无用，鄙人固陋，不识所谓。"

使者曰："乌谓此邪？必若所云，则是蜀不变服而巴不化俗也。余尚恶闻若说。然斯事体大，固非观者之所觏也。余之行急，其详不可得闻已，请为大夫粗陈其略。

"盖世必有非常之人，然后有非常之事；有非常之事，然后有非常之功。非常者，固常之所异也。故曰非常之原，黎民惧焉；及臻厥成，天下晏如也。

"昔者鸿水浡出，氾滥衍溢，民人登降移徙，陭𠐌而不安。夏后氏戚之，乃堙鸿水，决江疏河，漉沈赡灾，东归之于海，而天下永宁。当斯之勤，岂唯民哉。心烦于虑而身亲其劳，躬胝无胈，肤不生毛。故休烈显乎无穷，声称浃乎于兹。

"且夫贤君之践位也。岂特委琐握龊，拘文牵俗，循诵习传，当世取说云尔哉！必将崇论闳议，创业垂统，为万世规。故驰骛乎兼容并包，而勤思乎参天贰地。且《诗》不云乎：'普天之下，莫非王土；率土之滨，莫非王臣。'是以六合之内，八方之外，浸浔衍溢，怀生之物有不浸润于泽者，贤君耻之。今封疆之内，冠带之伦，咸获嘉祉，靡有阙遗矣。而夷狄殊俗之国，辽绝异党之地，舟舆不通，人迹罕至，政教未加，流风犹微。内之则犯义侵礼于边境，外之则邪行横作，放弑其上。君臣易位，尊卑失序，父兄不辜，幼孤为奴，系累

这时耆老、大夫、荐绅先生共有二十七人，认真严肃地前来拜访。寒暄已毕，趁机进言道："听说天子对于夷狄之人的态度，只是牵制他们不与其断绝关系而已。而现在却让三郡的士卒疲困不堪，去打通夜郎的道路，到现在已三年，修路之事尚未最后完成，士卒已疲倦劳苦，万民的生活也不富足。如今又要接着开通西夷，百姓劳力已经消耗尽完，恐怕不能最终完成此事，这也是使者的负担啊，我私下为您忧虑。况且那筰、邛、西僰与中原并列，已经许多年了，记都记不清了。仁德之君并不能全靠仁德招来，势强力大的国君也不能全靠武力兼并，想来恐怕这种做法是行不通的吧！如今割弃良民的财物来增加夷狄的财物，使汉朝依赖的人民遭受疲困，而去侍奉无用的夷狄，鄙陋之人见识短浅，不知道所说的是不是正确。"

使者说："怎么说这样的话呢？一定像你说的那样，那么蜀郡人的衣着习惯永不改变，巴郡人的风俗也永远不会变化了。我很讨厌听这种说法。但是这事情的重大意义，本来就不是旁观者所能看出来的。我行程急促，其详情不可能细说给你们听，就为大夫们粗略地陈说一番。

"大概社会上必先有超越寻常的人，才会有超常的事情出现；有了超常的事情出现，才会创建异乎寻常的功业。超乎寻常，当然是常人感到奇异的。所以说超常的事情刚刚开始出现时，百姓会惊惧；等到事情成功了，天下之人也就安然太平了。

"以前洪水涌出，四处泛滥，百姓上下迁移，崎岖且不安宁。大禹为此忧虑，就阻塞洪水，挖掘河底，疏通河道，分散洪水，赈济灾情，使洪水东流大海，使天下百姓永保安宁。承受这样的劳苦，并非只有百姓。大禹终日思虑而心神烦劳，却还要亲身参加劳作，累得手脚都生出老茧，身上瘦得没有肉，皮肤磨得生不出汗毛。所以他的美好功业显赫于无穷的后世，名望传扬到现在。

"更何况贤明的君主即位后，难道只是猥琐龌龊，被文法所拘束，为世俗所牵制，因循旧习，取悦当世而已吗？应当有宏伟崇高的主张，开创业绩，传留法统，以此来成为后世遵行的榜样。所以要尽心努力地做到包蓄兼容，要勤勉思考着把自己变成可与天地比德的人。况且《诗经》里曾经说过：'普天之下，没有哪个地方不是周王的领土；四海之内，没有哪个人不是周王的臣民。'所以天地之内，八方之外，都逐渐浸润漫延，如果有哪个有生命的东西没受君恩的滋润，贤君将会视为耻辱。如今疆界以内，文武官员，都得到了欢乐和幸福，没有缺漏。而夷狄是不相同风俗的国家，是与我们遥远隔绝，在族类不同的地域，那里车船不通，人迹罕至，因而政治教化还未到达那里，社会风气还很低下。如果接纳他们，他们将在边境做些违犯礼仪的事情；将他们排斥于外，他们就会在自己国内为非作歹，其君亦会被逐杀，君臣关系颠倒，尊卑次序改变，父兄无罪被

号泣，内向而怨，曰'盖闻中国有至仁焉，德洋而恩普，物靡不得其所，今独曷为遗己'。举踵思慕，若枯旱之望雨。戾夫为之垂涕，况乎上圣，又恶能已？故北出师以讨强胡，南驰使以诮劲越。四面风德，二方之君鳞集仰流，愿得受号者以亿计。故乃关沫、若，徼牂柯，镂零山，梁孙原。创道德之涂，垂仁义之统。将博恩广施，远抚长驾，使疏逖不闭，阻深暗昧得耀乎光明，以偃甲兵于此，而息诛伐于彼。遐迩一体，中外禔福，不亦康乎？夫拯民于沈溺，奉至尊之休德，反衰世之陵迟，继周氏之绝业，斯乃天子之急务也。百姓虽劳，又恶可以已哉？

"且夫王事固未有不始于忧勤，而终于佚乐者也。然则受命之符，合在于此矣。方将增泰山之封，加梁父之事，鸣和鸾，扬乐颂，上咸五，下登三。观者未睹指，听者未闻音，犹鹪明已翔乎寥廓，而罗者犹视乎薮泽。悲夫！"

于是诸大夫芒然丧其所怀来而失厥所以进，喟然并称曰："允哉汉德，此鄙人之所愿闻也。百姓虽怠，请以身先之。"敞罔靡徙，因迁延而辞避。

其后人有上书言相如使时受金，失官。居岁余，复召为郎。

相如口吃而善著书。常有消渴疾。与卓氏婚，饶于财。其进仕宦，未尝肯与公卿国家之事，称病闲居，不慕官爵。常从上至长杨猎，是时天子方好自击熊彘，驰逐野兽，相如上疏谏之。其辞曰：

臣闻物有同类而殊能者，故力称乌获，捷言庆忌，勇期贲、育。臣之愚，窃以为人诚有之，兽亦宜然。今陛下好陵阻险，射猛兽，卒然遇轶材之兽，骇不存之地，犯属车之清尘，舆不及还辕，人不暇施

杀,幼儿与孤儿被当作奴隶,被捆绑者哭喊着,一心向往汉朝,抱怨说:'听说最仁爱的国君在中原,盛大美德,普及恩泽,万物皆得其所,现在为什么只是我们被遗弃了?'抬起脚跟,思慕不已,就像大旱之时,人们渴望雨水一样。就是残暴之人也要为之流泪感动,更何况当今皇上贤明,又怎么可以就此作罢?所以出师北方,对强大的匈奴进行讨伐,派使者向南方疾驰,责备强劲的越国。四方邻国都受仁德的教化,南夷与西夷的君长像游鱼聚集,仰面迎向水流,愿意得到汉朝封号的以亿计。所以才以沫水和若水为关塞,以牂柯为边界,灵山道凿通,架起桥梁在孙水源头。开创了通向道德的坦途,留传下热爱仁义的传统。将要广施恩德,控制和安抚边远地区的人民,使疏远者不被隔闭,使居住在偏僻不开化地区的人民也得到光明,在这里让战争消除,在那里让杀伐消除。使远近一体,内外幸福安宁,不是康乐之事吗?把人民从水深火热中拯救出来,尊奉皇上的美德,挽救衰败的社会,继承已经断绝的周代的业绩,这是天子的当务之急。百姓纵然有些劳苦,又怎么能停止呢?

"况且帝王之事本来就没有不从烦劳开始,而以逸乐结束的。这样说来,那么承受天命的祥瑞,正在通西夷这件事上。如今皇上将要泰山封禅,祭祀梁父山,使车上的鸾铃鸣响,音乐和颂歌之声高扬,汉君之德上同五帝,下越三王。旁观者没有看到事情的主旨,如同鹪明已在空阔的天空中飞翔,而捕鸟者却还眼盯着薮泽,真是可悲啊!"

诸位大夫于是心情茫然,忘却了来意,也忘记了他们想要进谏的话,深有感慨地一同说道:"汉朝的美德,令人信服啊!这是鄙陋之人愿意听到的。百姓虽然有些怠惰,请让我们给他们做个表率。"大夫们惆怅不已,自动后退,拖延了一会儿,便辞别而去。

此后,有人上书告发司马相如出使时接受了别人的贿赂,因此,他失掉了官职。他在家待了一年多,又被召回到朝廷当了郎官。

司马相如口吃,但善于写文章。他常患糖尿病。他同卓文君成亲后,很有钱。他担任官职,不愿意同公卿们一起商讨国家大事,而借病闲待在家,不追慕官爵。他曾经到长杨宫跟随皇上去打猎。这时,天子正喜欢亲自击杀熊和猪,驰马追逐野兽,司马相如上疏加以劝谏,疏中写道:

臣子听说,万物中有的虽是同类但能力不尽相同,所以说到力大就称赞乌获,谈到轻捷善射就推崇庆忌,说到勇猛必称夏育与孟贲。我愚昧,私下以为人有这种情况,兽应该也有这种情况。现在陛下喜欢登上险阻的地方,射击猛兽,突然遇到超群轻捷的野兽,在你毫无戒备之时,它狂暴进犯,向着你的随从和车驾冲来,车驾来不及掉转车辕,人也没机会施展技巧,纵然有逢蒙和乌获的技

巧，虽有乌获、逢蒙之伎，力不得用，枯木朽株尽为害矣。是胡越起于毂下，而羌夷接轸也，岂不殆哉！虽万全无患，然本非天子之所宜近也。

且夫清道而后行，中路而后驰，犹时有衔橛之变，而况涉乎蓬蒿，驰乎丘坟，前有利兽之乐而内无存变之意，其为祸也不亦难矣！夫轻万乘之重不以为安，而乐出于万有一危之涂以为娱，臣窃为陛下不取也。

盖明者远见于未萌而智者避危于无形，祸固多藏于隐微而发于人之所忽者也。故鄙谚曰"家累千金，坐不垂堂"。此言虽小，可以喻大。臣愿陛下之留意幸察。

上善之。还过宜春宫，相如奏赋以哀二世行失也。其辞曰：

登陂陁之长阪兮，坌入曾宫之嵯峨。临曲江之隑州兮，望南山之参差。岩岩深山之谾谾兮，通谷豁兮谽谺。汩淢噏习以永逝兮，注平皋之广衍。观众树之塕薆兮，览竹林之榛榛。东驰土山兮，北揭石濑。弥节容与兮，历吊二世。持身不谨兮，亡国失埶。信谗不寤兮，宗庙灭绝。呜呼哀哉！操行之不得兮，坟墓芜秽而不修兮，魂无归而不食。夐邈绝而不齐兮，弥久远而愈侏。精罔阆而飞扬兮，拾九天而永逝。呜呼哀哉！

相如拜为孝文园令。天子既美子虚之事，相如见上好仙道，因曰："上林之事未足美也，尚有靡者。臣尝为《大人赋》，未就，请具而奏之。"相如以为列仙之传居山泽间，形容甚臞，此非帝王之仙意也，乃遂就《大人赋》。其辞曰：

世有大人兮，在于中州。宅弥万里兮，曾不足以少留。悲世俗之迫隘兮，朅轻举而远游。垂绛幡之素蜺兮，载云气而上浮。建格泽之长竿兮，总光耀之采旄。垂旬始以为幓兮，抴彗星而为髾。掉指桥以偃寋兮，又旖旎以招摇。揽欃枪以为旌兮，靡屈虹而为绸。红杳渺以

巧，才力也发挥不出来，枯萎的树木和腐朽的树桩全都可以变成祸害。这就像胡人、越人出现在车轮下，夷人和羌人紧跟在车后，难道不是很危险吗！虽然是绝对安全而无一点害处，但这里本不是天子应该接近的地方。

况且道路清除然后行走，驱马奔驰选择道路中央，有时还会出现马口中的衔铁断裂、车轴钩心脱落的事故，更何况跋涉在蓬蒿中，奔驰在荒丘废墟上，前面有猎获野兽的快乐，而内心里却没有突然事故的应付准备，大概是很容易出现祸患的了。至于看轻君王的高贵地位，不以此为安乐，却乐意出现在尽管有万全准备而仍有一丝危险的地方，我自己以为陛下不应该这样做。

大概明察之人都能远在事情发生之前，就予见到它的出现，智慧之人多能在祸害还未形成之前就避开它。祸患本来多半都在暗蔽之处隐藏，在人们疏忽之时发生。所以谚语说："家中积累千金，不在堂屋檐下坐。"这句话虽然说的是小事，但可以用来说明大事。我希望陛下留意、明察。

皇上认为司马相如说得很对。回来路过宜春宫时，司马相如向皇上献赋，哀悼秦二世行事的过失。赋的言辞是：

登上倾斜不平的漫长山坡，一同走进雄峻的层层宫殿。俯视曲江池弯曲的岸边和小洲，望着高低不齐的南山。山岩空深且高耸，通畅的溪谷空阔且豁然开朗。溪水急速地向远处流去，注入宽广低平的水边高地。欣赏各种树木荫蔽繁茂的美景，浏览茂密的竹林。向东边的土山奔驰，在沙石上的急流中提衣走过。缓步徘徊，路过二世坟墓，将他凭吊。他自己行事不谨慎，导致国家灭亡，权势丧尽。他听信谗言，不肯醒悟，使得宗庙灭绝。呜呼哀哉！他的操守品行不端正，坟墓荒芜且无人修整，魂魄无处可归，也无人向他祭祀；飘逝到极远且无边的地方，逾是久远逾暗昧。像魍魉似的精魄升空飞扬，经历广大的九天远远逝去。呜呼哀哉！

司马相如被授官为汉文帝的陵园令。武帝既赞美子虚之事，司马相如又看出皇上喜爱仙道，趁机说："上林之事算不上是最美好的，还有更美丽的。臣曾经写过《大人赋》，未完稿，请让我写完后献给皇上。"司马相如认为传说中的众仙人居住在山林沼泽间，形体容貌特别清瘦，这并不是帝王心中的仙人，于是就写成《大人赋》，赋中写道：

有位大人在世上啊，居住在中原。住宅布满万里啊，竟不足以使他稍微停留。哀伤世俗的胁迫困厄，便轻飞离世，向着远方漫游。乘着赤幡为饰的副虹，载着云气而上浮。状如烟火的云气长竿竖起，拴结起光焰闪耀的五彩旌旗。作为旌旗的飘带垂挂着旬始星，拖着彗星作为旌旗垂羽。旌旗随风披靡，婉转逶迤，婀娜多姿地摇摆着。揽取欃枪做旌旗，弯曲的彩虹作为绸在旗杆上缠绕着。天空

眩湣兮，焱风涌而云浮。驾应龙象舆之蠖略逶丽兮，骖赤螭青虬之蚴蟉蜿蜒。低卬夭蟜据以骄骜兮，诎折隆穷躩以连卷沛艾赴蜟仡以佁儗兮，放散畔岸骧以孱颜。跮踱辌辖容以委丽兮，绸缪偃蹇怵𩧢以梁倚。纠蓼叫奡蹋以艐路兮，蔑蒙踊跃腾而狂趡。莅飒卉翕熛至电过兮，焕然雾除，霍然云消。

邪绝少阳而登太阴兮，与真人乎相求。互折窈窕以右转兮，横厉飞泉以正东。悉征灵圉而选之兮，部乘众神于瑶光。使五帝先导兮，反太一而从陵阳。左玄冥而右含雷兮，前陆离而后潏湟。厮征伯侨而役羡门兮，属岐伯使尚方。祝融惊而跸御兮，清雰气而后行。屯余车其万乘兮，綷云盖而树华旗。使句芒其将行兮，吾欲往乎南嬉。

历唐尧于崇山兮，过虞舜于九疑。纷湛湛其差错兮，杂遝胶葛以方驰。骚扰冲苁其相纷挐兮，滂濞泱轧洒以林离。钻罗列聚丛以茏茸兮，衍曼流烂坛以陆离。径入雷室之砰磷郁律兮，洞出鬼谷之嵁岩嵬磈。遍览八纮而观四荒兮，朅渡九江而越五河。经营炎火而浮弱水兮，杭绝浮渚而涉流沙。奄息总极泛滥水嬉兮，使灵娲鼓瑟而舞冯夷。时若薆薆将混浊兮，召屏翳诛风伯而刑雨师。西望昆仑之轧沕洸忽兮，直径驰乎三危。排阊阖而入帝宫兮，载玉女而与之归。舒阆风而摇集兮，亢乌腾而一止。低回阴山翔以纡曲兮，吾乃今目睹西王母曤然白首。载胜而穴处兮，亦幸有三足乌为之使。必长生若此而不死兮，虽济万世不足以喜。

回车朅来兮，绝道不周，会食幽都。呼吸沆瀣兮餐朝霞，噍咀芝英兮叽琼华。嬐侵浔而高纵兮，纷鸿涌而上厉。贯列缺之倒景兮，涉丰隆之滂沛。驰游道而修降兮，骛遗雾而远逝。迫区中之隘陕兮，舒节出乎北垠。遗屯骑于玄阙兮，轶先驱于寒门。下峥嵘而无地兮，上寥廓而无天。视眩眠而无见兮，听惝恍而无闻。乘虚无而上假兮，超无友而独存。

赤红深远而又暗淡无光，奔涌狂飙，云气飘浮。驾着应龙、象车屈曲有度地前行，以赤螭、青虬为骖马蜿蜒行进。有时龙身屈曲起伏，昂首腾飞，奔驰恣意，有时又隆起屈折，盘绕卷曲。时而伸颈摇头，起伏前进，时而举首不前；时而放任散慢，自我放纵，时而昂首不齐。有时忽退忽进、吐舌摇目，如趁走飞翔之鸟，左右相随；有时龙头摇动，屈曲婉转，像惊兔奔跑，如屋梁相互依靠。或踏到路上缠绕喧嚣，或飞扬跳跃，奔腾狂进。或迅捷飞翔，互相追逐，疾如闪电，突然明亮，雾气消除，散尽云气。

斜渡东极而登上北极啊，与仙人们互相交游。走过曲折错综广大深远的地方再向右转啊，横渡飞泉向着正东。召来众仙全都加以挑选啊，在瑶光之上布署众神。让五帝做向导啊，使太一返回，做侍从的是陵阳子明。右边是含雷左边是玄冥啊，前有陆离后有潏湟。让王子侨当小厮，使羡门高做差役，令岐伯掌管药方。火神祝融担任警戒，清道防卫啊，消除恶气，然后前进。我的车子集合有万辆之多啊，混合彩云做成的车盖，华丽的旗帜树起。让句芒率领随从啊，我要前往南方去游戏。

经过崇山见到唐尧啊，在九嶷拜访虞舜。车骑纷繁纵横交错啊，重累杂乱并驰向前。骚扰冲撞且混乱啊，洒洒洋洋大水无垠。群山簇聚罗列，万物丛集茂盛啊，到处散布，繁盛参差。径直驶入雷声隆隆的雷室啊，穿过崎岖不平的鬼谷。遍览八纮而远望四荒啊，渡过九江又越过五河。往来于焰火之山，浮过弱水河啊，横渡浮渚方舟，涉过流沙河。忽然在葱岭山休息，在泛滥的河水中游戏啊，令女娲奏瑟，让冯夷跳起舞来。天色昏暗不明啊，召来屏翳雷师，诛责风神而刑罚雨师。西望昆仑恍恍惚惚啊，径直奔驰三危山。推开天门闯进帝宫啊，载着玉女与她同归。登上阆风山而高兴地停下歇息啊，就像乌鸟高飞而稍事休息。在阴山上徘徊，婉曲飞翔啊，到今天满头白发的西王母我才目睹。她头戴玉胜住在洞穴中啊，幸亏有三足鸟供她驱使。一定要像这样的长生不死啊，即便能活万世也不值得高兴。

回转车头归来啊，走到不周路断绝，在幽都会餐。呼吸沆瀣而餐食朝霞啊，咀嚼灵芝花，稍食玉树花朵。抬头仰望而身体渐渐高纵啊，纷然腾跃疾飞上天。穿过闪电的倒影啊，涉过丰隆兴云制作的滂沛雨水。自长空而降驰骋游车和导车啊，抛开云雾而疾驰远去。迫于人世社会的狭隘啊，缓缓走出北极的边际。在北极之山把屯骑遗留啊，超越先驱在天北门。下界深远而不见大地啊，上方空阔而看不到天边。视线看不清模糊，听觉恍惚无所闻。腾空而上到达远处啊，独自长存而超越无有。

相如既奏《大人》之颂，天子大说，飘飘有凌云之气，似游天地之间意。

相如既病免，家居茂陵。天子曰："司马相如病甚，可往从悉取其书；若不然，后失之矣。"使所忠往，而相如已死，家无书。问其妻，对曰："长卿固未尝有书也。时时著书，人又取去，即空居。长卿未死时，为一卷书，曰有使者来求书，奏之。无他书。"其遗札书言封禅事，奏所忠。忠奏其书，天子异之。其书曰：

伊上古之初肇，自昊穹兮生民，历撰列辟，以迄于秦。率迩者踵武，逖听者风声。纷纶葳蕤，堙灭而不称者，不可胜数也。续昭夏，崇号谥，略可道者七十有二君。罔若淑而不昌，畴逆失而能存？

轩辕之前，遐哉邈乎，其详不可得闻也。五三六经载籍之传，维见可观也。《书》曰"元首明哉，股肱良哉"。因斯以谈，君莫盛于唐尧，臣莫贤于后稷。后稷创业于唐，公刘发迹于西戎，文王改制，爰周郅隆，大行越成，而后陵夷衰微，千载无声，岂不善始善终哉。然无异端，慎所由于前，谨遗教于后耳。故轨迹夷易，易遵也；湛恩蒙涌，易丰也；宪度著明，易则也；垂统理顺，易继也。是以业隆于襁褓而崇冠于二后。揆厥所元，终都攸卒，未有殊尤绝迹可考于今者也。然犹蹑梁父，登泰山，建显号，施尊名。大汉之德，逢涌原泉，沕潏漫衍，旁魄四塞，云尃雾散，上畅九垓，下溯八埏。怀生之类沾濡浸润，协气横流，武节飘逝，迩陕游原，迥阔泳沫，首恶湮没，暗昧昭晰，昆虫凯泽，回首面内。然后囿驺虞之珍群，徼麋鹿之怪兽，㩡一茎六穗于庖，牺双觡共抵之兽，获周余珍收龟于岐，招翠黄乘龙于沼。鬼神接灵圉，宾于闲馆。奇物谲诡，俶傥穷变。钦哉，符瑞臻

司马相如既已献上《大人之颂》，天子非常高兴，飘飘然有凌驾云天的气概，心情爽快好似遨游天地之间那样。

司马相如因病免官，家住茂陵。天子说："司马相如病得很厉害，可派人去取回他的全部书；如果不这样做，以后就散失了。"派所忠前往茂陵，而司马相如已经死去，家中也没有书。询问司马相如之妻，她回答说："长卿本来就没有书。他时时写书，别人就时时取走，所以家中总是空空的。长卿还没死的时候，写过一卷书，他说如有使者来取书，就把它献上。再没有其他的书了。"他留下来的书上写的是有关封禅的事，进献给所忠。所忠把书再进献给天子，天子惊异其书。只见那书上写道：

上古开始之时，由天降生万民，经历君王各代，一直到秦。沿着近代君王的足迹进行考察，聆听远古君王的美名遗风，繁多而纷乱，名声和事迹被淹没而不称道者，数也数不尽。能够继承舜、禹，崇尚尊号美谥的，封禅泰山而稍可称道者只有七十二君。行事顺从善道，没有谁不昌盛；违逆常理，行事失德，谁能生存？

轩辕以前，时间长远，事物邈茫，其详细情况自不得而知。五帝三王的一些事迹，都记载在六经典籍和一些传说之中，可以看到大概的情况。《尚书》上说："君王贤明啊，大臣杰出。"根据这一记载可以得出，君王的圣明没有超过唐尧的，大臣的贤良没有比得上后稷的。后稷的业绩在唐尧时创建，公刘发迹在西戎之地，文王改革制度，使周隆盛，太平之道于是形成。其后子孙政绩虽衰微，但千年以来并无怨恶之声，这就是善始善终。但是周王朝所以能这样，没有其他的原因，只是前代先王能谨慎地从事他们所考虑和规划的事情，又能够严谨地垂教于后世子孙罢了。所以前人开拓的道路平坦，容易沿路走去；深恩广大，容易丰足；法度显明，容易效法；传续法统顺乎情理，容易继承。所以周公的业绩隆盛于成王时代，而其功德之高超越文王和武王。揆度其所始，考察其所终，并无特别超凡优异的业绩，可与当今汉朝相比。然而，周人尚且走上梁父山，登上泰山，建立显贵的封号，施加尊崇的美名。伟大汉朝的恩德，像源泉奔涌而出，盛大扩散，广布四方。如散布云雾，上通九天，下至八方极远之地。一切生灵，皆受恩德，和畅之气，广泛散布，威武之节，飘然远去。近者如同畅游于恩泽的源头，远者好似泳浮在恩惠的末流。湮没领头作恶的，连各种动物都欢畅喜悦，掉转头来，面向中土朝廷。然后，驺虞之类的珍贵之兽聚于苑囿，白麟一类的怪兽进入栅栏之中，在庖厨中选择出一茎六穗的嘉禾以供祭祀，用角分枝叉的白麟做牺牲，在岐山获得了周朝遗留的宝鼎和蓄养的神龟，从沼泽里招来了神马乘黄。鬼神迎接神仙灵圉，在闲馆中待以宾客之礼。珍奇的物品，奇异超凡，变化无穷。令人钦敬啊，祥瑞的征兆都显现在此，还认为自己的功德微薄，不敢称

兹，犹以为薄，不敢道封禅。盖周跃鱼陨杭，休之以燎，微夫斯之为符也，以登介丘，不亦恧乎！进让之道，其何爽与？

于是大司马进曰："陛下仁育群生，义征不憓，诸夏乐贡，百蛮执贽，德侔往初，功无与二，休烈浃洽，符瑞众变，期应绍至，不特创见。意者泰山、梁父设坛场望幸，盖号以况荣，上帝垂恩储祉，将以荐成，陛下谦让而弗发也。挈三神之欢，缺王道之仪，群臣恧焉。或谓且天为质暗，珍符固不可辞；若然辞之，是泰山靡记而梁父靡几也。亦各并时而荣，咸济世而屈，说者尚何称于后，而云七十二君乎？夫修德以锡符，奉符以行事，不为进越。故圣王弗替，而修礼地祇，谒款天神，勒功中岳，以彰至尊，舒盛德，发号荣，受厚福，以浸黎民也。皇皇哉斯事！天下之壮观，王者之丕业，不可贬也。愿陛下全之。而后因杂荐绅先生之略术，使获耀日月之末光绝炎，以展采错事，犹兼正列其义，校饬厥文，作《春秋》一艺，将袭旧六为七，摅之无穷，俾万世得激清流，扬微波，蜚英声，腾茂实。前圣之所以永保鸿名而常为称首者用此，宜命掌故悉奏其义而览焉。"

于是天子沛然改容，曰："愉乎，朕其试哉！"乃迁思回虑，总公卿之议，询封禅之事，诗大泽之博，广符瑞之富。乃作颂曰：

自我天覆，云之油油。甘露时雨，厥壤可游。滋液渗漉，何生不育；嘉谷六穗，我穑曷蓄。

非唯雨之，又润泽之；非唯濡之，氾尃濩之。万物熙熙，怀而慕思。名山显位，望君之来。君乎君乎，侯不迈哉！

道封禅之事。从前周武王渡河时，有条白鱼跳到船中，武王认为是美好的祥瑞，就用这白鱼燎祭上天。其实这种符兆十分微小，却因此登上泰山，不是太惭愧了吗？周朝本不该封禅而封禅，汉朝应该封禅却不封禅，进让的原则，相差何其遥远呢？

于是大司马进谏说："陛下以仁德来抚育天下百姓，凭借道义征伐不肯顺服者，华夏诸侯愿意进贡，蛮夷皆手持礼物朝拜天子，美德与往初的圣君相等，功业也无二致，美好的功德政绩普遍融洽，符瑞的征兆变化众多，应验的时期将相继而来，不仅仅是初次呈现。我想大概在泰山、梁父山设立祭坛，是希望天子到来，加封尊号，以此与前代圣君比光荣，上帝降恩和福，是准备用成功荐告上天，陛下谦让而不封禅，是断绝了上帝、泰山、梁父山的欢心，使王道的礼仪缺失不全，群臣对此感到很惭愧。有人说那天道是质朴暗昧的，因此珍奇的符兆本来是不能够拒绝的。如果这样推让它，这是使泰山没有作表记的机会，而梁父山也没有祭祀的希望了。如果古代帝王都是一时荣耀，毕世而绝灭，那么叙说者还有什么可以向后世陈述的呢，而且还会有七十二君封禅的说法吗？若修明道德则天赐祥瑞，顺应祥瑞来做封禅之事，不能算作越礼。所以圣明的君王不废除封禅之礼，而是修行礼仪，尊奉土地神，诚恳地谒告天神，在嵩山刻石记功，以表彰最尊贵的地位，宣扬盛明的德行，显示尊号与荣耀，授与厚福，使百姓沾光。封禅之事堂皇伟大啊，是天下的壮观，称王者的大业，并不能贬低。希望陛下保全它。然后综合荐绅先生们的一些道术，使他们获得日月余光远炎的照耀，以施展当官的才能，专心办好政事。还要叙列人事、兼正天时，阐述大义，其文校订润色，作成像《春秋》一样的经书，将沿袭旧有的六经，增为七经，并传布无穷，使万世之后仍能激发忠义之士，扬起微波，飞扬英明之声，传送茂盛的果实。前代圣贤所以能永远保持伟大名声而常常被称赞的原因，就在于行封禅之礼，应当命令掌故把封禅的大义全都奏报陛下，以备观览。"

于是天子有所感悟般地改变了神色，说："好啊，我就试试看吧！"天子想去思来，归纳了公卿们的议论，询问了封禅的一些具体情况，记述博大的恩泽，推衍富饶的符瑞。于是写了颂歌，说：

我的苍天被覆盖，云朵油然飘荡。普降甘露和及时雨，可以其地遨游。滋润万物的水液渗透土壤，一切生物得到滋养。好谷物一茎生出六穗，我收获的谷物何不蓄积？

不但降下雨水，又把大地润泽；不但我一人沾濡，而且广泛散布。万物熙熙和乐，既怀恋又思慕。名山当有显赫的地位，盼望圣君到来。君王啊，君王！为何不行封禅之礼！

般般之兽,乐我君囿;白质黑章,其仪可喜;旼旼睦睦,君子之能。盖闻其声,今观其来。厥涂靡踪,天瑞之徵。兹亦于舜,虞氏以兴。

濯濯之麟,游彼灵畤。孟冬十月,君徂郊祀。驰我君舆,帝以享祉。三代之前,盖未尝有。

宛宛黄龙,兴德而升;采色炫耀,爌炳辉煌。正阳显见,觉寤黎烝。于传载之,云受命所乘。

厥之有章,不必谆谆。依类托寓,谕以封峦。

披艺观之,天人之际已交,上下相发允答。圣王之德,兢兢翼翼也。故曰"兴必虑衰,安必思危"。是以汤武至尊严,不失肃祗;舜在假典,顾省厥遗:此之谓也。

司马相如既卒五岁,天子始祭后土。八年而遂先礼中岳,封于太山,至梁父禅肃然。

相如他所著,若《遗平陵侯书》、《与五公子相难》、《草木书》篇不采,采其尤著公卿者云。

太史公曰:《春秋》推见至隐,《易》本隐之以显,《大雅》言王公大人而德逮黎庶,小雅讥小己之得失,其流及上。所以言虽外殊,其合德一也。相如虽多虚辞滥说,然其要归引之节俭,此与《诗》之风谏何异。扬雄以为靡丽之赋,劝百风一,犹驰骋郑卫之声,曲终而奏雅,不已亏乎?余采其语可论者著于篇。

文彩斑烂的驺虞，喜欢我君的苑囿；质地白色，花纹黑色，它的仪表令人喜爱。和睦恭敬，宛如君子之态。从前只听到它的名声，如今目睹它的降临。那路上没留下什么足迹，这是天降祥瑞的征兆。此兽也曾在虞舜时出现，虞舜因此才兴旺。

　　白麟肥壮啊，曾在五畤戏游。正是孟冬十月，皇上前往郊祀。白麟奔驰到君王车前，君王用它燎祭苍天，幸福天降。夏商周三代以前，大概不曾有此奇事。

　　宛屈伸展的黄龙，因遇圣德而升天。色彩夺目闪耀，光辉灿烂。龙体显现，必能使众民觉悟。在《易经·象传》中曾有记载，这正是所谓天子授命所乘之车。

　　已经明白显示天的符瑞，不必再谆谆告诫。应当依类寄托，告诉君王举行封禅大典。

　　翻开典籍可以看到，自然界和人类社会已经有什么关系发生，两者相互启发而和谐。圣明君王的美德，就是兢兢业业、小心翼翼行事。所以说"在兴旺时要考虑到衰微，在太平安乐之时要想到危难"。因此，商汤、周武王虽然位居至尊，美德却仍然保持严肃恭敬。虞舜在大典之中，仍然观察、反省缺点和失误。说的就是这个道理。

　　司马相如已死五年，天子才开始祭祀土地神。司马相如死后八年，天子终于首先祭祀中岳嵩山，后又封泰山，再到梁父山，禅肃然山。

　　司马相如其他著作，如《遗平陵侯书》《草木书》《与五公子相难》篇没有收录，收录了他在公卿中特别著名的作品。

　　太史公说：《春秋》能推究到事物的极隐微处，《易经》原本隐微但能阐释得浅显，《大雅》说的是王公大人却德及百姓黎民，《小雅》讥刺卑微作者的得失，其流言却能影响朝廷政治。所以言辞的外在表现虽然不同，但是其和柔的教化作用却是一致的。相如的文章虽然多假托的言辞和一些夸张的说法，但其主旨却回归于节俭，这同《诗经》讽谏之旨有何不同？扬雄认为司马相如的华丽辞赋，鼓励奢侈的言词与倡言节俭的言词是一百比一的关系，这就如同尽情演奏郑、卫之音，而在曲末之时演奏一点雅乐一样。这不是降低了相如的辞赋价值吗？我采录了他的可以论述的一些文字，写在这篇文章中。

淮南衡山列传第五十八

　　淮南厉王长者，高祖少子也，其母故赵王张敖美人。高祖八年，从东垣过赵，赵王献之美人。厉王母得幸焉，有身。赵王敖弗敢内宫，为筑外宫而舍之。及贯高等谋反柏人事发觉，并逮治王，尽收捕王母兄弟美人，系之河内。厉王母亦系，告吏曰："得幸上，有身。"吏以闻上，上方怒赵王，未理厉王母。厉王母弟赵兼因辟阳侯言吕后，吕后妒，弗肯白，辟阳侯不强争。及厉王母已生厉王，恚，即自杀。吏奉厉王诣上，上悔，令吕后母之，而葬厉王母真定。真定，厉王母之家在焉，父世县也。

　　高祖十一年七月，淮南王黥布反，立子长为淮南王，王黥布故地，凡四郡。上自将兵击灭布，厉王遂即位。

　　厉王蚤失母，常附吕后，孝惠、吕后时以故得幸无患害，而常心怨辟阳侯，弗敢发。及孝文帝初即位，淮南王自以为最亲，骄蹇，数不奉法。上以亲故，常宽赦之。

　　三年，入朝。甚横。从上入苑囿猎，与上同车，常谓上"大兄"。厉王有材力，力能扛鼎，乃往请辟阳侯。辟阳侯出见之，即自袖铁椎椎辟阳侯，令从者魏敬刭之。厉王乃驰走阙下，肉袒谢曰："臣母不当坐赵事，其时辟阳侯力能得之吕后，弗争，罪一也。赵王如意子母无罪，吕后杀之，辟阳侯弗争，罪二也。吕后王诸吕，欲以危刘氏，辟阳侯弗争，罪三也。臣谨为天下诛贼臣辟阳侯，报母之仇，谨伏阙下请罪。"孝文伤其志，为亲故，弗治，赦厉王。当是时，薄太后及太子诸大臣皆惮厉王，厉王以此归国益骄恣，不用汉法，出入称警跸，称制，自为法令，拟于天子。

淮南厉王刘长，是汉高祖的小儿子。他母亲过去是赵王张敖的妃嫔。高祖八年，高皇帝打东垣县经过赵国，厉王的母亲被赵王献给高皇帝。她受到皇上宠幸，怀了身孕。从此赵王张敖不敢让她住在宫内，为她另建外宫居住。次年赵相贯高等人在柏人县谋弑高祖的事情被朝廷发觉，赵王也一并获罪被捕，他的母亲、兄弟和妃嫔悉遭拘捕，囚入河内郡官府。在囚禁中厉王母亲对狱吏说："我受到皇上宠幸，已有身孕。"狱吏如实禀报，皇上正因赵王的事气恼，没有理会厉王母亲的事情。厉王母亲的弟弟赵兼拜托辟阳侯审食其告知吕后，吕后妒嫉，自然不肯向皇上进言求情，辟阳侯便不再尽力相劝。厉王母亲生下他后，心中怨恨愤而自杀。狱吏抱着厉王送到皇上面前，皇上追悔莫及，下令吕后收养他，并将厉王的母亲在真定县安葬了。真定是厉王母亲的故乡，她的祖辈就居住在那里。

高祖十一年七月，淮南王黥布谋反，皇上立儿子刘长为淮南王，让他掌管昔日黥布领属的四郡封地。皇上率军亲自出征，剿灭了黥布，于是厉王即淮南王位。

厉王自幼丧母，一直依附吕后长大，因此孝惠帝和吕后当政时期他有幸免遭政治迫害。但是，他心中一直怨恨辟阳侯却又不敢发作。到孝文帝即位，淮南王自视与皇上关系最亲，骄横不逊，一再乱纪违法。皇上念及手足亲情，对他的过失时常宽容赦免。

孝文帝三年，淮南王自封国入朝，态度甚为傲慢。他跟随皇上到御苑打猎，和皇上同乘一辆车驾，还常常称呼皇上为"大哥"。厉王有勇力和才智，能奋力举起重鼎，于是前往辟阳侯府上求见。辟阳侯出来见他，他便取出在袖中藏着的铁椎捶击辟阳侯，又命随从魏敬杀死了他。事后厉王驰马直奔宫中，向皇上袒身谢罪道："我母亲本不该因赵国谋反事获罪，那时辟阳侯若肯鼎力相救就能得到吕后的帮助，但他不力争，这是第一桩罪；赵王如意母子无罪，吕后却蓄意杀害他们，而辟阳侯不尽力劝阻，这是第二桩罪；吕后封吕家亲戚为王，意欲危害刘氏天下，辟阳侯不挺身争抗，这是第三桩罪。我为天下人杀死危害社稷的奸臣辟阳侯，为母亲报了仇，特来朝中跪拜请罪。"皇上哀悯厉王的心愿，出于手足亲情，没有治罪，赦免了他。这一时期，薄太后和太子以及列位大臣都十分惧怕厉王，因此厉王返国后越发肆志骄纵，不依朝廷法令行事，出入宫中皆号令警戒清道，还称自己发布的命令为"制"，另外搞一套文法，一切模仿天子的声威。

六年，令男子但等七十人与棘蒲侯柴武太子奇谋，以辇车四十乘反谷口，令人使闽越、匈奴。事觉，治之，使使召淮南王。淮南王至长安。

"丞相臣张仓、典客臣冯敬、行御史大夫事宗正臣逸、廷尉臣贺、备盗贼中尉臣福昧死言：淮南王长废先帝法，不听天子诏，居处无度，为黄屋盖乘舆，出入拟于天子，擅为法令，不用汉法。及所置吏，以其郎中春为丞相，聚收汉诸侯人及有罪亡者，匿与居，为治家室，赐其财物爵禄田宅，爵或至关内侯，奉以二千石，所不当得，欲以有为。大夫但、士五开章等七十人与棘蒲侯太子奇谋反，欲以危宗庙社稷。使开章阴告长，与谋使闽越及匈奴发其兵。开章之淮南见长，长数与坐语饮食，为家室娶妇，以二千石俸奉之。开章使人告但，已言之王。春使使报但等。吏觉知，使长安尉奇等往捕开章。长匿不予，与故中尉蕑忌谋，杀以闭口。为棺椁衣衾，葬之肥陵邑，谩吏曰'不知安在'。又详聚土，树表其上，曰'开章死，埋此下'。及长身自贼杀无罪者一人；令吏论杀无罪者六人；为亡命弃市罪诈捕命者以除罪；擅罪人，罪人无告劾，系治城旦舂以上十四人；赦免罪人，死罪十八人，城旦舂以下五十八人；赐人爵关内侯以下九十四人。前日长病，陛下忧苦之，使使者赐书、枣脯。长不欲受赐，不肯见拜使者。南海民处庐江界中者反，淮南吏卒击之。陛下以淮南民贫苦，遣使者赐长帛五千匹，以赐吏卒劳苦者。长不欲受赐，谩言曰'无劳苦者'。南海民王织上书献璧皇帝，忌擅燔其书，不以闻。吏请召治忌，长不遣，谩言曰'忌病'。春又请长，原入见，长怒曰'女欲离我自附汉'。长当弃市，臣请论如法。"

制曰："朕不忍致法于王，其与列侯二千石议。"

"臣仓、臣敬、臣逸、臣福、臣贺昧死言：臣谨与列侯吏二千石臣婴等四十三人议，皆曰'长不奉法度，不听天子诏，乃阴聚徒党及谋反者，厚养亡命，欲以有为'。臣等议论如法。"

孝文帝六年，厉王让无官爵的男子组成七十人和棘蒲侯柴武之子柴奇商议，策划在谷口县用四十辆大货车谋反起事，并派出使者前往匈奴和闽越各处联络。朝廷发觉此事，治罪谋反者，派使臣召淮南王进京，他来到长安。

丞相臣张仓、典客臣冯敬、行御史大夫事宗正刘逸、廷尉臣贺、备盗贼中尉臣福冒死罪启奏："淮南王刘长废弃先帝文法，天子诏令也不服从，起居从事不遵法度，自制天子所乘张黄缎伞盖的车驾，模仿天子声威出入，擅为法令，不实行汉家王法。他擅自委任官吏，让手下的郎中春任国相，网罗收纳诸侯国和各郡县的人以及负罪逃亡者，把他们藏匿起来安置住处，安顿家人，赐给物资、爵位、钱财、俸禄和田宅，有的人爵位竟封至关内侯，享受二千石的优宠。淮南王给予他们这一切不应得到的，是想图谋不轨。大夫但与有罪失官的开章等七十人，伙同棘蒲侯柴武之子柴奇谋反，意欲危害宗庙社稷。他们让开章去密报刘长，商议使人联络闽越和匈奴发兵响应。开章赴淮南见到刘长，刘长多次同他晤谈宴饮，还帮他成家娶妻，以二千石的薪俸供给他。开章教人报告大夫但，诸事已与淮南王谈妥。国相春也遣使向但通报。朝中官吏发觉此事后，遂派长安县县尉奇等前去拘捕开章。刘长藏人不交，和原中尉蕑忌密议，开章被杀死灭口。他们置办丧衣、棺椁、包被，葬开章于肥陵邑，而欺骗办案的官员说'不知道开章在哪里'。后来又伪造坟冢，树立标记在坟上，说'开章尸首埋在这里'。刘长还亲自杀过无罪者一人；命令官吏杀死无辜者六人；藏匿逃亡在外的死刑犯，并抓捕未逃亡的犯人替他们顶罪；他任意加人以罪名，使受害者申冤无处，被判罪四年劳役以上，如此者十四人；又擅自赦免罪人，免除死罪者十八人。五十八名服四年劳役以下者；还赐爵关内侯以下者九十四人。刘长前些时患重病，陛下为他忧烦，遣使臣赐赠枣脯、信函。刘长不想接受赐赠，便不肯接见使臣。住在庐江郡内的南海民造反，淮南郡的官兵奉旨征讨。陛下体恤淮南民贫苦，派使臣赐赠刘长五千匹布帛，令转发出征官兵中的穷苦辛劳之人。刘长不想接受，谎称'军中无劳苦者'。南海人王织上书向皇帝敬献玉璧，不予上奏，蕑忌烧了信。朝中官员请求传唤蕑忌论罪，刘长拒不下令，谎称'忌有病'。国相春又请求刘长准许自己入京觐见，刘长大怒，说'你想去投靠汉廷背叛我'，遂判处春死罪。臣等请求陛下应将刘长依法治罪。"

皇上下诏说："我不忍心依法制裁淮南王，交与列侯与二千石官商议吧。"

"臣仓、臣敬、臣逸、臣福、臣贺冒死罪启奏：臣等已与列侯和二千石官吏臣婴等四十三人论议，大家都说'刘长不遵从法度，不服从天子诏命，竟然暗中网罗党徒和谋反者，厚待负罪逃亡之人，是想图谋不轨'。臣等议决应当立即依法制裁刘长。"

制曰:"朕不忍致法于王,其赦长死罪,废勿王。"

"臣仓等昧死言:长有大死罪,陛下不忍致法,幸赦,废勿王。臣请处蜀郡严道邛邮,遣其子母从居,县为筑盖家室,皆廪食给薪菜盐豉炊食器席蓐。臣等昧死请,请布告天下。"

制曰:"计食长给肉日五斤,酒二斗。令故美人才人得幸者十人从居。他可。"

尽诛所与谋者。于是乃遣淮南王,载以辎车,令县以次传。是时袁盎谏上曰:"上素骄淮南王,弗为置严傅相,以故至此。且淮南王为人刚,今暴摧折之。臣恐卒逢雾露病死。陛下为有杀弟之名,奈何!"上曰:"吾特苦之耳,今复之。"县传淮南王者皆不敢发车封。淮南王乃谓侍者曰:"谁谓乃公勇者?吾安能勇!吾以骄故不闻吾过至此。人生一世间,安能邑邑如此!"乃不食死。至雍,雍令发封,以死闻。上哭甚悲,谓袁盎曰:"吾不听公言,卒亡淮南王。"盎曰:"不可奈何,原陛下自宽。"上曰:"为之奈何?"盎曰:"独斩丞相、御史以谢天下乃可。"上即令丞相、御史逮考诸县传送淮南王不发封馈侍者,皆弃市。乃以列侯葬淮南王于雍,守冢三十户。

孝文八年,上怜淮南王,淮南王有子四人,皆七八岁,乃封子安为阜陵侯,子勃为安阳侯,子赐为阳周侯,子良为东成侯。

孝文十二年,民有作歌歌淮南厉王曰:"一尺布,尚可缝;一斗粟,尚可舂。兄弟二人不能相容。"上闻之,乃叹曰:"尧舜放逐骨肉,周公杀管蔡,天下称圣。何者?不以私害公。天下岂以我为贪淮南王地邪?"乃徙城阳王王淮南故地,而追尊谥淮南王为厉王,置园复如诸侯仪。

孝文十六年,徙淮南王喜复故城阳。上怜淮南厉王废法不轨,自使失国蚤死,乃立其三子:阜陵侯安为淮南王,安阳侯勃为衡山王,阳周侯赐为庐江王,皆复得厉王时地,叁分之。东成侯良前

皇上批示说："我不忍心依法惩治淮南王，那就赦免他的死罪，废掉他的王位吧。"

"臣仓等冒着死罪启奏：刘长犯有大死之罪，陛下不忍心依法惩处，赦免施恩，废掉他的王位。臣等请求将其遣往蜀郡严道县邛崃山邮亭，令其妾媵有生养子女者随行同居，由县署为他们兴建屋舍，供给粮食、蔬菜、柴草、食盐、豆豉、炊具食具和席蓐。臣等冒死罪请求，布告天下此事。"

皇上颁旨说："准请。供给刘长食肉每日五斤，酒二斗。命令昔日受过宠幸的妃嫔十人同住随往蜀郡。其他皆准奏。"

朝廷尽杀刘长的同谋者，于是命令淮南王启程，一路用辎车囚载，令沿途各县递解入蜀。当时袁盎劝谏皇上说："淮南王一向受皇上骄宠，不为他安排严正的太傅和国相去劝导，才使他落到如此境地。再说淮南王本身性情刚烈，现在粗暴地摧折他，臣很担忧他会突然在途中身染风寒患病而死。陛下若落得杀弟的恶名怎么是好！"皇上说："我只是让他尝尝苦头罢了，会让他回来的。"囚车的封门沿途各县送押淮南王的人都不敢打开，于是淮南王对仆人说："谁说你老子我是勇猛的人？我哪里还能勇猛！我因为骄纵才听不到自己的过失终于陷入这种困境。人生在世，如何能忍受如此郁闷！"于是绝食身亡。囚车行至雍县，县令打开封门，才把刘长的死讯上报天子。皇上很伤心地哭了，对袁盎说："我不听你的劝告，终于导致淮南王身死。"袁盎说："事已无可奈何，望陛下好自宽解。"皇上说："怎么办好呢？"袁盎回答："只要斩了丞相、御史来向天下人谢罪就行了。"于是皇上命令丞相、御史收捕拷问各县押送淮南王而不予开封进食者，弃市一律问斩。然后按照列侯的礼仪在雍县安葬了淮南王，并安置守冢祭祀三十户人家。

孝文帝八年，皇上怜悯淮南王，淮南王有四个儿子，年龄都是七八岁，于是封其子刘安为阜陵侯、刘勃为安阳侯、刘赐为阳周侯、刘良为东成侯。

孝文帝十二年，有百姓作歌歌唱淮南厉王的遭遇时说："一尺麻布，尚可缝；一斗谷子，尚可舂。兄弟二人不能相容。"皇上听说后，就叹息说："尧舜放逐自己的家人，周公杀死管叔蔡叔，天下人却称赞他们贤明。这是为什么呢？因为他们能不因私情损害王朝的利益。难道天下人认为我是贪图淮南王的封地吗？"于是将淮南王的故国封给城阳王刘喜去统领，而已故淮南王谥封为厉王，并按诸侯仪制为他建造了陵园。

孝文帝十六年，淮南王刘喜被皇上迁复返城阳故地。皇上哀怜淮南厉王因废弃王法图谋不轨，而失国早死自惹祸患，便封立他的三个儿子：阜陵侯刘安为淮南王，安阳侯刘勃为衡山王，阳周侯刘赐为庐江王，他们都重新获得了厉王时封

蕨，无后也。

孝景三年，吴楚七国反，吴使者至淮南，淮南王欲发兵应之。其相曰："大王必欲发兵应吴，臣愿为将。"王乃属相兵。淮南相已将兵，因城守，不听王而为汉；汉亦使曲城侯将兵救淮南：淮南以故得完。吴使者至庐江，庐江王弗应，而往来使越。吴使者至衡山，衡山王坚守无二心。孝景四年，吴楚已破，衡山王朝，上以为贞信，乃劳苦之曰："南方卑湿。"徙衡山王王济北，所以褒之。及薨，遂赐谥为贞王。庐江王边越，数使使相交，故徙为衡山王，王江北。淮南王如故。

淮南王安为人好读书鼓琴，不喜弋猎狗马驰骋，亦欲以行阴德拊循百姓，流誉天下。时时怨望厉王死，时欲畔逆，未有因也。及建元二年，淮南王入朝。素善武安侯，武安侯时为太尉，乃逆王霸上，与王语曰："方今上无太子，大王亲高皇帝孙，行仁义，天下莫不闻。即宫车一日晏驾，非大王当谁立者！"淮南王大喜，厚遗武安侯金财物。阴结宾客，拊循百姓，为畔逆事。建元六年，彗星见，淮南王心怪之。或说王曰："先吴军起时，彗星出长数尺，然尚流血千里。今彗星长竟天，天下兵当大起。"王心以为上无太子，天下有变，诸侯并争，愈益治器械攻战具，积金钱赂遗郡国诸侯游士奇材。诸辩士为方略者，妄作妖言，谄谀王，王喜，多赐金钱，而谋反滋甚。

淮南王有女陵，慧，有口辩。王爱陵，常多予金钱，为中诇长安，约结上左右。元朔三年，上赐淮南王几杖，不朝。淮南王王后荼，王爱幸之。王后生太子迁，迁取王皇太后外孙修成君女为妃。王谋为反具，畏太子妃知而内泄事，乃与太子谋，令诈弗爱，三月不同席。王乃佯为怒太子，闭太子使与妃同内三月，太子终不近妃。妃求去，王乃上书谢归去之。王后荼、太子迁及女陵得爱幸王，擅国权，侵夺民田宅，妄致系人。

地,三分共享。东成侯刘良此前已死,没有后代。

孝景帝三年,吴楚七国举兵造反,吴国使者到淮南联络,淮南王意欲发兵响应。淮南国相说:"大王如果真要发兵响应吴王,臣愿为统军将领。"淮南王就把军队交给了他。淮南国相得到兵权后,指挥军队据城防守叛军,不听淮南王的命令造反而为朝廷效力;朝廷也派出曲城侯蛊捷率军前去援救淮南;淮南国因此得以保全。吴国使者来到庐江,庐江王不肯响应,而派人与越国联络。吴国使者又往衡山,衡山王效忠朝廷,坚守城池毫无二心。孝景帝四年,吴楚叛军已被破灭,衡山王入朝,皇上认为他守信忠贞,便慰劳他说:"南方之地潮湿低洼。"济水以北的地区改由衡山王掌管,以此作为褒奖。他去世后便赐谥为贞王。庐江王的封地邻近越国,多次派遣使臣与之结交,因此被北迁为衡山王,统管长江以北地区。淮南王依然照旧。

读书弹琴是淮南王刘安的喜好,不爱射猎放狗跑马,他也想暗中做好事来安抚百姓,于天下流播美誉。他常常怨恨厉王之死,常想反叛朝廷,但是一直没有机会。到了孝武帝建元二年,淮南王进京朝见皇上。与他一向交好的武安侯田蚡,当时做太尉。田蚡迎候淮南王于灞上,告诉他说:"现今皇上没有太子,大王您是高皇帝的亲孙,且施行仁义,世人皆知。假如有一天皇上过世,不是您又该谁继位呢!"淮南王大喜,金银钱财物品厚赠武安侯。淮南王暗中结交宾客,安抚百姓,谋划叛逆之事。建元六年,出现慧星,淮南王心生怪异。有人劝说淮南王道:"先前吴王起兵时,彗星出现仅数尺长,而兵战仍然血流千里。现在彗星长至满天,天下应当大兴兵战。"淮南王心想皇上没有太子,若天下有变故发生,诸侯王将群起争夺皇位,便加紧整治攻战器械和兵器,聚积黄金钱财贿赠郡守、说客、诸侯王和有奇才的人。诸位能言巧辩的人为淮南王出谋划策,都胡乱编造荒诞的邪说,淮南王被阿谀逢迎。淮南王心中十分欢喜,赏他们很多钱财,而谋反之心更剧。

淮南王有个女儿名叫刘陵,她有口才、聪敏。淮南王喜爱刘陵,经常多给她钱财,让她在长安刺探朝中内情,与皇上亲近的人结交。元朔三年(前126),皇上赏赐淮南王手杖几案,恩准他不必入京朝见。淮南王王后名荼,淮南王很宠幸她。王后生太子刘迁,刘迁娶王皇太后外孙修成君的女儿做妃子。淮南王策划制造谋反的器具,担心太子的妃子知道后向朝中泄露机密,就和太子策划,让他假装不爱妃子,三个月不和她同席共寝。于是淮南王佯装恼怒太子,将他关起来,让他和妃子同居一室三个月,而太子始终不亲近她。妃子请求离去,淮南王便致歉上奏朝廷,把她送回娘家。王后荼、太子刘迁和女儿刘陵都受淮南王宠爱,专擅国权,侵夺百姓房宅田地,任意加罪拘捕无辜之人。

元朔五年，太子学用剑，自以为人莫及，闻郎中雷被巧，乃召与戏。被一再辞让，误中太子。太子怒，被恐。此时有欲从军者辄诣京师，被即原奋击匈奴。太子迁数恶被于王，王使郎中令斥免，欲以禁后，被遂亡至长安，上书自明。诏下其事廷尉、河南。河南治，逮淮南太子，王、王后计欲无遣太子，遂发兵反，计犹豫，十余日未定。会有诏，即讯太子。当是时，淮南相怒寿春丞留太子逮不遣，劾不敬。王以请相，相弗听。王使人上书告相，事下廷尉治。踪迹连王，王使人候伺汉公卿，公卿请逮捕治王。王恐事发，太子迁谋曰："汉使即逮王，王令人衣卫士衣，持戟居庭中，王旁有非是，则刺杀之，臣亦使人刺杀淮南中尉，乃举兵，未晚。"是时上不许公卿请，而遣汉中尉宏即讯验王。王闻汉使来，即如太子谋计。汉中尉至，王视其颜色和，讯王以斥雷被事耳，王自度无何，不发。中尉还，以闻。公卿治者曰："淮南王安拥阏奋击匈奴者雷被等，废格明诏，当弃市。"诏弗许。公卿请废勿王，诏弗许。公卿请削五县，诏削二县。使中尉宏赦淮南王罪，罚以削地。中尉入淮南界，宣言赦王。王初闻汉公卿请诛之，未知得削地，闻汉使来，恐其捕之，乃与太子谋刺之如前计。及中尉至，即贺王，王以故不发。其后自伤曰："吾行仁义见削，甚耻之。"然淮南王削地之后，其为反谋益甚。诸使道从长安来，为妄妖言，言上无男，汉不治，即喜；即言汉廷治，有男，王怒，以为妄言，非也。

王日夜与伍被、左吴等案舆地图，部署兵所从入。王曰："上无太子，宫车即晏驾，廷臣必征胶东王，不即常山王，诸侯并争，吾可以无备乎！且吾高祖孙，亲行仁义，陛下遇我厚，吾能忍之；万世之后，吾宁能北面臣事竖子乎！"

元朔五年，太子刘迁学习使剑，自认为剑术高超，无人能比。听说郎中雷被剑艺精湛，便召他前来较量。雷被一次二次退让之后，不小心失手击中了太子。太子动怒，雷被很害怕。此时凡想从军的人总是投奔京城，雷被当即决定去奋击匈奴参军。太子刘迁屡次向淮南王说雷被的坏话，淮南王就让郎中令罢免斥退了他的官职，以此警示后人。于是雷被逃到长安，上书朝廷申诉冤屈。皇上诏令廷尉、河南郡审理此事。河南郡议决，追捕淮南王太子到底，淮南王、王后并不打算遣送太子，趁机发兵反叛。可是反复谋划仍犹豫，十几天不能定夺。适逢朝中又有诏令下达，让就地传讯太子。就在这时，淮南国相恼怒寿春县丞将逮捕太子的命令扣而不发，控告他犯有"不敬"之罪。淮南王请求国相不追究此事，国相不听。淮南王便派人上书控告国相，皇上将此事交付廷尉审理。办案中有线索牵连到淮南王，淮南王暗中派人打探朝中公卿大臣的意见，公卿大臣请求逮捕淮南王治罪。淮南王害怕事发，太子刘迁献策说："如果朝廷派使臣来逮捕父王，父王可叫人身穿卫士衣裳，持戟庭院之中站立，父王身边一有不测发生，就刺杀他，我也派人刺死淮南国中尉，就此起事举兵，尚不为迟。"这时皇上没有批准公卿大臣的奏请，而改派朝中中尉殷宏赴淮南国就地向淮南王询问查证案情。淮南王闻听朝中使臣前来，立即按太子的计谋做了准备。朝廷中尉到达后，淮南王看他态度很温和，只询问自己罢免雷被的缘由，揣度不会定什么罪，就没有发作。中尉还朝，把查询的情况上奏。公卿大臣中负责办案的人说："淮南王刘安阻挠雷被从军奋击匈奴等行径，不执行天子明确下达的诏令，应判处死罪弃市。"皇上诏令不许。公卿大臣请求废其王位，皇上仍诏令不许。公卿大臣请求削夺其五县封地，皇上诏令削夺其二县。朝廷派中尉殷宏去宣布赦免淮南王的罪过，削地以示惩罚。中尉进入淮南国境，宣布赦免淮南王。淮南王开始听说朝中公卿大臣请求杀死自己，并不知道获得宽赦削地，他听说朝廷使臣已动身前来，害怕自己被捕，就和太子按先前的计谋准备刺杀朝廷使臣。待中尉至，立即祝贺淮南王获赦，淮南王因此没有起事。事后他自己哀伤地说："我行仁义之事却被削地，此事太耻辱了。"然而淮南王被削地之后，策划反叛的阴谋更加强烈。诸位使者从长安而来，凡制造荒诞骗人的邪说、声称皇上无儿、汉家天下不太平的，淮南王听了就喜欢；如果说汉家王朝太平、皇上有男儿的，淮南王就恼怒，认为是胡说八道，不可信。

淮南王和伍被、左吴等日夜察看地图，部署进军的路线。淮南王说："皇上没有太子，一旦去世，朝中大臣必定征召胶东王，或者是常山王，诸侯王群起争夺皇位，我可以没有准备吗？况且我是高祖的亲孙子，亲行仁义之道，陛下待我很是恩厚，我能忍受他的统治；陛下万世之后，我怎么能侍奉小儿北向称臣呢！"

王坐东宫，召伍被与谋，曰："将军上。"被怅然曰："上宽赦大王，王复安得此亡国之语乎！臣闻子胥谏吴王，吴王不用，乃曰'臣今见麋鹿游姑苏之台也'。今臣亦见宫中生荆棘，露沾衣也。"王怒，系伍被父母，囚之三月。复召曰："将军许寡人乎？"被曰："不，直来为大王画耳。臣闻聪者听于无声，明者见于未形，故圣人万举万全。昔文王一动而功显于千世，列为三代，此所谓因天心以动作者也，故海内不期而随。此千岁之可见者。夫百年之秦，近世之吴楚，亦足以喻国家之存亡矣。臣不敢避子胥之诛，原大王毋为吴王之听。昔秦绝圣人之道，杀术士，燔《诗》《书》，弃礼义，尚诈力，任刑罚，转负海之粟致之西河。当是之时，男子疾耕不足于糟糠，女子纺绩不足于盖形。遣蒙恬筑长城，东西数千里，暴兵露师常数十万，死者不可胜数，僵尸千里，流血顷亩，百姓力竭，欲为乱者十家而五。又使徐福入海求神异物，还为伪辞曰：'臣见海中大神，言曰："汝西皇之使邪？"臣答曰："然。""汝何求？"曰："原请延年益寿药。"神曰："汝秦王之礼薄，得观而不得取。"即从臣东南至蓬莱山，见芝成宫阙，有使者铜色而龙形，光上照天。于是臣再拜问曰："宜何资以献？"海神曰："以令名男子若振女与百工之事，即得之矣。"'秦皇帝大说，遣振男女三千人，资之五谷种种百工而行。徐福得平原广泽，止王不来。于是百姓悲痛相思，欲为乱者十家而六。又使尉佗逾五岭攻百越。尉佗知中国劳极，止王不来，使人上书，求女无夫家者三万人，以为士卒衣补。秦皇帝可其万五千人。于是百姓离心瓦解，欲为乱者十家而七。客谓高皇帝曰：'时可矣。'高皇帝曰：'待之，圣人当起东南间。'不一年，陈胜吴广发矣。高皇始于丰沛，一倡天下不期而响应者不可胜数也。此所谓蹈瑕候间，因秦之亡而动者也。百姓愿之，若旱之望雨，故起于行陈之中而立为天子，功高三王，德传无穷。今大王见高皇帝得天下之

淮南王坐在东宫，召见伍被一起商议大事，称呼他说："将军上殿。"伍被不高兴地说："皇上刚刚宽恕赦免了大王，您怎能又说这亡国之话呢！臣听说伍子胥劝阻吴王，吴王不听他的话，于是伍子胥说'臣即将看见麋鹿在姑苏台上出入游荡了'。现在臣也将看到宫中遍生荆棘，衣裳让露水沾湿了。"淮南王十分恼怒，囚禁了伍被的父母，关押了三个月。然后淮南王又把伍被召来问道："将军答应寡人吗？"伍被回答说："不，我只是来为大王筹划而已。臣听说听力好的人能够在无声时听出动静，视力好的人能在未成形前看出征兆，所以最智慧、最有道德的圣人做事总会万无一失。从前周文王为灭商纣率周族向东挺进，一行动就功显千秋万代，使周朝继夏、商之后，列入'三代'，这就是所谓顺从天意而行动的结果，因此四海之内的人都不约而同地追随响应他。这是千年前可以看见的史实。至于百年前的秦王朝，近代的吴楚两国，也足以说明国家存亡的道理。臣不敢逃避伍子胥被杀害的厄运，希望大王不要重蹈吴王不听忠谏的覆辙。过去秦朝弃绝圣人之道，坑杀儒生，焚烧《诗经》《尚书》，抛弃礼义，崇尚伪诈和暴力，凭借刑罚，强迫百姓把海滨的谷子运送到西河。在那个时候，男子奋力耕作却吃不饱，女子织布绩麻却衣不蔽体。秦皇派蒙恬修筑长城，东西绵延数千里，长年戍边、风餐露宿的士兵常常有数十万人，死者不计其数，僵尸暴野千里，流血遍及百亩，百姓气力耗尽，想造反的十家有五。秦皇帝又派徐福入东海访求神仙和珍奇异物，徐福归来编造假话说：臣见到海中大神，他问道："你是西土皇帝的使臣吗？"臣答道："是的。""你来寻求何物？"臣答："希望求得延年益寿的仙药。"海神说："你们秦王礼品菲薄，仙药可以观赏却不能拿取。"海神当即引臣向东南行至蓬莱山，看到了用灵芝草筑成的宫殿，有使者肤色如铜身形似龙，光辉上射映照天宇。于是臣两拜而问，说："应该拿什么礼物来奉献？"海神说："献上良家男童和女童以及百工的技艺，就可以得到仙药了。"皇帝大喜，遣发童男童女三千人，并供给海神五谷种子和各种工匠前往东海。途中徐福觅得一片辽阔的原野和湖泽，便留居那里自立为王不再回朝。于是百姓悲痛思念亲人，想造反的十家有六。秦皇帝又派南海郡尉赵佗越过五岭攻打百越。赵佗知道中原疲敝已极，就留居南越称王不归，并派人上书，要求朝廷征集无婆家的妇女三万人，来替士兵缝补衣裳。秦皇帝同意给他一万五千人。于是百姓人心离散犹如土崩瓦解，想造反的十家有七。宾客对高皇帝说：'时机到了。'高皇帝说：'等等看，当有圣人起事于东南方。'不到一年，陈胜吴广揭竿造反了。高皇帝自丰邑沛县起事，一发倡议全天下不约而同的响应者便不可胜数。这就是所谓踏到了缝隙窥伺到机遇，借秦朝的危亡而举事。百姓期待他，犹如干旱盼雨水，所以他能起于军中而被拥立为天子，功业高于夏禹、商汤和周文

易也,独不观近世之吴楚乎?夫吴王赐号为刘氏祭酒,复不朝,王四郡之众,地方数千里,内铸消铜以为钱,东煮海水以为盐,上取江陵木以为船,一船之载当中国数十两车,国富民众。行珠玉金帛赂诸侯宗室大臣,独窦氏不与。计定谋成,举兵而西。破于大梁,败于狐父,奔走而东,至于丹徒,越人禽之,身死绝祀,为天下笑。夫以吴楚之众不能成功者何?诚逆天道而不知时也。方今大王之兵众不能十分吴楚之一,天下安宁有万倍于秦之时,原大王从臣之计。大王不从臣之计,今见大王事必不成而语先泄也。臣闻微子过故国而悲,于是作《麦秀之歌》,是痛纣之不用王子比干也。故《孟子》曰'纣贵为天子,死曾不若匹夫'。是纣先自绝于天下久矣,非死之日而天下去之。今臣亦窃悲大王弃千乘之君,必且赐绝命之书,为群臣先,死于东宫也。"于是气怨结而不扬,涕满匡而横流,即起,历阶而去。

王有孽子不害,最长,王弗爱,王、王后、太子皆不以为子兄数。不害有子建,材高有气,常怨望太子不省其父;又怨时诸侯皆得分子弟为侯,而淮南独二子,一为太子,建父独不得为侯。建阴结交,欲告败太子,以其父代之。太子知之,数捕系而榜笞建。建具知太子之谋欲杀汉中尉,即使所善寿春庄芷以元朔六年上书于天子曰:"毒药苦于口利于病,忠言逆于耳利于行。今淮南王孙建,材能高,淮南王王后荼、荼子太子迁常疾害建。建父不害无罪,擅数捕系,欲杀之。今建在,可征问,具知淮南阴事。"书闻,上以其事下廷尉,廷尉下河南治。是时故辟阳侯孙审卿善丞相公孙弘,怨淮南厉王杀其大父,乃深购淮南事于弘,弘乃疑淮南有畔逆计谋,深穷治其狱。河南治建,辞引淮南太子及党与。淮南王患之,欲发,问伍被曰:"汉廷治乱?"伍被曰:"天下治。"王意不说,谓伍被曰:"公何以言天下治也?"被曰:"被窃观朝廷之政,君臣之义,父子之亲,夫

王，恩德流被后世无穷无尽。如今大王看到了高皇帝得天下的容易，却偏偏看不到近代吴楚的覆亡么？那吴王被赐号为刘氏祭酒，颇受尊宠，又被恩准不必依例入京朝见，他掌管着四郡的民众，地域广至方圆数千里，在国内可自行冶铜铸造钱币，在东方可烧煮海水贩卖食盐，溯江而上能采江陵木材建造大船，一船所载抵得上中原数十辆车的容量，国家殷富百姓众多。吴王拿珠玉金帛贿赂诸侯王、宗室贵族和朝中大臣，唯独不给皇戚窦氏。反叛之谋划已成，吴王便发兵西进。但吴军在大梁被攻破，在狐父被击败，吴王逃奔东归，行至丹徒，让越人俘获，身死绝国，令天下人耻笑。为什么吴楚有那样众多的军队都不能成就功业？实在是违背了天道而不识时势的缘故。如今大王兵力不及吴楚的十分之一，天下安宁却比秦皇帝时代好万倍，希望大王听从臣下的意见。若大王不听臣的劝告，势必眼见大事不成言语却已先自泄露天机。臣听说箕子路过殷朝故都时心中很悲伤，于是作《麦秀之歌》，这首歌就是哀痛纣王不听从王子比干的劝谏而亡国。所以《孟子》说'纣王贵为天子，死时竟不及平民'。这是因为纣王生前早已自绝于天下人，而不是死到临头天下人才背弃他。现在臣也暗自悲哀大王若抛弃了诸侯国君的尊贵，朝廷必将赐给绝命之书，令大王身先于群臣，死于东宫。"于是，伍被怨哀之气郁结胸中而神色黯然，泪水盈眶而满面流淌，即刻站起身，走下一级级台阶离去了。

　　淮南王有个庶出的儿子，名叫刘不害，年龄最大，淮南王不喜欢他，王后和太子也都不把他看作儿子或兄长。刘不害有个儿子名叫刘建，他才高气傲，时常怨恨太子不来问候自己的父亲；又埋怨当时诸侯王都可以分封子弟为诸侯，而淮南王只有两个儿子，一个当了太子，唯独自己的父亲不得封侯。刘建暗中结交人，想要打败太子，让他的父亲取而代之。太子知悉此事，多次拘囚并拷打刘建。刘建尽知太子意欲杀害朝廷中尉的阴谋，就让和自己私交很好的寿春县人庄芷在元朔六年向天子上书说："良药苦口却利于病，忠言逆耳却利于行。如今淮南王的孙子刘建才能高，淮南王后荼和荼的儿子太子刘迁经常妒忌迫害他。刘建的父亲刘不害无罪，他们多次拘囚想杀害他。今刘建人在淮南，可召来问讯，他尽知淮南王的隐密。"书奏上达，皇上将此事交付廷尉，廷尉又下达河南郡府审理。这时，原辟阳侯的孙子审卿与丞相公孙弘交好，他仇恨淮南厉王杀死自己的祖父，就极力向公孙弘构陷淮南王的罪状，于是公孙弘怀疑淮南王有叛逆的阴谋，决意深入追究查办此案。河南郡府审问刘建，他供出了淮南王太子及其朋党。淮南王担忧事态严重，意欲举兵反叛，就向伍被问道："汉朝的天下太平不太平？"伍被回答："天下太平。"淮南王心中不高兴，对伍被说："您依据什么说天下太平？"伍被回答："臣私下观察朝政，君臣间的礼义、父子间的亲

妇之别，长幼之序，皆得其理，上之举错遵古之道，风俗纪纲未有所缺也。重装富贾，周流天下，道无不通，故交易之道行。南越宾服，羌僰入献，东瓯入降，广长榆，开朔方，匈奴折翅伤翼，失援不振。虽未及古太平之时，然犹为治也。”王怒，被谢死罪。王又谓被曰：“山东即有兵，汉必使大将军将而制山东，公以为大将军何如人也？”被曰：“被所善者黄义，从大将军击匈奴，还，告被曰：‘大将军遇士大夫有礼，于士卒有恩，众皆乐为之用。骑上下山若蜚，材干绝人。’被以为材能如此，数将习兵，未易当也。及谒者曹梁使长安来，言大将军号令明，当敌勇敢，常为士卒先。休舍，穿井未通，须士卒尽得水，乃敢饮。军罢，卒尽已度河，乃度。皇太后所赐金帛，尽以赐军吏。虽古名将弗过也。”王默然。

淮南王见建已征治，恐国阴事且觉，欲发，被又以为难，乃复问被曰：“公以为吴兴兵是邪非也？”被曰：“以为非也。吴王至富贵也，举事不当，身死丹徒，头足异处，子孙无遗类。臣闻吴王悔之甚。愿王孰虑之，无为吴王之所悔。”王曰：“男子之所死者一言耳。且吴何知反，汉将一日过成皋者四十余人。今我令楼缓先要成皋之口，周被下颍川兵塞轘辕、伊阙之道，陈定发南阳兵守武关。河南太守独有雒阳耳，何足忧。然此北尚有临晋关、河东、上党与河内、赵国。人言曰‘绝成皋之口，天下不通’。据三川之险，招山东之兵，举事如此，公以为何如？”被曰：“臣见其祸，未见其福也。”王曰：“左吴、赵贤、朱骄如皆以为有福，什事九成，公独以为有祸无福，何也？”被曰：“大王之群臣近幸素能使众者，皆前系诏狱，余无可用者。”王曰：“陈胜、吴广无立锥之地，千人之聚，起于大泽，奋臂大呼而天下响应，西至于戏而兵百二十万。今吾国虽小，然而胜兵者可得十余万，非直适戍之众，釠凿棘矜也，公何以言有祸无福？”被曰：“往者秦为无道，残贼天下。兴万乘之驾，作阿

爱、夫妻间的区别、长幼间的秩序，都合乎应有的原则，皇上施政遵循古代的治国之道，风俗和法度都没有缺失。满载货物的富商周行天下，道路无处不畅通，因此贸易之事盛行。南越称臣归服，羌僰进献物产，东瓯内迁降汉，朝廷拓广长榆塞，开辟朔方郡，使匈奴折翅伤翼，失去援助而萎靡不振。这虽然还赶不上古代的太平岁月，但也算是天下安定了。"淮南王大怒，伍被连忙告谢死罪。淮南王又对伍被说："崤山之东若发生兵战，朝廷必使大将军卫青来统兵镇压，您认为大将军人怎样？"伍被说："我的好朋友黄义，曾跟随大将军攻打匈奴，归来告诉我说：'大将军对待士大夫有礼貌，对士卒有恩德，众人都乐意为他效劳。大将军骑马上下山冈疾驰如飞，才能出众过人。'我认为他才干这般高超，屡次率兵征战通晓军事，不易抵挡。又谒者曹梁出使长安归来，说大将军号令严明，对敌作战勇敢，时常身先士卒。安营扎寨休息，井未凿通时，必待士兵人人喝上水，他才肯饮。军队出征归来，士兵已全部渡河，他才过河。皇太后赏赐的钱财丝帛，他都转赐手下的军官。即使古代名将也无人比得过他。"淮南王听罢沉默无语。

淮南王眼看刘建被召受审，害怕国中密谋造反之事败露，想抢先起兵，但是伍被认为难以成事，于是淮南王再问他道："您以为当年吴王兴兵造反是对还是错？"伍被说："我认为错了。吴王富贵已极，却举事不当，身死丹徒，头足分家，殃及子孙无人幸存。臣听说吴王后悔异常。希望大王三思熟虑，勿做吴王所悔恨的蠢事。"淮南王说："男子汉甘愿赴死，只是为了自己说出的一句话罢了。况且吴王哪里懂得造反，竟让汉将一日之内有四十多人闯过了成皋关隘。现在我令楼缓首先扼住成皋关口，令周被攻下颍川郡率兵堵住轘辕、伊阙关的道路，令陈定率南阳郡的军队把守武关。河南郡太守只剩有洛阳罢了，何足担忧。不过，这北面还有临晋关、河东郡、上党郡和河内郡、赵国。人们说'扼断成皋关口，天下就不能通行了'。我们凭借雄据三川之地的成皋险关，招集崤山之东各郡国的军队响应，这样起事，您以为如何？"伍被答道："臣看得见它失败的灾祸，看不见它成功的福运。"淮南王说："左吴、赵贤、朱骄如都认为有福运，十之有九会成功。您偏认为有祸无福，是为什么？"伍被说："受大王宠信的群臣中平素能号令众人的，都在前次皇上诏办的罪案中被拘囚了，余下的已没有可以倚重的人。"淮南王说："陈胜、吴广身无立锥之地，一千人聚集起来，在大泽乡起事，奋臂大呼造反，天下就群起响应，他们西行到达戏水时已有一百二十万人相随。如今我国虽小，但是能拿起兵器的人能有十多万，他们绝非被迫戍边的乌合之众，所持也不是木弩和戟柄。您为什么说有祸无福呢？"伍被说："从前秦王朝暴虐无道，残害天下百姓。朝廷征发民间万辆车驾，营建阿房

房之官，收太半之赋，发闾左之戍，父不宁子，兄不便弟，政苛刑峻，天下熬然若焦，民皆引领而望，倾耳而听，悲号仰天，叩心而怨上，故陈胜大呼，天下响应。当今陛下临制天下，一齐海内，泛爱蒸庶，布德施惠。口虽未言，声疾雷霆，令虽未出，化驰如神，心有所怀，威动万里，下之应上，犹影响也。而大将军材能不特章邯、杨熊也。大王以陈胜、吴广谕之，被以为过矣。"王曰："苟如公言，不可徼幸邪？"被曰："被有愚计。"王曰："奈何？"被曰："当今诸侯无异心，百姓无怨气。朔方之郡田地广，水草美，民徙者不足以实其地。臣之愚计，可伪为丞相御史请书，徙郡国豪桀任侠及有耐罪以上，赦令除其罪，产五十万以上者，皆徙其家属朔方之郡，益发甲卒，急其会日。又伪为左右都司空上林中都官诏狱书，诸侯太子幸臣。如此则民怨，诸侯惧，即使辩武随而说之，傥可徼幸什得一乎？"王曰："此可也。虽然，吾以为不至若此。"于是王乃令官奴入宫，作皇帝玺，丞相、御史、大将军、军吏、中二千石、都官令、丞印，及旁近郡太守、都尉印，汉使节法冠，欲如伍被计。使人伪得罪而西，事大将军、丞相；一日发兵，使人即刺杀大将军青，而说丞相下之，如发蒙耳。

王欲发国中兵，恐其相、二千石不听。王乃与伍被谋，先杀相、二千石；伪失火宫中，相、二千石救火，至即杀之。计未决，又欲令人衣求盗衣，持羽檄，从东方来，呼曰"南越兵入界"，欲因以发兵。乃使人至庐江、会稽为求盗，未发。王问伍被曰："吾举兵西乡，诸侯必有应我者；即无应，奈何？"被曰："南收衡山以击庐江，有寻阳之船，守下雉之城，结九江之浦，绝豫章之口，强弩临江而守，以禁南郡之下，东收江都、会稽，南通劲越，屈强江淮间，犹

宫，收取百姓大半的收入作为赋税，还征调家居闾左的贫民去远戍边疆，弄得父亲无法保护儿子平安，哥哥不能让弟弟过上安逸的生活，苛严的政令峻急的刑法，天下人忍受百般煎熬几近枯焦。百姓都延颈盼望，侧耳倾听，向天仰首悲呼，捶胸怨恨皇上，所以陈胜大呼造反，天下人立刻响应。如今皇上临朝治理天下，四方统一海内，泛爱普天黎民，广施恩惠德政。他即使不开口讲话，声音传播也如雷霆般迅疾；诏令即使不颁布，而教化的飞速推广也似有神力；他心有所想，便威动万里，下民响应主上，就好比影之随形、响之应声一般。而且大将军卫青的才能不是秦将章邯、杨熊可比的。因此，大王您以陈胜、吴广反秦来自喻，我认为不当。"淮南王说："假如真像你说的那样，不可以侥幸成功吗？"伍被说："我倒有一条愚蠢的计策。"淮南王说："怎么办呢？"伍被答道："当今诸侯对朝廷没有二心，百姓对朝廷没有怨气。但朔方郡田地广阔，水草丰美，已迁徙的百姓还不足以充实开发那个地区。臣的愚计是，可以伪造丞相、御史写给皇上的奏章，请求再迁徙各郡国的豪强、义士和处以耏罪以上的刑徒充边，下诏赦免犯人的刑罪，凡家产在五十万钱以上的人，都携同家属迁往朔方郡，而且更多地调发一些士兵监督，催迫他们如期到达。再伪造宗正府左右都司空、上林苑和京师各官府下达的皇上亲发的办案文书，去逮捕诸侯的太子与宠幸之臣。如此一来就会民怨四起、诸侯恐惧，紧接着让摇唇鼓舌的说客去鼓动说服他们造反，或许可以侥幸得到十分之一的成功把握吧！"淮南王说："此计可行。虽然你的顾虑有道理，但我以为成就此事并不至于难到如此程度。"于是淮南王命令官奴入宫，伪造皇上印玺，丞相、御史、大将军、军史、中二千石、京师各官府令和县丞的官印，附近郡国太守和都尉的官印，以及朝廷使臣和法官所戴的官帽，打算一切按伍被的计策行事。淮南王还派人假装获罪后逃出淮南国而西入长安，去为大将军和丞相做事，意欲一旦发兵起事，就让他们立即刺杀大将军卫青，然后再说服丞相屈从臣服，便如同揭去一块盖布那么轻而易举了。

淮南王想要发动国中的军队，又害怕自己的国相和大臣们不听命。他就和伍被谋划先杀死国相与二千石大臣，为此假装宫中失火，国相、二千石大臣必来救火，人一到就杀死他们。谋议未定，又计划派人身穿抓捕盗贼的官兵的服装，手持羽檄，从南方驰来，大呼"南越兵入界了"，以借机发兵进军。于是他们派人到庐江郡、会稽郡实施冒充追捕盗贼的计策，没有立即发兵。淮南王问伍被说："我率兵向西进发，诸侯一定会有响应的人；若是没有人响应怎么办？"伍被回答道："可向南夺取衡山国来攻打庐江郡，占有浔阳的战船，守住下雉的城池，扼住九江江口，阻断豫章河水北入长江的彭蠡湖口这条通道，以强弓劲弩临江设防，来禁止南郡军队沿江而下；再东进攻占江都国、会稽郡，和南方强有力的越

可得延岁月之寿。"王曰："善，无以易此。急则走越耳。"

于是廷尉以王孙建辞连淮南王太子迁闻。上遣廷尉监因拜淮南中尉，逮捕太子。至淮南，淮南王闻，与太子谋召相、二千石，欲杀而发兵。召相，相至；内史以出为解。中尉曰："臣受诏使，不得见王。"王念独杀相而内史中尉不来，无益也，即罢相。王犹豫，计未决。太子念所坐者谋刺汉中尉，所与谋者已死，以为口绝，乃谓王曰："群臣可用者皆前系，今无足与举事者。王以非时发，恐无功，臣原会逮。"王亦偷欲休，即许太子。太子即自刭，不殊。伍被自诣吏，因告与淮南王谋反，反踪迹具如此。

吏因捕太子、王后，围王宫，尽求捕王所与谋反宾客在国中者，索得反具以闻。上下公卿治，所连引与淮南王谋反列侯二千石豪杰数千人，皆以罪轻重受诛。衡山王赐，淮南王弟也，当坐收，有司请逮捕衡山王。天子曰："诸侯各以其国为本，不当相坐。与诸侯王列侯会肄丞相诸侯议。"赵王彭祖、列侯臣让等四十三人议，皆曰："淮南王安甚大逆无道，谋反明白，当伏诛。"胶西王臣端议曰："淮南王安废法行邪，怀诈伪心，以乱天下，荧惑百姓，倍畔宗庙，妄作妖言。《春秋》曰'臣无将，将而诛'。安罪重于将，谋反形已定。臣端所见其书节印图及他逆无道事验明白，甚大逆无道，当伏其法。而论国吏二百石以上及比者，宗室近幸臣不在法中者，不能相教，当皆免官削爵为士伍，毋得宦为吏。其非吏，他赎死金二斤八两。以章臣安之罪，使天下明知臣子之道，毋敢复有邪僻倍畔之意。"丞相弘、廷尉汤等以闻，天子使宗正以符节治王。未至，淮南王安自刭杀。王后荼、太子迁诸所与谋反者皆族。天子以伍被雅辞多引汉之美，欲勿

国结交,这样在长江淮水之间屈伸自如,犹可拖延一些时日。"淮南王说:"很好,没有更好的办法了。要是事态危急就奔往越国吧。"

于是廷尉把淮南王孙刘建供词中牵连出淮南王太子刘迁的事呈报了皇上。皇上派廷尉监趁前去拜见淮南国中尉的机会,逮捕太子。廷尉监来到淮南国,淮南王得知,和太子谋划,打算召国相和二千石大臣前来,杀死他们就发兵。召国相入宫,国相来了;内史因外出得以脱身。中尉则说:"臣在迎接皇上派来的使臣,不能前去见王。"淮南王心想只杀死国相一人而内史、中尉不肯前来,没有什么益处,就罢手放走了国相。他犹豫再三,定不下行动的计策。太子想到自己所犯的是阴谋刺杀朝廷中尉的罪,而参与密谋的人已死,便以为活口都堵住断绝,就对淮南王说:"群臣中可依靠的先前都被拘捕了,现今已没有可以倚重举事的人。您在时机不成熟时发兵,恐怕不会成功,臣甘愿前往廷尉处受捕。"淮南王心中也暗想罢手,就答应了太子的请求。于是太子刎颈自杀,却未能丧命。伍被独自去见执法官吏,坦白了自己参与淮南王谋反的事情,将谋反的详情全盘供了出来。

法吏因而逮捕了太子、王后,王宫被包围了,将国中参与谋反的淮南王的宾客全部搜查抓捕起来,还搜出了谋反的器具,然后书奏向上呈报。皇上将此案交给公卿大臣审理,案中牵连出与淮南王一同谋反的列侯、二千石、地方豪强有几千人,一律按罪行轻重处以死刑。衡山王刘赐,是淮南王的弟弟,被判同罪应予收捕,负责办案的官员请求逮捕衡山王。天子说:"侯王各以自己的封国作为立身之本,不应彼此牵连。你们与诸侯王、列侯一道去跟丞相商议吧。"赵王彭祖、列侯曹襄等四十三人商议后,都说:"淮南王刘安极其大逆不道,明白无疑谋反之罪,当诛杀不赦。"胶西王刘端发表意见说:"淮南王刘安无视王法肆行邪恶之事,欺诈藏心,扰乱天下,迷惑百姓,背叛祖宗,妄生邪说。《春秋》曾说'臣子不可率众作乱,率众作乱就应诛杀'。刘安的罪行比率众作乱更加严重,其谋反态势已成定局。臣所见他伪造的文书、印墨、符节、地图以及其他大逆不道的事实都有明明白白的证据,其罪极其大逆不道,依法理应处死。至于淮南国中二百石以上官吏和比二百石少的官吏,宗室的宠幸之臣中未触犯法律的人,他们不能尽责匡正阻止淮南王的谋反,也都应当免官削夺爵位贬为士兵,今后不许再为吏当官。那些并非官吏的其他罪犯,可用黄金二斤八两抵偿死罪。朝廷应公开揭露刘安的罪恶,好让天下人都清楚地明白为臣之道,不敢再有邪恶的背叛皇上的野心。"丞相公孙弘、廷尉张汤等把大家的议论逐一上奏,天子便派宗正手持符节去审判淮南王。宗正还未行至淮南国,淮南王刘安已提前自刎死去。王后荼、太子刘迁和所有共同谋反的人都被满门杀尽。天子因为伍被劝阻淮

诛。廷尉汤曰："被首为王画反谋，被罪无赦。"遂诛被。国除为九江郡。

衡山王赐，王后乘舒生子三人，长男爽为太子，次男孝，次女无采。又姬徐来生子男女四人，美人厥姬生子二人。衡山王、淮南王兄弟相责望礼节，间不相能。衡山王闻淮南王作为畔逆反具，亦心结宾客以应之，恐为所并。

元光六年，衡山王入朝，其谒者卫庆有方术，欲上书事天子，王怒，故劾庆死罪，强榜服之。衡山内史以为非是，却其狱。王使人上书告内史，内史治，言王不直。王又数侵夺人田，坏人冢以为田。有司请逮治衡山王。天子不许，为置吏二百石以上。衡山王以此恚，与奚慈、张广昌谋，求能为兵法候星气者，日夜从容王密谋反事。

王后乘舒死，立徐来为王后。厥姬俱幸。两人相妒，厥姬乃恶王后徐来于太子曰："徐来使婢蛊道杀太子母。"太子心怨徐来。徐来兄至衡山，太子与饮，以刃刺伤王后兄。王后怨怒，数毁恶太子于王。太子女弟无采，嫁弃归，与奴奸，又与客奸。太子数让无采，无采怒，不与太子通。王后闻之，即善遇无采。无采及中兄孝少失母，附王后，王后以计爱之，与共毁太子，王以故数击笞太子。

元朔四年中，人有贼伤王后假母者，王疑太子使人伤之，笞太子。后王病，太子时称病不侍。孝、王后、无采恶太子："太子实不病，自言病，有喜色。"王大怒，欲废太子，立其弟孝。王后知王决废太子，又欲并废孝。王后有侍者，善舞，王幸之，王后欲令侍者与孝乱以污之，欲并废兄弟而立其子广代太子。太子爽知之，念后数恶己无已时，欲与乱以止其口。王后饮，太子前为寿，因据王后股，求与王后卧。王后怒，以告王。王乃召，欲缚而笞之。太子知王常欲废

南王刘安谋反时言辞雅正，说了很多誉美朝政的话，想不杀他。廷尉张汤说："伍被最先为淮南王策划反叛的计谋，不可赦免他的罪。"于是杀了伍被。淮南国从此被废，设为九江郡。

衡山王，名刘赐，乘舒王后生了三个孩子，长男刘爽立为太子，二儿刘孝，三女刘无采。又有姬妾徐来生儿女四人，厥姬妃嫔生儿女二人。衡山王和淮南王两兄弟在礼节上相互责怪抱怨，关系疏远，不相和睦。衡山王听说淮南王制造用于叛逆谋反的器具，也倾心结交宾客来防范他，深恐被他吞并。

元光六年，衡山王进京朝见，他的谒者卫庆懂方术，想上书请求侍奉天子。衡山王很恼怒，故意告发卫庆犯下死罪，严刑拷打逼他认可。衡山国内史认为不对，不肯审理此案。衡山王便使人上书控告内史，内史被迫办案，但直言衡山王理屈。衡山王又多次侵夺他人田产，毁坏他人坟墓辟为田地。有关部门长官请求追究衡山王的罪责并逮捕，天子不同意，只收回他原先可以自行委任本国二百石官秩以上官吏的权力，改为由天子任命。衡山王因此心怀愤恨，和奚慈、张广昌策划，四处访求谙熟兵法和会观测星象以占卜吉凶的人，他们鼓动衡山王日夜密谋反叛之事。

乘舒王后死了，衡山王立徐来为王后。厥姬也同时得到宠幸。两人互相嫉妒，厥姬就向太子说王后徐来的坏话。她说："徐来指使婢女用诬蛊邪术杀害了太子的母亲。"从此太子心中对徐来产生怨恨。徐来的哥哥来到衡山国，太子与他饮酒，席间用刀刺伤了王后的哥哥。王后恼怒怨恨，屡次向衡山王诋毁太子。太子的妹妹刘无采出嫁后被休归娘家，先和奴仆通奸，又和宾客通奸。太子屡次责备刘无采，无采很恼火，不再和太子来往。王后得知此事，就殷勤关怀无采。无采和二哥刘孝自年少便失去母亲，不免依附于王后徐来，她就巧施心计爱护他们，让他们一起毁谤太子，为此衡山王多次毒打太子。

元朔四年中，王后的继母被人刺伤，衡山王怀疑是太子指使人所为，就用竹板毒打太子。后来衡山王病了，太子经常声称有病不去服侍。王后、刘孝、刘无采都说他的坏话："太子其实没病，而自称有病，脸上还带有喜色。"衡山王大怒，便想废掉他的太子名分，改立其弟刘孝。王后知道衡山王已决意废除太子，就又想让他一并也废除刘孝。王后有一个女仆善于跳舞，衡山王很宠爱她，王后打算让女仆和刘孝私通来玷污陷害他，好一起废掉太子兄弟而把自己的亲生儿子刘广立为太子。太子刘爽知道了王后的诡计，心想王后屡次诽谤自己不肯罢休，就想算计与她发生奸情来堵她的口。一次，王后饮酒，太子上前敬酒祝寿，趁势坐在了王后的大腿上，要求与她同宿。王后很生气，把此事告诉了衡山王。于是衡山王召太子来，打算将他捆起来毒打。太子知道父王常想废掉自己而立弟

已立其弟孝,乃谓王曰:"孝与王御者奸,无采与奴奸,王强食,请上书。"即倍王去。王使人止之,莫能禁,乃自驾追捕太子。太子妄恶言,王械系太子宫中。孝日益亲幸。王奇孝材能,乃佩之王印,号曰将军,令居外宅,多给金钱,招致宾客。宾客来者,微知淮南、衡山有逆计,日夜从容劝之。王乃使孝客江都人救赫、陈喜作𫐓车镞矢,刻天子玺,将相军吏印。王日夜求壮士如周丘等,数称引吴楚反时计画,以约束。衡山王非敢效淮南王求即天子位,畏淮南起并其国,以为淮南已西,发兵定江淮之间而有之,望如是。

元朔五年秋,衡山王当朝,过淮南,淮南王乃昆弟语,除前却,约束反具。衡山王即上书谢病,上赐书不朝。

元朔六年中,衡山王使人上书请废太子爽,立孝为太子。爽闻,即使所善白嬴之长安上书,言孝作𫐓车镞矢,与王御者奸,欲以败孝。白嬴至长安,未及上书,吏捕嬴,以淮南事系。王闻爽使白嬴上书,恐言国阴事,即上书反告太子爽所为不道弃市罪事。事下沛郡治。

元年冬,有司公卿下沛郡求捕所与淮南谋反者未得,得陈喜于衡山王子孝家。吏劾孝首匿喜。孝以为陈喜雅数与王计谋反,恐其发之,闻律先自告除其罪,又疑太子使白嬴上书发其事,即先自告,告所与谋反者救赫、陈喜等。廷尉治验,公卿请逮捕衡山王治之。天子曰:"勿捕。"遣中尉安、大行息即问王,王具以情实对。吏皆围王宫而守之。中尉大行还,以闻,公卿请遣宗正、大行与沛郡杂治王。王闻,即自刭杀。孝先自告反,除其罪;坐与王御婢奸,弃市。王后徐来亦坐蛊杀前王后乘舒,及太子爽坐王告不孝,皆弃市。诸与衡山王谋反者皆族。国除为衡山郡。

太史公曰:《诗》之所谓"戎狄是膺,荆舒是惩",信哉是言

弟刘孝，就对他说："刘孝和父王宠幸的女仆通奸，无采又和奴仆通奸，父王打起精神加餐吧，我请求给朝廷上书。"说罢背向衡山王离去了。衡山王派人去阻止他，却不能奏效，就亲自驾车去追捕太子。太子乱说坏话，衡山王便用镣铐囚禁他于宫中。刘孝越来越受到衡山王的亲近和宠幸。衡山王很惊异刘孝的才能，就让他佩上王印，号称将军，让他在宫外的府第中居住，给他很多钱财，用以招揽宾客。登门投靠的宾客，暗中知道淮南王、衡山王都有背叛朝廷的计划，就日夜逢迎鼓动衡山王。于是衡山王指派刘孝的宾客江都人救赫、陈喜制造战车和箭支，私刻天子印玺和将相军吏的官印。衡山王日夜访求如周丘一样的壮士，多次称赞和援引吴楚反叛时的谋略，用它规范自己的谋反计划。衡山王不敢仿效淮南王希冀篡夺天子之位，他害怕淮南王起事吞并自己的国家，准备趁淮南王西进之际，自己就可乘虚发兵平定并占有长江和淮水之间的领地，他希望能够如愿。

元朔五年秋，衡山王将进京朝见天子。经过淮南国时，淮南王竟说了一些兄弟情深的话，消除了以前的嫌隙，约定彼此共同制造谋反的器具。衡山王便上书推说身体有病，皇上赐书准许他不入朝。

元朔六年中，衡山王使人上书皇上请求废掉太子刘爽，改立刘孝为太子。刘爽闻讯，就派和自己很要好的白嬴到长安上书，控告刘孝私造战车箭支，还和淮南王的女侍通奸，意欲以此挫败刘孝。白嬴来到长安，还未来得及上书，官吏就逮捕了他，因他与淮南王谋反事有牵连予以囚禁。衡山王听说刘爽派白嬴去上书，害怕他讲出国中不可告人的秘密，就上书反告太子刘爽干了大逆不道的事应处死罪，朝廷便将此事下交沛郡审理。

元狩元年冬，负责办案的公卿大臣到沛郡搜捕与淮南王共同谋反的罪犯，没有捕到，但在衡山王儿子刘孝家抓住了陈喜。官吏控告刘孝藏匿陈喜。刘孝认为陈喜平素屡次和衡山王计议谋反，很害怕他会供出此事。他听说律令规定事先自首者可免除其罪责，又怀疑太子指使白嬴上书将告发谋反之事，就抢先自首，控告陈喜、救赫等人参与谋反。廷尉审讯验证属实，公卿大臣便请求逮捕衡山王加以治罪。天子说："不要逮捕。"他派遣中尉司马安、大行令李息赴衡山国就地查问衡山王，衡山王据实一一做了回答。官吏把王宫包围起来严加看守。中尉、大行令还朝，将情况上奏，公卿大臣请求派大行令、宗正和沛郡府联合审判衡山王。衡山王闻讯就刎颈自杀。刘孝因主动自首谋反之事，被免罪；但他犯下与衡山王女侍通奸之罪，仍被处死弃市。王后徐来也犯有以诬蛊谋杀前王后乘舒罪，连同太子刘爽犯了被衡山王控告不孝的罪，也都被处死弃市。所有参与衡山王谋反事的罪犯一概满门杀尽。衡山国废设为衡山郡。

太史公说：《诗经》上说"抗击戎狄，惩治楚人"，此话果然正确啊！淮南

也。淮南、衡山亲为骨肉，疆土千里，列为诸侯，不务遵蕃臣职以承辅天子，而专挟邪僻之计，谋为畔逆，仍父子再亡国，各不终其身，为天下笑。此非独王过也，亦其俗薄，臣下渐靡使然也。夫荆楚僄勇轻悍，好作乱，乃自古记之矣。

王、衡山王虽是骨肉至亲，拥有疆土千里，封为诸侯，但是不致力于遵守藩臣的职责去辅佐天子，反而一味心怀邪恶之计，图谋叛逆，导致父子相继二次亡国，人人都不得尽享天年，而受到天下人耻笑。这不只是他们的过错，也是当地习俗浇薄和居下位的臣子影响不良的结果啊。楚国人轻捷勇猛凶悍，喜好作乱，这些早在古代就记载于书了。

循吏列传第五十九

太史公曰：法令所以导民也，刑罚所以禁奸也。文武不备，良民惧然身修者，官未曾乱也。奉职循理，亦可以为治，何必威严哉？

孙叔敖者，楚之处士也。虞丘相进之于楚庄王以自代也。三月为楚相，施教导民，上下和合，世俗盛美，政缓禁止，吏无奸邪，盗贼不起。秋冬则劝民山采，春夏以水，各得其所便，民皆乐其生。

庄王以为币轻，更以小为大，百姓不便，皆去其业。市令言之相曰："市乱，民莫安其处，次行不定。"相曰："如此几何顷乎？"市令曰："三月顷。"相曰："罢，吾今令之复矣。"后五日，朝，相言之王曰："前日更币，以为轻。今市令来言曰'市乱，民莫安其处，次行之不定'。臣请遂令复如故。"王许之，下令三日而市复如故。

楚民俗好庳车，王以为庳车不便马，欲下令使高之。相曰："令数下，民不知所从，不可。王必欲高车，臣请教闾里使高其梱。乘车者皆君子，君子不能数下车。"王许之。居半岁，民悉自高其车。

此不教而民从其化，近者视而效之，远者四面望而法之。故三得相而不喜，知其材自得之也；三去相而不悔，知非己之罪也。

子产者，郑之列大夫也。郑昭君之时，以所爱徐挚为相，国乱，

太史公说：法令是用来引导民众向善的，刑罚是用来阻止民众作恶的。当国家的政令与刑罚不完备时，善良的百姓依然心存畏惧，而自我约束，这是由于为官者行为端正的缘故。实际上只要官吏奉公守法，按制度行事，就可以做百姓的榜样而治理好天下，何必非用严刑峻法不可呢？

孙叔敖是楚国的隐士。楚国宰相虞丘把他举荐给楚庄王，想让他接替自己的职务。三个月之后，孙叔敖果然做了国相，他教化百姓，加以引导，使得楚国上下和睦、风俗淳美。他执政宽缓不苛，却说到做到。因此当时的官吏没有为非作歹的，民间也无盗贼。一到秋冬两季，他就鼓励人们进山采伐林木，到了春夏时节，趁着上涨的河水把木材运出山外。百姓各自按自己的习惯来安排自己的事物，都生活得很安乐。

庄王觉得楚国原有的钱币太轻，就下令把小钱改铸成大钱，结果百姓用起来很不方便，纷纷放弃了自己的本业。面对这种情况，管理市场的长官就向国相孙叔敖报告说："市场一片混乱，老百姓都不能安心在那里做买卖，秩序很不稳定。"孙叔敖问："这种情况持续多久了？"回答说："有三个月了。"孙叔敖说："你回去吧，我很快就会让市场恢复原样的。"五天后，他上朝对庄王说："先前更换钱币，是认为旧币太轻了。而今市令来报告说'市场混乱，百姓不能安心谋生，秩序很不稳定'，所以我请求恢复原来的规格。"庄王同意了，结果颁布命令才三天，市场又恢复得像原先一样了。

楚国的老百姓爱好乘坐矮车，楚王认为矮车不便于马拉，想下令把矮车增高。国相孙叔敖劝阻说："政令太多，百姓就会无所适从，不可以这样的。如果您一定要把车加高，我觉得可以让乡里人家把门槛都加高一点。因为乘车的人都是有身份地位的，他们不想为过门槛而频繁下车，自然就会把车的底座加高了。"楚王答应了。结果过了半年，老百姓都自动把车的底座加高了。

这就是孙叔敖不用下令百姓却自然而然跟着变了，身边的人亲眼看着学习他的言行，远处的人观望四周人们的变化也跟着效仿。而孙叔敖自己则是三次荣居相位但并不沾沾自喜，因为他明白自己是凭借才干获得的；三次离开相位也并无悔恨，因为他知道自己没有过错。

子产是郑国的大夫。郑昭君在位时，曾任命自己宠信的徐挚为宰相，结果

上下不亲，父子不和。大宫子期言之君，以子产为相。为相一年，竖子不戏狎，斑白不提挈，僮子不犁畔。二年，市不豫贾。三年，门不夜关，道不拾遗。四年，田器不归。五年，士无尺籍，丧期不令而治。治郑二十六年而死，丁壮号哭，老人儿啼，曰："子产去我死乎！民将安归？"

公仪休者，鲁博士也。以高弟为鲁相。奉法循理，无所变更，百官自正。使食禄者不得与下民争利，受大者不得取小。

客有遗相鱼者，相不受。客曰："闻君嗜鱼，遗君鱼，何故不受也？"相曰："以嗜鱼，故不受也。今为相，能自给鱼；今受鱼而免，谁复给我鱼者？吾故不受也。"

食茹而美，拔其园葵而弃之。见其家织布好，而疾出其家妇，燔其机，云"欲令农士工女安所雠其货乎"？

石奢者，楚昭王相也。坚直廉正，无所阿避。行县，道有杀人者，相追之，乃其父也。纵其父而还自系焉。使人言之王曰："杀人者，臣之父也。夫以父立政，不孝也；废法纵罪，非忠也；臣罪当死。"王曰："追而不及，不当伏罪，子其治事矣。"石奢曰："不私其父，非孝子也；不奉主法，非忠臣也。王赦其罪，上惠也；伏诛而死，臣职也。"遂不受令，自刎而死。

李离者，晋文公之理也。过听杀人，自拘当死。文公曰："官有贵贱，罚有轻重。下吏有过，非子之罪也。"李离曰："臣居官为长，不与吏让位；受禄为多，不与下分利。今过听杀人，傅其罪下吏，非所闻也。"辞不受令。文公曰："子则自以为有罪，寡人亦有罪邪？"李离曰："理有法，失刑则刑，失死则死。公以臣能听微决

国家一片混乱，官民上下不团结，父子不和睦。大宫子期把这些情况汇报给郑昭君，昭君于是就改任子产为宰相。子产执政仅一年，粗野小子不再轻浮嬉戏，白发老人不必手提重物，儿童也知礼，耕田时不耕到地界上去。两年之后，市场上买卖公平，没有人预先算计价格了。三年过去，人们晚上睡觉不用关门，路上没有人把别人丢失的东西捡走，社会风气为之一新。四年后，耕田的农具不必带回家，五年后，男子无须服兵役，遇到国丧，朝廷不用下达政令也秩序井然。子产治理郑国二十六年后去世，青壮年痛哭失声，老人也像孩童一样呜呜哭泣，都说："子产离我们而去，我们老百姓将来依靠谁呢？"

公仪休是鲁国的博士。由于学问很好做了鲁国国相。他奉行法度，按规章制度行事，不擅自改变规制，因此百官都自觉地端正言行。为官者不和百姓争夺利益，做大官的不去牟取小利。

有个客人给公仪休送来鱼，他不肯接受。客人说："我是听说您特别喜好吃鱼才送来的，为什么不肯接受呢？"公仪休回答说："正因为爱吃鱼，才不能接受啊。现在我做国相，自己还能买得起鱼吃；如果因为今天收下你的鱼而被免了官，今后谁还会给我送鱼呢？所以我坚决不能收下。"

公仪休吃了自家的蔬菜感觉味道很好，就把园中的冬葵菜都拔出来扔掉。他看见自家织的布很好，就赶紧把妻子逐出家门，还烧毁了织布机，说道："要让农民和织妇们到哪里去卖掉他们生产的货物呢？"

石奢是楚昭王的国相，他为人刚强正直、廉洁公正，不喜欢阿谀奉承，也不曲从回避。一次，他到各县视察，途中遇到一起杀人案件，石奢追查凶犯，发现竟然是自己的父亲。于是他就放走父亲，而把自己囚禁起来，派人告诉昭王说："杀人的罪犯，是为臣的父亲。若以惩办父亲来维护国家的政令，那么就不孝了；若不顾法度纵容犯罪，又是对国家的不忠；因此我非死不可。"昭王说："你追捕凶犯而没追到，不该对追捕者论罪，你还是继续治理国事吧。"石奢说："不爱自己的父亲，不是孝子；不遵守王法，不是忠臣。您赦免我的罪责，是您的恩惠；我伏法而死，则是为臣的职责。"于是石奢没有听从楚王的命令，刎颈自杀而死。

李离是晋文公的法官。他因为判断案情有误而错杀了人，后来发觉了，就把自己关起来判处死罪。文公说："官职有贵贱的差别，刑罚也有轻重之分。这是你属下官吏犯的过错，不关你的事。"李离说："在我被任命担当他们长官的时候，没有向他们推让；我领取的官俸很多，也没有分给他们。如今我判断案情有误而错杀人命，却要把责任推给下级，这样的事我没有听说过。"就拒绝接受文公的命令。文公说："如果你这样认定自己有罪，那么我是不是也有罪呢？"李

疑，故使为理。今过听杀人，罪当死。"遂不受令，伏剑而死。

太史公曰：孙叔敖出一言，郢市复。子产病死，郑民号哭。公仪子见好布而家妇逐。石奢纵父而死，楚昭名立。李离过杀而伏剑，晋文以正国法。

离说:"法官依法断案,判错案件就要受到惩罚,错失杀人就要以死偿命。您因为臣能够仔细审理分析,决断疑难案件,才让我担任法官。现在我判断案情有误而错杀人,按理应该判处死罪。"于是没有接受晋文公的赦令,而引剑自杀了。

太史公说:孙叔敖的一句话,就让郢都的市场秩序恢复如初。子产病逝,郑国百姓失声痛哭。公仪休看到妻子织的布太好就把她赶出家门。石奢放走父亲而自杀顶罪,使楚昭王的威名得以树立。李离错判杀人罪而引剑自杀,使晋文公得以整肃国法。

汲郑列传第六十

汲黯字长孺，濮阳人也。其先有宠于古之卫君。至黯七世，世为卿大夫。黯以父任，孝景时为太子洗马，以庄见惮。孝景帝崩，太子即位，黯为谒者。东越相攻，上使黯往视之。不至，至吴而还，报曰："越人相攻，固其俗然，不足以辱天子之使。"河内失火，延烧千余家，上使黯往视之。还报曰："家人失火，屋比延烧，不足忧也。臣过河南，河南贫人伤水旱万余家，或父子相食，臣谨以便宜，持节发河南仓粟以振贫民。臣请归节，伏矫制之罪。"上贤而释之，迁为荥阳令。黯耻为令，病归田里。上闻，乃召拜为中大夫。以数切谏，不得久留内，迁为东海太守。黯学黄老之言，治官理民，好清静，择丞史而任之。其治，责大指而已，不苛小。黯多病，卧闺阁内不出。岁余，东海大治。称之。上闻，召以为主爵都尉，列于九卿。治务在无为而已，弘大体，不拘文法。

黯为人性倨，少礼，面折，不能容人之过。合己者善待之，不合己者不能忍见，士亦以此不附焉。然好学，游侠，任气节，内行修絜，好直谏，数犯主之颜色，常慕傅柏、袁盎之为人也。善灌夫、郑当时及宗正刘弃。亦以数直谏，不得久居位。

当是时，太后弟武安侯蚡为丞相，中二千石来拜谒，蚡不为礼。然黯见蚡未尝拜，常揖之。天子方招文学儒者，上曰吾欲云云，黯对

汲黯字长孺,是濮阳县人。他的祖先曾受到古卫国国君的恩宠,从那时到他已是第七代了,世世都在朝中担任公卿大夫。他因为有父亲的保举,在景帝时当了太子洗马,因为他素来庄重严肃,使人敬畏。景帝死后,太子刘彻继位,就是汉武帝,汲黯被任命为谒者之官。不久,东南沿海的闽越和瓯越相互攻击,皇上派汲黯前往视察。他没有到达东越,走到吴县就折回来禀报说:"越人互相攻击,因为当地民俗本来就是这样好斗,不值得烦劳天子的使臣前去过问。"河内郡发生了火灾,殃及了一千多户人家,皇上又派汲黯去视察。他回来报告说:"那是普通人家不慎失火,由于挨得近,火势便蔓延开烧了邻居的房子,陛下不必忧虑。但是我路过河南郡时,看到当地水旱灾害十分严重,贫民饱受煎熬,灾民多达一万多户,有的竟然父子互相吞食。面对这种情况,我郑重地使用手中的符节,下令将河南郡官仓的储粮都发放给了百姓,以赈济当地灾民。现在我归还符节,请求陛下处罚我假传圣旨的罪责。"皇上认为汲黯贤良,这件事做得很好,就免他无罪,调任为荥阳县令。汲黯觉得当这个县令不光彩,就称病辞官还乡。皇上得知后,就召任汲黯为中大夫。后来由于他屡次在朝廷上向皇上直言谏诤,所以不能被长久地留在朝中,而是外放到东海郡任太守。汲黯喜好黄老的学说,他处理政务和治理民事,崇尚无为而治,挑选出几位得力的郡丞和书史,把事情全权交托他们去办。他治理郡务,只留心督查大的方面,并不苛求细枝末节。汲黯体弱多病,经常躺在屋里不出门。仅一年多的时间,东海郡便被治理得清明太平,人们称赞不已。皇上得知后,就把汲黯召回京任主爵都尉,享受九卿的待遇。他在朝廷为政仍力求无为而治,抓住大的方面,而不拘泥繁文缛节。

汲黯性情孤傲,与人相处不讲究礼数,常常当面顶撞人,不能容忍别人的过错。与自己心性相投的,他就亲近友善;与自己合不来的,就不愿意相见,士人因此也都不愿依附他。但是汲黯好学,为人很仗义,有气节。常常不忘自身的修养,在朝中时喜欢直言劝谏,因此屡次触犯皇上的颜面。他仰慕傅柏和袁盎的为人,与灌夫、郑当时和宗正刘弃相交好。他们也都因为好直谏,而不能长久地占据高位。

这个时候,汲黯任主爵都尉,窦太后的弟弟武安侯田蚡为宰相。那些年俸中二千石的高官来拜见他时都行跪拜之礼,而田蚡却不回礼。汲黯拜见田蚡时从不

曰："陛下内多欲而外施仁义，奈何欲效唐虞之治乎！"上默然，怒，变色而罢朝。公卿皆为黯惧。上退，谓左右曰："甚矣，汲黯之戆也！"群臣或数黯，黯曰："天子置公卿辅弼之臣，宁令从谀承意，陷主于不义乎？且已在其位，纵爱身，奈辱朝廷何！"

黯多病，病且满三月，上常赐告者数，终不愈。最后病，庄助为请告。上曰："汲黯何如人哉？"助曰："使黯任职居官，无以逾人。然至其辅少主，守城深坚，招之不来，麾之不去，虽自谓贲育亦不能夺之矣。"上曰："然。古有社稷之臣，至如黯，近之矣。"

大将军青侍中，上踞厕而视之。丞相弘燕见，上或时不冠。至如黯见，上不冠不见也。上尝坐武帐中，黯前奏事，上不冠，望见黯，避帐中，使人可其奏。其见敬礼如此。

张汤方以更定律令为廷尉，黯数质责汤于上前，曰："公为正卿，上不能褒先帝之功业，下不能抑天下之邪心，安国富民，使囹圄空虚，二者无一焉。非苦就行，放析就功，何乃取高皇帝约束纷更之为？公以此无种矣。"黯时与汤论议，汤辩常在文深小苛，黯伉厉守高不能屈，忿发骂曰："天下谓刀笔吏不可以为公卿，果然。必汤也，令天下重足而立，侧目而视矣！"

是时，汉方征匈奴，招怀四夷。黯务少事，乘上闲，常言与胡和亲，无起兵。上方向儒术，尊公孙弘。及事益多，吏民巧弄。上分别

下拜，只拱手作揖而已。当时皇上正在招揽文学之士和儒生，想大兴礼乐，常说'我想如何如何'，汲黯便答道："陛下表面上施行仁义，而内心里享乐欲望很多，这样怎能达到唐尧虞舜的政绩呢？"皇上无言以对，气得脸色都变了，愤怒地罢了朝，大臣们都为汲黯捏一把汗。退朝后，皇上对身边的近臣说："汲黯的鲁莽真是太过分了！"群臣中有人指责汲黯，汲黯说："天子设置公卿百官，是让他们来辅佐治国的，难道是让他们一味阿谀顺从，而把君主置于不义的地步吗？何况我已身居九卿之位，如果只顾及自己的身家性命，那不是朝廷的侮辱吗？"

汲黯多病，每当他抱病请假快满三个月，按规定将被免官的时候，皇上总是特别恩准多给他一些假期，以便好好养病，但他的病体始终不能痊愈。他最后一次病重，庄助替他请假，皇上问道："你觉得汲黯这个人怎么样？"庄助说："让汲黯当一般的官，没有过人之处。然而要让他辅佐年少的君主，他一定坚守自己的职责，不会被利诱之，也不会被威驱之，即使古代孟贲、夏育一样的勇武非常，也比不上他。"皇上说："是的。古代有所谓安邦保国的忠臣，我看汲黯就近似这样的人。"

大将军卫青在宫中入侍，皇上有时在厕所内接见他。丞相公孙弘平常时去见皇上，皇上有时连帽子也不戴。但假如汲黯要进见，皇上帽子不戴好是绝不会接见的。皇上曾经有一次坐在威严的武帐中，远远看见汲黯前来奏事，当时恰好没戴帽，就连忙躲到帐内，让身旁的侍者代为批准同意他的奏章。汲黯受皇上尊敬礼遇到了这种程度。

当时张汤刚任廷尉之职，负责更改制定刑律法令，汲黯就多次在皇上面前斥责张汤，说道："你身为正卿，却对上不能弘扬光大先帝的功业，对下不能遏止小人的邪念。作为盛世的标志，一是国安民富，二是监狱里空无罪犯，这两方面你都没有做到。相反，明知不对，却竭力做错的事，使律令非常烦琐，以此来成就自己的事业，更甚者，你怎么能把高祖皇帝定下的规章制度胡乱更改呢？这样做日后肯定会断子绝孙的。"汲黯时常和张汤辩论，张汤熟悉典章条文，说起来引经据典，苛求细节。而汲黯则出言刚直严肃，志气昂奋，不肯屈服，他曾怒不可遏地骂张汤说："世人都说绝不能让刀笔吏担任公卿之位，看来此话一点不假。如果事事都要依张汤的办法去做，那么天下人必将畏手畏脚，恐惧得不敢迈步，眼睛也不敢正视了！"

当时，汉朝正在对匈奴大肆用兵，招抚各边地的少数民族部落。汲黯希望国家事情越少越好，常趁着向皇上进言的机会建议与胡人和亲，不要发兵打仗。皇上当时正热衷于儒家的学说，重用公孙弘，没把他的话放在心上。后来各种事

文法，汤等数奏决谳以幸。而黯常毁儒，面触弘等徒怀诈饰智以阿人主取容，而刀笔吏专深文巧诋，陷人于罪，使不得反其真，以胜为功。上愈益贵弘、汤，弘、汤深心疾黯，唯天子亦不说也，欲诛之以事。弘为丞相，乃言上曰："右内史界部中多贵人宗室，难治，非素重臣不能任，请徙黯为右内史。"为右内史数岁，官事不废。

大将军青既益尊，姊为皇后，然黯与亢礼。人或说黯曰："自天子欲群臣下大将军，大将军尊重益贵，君不可以不拜。"黯曰："夫以大将军有揖客，反不重邪？"大将军闻，愈贤黯，数请问国家朝廷所疑，遇黯过于平生。

淮南王谋反，惮黯，曰："好直谏，守节死义，难惑以非。至如说丞相弘，如发蒙振落耳。"

天子既数征匈奴有功，黯之言益不用。

始黯列为九卿，而公孙弘、张汤为小吏。及弘、汤稍益贵，与黯同位，黯又非毁弘、汤等。已而弘至丞相，封为侯；汤至御史大夫；故黯时丞相史皆与黯同列，或尊用过之。黯褊心，不能无少望，见上，前言曰："陛下用群臣如积薪耳，后来者居上。"上默然。有间黯罢，上曰："人果不可以无学，观黯之言也日益甚。"

居无何，匈奴浑邪王率众来降，汉发车二万乘。县官无钱，从民贳马。民或匿马，马不具。上怒，欲斩长安令。黯曰："长安令无罪，独斩黯，民乃肯出马。且匈奴畔其主而降汉，汉徐以县次传之，何至令天下骚动，罢弊中国而以事夷狄之人乎！"上默然。及浑邪

情纷起，下层官吏和不法之民都钻法令的空子。为了整治这种混乱局面，皇上就增订法律，严明法纪，张汤等人也便不断进奏所审判的要案，以此博取皇上的宠信。与此相反，汲黯常常诋毁儒学，当面抨击公孙弘之流奸诈虚伪，专门以狡猾手段博取皇上的欢心；同时斥责那班刀笔吏专门苛究深抠法律条文，巧言诋毁他人陷害他人有罪，使得整个社会都失去本性，都想着打倒别人来邀功。可是皇上越发地重用公孙弘和张汤，公孙弘、张汤对汲黯十分憎恶，就连皇上也不喜欢他，总想找机会杀了他。公孙弘做了丞相，向皇上建议说："右内史辖区内都是达官贵人和皇室宗亲居住，所以很难管理，非是素来有声望的大臣不能当此重任，请您派汲黯为右内史。"不料汲黯任右内史几年，政事处理得井井有条，从未荒废过。

当时大将军卫青的地位越来越显贵了，他的姐姐卫子夫还做了皇后，但是汲黯见了他仍行平等之礼。有人劝汲黯说："天子想让群臣尊重大将军，大将军如今受到皇帝的器重，地位日益显贵，你不能不行跪拜之礼啊。"汲黯回答道："难道因为大将军有个拱手行礼的客人，就降低他的身份了吗？"大将军卫青听说后，越发认为汲黯贤良，多次就朝中的难事向他请教，待他礼遇胜过一般人。

当时淮南王刘安阴谋反叛，他就怕汲黯，说道："汲黯喜欢直言进谏，坚守气节，愿意为正义捐躯，很难诱惑得了他。至于游说丞相公孙弘，就像揭开一层盖布或者摇落几片树叶那么容易。"

天子当时多次征讨匈奴都大获而归，对汲黯主张与胡人和亲而不要讨伐的话，就更加听不进去了。

当年汲黯享受九卿待遇时，公孙弘、张汤只不过是一般的小吏。后来公孙弘、张汤日渐显贵，和汲黯同一个等级，汲黯就常常批评诋毁他们。不久，公孙弘升为丞相，封为平津侯；张汤升至御史大夫；昔日汲黯属下的郡丞、书史也都和他同级别了，有的甚至地位还超过了他。汲黯心量窄性子躁，不可能没有一点儿怨言，朝见皇上时，上前说道："陛下任命群臣就像堆柴垛一样，越是后来的越堆在上面。"皇上沉默不说话。一会儿汲黯退出了，皇上说："一个人确实不可以没有学识修养，看看汲黯这番话，简直越来越过分了。"

时隔不久，匈奴浑邪王率部众投降汉朝，朝廷征调两万辆车前去接运。国家没有这么多马，也没有钱买，便向百姓借马。有的人就把马藏起来，因此拉两万辆车的马始终无法凑齐。皇上大怒，要诛杀长安县令。汲黯说："长安县令没有罪，您只杀了我，百姓就会献出马匹了。况且匈奴人背叛他们的君主来投降我们汉朝，朝廷可以让沿途各县提供车马，把他们慢慢地接运过来就可以了，何至于惊动全国，耗费我国人民的资财去侍奉那些匈奴的降兵呢？"皇上听了无言以

至，贾人与市者，坐当死者五百余人。黯请间，见高门，曰："夫匈奴攻当路塞，绝和亲，中国兴兵诛之，死伤者不可胜计，而费以巨万百数。臣愚以为陛下得胡人，皆以为奴婢以赐从军死事者家；所卤获，因予之，以谢天下之苦，塞百姓之心。今纵不能，浑邪率数万之众来降，虚府库赏赐，发良民侍养，譬若奉骄子。愚民安知市买长安中物而文吏绳以为阑出财物于边关乎？陛下纵不能得匈奴之资以谢天下，又以微文杀无知者五百余人，是所谓'庇其叶而伤其枝'者也，臣窃为陛下不取也。"上默然，不许，曰："吾久不闻汲黯之言，今又复妄发矣。"后数月，黯坐小法，会赦免官。于是黯隐于田园。

居数年，会更五铢钱，民多盗铸钱，楚地尤甚。上以为淮阳，楚地之郊，乃召拜黯为淮阳太守。黯伏谢不受印，诏数强予，然后奉诏。诏召见黯，黯为上泣曰："臣自以为填沟壑，不复见陛下，不意陛下复收用之。臣常有狗马病，力不能任郡事，臣愿为中郎，出入禁闼，补过拾遗，臣之愿也。"上曰："君薄淮阳邪？吾今召君矣。顾淮阳吏民不相得，吾徒得君之重，卧而治之。"黯既辞行，过大行李息，曰："黯弃居郡，不得与朝廷议也。然御史大夫张汤智足以拒谏，诈足以饰非，务巧佞之语，辩数之辞，非肯正为天下言，专阿主意。主意所不欲，因而毁之；主意所欲，因而誉之。好兴事，舞文法，内怀诈以御主心，外挟贼吏以为威重。公列九卿，不早言之，公与之俱受其僇矣。"息畏汤，终不敢言。黯居郡如故治，淮阳政清。后张汤果败，上闻黯与息言，抵息罪。令黯以诸侯相秩居淮阳。七岁而卒。

卒后，上以黯故，官其弟汲仁至九卿，子汲偃至诸侯相。黯姑姊

对。浑邪王率部到来后，商人因与匈奴人做交易，被判处死罪的有五百多人。汲黯求见，在未央宫的高门殿见到了皇上，说道："匈奴攻打我们的关塞，破坏和亲的条约，我朝被迫发兵征讨。为此死伤的人数不胜数，而且耗费的资财数以亿计。我愚蠢地以为陛下抓获了匈奴人，会把他们都赏给死在前线的将士之家做奴婢，并将掳获的财物也送给他们，以此补偿一点天下人付出的辛劳，安慰百姓的心。即使这一点现在做不到，浑邪王率领几万部众前来归降，也不该把府库里所有的财物都赏赐他们，征调善良的百姓去伺候他们，把他们视若宠儿一般。今天有些无知的百姓只是与匈奴人做了点买卖，哪里知道却被死抠法律条文的执法官视为将财物非法走私出关而判罪呢？陛下纵然不能把俘获匈奴的财物分给天下人，还要用苛严的法令杀害五百多无知的老百姓，这就是所谓的'砍掉树枝而来保护树叶'吗？我私下认为这种做法是不可取的。"皇上沉默不言，不予赞同，后来说："我很久没听到汲黯说话了，今日又听他胡乱说了一通。"几个月以后，汲黯因犯了小罪被判刑，适逢皇上大赦，仅被免官。于是汲黯就归隐田园了。

过了几年，赶上国家更换货币，改铸五铢钱，当时老百姓很多人私铸钱币，楚地尤其严重。皇上认为淮阳郡是通往楚地的交通要道，就召任汲黯为淮阳郡太守。汲黯拜伏在地上推辞不肯接受，皇上屡下诏令强迫他接受，于是只好领命。皇上召见汲黯，汲黯哭着对皇上说："我原以为到死也见不到陛下了，想不到陛下又起用了我。但是我多年来一直有病，难以胜任太守之职。我希望当个中郎，出入在您的周围，随时做些拾遗补缺的事，这是我的愿望。"皇上说："你嫌淮阳太守这个职位低吗？很快我就会召你回来。只因现在淮阳地方官民矛盾突出，只好借你的威望去治理，你去了即使躺在家中形势也会变好的。"汲黯向皇上辞行后，又去探望大行令李息，他说："我被打发到外郡，不能参与朝廷的议政了。可是你要注意，御史大夫张汤的智谋足以驳回他人的批评，奸诈足以遮掩自己的过失。他专用巧言谄媚之语，能说会道，但从来不肯替天下人说一句公道的话，而一心迎合皇上的心思。皇上不喜欢的，他就顺其心意加以诋毁；皇上喜欢的，他就跟着赞叹。他总爱生事，搬弄法令条文，内心奸诈以逢迎皇上的旨意，外面又有一群恶吏助长他的威势。您位居九卿，若不及早向皇上进言，将来您和他都会被诛杀的。"李息畏惧张汤，始终不敢向皇上进谏。汲黯到淮阳治理郡务一如往昔作风，不久淮阳郡政治就清明起来。后来，张汤果然身败名裂。皇上听说汲黯当初曾对李息说过那番话，就判李息有罪，并让汲黯以诸侯国相的品级继续掌管淮阳郡。七年后汲黯逝世。

汲黯死后，皇上为了褒扬他，让他的弟弟汲仁官至九卿，其儿子汲偃官至诸

子司马安亦少与黯为太子洗马。安文深巧善宦，官四至九卿，以河南太守卒。昆弟以安故，同时至二千石者十人。濮阳段宏始事盖侯信，信任宏，宏亦再至九卿。然卫人仕者皆严惮汲黯，出其下。

郑当时者，字庄，陈人也。其先郑君尝为项籍将；籍死，已而属汉。高祖令诸故项籍臣名籍，郑君独不奉诏。诏尽拜名籍者为大夫，而逐郑君。郑君死孝文时。

郑庄以任侠自喜，脱张羽于厄，声闻梁、楚之间。孝景时，为太子舍人。每五日洗沐，常置驿马安诸郊，存诸故人，请谢宾客，夜以继日，至其明旦，常恐不遍。庄好黄老之言，其慕长者如恐不见。年少官薄，然其游知交皆其大父行，天下有名之士也。武帝立，庄稍迁为鲁中尉、济南太守、江都相，至九卿为右内史。以武安侯魏其时议，贬秩为詹事，迁为大农令。

庄为太史，诫门下："客至，无贵贱无留门者。"执宾主之礼，以其贵下人。庄廉，又不治其产业，仰奉赐以给诸公。然其馈遗人，不过算器食。每朝，候上之间，说未尝不言天下之长者。其推毂士及官属丞史，诚有味其言之也，常引以为贤于己。未尝名吏，与官属言，若恐伤之。闻人之善言，进之上，唯恐后。山东士诸公以此翕然称郑庄。

郑庄使视决河，自请治行五日。上曰："吾闻'郑庄行，千里不赍粮'，请治行者何也？"然郑庄在朝，常趋和承意，不敢甚引当否。及晚节，汉征匈奴，招四夷，天下费多，财用益匮。庄任人宾客为大农僦人，多逋负。司马安为淮阳太守，发其事，庄以此陷罪，赎为庶人。顷之，守长史。上以为老，以庄为汝南太守。数

侯国相。汲黯姑母的儿子司马安年轻时与汲黯同为太子洗马，但他为人酷苛，擅长玩弄法律条文，巧于为官，曾四次做到九卿，在河南郡太守任上去世。司马安的兄弟们由于他的推荐，官至二千石职位的有十人。濮阳人段宏起初侍奉盖侯王信，由于王信的保举，段宏也两次官至九卿。但总的说来，卫国地区做官的人还是敬畏汲黯，甘居其下。

郑当时，字庄，陈县人。他的祖先郑君曾是项羽手下的将领；项羽死后，不久就归顺了汉朝。高祖刘邦下令项羽所有的旧部下在提到项羽时都要直呼其名，唯独郑君不服从这个诏令。高祖下旨把那些肯直呼项羽名讳的人都拜为大夫，而把郑君赶走了。郑君死于孝文帝时。

郑庄喜欢仗义行侠，曾解救梁孝王的将领张羽的危难，声名传遍梁、楚一带。孝景帝时，担任太子舍人。每逢五天一次的休假日，他总是在长安郊外置备马匹，骑着马去看望各位老友，或者是邀请宾朋作客，通宵达旦地忙碌，还总是担心有所疏漏。郑庄喜好黄老的学说，仰慕敬重长者，唯恐错过机会见不到。虽然他年纪轻官职卑微，但所交游的都是祖父一辈的天下名士。武帝即位后，郑庄逐渐升迁，先后做过鲁国中尉、济南太守、江都国相，后来升到九卿中的右内史。由于在武安侯田蚡和魏其侯窦婴的纷争中处置不当，被贬为詹事，后来又调任大农令。

郑庄做右内史时，经常告诫属下官吏说："有来访者，不论尊贵或低贱都要马上通报，一律不得让客人在门口久候。"因此无论多么低微的客人拜访，他都恭敬以礼相待，很能礼贤下士。郑庄为人廉洁，又不添置私产，他的官俸和赏赐都用来供给各位年长的友人。由于家境不富裕，他所馈送的礼物，都是些用竹器盛的食物。每逢上朝，遇到有向皇上进言的机会，他必称赞天下德高望重的长者。他推举士人和下属官吏的时候，津津乐道，饶有兴味，时常称赞他们比自己贤能。他从不直呼官吏的名字，与属下谈话时，也小心翼翼，生怕伤害到对方。听到别人有好的建议，便马上报告皇上，唯恐延迟耽误了事情。因此，崤山以东的广大地区，士人和长者都众口一词称赞他的美德。

郑庄被派遣视察黄河决口，他请了五天假准备行李。皇上说："我听说'郑庄远行，走千里也不带粮'，为什么还要请求准备行装的时间？"郑庄在外人缘虽好，但在朝中常常顺从迎合皇上的心意，不敢明确表示自己的是非态度。到他晚年的时候，汉朝讨伐匈奴，招抚各地少数民族，耗费财物很多，使得国家财力物力更加匮乏。郑庄推荐的人及其宾客，替大农令雇车运输，拖欠了很多钱财。淮阳郡太守司马安告发此事，郑庄因此招了罪，花钱赎罪后被贬为平民。不久，又在丞相府暂代长史之职。后来皇上认为他年事已高，就任命他做汝南郡太守。

岁，以官卒。

郑庄、汲黯始列为九卿，廉，内行修絜。此两人中废，家贫，宾客益落。及居郡，卒后家无余赀财。庄兄弟子孙以庄故，至二千石六七人焉。

太史公曰：夫以汲、郑之贤，有势则宾客十倍，无势则否，况众人乎！下邽翟公有言，始翟公为廷尉，宾客阗门；及废，门外可设雀罗。翟公复为廷尉，宾客欲往，翟公乃大署其门曰："一死一生，乃知交情。一贫一富，乃知交态。一贵一贱，交情乃见。"汲、郑亦云，悲夫！

几年后，在任时去世。

郑庄、汲黯都曾位列九卿，为官清廉，注重自身的品行修养。这两人中途都曾被罢官，家境清贫，因而宾客也都渐渐走了。待到做郡守时，死后家中没有留下多余的财物。但是郑庄的兄弟子孙因他的推荐，有六七人做到了二千石的官。

太史公说：像汲黯、郑当时这样贤德有才的人，有权势的时候宾客盈门，无权势时宾客四散，他们尚且如此，更何况一般人呢？下邽县翟公曾说过，起初他做廷尉时，家中宾客挤破了门；待到一丢官，门外便冷清得可以张罗捕雀。他复职后，有些宾客们又想回来，翟公就在大门上写道："一死一生，乃知交情。一贫一富，乃知交态。一贵一贱，交情乃见。"汲黯、郑庄也是如此，这个世道真是可悲啊！

儒林列传第六十一

太史公曰：余读功令，至于广厉学官之路，未尝不废书而叹也。曰：嗟乎！夫周室衰而《关雎》作，幽厉微而礼乐坏，诸侯恣行，政由强国。故孔子闵王路废而邪道兴，于是论次《诗》《书》，修起礼乐。适齐闻《韶》，三月不知肉味。自卫返鲁，然后乐正，《雅》《颂》各得其所。世以混浊莫能用，是以仲尼干七十余君无所遇，曰"苟有用我者，期月而已矣"。西狩获麟，曰"吾道穷矣"。故因史记作《春秋》，以当王法，其辞微而指博，后世学者多录焉。

自孔子卒后，七十子之徒散游诸侯，大者为师傅卿相，小者友教士大夫，或隐而不见。故子路居卫，子张居陈，澹台子羽居楚，子夏居西河，子贡终于齐。如田子方、段干木、吴起、禽滑釐之属，皆受业于子夏之伦，为王者师。是时独魏文侯好学。后陵迟以至于始皇，天下并争于战国，儒术既绌焉，然齐鲁之间，学者独不废也。于威、宣之际，孟子、荀卿之列，咸遵夫子之业而润色之，以学显于当世。

及至秦之季世，焚《诗》《书》，坑术士，六艺从此缺焉。陈涉之王也，而鲁诸儒持孔氏之礼器往归陈王。于是孔甲为陈涉博士，卒与涉俱死。陈涉起匹夫，驱瓦合适戍，旬月以王楚，不满半岁竟灭亡，其事至微浅，然而缙绅先生之徒负孔子礼器往委质为臣者，何也？以秦焚其业，积怨而发愤于陈王也。

太史公说：我阅读朝廷考选学官的法规，读到勉励学官广开兴办教育之路时，总是禁不住放下书本而慨叹，说道：唉，周王室衰弱了，讽刺时政的《关雎》诗就出现了；周厉王、周幽王的统治衰败了，礼崩乐坏，诸侯便横行恣意，政令全由势力强大的诸侯发布。所以孔子担忧王道废弛邪道兴起，于是编定《诗经》《尚书》，整理音乐礼仪。他到齐国听到了美妙的《韶》乐，便沉迷不已，三个月品尝不出肉的滋味。他从卫国返回鲁国之后，开始校正音乐，使《雅》《颂》乐歌各归其位、有条不紊。由于世道污浊混乱，无人任用他，因此孔子周游列国向七十几位国君求官却都得不到知遇。他感慨地说："要是有人肯用我，只需一年就可以治理好国政了。"鲁国的西郊有人猎获了麒麟，孔子闻知后哀叹"我的理想不能实现了"，于是他借助鲁国已有的历史记录撰写了《春秋》，用它来表现天子的王法，其文辞精约深隐而寓意丰富博大，后代学者很多人都学习它、传录它。

自孔子去世后，他的七十余名得意学生纷纷四散去交游诸侯，成就大的都当了诸侯国君的老师和卿相，成就小的就结交、教导士大夫，也有隐居不仕的。所以子路在卫国做官，子张在陈国做官，澹台子羽居住在楚国，子夏在西河教授，子贡终老于齐。像田子方、段干木、吴起、禽滑釐这些人，都曾受业于子夏之辈，然后做了诸侯国君的老师。那时只有魏文侯最虚心求教于儒学，后来儒学逐渐衰颓直到在秦始皇手中遭受灭顶之灾。战国时期天下群雄并争，儒学已经受到排斥，但是在齐国和鲁国一带，学习研究它的人不曾废弃。在齐威王、齐宣王当政时期，孟子、荀子等人，都继承了孔子的事业并发扬光大，凭自己的学说显名于当世。

到了秦朝末年，秦始皇焚烧《诗经》《尚书》，坑杀儒生，儒家典籍六艺就此残缺。陈涉起事反秦，自立为王，鲁地的儒生们携带孔子家传的礼器去投奔他。于是孔甲做了陈涉的博士，最终和他同归于尽。陈涉起步于普通百姓，驱使一群戍边的乌合之众，不到一个月就在楚地称了王，而在半年内竟又复归灭亡。他的事业十分微小浅薄，体面的士大夫们却背负着孔子的礼器去追随归顺向他称臣，为什么呢？因为秦王朝焚毁了他们的书籍学业，积下了怨仇，这迫使他们投奔陈涉来发泄满腔的愤懑。

及高皇帝诛项籍，举兵围鲁，鲁中诸儒尚讲诵习礼乐，弦歌之音不绝，岂非圣人之遗化，好礼乐之国哉？故孔子在陈，曰"归与归与！吾党之小子狂简，斐然成章，不知所以裁之"。夫齐鲁之间于文学，自古以来，其天性也。故汉兴，然后诸儒始得修其经艺，讲习大射乡饮之礼。叔孙通作汉礼仪，因为太常，诸生弟子共定者，咸为选首，于是喟然叹兴于学。然尚有干戈，平定四海，亦未暇遑庠序之事也。孝惠、吕后时，公卿皆武力有功之臣。孝文时颇徵用，然孝文帝本好刑名之言。及至孝景，不任儒者，而窦太后又好黄老之术，故诸博士具官待问，未有进者。

及今上即位，赵绾、王臧之属明儒学，而上亦乡之，于是招方正贤良文学之士。自是之后，言《诗》于鲁则申培公，于齐则辕固生，于燕则韩太傅。言《尚书》自济南伏生。言礼自鲁高堂生。言《易》自菑川田生。言《春秋》于齐鲁自胡毋生，于赵自董仲舒。及窦太后崩，武安侯田蚡为丞相，绌黄老、刑名百家之言，延文学儒者数百人，而公孙弘以《春秋》白衣为天子三公，封以平津侯。天下之学士靡然乡风矣。

公孙弘为学官，悼道之郁滞，乃请曰："丞相御史言：制曰'盖闻导民以礼，风之以乐。婚姻者，居屋之大伦也。今礼废乐崩，朕甚愍焉。故详延天下方正博闻之士，咸登诸朝。其令礼官劝学，讲议洽闻兴礼，以为天下先。太常议，与博士弟子，崇乡里之化，以广贤材焉'。谨与太常臧、博士平等议曰：闻三代之道，乡里有教，夏曰校，殷曰序，周曰庠。其劝善也，显之朝廷；其惩恶也，加之刑罚。故教化之行也，建首善自京师始，由内及外。今陛下昭至德，开大明，配天地，本人伦，劝学修礼，崇化厉贤，以风四方，太平之原也。古者政教未洽，不备其礼，请因旧官而兴焉。为博士官置弟子

直到高祖皇帝杀死项籍,率兵包围了鲁国,那时鲁国中的儒生们仍在讲诵经书、演习礼乐,弦歌之声不绝于耳,这难道不是古代圣人遗留的风范,难道不是一个深爱礼乐的国家吗?所以孔子到陈国出游后,说:"回去吧!回去吧,我们乡里的年轻人志向高远,文采熠熠如锦绣,我不知如何教导他们才好。"齐鲁一带爱好重视文化仪典,自古以来就是如此,这已成为自然风尚。建立汉朝后,儒生们开始获得重新研究经学的机会,又讲授演习起了乡饮和大射的礼仪。叔孙通制定汉廷礼仪后,做了太常官,和他一同制定礼仪的儒生弟子们,也都被选为朝官,人们于是喟然感叹,对儒学产生了兴趣。但是,当时天下尚未止息战乱,皇上忙于平定四海,还无暇顾及兴办学校之事。孝惠帝、吕后当政时,公卿大臣都是战功卓著武艺高强的人。孝文帝时略微起用儒生为官,但孝文帝原本只爱刑名学说。等到孝景帝当政,不用儒生,且窦太后又喜好道家思想,因此列位博士官职也只是备员待诏,徒有其名,儒生无人晋升受到重用。

直到当今皇上即位,王臧、赵绾等人深明儒学,而皇上也心向往之,于是朝廷下令举荐品德贤良方正而且通晓经学的文士学者。从此以后,讲《诗经》的在鲁地有申培公,在齐地有辕固生,在燕地则有韩太傅;讲《尚书》的在济南有伏生;讲《礼记》的在鲁地有高堂生;讲《易经》的在菑川有田生;讲《春秋》的在齐鲁两地有胡毋生,在赵地有董仲舒。直到窦太后去世,武安侯田蚡做了丞相,他将道家、刑名家等百家学说废弃,延请治经学的儒生数百人入朝为官,而公孙弘步步高升竟是因为精通《春秋》,从一介平民荣居天子左右的三公尊位,被封为平津侯。从此以后,天下学子莫不心驰神往,对儒学潜心钻研了。

公孙弘曾拜为博士,他担心儒学被阻滞得不到传扬,当了丞相后就上奏请求说:"丞相御史启禀皇上:陛下曾下令说'听说为政者应该用礼仪教化百姓,用音乐感化他们。婚姻之事,乃是夫妇间最重要的伦理关系。如今礼乐被废弃破坏了,我深感忧虑。所以大力延请天下品德方正、学识广博的人都来入朝做官。我下令礼官学习要勤奋,讲论儒术,要学识渊博,复兴礼乐,以此来作为天下人的表率。又命太常商议,给博士配置弟子员生,使民间都崇尚教化,来开拓培养贤才的道路'。根据陛下旨意。臣与太常孔臧、博士平等认真商议决定:听说夏、商、周三代的治国之道,教育的场所是乡里之间都有,夏代称校、殷代称序、周代称庠。他们勉励为善者,让其在朝中显达扬名;惩治作恶者,就施以刑罚。所以教化的实施,树立榜样要首先从京城开始,再从京城推广到地方。如今陛下已经明示无上的恩德,放射出日月一样的光辉,它符合天地之大道,是以整饬人伦为根本,鼓励术学,讲究礼仪,崇尚教化,奖励贤良,以此让海内四方从风向善,这正是实现太平之治的本原啊!古代的政治教化不和协,礼仪未完备,现在

五十人，复其身。太常择民年十八已上，仪状端正者，补博士弟子。郡国县道邑有好文学，敬长上，肃政教，顺乡里，出入不悖所闻者，令相长丞上属所二千石，二千石谨察可者，当与计偕，诣太常，得受业如弟子。一岁皆辄试，能通一艺以上，补文学掌故缺；其高弟可以为郎中者，太常籍奏。即有秀才异等，辄以名闻。其不事学若下材及不能通一艺，辄罢之，而请诸不称者罚。臣谨案诏书律令下者，明天人分际，通古今之义，文章尔雅，训辞深厚，恩施甚美。小吏浅闻，不能究宣，无以明布谕下。治礼次治掌故，以文学礼义为官，迁留滞。请选择其秩比二百石以上，及吏百石通一艺以上，补左右内史、大行卒史；比百石已下，补郡太守卒史：皆各二人，边郡一人。先用诵多者，若不足，乃择掌故补中二千石属，文学掌故补郡属，备员。请著功令。佗如律令。"制曰："可。"自此以来，则公卿大夫士吏斌斌多文学之士矣。

申公者，鲁人也。高祖过鲁，申公以弟子从师入见高祖于鲁南宫。吕太后时，申公游学长安，与刘郢同师。已而郢为楚王，令申公傅其太子戊。戊不好学，疾申公。及王郢卒，戊立为楚王，胥靡申公。申公耻之，归鲁，退居家教，终身不出门，复谢绝宾客，独王命召之乃往。弟子自远方至受业者百余人。申公独以《诗经》为训以教，无传，疑者则阙不传。

兰陵王臧既受《诗》，以事孝景帝为太子少傅，免去。今上初即位，臧乃上书宿卫上，累迁，一岁中为郎中令。及代赵绾亦尝受《诗》申公，绾为御史大夫。绾、臧请天子，欲立明堂以朝诸侯，不能就其事，乃言师申公。于是天子使使束帛加璧安车驷马迎申公，弟

请求借助原有的官职来兴盛它。请为博士官配置弟子五十人，免除他们的赋税和徭役。让太常从百姓中挑选十八岁以上仪表端正的人，补充博士弟子。郡国、县、道、邑中有爱好经学，尊敬长上，严守政教，友爱乡邻，出入言行皆不违背所学教诲的人，县令、侯国相、县长、县丞要向上级郡守以及诸侯王国相举荐，经其认真察看合格者，应与上计吏同赴京师太常处，接受和博士弟子一样的教育。他们学满一年都要考试，能够精通一种经书以上的人，即可补充文学掌故的缺官；其中成绩好名次高的可以任用为郎中，由太常造册上奏。若是特别优异出众的，可直接将其姓名向上呈报。那些不努力学习才能低下者，和不能通晓一种经学的人，就要罢斥，并惩罚举荐不称职者的官吏。臣认真领会陛下下达的诏书和律令，它们阐明了天道和人道关系，贯通了自古及今的治国义理，文章雅正、教诲之辞含义深刻丰富，它的无量恩德将深深造福于社稷百姓。但是小官吏们见识浅陋，不能完全地讲解诏书律令，无法明白地将陛下的旨意传布晓喻天下。而治礼、掌故之职，是由学礼仪懂经义的人担当的，他们的升迁很缓慢，造成了人才积压。因此请求挑选其中官秩类似二百石以上的人，和百石以上能通晓一种经学的小吏，升补左右内史、大行卒史；挑选类似百石以下的人补郡太守卒史：各郡定员二人，边郡定员一人。优先选用熟知经书能大量讲诵的人，若不够人数，就选用掌故补中二千石的属吏，选用文学掌故补郡国的属吏，将人员备齐。请把这些都一一记入考选学官的法规。其他仍依照律令。"皇上批示说："准奏。"自此以后，公卿大夫和一般士吏中就有很多文质彬彬的经学儒生了。

申公，鲁国人。高祖经过鲁国的时候，申公以弟子身份跟着老师去鲁国南宫拜见他。吕太后时，申公到长安交游求学，和刘郢一同在老师浮丘伯门下受业。学成后刘郢封为楚王，便让申公当他的太子刘戊的老师。刘戊不喜欢学习，很憎恨申公，等到楚王刘郢去世，刘戊立为楚王，就将申公禁锢起来。申公感到耻辱，就回到鲁国，隐退在家中教书，终身不出家门，又谢绝一切宾客，只有鲁恭王刘余招请他才前往。从远方慕名而来向他求学的弟子有百余人。申公教授《诗经》，且只讲解词义，而不阐发经义的著述，凡有疑惑的地方，便空缺着保存起来，不强作传授。

兰陵人王臧向申公学《诗经》之后，以之侍奉孝景皇帝，当了太子少傅，后免官离朝。当今皇上刚即位，王臧就上书请求入宫为皇上警卫宿值。他不断得到升迁，一年中做到郎中令。而代国人赵绾也曾向申公学习《诗经》，他做了御史大夫。赵绾、王臧请示皇上，想建造明堂用来召集诸侯举行朝会。他们没能说服皇上同意此事，就举荐老师申公。于是皇上派遣使臣携带贵重的礼物束帛和玉璧，驾着驷马安车去迎请申公，赵绾、王臧二位弟子则乘坐着普通的驿车随行。

子二人乘轺传从。至，见天子。天子问治乱之事，申公时已八十余，老，对曰："为治者不在多言，顾力行何如耳。"是时天子方好文词，见申公对，默然。然已招致，则以为太中大夫，舍鲁邸，议明堂事。太皇窦太后好老子言，不说儒术，得赵绾、王臧之过以让上，上因废明堂事，尽下赵绾、王臧吏，后皆自杀。申公亦疾免以归，数年卒。

弟子为博士者十余人：孔安国至临淮太守，周霸至胶西内史，夏宽至城阳内史，砀鲁赐至东海太守，兰陵缪生至长沙内史，徐偃为胶西中尉，邹人阙门庆忌为胶东内史。其治官民皆有廉节，称其好学。学官弟子行虽不备，而至于大夫、郎中、掌故以百数。言《诗》虽殊，多本于申公。

清河王太傅辕固生者，齐人也。以治《诗》，孝景时为博士。与黄生争论景帝前。黄生曰："汤武非受命，乃弑也。"辕固生曰："不然。夫桀纣虐乱，天下之心皆归汤武，汤武与天下之心而诛桀纣，桀纣之民不为之使而归汤武，汤武不得已而立，非受命为何？"黄生曰："冠虽敝，必加于首；履虽新，必关于足。何者，上下之分也。今桀纣虽失道，然君上也；汤武虽圣，臣下也。夫主有失行，臣下不能正言匡过以尊天子，反因过而诛之，代立践南面，非弑而何也？"辕固生曰："必若所云，是高帝代秦即天子之位，非邪？"于是景帝曰："食肉不食马肝，不为不知味；言学者无言汤武受命，不为愚。"遂罢。是后学者莫敢明受命放杀者。

窦太后好《老子》书，召辕固生问《老子》书。固曰："此是家人言耳。"太后怒曰："安得司空城旦书乎？"乃使固入圈刺豕。景帝知太后怒而固直言无罪，乃假固利兵，下圈刺豕，正中其心，一刺，豕应手而倒。太后默然，无以复罪，罢之。居顷之，景帝以固为廉直，拜为清河王太傅。久之，病免。

申公到了后,拜见天子。天子向他询问社稷治乱之事,申公当时已年高八十多岁,人老了,回答说:"当政的人不要多说话,只看尽力把事做得如何罢了。"这时天子正喜好文词夸饰,见申公如此答对,默然不高兴。但是已经把申公招到朝中,就让他做了太中大夫,住在鲁邸,商议修建明堂的事宜。太皇窦太后喜好老子学说,不喜欢儒术,她找出赵绾、王臧的过失来责备皇上,皇上因此停止商议建造明堂的事,把赵绾、王臧都交给法官论罪,后二人皆自杀。申公也返回鲁国以病免官,数年后逝世。

在申公弟子中有十几人拜为博士:官至临淮太守的有孔安国,官至胶西内史的有周霸,官至城阳内史的有夏宽,官至东海太守的有砀鲁赐,官至长沙内史的有兰陵人缪生,官至胶西中尉的有徐偃,官至胶东内史的有邹人阙门庆忌。他们管理官吏和百姓的时候都廉洁有节操,人们称赞他们好学。其他的弟子学官,品行虽不完美,但是官至大夫、郎中和掌故的人也有百余名。他们讲解《诗经》虽然各有不同,但是大多都依循申公的见解。

辕固生是齐国人,是清河王刘承的太傅,因为研究《诗经》,孝景帝时拜为博士。他和黄生在景帝面前争论。黄生说:"汤王、武王并非秉承天命继位天子,而是弑君篡位。"辕固生反驳说:"不对。那夏桀、殷纣昏乱暴虐,天下人的心都归顺商汤、周武,商汤、周武顺应天下人的心愿而杀死桀、纣,桀、纣的百姓不肯为他们效命才心向汤、武,汤、武迫不得已才立为天子,这不是秉承天命那又是什么?"黄生说:"帽子虽然破旧,但是一定戴在头上;鞋虽然新,但是必定穿在脚下。为什么呢?这正是因为上下有别的道理。桀、纣虽然无道,但是身为君主自在上位;汤、武虽然圣明,却是身为臣子而居下位。君主有了过错,臣子不能直言劝谏来保持天子的尊严,反而却借其有过而诛杀君主,取代他自登南面称王之位,这不是弑君篡位又是什么?"辕固生答道:"如果硬要按你的说法来判断是非,那么高皇帝取代秦朝即天子之位,也不对吗?"于是景帝说:"吃肉不吃马肝,并不算不知肉的美味;谈学问的人不谈汤、武是否受天命继位,并不算愚笨。"于是争论停止。此后学者再无人胆敢争辩汤、武是受天命而立还是放逐桀纣篡夺君权的这个问题了。

窦太后很喜欢《老子》这本书,召辕固生来问他读此书的体会。辕固生说:"这不过是普通人的言论罢了。"窦太后恼羞成怒道:"它怎么能比得上管制犯人似的儒家诗书呢!"于是让辕固生入兽圈刺杀野猪。景帝知道太后发怒了而辕固生直言却并无罪过,就借给他锋利的兵器。他下到兽圈内去刺杀野猪,正中其心,一刺,野猪便倒地。太后无语,没理由再治他的罪,只得算了。没多久,景帝认为辕固生廉洁正直,拜他为清河王刘承的太傅。很久之后,他因病免官。

今上初即位，复以贤良征固。诸谀儒多疾毁固，曰"固老"，罢归之。时固已九十余矣。固之征也，薛人公孙弘亦征，侧目而视固。固曰："公孙子，务正学以言，无曲学以阿世！"自是之后，齐言《诗》皆本辕固生也。诸齐人以《诗》显贵，皆固之弟子也。

韩生者，燕人也。孝文帝时为博士，景帝时为常山王太傅。韩生推《诗》之意而为《内外传》数万言，其语颇与齐鲁间殊，然其归一也。淮南贲生受之。自是之后，而燕赵间言《诗》者由韩生。韩生孙商为今上博士。

伏生者，济南人也。故为秦博士。孝文帝时，欲求能治《尚书》者，天下无有，乃闻伏生能治，欲召之。是时伏生年九十余，老，不能行，于是乃诏太常使掌故朝错往受之。秦时焚书，伏生壁藏之。其后兵大起，流亡，汉定，伏生求其书，亡数十篇，独得二十九篇，即以教于齐鲁之间。学者由是颇能言《尚书》，诸山东大师无不涉《尚书》以教矣。

伏生教济南张生及欧阳生，欧阳生教千乘儿宽。儿宽既通《尚书》，以文学应郡举，诣博士受业，受业孔安国。儿宽贫无资用，常为弟子都养，及时时间行佣赁，以给衣食。行常带经，止息则诵习之。以试第次，补廷尉史。是时张汤方乡学，以为奏谳掾，以古法议决疑大狱，而爱幸宽。宽为人温良，有廉智，自持，而善著书、书奏，敏于文，口不能发明也。汤以为长者，数称誉之。及汤为御史大夫，以儿宽为掾，荐之天子。天子见问，说之。张汤死后六年，儿宽位至御史大夫。九年而以官卒。宽在三公位，以和良承意从容得久，然无有所匡谏；于官，官属易之，不为尽力。张生亦为博士。而伏生孙以治尚书征，不能明也。

自此之后，鲁周霸、孔安国，雒阳贾嘉，颇能言《尚书》事。孔氏有古文《尚书》，而安国以今文读之，因以起其家。逸《书》得十

当今皇上刚即位,又以品德贤良为由征召辕固生入朝。那些喜好阿谀逢迎的儒生们多有嫉妒诋毁辕固生之语,说"辕固生老了",于是他被遣归罢官。这时辕固生已经九十多岁了。他被征召时,同时被征召的有薛邑人公孙弘,却不敢正视辕固生。辕固生对他说:"公孙先生,务必以正直的学问论事,别用邪曲之说去迎合世俗。"自此之后,齐人讲《诗经》都依据辕固生的见解。一些齐人因研究《诗经》略有成绩而仕途显贵,他们皆为辕固生的弟子。

韩生,为燕郡人。孝文帝时当博士,景帝时任常山王刘舜的太傅。韩生推究《诗经》的旨意而撰述了《内传》《外传》达数万言,书中的用语和齐、鲁两地很是不同,但是宗旨是一致的。淮南贲生受业于他。自此之后,燕赵一带讲《诗经》的人都会因循韩生的见解。韩生的孙子韩商是当今皇上委任的博士。

伏生,为济南郡人。先前做过秦朝博士。孝文帝时,他想找到能研究《尚书》的人,遍寻天下不得,后听说伏生会讲授,就想召用他。当时伏生已九十余岁,人很老了,不能远行,于是文帝就下令太常派掌故晁错前往伏生处向他学习。秦朝焚烧儒书时,伏生把《尚书》藏在墙壁里。后来大起战乱,伏生出走流亡,汉朝平定天下后,他返回寻找所藏的《尚书》,已丢失了几十篇,只得到二十九篇,于是他便在齐鲁一带教授残存的《尚书》。自此学者们都很会讲解《尚书》,崤山以东诸位著名学者没有不涉猎《尚书》来教授学生的。

伏生教济南人欧阳生和张生,欧阳生教千乘儿宽。儿宽精通《尚书》之后,凭借经学方面的成绩参加郡中选举,前往博士官门下学习,师从于孔安国。儿宽家贫没有资财,时常当学生们的厨工,还经常偷偷外出打工挣钱,来供给自己的衣食之需。他外出时常常看经书,休息时就朗读体会它。依照考试成绩的名次,他补了廷尉史的缺官。当时张汤正爱好儒学,就让儿宽做自己的掾吏,负责案情呈报。儿宽根据经义古法论事判决疑难大案,因而张汤很宠用他。儿宽为人善良温和,有廉洁的操守和聪敏的智慧,能把握自己的言行,而且擅长著书、起草奏章,文思敏捷,但是口拙不会阐述。张汤认为他是忠厚之人,多次赞扬他。等到张汤当了御史大夫,就让儿宽当掾吏,向天子举荐他。天子召见询问儿宽后,很喜欢他。张汤死后六年,儿宽便官至御史大夫,在职九年去世。儿宽身居三公之位,由于性情谦和驯良,能顺从皇上之意,善于调解纠纷,而得以官运久长,但是他没有匡正劝谏过皇上的过失。居官期间,属下的官员轻视他,不为他尽力。张生也当了博士官。而伏生的孙子也因研究《尚书》被征召,但是他并不能阐明《尚书》的经义。

从此以后,鲁人周霸、孔安国,洛阳人贾嘉,都很会讲授《尚书》的内容。孔家有用先秦古文撰写的《尚书》,而孔安国用时下隶书字体把它们重新摹

余篇，盖《尚书》滋多于是矣。

诸学者多言《礼》，而鲁高堂生最本。礼固自孔子时而其经不具，及至秦焚书，书散亡益多，于今独有《士礼》，高堂生能言之。

而鲁徐生善为容。孝文帝时，徐生以容为礼官大夫。传子至孙延、徐襄。襄，其天姿善为容，不能通《礼经》；延颇能，未善也。襄以容为汉礼官大夫，至广陵内史。延及徐氏弟子公户满意、桓生、单次，皆尝为汉礼官大夫。而瑕丘萧奋以礼为淮阳太守。是后能言《礼》为容者，由徐氏焉。

自鲁商瞿受《易》孔子，孔子卒，商瞿传《易》，六世至齐人田何，字子庄，而汉兴。田何传东武人王同子仲，子仲传菑川人杨何。何以《易》，元光元年征，官至中大夫。齐人即墨成以《易》至城阳相。广川人孟但以《易》为太子门大夫。鲁人周霸，莒人衡胡，临菑人主父偃，皆以《易》至二千石。然要言《易》者本于杨何之家。

董仲舒，广川人也。以治《春秋》，孝景时为博士。下帷讲诵，弟子传以久次相受业，或莫见其面，盖三年董仲舒不观于舍园，其精如此。进退容止，非礼不行，学士皆师尊之。今上即位，为江都相。以《春秋》灾异之变推阴阳所以错行，故求雨闭诸阳，纵诸阴，其止雨反是。行之一国，未尝不得所欲。中废为中大夫，居舍，著《灾异之记》。是时辽东高庙灾，主父偃疾之，取其书奏之天子。天子召诸生示其书，有刺讥。董仲舒弟子吕步舒不知其师书，以为下愚。于是下董仲舒吏，当死，诏赦之。于是董仲舒竟不敢复言灾异。

董仲舒为人廉直。是时方外攘四夷，公孙弘治《春秋》不如董仲舒，而弘希世用事，位至公卿。董仲舒以弘为从谀。弘疾之，乃言上

写讲读，因此就兴起了他自己的学术流派。孔安国得到了《尚书》中失传的那十几篇，大约自此《尚书》的篇目就增多起来了。

许多学者都解说《礼经》，而鲁郡人高堂生的见解是最贴近本义的。《礼经》本来自孔子时起就不完整，到了秦始皇焚书后，此书散失的篇目更多，今日只有《士礼》尚存，高堂生能讲解它。

鲁国徐生善于演习礼仪。孝文帝时，徐生以此出任礼官大夫。他传习礼仪于儿子至孙子徐延、徐襄。徐襄，天性便擅长演习礼仪，但是不能通晓《礼经》；徐延很通晓《礼经》，却不善于演习礼节仪式。徐襄因为擅长演习礼节仪式当了汉王朝的礼官大夫，官至广陵内史。徐延及徐氏弟子公户满意、桓生、单次，都曾出任汉朝的礼官大夫。而瑕丘人萧奋以通晓《礼经》当了淮阳太守。此后能够讲解《礼经》并演习礼节仪式的人，都出自徐氏一家。

鲁国人商瞿从师孔子学习《易经》，孔子死后，商瞿便传授《易经》，历经六代而传至齐郡人田何。田何，字子庄，而后汉朝建立。田何传授于东武人王同，王同字子仲，子仲传于菑川人杨何。杨何因通晓《易经》，于元光元年被朝廷征召，官至中大夫。齐人即墨成因通晓《易经》官至城阳国相。广川人孟但因通晓《易经》当了太子门大夫。鲁人周霸。莒人衡胡，临淄人主父偃，都是因通晓《易经》官至二千石。但是对《易经》能讲授得精当的，是源自于杨何一家的学说。

董仲舒，为广川郡人。因研究《春秋》，孝景帝时曾拜为博士。他居家教书，上门求学的人很多，不能一一亲授，弟子之间便依学辈先后辗转相传，有的人甚至没见过他的面。董仲舒足不出户，三年间不曾到屋旁的园圃观赏，他治学心志专一到了如此程度。他出入时的仪容举止，无一不合乎礼仪的矩度，学生们都师法、敬重他。当今皇上即位后，他出任江都国相。他依据《春秋》记载的自然灾害和特异现象的变化来推求阴阳之道交替运行的原因，因而求雨时关闭种种阳气，放出种种阴气，止雨时则方法与之相反。这种做法在江都国实行，无不实现了预期的效果。后来他被贬为中大夫，居家写作了《灾异之记》。这时辽东高帝庙发生火灾，主父偃嫉妒他，就窃取了他的书上奏天子。天子召集众儒生把书拿给他们看，儒生们认为其中含有指责讥讽朝政之意。董仲舒的学生吕步舒不知道这是自己老师的著作，认为它愚蠢至极，于是把董仲舒交法官论罪，判处死刑，但是皇上降诏赦免了他。于是董仲舒自此不敢再讲论灾异之说。

董仲舒为人廉洁正直。这一时期朝廷正用兵向外排除四方边境内外少数民族的侵扰，公孙弘研究《春秋》成就不及董仲舒，但是他善于迎合世俗，因此能身居高位做了公卿大臣。董仲舒认为公孙弘为人阿谀逢迎。公孙弘憎恨他，就对

曰："独董仲舒可使相缪西王。"胶西王素闻董仲舒有行，亦善待之。董仲舒恐久获罪，疾免居家。至卒，终不治产业，以修学著书为事。故汉兴至于五世之间，唯董仲舒名为明于《春秋》，其传公羊氏也。

胡毋生，齐人也。孝景时为博士，以老归教授。齐之言春秋者多受胡毋生，公孙弘亦颇受焉。

瑕丘江生为《谷梁春秋》。自公孙弘得用，尝集比其义，卒用董仲舒。

仲舒弟子遂者：兰陵褚大，广川殷忠，温吕步舒。褚大至梁相。步舒至长史，持节使决淮南狱，于诸侯擅专断，不报，以春秋之义正之，天子皆以为是。弟子通者，至于命大夫；为郎、谒者、掌故者以百数。而董仲舒子及孙皆以学至大官。

皇上说："只有董仲舒可以担当胶西王的国相。"胶西王为人狠毒暴戾，但是一向听说董仲舒有美德，也很好地礼遇他。董仲舒害怕居官日久会惹祸上身，就称病辞官回家。直至逝世，他始终不曾置办私产，而一心以研究学问写作论著为本职。所以自汉朝开国以来历经五朝，期间只有董仲舒对《春秋》最为精通，名望甚高，他传授师承的是《春秋》公羊学。

胡毋生，是齐郡人。孝景帝时拜为博士，后因年老返归故里讲授《春秋》。齐地解说《春秋》的人很多受教于胡毋生，公孙弘也受过他的教诲。

瑕丘人江生研究《春秋》谷梁学。自从公孙弘受到重用，他曾收集比较了谷梁学和公羊学的经义，最后采用了董仲舒所传授的公羊氏的学说。

董仲舒的弟子中有成就的人是：兰陵人褚大，广川人殷忠，温人吕步舒。褚大官至梁王国相。吕步舒官至长史，手持符节出使去决断淮南王刘安谋反的罪案，对诸侯王能够自行裁决，而不加请示。他根据《春秋》经义公正断案，天子都认为很对。弟子中官运通达的，做到了大夫之职；做到郎、谒者、掌故的有百余人。而董仲舒的儿子和孙子也都因精通儒学做了高官。

酷吏列传第六十二

孔子曰："导之以政，齐之以刑，民免而无耻。导之以德，齐之以礼，有耻且格。"老氏称："上德不德，是以有德；下德不失德，是以无德。法令滋章，盗贼多有。"太史公曰：信哉是言也！法令者治之具，而非制治清浊之源也。昔天下之网尝密矣，然奸伪萌起，其极也，上下相遁，至于不振。当是之时，吏治若救火扬沸，非武健严酷，恶能胜其任而愉快乎！言道德者，溺其职矣。故曰"听讼，吾犹人也，必也使无讼乎"。"下士闻道大笑之"。非虚言也。汉兴，破觚而为圜，斫雕而为朴，网漏于吞舟之鱼，而吏治烝烝，不至于奸，黎民艾安。由是观之，在彼不在此。

高后时，酷吏独有侯封，刻轹宗室，侵辱功臣。吕氏已败，遂侯封之家。孝景时，晁错以刻深颇用术辅其资，而七国之乱，发怒于错，错卒以被戮。其后有郅都、宁成之属。

郅都者，杨人也。以郎事孝文帝。孝景时，都为中郎将，敢直谏，面折大臣于朝。尝从入上林，贾姬如厕，野彘卒入厕。上目都，都不行。上欲自持兵救贾姬，都伏上前曰："亡一姬复一姬进，天下所少宁贾姬等乎？陛下纵自轻，奈宗庙太后何！"上还，彘亦去。太后闻之，赐都金百斤，由此重郅都。

济南瞷氏宗人三百余家，豪猾，二千石莫能制，于是景帝乃拜都

孔子说："用政治法令来引导百姓，用刑罚来约束百姓，百姓可以免于犯罪，但没有羞耻之心。如果用道德来引导百姓，用礼仪来约束百姓，那么百姓就会有羞耻之心，并改正错误，走上正道。"老子说："具有高尚道德的人，并不表现在形式上的德，因此才有德；道德低下的人，执守着形式上的德，因此没有实际的德。""越是法令严酷，盗贼反而更多。"太史公说：这些话可信啊！政治的工具是法令，而不是治理政治清浊的根源。从前天下的法网是很密的，但是奸邪诈伪的事情却不断产生出来，情况发展到最严重的时候，百姓和官吏竟然相互欺骗，以致国家一蹶不振。在这个时候，官吏治理政事就像抱薪救火，扬汤止沸一样，如果不用强健有力的人和严酷的法令，怎么能适当地完成自己的使命呢？如果让倡言道德的人来干这些事，一定会失职的。所以孔子说："审理诉讼，我同别人一样；一定要有不同，那就是让人们不要再发生诉讼的事。"老子说："愚蠢浅漏的人听到道德之言，就会大笑起来。"这些话并不是虚妄之言。汉朝建立后，毁方为圆，去严刑而从简政，对秦朝法律作了较大变动，如同砍掉外部的雕饰，露出质朴自然的本质一样，法律由繁苛而至宽简，就像可以漏掉吞舟之鱼的鱼网，然而官吏的治绩纯厚美盛，不至于做出奸邪之事，百姓也都平安无事。由此可见，国家政治的美好，在于君王的宽厚，而不在法律的严酷。

高后时代，酷吏只有侯封，苛刻欺压皇族，侵犯侮辱有功之臣。诸吕彻底失败后，朝廷就杀了侯封的全家。孝景帝时代，晁错用刑苛刻严酷，多用法术来施展他的才能，因而吴、楚等七国叛乱，把愤怒发泄到晁错身上，晁错因此被杀。这以后有郅都和宁成之辈。

郅都是杨县人，以郎官的身份服侍孝文帝。景帝时代，郅都当了中郎将，敢于向朝廷直言进谏，在朝廷上当面使人折服。他曾经跟随天子到上林苑，贾姬到厕所去，野猪突然闯进厕所。皇上用眼神示意郅都，郅都不肯行动。皇上想亲自拿着武器去救贾姬，郅都跪在皇上面前说："失掉一个姬妾，还会有个姬妾进宫，天下难道会缺少贾姬这样的人吗？陛下纵然看轻自已，而祖庙和太后怎么办呢？"皇上转回身来，野猪也离开了。太后听说了这件事，赏赐郅都黄金百斤，从此重视郅都。

济南瞯姓的宗族共有三百多家，强横奸滑，济南太守不能治服他们，于是汉

为济南太守。至则族灭瞷氏首恶，余皆股栗。居岁余，郡中不拾遗。旁十余郡守畏都如大府。

都为人勇，有气力，公廉，不发私书，问遗无所受，请寄无所听。常自称曰："已倍亲而仕，身固当奉职死节官下，终不顾妻子矣。"

郅都迁为中尉。丞相条侯至贵倨也，而都揖丞相。是时民朴，畏罪自重，而都独先严酷，致行法不避贵戚，列侯宗室见都侧目而视，号曰"苍鹰"。

临江王征诣中尉府对簿，临江王欲得刀笔为书谢上，而都禁吏不予。魏其侯使人以间与临江王。临江王既为书谢上，因自杀。窦太后闻之，怒，以危法中都，都免归家。孝景帝乃使使持节拜都为雁门太守，而便道之官，得以便宜从事。匈奴素闻郅都节，居边，为引兵去，竟郅都死不近雁门。匈奴至为偶人象郅都，令骑驰射莫能中，见惮如此。匈奴患之。窦太后乃竟中都以汉法。景帝曰："都忠臣。"欲释之。窦太后曰："临江王独非忠臣邪？"于是遂斩郅都。

宁成者，穰人也。以郎谒者事景帝。好气，为人小吏，必陵其长吏；为人上，操下如束湿薪。滑贼任威。稍迁至济南都尉，而郅都为守。始前数都尉皆步入府，因吏谒守如县令，其畏郅都如此。及成往，直陵都出其上。都素闻其声，于是善遇，与结欢。久之，郅都死，后长安左右宗室多暴犯法，于是上召宁成为中尉。其治效郅都，其廉弗如，然宗室豪桀皆人人惴恐。

武帝即位，徙为内史。外戚多毁成之短，抵罪髡钳。是时九卿罪死即死，少被刑，而成极刑，自以为不复收，于是解脱，诈刻传出关归家。称曰："仕不至二千石，贾不至千万，安可比人乎！"乃贳贷

景帝就命郅都当济南太守。郅都来到济南郡所，就把瞷氏家族首恶分子的全家都杀了，其余瞷姓坏人都吓得大腿发抖。过了一年多，济南郡路不拾遗。周围十多个郡的郡守畏惧郅都就像畏惧上级官府一样。

郅都为人勇敢，有气力，公正廉洁，不翻开私人求情的信，送礼他不接受，私人的请托他不听。他常常告诫自己说："既然已经背离父母而来当官，我就应当在官位上奉公尽职，保持节操而死，终究不能顾念妻子儿女。"

郅都调升中尉之官，丞相周亚夫官最高而又傲慢，而郅都见到他只是作揖，并不跪拜。这时，百姓质朴，怕犯罪，都守法自重，郅都却首先施行严酷的刑法，以致执法不畏避权贵和皇亲，连列侯和皇族之人见到他，都要侧目而视，称呼他为"苍鹰"。

临江王被召到中尉府接受审问，临江王想要纸笔给皇上写信，表示谢罪，郅都却告诉官吏不给他纸笔。魏其侯派人暗中给临江王送去纸笔。临江王给皇上写了谢罪的信，然后就自杀了。窦太后听到这个消息，大怒，用严法中伤郅都，郅都被免官归家。汉景帝就派使者拿着符节任命郅都为雁门太守，并让他乘便取道上路，直接去雁门上任，根据实际情况独立处理政事。匈奴人一向听说郅都有操守，现在由他守卫边境，所以匈奴人便领兵离开汉朝边境，直到郅都死去时，一直不敢靠近雁门。匈奴甚至做了像郅都模样的木偶人，让骑兵们奔跑射击，没有人能射中，害怕郅都到了如此的程度。匈奴人以郅都为祸患。窦太后最后以汉朝法律中伤郅都，景帝说："郅都是忠臣。"想释放他。窦太后说："临江王难道就不是忠臣吗？"于是就把郅都杀了。

宁成是穰县人，做侍卫随从之官侍奉汉景帝。他为人争强好胜，做人家的小官时，一定要欺凌他的长官；做了人家的长官，控制下属就像捆绑湿柴一样随便。他狡猾凶残，任性使威，逐渐升官，当了济南都尉，这时郅都已经是济南太守。在此之前的几个都尉都是步行走入太守府，通过下级官吏传达，然后进见太守，就像县令进见太守一样，他们畏惧郅都就是这个样子。等到宁成前来，却一直越过郅都，做到他的上位。郅都一向听说过他的名声，于是很好地对待他，同他结成友好关系。过了好久，郅都死了，后来长安附近皇族中的好多人凶暴犯法，于是皇上召来宁成当了中尉，他的治理办法效仿郅都，他的廉洁不如郅都，但是皇族豪强人人都恐惧不安。

汉武帝即位后，宁成改任为内史。外戚们多诽谤宁成，他被依法判处剃发和以铁索缚脖子的刑罚，这时九卿犯罪该处死的就处死，很少遭受一般刑罚，而宁成却遭受极重的刑罚，他自己认为朝廷不会再用他当官，于是就解脱刑具，私刻假文件，出了函谷关回到家中。他扬言说："当官做不到二千石的高官，经商

买陂田千余顷，假贫民，役使数千家。数年，会赦。致产数千金，为任侠，持吏长短，出从数十骑。其使民威重于郡守。

周阳由者，其父赵兼以淮南王舅父侯周阳，故因姓周阳氏。由以宗家任为郎，事孝文及景帝。景帝时，由为郡守。武帝即位，吏治尚循谨甚，然由居二千石中，最为暴酷骄恣。所爱者，挠法活之；所憎者，曲法诛灭之。所居郡，必夷其豪。为守，视都尉如令。为都尉，必陵太守，夺之治。与汲黯俱为忮，司马安之文恶，俱在二千石列，同车未尝敢均茵伏。

由后为河东都尉，时与其守胜屠公争权，相告言罪。胜屠公当抵罪，义不受刑，自杀，而由弃市。

自宁成、周阳由之后，事益多，民巧法，大抵吏之治类多成、由等矣。

赵禹者，斄人。以佐史补中都官，用廉为令史，事太尉亚夫。亚夫为丞相，禹为丞相史，府中皆称其廉平。然亚夫弗任，曰："极知禹无害，然文深，不可以居大府。"今上时，禹以刀笔吏积劳，稍迁为御史。上以为能，至太中大夫。与张汤论定诸律令，作见知，吏传得相监司。用法益刻，盖自此始。

张汤者，杜人也。其父为长安丞，出，汤为儿守舍。还而鼠盗肉，其父怒，笞汤。汤掘窟得盗鼠及余肉，劾鼠掠治，传爰书，讯鞫论报，并取鼠与肉，具狱磔堂下。其父见之，视其文辞如老狱吏，大惊，遂使书狱。父死后，汤为长安吏，久之。

周阳侯始为诸卿时，尝系长安，汤倾身为之。及出为侯，大与汤

挣不到一千万贯钱,怎能同别人相比呢?"于是他借钱买了一千多顷可灌溉的土地,出租给贫苦的百姓,受他役使种地的有几千家。几年以后,遇上大赦。他的家产已有了几千斤黄金,专好抱打不平,掌握官吏们的短处,出门时有几十个骑马的人在身后跟随。他驱使百姓的权威比郡守还大。

周阳由,他父亲赵兼以淮南王刘长舅父的身份被封为周阳侯,所以姓周阳。周阳由因为是外戚被任命为郎官,侍奉孝文帝和孝景帝。景帝时,周阳由当了郡守。汉武帝即位后,官员处理政事,崇尚遵循法度,行事谨慎,然而周阳由在二千石一级的官员中,是最暴虐残酷、骄傲放纵的人。他所喜爱的人,如果犯了死罪,就想方设法曲解法律使那人活下来;他所憎恶的人,就歪曲法令把他杀死。他在哪个郡当官,就一定要夷灭那个郡的豪门。他当郡太守,就把都尉视同跟县令一般。他当都尉,必定欺凌太守,侵夺他的权力。他和汲黯都属于强狠之人,还有司马安善用条文法令害人,都身居二千石官员的行列,可是汲黯与司马安若与周阳由同车都不敢和周阳由均分坐垫与同伏车栏。

周阳由后来当了河东郡的都尉,经常与郡太守胜屠公争权,互相告状,结果胜屠公被判决有罪,但他坚持道义,因不肯接受刑罚而自杀,周阳由被处以弃市之刑。

从宁成、周阳由之后,政事更加杂繁,百姓用巧诈的手段对付法律,多数官吏治理政事都像宁成和周阳由一样。

赵禹是斄县人,以佐史的身份补任京城官府的官员,因为廉洁而升为令史,服侍周亚夫。周亚夫做丞相,赵禹当丞相史,丞相府中的人都称赞他廉洁公平。但周亚夫不重用他,说:"我非常知道赵禹有杰出无比的才干,但他执法深重严酷,不能在大的官府当官。"武帝时代,赵禹因为从事文书工作而积累功劳,逐渐升为御史。皇上认为他能干,又升到太中大夫。他和张汤共同制定各种法令,设置"见知法",让官吏之间互相监视,相互检举。汉朝法律越发严厉,大概就是从这时开始。

张汤是杜县人。他父亲当长安县丞,有一次出门去了,张汤当时是小孩,父亲就让他在家看门。父亲回家后,发现老鼠偷了肉,就对张汤发怒,用鞭子打了他。张汤掘开鼠洞,找到偷肉的老鼠和没吃完的肉,就举告老鼠的罪行,加以拷打审问,并记录审问过程,反复审问,把判决的罪状报告上级,并且把老鼠和剩肉取来,当堂最后定案,将老鼠分尸处死。他父亲看到这情景,又看到那判决词就像老练的法官所写,特别惊讶,于是就让他学习断案的文书。父亲死后,张汤就当了长安的官员,做了相当长的一段时间。

周阳侯田胜开始做九卿之官时,曾经在长安被拘禁,张汤尽其全力加以保

交，遍见汤贵人。汤给事内史，为宁成掾，以汤为无害，言大府，调为茂陵尉，治方中。

武安侯为丞相，征汤为史，时荐言之天子，补御史，使案事。治陈皇后蛊狱，深竟党与。于是上以为能，稍迁至太中大夫。与赵禹共定诸律令，务在深文，拘守职之吏。已而赵禹迁为中尉，徙为少府，而张汤为廷尉，两人交欢，而兄事禹。禹为人廉倨。为吏以来，舍毋食客。公卿相造请禹，禹终不报谢，务在绝知友宾客之请，孤立行一意而已。见文法辄取，亦不覆案，求官属阴罪。汤为人多诈，舞智以御人。始为小吏，乾没，与长安富贾田甲、鱼翁叔之属交私。及列九卿，收接天下名士大夫，己心内虽不合，然阳浮慕之。

是时上方乡文学，汤决大狱，欲傅古义，乃请博士弟子治《尚书》《春秋》，补廷尉史，亭疑法。奏谳疑事，必豫先为上分别其原，上所是，受而著谳决法廷尉，絜令扬主之明。奏事即谴，汤应谢，乡上意所便，必引正、监、掾史贤者，曰："固为臣议，如上责臣，臣弗用，愚抵于此。"罪常释。即奏事，上善之，曰："臣非知为此奏，乃正、监、掾史某为之。"其欲荐吏，扬人之善蔽人之过如此。所治即上意所欲罪，予监史深祸者；即上意所欲释，与监史轻平者。所治即豪，必舞文巧诋；即下户羸弱，时口言，虽文致法，上财察。于是往往释汤所言。汤至于大吏，内行修也。通宾客饮食。于故人子弟为吏及贫昆弟，调护之尤厚。其造请诸公，不避寒暑。是以汤虽文深意忌不专平，然得此声誉。而刻深吏多为爪牙用者，依于文学之士。丞相弘数称其美。及治淮南、衡山、江都反狱，皆穷根本。严助及伍被，上欲释之。汤争曰："伍被本画反谋，而助亲幸出入禁闼

护。待田胜出狱封了侯，与张汤交往密切，并把当朝权贵一一介绍给张汤，让张汤同他们相识。张汤在内史任职，做宁成的属官，因为张汤有无比的才华，宁成就向上级官府推荐，张汤被调升为茂陵尉，负责主持陵墓土建工程。

武安侯田蚡做了丞相，征召张汤做内史，经常向天子推荐他，任命他为御史，让他处理案件。他主持处理陈皇后巫蛊案件时，深入追究同党。汉武帝于是认为他有办事能力，逐步提拔他当了太中大夫。他与赵禹一起制定各种条文法律，务求苛刻严峻，约束在职的官吏。不久，赵禹提升为中尉，又改任少府，而张汤当了廷尉，两人交往友好，张汤以对待兄长的礼节对待赵禹。赵禹为人傲慢廉洁，当官以来，家中没有食客。三公九卿前来拜访，赵禹却始终不回访答谢，务求断绝与知心朋友及宾客的来往，独自一心一意地处理自己的公务。他看到法令条文就取来，也不去复查，以求追究从属官员隐秘的罪过。张汤为人多诈，善施智谋控制别人。他开始当小官时，就喜欢以权谋利，并曾与长安富商田甲、鱼翁叔之流勾结。待做了九卿之官时，便结交天下名士大夫，虽然自己内心同他们不合，表面却装出仰慕他们的样子。

这时，汉武帝正一心向慕儒家学说，张汤判决大案，就想附会儒家观点，因此就请博士弟子们研究《尚书》《春秋》，他担任廷尉史，就请他们来评判法律的一些可疑之处。每次上报判决的疑难案件，都预先分析事情的原委给皇上，皇上认为对的，就接受并记录下来，作为判案的法规，以廷尉的名义加以公布，颂扬皇上的圣明。如果奏事遭到谴责，张汤就认错谢罪，顺着皇上的心意，一定要举出正、左右监和贤能的属吏，说："他们本来向我提议过，就像皇上责备我的那样，我没采纳，愚蠢到这种地步。"因此，他的罪常被皇上宽恕不究。他有时向皇上呈上奏章，皇上认为好，他就说："臣我不知道写这奏章，是正、左右监、掾史中某某人写的。"他想推荐官吏，表扬人家的好处，掩蔽别人的过失，常常这样做。他所处理的案件，如果是皇上想要加罪的，他就交给执法严酷的监史去办理；要是皇上想宽恕的，他就交给执法轻而公平的监史去办理。他所处理的如果是豪强，则一定要玩弄法律条文，巧妙地进行诬陷。如果是平民百姓和瘦弱的人，则常常口头向皇上陈述，虽然按法律条文应当判刑，但请皇上明察裁定。于是，皇上往往就宽释了张汤所说的人。张汤虽做了大官，自身修养很好，与宾客交往，同他们吃饭喝酒，对于老朋友当官的子弟以及贫穷的兄弟们，照顾得尤其宽厚。他拜问三公，不避寒暑。所以张汤虽然执法严酷，内心嫉妒，处事不纯正公平，却得到一个好名声。那些执法酷烈刻毒的官吏都被他用为属吏，又都依从于儒学之士。丞相公孙弘屡次称赞他的美德。等到他处理淮南王、衡山王、江都王谋反的案件，都能穷追到底。严助和伍被，皇上本想宽恕他们，张汤

爪牙臣，乃交私诸侯如此，弗诛，后不可治。"于是上可论之。其治狱所排大臣自为功，多此类。于是汤益尊任，迁为御史大夫。

会浑邪等降，汉大兴兵伐匈奴，山东水旱，贫民流徙，皆仰给县官，县官空虚。于是丞上指，请造白金及五铢钱，笼天下盐铁，排富商大贾，出告缗令，鉏豪强并兼之家，舞文巧诋以辅法。汤每朝奏事，语国家用，日晏，天子忘食。丞相取充位，天下事皆决于汤。百姓不安其生，骚动，县官所兴，未获其利，奸吏并侵渔，于是痛绳以罪。则自公卿以下，至于庶人，咸指汤。汤尝病，天子至自视病，其隆贵如此。

匈奴来请和亲，群臣议上前。博士狄山曰："和亲便。"上问其便，山曰："兵者凶器，未易数动。高帝欲伐匈奴，大困平城，乃遂结和亲。孝惠、高后时，天下安乐。及孝文帝欲事匈奴，北边萧然苦兵矣。孝景时，吴楚七国反，景帝往来两宫间，寒心者数月。吴楚已破，竟景帝不言兵，天下富实。今自陛下举兵击匈奴，中国以空虚，边民大困贫。由此观之，不如和亲。"上问汤，汤曰："此愚儒，无知。"狄山曰："臣固愚忠，若御史大夫汤乃诈忠。若汤之治淮南、江都，以深文痛诋诸侯，别疏骨肉，使蕃臣不自安。臣固知汤之为诈忠。"于是上作色曰："吾使生居一郡，能无使虏入盗乎？"曰："不能。"曰："居一县？"对曰："不能。"复曰："居一障间？"山自度辩穷且下吏，曰："能。"于是上遣山乘鄣。至月余，匈奴斩山头而去。自是以后，群臣震慑。

汤之客田甲，虽贾人，有贤操。始汤为小吏时，与钱通，及汤为大吏，甲所以责汤行义过失，亦有烈士风。

汤为御史大夫七岁，败。

争辩说："伍被本来是策划谋反的人，严助是皇上亲近宠幸的人，是出入宫廷禁门的护卫之臣，竟然这样私交诸侯，如不杀他，以后就不好管理臣下了。"于是，皇上同意对他们的判决。他处理案子打击大臣，自己邀功的情况，多半如此。于是，张汤更加受到尊宠和信任，被升为御史大夫。

正巧赶上匈奴浑邪王等投降汉朝，汉朝出动大军讨伐匈奴，山东遇到水涝和干旱的灾害，贫苦百姓流离失所，都依靠政府供应衣食，政府因此仓库空虚。于是张汤按皇上旨意，奏请铸造银钱和五铢钱，垄断天下的盐铁经营权，打击富商大贾，发布告缗令，铲除豪强兼并之家的势力，玩弄法律条文巧言诬陷，来辅助法律的推行。张汤每次上朝奏事，谈论国家的财用情况，一直谈到傍晚，天子也忘记了吃饭时间。丞相无事可做，空占相位，天下的事情都取决于张汤。致使百姓不能安心生活，骚动不宁，政府兴办的事，得不到利益，而奸官污吏却一起侵夺盗窃，于是就彻底以法惩办。从三公九卿以下，直到平民百姓，都指责张汤。张汤曾经生病，天子亲自前去看望他，他的显贵达到这种地步。

匈奴来汉朝请求和亲，群臣都到天子跟前议论此事。博士狄山说："和亲有利。"皇上问他有利在何处，狄山说："武器是凶险的东西，不可以屡次动用。高帝想讨伐匈奴，被围在平城，就和匈奴结成和亲之好。孝惠、高后时期，天下安定快乐。待到孝文帝时，想征讨匈奴，结果北方骚扰不安、百姓苦于战争。孝景帝时，吴、楚等七国叛乱，景帝往来于未央宫和长乐宫之间，忧心了几个月，吴楚七国叛乱平定后，直到景帝去世才不再谈论战争，天下却富裕殷实。如今自从陛下发兵攻打匈奴，因此国内财用空虚，边境百姓极为困苦。由此可见，用兵还不如和亲。"皇上又问张汤，张汤说："这是愚蠢的儒生，无知。"狄山说："我固然是愚忠，像御史大夫张汤却是诈忠。像张汤处理淮南王和江都王的案子，用严酷的刑法，放肆地诋毁诸侯，离间骨肉之亲，使各封国之臣自感不安。我本来就知道张汤是诈忠。"于是皇上变了脸色，说："我派你驻守一个郡，你能不能做到不让匈奴兴兵来抢掠吗？"狄山说："不能。"皇上说："驻守一个县呢？"狄山回答说："不能。"皇上又说："那么驻守一个边境城堡呢？"狄山自己揣度，如果辩论到无话回答，那么皇上就要把自己交给法官治罪，因此说："能。"于是皇上就派遣狄山登上边塞城堡。一个多月过后，匈奴斩下狄山的头就离开了。从此以后，群臣恐惧震惊。

张汤的门客田甲虽是商人，却有贤良的品行。张汤开始做小官时，他与张汤以钱财交往，待张汤当了大官，他责备张汤品德道义方面的过错，但也有忠义之士的风度。

张汤当了七年御史大夫，失败了。

河东人李文尝与汤有却，已而为御史中丞，恚，数从中文书事有可以伤汤者，不能为地。汤有所爱史鲁谒居，知汤不平，使人上蜚变告文奸事，事下汤，汤治论杀文，而汤心知谒居为之。上问曰："言变事纵迹安起？"汤佯惊曰："此殆文故人怨之。"谒居病卧闾里主人，汤自往视疾，为谒居摩足。赵国以冶铸为业，王数讼铁官事，汤常排赵王。赵王求汤阴事。谒居尝案赵王，赵王怨之，并上书告："汤，大臣也，史谒居有病，汤至为摩足，疑与为大奸。"事下廷尉。谒居病死，事连其弟，弟系导官。汤亦治他囚导官，见谒居弟，欲阴为之，而佯不省。谒居弟弗知，怨汤，使人上书告汤与谒居谋，共变告李文。事下减宣。宣尝与汤有却，及得此事，穷竟其事，未奏也。会人有盗发孝文园瘗钱，丞相青翟朝，与汤约俱谢，至前，汤念独丞相以四时行园，当谢，汤无与也，不谢。丞相谢，上使御史案其事。汤欲致其文丞相见知，丞相患之。三长史皆害汤，欲陷之。

始长史朱买臣，会稽人也。读《春秋》。庄助使人言买臣，买臣以《楚辞》与助俱幸，侍中，为太中大夫，用事；而汤乃为小吏，跪伏使买臣等前。已而汤为廷尉，治淮南狱，排挤庄助，买臣固心望。及汤为御史大夫，买臣以会稽守为主爵都尉，列于九卿。数年，坐法废，守长史，见汤，汤坐床上，丞史遇买臣弗为礼。买臣楚士，深怨，常欲死之。王朝，齐人也。以术至右内史。边通，学长短，刚暴强人也，官再至济南相。故皆居汤右，已而失官，守长史，诎体于汤。汤数行丞相事，知此三长史素贵，常凌折之。以故三长史合谋曰："始汤约与君谢，已而卖君；今欲劾君以宗庙事，此欲代君耳。吾知汤阴事。"使吏捕案汤左田信等，曰汤且欲奏请，信辄先知之，

河东人李文曾经同张汤有嫌隙，以后他当了御史中丞，心中怨恨张汤，屡次从宫中文书里寻找可以用来陷害张汤的材料，不留余地。张汤有个喜爱的下属叫鲁谒居，知道张汤对此心中不快，就让人以流言向皇上密告李文的坏事，而这事正好交给张汤处理，张汤就判决李文死罪，把他杀了，他也知道这事是鲁谒居干的。皇上问道："匿名上告李文的事是怎样发生的？"张汤假装惊讶地说："这大概是李文的老朋友怨恨他。"后来鲁谒居病倒在同乡主人的家中，张汤亲自去看望他的病情，替鲁谒居按摩脚。赵国人以冶炼铸造为职业，赵王刘彭祖屡次同朝廷派来主管铸铁的官员打官司，张汤常常打击赵王。赵王寻找张汤的隐私之事。鲁谒居曾经检举过赵王，赵王怨恨他，于是就上告他们二人，说："张汤是大臣，其属官鲁谒居有病，张汤竟然给他按摩脚，我怀疑两人必定共同做了大的坏事。"这事交给廷尉处理，鲁谒居病死了，事情牵连到他的弟弟，就把他弟弟拘禁在导官署。张汤也到导官署审理别的囚犯，看到鲁谒居的弟弟，想暗中帮助他，所以假装不察看他。鲁谒居的弟弟不知道这个情况，怨恨张汤，因此就让人上告张汤和鲁谒居搞阴谋，共同匿名告发了李文。这事交给减宣处理。减宣曾同张汤有嫌隙，待他接办了这案子，把案情查得水落石出，尚未上报。正巧有人偷挖了孝文帝陵园里的殉葬钱，丞相庄青翟上朝，同张汤约定一同去谢罪，到了皇上面前，张汤想：只有丞相必须按四季巡视陵园，丞相应当谢罪，与我张汤没关系，不肯谢罪。丞相谢罪后，皇上派御史查办此事。张汤想按法律条文判丞相明知故纵的罪过，丞相忧虑此事。丞相手下的三个长史都忌恨张汤，想陷害他。

长史朱买臣是会稽人，攻读《春秋》。庄助让人向皇帝推荐朱买臣，朱买臣因为熟悉《楚辞》的缘故，同庄助都得到皇上的宠幸，从侍中升为太中大夫，当权。这时张汤只是个小官，在朱买臣面前下跪听候差遣。不久，张汤当了廷尉，办理淮南王案件，排挤庄助，朱买臣心里本来怨恨张汤。待张汤当了御史大夫，朱买臣从会稽太守的职位上调任主爵都尉，位列九卿之中。几年后，因犯法罢官，代理长史，去拜见张汤，张汤坐在日常所坐的椅子上接见朱买臣，他的丞史一类的属官也不以礼对待朱买臣。朱买臣是楚地士人，深深怨恨张汤，常想把他整死。王朝是齐地人，凭着儒家学说做了右内史。边通，学习纵横家的思想学说，是个性格刚强暴烈的强悍之人。两次官至济南王的丞相。从前，他们都比张汤的官大，不久丢了官，代理长史，对张汤行屈体跪拜之礼。张汤屡次兼任丞相的职务，知道这三个长史原来地位很高，就常常压制欺负他们。因此，三位长史合谋并对庄青翟说："开始张汤同你约定共同向皇上谢罪，紧接着就出卖了你；现在又用宗庙之事控告你，这是想替代你的职位。我们知道张汤的一些不法隐私。"于是就派属吏逮捕并审理张汤的同案犯田信等人，说张汤将要向皇上奏请

居物致富，与汤分之，及他奸事。事辞颇闻。上问汤曰："吾所为，贾人辄先知之，益居其物，是类有以吾谋告之者。"汤不谢。汤又佯惊曰："固宜有。"减宣亦奏谒居等事。天子果以汤怀诈面欺，使使八辈簿责汤。汤具自道无此，不服。于是上使赵禹责汤。禹至，让汤曰："君何不知分也。君所治夷灭者几何人矣？今人言君皆有状，天子重致君狱，欲令君自为计，何多以对簿为？"汤乃为书谢曰："汤无尺寸功，起刀笔吏，陛下幸致为三公，无以塞责。然谋陷汤罪者，三长史也。"遂自杀。

汤死，家产直不过五百金，皆所得奉赐，无他业。昆弟诸子欲厚葬汤，汤母曰："汤为天子大臣，被污恶言而死，何厚葬乎！"载以牛车，有棺无椁。天子闻之，曰："非此母不能生此子。"乃尽案诛三长史。丞相青翟自杀。出田信。上惜汤。稍迁其子安世。

赵禹中废，已而为廷尉。始条侯以为禹贼深，弗任。及禹为少府，比九卿。禹酷急，至晚节，事益多，吏务为严峻，而禹治加缓，而名为平。王温舒等后起，治酷于禹。禹以老，徙为燕相。数岁，乱悖有罪，免归。后汤十余年，以寿卒于家。

义纵者，河东人也。为少年时，尝与张次公俱攻剽为群盗。纵有姊姁，以医幸王太后。王太后问："有子兄弟为官者乎？"姊曰："有弟无行，不可。"太后乃告上，拜义姁弟纵为中郎，补上党郡中令。治敢行，少蕴藉，县无逋事，举为第一。迁为长陵及长安令，直法行治，不避贵戚。以捕案太后外孙修成君子仲，上以为能，迁为河内都尉。至则族灭其豪穰氏之属，河内道不拾遗。而张次公亦为郎，以勇悍从军，敢深入，有功，为岸头侯。

宁成家居，上欲以为郡守。御史大夫弘曰："臣居山东为小吏时，宁成为济南都尉，其治如狼牧羊。成不可使治民。"上乃拜成为

政事，田信则预先就知道了，然后囤积物资，发财致富，同张汤分赃，还有其他坏事。皇上听说了此事，向张汤说："我所要做的事，商人则预先知道此事，那些货物越发囤积，这好像有人把我的想法告诉了他们一样。"张汤不谢罪，却又假装惊讶地说："应该说一定有人这样做了。"这时减宣也报告上奏张汤和鲁谒居的犯法之事。天子果然以为张汤心怀巧诈，当面欺骗君王，派八批使者按记录在案的相关罪证审问张汤。张汤说自己没有这些罪过，不服。于是皇上又派赵禹审问张汤。赵禹来了以后，责备张汤说："皇上怎么会不知道情况呢？你办理案件时，被夷灭家族的有多少人呢？如今人家告你的罪状都有证据，天子难以处理你的案子，想让你自己想办法自杀，何必对证答辩呢？"张汤就写信谢罪说："张汤没有尺寸之功，起初只是文书小吏，陛下宠幸我，让我位列三公之位，罪责无法推卸，然而阴谋陷害张汤的罪人是三位长史。"张汤于是就自杀了。

张汤死时，家产不超过五百金，都是所得的俸禄和皇上的赏赐，没有其他的产业。张汤的兄弟和儿子们仍想厚葬张汤，他母亲说："张汤是天子的大臣，遭受恶言诬告而死，何必厚葬呢？"于是就用牛车拉着棺材，没有外椁。天子听到这个情况后，说："没有这样的母亲，生不出这样的儿子。"就穷究此案，把三个长史全都杀了。丞相庄青翟也自杀。田信被释放出去。皇上怜惜张汤，逐渐提拔他的儿子张安世。

赵禹中途被罢官，不久当了廷尉。最初，条侯周亚夫认为赵禹残酷阴诈，不肯重用。待赵禹当了少府，与九卿并列。赵禹做事严酷急躁，到晚年时，国家事情越来越多，官吏致力于施行严刑峻法，而赵禹却执法轻缓，被称为平和。王温舒等人是后起之官，执法比赵禹严酷。因为赵禹年老，又改任燕国丞相。几年后，犯有昏乱背逆之罪，被免官，在张汤死后十余年，老死在家中。

义纵是河东人。少年时代，曾与张次公一块儿抢劫，结为强盗团伙。义纵有个姐姐叫姁，凭医术受到太后的宠幸。王太后问姁说："你有儿子和兄弟当官吗？"义纵的姐姐说："有个弟弟，品行不好，不能当官。"太后就告诉皇上，任义姁的弟弟义纵为中郎，改任上党郡中某县的县令。义纵执法严酷，很少有宽和包容的情形，因此县里没有逃亡的事，被推荐为第一。后来改任长陵和长安的县令，依法办理政事，不回避贵族和皇亲。因为逮捕审讯太后的外孙修成君的儿子仲，皇上认为他有能力，任命其为河内都尉。到任后，他就把当地豪强穰氏之流灭了族，使河内出现道不拾遗的局面。张次公也当了郎官，凭着他的勇敢剽悍当了兵，因为作战敢于深入敌军，获得军功，封为岸头侯。

宁成在家闲居时，皇帝想让他当太守。御史大夫公孙弘说："我在山东当小官时，宁成做济南都尉，他处理政事就像狼牧羊一样凶。宁成不能用来治理百

关都尉。岁余，关东吏隶郡国出入关者，号曰"宁见乳虎，无值宁成之怒"。义纵自河内迁为南阳太守，闻宁成家居南阳，及纵至关，宁成侧行送迎，然纵气盛，弗为礼。至郡，遂案宁氏，尽破碎其家。成坐有罪，及孔、暴之属皆饹亡，南阳吏民重足一迹。而平氏朱强、杜衍杜周为纵牙爪之吏，任用，迁为廷史。军数出定襄，定襄吏民乱败，于是徙纵为定襄太守。纵至，掩定襄狱中重罪轻系二百余人，及宾客昆弟私入相视亦二百余人。纵一捕鞠，曰"为死罪解脱"。是日皆报杀四百余人。其后郡中不寒而栗，猾民佐吏为治。

是时赵禹、张汤以深刻为九卿矣，然其治尚宽，辅法而行，而纵以鹰击毛挚为治。后会五铢钱白金起，民为奸，京师尤甚，乃以纵为右内史，王温舒为中尉。温舒至恶，其所为不先言纵，纵必以气凌之，败坏其功。其治，所诛杀甚多，然取为小治，奸益不胜，直指始出矣。吏之治以斩杀缚束为务，阎奉以恶用矣。纵廉，其治放郅都。上幸鼎湖，病久，已而卒起幸甘泉，道多不治。上怒曰："纵以我为不复行此道乎？"嗛之。至冬，杨可方受告缗，纵以为此乱民，部吏捕其为可使者。天子闻，使杜式治，以为废格沮事，弃纵市。后一岁，张汤亦死。

王温舒者，阳陵人也。少时椎埋为奸。已而试补县亭长，数废。为吏，以治狱至廷史。事张汤，迁为御史。督盗贼，杀伤甚多，稍迁至广平都尉。择郡中豪敢任吏十余人，以为爪牙，皆把其阴重罪，而纵使督盗贼，快其意所欲得。此人虽有百罪，弗法；即有避，因其事夷之，亦灭宗。以其故齐赵之郊盗贼不敢近广平，广平声为道不拾遗。上闻，迁为河内太守。

素居广平时，皆知河内豪奸之家，及往，九月而至。令郡具私马

姓。"皇上就任命宁成当关都尉。一年以后,关东郡国的官吏察看郡国中出入关口的人,都扬言说:"宁肯看到幼崽哺乳的母虎,也不要遇到宁成发怒。"义纵从河内调任南阳太守,听说宁成在南阳家中闲居,等义纵到达南阳关口,宁成跟随身后,往来迎送,但是义纵盛气凌人,不以礼相待。到了郡府,义纵就审理宁氏家的罪行,完全粉碎了有罪的宁氏家族。宁成也被株连有罪,至于孔姓和暴姓之流的豪门都逃亡而去,南阳的官吏百姓都怕得谨慎行动,不敢有错。平氏县的朱强、杜衍县的杜周都是义纵的得力属官,受到重用,升为廷史。这时汉朝军队屡次从定襄出兵攻打匈奴,定襄的官吏和百姓人心散乱、世风败坏,朝廷于是改派义纵做定襄太守。义纵到任后,捕取定襄狱中没有戴刑具的重罪犯人二百人,以及他们的宾客兄弟私自探监的也有二百余人。义纵把他们全部逮捕起来加以审讯,罪名是"为死罪解脱"。这天上报杀人数目,共四百余人。这之后,郡中人吓得都不寒而栗,连刁猾之民也辅佐官吏治理政事。

这时,赵禹、张汤都因执法严酷而当了九卿之官,但是他们的治理办法还算宽松,都以法律辅助行事,而义纵却以酷烈凶狠治理政事。后来正赶上五铢钱和白金启用,豪民乘机施展奸诈手段,京城尤其严重,朝廷就用义纵做右内史,王温舒当中尉。王温舒极凶恶,他所做的事若不预先告知义纵,义纵必定施展其个人义气欺凌他,破坏他干的事。他治理政事,杀的人很多,但是治理急促,非但成效不大,反而奸邪之事越来越多,因而直指之官开始出现了。官吏治理政事以斩杀和捆缚为主要任务,以凶恶闻名的阎奉被任用。义纵廉洁,他治理政事仿效郅都。皇上驾幸鼎湖,病了好长一段时间,病好后突然驾幸甘泉宫,所行之路多半没有修整,皇上发怒说:"义纵以为我不再走这条路了吧?"心中怀恨义纵。到了冬天,杨可正受命主持处理"告缗"案件,义纵以为这将扰乱百姓,部署官吏逮捕那些替杨可干事的人。天子听说了这件事,派杜式去处理,认为义纵的做法,是废弃了敬君之礼,破坏了君王要办的事,将义纵弃市。一年后,张汤也死了。

王温舒是阳陵人。年轻时做过盗墓等坏事。不久,当了县里的亭长,屡次被免职。后来当了小官,升为廷史皆因善于处理案件。服侍张汤,升为御史。他督捕盗贼,杀伤的人很多,逐渐升为广平都尉。他选择郡中十余豪放勇敢的人当属官,让他们做得力帮手,掌握他们每个人的隐秘的重大罪行,从而放手让他们去督捕盗贼。如果捕获盗贼能使王温舒满意,此人就是有百种罪恶也不加惩治;若是有所回避,就依据他过去所犯的罪行杀死他,甚至灭其家族。因为这个原因,赵地和齐地乡间的盗贼不敢接近广平郡,广平郡有了道不拾遗的好名声。皇上听说后,将王温舒升为河内太守。

王温舒以前居住在广平时,对河内豪强奸猾的人家非常熟悉,他前往广平,

五十四,为驿自河内至长安,部吏如居广平时方略,捕郡中豪猾,郡中豪猾相连坐千余家。上书请,大者至族,小者乃死,家尽没入偿臧。奏行不过二三日,得可事。论报,至流血十余里。河内皆怪其奏,以为神速。尽十二月,郡中毋声,毋敢夜行,野无犬吠之盗。其颇不得,失之旁郡国,黎来,会春,温舒顿足叹曰:"嗟乎,令冬月益展一月,足吾事矣!"其好杀伐行威不爱人如此。天子闻之,以为能,迁为中尉。其治复放河内,徙诸名祸猾吏与从事,河内则杨皆、麻戊,关中杨赣、成信等。义纵为内史,惮未敢恣治。及纵死,张汤败后,徙为廷尉,而尹齐为中尉。

尹齐者,东郡茌平人。以刀笔稍迁至御史。事张汤,张汤数称以为廉武,使督盗贼,所斩伐不避贵戚。迁为关内都尉,声甚于宁成。上以为能,迁为中尉,吏民益凋敝。尹齐木强少文,豪恶吏伏匿而善吏不能为治,以故事多废,抵罪。上复徙温舒为中尉,而杨仆以严酷为主爵都尉。

杨仆者,宜阳人也。以千夫为吏。河南守案举以为能,迁为御史,使督盗贼关东。治放尹齐,以为敢挚行。稍迁至主爵都尉,列九卿。天子以为能。南越反,拜为楼船将军,有功,封将梁侯。为荀彘所缚。居久之,病死。

而温舒复为中尉。为人少文,居廷惛惛不辩,至于中尉则心开。督盗贼,素习关中俗,知豪恶吏,豪恶吏尽复为用,为方略。吏苛察,盗贼恶少年投缿购告言奸,置伯格长以牧司奸盗贼。温舒为人谄,善事有执者;即无执者,视之如奴。有势家,虽有奸如山,弗犯;无执者,贵戚必侵辱。舞文巧诋下户之猾,以焄大豪。其治中尉如此。奸猾穷治,大抵尽靡烂狱中,行论无出者。其爪牙吏虎而冠。

九月就上任了。他下令郡府准备五十匹私马,从河内到长安设置了驿站,部署手下的官吏就像在广平时所用的办法一样,逮捕郡中奸猾豪强之人,郡中豪强奸猾相连坐犯罪的有一千余家。上书请示皇上,罪大者灭族,罪小者处死,家中财产完全没收,以偿还从前所得到的赃物。奏书送走不过两三日,就得到皇上的答复可以执行。案子判决上报,竟至于流血十余里。河内人都奇怪王温舒的奏书为何如此神速。到了十二月底,郡里没有人敢说话,也无人敢夜晚行走,郊野没有因盗贼引起狗叫的现象。那没抓到的少数罪犯,逃到附近的郡国去了,待到把他们追捕抓回来,正赶上春天了,王温舒跺脚叹道:"唉!如果再延长一个月冬季,我的事情就办完了。"他喜欢杀伐、施展威武及不爱民到了这种程度。天子听了,误以为他有才能,升为中尉。他治理政事还是仿效河内的办法,调来那些有名的祸害和奸猾的官吏同他一起共事,河内的有杨皆、麻戊,关中的有杨赣和成信等。因为义纵当内史,王温舒怕他,因此还未敢恣意地实行严酷之政。等到义纵死去,张汤失败之后,王温舒改任廷尉,尹齐当了中尉。

尹齐是东郡茌平人,从文书小吏升为御史。服侍张汤,张汤屡次称赞他廉洁勇敢,派他督捕盗贼,所要斩杀的人不回避权贵皇亲。他升为关内都尉,好名声超过宁成。皇上认为他有才能,升他为中尉,而官吏和平民生活更加困苦不堪。尹齐处事死板,不讲求礼仪,强悍凶恶的官吏隐藏起来,而善良的官员又不能独自有效地去处理政事,因此政事多半都废弛了,被判了罪。皇上又改任王温舒为中尉,而杨仆凭借他的严峻酷烈当了主爵都尉。

杨仆是宜阳人,以千夫的身份当了小官。河南太守考核并推荐他有才能而升为御史,派到关东去督捕盗贼。他效仿尹齐治理政事,被认为做事凶猛而有胆量。逐渐升为主爵都尉,位列九卿之中。皇上认为他有才能,在南越反叛时,任命他为楼船将军,因有军功,被封为将梁侯。后被荀彘所捆缚。过了很久,他得病死了。

王温舒又当了中尉,他做人缺少斯文,在朝廷办事,思想糊涂,不辨是非,到他当中尉以后,则心情开朗。他督捕盗贼,对关中习俗比较熟悉,了解当地豪强和凶恶的官吏,所以豪强和凶恶官吏都愿意为他出力,为他划策出谋。官吏严苛侦察,盗贼和凶恶少年就用投书和检举箱的办法,收买告发罪恶的情报,设置伯格长以督察奸邪之人和盗贼。王温舒为人谄媚,善于巴结有权势的人,若是没有权势的人,他对待他们就像对待奴仆一样。有权势的人家,虽然有堆积如山的奸邪之事,他也不去触犯。无权势的,就是高贵的皇亲,他也一定要欺侮。他玩弄法令条文巧言诋毁奸猾的平民,而威迫大的豪强。他当中尉时就这样处理政事,对于奸猾之民,必定追究其罪,大多都被打得皮开肉绽,烂死狱中,判决有

于是中尉部中中猾以下皆伏,有势者为游声誉,称治。治数岁,其吏多以权富。

温舒击东越还,议有不中意者,坐小法抵罪免。是时天子方欲作通天台而未有人,温舒请覆中尉脱卒,得数万人作。上说,拜为少府。徙为右内史,治如其故,奸邪少禁。坐法失官。复为右辅,行中尉事。如故操。

岁余,会宛军发,诏征豪吏,温舒匿其吏华成,及人有变告温舒受员骑钱,他奸利事,罪至族,自杀。其时两弟及两婚家亦各自坐他罪而族。光禄徐自为曰:"悲夫,夫古有三族,而王温舒罪至同时而五族乎!"

温舒死,家直累千金。后数岁,尹齐亦以淮阳都尉病死,家直不满五十金。所诛灭淮阳甚多,及死,仇家欲烧其尸,尸亡去归葬。

自温舒等以恶为治,而郡守、都尉、诸侯二千石欲为治者,其治大抵尽放温舒,而吏民益轻犯法,盗贼滋起。南阳有梅免、白政,楚有殷中、杜少,齐有徐勃,燕赵之间有坚卢、范生之属。大群至数千人,擅自号,攻城邑,取库兵,释死罪,缚辱郡太守、都尉,杀二千石,为檄告县趣具食;小群以百数,掠卤乡里者,不可胜数也。于是天子始使御史中丞、丞相长史督之。犹弗能禁也,乃使光禄大夫范昆、诸辅都尉及故九卿张德等衣绣衣,持节,虎符发兵以兴击,斩首大部或至万余级,及以法诛通饮食,坐连诸郡,甚者数千人。数岁,乃颇得其渠率。散卒失亡,复聚党阻山川者,往往而群居,无可奈何。于是作"沈命法",曰群盗起不发觉,发觉而捕弗满品者,二千石以下至小吏主者皆死。其后小吏畏诛,虽有盗不敢发,恐不能得,坐课累府,府亦使其不言。故盗贼浸多,上下相为匿,以文辞避法焉。

减宣者,杨人也。以佐史无害给事河东守府。卫将军青使买马河

罪的，没有一个人能活着走出牢狱。他的得力部下都像戴着帽子的猛虎一样。于是在中尉管辖范围的中等以下的奸猾之人，都隐伏着不敢出来，有权势的都替他宣扬名声，称赞他的治绩。他治理了几年，他的属官多因此而富起来了。

王温舒攻打东越回来后，议事时不合天子的旨意，犯了小法被判罪免官。这时，天子正想修建通天台，还没人主持这事，王温舒请求考核中尉部下逃避兵役的人，查出几万人可罚以劳役。皇上很高兴，任命他为少府，又改任右内史，处理政事同从前一样，奸邪之事稍被禁止。后来犯法丢掉官职，不久又被任命为右辅，代理中尉的职务，处理政事同原来的做法一样。

一年多以后，正赶上征讨大宛的军队出发，朝廷下令征召豪强官吏，王温舒把他的属官华成隐藏起来。待到有人告发王温舒接受在额骑兵的赃款和其他的坏事，罪行之重应当灭族，他就自杀了。这时，他的两个弟弟以及两个姻亲之家，都各自犯了其他的罪行而被灭族。光禄徐自为说："可悲啊，听说古代有灭三族的事，而王温舒犯罪竟至于同时夷灭五族！"

王温舒死后，他的家产累积有一千金。以后好多年，尹齐也在淮阳都尉的任上病死，他的家产价值不足五十金。他所杀的有很多淮阳人，待到他死了，怨仇之家想烧他的尸体，家属偷偷地把他的尸体运回去安葬。

自从王温舒用严酷凶恶手段处理政事，其后郡守、都尉、诸侯和二千石的官员治理政事的办法，大都效法王温舒，然而官吏和百姓犯法越发轻易，盗贼越来越多。南阳有梅免、白政，楚地有殷中、杜少，齐地有徐勃，燕赵之间有坚卢、范生之流。大的团伙多达数千人，擅自称王，去攻打城邑，夺取武器库中的兵器，判死罪的犯人被释放，捆缚侮辱郡太守、都尉，二千石的官员都杀，发布檄文，催促各县为他们准备粮食。小的团伙有几百人，抢劫乡村的数也数不过来。于是天子派御史中丞、丞相长史督办剿灭之事。但是还不能禁止，就派光禄大夫范昆、诸辅都尉及原九卿张德等人，穿着绣衣，拿着符节和虎符，发兵攻击，对于大的团伙多至一万多人被杀头，以及按法律杀死那些给作乱者送去饮食的人。诛连数郡、被杀的多达数千人。几年后，才捕到他们的大首领。但是走散的士卒逃跑了，又聚集成党，占据险要的山川作乱，往往在一处群居，朝廷对他们无可奈何。于是朝廷颁行"沈命法"，说群盗产生但官吏没有发觉，或发觉却没有捕捉到规定的数额、有关的二千石以下至小的官员，凡主持此事的一律都要处死。这以后，小官员怕被诛杀，纵然有盗贼也不敢上报，怕捕不到，犯法被判刑又连累上级官府，上级官府也让他们不要上报。所以盗贼更加多起来，上下相互欺瞒，玩弄文辞，逃避法律制裁。

减宣是杨县人，因为当佐史时无比能干，被调到河东太守府任职。将军卫

东，见宣无害，言上，征为大厩丞。官事辨，稍迁至御史及中丞。使治主父偃及治淮南反狱，所以微文深诋，杀者甚众，称为敢决疑。数废数起，为御史及中丞者几二十岁。王温舒免中尉，而宣为左内史。其治米盐，事大小皆关其手，自部署县名曹实物，官吏令丞不得擅摇，痛以重法绳之。居官数年，一切郡中为小治辨，然独宣以小致大，能因力行之，难以为经。中废。为右扶风，坐怨成信，信亡藏上林中，宣使郿令格杀信，吏卒格信时，射中上林苑门，宣下吏诋罪，以为大逆，当族，自杀。而杜周任用。

杜周者，南阳杜衍人。义纵为南阳守，以为爪牙，举为廷尉史。事张汤，汤数言其无害，至御史。使案边失亡，所论杀甚众。奏事中上意，任用，与减宣相编，更为中丞十余岁。

其治与宣相仿，然重迟，外宽，内深次骨。宣为左内史，周为廷尉，其治大仿张汤而善候伺。上所欲挤者，因而陷之；上所欲释者，久系待问而微见其冤状。客有让周曰："君为天子决平，不循三尺法，专以人主意指为狱。狱者固如是乎？"周曰："三尺安出哉？前主所是著为律，后主所是疏为令，当时为是，何古之法乎！"

至周为廷尉，诏狱亦益多矣。二千石系者新故相因，不减百余人。郡吏大府举之廷尉，一岁至千余章。章大者连逮证案数百，小者数十人；远者数千，近者数百里。会狱，吏因责如章告劾，不服，以笞掠定之。于是闻有逮皆亡匿。狱久者至更数赦十有余岁而相告言，大抵尽诋以不道以上。廷尉及中都官诏狱逮至六七万人，吏所增加十万余人。

周中废，后为执金吾，逐盗，捕治桑弘羊、卫皇后昆弟子刻深，天子以为尽力无私，迁为御史大夫。家两子，夹河为守。其治暴酷皆

青派人到河东买马，看到减宣能干无比，就向皇上推荐，他被征召到京城当了大厩丞。做事当官很公正，逐渐升任御史和中丞。主父偃和淮南王造反的案件皇上派他处理，他用隐微的法律条文深究诋毁，所以被杀的人很多，他被称赞为敢于判决疑难案件。他屡次被免官然后又屡次被起用，当御史及中丞之官至少有二十年。王温舒免去中尉之官，而减宣当左内史。他管理盐和米的事，无论事大或事小都要亲力亲为，自己安排县中各具体部门的财产器物，官吏中县令和县丞也不得擅自改动，甚至用重法管制他们。当官几年，其他各郡都办好一些小事而已，但是唯独减宣却能从小事办到大事，能凭借他的力量加以推行，不过他的办法也难以当作常法。他中途被罢官，后来又当了右扶风，都是因为怨恨他的属官成信。成信逃走藏到上林苑中，减宣派郿县县令击杀成信。官吏和士卒在射杀成信时，射中了上林苑的门，减宣被交付法官判罪，法官认为他犯了大逆不道的罪，判定的是灭族，减宣就自杀了。杜周得到任用。

　　杜周为南阳杜衍人。义纵当南阳太守，杜周是他的得力助手，被举荐当廷尉史。他服侍张汤，张汤屡次说他有无比才能，官职升到御史。派他审理边境士卒逃亡的事，被判死刑的很多。他上奏的事情很合乎皇上的心意，被任用，同减宣相接替，改任中丞十多年。

　　杜周治理政事与减宣差不多，但是处事慎重，决断迟缓，外表宽松，内心切骨深刻。减宣当左内史，杜周当廷尉，他效仿张汤治理政事，而善于窥测皇上的意图。皇上想要排挤的，就趁机加以陷害；皇上想要宽释的，就长期待审囚禁，暗中显露他的冤情。门客有人责备杜周说："为皇上公平断案，不遵循三尺法律，反而专以皇上的意旨来断案。法官本来应当这样吗？"杜周说："三尺法律是如何产生的？从前的国君认为对的就写成法律，后来的国君认为对的就记载为法令。适合当时的情况就是正确的，为什么要遵循古代法律呢？"

　　待到杜周当了廷尉，皇上命令办的案子也越来越多了。二千石一级的官员被拘捕的新旧相连，不少于一百人。郡国官员和上级官府送交尉办的案件，一年多达一千多件。每个奏章所举报的案子，大的要逮捕有关证人数百人，小的也要逮捕数十人；这些人，远的几千里，近的数百里。案犯被押到京师会审时，官吏就要求犯人像奏章上说的那样来招供，如不服，就用刑具拷打定案。于是人们听到逮捕人的消息，都逃跑和藏匿起来。案件拖得久的，甚至经过几次赦免，十多年后还会被告发，大多数都以大逆不道以上的罪名加以诬陷。廷尉及中都官奉诏办案所逮捕的人多达六七万，属官所捕又要增加十多万。

　　杜周中途被罢官，后来当了执金吾，追捕盗贼，逮捕查办桑弘羊和卫皇后兄弟的儿子，严苛酷烈，天子认为他尽职而无私，升任御史大夫。他的两个儿子，

甚于王温舒等矣。杜周初征为廷史，有一马，且不全；及身久任事，至三公列，子孙尊官，家訾累数巨万矣。

太史公曰：自郅都、杜周十人者，此皆以酷烈为声。然郅都伉直，引是非，争天下大体。张汤以知阴阳，人主与俱上下，时数辩当否，国家赖其便。赵禹时据法守正。杜周从谀，以少言为重。自张汤死后，网密，多诋严，官事浸以秏废。九卿碌碌奉其官，救过不赡，何暇论绳墨之外乎！然此十人中，其廉者足以为仪表，其污者足以为戒，方略教导，禁奸止邪，一切亦皆彬彬质有其文武焉。虽惨酷，斯称其位矣。至若蜀守冯当暴挫，广汉李贞擅磔人，东郡弥仆锯项，天水骆璧推咸，河东褚广妄杀，京兆无忌、冯翊殷周蝮鸷，水衡阎奉朴击卖请，何足数哉！何足数哉！

分别当了河内和河南太守。他治理政事残暴酷烈比王温舒等更厉害。杜周开始当廷史时，只有一匹马，而且配饰也不全；等到他长久当官，位列三公，子孙都当高官了，家中钱财积累数目多达好多万。

　　太史公说：从郅都到杜周十个人，都以严酷暴烈而闻名。但郅都刚烈正直，辩说是非，争于国家有益的重大原则。张汤因为懂得观察君王的喜怒哀乐而投其所好，皇上与他上下配合，当时屡次辩论国家大事的得失，国家靠他而得到益处。赵禹时常依据法律坚持正道。杜周则顺从上司的意旨、阿谀奉承，以少说话为重要原则。从张汤死后，法网严密，办案多诋毁严酷，政事逐渐败坏荒废。九卿之官碌碌无为，只求保全官职，他们防止发生过错尚且来不及，哪有时间研究法律以外的事情呢？但是这十个人中，那廉洁的完全可以成为人们的表率，那污浊的足以做人们的鉴戒，他们谋划策略，教导人们，禁止奸邪，一切作为，斯文有礼，恩威并施。执法固然严酷，但这与他们的职务是相称的。至于像蜀郡太守冯当凶暴地摧残人，广汉郡李贞擅自肢解百姓，东郡弥仆锯断人的脖子，天水郡骆璧椎击犯人逼供定案，河东郡褚广妄杀百姓，京兆的无忌、冯翊殷周的凶狠，水衡都尉阎奉拷打逼迫犯人出钱买得宽恕，哪里值得陈说！哪里值得陈说！

大宛列传第六十三

　　大宛之迹，见自张骞。张骞，汉中人。建元中为郎。是时天子问匈奴降者，皆言匈奴破月氏王，以其头为饮器，月氏遁逃而常怨仇匈奴，无与共击之。汉方欲事灭胡，闻此言，因欲通使。道必更匈奴中，乃募能使者。骞以郎应募，使月氏，与堂邑氏胡奴甘父俱出陇西。经匈奴，匈奴得之，传诣单于。单于留之，曰："月氏在吾北，汉何以得往使？吾欲使越，汉肯听我乎？"留骞十余岁，与妻，有子，然骞持汉节不失。

　　居匈奴中，益宽，骞因与其属亡乡月氏，西走数十日至大宛。大宛闻汉之饶财，欲通不得，见骞，喜，问曰："若欲何之？"骞曰："为汉使月氏，而为匈奴所闭道。今亡，唯王使人导送我。诚得至，反汉，汉之赂遗王财物不可胜言。"大宛以为然，遣骞，为发导绎，抵康居，康居传致大月氏。大月氏王已为胡所杀，立其太子为王。既臣大夏而居，地肥饶，少寇，志安乐，又自以远汉，殊无报胡之心。骞从月氏至大夏，竟不能得月氏要领。

　　留岁余，还，并南山，欲从羌中归，复为匈奴所得。留岁余，单于死，左谷蠡王攻其太子自立，国内乱，骞与胡妻及堂邑父俱亡归汉。汉拜骞为太中大夫，堂邑父为奉使君。

　　骞为人强力，宽大信人，蛮夷爱之。堂邑父故胡人，善射，穷急射禽兽给食。初，骞行时百余人，去十三岁，唯二人得还。

　　骞身所至者大宛、大月氏、大夏、康居，而传闻其旁大国五六，

大宛这地方是由张骞发现的。张骞是汉中人，汉武帝建元年间当过郎官。这时，天子问投降的那些匈奴人，他们都说匈奴攻打并战胜月氏王，用他的头骨当饮酒的器皿。月氏逃跑了，因而常常怨恨匈奴，只是没有人和他们一块儿去打匈奴。这时汉朝正想攻打匈奴，听到这些说法，因此想派使者去联络月氏。但是去月氏必须经过匈奴，于是就招募能够出使的人。张骞是以郎官身份应招出使月氏，和堂邑氏人原来匈奴奴隶名叫甘父的一同从陇西出境，路过匈奴时，被匈奴抓到，又移送给单于。单于留住张骞，说："月氏在我们北边，汉朝怎么能派使者前去呢？我们要想派使者去南越，汉朝能允许我们吗？"扣留张骞十余年，给他娶了妻子，让他有了孩子，可是张骞一直保持着汉朝使者的符节，没有丢失。

张骞留居匈奴，匈奴对他的看管日渐宽松，张骞因而得以同他的随从逃向月氏，向西跑了几十天，到达大宛。大宛听说汉朝有很丰富的钱财，早想与汉朝沟通，却未成功。如今见到张骞，心中高兴，便向张骞问道："你想到哪儿去？"张骞说："我是为汉朝出使月氏，却被匈奴拦住去路。现在逃出匈奴，希望大王派人引导护送我们去月氏。若真能到达月氏，我们返回汉朝，汉朝赠送给大王的财物是用言语说不尽的。"大宛认为张骞的话是真实的，就让张骞出发，并给他派了向导和翻译，到达康居。康居又把他转送到大月氏。这时，大月氏的国王已经被匈奴杀死，又立了他的太子当国王。这位国王已把大夏征服，并在这里居住下来。这地方土地肥美富饶，很少有敌人敢侵犯，心情安适快乐。又认为自己离汉朝很远，根本没有向匈奴报仇的心意。张骞从月氏到了大夏，终究没有得到月氏对联汉攻击匈奴的明确态度。

张骞在月氏住了一年多，打算回中原，他沿着南山行进，想通过羌人居住的地区回到长安，却又被匈奴捉到了。他在匈奴住了一年多，单于死了，匈奴左谷蠡王攻击太子，自立为单于，国内大乱，张骞乘机与胡人妻子和堂邑父一起逃回汉朝。汉朝封张骞为太中大夫，封堂邑父为奉使君。

张骞有力量且坚强，心胸宽大，诚实可信，蛮夷之人都喜欢他。堂邑父是匈奴人，善于射箭，每当危急穷困之时，就射杀飞禽走兽当饭吃。最初，张骞出使时有一百多随从，离开汉朝十三年，只有他和甘父二人回到汉朝。

张骞所到的大宛、大夏、大月氏、康居，传说这些国家的旁边还有五六个大

具为天子言之。曰：

大宛在匈奴西南，在汉正西，去汉可万里。其俗土著，耕田，田稻麦。有蒲陶酒。多善马，马汗血，其先天马子也。有城郭屋室。其属邑大小七十余城，众可数十万。其兵弓矛骑射。其北则康居，西则大月氏，西南则大夏，东北则乌孙，东则扜罙、于寘。于寘之西，则水皆西流，注西海；其东水东流，注盐泽。盐泽潜行地下，其南则河源出焉。多玉石，河注中国。而楼兰、姑师邑有城郭，临盐泽。盐泽去长安可五千里。匈奴右方居盐泽以东，至陇西长城，南接羌，鬲汉道焉。

乌孙在大宛东北可二千里，行国，随畜，与匈奴同俗。控弦者数万，敢战。故服匈奴，及盛，取其羁属，不肯往朝会焉。

康居在大宛西北可二千里，行国，与月氏大同俗。控弦者八九万人。与大宛邻国。国小，南羁事月氏，东羁事匈奴。

奄蔡在康居西北可二千里，行国，与康居大同俗。控弦者十余万。临大泽，无崖，盖乃北海云。

大月氏在大宛西可二三千里，居妫水北。其南则大夏，西则安息，北则康居。行国也，随畜移徙，与匈奴同俗。控弦者可一二十万。故时强，轻匈奴，及冒顿立，攻破月氏，至匈奴老上单于，杀月氏王，以其头为饮器。始月氏居敦煌、祁连间，及为匈奴所败，乃远去，过宛，西击大夏而臣之，遂都妫水北，为王庭。其余小众不能去者，保南山羌，号小月氏。

安息在大月氏西可数千里。其俗土著，耕田，田稻麦，蒲陶酒。城邑如大宛。其属小大数百城，地方数千里，最为大国。临妫水，有市，民商贾用车及船，行旁国或数千里。以银为钱，钱如其王面，王死辄更钱，效王面焉。画革旁行以为书记。其西则条枝，北有奄蔡、

国，他都一一向汉天子陈述了情况，说：

大宛在匈奴西南，在汉朝正西面，大约离汉朝一万里。当地的风俗是定居一处，耕种田地，种稻子和麦子。出产葡萄酒。有很多好马，马出汗带血，它的祖先是天马的儿子。那里有城郭房屋，归它管辖的大小城镇有七十多座，民众大约有几十万。大宛的兵器是弓和矛，人们骑马射箭。它的北边是康居，西边是大月氏，西南是大夏，东北是乌孙，东边是扜罙、于窴。于窴的西边，河水都向西流，注入西海。于阗东边的河水都向东流，注入盐泽。盐泽的水在地下暗中流淌，它的南边就是黄河的源头，黄河水由此流出。那儿盛产玉石，黄河水流入中原。楼兰和姑师的城镇都有城郭，靠近盐泽。盐泽离长安大约五千里。匈奴的右边正处在盐泽以东，直到陇西长城，南边与羌人居住区相接，阻隔了通往汉朝的道路。

乌孙在大宛东北大约二千里，是个百姓不定居一处的国家，人们随着放牧的需要而迁移，和匈奴的风俗相同。有几万名拉弓打仗的兵卒，勇敢善战。原先服从于匈奴，待到强盛后，就要回被束缚在匈奴的那些人质，不肯去朝拜匈奴。

康居在大宛西北大约二千里，是个百姓不定居一处的国家，与月氏的风俗大致相同。有八九万拉弓打仗的战士，同大宛是邻国。国家小，南边被迫服侍月氏，东边被迫服侍匈奴。

奄蔡在康居西北大约二千里，是个百姓不定居一处的国家，与康居的风俗大致相同。拉弓作战的战士有十多万。它靠近一个大的水泽，无岸无边，大概就是北海吧。

大月氏在大宛西边大约二三千里，处于妫水之北。它南边是大夏，西边是安息，北边是康居。是个百姓不定居一处的国家，人们随着放牧的需要而迁移，同匈奴的风俗一样。拉弓打仗的战士也有一二十万。从前强大时，很轻视匈奴，冒顿立为单于，打败月氏；到了匈奴老上单于时，杀死了月氏王，用月氏王的头骨做饮酒器皿。开始时，月氏居住在敦煌、祁连之间，待到被匈奴打败，大部分人就远远离开这里，经过大宛，向西去攻打大夏，并把它打败，令其臣服于月氏，于是建都在妫水之北，作为王庭。而其余一小部分不能离开的月氏人，就保全了南山和羌人居住的地方，称为小月氏。

安息在大月氏西边大约几千里的地方。它们的习俗是定居一处，耕种田地，种植稻子和麦子，出产葡萄酒。它的城镇如同大宛一样。大小城镇有数百座由它所管辖，国土方圆数千里，是最大的国家。靠近妫水，有集市，人们为做生意，装运货物用车和船，有时运到附近的国家或者几千里以外的地方。他们用银作钱币，钱币铸成国王容貌的样子，国王死去，就改换钱币，这是因为要模仿国王的

黎轩。

条枝在安息西数千里,临西海。暑湿。耕田,田稻。有大鸟,卵如瓮。人众甚多,往往有小君长,而安息役属之,以为外国。国善眩。安息长老传闻条枝有弱水、西王母,而未尝见。

大夏在大宛西南二千余里妫水南。其俗土著,有城屋,与大宛同俗。无大长,往往城邑置小长。其兵弱,畏战。善贾市。及大月氏西徙,攻败之,皆臣畜大夏。大夏民多,可百余万。其都曰蓝市城,有市贩贾诸物。其东南有身毒国。

骞曰:"臣在大夏时,见邛竹杖、蜀布。问曰:'安得此?'大夏国人曰:'吾贾人往市之身毒。身毒在大夏东南可数千里。其俗土著,大与大夏同,而卑湿暑热云。其人民乘象以战。其国临大水焉。'以骞度之,大夏去汉万二千里,居汉西南。今身毒国又居大夏东南数千里,有蜀物,此其去蜀不远矣。今使大夏,从羌中,险,羌人恶之;少北,则为匈奴所得;从蜀宜径,又无寇。"天子既闻大宛及大夏、安息之属皆大国,多奇物,土著,颇与中国同业,而兵弱,贵汉财物;其北有大月氏、康居之属,兵强,可以赂遗设利朝也。且诚得而以义属之,则广地万里,重九译,致殊俗,威德遍于四海。天子欣然,以骞言为然,乃令骞因蜀犍为发间使,四道并出:出駹,出冉,出徙,出邛、僰,皆各行一二千里。其北方闭氐、筰,南方闭嶲、昆明。昆明之属无君长,善寇盗,辄杀略汉使,终莫得通。然闻其西可千余里有乘象国,名曰滇越,而蜀贾奸出物者或至焉,于是汉以求大夏道始通滇国。初,汉欲通西南夷,费多,道不通,罢之。及张骞言可以通大夏,乃复事西南夷。

骞以校尉从大将军击匈奴,知水草处,军得以不乏,乃封骞为博望侯。是岁元朔六年也。其明年,骞为卫尉,与李将军俱出右北平击

面貌。他们画横在皮革上作为文字。它西边是条枝，北边是奄蔡、黎轩。

安息西边数千里是条枝，靠近西海。那里天气炎热潮湿。人们耕种田地，种植稻子。那里出产一种大鸟，它的蛋像瓮坛那样大。人口众多，有的地方往往有小君长，而安息役使管辖他们。它被当作外围国家。条枝国的人擅长魔术。安息的老年人传说条枝国有弱水和西王母，却不曾见过。

在大宛西南二千余里的妫水南面是大夏。其地风俗是人们定居一处，有城镇和房屋。与大宛的风俗相同。没有大君长，每个城镇往往设置小君长。这个国家的军队软弱，害怕打仗。人们善于做买卖。待到大月氏西迁时，打败了大夏，整个大夏被统治了。大夏的民众很多，大约有一百多万。它的都城叫蓝市城。这里有贸易市场。贩卖各种物品。大夏东南有身毒国。

张骞说："我在大夏时，看见过邛竹杖、蜀布，便问他们：'从哪儿得到了这些东西？'大夏国的人说：'我们的商人到身毒国买回来的。身毒国在大夏东南大约几千里。那里的风俗是人们定居一处，大致与大夏相同，但地势低湿，天气炎热。它的人民骑着大象打仗。那里临近大水。'我估计，大夏离汉朝一万二千里，处于汉朝西南。身毒国又处于大夏东南几千里，有蜀郡的产品，这就说明它离蜀郡不远了。如今出使大夏，要是从羌人居住区经过，则地势险要，羌人厌恶；要是稍微向北走，就会被匈奴俘获。从蜀地前往，应是直道、又没有侵扰者。"天子已经听说大宛和大夏、安息等都是大国，有很多奇特物品出产，人民定居一处，与汉朝人的生活习俗颇相似，而他们的军队软弱，很看重汉朝的财物。北边有大月氏、康居这些国家，他们的军队强大，但可以用赠送礼物、给予好处的办法，诱使他们来朝拜汉天子。而且若是真能得到他们，并用道义使其为属，那么就可以扩大万里国土，经过辗转翻译，招来不同风俗的人民，使汉朝天子的声威和恩德传遍四海内外。汉武帝心中高兴，认为张骞的话是对的，于是命令张骞从蜀郡、犍为郡派遣秘密行动的使者，分四路同时出发：一路从駹出发，一路从冉起程，一路从徙出动，一路从邛、僰启行，都各自行走一二千里。结果北边那一路被氐和筰所阻拦，南边那一路被巂和昆明所阻拦。昆明之类的国家没有君长，善于抢劫偷盗，常杀死和抢掠汉朝使者，汉朝使者终究没能通过。但是，听说昆明西边一千余里的地方，有个人民都骑象的国家，名叫滇越，蜀郡偷运物品出境的商人中有的到过那里，于是汉朝因为要寻找前往大夏的道路而开始同滇国沟通。最初，汉朝想开通西南夷，浪费了很多钱财，道路也没开通，就作罢了。待到张骞说可以由西南夷通往大夏，汉朝又重新从事开通西南夷的事情。

张骞以校尉的身份跟随大将军卫青去攻打匈奴，因为他知道有水草的地方，所以军队能够不困乏。张骞被皇上封为博望侯的第二年，张骞当了卫尉，同李广

匈奴。匈奴围李将军，军失亡多；而骞后期当斩，赎为庶人。是岁汉遣骠骑破匈奴西数万人，至祁连山。其明年，浑邪王率其民降汉，而金城、河西西并南山至盐泽空无匈奴。匈奴时有候者到，而希矣。其后二年，汉击走单于于幕北。

是后天子数问骞大夏之属。骞既失侯，因言曰："臣居匈奴中，闻乌孙王号昆莫，昆莫之父，匈奴西边小国也。匈奴攻杀其父，而昆莫生弃于野。乌嗛肉蜚其上，狼往乳之。单于怪以为神，而收长之。及壮，使将兵，数有功，单于复以其父之民予昆莫，令长守于西。昆莫收养其民，攻旁小邑，控弦数万，习攻战。单于死，昆莫乃率其众远徙，中立，不肯朝会匈奴。匈奴遣奇兵击，不胜，以为神而远之，因羁属之，不大攻。今单于新困于汉，而故浑邪地空无人。蛮夷俗贪汉财物，今诚以此时而厚币赂乌孙，招以益东，居故浑邪之地，与汉结昆弟，其势宜听，听则是断匈奴右臂也。既连乌孙，自其西大夏之属皆可招来而为外臣。"天子以为然，拜骞为中郎将，将三百人，马各二匹，牛羊以万数，赍金币帛直数千巨万，多持节副使，道可使，使遗之他旁国。

骞既至乌孙，乌孙王昆莫见汉使如单于礼，骞大惭，知蛮夷贪，乃曰："天子致赐，王不拜则还赐。"昆莫起拜赐，其他如故。骞谕使指曰："乌孙能东居浑邪地，则汉遣翁主为昆莫夫人。"乌孙国分，王老，而远汉，未知其大小，素服属匈奴日久矣，且又近之，其大臣皆畏胡，不欲移徙，王不能专制。骞不得其要领。昆莫有十余子，其中子曰大禄，强，善将众，将众别居万余骑。大禄兄为太子，太子有子曰岑娶，而太子蚤死。临死谓其父昆莫曰："必以岑娶为太子，无令他人代之。"昆莫哀而许之，卒以岑娶为太子。大禄怒其不

将军一同从右北平出发去攻打匈奴。李将军被匈奴大兵包围了，他的军队伤亡很多，而张骞因为误了约定的时间，被判处死刑，花钱赎罪，成为平民百姓。这一年，骠骑将军霍去病被汉朝派遣在西边大败匈奴的几万人，来到祁连山下。翌年，匈奴浑邪王率领他的百姓投降了汉朝，从此金城、河西西边及南山到盐泽一带，再也没有匈奴人了。匈奴有时也派侦察兵来这里，而这种事情很少发生。这以后整整二年，匈奴单于就被汉朝赶到大沙漠以北。

此后，天子多次向张骞询问大夏等国的事情。这时张骞已经失去侯爵，于是就说："我在匈奴时，听说乌孙国王叫昆莫，而昆莫的父亲，是匈奴西边一个小国的君王。匈奴攻打并杀了昆莫的父亲，而昆莫自打出生后就被抛弃到旷野里。鸟儿口衔着肉飞到他身上，喂他；狼跑来给他喂奶。单于感到很奇怪，以为他是神，就收养了他，让他长大。等他成年后，就让他领兵打仗，屡次立功，单于就给了他他父亲的百姓，命令他长期驻守在西域。昆莫收养他的百姓，攻打旁边的小城镇，逐渐有了几万名能拉弓打仗的兵士，熟悉攻伐战争的本领。单于死后，昆莫就率领他的民众远远地迁移，保持独立，不愿意去朝拜匈奴。匈奴派遣突击队攻打昆莫，没有取胜，匈奴认为昆莫是神人，便远离他，对他采取约束控制的办法，而不对他发动重大攻击。如今单于刚被汉朝打得很疲惫，而又没人守卫原来浑邪王控制的地方。蛮夷的习俗是贪图汉朝的财物，在这时若真能用丰厚的财物赠送乌孙，招引他再往东迁移，居住到原来浑邪王控制的地方，并同汉朝结为兄弟，根据情势看，昆莫应该是能够接受的，如果他接受了这个安排，那么这就相当于是砍断了匈奴的右臂。联合了乌孙之后，它西边的大夏等国都可以招引来作为外臣属国。"汉武帝认为张骞说得很对，任命他为中郎将，率领三百人，每人两匹马、几万只牛羊，携带钱财布帛，价值几千万；还配备了好多名持符节的副使，如果道路能打通，就派遣他们到周边的国家去。

张骞到了乌孙后，乌孙王昆莫接见汉朝使者，和对待匈奴单于的礼节差不多，张骞内心很羞愧，他知道蛮夷之人很贪婪，就说："天子赠送礼物，如果国王不拜谢，就把礼物退回来。"昆莫起身拜谢，接受了礼物，其他做法依旧。张骞向昆莫说明了他出使的旨意，说："如果乌孙能向东迁移到浑邪王的旧地去，那么汉朝将送一位诸侯的女儿嫁给昆莫做妻子。"这时乌孙国已经分裂，国王年老，又远离汉朝，不知道它的大小，原先归属匈奴已经很久了，而且离匈奴又近，大臣们都怕匈奴，不想迁移，国王不能独自决定。张骞因而没能得到乌孙王的明确态度。昆莫有十多个儿子，其中有个儿子叫大禄，强悍，擅长领兵，他率领一万多骑兵居住在另外的地方。大禄的哥哥是太子，太子有个儿子叫岑娶，太子早就死了。他临死时，对父亲昆莫说："一定要以岑娶做太子，不要让别人代

得代太子也，乃收其诸昆弟，将其众畔，谋攻岑娶及昆莫。昆莫老，常恐大禄杀岑娶，予岑娶万余骑别居，而昆莫有万余骑自备，国众分为三，而其大总取羁属昆莫，昆莫亦以此不敢专约于骞。

骞因分遣副使使大宛、康居、大月氏、大夏、安息、身毒、于窴、扜采及诸旁国。乌孙发导译送骞还，骞与乌孙遣使数十人，马数十匹报谢，因令窥汉，知其广大。

骞还到，拜为大行，列于九卿。岁余，卒。

乌孙使既见汉人众富厚，归报其国，其国乃益重汉。其后岁余，骞所遣使通大夏之属者皆颇与其人俱来，于是西北国始通于汉矣。然张骞凿空，其后使往者皆称博望侯，以为质于外国，外国由此信之。

自博望侯骞死后，匈奴闻汉通乌孙，怒，欲击之。及汉使乌孙，若出其南，抵大宛、大月氏相属，乌孙乃恐，使使献马，原得尚汉女翁主为昆弟。天子问群臣议计，皆曰"必先纳聘，然后乃遣女"。初，天子发书，《易》云"神马当从西北来"。得乌孙马好，名曰"天马"。及得大宛汗血马，益壮，更名乌孙马曰"西极"，名大宛马曰"天马"云。而汉始筑令居以西，初置酒泉郡以通西北国。因益发使抵安息、奄蔡、黎轩、条枝、身毒国。而天子好宛马，使者相望于道。诸使外国一辈大者数百，少者百余人，人所赍操大放博望侯时。其后益习而衰少焉。汉率一岁中使多者十余，少者五六辈，远者八九岁，近者数岁而反。

是时汉既灭越，而蜀、西南夷皆震，请吏入朝。于是置益州、越嶲、牂柯、沈黎、汶山郡，欲地接以前通大夏。乃遣使柏始昌、吕越人等岁十余辈，出此初郡抵大夏，皆复闭昆明，为所杀，夺币财，终莫能通至大夏焉。于是汉发三辅罪人，因巴蜀士数万人，遣两将军郭

替他。"昆莫哀伤地答应了他,终于让岑娶当了太子。大禄对自己没能取代太子很愤怒,于是收罗他的兄弟们,率领他的军队造反了,蓄谋攻打岑娶和昆莫。昆莫年老了,常常害怕大禄杀害岑娶,就分给岑娶一万多骑兵,居住到别的地方去。而昆莫自己还有一万多骑兵用以自卫。这样一来,乌孙国一分为三,而大体上仍是归属于昆莫,因此昆莫也不敢独自与张骞商定这件事。

张骞于是就派副使分别出使大宛、康居、大月氏、安息、大夏、身毒、于窴、扜罙及旁边的几个国家。乌孙国送张骞回国并派出向导和翻译。张骞和乌孙国派出的使者共几十人,带来几十匹马,答谢和回报汉天子,顺便让他们窥视汉朝情况,了解汉朝的广大。

张骞回到汉朝,被任命为大行,官位排列在九卿之中。过了一年多,他就死了。

乌孙的使者已经看到汉朝财物丰厚而且地广人多,回去报告了国王,乌孙国就越发重视汉朝。过了一年多,张骞派出的沟通大夏等国的使者,大多都和所去国家的人一同回到汉朝。于是,西北各国从这时才开始和汉朝有了交往。然而这种交往是张骞开创的,所以,以后前往西域各国的使者都称博望侯,凭此取信于外国,外国也因此而信任汉朝使者。

自从博望侯张骞死后,匈奴听说汉朝和乌孙有了往来,特别气愤,想攻打乌孙。待到汉朝出使乌孙,而且从它南边到达大月氏、大宛,使者接连不断,乌孙才感到恐惧,派使者向汉朝献马,希望能娶汉朝诸侯女儿做妻子,与汉朝结为兄弟。天子向群臣征求意见,群臣都说:"一定要先让他们把聘礼送来,然后才能把诸侯女儿嫁过去。"最初,天子翻开《易经》占卜,书上写道:"神马当从西北来。"乌孙的良马得到后,天子就命名那马为"天马"。待到得了大宛的汗血马,越发健壮,乌孙马就改名为"西极",命名大宛马为"天马"。这时汉朝开始修筑令居以西的长城亭障,初设酒泉郡,以便与西北各国的沟通。于是加派使者抵达安息、奄蔡、黎轩、条枝、身毒国。而大宛的马汉朝天子喜欢,因此出使大宛的使者络绎不绝。那些出使外国的使者每批多者数百人,少者百余人,每人所携带的东西差不多和博望侯所带的相同。此后出使之事习以为常。所派人数就减少了。汉朝一年大致派出的使者,多的时候十余批,少的时候五六批。远地方,使者八九年才能回来,近地方,几年就可以返回来。

这时南越已经被汉朝灭亡了,蜀地和西南夷诸国都震恐,请求汉朝为他们设置官吏和入朝拜见汉天子。于是汉朝设置了益州、越嶲、牂柯、沈黎、汶山等郡,想让土地连成一片,再向前通往大夏。于是汉朝一年内就派遣使者柏始昌、吕越人等十余批,从这些新设的郡出发,直到大夏,但又被昆明所阻拦,使者被杀,钱物被抢,最终也没能到达大夏。于是汉朝调遣三辅的罪人,再加上巴、蜀

昌、卫广等往击昆明之遮汉使者，斩首虏数万人而去。其后遣使，昆明复为寇，竟莫能得通。而北道酒泉抵大夏，使者既多，而外国益厌汉币，不贵其物。

自博望侯开外国道以尊贵，其后从吏卒皆争上书言外国奇怪利害，求使。天子为其绝远，非人所乐往，听其言，予节，募吏民毋问所从来，为具备人众遣之，以广其道。来还不能毋侵盗币物，及使失指，天子为其习之，辄覆案致重罪，以激怒令赎，复求使。使端无穷，而轻犯法。其吏卒亦辄复盛推外国所有，言大者予节，言小者为副，故妄言无行之徒皆争效之。其使皆贫人子，私县官赍物，欲贱市以私其利外国。外国亦厌汉使人人有言轻重，度汉兵远不能至，而禁其食物以苦汉使。汉使乏绝积怨，至相攻击。而楼兰、姑师小国耳，当空道，攻劫汉使王恢等尤甚。而匈奴奇兵时时遮击使西国者。使者争遍言外国灾害，皆有城邑，兵弱易击。于是天子以故遣从骠侯破奴将属国骑及郡兵数万，至匈河水，欲以击胡，胡皆去。其明年，击姑师，破奴与轻骑七百余先至，虏楼兰王，遂破姑师。因举兵威以困乌孙、大宛之属。还，封破奴为浞野侯。王恢数使，为楼兰所苦，言天子，天子发兵令恢佐破奴击破之，封恢为浩侯。于是酒泉列亭鄣至玉门矣。

乌孙以千匹马聘汉女，汉遣宗室女江都翁主往妻乌孙，乌孙王昆莫以为右夫人。匈奴亦遣女妻昆莫，昆莫以为左夫人。昆莫曰"我老"，乃令其孙岑娶妻翁主。乌孙多马，其富人至有四五千匹马。

初，汉使至安息，安息王令将二万骑迎于东界。东界去王都数千里。行比至，过数十城，人民相属甚多。汉使还，而后发使随汉使来观汉广大，以大鸟卵及黎轩善眩人献于汉。及宛西小国欢潜、大益，

的士卒几万人,派遣郭昌、卫广两位将军去攻打昆明阻拦汉朝使者的人,杀死和俘获了几万人就离开了。这以后汉朝派出使者,昆明又进行抢杀,最后还是未能沟通大夏。而北边通过酒泉抵达大夏的路上,使者已经很多,外国人有了很多汉朝的布帛财物,对这些东西便不再感到贵重。

博望侯得到尊官和富贵是因为开辟了通往外国的道路,以后跟随出使的官吏和士卒都争着上书,陈述外国的珍奇之物、怪异之事和利害之情,要求充当使者。汉朝天子认为外国非常遥远,并非人人乐意前往,就接受他们的要求,赐予符节,招募官吏和百姓而不问出身,为他们配备人员,派遣他们出使,以扩大沟通外国的道路。出使归来的人不能出现侵吞布帛财物的情况,以及背离天子旨意的事情,天子认为他们熟悉西域和使者的工作,常常深究他们的罪行,以此激怒他们,令其出钱赎罪,再次要求充任使者。这样一来出使的事端层出不穷,而他们也就轻易犯法了。那些官吏士卒也常常反复称赞外国有的东西,说大话的人被授予符节当正使,浮夸小的人被任为副使,所以那些胡说而又无德行的人争相效法他们。那些出使者都是穷人的子弟,把官府送给西域各国的礼物占为己有,想用低价卖出,在外国获取私利。外国也讨厌汉朝使者人人说的话都有不同程度不真实的成分,他们估计汉朝大军离得远,不能到达,因而断绝他们的食物,使汉朝使者遭受困苦。汉朝使者生活困乏,物资被断绝,以至于相互攻击。楼兰、姑师是小国,正处于交通要道,因而他们攻击汉朝使者王恢等尤其厉害。匈奴的突击部队也时时阻拦攻击出使西域诸国的汉朝使者。使者争相详谈外国的危害,虽然各国都有城镇,但是军队软弱,容易攻击。于是天子派遣从骠侯赵破奴率领属国骑兵及各郡士兵几万人,开赴匈河水,想攻打匈奴,匈奴人都离开了。第二年,攻打姑师,赵破奴和轻骑兵七百多人首先到达,俘虏了楼兰王,于是攻陷姑师。乘着胜利的军威围困乌孙、大宛等国。回汉朝后,赵破奴受封为浞野侯。王恢屡次出使,被楼兰搞得很困苦,他把这事告诉天子,天子发兵,命令王恢辅佐赵破奴打败敌人,因此封王恢为浩侯。于是,汉朝从酒泉修筑亭鄣,一直修到玉门关。

乌孙王用一千匹马聘娶汉朝姑娘,汉朝把皇族江都王刘建的女儿嫁给乌孙王为妻,乌孙王昆莫以她为右夫人。匈奴也派遣公主嫁给昆莫,昆莫让她做左夫人。昆莫说:"我老了。"就命令他孙子岑娶娶公主为妻子。乌孙盛产马,那些富有人家的马竟多至四五千匹。

刚开始,汉朝使者到达安息,安息王命令有关人率领二万骑兵在东部国境上迎接。东部国境与王都相距数千里。走到王都要经过几十座城镇,百姓相连,人口甚多。汉朝使者归来,安息派使者随汉使来观察汉朝的广大,把黎轩善变魔术的人和大鸟蛋献给汉朝。至于大宛西边的小国欢潜、大益,大宛东边的姑师、扜

宛东姑师、扜罙、苏薤之属，皆随汉使献见天子。天子大悦。

而汉使穷河源，河源出于寘，其山多玉石，采来，天子案古图书，名河所出山曰昆仑云。

是时上方数巡狩海上，乃悉从外国客，大都多人则过之，散财帛以赏赐，厚具以饶给之，以览示汉富厚焉。于是大觳抵，出奇戏诸怪物，多聚观者，行赏赐，酒池肉林，令外国客遍观仓库府藏之积，见汉之广大，倾骇之。及加其眩者之工，而觳抵奇戏岁增变，甚盛益兴，自此始。

西北外国使，更来更去。宛以西，皆自以远，尚骄恣晏然，未可诎以礼羁縻而使也。自乌孙以西至安息，以近匈奴，匈奴困月氏也，匈奴使持单于一信，则国国传送食，不敢留苦；及至汉使，非出币帛不得食，不市畜不得骑用。所以然者，远汉，而汉多财物，故必市乃得所欲，然以畏匈奴于汉使焉。宛左右以葡萄为酒，富人藏酒至万余石，久者数十岁不败。俗嗜酒，马嗜苜蓿。汉使取其实来，于是天子始种苜蓿、葡萄肥饶地。及天马多，外国使来众，则离宫别观旁尽种葡萄、苜蓿极望。自大宛以西至安息，国虽颇异言，然大同俗，相知言。其人皆深眼，多须髯，善市贾，争分铢。俗贵女子，女子所言而丈夫乃决正。其地皆无丝漆，不知铸钱器。及汉使亡卒降，教铸作他兵器。得汉黄白金，辄以为器，不用为币。

而汉使者往既多，其少从率多进熟于天子，言曰："宛有善马在贰师城，匿不肯与汉使。"天子既好宛马，闻之甘心，使壮士车令等持千金及金马以请宛王贰师城善马。宛国饶汉物，相与谋曰："汉去我远，而盐水中数败，出其北有胡寇，出其南乏水草。又且往往而绝邑，乏食者多。汉使数百人为辈来，而常乏食，死者过半，是安能致大军乎？无奈我何。且贰师马，宛宝马也。"遂不肯予汉使。汉使

罙、苏薤等国，都随汉朝使者来进献贡品和拜见天子。天子特别高兴。

汉朝使者想尽一切办法探寻黄河的源头，源头出在于寘国，那里的山上盛产玉石，使者们采回来，天子依据古代图书进行考查，命名黄河发源的山叫昆仑山。

这时，天子屡次到海边之地视察，每次都让外国客人跟在其后，大凡人多的城镇都要经过。并且散发钱财赏赐他们，准备丰厚的礼物提供给他们，以此展示汉朝的富有。于是大规模地搞角抵活动，演出奇戏，展出许多怪物，引来许多人围观，天子便开始赏赐，聚酒成池，挂肉成林，各地仓库中储藏的物资让外国客人遍观，以表现汉朝的广大，使他们倾倒惊骇。待增加那魔术的技巧后，奇戏和角抵每年都变化出新花样，这些技艺越发兴盛，就从这时开始。

西域的外国使者，换来换去，往来不断。但大宛以西诸国使者，都认为远离汉朝，仍然骄傲放纵，安逸自适，汉朝还不能以礼约束他们，使他们顺从地听从吩咐。从乌孙以西直到安息诸国，因为靠近匈奴，匈奴使月氏处于困扰之中，所以匈奴使者拿着单于的一封信，则这些国家就轮流供给他们食物，不敢阻留使他们受苦。至于汉朝使者到达，不拿出布帛财物就不供给饮食，不买牲畜就得不到坐骑。之所以出现这种情况，就是因为汉朝遥远。而汉朝又有钱有物，所以一定要买才能得到想要的东西，但也是由于他们畏惧匈奴使者甚于汉朝使者的缘故。大宛左右的国家都用葡萄做酒，富有人家藏的酒多达一万余石，保存时间久的几十年都不坏。当地风俗是特爱喝酒，马喜欢吃苜蓿草。汉朝使者取回葡萄、苜蓿的种子，于是天子开始在肥沃的土地上种植葡萄、苜蓿。得到天马多了，外国的使者来的多了，则汉朝的离宫别苑旁边都种上葡萄、苜蓿，一望无边。从大宛以西到安息，各国虽然语言不同，但风俗大致相同，彼此可以相互了解。那里的人眼睛都凹陷，胡须很重，善于做买卖，连一分一铢都要争执。当地风俗尊重女人，女子说话，丈夫就不敢违背坚决照办。那里到处都没有丝和漆，不懂得铸钱和器物。等到汉朝使者的逃亡士卒向他们投降了，就教他们铸造兵器和器物。他们得到汉朝的黄金和白银，就用来铸造器皿，而不用来铸钱币。

汉朝使者出使西域的逐渐多起来，那些自少年时代就随着出使的人，大多都把自己熟悉的情况向天子汇报，说："有好马在大宛，在贰师城，他们把它藏匿起来，不肯给汉朝使者。"天子已经喜欢大宛的马，听到这消息，心里是甜滋滋的，就派遣壮士车令等拿着千金和金马，去请求大宛王交换贰师城的好马。大宛国已经有不少汉朝的东西，宛王与大臣相互商议说："汉朝离我们远，而经过盐泽来我国屡有死亡、若从北边来又有匈奴侵扰，从南边来又缺少水草。而且往往没有城镇，饮食很缺乏。汉朝使者每批几百人前来，而常常因为缺乏食物，死的人超过一半，这种情况怎能派大军前来呢？他们对我们无可奈何，况且贰师

怒，妄言，椎金马而去。宛贵人怒曰："汉使至轻我！"遣汉使去，令其东边郁成遮攻杀汉使，取其财物。于是天子大怒。诸尝使宛姚定汉等言宛兵弱，诚以汉兵不过三千人，强弩射之，即尽虏破宛矣。天子已尝使浞野侯攻楼兰，以七百骑先至，虏其王，以定汉等言为然，而欲侯宠姬李氏，拜李广利为贰师将军，发属国六千骑，及郡国恶少年数万人，以往伐宛。期至贰师城取善马，故号"贰师将军"。赵始成为军正，故浩侯王恢使导军，而李哆为校尉，制军事。是岁太初元年也。而关东蝗大起，蜚西至敦煌。

贰师将军军既西过盐水，当道小国恐，各坚城守，不肯给食。攻之不能下。下者得食，不下者数日则去。比至郁成，士至者不过数千，皆饥罢。攻郁成，郁成大破之，所杀伤甚众。贰师将军与哆、始成等计："至郁成尚不能举，况至其王都乎？"引兵而还。往来二岁。还至敦煌，士不过什一二。使使上书言："道远多乏食；且士卒不患战，患饥。人少，不足以拔宛。原且罢兵，益发而复往。"天子闻之，大怒，而使使遮玉门，曰军有敢入者辄斩之！贰师恐，因留敦煌。

其夏，汉亡浞野之兵二万余于匈奴。公卿及议者皆原罢击宛军，专力攻胡。天子已业诛宛，宛小国而不能下，则大夏之属轻汉，而宛善马绝不来，乌孙、仑头易苦汉使矣，为外国笑。乃案言伐宛尤不便者邓光等，赦囚徒材官，益发恶少年及边骑，岁余而出敦煌者六万人，负私从者不与。牛十万，马三万余匹，驴骡橐它以万数。多赍粮，兵弩甚设，天下骚动，传相奉伐宛，凡五十余校尉。宛王城中无井，皆汲城外流水，于是乃遣水工徙其城下水空以空其城。益发戍甲卒十八万，酒泉、张掖北，置居延、休屠以卫酒泉，而发天下七科适，及载给贰师。转车人徒相连属至敦煌。而拜习马者二人为执驱校

的马是大宛的宝马。"就不肯给汉朝使者。汉朝使者发怒,便扬言要砸碎金马离去。大宛贵族官员发怒说:"汉朝使者太轻视我们!"就遣送汉朝使者离开,并命令东边的郁成国阻击并杀死汉朝使者,抢去他们的财物。于是天子大怒,诸位曾出使大宛的人,如姚定汉等人说大宛兵弱,若真能率领三千汉朝大军,用强弓劲弩射击他们,就可以全部俘获他们的军队,打败大宛。因为天子曾经派浞野侯攻打楼兰,他率领七百骑兵抢先攻到楼兰,俘虏楼兰王,所以天子认为姚定汉说得对,而且想使他的宠姬李夫人家得以封侯,所以天子就任命李夫人之兄李广利为贰师将军,调发属国的六千骑兵,以及各郡国的不规少年几万人,前去讨伐大宛。目的是到贰师城取回良马,所以号称"贰师将军"。赵始成当军正,原来的浩侯王恢当军队的向导,李哆当校尉,掌握军中的事情。这一年是汉武帝太初元年。这时关东出现严重蝗灾,蝗虫飞到了西边的敦煌。

　　贰师将军的军队已经过了西部的盐泽,所路过的小国都害怕,各自坚守城堡,不肯供给汉军食物。汉军攻城又攻不下来。攻下城来才能得到饮食,攻不下来,几天内就得离开那里。待到汉军到达郁成,战士跟上来的不过数千人,都饥饿疲劳。他们攻打郁成,郁成大败他们,汉军被杀伤的人很多。贰师将军与李哆、赵始成等商量,说:"到达郁成尚且不能攻下来,何况到达其国王的都城呢?"于是就领兵退回,往来经过二年。他们退到敦煌时,所剩士兵不过十分之一二。他们派使者向天子报告说:"道路遥远,经常缺乏食物,而且士卒不怕打仗,只忧虑挨饿。人少,不足以攻取大宛。希望暂时收兵。将来多派军队再前去讨伐。"天子听后,大怒,就派使者把他们阻止在玉门关,说军队中有敢进入玉门关的就杀头。贰师将军害怕,于是就留在敦煌。

　　太初二年夏天,汉朝在匈奴损失了浞野侯二万多人的军队。公卿和议事的官员都希望停止打大宛的军事行动,集中力量攻打匈奴。天子认为已经开始讨伐大宛,宛是小国却没能攻下,那么大夏等国就会轻视汉朝,而大宛的良马也绝不会再弄来,乌孙和仑头就会轻易地给汉朝使者增添烦扰,让外国人嘲笑。于是就惩治了说讨伐大宛尤为不利的邓光等,并赦免囚徒和勇敢的犯了罪的士卒,增派边地骑兵和品行恶劣的少年,一年多的时间里就有六万士兵从敦煌出发,这还不包括那些随军参战自带衣食的人。这些士兵携带着十万头牛,三万多匹马,还有上万的驴、骡和骆驼等物。他们还带了很多粮食,各种兵器都很齐备。当时全国骚动,相传奉命征伐大宛的校尉共有五十余人。宛王城中没有水井,都要靠汲取城外流进城内的流水,汉朝军队就派遣水工将城中的水道改变,使城内无水可用。汉朝还增派了十八万甲兵,戍守在酒泉、张掖以北,并设置居延、休屠两个县以护卫酒泉。汉朝还调发全国七种犯罪之人,载运干粮供应贰师将军。络绎不绝转

尉，备破宛择取其善马云。

于是贰师后复行，兵多，而所至小国莫不迎，出食给军。至仑头，仑头不下，攻数日，屠之。自此而西，平行至宛城，汉兵到者三万人。宛兵迎击汉兵，汉兵射败之，宛走入葆乘其城。贰师兵欲行攻郁成，恐留行而令宛益生诈，乃先至宛，决其水源，移之，则宛固已忧困。围其城，攻之四十余日，其外城坏，虏宛贵人勇将煎靡。宛大恐，走入中城。宛贵人相与谋曰："汉所为攻宛，以王毋寡匿善马而杀汉使。今杀王毋寡而出善马，汉兵宜解；即不解，乃力战而死，未晚也。"宛贵人皆以为然，共杀其王毋寡，持其头遣贵人使贰师，约曰："汉毋攻我。我尽出善马，恣所取，而给汉军食。即不听，我尽杀善马，而康居之救且至。至，我居内，康居居外，与汉军战。汉军熟计之，何从？"是时康居候视汉兵，汉兵尚盛，不敢进。贰师与赵始成、李哆等计："闻宛城中新得秦人，知穿井，而其内食尚多。所为来，诛首恶者毋寡。毋寡头已至，如此而不许解兵，则坚守，而康居候汉罢而来救宛，破汉军必矣。"军吏皆以为然，许宛之约。宛乃出其善马，令汉自择之，而多出食食给汉军。汉军取其善马数十匹。中马以下牡牝三千余匹，而立宛贵人之故待遇汉使善者名昧蔡以为宛王，与盟而罢兵。终不得入中城。乃罢而引归。

初，贰师起敦煌西，以为人多，道上国不能食，乃分为数军，从南北道。校尉王申生、故鸿胪壶充国等千余人，别到郁成。郁成城守，不肯给食其军。王申生去大军二百里，倚而轻之，责郁成。郁成食不肯出，窥知申生军日少，晨用三千人攻，戮杀申生等，军破，数人脱亡，走贰师。贰师令搜粟都尉上官桀往攻破郁成。郁成王亡走康居，桀追至康居。康居闻汉已破宛，乃出郁成王予桀，桀令四骑士

运物资的人员,直到敦煌。又任命两位熟悉马匹的人做执驱校尉,准备攻破大宛以后再选取它的良马。

于是贰师将军又一次出征,所率很多兵士,所到小国没有不迎接的,都拿出食物供应汉朝军队。他们到达仓头国,仓头国不肯投降,攻打了几天,全国被血洗。由仓头往西去,平安地到达大宛王城,有三万汉军到达。宛军迎击汉军,汉军射箭打败了宛军,宛军退入城中依靠城墙守卫。贰师将军的大兵要攻打郁成,害怕滞留不进而让大宛越发做出诡诈之事,就先攻大宛城,断绝它的水源,改变水道,则大宛已深感忧愁困危。汉军包围大宛城,攻打四十多天,外城被攻破,俘虏了大宛贵人中的勇将煎靡。大宛人非常恐惧,都跑进城中。大宛高级官员们相互商议说:"汉朝所以攻打大宛,是因为大宛王毋寡藏匿良马而又杀了汉朝使者的缘故。如今要是杀死宛王毋寡并且献出良马,汉朝军队大概会解围而去,若是不解围而去,再拼力战斗而死,也不晚。"大宛高官们都认为此话正确,便共同杀死宛王毋寡,派遣贵人拿着毋寡的人头去见贰师将军,与他相约道:"汉军不要进攻我们,我们把良马全部交出,任凭你们挑选,并供应汉军饮食。如果你们不接受我们的要求,我们就把良马全杀死,而康居的援兵也将到来。如果他们的军队赶到了,我们的军队在城里,康居的军队在城外,同汉兵作战。希望汉军考虑仔细,何去何从?"这时康居的侦察兵在窥视汉军的情况,因为汉军还强大,不敢进攻。贰师将军李广利和李哆、赵始成等商议道:"听说大宛城里最近找来了汉人,这人打井技术熟悉,而且城中粮食还挺多。我们来这里的目的就是要杀罪魁祸首毋寡。毋寡的人头已到手,却又不答应人家撤兵解围的要求,那么他们就会坚决固守,而康居军队窥视汉军疲惫时再来救助大宛,那时汉军必定会被打败。"军官们都认为说得对,便答应了大宛的要求。大宛才献出他们的良马,让汉军自己选择,而且拿出许多粮食供给汉军。汉军选取了他们的几十匹良马,以及中等以下的公马与母马三千多匹,又立了大宛贵人中从前对待汉使很好的名叫昧蔡的为大宛王,同他们订立盟约而撤兵。汉军始终没有进入大宛城内,就撤军回到汉朝。

最初,贰师将军从敦煌以西启程,以为人多,所经过的国家无力供给粮食,就把军队分成几支,从南和北两路前进。校尉王申生、原鸿胪壶充国等率领一千余人,从另一条路到达郁成。郁成人据城坚守,不肯向汉军供应粮食。王申生离开大军二百里,认为有所倚仗而轻视郁成,向郁成索取粮食,郁成不肯给,并窥视汉军,知道王申生的军队逐日减少,就在某个早晨用三千人攻打王申生的军队,杀死了王申生等,汉军被打败,只有几个人逃脱,跑回贰师将军那里。贰师将军命令搜粟都尉上官桀前去攻打郁成。郁成王逃到康居,上官桀追到康居。康

缚守诣大将军。四人相谓曰："郁成王汉国所毒，今生将去，卒失大事。"欲杀，莫敢先击。上邽骑士赵弟最少，拔剑击之，斩郁成王，赍头。弟、桀等逐及大将军。

初，贰师后行，天子使使告乌孙，大发兵并力击宛。乌孙发二千骑往，持两端，不肯前。贰师将军之东，诸所过小国闻宛破，皆使其子弟从军入献，见天子，因以为质焉。贰师之伐宛也，而军正赵始成力战，功最多；及上官桀敢深入，李哆为谋计，军入玉门者万余人，军马千余匹。贰师后行，军非乏食，战死不能多，而将吏贪，多不爱士卒，侵牟之，以此物故众。天子为万里而伐宛，不录过，封广利为海西侯。又封身斩郁成王者骑士赵弟为新畤侯。军正赵始成为光禄大夫，上官桀为少府，李哆为上党太守。军官吏为九卿者三人，诸侯相、郡守、二千石者百余人，千石以下千余人。奋行者官过其望，以适过行者皆绌其劳。士卒赐直四万金。伐宛再反，凡四岁而得罢焉。

汉已伐宛，立昧蔡为橡王而去。岁余，宛贵人以为昧蔡善谀，使我国遇屠，乃相与杀昧蔡，立毋寡昆弟曰蝉封为宛王，而遣其子入质于汉。汉因使使赂赐以镇抚之。

而汉发使十余辈至宛西诸外国，求奇物，因风览以伐宛之威德。而敦煌置酒泉都尉；西至盐水，往往有亭。而仑头有田卒数百人，因置使者护田积粟，以给使外国者。

太史公曰：禹本纪言"河出昆仑。昆仑其高二千五百余里，日月所相避隐为光明也。其上有醴泉、瑶池"。今自张骞使大夏之后也，穷河源，恶睹《本纪》所谓昆仑者乎？故言九州山川，尚书近之矣。至《禹本纪》《山海经》所有怪物，余不敢言之也。

居听说汉军已攻下大宛，就把郁成王献给了上官桀，上官桀就命令四个骑兵捆缚郁成王并押解到贰师将军那里。四个骑兵相互商议说："郁成王是汉朝所恨的人，如今若是活着送去，中途发生意外就是大事。"想杀他，又没人敢先动手。上邽人骑士赵弟年龄最小，他拔出宝剑砍去，杀了郁成王，带上他的人头。赵弟和上官桀等追上了贰师将军李广利。

最初，贰师将军二次出兵，天子派使者告诉乌孙，要求他们多派兵与汉军联合攻打大宛。乌孙出动二千骑兵前往大宛，但却采取骑墙态度，观望不前。贰师将军胜利东归，所路过的各个小国，听说大宛已被打败，都派他们的子弟随汉军前往汉朝进贡，拜见天子，顺便留在汉朝做人质。贰师将军攻打大宛，军正赵始成奋力战斗，功劳最大；上官桀勇敢地率兵深入，李哆能够出谋划策，使军队回到玉门关的有一万多人、军马一千多匹。贰师将军二次出兵，军队并非缺乏食物，战死者也不能算多，而他手下将吏们贪污，大多不爱惜士卒，侵夺粮饷，因此死的人很多。天子因为他们是远行万里讨伐大宛，不记他们的过失，而封李广利为海西侯。又封亲手杀郁成王的骑士赵弟为新畤侯，军正赵始成为光禄大夫，上官桀为少府，李哆为上党太守。军官中被升为九卿的有三人，升任诸侯国相、郡守、二千石一级官员的共有一百多人，升为千石一级以下官员的有一千多人。自愿从军者所得到的军职超过了他们的愿望，因被罚罪而参军的人都不计功劳而免罪。对士卒的赏赐价值四万金。两次讨伐大宛，总共四年时间军事行动才得以结束。

汉朝讨伐大宛以后，立昧蔡为大宛王然后就撤离了。过了一年多，大宛高级官员认为昧蔡善于阿谀，使大宛遭到杀戮，于是他们互相谋划杀了昧蔡，立毋寡的兄弟名叫蝉封的当了大宛国王，而派遣他的儿子到汉朝做人质。汉朝也派使者向大宛赠送礼物加以安抚。

后来汉朝派了十多批使者到大宛西边的一些国家，去寻求奇异之物，顺便晓谕和考察讨伐大宛的威武和功德。敦煌和酒泉从此设置了都尉，一直到西边的盐水，路上往往设有亭鄣。而仑头有屯田士卒几百人，于是汉朝在那儿设置了使者，以保护田地、积聚粮食，供给出使外国的使者们。

太史公说：《禹本纪》说："黄河发源于昆仑。昆仑有二千五百余里高，是日月相互隐避和各自发出光明之处。昆仑之上有醴泉和瑶池。"张骞出使大夏之后，最终找到了黄河的源头，从什么地方能看到《禹本纪》所说的昆仑山呢？所以谈论九州山川，《尚书》所说的是最接近真实情况的。至于《禹本纪》和《山海经》里所记载的怪物，我不敢说。

游侠列传第六十四

韩子曰:"儒以文乱法,而侠以武犯禁。"二者皆讥,而学士多称于世云。至如以术取宰相卿大夫,辅翼其世主,功名俱著于春秋,固无可言者。及若季次、原宪,闾巷人也,读书怀独行君子之德,义不苟合当世,当世亦笑之。故季次、原宪终身空室蓬户,褐衣疏食不厌。死而已四百余年,而弟子志之不倦。今游侠,其行虽不轨于正义,然其言必信,其行必果,已诺必诚,不爱其躯,赴士之厄困,既已存亡死生矣,而不矜其能,羞伐其德,盖亦有足多者焉。

且缓急,人之所时有也。太史公曰:昔者虞舜窘于井廪,伊尹负于鼎俎,傅说匿于傅险,吕尚困于棘津,夷吾桎梏,百里饭牛,仲尼畏匡,菜色陈、蔡。此皆学士所谓有道仁人也,犹然遭此灾,况以中材而涉乱世之末流乎?其遇害何可胜道哉!

鄙人有言曰:"何知仁义,已飨其利者为有德。"故伯夷丑周,饿死首阳山,而文武不以其故贬王;跖、蹻暴戾,其徒诵义无穷。由此观之,"窃钩者诛,窃国者侯,侯之门仁义存",非虚言也。

今拘学或抱咫尺之义,久孤于世,岂若卑论侪俗,与世沈浮而取荣名哉!而布衣之徒,设取予然诺,千里诵义,为死不顾世,此亦有所长,非苟而已也。故士穷窘而得委命,此岂非人之所谓贤豪间者邪?诚使乡曲之侠,予季次、原宪比权量力,效功于当世,不同日而

韩非子说:"儒生以儒家经典来破坏法度,而侠士以勇武的行为来违犯法令。"韩非对这两种人都加以讥笑,儒生却多被世人所称扬。至于用权术取得宰相卿大夫的职位,辅佐当代天子,功名都被记载在史书之中,这本来没有什么可说的。至于像季次、原宪,是平民百姓,用功读书,怀抱着特立独行的君子的德操,坚守道义,不与当代世俗苟合,当代世俗之人也嘲笑他们。所以季次、原宪一生住在空荡荡的草屋之中,穿着粗布衣服,连粗饭都吃不饱。他们死了四百余年了,而他们世代相传的弟子们,却不知倦怠地怀念着他们。现在的游侠者,他们的行为虽然不符合道德法规的准则,但是他们说话一定守信用,做事一定果敢决断,答应的必定兑现,以示诚实,肯于牺牲生命,去救助别人的危难。经历了生死存亡的考验,却不自我夸耀,也不好意思夸耀自己功德,大概这也是很值得赞美的地方吧!

况且危急之事,是人们时常能遇到的。太史公说:"从前虞舜在淘井和修廪时遇到了危难,伊尹曾背负鼎俎当厨师,傅说曾藏身傅岩服苦役,吕尚曾在棘津遭困厄,管仲曾经戴过脚镣与手铐,百里奚曾经喂牛当奴隶,孔子曾经在匡遭拘囚,在陈、蔡遭饥饿。这些人都是儒生所称扬的有道德的仁人,尚且遭遇这样的灾难,何况是中等才质而又遇到乱世的人呢?他们遇到的灾难怎么可以说得完呢!"

世人有这样的说法:"何必去区别仁义与否,已经受利的就是有德。"所以伯夷以吃周粟为可耻,竟饿死在首阳山;而文王和武王却没有因此而损害王者的声誉。盗跖和庄蹻凶暴残忍,而他们的党徒却歌颂他们道义无穷。由此可见,"偷盗衣带钩的要杀头,窃取国家政权的却被封侯,受封为侯的人家就有仁义了",这话并非虚假不实之言。

现在拘泥于片面见闻的学者,有的死守着狭隘的道理,长久地孤立于世人之外,哪能比得上以低下的观念迁就世俗,随世俗的沉浮而猎取荣耀和名声的人呢?而平民百姓之人,看重取予皆符合道义、应允能兑现的美德,千里之外去追随道义,为道义而死却不顾世俗的责难,这也是他们的长处,并非随便就可做到的。所以读书人处在穷困窘迫的境况下,愿意托身于他,难道这不就是人们所说的贤能豪侠中间的人吗?如果真能让民间游侠者与季次、原宪比较权势和力量,

论矣。要以功见言信，侠客之义又曷可少哉！

古布衣之侠，靡得而闻已。近世延陵、孟尝、春申、平原、信陵之徒，皆因王者亲属，藉于有土卿相之富厚，招天下贤者，显名诸侯，不可谓不贤者矣。比如顺风而呼，声非加疾，其埶激也。至如闾巷之侠，修行砥名，声施于天下，莫不称贤，是为难耳。然儒、墨皆排摈不载。自秦以前，匹夫之侠，湮灭不见，余甚恨之。以余所闻，汉兴有朱家、田仲、王公、剧孟、郭解之徒，虽时捍当世之文罔，然其私义廉絜退让，有足称者。名不虚立，士不虚附。至如朋党宗强比周，设财役贫，豪暴侵凌孤弱，恣欲自快，游侠亦丑之。余悲世俗不察其意，而猥以朱家、郭解等令与暴豪之徒同类而共笑之也。

鲁朱家者，与高祖同时。鲁人皆以儒教，而朱家用侠闻。所藏活豪士以百数，其余庸人不可胜言。然终不伐其能，歆其德，诸所尝施，唯恐见之。振人不赡，先从贫贱始。家无余财，衣不完采，食不重味，乘不过軥牛。专趋人之急，甚己之私。既阴脱季布将军之厄，及布尊贵，终身不见也。自关以东，莫不延颈愿交焉。

楚田仲以侠闻，喜剑，父事朱家，自以为行弗及。田仲已死，而雒阳有剧孟。周人以商贾为资，而剧孟以任侠显诸侯。吴楚反时，条侯为太尉，乘传车将至河南，得剧孟，喜曰："吴楚举大事而不求孟，吾知其无能为已矣。"天下骚动，宰相得之若得一敌国云。剧孟行大类朱家，而好博，多少年之戏。然剧孟母死，自远方送丧盖千乘。及剧孟死，家无余十金之财。而符离人王孟亦以侠称江淮之间。

比对当今社会的贡献，是不能同日而语的。总之，从事情的显现和言必有信的角度来看，侠客的正义行为又怎么可以缺少呢！

古代的平民侠客，没有听说过。近代延陵季子、孟尝君、春申君、平原君、信陵君这些人，都因为是君王的亲属，倚仗封国及卿相的雄厚财富，招揽天下的贤才，在各诸侯国中名声显赫，不能说他们不是贤才。这就如同顺风呼喊，声音并非更加洪亮，而听的人感到清楚，这是风势激荡的结果。至于闾巷的布衣侠客，修行品行，磨砺名节，好的名望传布天下，无人不称赞他们的贤德，这是难以做到的。然而儒家和墨家都排斥摈弃他们，不在他们的文献中加以记载。从秦朝以前，平民侠客的事迹，已经被埋没而不能见到，我很感遗憾。据我听到的情况来看，汉朝建立以来，有朱家、田仲、王公、剧孟、郭解这些人，他们虽然时常违犯汉朝的法律禁令，但是他们个人的行为符合道义，廉洁而有退让的精神，值得称赞的地方也有。他们的名声并不是虚假地树立起来的，读书人也不是没有根据地附和他们的。至于那些结成帮派的豪强，相互勾结，倚仗财势奴役穷人，凭借豪强暴力欺凌孤独势弱的人，放纵欲望，自己满足取乐，这也是游侠之士认为可耻的。我哀伤这其中的真意世俗之人不能明察，却错误地把朱家和郭解等人与暴虐豪强之流的人视为一类，一样地加以嘲笑。

鲁国的朱家与高祖是同一时期的人。鲁国人都喜欢搞儒家思想的教育，而朱家却因为是侠士而闻名。他所藏匿和救活的有几百个豪杰，至于被救的普通人说也说不完。但他始终不夸耀自己的才能，不张扬他对别人的恩德，那些他曾经给予过施舍的人，也唯恐再见到他们。他救济别人的困难，最初是从贫贱时开始的。他家中没有剩余的钱财，衣服破旧得连完整的色彩都没有，每顿饭只吃一样菜，乘坐的是辆牛拉的车子。他一心救援别人于危难，超过为自己办私事。他曾经暗中使季布将军摆脱了被杀的厄运，等到季布将军地位尊贵之后，他却终身不肯与季布相见。从函谷关往东，人们无不伸长脖子盼望同他交朋友。

楚地的田仲因为是侠客而闻名，他喜欢剑术，像服侍父亲那样对待朱家，他认为自己的操行赶不上朱家。田仲死后，洛阳出了个剧孟。洛阳人靠经商为生，而剧孟因为行侠显名于诸侯。吴、楚七国叛乱时，条侯周亚夫当太尉，乘坐着驿站的车子，将到洛阳时见到剧孟，高兴地说："吴、楚七国发动叛乱而不求剧孟相助，我知道他们是没有什么作为的。"天下动乱，太尉得到他就像得到了一个相等的国家一样。剧孟的行为大致和朱家差不多，却喜欢博弈，他所做的多半是少年人的游戏。但是剧孟的母亲死时，从远方来送丧的，大概有上千辆车子。等到剧孟死时，家中连十金的钱财也没有。这时符离人王孟也因为行侠闻名于长江和淮河之间。

是时济南瞷氏、陈周庸亦以豪闻，景帝闻之，使使尽诛此属。其后代诸白、梁韩无辟、阳翟薛兄、陕韩孺纷纷复出焉。

郭解，轵人也，字翁伯，善相人者许负外孙也。解父以任侠，孝文时诛死。解为人短小精悍，不饮酒。少时阴贼，慨不快意，身所杀甚众。以躯借交报仇，藏命作奸剽攻不休，乃铸钱掘冢，固不可胜数。适有天幸，窘急常得脱，若遇赦。及解年长，更折节为俭，以德报怨，厚施而薄望。然其自喜为侠益甚。既已振人之命，不矜其功，其阴贼著于心，卒发于睚眦如故云。而少年慕其行，亦辄为报仇，不使知也。解姊子负解之势，与人饮，使之嚼。非其任，强必灌之。人怒，拔刀刺杀解姊子，亡去。解姊怒曰："以翁伯之义，人杀吾子，贼不得。"弃其尸于道，弗葬，欲以辱解。解使人微知贼处。贼窘自归，具以实告解。解曰："公杀之固当，吾儿不直。"遂去其贼，罪其姊子，乃收而葬之。诸公闻之，皆多解之义，益附焉。

解出入，人皆避之。有一人独箕倨视之，解遣人问其名姓。客欲杀之。解曰："居邑屋至不见敬，是吾德不修也，彼何罪！"乃阴属尉史曰："是人，吾所急也，至践更时脱之。"每至践更，数过，吏弗求。怪之，问其故，乃解使脱之。箕踞者乃肉袒谢罪。少年闻之，愈益慕解之行。

雒阳人有相仇者，邑中贤豪居间者以十数，终不听。客乃见郭解。解夜见仇家，仇家曲听解。解乃谓仇家曰："吾闻雒阳诸公在此间，多不听者。今子幸而听解，解奈何乃从他县夺人邑中贤大夫权乎！"乃夜去，不使人知，曰："且无用，待我去，令雒阳豪居其间，乃听之。"

这时，济南姓瞷的人家、陈地的周庸也因豪侠而闻名。汉景帝听说后，派使者把这类人全都杀死了。这以后，代郡姓白的、梁地的韩无辟、阳翟的薛兄、陕地的韩孺，也纷纷出现了。

郭解是轵县人，字翁伯。他就是善于给人相面的许负的外孙。郭解的父亲因为行侠，在汉文帝时被杀。郭解个子矮小，精明强悍，不喝酒。他小时候残忍狠毒，心中愤慨不快时，亲手杀的人很多。他不惜牺牲生命去替朋友报仇，藏匿亡命徒去犯法抢劫，甚至私铸钱币，盗挖坟墓，他的不法活动数也数不清。但能遇到上天保佑，在窘迫危急时常常脱身，或者遇到大赦。等到郭解年纪大了，就改变行为，检点自己，用恩惠回报怨恨自己的人，多多地施舍别人，而且对别人怨恨很少。但他自己喜欢行侠的思想越来越强烈。救了别人的生命，却不自夸功劳，但其内心仍然残忍狠毒，为小事突然怨怒行凶的事依然发生。当时的少年仰慕他的行为，也常常为他报仇，却不让他知道。郭解姐姐的儿子倚仗郭解的势力，与别人喝酒，让人家干杯。如果人家的酒量小，不能再喝了，他却强行灌酒。那人发怒，拔刀把郭解姐姐的儿子刺死后，就逃跑了。郭解姐姐发怒说道："以弟弟翁伯的义气，人家杀了我的儿子，凶手却捉不到。"于是她把儿子的尸体丢在道上，不埋葬，想以此羞辱郭解。郭解派人暗中打探凶手的去处。凶手窘迫，主动回来把真实情况告诉了郭解。郭解说："你本来就应该杀了他，我的孩子无理。"于是放走了那个凶手，把罪责归于姐姐的儿子，并收尸埋葬了他。人们听到这消息，都称赞郭解的道义行为，对他更加依附。

郭解每次外出或者归来，人们都躲避他，只有一个人傲慢地坐在地上看着他，郭解派人去问他的姓名。门客中有人要杀那个人，郭解说："居住在乡里，竟导致不被人尊敬，这是我自己修养的道德还不够，他有什么罪过。"于是他就暗中嘱托尉史说："这个人是我最关心的，轮到他服役时，请加以免除。"以后每次轮到他服役时，县中官吏都没征调这位对郭解不礼貌的人。他感到奇怪，问个中的原因，原来是郭解使人免除了他的差役。于是，他就袒露身体，找郭解去谢罪。少年们听到这消息，越发仰慕郭解。

洛阳人有互相结仇的，城中有数以十计的贤人豪杰从中调解，两方面始终不听劝解。有客人来拜见郭解，说明情况。郭解晚上与结仇的人家会见，仇家出于对郭解的尊重，委屈心意地听从了劝告，准备和好。郭解就对仇家说："我听说为你们调解的是洛阳诸公，你们多半不肯接受。如今幸而你们听从了我的劝告，郭解怎能从别的县跑来侵夺城中贤豪大夫们的调解权呢？"于是郭解当夜离去，不让人知道，说："暂时先不要听我的调解，待我离开后，让洛阳豪杰从中调解，你们就听他们的劝解。"

解执恭敬,不敢乘车入其县廷。之旁郡国,为人请求事,事可出,出之;不可者,各厌其意,然后乃敢尝酒食。诸公以故严重之,争为用。邑中少年及旁近县贤豪,夜半过门常十余车,请得解客舍养之。

及徙豪富茂陵也,解家贫,不中訾,吏恐,不敢不徙。卫将军为言:"郭解家贫不中徙。"上曰:"布衣权至使将军为言,此其家不贫。"解家遂徙。诸公送者出千余万。轵人杨季主子为县掾,举徙解。解兄子断杨掾头。由此杨氏与郭氏为仇。

解入关,关中贤豪知与不知,闻其声,争交欢解。解为人短小,不饮酒,出未尝有骑。已又杀杨季主。杨季主家上书,人又杀之阙下。上闻,乃下吏捕解。解亡,置其母家室夏阳,身至临晋。临晋籍少公素不知解,解冒,因求出关。籍少公已出解,解转入太原,所过辄告主人家。吏逐之,迹至籍少公。少公自杀,口绝。久之,乃得解。穷治所犯,为解所杀,皆在赦前。轵有儒生侍使者坐,客誉郭解,生曰:"郭解专以奸犯公法,何谓贤!"解客闻,杀此生,断其舌。吏以此责解,解实不知杀者。杀者亦竟绝,莫知为谁。吏奏解无罪。御史大夫公孙弘议曰:"解布衣为任侠行权,以睚眦杀人,解虽弗知,此罪甚于解杀之。当大逆无道。"遂族郭解翁伯。

自是之后,为侠者极众,敖而无足数者。然关中长安樊仲子,槐里赵王孙,长陵高公子,西河郭公仲,太原卤公孺,临淮儿长卿,东阳田君孺,虽为侠而逡逡有退让君子之风。至若北道姚氏,西道诸杜,南道仇景,东道赵他、羽公子,南阳赵调之徒,此盗跖居民间者

郭解保持着恭敬待人的态度，不敢乘车走进县衙门。他替人到旁的郡国办事，事能办成的，一定把它办成；办不成的，也要想方设法使有关方面都满意，然后才敢去吃人家酒饭。因此大家都特别尊重他，争着为他效力。城中少年及附近县城的豪杰贤人，半夜上门拜访郭解的常常有十多辆车子，希望把郭解家的门客接回自家供养。

等到汉武帝元朔二年，朝廷要将各郡国的豪富人家迁往茂陵居住，郭解家贫，不符合资财三百万的迁转标准，但迁移名单中有郭解的名字，因而官吏有些害怕，不敢不让郭解迁移。当时卫青将军替郭解向皇上求情说："郭解家贫，不符合迁移的相关标准。"但是皇上说："一个百姓的权势竟能让将军替他说话，这就可见他家不穷。"郭解于是被迁徙到茂陵。人们为郭解送行共出钱一千余万。轵人杨季主的儿子当县掾，是他提名让郭解迁徙的。郭解哥哥的儿子砍掉杨县掾的头。从此郭家与杨家结了仇。

郭解迁移到关中，关中的豪杰贤人无论从前是否知道郭解，如今听到他的名声，都争着与郭解结为好朋友。郭解个子矮，不喝酒，出门不乘马。后来杨季主又被人杀死。杨季主的家人上书告状，有人又把告状的在宫门口给杀了。皇上听到这消息，就向官吏下令捕捉郭解。郭解逃跑，把他母亲安置在夏阳，自己逃到临晋。临晋籍少公不认识郭解，郭解冒昧地会见他，顺便要求他帮助出关。籍少公把郭解送出关后，郭解转移到太原，他所到之处，常常把自己的情况告诉留他食宿的人家。官吏追逐郭解，追踪到籍少公家里。籍少公无奈自杀，口供断绝了。过了很久，官府才捕到郭解，并彻底追究他的犯法罪行，发现一些人被郭解所杀的事，都发生在赦令公布之前。一次，轵县有个儒生陪同前来查办郭解案件的使者闲坐，郭解门客称赞郭解，那个儒生说："郭解专爱做奸邪犯法的事，怎能说他是贤人呢？"郭解门客听到这话，就杀了这个儒生，割下他的舌头。官吏以此责问郭解，令他交出凶手，而郭解确实不知道杀人的是谁。杀人的人始终没查出来，不知道是谁。官吏向皇上报告，说郭解无罪。御史大夫公孙弘议论道："郭解以平民身份行侠，玩弄权诈之术，因为小事而杀人，郭解自己虽然不知道，这个罪过比他自己杀人还严重。判处郭解大逆不道的罪。"于是就诛杀了郭解的家族。

从此以后，行侠的人很多，但都傲慢无礼没有值得称道的。但是关中长安的樊仲子、槐里的赵王孙、长陵的高公子、西河的郭公仲、太原的卤公孺、临淮的儿长卿和东阳的田君孺，虽然行侠却能有谦虚退让的君子风度。至于像北道的姚氏，西道的一些姓杜的，南道的仇景，东道的赵他、羽公子，南阳的赵调之流，这些都是民间的盗跖罢了，根本不值得一提！这都是从前朱家那样的人

耳，曷足道哉！此乃乡者朱家之羞也。

太史公曰：吾视郭解，状貌不及中人，言语不足采者。然天下无贤与不肖，知与不知，皆慕其声，言侠者皆引以为名。谚曰："人貌荣名，岂有既乎！"於戏，惜哉！

引以为耻的。

　　太史公说:"我看郭解,相貌赶不上中等人材,语言也无可取的地方。但是天下的人们,无论是贤人还是不肖之人,无论是认识他还是不认识他的,都仰慕他的名声,谈论游侠的都标榜郭解以提高自己的名声。谚语说:'人可用光荣的名声来作容貌,难道会有穷尽的时候吗?'唉,可惜呀!"

佞幸列传第六十五

谚曰"力田不如逢年,善仕不如遇合",固无虚言。非独女以色媚,而士宦亦有之。

昔以色幸者多矣。至汉兴,高祖至暴抗也,然籍孺以佞幸;孝惠时有闳孺。此两人非有材能,徒以婉佞贵幸,与上卧起,公卿皆因关说。故孝惠时郎侍中皆冠鵔鸃,贝带,傅脂粉,化闳、籍之属也。两人徙家安陵。

孝文时中宠臣,士人则邓通,宦者则赵同、北宫伯子。北宫伯子以爱人长者;而赵同以星气幸,常为文帝参乘;邓通无伎能。邓通,蜀郡南安人也,以濯船为黄头郎。孝文帝梦欲上天,不能,有一黄头郎从后推之上天,顾见其衣裻带后穿。觉而之渐台,以梦中阴目求推者郎,即见邓通,其衣后穿,梦中所见也。召问其名姓,姓邓氏,名通,文帝说焉,尊幸之日异。通亦愿谨,不好外交,虽赐洗沐,不欲出。于是文帝赏赐通巨万以十数,官至上大夫。文帝时时如邓通家游戏。然邓通无他能,不能有所荐士,独自谨其身以媚上而已。上使善相者相通,曰"当贫饿死"。文帝曰:"能富通者在我也。何谓贫乎?"于是赐邓通蜀严道铜山,得自铸钱,"邓氏钱"布天下。其富如此。

文帝尝病痈,邓通常为帝唶吮之。文帝不乐,从容问通曰:"天下谁最爱我者乎?"通曰:"宜莫如太子。"太子入问病,文帝使唶痈,唶痈而色难之。已而闻邓通常为帝唶吮之,心惭,由此怨通矣。及文帝崩,景帝立,邓通免,家居。居无何,人有告邓通盗出徼外铸钱。下吏验问,颇有之,遂竟案,尽没入邓通家,尚负责数巨万。长

俗语说："努力种田，不如遇到丰年。认真为官，不如碰到赏识自己的君王。"这话一点不假。不光女子用美色谄媚取宠，就是士人和宦者也有这种情况。

从前靠美色取得宠幸的人很多。到汉朝建立时，高祖性情刚暴，籍孺却仍然能靠花言巧语得宠。孝惠帝时的闳孺也是这样。这两个人并没有才能，只是靠柔顺谄媚就得到了显贵和宠爱，竟同皇上同起同卧，连公卿大臣有事都要通过他们去向皇上转达。所以惠帝时，郎官和侍中都戴着用鵔鸃鸟毛装饰的帽子，系着饰有贝壳的腰带，涂脂抹粉，就是学闳孺和籍孺的样子。后来，闳孺和籍孺都因为受宠迁到了安陵附近居住。

孝文帝时宫中的宠臣，文人出身的有邓通，宦官有赵同、北宫伯子。北宫伯子因为仁慈厚道而受到宠幸；赵同因善于观察星象而受到宠幸，常常陪同文帝一起坐车；而邓通什么本领都没有。邓通是蜀郡南安人，因善于划船当了黄头郎。有一天汉文帝做梦想升天，上不去，有个黄头郎从背后推着他上去了，他回头看那人，只看到他衣衫的横腰部分，衣带在背后打了结。梦醒后，文帝前往渐台，暗中寻找梦里推他上天的黄头郎。后来看到邓通，他的衣带在身后打了结，和梦中所见的一样。文帝就把他召来询问他的姓名，他说姓邓名通。文帝很高兴，从此日益宠爱他。邓通也老实谨慎，不喜欢和外人来往，即使皇帝给他休假，他也不想外出。因此皇帝多次赏赐他，累计上亿，官升到上大夫。文帝也常常到邓通家去玩。但是邓通没有别的才能，不能推荐贤士，就靠着谨小慎微，谄媚皇上取宠而已。有一次，皇上让善于相面的人给邓通相面，那人说："邓通日后会因为贫穷而饿死。"文帝说："能使邓通富有的就是我，怎能说他日后会贫困呢？"于是文帝把蜀郡严道的铜山赐给了邓通，让他自己铸钱，因此"邓氏钱"曾一度流传全国。他的富有达到了这个程度。

文帝曾经患有痈疽病，邓通常常用嘴为文帝吮吸脓血。文帝心中不高兴，便随意地问邓通说："当今天下谁最爱我呢？"邓通说："应该没有谁比得上太子更爱您的了。"太子前来问候文帝的病情，文帝就让他给自己吸脓，太子虽然吸了脓，可是脸上露出不情愿的样子。过后太子听说邓通常为文帝吸脓，心里感到惭愧，但也因此而忌恨邓通。等到文帝去世，景帝即位，邓通被免职闲居在家。不久，有人告发邓通私自到境外铸钱。景帝把这事交给法官审理，结果经彻底追

公主赐邓通，吏辄随没入之，一簪不得著身。于是长公主乃令假衣食。竟不得名一钱，寄死人家。

孝景帝时，中无宠臣，然独郎中令周文仁，仁宠最过庸，乃不甚笃。

今天子中宠臣，士人则韩王孙嫣，宦者则李延年。嫣者，弓高侯孽孙也。今上为胶东王时，嫣与上学书相爱。及上为太子，愈益亲嫣。嫣善骑射，善佞。上即位，欲事伐匈奴，而嫣先习胡兵，以故益尊贵，官至上大夫，赏赐拟于邓通。时嫣常与上卧起。江都王入朝，有诏得从入猎上林中。天子车驾跸道未行，而先使嫣乘副车，从数十百骑，鹜驰视兽。江都王望见，以为天子，辟从者，伏谒道傍。嫣驱不见。既过，江都王怒，为皇太后泣曰："请得归国入宿卫，比韩嫣。"太后由此嗛嫣。嫣侍上，出入永巷不禁，以奸闻皇太后。皇太后怒，使使赐嫣死。上为谢，终不能得，嫣遂死。而案道侯韩说，其弟也，亦佞幸。

李延年，中山人也。父母及身兄弟及女，皆故倡也。延年坐法腐，给事狗中。而平阳公主言延年女弟善舞，上见，心说之，及入永巷，而召贵延年。延年善歌，为变新声，而上方兴天地祠，欲造乐诗歌弦之。延年善承意，弦次初诗。其女弟亦幸，有子男。延年佩二千石印，号协声律。与上卧起，甚贵幸，埒如韩嫣也。久之，浸与中人乱，出入骄恣。及其女弟李夫人卒后，爱弛，则禽诛延年昆弟也。

自是之后，内宠嬖臣大底外戚之家，然不足数也。卫青、霍去病亦以外戚贵幸，然颇用材能自进。

查确有此事，于是就结案，把邓通家的钱财全部没收充公后，还欠好几亿。长公主看着不忍，就赏赐邓通一些钱财，结果马上就被官吏没收抵债，连邓通戴在头上的一只簪子也不给留下。于是长公主就只好让人借给他一些衣食，以维持生活。最后他一无所有，寄食在别人家里，直到死去。

孝景帝时，宫中没有什么宠臣，只有郎中令周仁，受宠爱超过一般人，但仍不太过分。

当今天子武帝宫中受宠的臣子，士大夫出身的则有韩王的孙子韩嫣，宦官则有李延年。韩嫣是弓高侯韩颓当的庶孙。当今皇上还在做胶东王时，韩嫣是皇上的伴读，感情很好。等到皇上当了太子时，和韩嫣越发亲近。韩嫣善于骑马射箭，又会花言巧语讨好人。皇上即位后，想讨伐匈奴，而韩嫣早就学过匈奴的战术，所以特别受到赏识，官职升到上大夫，受到的赏赐可以和邓通相比。当时，韩嫣常常和皇上同睡同起。一次，江都王刘非进京朝见武帝，武帝让他跟着一起到上林苑打猎。皇上的车驾因为清道的关系还没有出发，就先派韩嫣乘坐副车，带着上百个骑兵，狂奔向前，先去观察兽类的情况。江都王远远望见，误以为是皇上到了，便让随从者回避，自己趴在路旁拜见。韩嫣却打马急驰而过，没有看见江都王。韩嫣过去后，江都王感觉屈辱，十分愤怒，就向皇太后哭着说："我请求把封国交回，回到朝廷像韩嫣一样当个侍卫。"太后由此对韩嫣不满。韩嫣侍奉皇上，在深宫里出入不受限制，慢慢地他和嫔妃通奸的事被太后知道。太后大怒，派使者赐韩嫣自杀。武帝亲自替他求情，但是太后不答应，结果韩嫣就这样死了。案道侯韩说是韩嫣的弟弟，也因谄媚而得到宠幸。

李延年是中山国的人，他父母以及兄弟姐妹们，原来都是唱歌的艺人。李延年因为犯法被施以宫刑，然后就到宫中狗监任职。有一次，武帝的姐姐平阳公主向武帝说起李延年的妹妹很会跳舞，武帝叫来一看，心里很高兴。待到李延年妹妹被召进宫中后，李延年又被召进来，开始受到宠爱。李延年擅长唱歌，为武帝创作了一些新曲。当时皇上正热衷祭祀天地鬼神，想创作歌词配乐歌唱。而李延年善于迎合皇上的心意，给新作的歌词都谱了曲。他妹妹也很受宠，生了个男孩。李延年佩带着二千石的官印，称作"协声律"。他同皇上同卧同起，非常受宠，和韩嫣差不多。时间长了，李延年渐渐和宫女有了淫乱行为，出入皇宫也变得骄傲放纵起来。待到他妹妹李夫人死后，皇帝对他的宠爱日益衰减了，后来因事把李延年及其兄弟们都杀了。

从此以后，宫内被皇上宠幸的臣子，大都出自外戚之家，但是这些人都不值得一谈。卫青、霍去病也是因为外戚的关系而受宠显贵起来，但他们都能凭自己的本领而获得提升。

太史公曰：甚哉爱憎之时！弥子瑕之行，足以观后人佞幸矣。虽百世可知也。

太史公说：受到宠爱或憎恨的时运是多么可怕啊！从弥子瑕的前后遭遇，足可以观察到后人靠谄媚得到宠幸的结果了，即使是百代之后也是可以预见的。

滑稽列传第六十六

孔子曰:"六艺于治一也。《礼》以节人,《乐》以发和,《书》以道事,《诗》以达意,《易》以神化,《春秋》以义。"太史公曰:天道恢恢,岂不大哉!谈言微中,亦可以解纷。

淳于髡者,齐之赘婿也。长不满七尺,滑稽多辩,数使诸侯,未尝屈辱。齐威王之时喜隐,好为淫乐长夜之饮,沈湎不治,委政卿大夫。百官荒乱,诸侯并侵,国且危亡,在于旦暮,左右莫敢谏。淳于髡说之以隐曰:"国中有大鸟,止王之庭,三年不蜚又不鸣,不知此鸟何也?"王曰:"此鸟不飞则已,一飞冲天;不鸣则已,一鸣惊人。"于是乃朝诸县令长七十二人,赏一人,诛一人,奋兵而出。诸侯振惊,皆还齐侵地。威行三十六年。语在《田完世家》中。

威王八年,楚大发兵加齐。齐王使淳于髡之赵请救兵,赍金百斤,车马十驷。淳于髡仰天大笑,冠缨索绝。王曰:"先生少之乎?"髡曰:"何敢!"王曰:"笑岂有说乎?"髡曰:"今者臣从东方来,见道傍有禳田者,操一豚蹄,酒一盂,祝曰:'瓯窭满篝,污邪满车,五谷蕃熟,穰穰满家。'臣见其所持者狭而所欲者奢,故笑之。"于是齐威王乃益赍黄金千溢,白璧十双,车马百驷。髡辞而行,至赵。赵王与之精兵十万,革车千乘。楚闻之,夜引兵而去。

威王大说,置酒后宫,召髡赐之酒。问曰:"先生能饮几何而醉?"对曰:"臣饮一斗亦醉,一石亦醉。"威王曰:"先生饮一斗而醉,恶能饮一石哉!其说可得闻乎?"髡曰:"赐酒大王之前,执

孔子说:"六经对于治理国家来讲,作用是一样的。《礼记》是用来规范人的生活方式的,《乐经》是用来促进人们和谐团结的,《尚书》是用来记述古往事迹和典章制度的,《诗经》是用来抒情达意的,《易经》是用来窥探天地万物之间的神奇变化的,《春秋》是用来通晓微言大义、衡量是非曲直的。"太史公说:"世上的道理广阔无垠,莫非不伟大么!言谈话语果能稍稍切中事理,也是能排解不少纷扰的。"

淳于髡是齐国的一个入赘女婿。身高不足七尺,为人滑稽,能言善辩,屡次出使诸侯之国,从未受过屈辱。齐威王在位时,爱好说隐语,又好彻夜宴饮,逸乐无度,陶醉于饮酒之中,不管政事,把政事委托给卿大夫。文武百官荒淫放纵,各国都来侵犯,国家危亡,就在旦夕之间。齐威王身边近臣都不敢进谏。淳于髡用隐语来规劝讽谏齐威王,说:"都城中有只大鸟,落在了大王的庭院里,三年不叫又不飞,大王知道这只鸟是怎么一回事吗?"齐威王说:"这只鸟不飞则已,一飞就直冲云霄;不叫则已,一叫就让人惊异。"于是就诏令全国七十二个县的长官全来入朝奏事,诛杀一人,奖赏一人;又发兵御敌,诸侯十分惊恐,都把侵占的土地归还齐国。齐国的声威震慑中原达三十六年。这些话全在《田完世家》里记载。

齐威王八年,楚国派遣大军对齐境实施侵犯。齐威王派淳于髡出使赵国请求救兵,让他携带礼物黄金百斤,驷马车十辆。淳于髡仰天大笑,将系帽子的带子都笑断了。齐威王说:"先生是嫌礼物太少么?"淳于髡说:"怎么敢嫌少!"威王说:"那你笑,难道有什么说辞吗?"淳于髡说:"今天我从东边来时,看到路旁有个祈祷田神的人,拿着一个猪蹄、一杯酒,祈祷说:'高地上收获的谷物盛满篝笼,低田里收获的庄稼装满车辆;五谷繁茂丰熟,米粮堆积满仓。'我看见他拿的祭品很少,而所祈求的东西太多,所以笑他。"于是齐威王就把礼物增加到黄金千镒、十对白璧、驷马车百辆。淳于髡告辞起行,来到赵国。赵王拨给他十万精兵、裹有皮革的战车一千辆。楚军听到这个消息,连夜退兵而去。

齐威王非常高兴,在后宫设置酒肴,召见淳于髡,赐他酒喝。问他说:"先生能够喝多少酒才醉?"淳于髡回答说:"我喝一斗酒能醉,喝一石酒也能醉。"威王说:"先生喝一斗就醉了,怎么能喝一石呢?能把这个道理说给我听

法在傍，御史在后，髡恐惧俯伏而饮，不过一斗径醉矣。若亲有严客，髡帣韝鞠䐅，侍酒于前，时赐余沥，奉觞上寿，数起，饮不过二斗径醉矣。若朋友交游，久不相见，卒然相睹，欢然道故，私情相语，饮可五六斗径醉矣。若乃州闾之会，男女杂坐，行酒稽留，六博投壶，相引为曹，握手无罚，目眙不禁，前有堕珥，后有遗簪，髡窃乐此，饮可八斗而醉二参。日暮酒阑，合尊促坐，男女同席，履舄交错，杯盘狼藉，堂上烛灭，主人留髡而送客，罗襦襟解，微闻芗泽，当此之时，髡心最欢，能饮一石。故曰酒极则乱，乐极则悲；万事尽然，言不可极，极之而衰。"以讽谏焉。齐王曰："善。"乃罢长夜之饮，以髡为诸侯主客。宗室置酒，髡尝在侧。

　　其后百余年，楚有优孟。
　　优孟，故楚之乐人也。长八尺，多辩，常以谈笑讽谏。楚庄王之时，有所爱马，衣以文绣，置之华屋之下，席以露床，啖以枣脯。马病肥死，使群臣丧之，欲以棺椁大夫礼葬之。左右争之，以为不可。王下令曰："有敢以马谏者，罪至死。"优孟闻之，入殿门。仰天大哭。王惊而问其故。优孟曰："马者王之所爱也，以楚国堂堂之大，何求不得，而以大夫礼葬之，薄，请以人君礼葬之。"王曰："何如？"对曰："臣请以雕玉为棺，文梓为椁，梗枫豫章为题凑，发甲卒为穿圹，老弱负土，齐赵陪位于前，韩魏翼卫其后，庙食太牢，奉以万户之邑。诸侯闻之，皆知大王贱人而贵马也。"王曰："寡人之过一至此乎！为之奈何？"优孟曰："请为大王六畜葬之。以垄灶为椁，铜历为棺，赍以姜枣，荐以木兰，祭以粮稻，衣以火光，葬之于人腹肠。"于是王乃使以马属太官，无令天下久闻也。

听吗?"淳于髡说:"大王当面赏酒给我,执法官站在旁边,御史站在背后,我胆战心惊,低头伏地地喝,喝不了一斗就醉了。假如父母有尊贵的客人来家,我卷起袖子,躬着身子,敬客奉酒,客人不时赏我残酒,屡次举杯敬酒应酬,喝不到两斗就醉了。假如朋友间交游,好久不曾见面,忽然间相见了,高兴地讲述以往情事,倾吐衷肠,大约喝五六斗就醉了。至于乡里之间的聚会,男女杂坐,彼此敬酒,没有时间的限制,又做六博、投壶一类的游戏,呼朋唤友,相邀成对,握手言欢不受处罚,眉目传情不遭禁止,面前有落下的耳环,背后有丢掉的发簪,在这种时候,我最开心,可以喝上八斗酒,也不过两三分醉意。天黑了,酒也快喝完了,把残余的酒并到一起,大家促膝而坐,男女同席,鞋子木屐混杂在一起,杯盘杂乱不堪,堂屋里的蜡烛已经熄灭,主人单留住我,而把别的客人送走,绫罗短袄的衣襟已经解开,略略闻到香味阵阵,这时我心里最为高兴,能喝下一石酒。所以说,喝酒过多就容易出乱子,欢乐到极点就会发生悲痛之事。所有的事情都是如此。"这番话是说,无论什么事情不能走向极端,到了极端就会衰败。淳于髡以此来婉转地劝说齐威王。威王说:"好。"于是,威王就停止了彻夜欢饮之事,并任用淳于髡为接待诸侯宾客的宾礼官。齐王宗室设置酒宴,淳于髡常常作陪。

在淳于髡之后一百多年,楚国又出了个优孟。

优孟本是楚国的老歌舞艺人。他身高八尺,富有辩才,时常用说笑的方式劝诫楚王。楚庄王时,他有一匹喜爱的马,给它穿上华美的绣花衣服,在富丽堂皇的屋子里饲养,睡在没有帐幔的床上,用蜜饯的枣干来喂它。马死了因为得肥胖病,庄王派群臣给马办丧事,要用棺椁盛殓,依照大夫那样的礼仪来葬埋死马。左右近臣争论此事,认为不可以这样做。庄王下令说:"有谁敢再以葬马的事来进谏,就处以死刑。"优孟听到此事,走进殿门,仰天大哭。庄王吃惊地问他为什么哭。优孟说:"马是大王所喜爱的,就凭楚国这样强大的国家,有什么事情办不到,埋葬它却用大夫的礼仪,太薄待了,请用人君的礼仪来埋葬它。"庄王问:"那怎么办?"优孟回答说:"我请求用雕刻花纹的美玉做棺材,用细致的梓木做套材,用楩、枫、豫、樟等名贵木材做护棺的木块,派士兵给它挖掘墓穴,让老人儿童背土筑坟,齐国、赵国的使臣在前面陪祭,韩国、魏国的使臣在后面护卫,给它建立祠庙,用牛羊猪祭祀,封给万户大邑来供奉。这件事诸侯听到,就都知道大王轻视人而看重马了。"庄王说:"我的过错竟到这种地步吗?该如何是好呢?"优孟说:"请大王准许按埋葬畜牲的办法来葬埋它:在地上堆个土灶当作套材,用大铜锅当作棺材,用姜枣来调味,用香料来解腥,用稻米作祭品,用火作衣服,把它安葬在人的肚肠中。"于是庄王派人把死马交给了主管

楚相孙叔敖知其贤人也，善待之。病且死，属其子曰："我死，汝必贫困。若往见优孟，言我孙叔敖之子也。"居数年，其子穷困负薪，逢优孟，与言曰："我，孙叔敖子也。父且死时，属我贫困往见优孟。"优孟曰："若无远有所之。"即为孙叔敖衣冠，抵掌谈语。岁余，像孙叔敖，楚王及左右不能别也。庄王置酒，优孟前为寿。庄王大惊，以为孙叔敖复生也，欲以为相。优孟曰："请归与妇计之，三日而为相。"庄王许之。三日后，优孟复来。王曰："妇言谓何？"孟曰："妇言慎无为，楚相不足为也。如孙叔敖之为楚相，尽忠为廉以治楚，楚王得以霸。今死，其子无立锥之地，贫困负薪以自饮食。必如孙叔敖，不如自杀。"因歌曰："山居耕田苦，难以得食。起而为吏，身贪鄙者余财，不顾耻辱。身死家室富，又恐受赇枉法，为奸触大罪，身死而家灭。贪吏安可为也！念为廉吏，奉法守职，竟死不敢为非。廉吏安可为也！楚相孙叔敖持廉至死，方今妻子穷困负薪而食，不足为也！"于是庄王谢优孟，乃召孙叔敖子，封之寝丘四百户，以奉其祀。后十世不绝。此知可以言时矣。

其后二百余年，秦有优旃。

优旃者，秦倡侏儒也。善为笑言，然合于大道。秦始皇时，置酒而天雨，陛楯者皆沾寒。优旃见而哀之，谓之曰："汝欲休乎？"陛楯者皆曰："幸甚。"优旃曰："我即呼汝，汝疾应曰诺。"居有顷，殿上上寿呼万岁。优旃临槛大呼曰："陛楯郎！"郎曰："诺。"优旃曰："汝虽长，何益，幸雨立。我虽短也，幸休居。"于是始皇使陛楯者得半相代。

始皇尝议欲大苑囿，东至函谷关，西至雍、陈仓。优旃曰："善。多纵禽兽于其中，寇从东方来，令麋鹿触之足矣。"始皇以故

宫中膳食的太官，不让天下人长久传扬此事。

楚国宰相孙叔敖听说优孟是位贤人，待他很好。孙叔敖患病临终前，叮嘱他的儿子说："我死后，你一定很贫困。那时，你就去拜见优孟吧，就说'我是孙叔敖的儿子'。"过了几年，孙叔敖的儿子果然十分贫困，靠卖柴为生。一次，路上遇到优孟，就对优孟说："我是孙叔敖的儿子。父亲临终前，嘱咐我贫困时就去拜见优孟。"优孟说："你别到远处去。"于是，他就立即缝制了孙叔敖生前所用的衣服帽子穿戴起来，模仿孙叔敖的举止言谈，音容笑貌。过了一年多，模仿得很像孙叔敖，连楚庄王左右近臣都分辨不出来。楚庄王设置酒宴，优孟上前为庄王敬酒祝福。庄王大吃一惊，认为孙叔敖又复活了，想要让他做楚相。优孟说："请允许我回去和妻子商量此事，三日后再来就任楚相。"庄王答应了他。三天后，优孟来见庄王。庄王问："你妻子怎么说的？"优孟说："妻子说千万不要做楚相，楚相不值得做。像孙叔敖那样做楚相，忠正廉洁地治理楚国，楚王才得以称霸。可如今他死了，他的儿子竟无立足之地，贫困到每天靠打柴谋生。如果做楚相要像孙叔敖那样，还不如自杀。"接着唱道："住在山野耕田辛苦，难以获得食物。出外做官，自身贪赃卑鄙的，余财有积，廉耻不顾。自己死后家室虽然富足，但又恐惧贪赃枉法，干非法之事，大罪犯下，自己被杀，家室也遭诛灭。贪官哪能做呢？要想做个清官，遵纪守法，忠于职守，到死都不敢做非法之事。唉，清官又哪能做呢？像楚相孙叔敖，一生坚持廉洁的操守，现在妻儿老小却贫困到靠打柴为生。清官实在不值得做啊！"于是，庄王向优孟表示了歉意，立即召见孙叔敖的儿子，把寝丘这个四百户之邑封给他，以供祭祀孙叔敖之用。打此之后，十年从未断绝。优孟的这种聪明才智，可以说是正得其宜，把握了发挥的时机。

在优孟之后二百多年，秦国出了个优旃。

优旃是秦国的歌舞艺人，个子特别矮小。他擅长说笑话，然而都能合乎大道理。秦始皇时，宫中设置酒宴，正遇上天下雨，殿阶下执楯站岗的卫士都淋着雨，受着风寒。优旃看见了十分怜悯他们，对他们说："你们想要休息么？"卫士们都说："非常希望。"优旃说："如果我叫你们，你们要很快地答应我。"过了一会儿，宫殿上向秦始皇祝酒，高呼万岁。优旃靠近栏干旁大声喊道："卫士！"卫士们答道："有。"优旃说："你们虽然长得高大，有什么好处？只有幸站在露天淋雨。我虽然长得矮小，却有幸在这里休息。"于是，秦始皇准许卫士减半值班，轮流接替。

秦始皇曾经计议要扩大射猎的区域，东到函谷关，西到雍县和陈仓。优旃说："好。多养些禽兽在里面，敌人从东面来侵犯，让麋鹿用角去抵触他们就足

辍止。

二世立,又欲漆其城。优旃曰:"善。主上虽无言,臣固将请之。漆城虽于百姓愁费,然佳哉!漆城荡荡,寇来不能上。即欲就之,易为漆耳,顾难为荫室。"于是二世笑之,以其故止。居无何,二世杀死,优旃归汉,数年而卒。

太史公曰:淳于髡仰天大笑,齐威王横行。优孟摇头而歌,负薪者以封。优旃临槛疾呼,陛楯得以半更。岂不亦伟哉!

褚先生曰:臣幸得以经术为郎,而好读外家传语。窃不逊让,复作故事滑稽之语六章,编之于左。可以览观扬意,以示后世好事者读之,以游心骇耳,以附益上方太史公之三章。

武帝时有所幸倡郭舍人者,发言陈辞虽不合大道,然令人主和说。武帝少时,东武侯母常养帝,帝壮时,号之曰"大乳母"。率一月再朝。朝奏入,有诏使幸臣马游卿以帛五十匹赐乳母,又奉饮糒飧养乳母。乳母上书曰:"某所有公田,原得假倩之。"帝曰:"乳母欲得之乎?"以赐乳母。乳母所言,未尝不听。有诏得令乳母乘车行驰道中。当此之时,公卿大臣皆敬重乳母。乳母家子孙奴从者横暴长安中,当道掣顿人车马,夺人衣服。闻于中,不忍致之法。有司请徙乳母家室,处之于边。奏可。乳母当入至前,面见辞。乳母先见郭舍人,为下泣。舍人曰:"即入见辞去,疾步数还顾。"乳母如其言,谢去,疾步数还顾。郭舍人疾言骂之曰:"咄!老女子!何不疾行!陛下已壮矣,宁尚须汝乳而活邪?尚何还顾!"于是人主怜焉悲之,乃下诏止无徙乳母,罚谪谮之者。

武帝时,齐人有东方生名朔,以好古传书,爱经术,多所博观外家之语。朔初入长安,至公车上书,凡用三千奏牍。公车令两人共持举其书,仅然能胜之。人主从上方读之,止,辄乙其处,读之二月乃

以应付了。"秦始皇听了这话,就停止了扩大猎场的计划。

秦二世皇帝即位,又想用漆涂饰城墙。优旃说:"好。皇上即使不讲,我本来也要请您这样做的。漆城墙虽然给百姓带来愁苦和耗费,可是很美呀!城墙漆得漂漂亮亮的,敌人来了也爬不上来。要想成就这件事,涂漆倒是容易的,但难以找到一个地方,把漆过的城墙搁进去,使它阴干。"于是二世皇帝就笑了起来,因而取消了这个计划。不久,二世皇帝被杀死,优旃归顺了汉朝,几年过后就死了。

太史公说:淳于髡仰天大笑,齐威王所以横行天下。优孟摇头歌唱,以打柴为主的人因而受到封赏。优旃靠近栏干大喊一声,阶下卫士因而才能减半值勤,轮流倒休。这些难道不都是伟大而可颂扬的么!

褚少孙先生说:我有幸能因通晓经学而做了郎官,而且喜欢读史传杂说一类的书。不自量力,又写了六章滑稽故事,编在太史公原著的后面。可供阅览,扩充见闻,以便流传给后代不怕絮烦的人浏览,以舒畅心胸,听闻警醒,特把它增附在上面太史公三则滑稽故事的后面。

汉武帝时,有个受宠爱的艺人姓郭,他讲话虽然不合乎大道理,却能使皇上听了心情和悦。武帝年幼时,东武侯的母亲曾经乳养过他,武帝长大以后,就称她为"大乳母"。大概每月入朝两次。每次入朝的通报呈送进去,必有诏旨派宠爱的侍臣马游卿拿五十匹绸绢赏给乳母,并备饮食供养乳母。乳母上书说:"某处有一块公田,希望拨借给我使用。"武帝说:"乳母想得到它吗?"便把公田赐给了她。乳母所说的话,没有不听的。又下诏乳母所乘坐的车子可以在御道上行走。在这个时候,公卿大臣们都敬重乳母。乳母家里的子孙奴仆等人在长安城中横行霸道,当道拦截人家的车马,抢夺他人的衣物。消息传入朝中,武帝不忍心用法律来制裁乳母。主管的官吏奏请把乳母一家迁移到边疆去。武帝批准了。乳母理当进宫到武帝面前辞行。乳母先会见了郭舍人,为此而流泪。郭舍人说:"马上进宫面见辞行,快步退出,多回过身来望几次皇帝。"乳母照他说的做了,乳母面见武帝辞行,快步退出,屡屡转过身来看武帝。郭舍人大声骂乳母说:"啐!老婆子,为什么不快点走!皇上已经长大了,难道还要等你喂奶才能活命么?还转身看什么!"于是武帝可怜她,不禁悲伤起来,就下令制止,不准迁移乳母一家,还处罚了说乳母坏话的人。

汉武帝时,齐地有个人叫东方朔,因喜欢古代流传下来的书籍,爱好儒家经术,广泛地阅览了诸子百家的书。东方朔刚到长安时,到公车府那里上书给皇帝,共用了三千根木简。公车府派两个人一起来抬他的奏章,勉强抬得起来。武帝在宫内阅读东方朔的奏章,需要停阅时,便在那里画个记号,读了两个多月才

尽。诏拜以为郎，常在侧侍中。数召至前谈语，人主未尝不说也。时诏赐之食于前。饭已，尽怀其余肉持去，衣尽污。数赐缣帛，檐揭而去。徒用所赐钱帛，取少妇于长安中好女。率取妇一岁所者即弃去，更取妇。所赐钱财尽索之于女子。人主左右诸郎半呼之"狂人"。人主闻之，曰："令朔在事无为是行者，若等安能及之哉！"朔任其子为郎，又为侍谒者，常持节出使。朔行殿中，郎谓之曰："人皆以先生为狂。"朔曰："如朔等，所谓避世于朝廷间者也。古之人，乃避世于深山中。"时坐席中，酒酣，据地歌曰："陆沈于俗，避世金马门。宫殿中可以避世全身，何必深山之中，蒿庐之下。"金马门者，宦署门也，门傍有铜马，故谓之曰"金马门"。

时会聚宫下博士诸先生与论议，共难之曰："苏秦、张仪一当万乘之主，而都卿相之位，泽及后世。今子大夫修先王之术，慕圣人之义，讽诵《诗》《书》百家之言，不可胜数。著于竹帛，自以为海内无双，即可谓博闻辩智矣。然悉力尽忠以事圣帝，旷日持久，积数十年，官不过侍郎，位不过执戟，意者尚有遗行邪？其故何也？"东方生曰："是固非子所能备也。彼一时也，此一时也，岂可同哉！夫张仪、苏秦之时，周室大坏，诸侯不朝，力政争权，相禽以兵，并为十二国，未有雌雄，得士者强，失士者亡，故说听行通，身处尊位，泽及后世，子孙长荣。今非然也。圣帝在上，德流天下，诸侯宾服，威振四夷连四海之外以为席，安于覆盂，天下平均，合为一家，动发举事，犹如运之掌中。贤与不肖，何以异哉？方今以天下之大，士民之众，竭精驰说，并进辐凑者，不可胜数。悉力慕义，困于衣食，或失门户。使张仪、苏秦与仆并生于今之世，曾不能得掌故，安敢望常侍侍郎乎！传曰：'天下无害灾，虽有圣人，无所施其才；上下和同，虽有贤者，无所立功。'故曰时异则事异。虽然，安可以不务修

读完。武帝下令任命东方朔为郎官，他经常在皇上身边侍奉。屡次叫他到跟前谈话，武帝从未有过不高兴的。武帝时常下诏赐他御前用饭。饭后，他便把剩下的肉全都揣在怀里带走，把衣服都弄脏了。皇上屡次赐给他绸绢，他都是肩挑手提地拿走。他便用这些受赐得来的钱财绸绢，娶长安城中年轻漂亮的女子。大多娶过来一年光景便抛弃了，再娶一个。皇上所赏赐的钱财完全用在女人身上。皇上左右的人都称他为"疯子"。武帝听到了，说："假如东方朔当官行事没有这些荒唐行为，你们哪能比得上他呢？"东方朔保举他的儿子做郎官，又升为侍中的谒者，常常持节外出办事。一天东方朔从殿中经过，郎官们对他说："人们都以为先生是位狂人。"东方朔说："像我这样的人，就是所谓在朝廷里隐居的人。古代的人，都是隐居在深山里。"他时常坐在酒席宴上，酒喝得畅快时，就趴在地上唱道："隐居在世俗中，避世在金马门。宫殿里可以隐居起来，保全自身，何必隐居在深山之中，茅舍里面。"所谓金马门，就是宦者衙署的门，大门旁边有铜马，所以叫作"金马门"。

当时正值朝廷征召学宫里的博士先生们参与议事，大家一同诘难东方朔说："苏秦、张仪偶然遇到大国的君主，就能居于卿相的地位，恩泽留传后世。现在您老先生研究先王治国御臣的方术，仰慕圣人立身处世的道理，熟习《诗经》《尚书》以及诸子百家的言论，不能一一例举。又有文章著作，自以为天下无双，就可以称作是见多识广、聪敏才辨了。可是您竭尽全力、忠心耿耿地侍奉圣明的皇帝，旷日持久，长达数十年累积，官衔不过是个侍郎，职位不过是个卫士，看来您还有其他不够检点的行为吧？这是什么原因呢？"东方朔说："这本来就不是你们所能完全了解的。那时是一个时代，现在又是另一个时代，怎么可以相提并论呢？张仪、苏秦的时代，周朝十分衰败，诸侯都不去朝见周天子，用武力征伐夺取权势，用军事手段相互侵犯，天下兼并为十二个诸侯国，势力不相上下，得到士人的就强大，失掉士人的就灭亡，所以对士人言听计从，使士人身居高位，恩泽留传给后代，子孙长享荣华。如今不是这样。圣明的皇帝在上执掌朝政，恩泽遍及天下，诸侯归顺服从，威势震慑四方，将四海之外的疆土连接成像坐席那样的一片乐土，比倒放的盘盂还要安稳，天下统一，融为一体，凡有所举动，都如同在手掌中转动一下那样轻而易举。贤与不贤，凭什么来辨别呢？当今因天下广大，士民众多，竭尽精力，奔走游说，就如辐条凑集到车毂一样，竞相集中到京城里向朝庭献计献策的人，数也数不清。尽管竭力仰慕道义，仍不免被衣食所困，有的竟连进身的门路也找不到。假使张仪、苏秦和我同生在当今时代，他们连一个掌管旧制旧例等事的小官都得不到，怎么敢期望常做侍郎呢？古书上说：'天下没有灾害，即使有圣人，也没有地方施展他的才华；君臣上下和

身乎？诗曰：'鼓钟于宫，声闻于外。鹤鸣九皋，声闻于天。'。苟能修身，何患不荣！太公躬行仁义七十二年，逢文王，得行其说，封于齐，七百岁而不绝。此士之所以日夜孳孳，修学行道，不敢止也。今世之处士，时虽不用，崛然独立，块然独处，上观许由，下察接舆，策同范蠡，忠合子胥，天下和平，与义相扶，寡偶少徒，固其常也。子何疑于余哉！"于是诸先生默然无以应也。

建章宫后阁重栎中有物出焉，其状似麋。以闻，武帝往临视之。问左右群臣习事通经术者，莫能知。诏东方朔视之。朔曰："臣知之，原赐美酒粱饭大飧臣，臣乃言。"诏曰："可。"已又曰："某所有公田鱼池蒲苇数顷，陛下以赐臣，臣朔乃言。"诏曰："可。"于是朔乃肯言，曰："所谓驺牙者也。远方当来归义，而驺牙先见。其齿前后若一，齐等无牙，故谓之驺牙。"其后一岁所，匈奴浑邪王果将十万众来降汉。乃复赐东方生钱财甚多。

至老，朔且死时，谏曰："《诗》云'营营青蝇，止于蕃。恺悌君子，无信谗言。谗言罔极，交乱四国'。原陛下远巧佞，退谗言。"帝曰："今顾东方朔多善言？"怪之。居无几何，朔果病死。传曰："鸟之将死，其鸣也哀；人之将死，其言也善。"此之谓也。

武帝时，大将军卫青者，卫后兄也，封为长平侯。从军击匈奴，至余吾水上而还，斩首捕虏，有功来归，诏赐金千斤。将军出宫门，齐人东郭先生以方士待诏公车，当道遮卫将军车，拜谒曰："愿白事。"将军止车前，东郭先生旁车言曰："王夫人新得幸于上，家贫。今将军得金千斤，诚以其半赐王夫人之亲，人主闻之必喜。此所谓奇策便计也。"卫将军谢之曰："先生幸告之以便计，请奉教。"于是卫将军乃以五百金为王夫人之亲寿。王夫人以闻武帝。帝曰：

睦同心，即使有贤人，他的功业也没有地方建立。'所以说，时代不同，事情也就随之而有所变化。尽管这样，怎么可以不努力去修养自身呢？《诗经》说：'在宫内敲钟，声音可以传到外面。鹤在遥远的水泽深处鸣叫，声音可以传到天上。'如果能够修养自身，还担忧不能获得荣耀吗！齐太公七十二年亲身实行仁义，遇到周文王，才得以施行他的主张，封在齐国，其思想影响流传七百年而不断绝。这就是士人所以日日夜夜，孜孜不倦，研究学问，推行自己的主张，而不敢停止的原因。如今世上的隐士，虽然一时不被任用，却能超然自立，孑然独处，远观许由，近看接舆，智谋好比范蠡，忠诚可比伍子胥，天下和平，修身自持，而却寡朋少侣，这本来是件很平常的事情。你们为什么对我有疑虑呢？"于是那些先生们一声不响，无话回答了。

建章宫后阁的双重栏杆中，有一只动物跑出来，它的形状像麋鹿。消息传到宫中，武帝亲自到那里观看。问身边群臣中熟悉事物而又通晓经学的人，没有一个人能知道它是什么动物。下诏叫东方朔来看。东方朔说："我知道这个东西，请赐给我美酒好饭让我饱餐一顿，我才说。"武帝说："可以。"吃过酒饭，东方朔又说道："某处有公田、鱼池和苇塘好几顷，陛下赏赐给我，我才说。"武帝说："可以。"于是东方朔才肯说道："这是叫驺牙的动物。远方当有前来投诚的事，因而驺牙便先出现。它的牙齿前后一样，大小相等而没有大牙，所以叫它驺牙。"后来过了一年左右，匈奴浑邪王果然带领十万人来归降汉朝。武帝于是又赏赐东方朔很多钱财。

到了晚年，东方朔临终时，规劝武帝说："《诗经》上说'飞来飞去的苍蝇，落在篱笆上面。慈祥善良的君子，不要听信谗言。谗言无止境，四方邻国不得安宁。'希望陛下远离巧言谄媚的人，斥退他们的谗言。"武帝说："回过头来如今看东方朔，仅仅是善于言谈吗？"对此感到惊奇。过了不久，果然东方朔病死了。古书上说："鸟到临死时，它的叫声特别悲哀；人到临死时，他的言语非常善良。"说的就是这个意思吧。

汉武帝时，大将军卫青是卫皇后的哥哥，被封为长平侯。他带领军队出击匈奴，追到余吾水边才返回，斩杀大量敌兵，捕获许多俘虏，立下战功，胜利归来，武帝下令赏赐黄金千斤。大将军从宫门出来，齐地人东郭先生以方士身份在公车府候差，当道拦住卫将军的车马，拜见说："有事禀告大将军。"卫将军停在车前，东郭先生靠在车旁说："王夫人新近得到皇帝的宠爱，家里贫困。如今将军获得黄金千斤，如果将其中的一半送给王夫人的父母，皇上知道了一定很高兴。这就是所谓巧妙而便捷的计策啊。"卫将军感谢他说道："幸亏先生把这便捷的计策告诉我，一定遵从指教。"于是卫将军用五百斤黄金作为给王夫人父母

"大将军不知为此。"问之安所受计策，对曰："受之待诏者东郭先生。"诏召东郭先生，拜以为郡都尉。东郭先生久待诏公车，贫困饥寒，衣敝，履不完。行雪中，履有上无下，足尽践地。道中人笑之，东郭先生应之曰："谁能履行雪中，令人视之，其上履也，其履下处乃似人足者乎？"及其拜为二千石，佩青絸出宫门，行谢主人。故所以同官待诏者，等比祖道于都门外。荣华道路，立名当世。此所谓衣褐怀宝者也。当其贫困时，人莫省视；至其贵也，乃争附之。谚曰："相马失之瘦，相士失之贫。"其此之谓邪？

王夫人病甚，人主至自往问之曰："子当为王，欲安所置之？"对曰："原居洛阳。"人主曰："不可。洛阳有武库、敖仓，当关口，天下咽喉。自先帝以来，传不为置王。然关东国莫大于齐，可以为齐王。"王夫人以手击头，呼"幸甚"。王夫人死，号曰"齐王太后薨"。

昔者，齐王使淳于髡献鹄于楚。出邑门，道飞其鹄，徒揭空笼，造诈成辞，往见楚王曰："齐王使臣来献鹄，过于水上，不忍鹄之渴，出而饮之，去我飞亡。吾欲刺腹绞颈而死。恐人之议吾王以鸟兽之故令士自伤杀也。鹄，毛物，多相类者，吾欲买而代之，是不信而欺吾王也。欲赴佗国奔亡，痛吾两主使不通。故来服过，叩头受罪大王。"楚王曰："善，齐王有信士若此哉！"厚赐之，财倍鹄在也。

武帝时，征北海太守诣行在所。有文学卒史王先生者，自请与太守俱，"吾有益于君"，君许之。诸府掾功曹白云："王先生嗜酒，多言少实，恐不可与俱。"太守曰："先生意欲行，不可逆。"遂与俱。行至宫下，待诏宫府门。王先生徒怀钱沽酒，与卫卒仆射饮，日醉，不视其太守。太守入跪拜。王先生谓户郎曰："幸为我呼吾君至门内遥语。"户郎为呼太守。太守来，望见王先生。王先生曰："天子即问君何以治北海令无盗贼，君对曰何哉？"对曰："选择贤材，

的赠礼。王夫人将此事告诉了武帝。武帝说:"大将军不懂得做这种事。"问卫青从何处得来的计策,回答说:"从候差的东郭先生那里得到的。"于是下令召见东郭先生,任命他为郡都尉。东郭先生长期在公车府候差,饥寒贫困,衣服破旧,鞋子也不完好。走在雪地里,鞋子有面无底,脚全都踩在地上。过路人嘲笑他,东郭先生回答他们说道:"谁能穿鞋走在雪地里,让人看去,鞋上面是鞋子,鞋子下面竟然像人的脚呢?"等到他被任命为俸禄二千石的官,佩带着青绶,走出宫门,去辞谢他的主人时,以前同他一起候差的,都分批地在都城郊外为他饯行。荣华显耀一路,名扬当代。这就是所谓的身穿粗布衣服,怀里却揣着珍宝的人。当他贫困时,大家都不理睬他;等到他显贵时,就争着去依靠他。常言说:"相马因其外表消瘦而漏掉良马,相士因其外貌贫困而漏失人才。"莫非说的就是这种情景吗?

王夫人病重,皇上亲自来探望,问她说:"你的儿子应当封为王,你要封他在哪里呢?"回答说:"希望封在洛阳。"皇上说:"不行。洛阳有大粮仓和兵器库,又位于交通关口,是天下的咽喉要道。从先帝以来,相传从不在洛阳一带封王。不过关东一带的封国,没有比齐国更大的,可以封他做齐王。"王夫人用手拍着头,口呼:"太幸运了"。王夫人死后,就称为"齐王太后逝世"。

以前,齐王派淳于髡去楚国进献黄鹄。出了都城门,那只黄鹄中途飞走了,他只好托着空笼子,编造了一些假话,去拜见楚王说:"齐王派我来进献黄鹄,从水上经过,不忍心黄鹄干渴,放出来让它喝水,不料离开我飞走了。我想要刺腹或勒脖子而死,又担心别人非议大王因为鸟兽的缘故导致士人自杀。黄鹄是羽毛类的东西,相似的很多,我想买一个相似的来代替,这既不诚实,还欺骗了大王。想要逃奔到别的国家去,又痛心齐楚两国君主之间的通使由此断绝。所以前来服罪,向大王叩头,请求罚责。"楚王说:"很好,齐王竟有这样忠信的人。"赏赐淳于髡厚礼,财物比进献黄鹄多一倍。

汉武帝时,征召北海郡太守到皇帝行宫。有个执掌文书的卒史王先生,主动请求与太守一同前往,说:"我会对您有好处。"太守答应了他。太守府中的许多府吏、功曹禀告说:"王先生爱喝酒,闲话多,务实少,恐怕不宜同行。"太守说:"王先生想要去,不好违背他的意愿。"于是就和他一同去了。来到宫门外,在宫府门待命。王先生与卫队长官叙饮,整天醉醺醺的,不去看望太守。太守入宫拜见皇上。王先生对守门郎官说:"请替我呼唤我们太守到宫门口来,跟他远远地讲几句话。"守门郎官替他去呼唤太守。太守出来,看见了王先生。王先生说:"皇上假如问您如何治理北海郡,您对答些什么呢?"太守回答说:

各任之以其能,赏异等,罚不肖。"王先生曰:"对如是,是自誉自伐功,不可也。原君对言,非臣之力,尽陛下神灵威武所变化也。"太守曰:"诺。"召入,至于殿下,有诏问之曰:"何于治北海,令盗贼不起?"叩头对言:"非臣之力,尽陛下神灵威武之所变化也。"武帝大笑,曰:"于呼!安得长者之语而称之!安所受之?"对曰:"受之文学卒史。"帝曰:"今安在?"对曰:"在宫府门外。"有诏召拜王先生为水衡丞,以北海太守为水衡都尉。传曰:"美言可以市,尊行可以加人。君子相送以言,小人相送以财。"

魏文侯时,西门豹为邺令。豹往到邺,会长老,问之民所疾苦。长老曰:"苦为河伯娶妇,以故贫。"豹问其故,对曰:"邺三老、廷掾常岁赋敛百姓,收取其钱得数百万,用其二三十万为河伯娶妇,与祝巫共分其余钱持归。当其时,巫行视小家女好者,云是当为河伯妇,即娉取。洗沐之,为治新缯绮縠衣,间居斋戒;为治斋宫河上,张缇绛帷,女居其中。为具牛酒饭食,十余日。共粉饰之,如嫁女床席,令女居其上,浮之河中。始浮,行数十里乃没。其人家有好女者,恐大巫祝为河伯取之,以故多持女远逃亡。以故城中益空无人,又困贫,所从来久远矣。民人俗语曰'即不为河伯娶妇,水来漂没,溺其人民'云。"西门豹曰:"至为河伯娶妇时,愿三老、巫祝、父老送女河上,幸来告语之,吾亦往送女。"皆曰:"诺。"

至其时,西门豹往会之河上。三老、官属、豪长者、里父老皆会,以人民往观之者三二千人。其巫,老女子也,已年七十。从弟子女十人所,皆衣缯单衣,立大巫后。西门豹曰:"呼河伯妇来,视其好丑。"即将女出帷中,来至前。豹视之,顾谓三老、巫祝、父老曰:"是女子不好,烦大巫妪为入报河伯,得更求好女,后日送之。"即使吏卒共抱大巫妪投之河中。有顷,曰:"巫妪何久也?弟子趣之!"复以弟子一人投河中。有顷,曰:"弟子何久也?复使

"选择贤能的人,按照他们的能力分别任用,处罚不图上进的。"王先生说:"自己夸耀功劳,不行啊。希望您回答说:不是臣的力量,完全是陛下神明威武发生的作用。"太守说:"好吧。"太守被召进宫中,走到殿下,有诏令问他说:"你怎么治理北海郡使盗贼不敢泛起的?"太守叩头回答说:"这不是臣的力量,完全是陛下神明威武发生的作用。"武帝大笑说:"啊呀!哪里学得长者的言语而称颂起来?何处听来的?"太守回答说:"从文书先生处。"武帝说:"他现在何处?"太守回答说:"在宫府门外。"武帝下诏召见,任命王先生为水衡丞,北海太守做水衡都尉。古书上说:"美好的言辞可以出卖,高贵的品行可以提升人。君子赠人美言,小人以钱财送人。"

　　魏文侯时期,西门豹做邺县令。西门豹到了邺县,召集年高且有名望的人,询问民间感到痛苦的事情。那些人回答说:"苦于给河神娶媳妇,因为这个缘故弄得贫困。"西门豹问其原因,回答说:"邺地的三老、廷掾常年向百姓征收赋税,收取数百万之多的钱,用其中的二三十万为河神娶媳妇,再同庙祝、巫婆一同瓜分剩下的钱,拿回家去。到了为河神娶媳妇期间,巫婆四处巡视,见到贫苦人家的女儿中长得漂亮的,就说这女子应该做河神的媳妇,下聘礼当即娶走。为她洗澡沐浴,给她缝制新的绸绢衣服,独住下来,养性静心,替她在河边盖起斋居的房子,挂上大红厚绢的帐子,让女孩住在里面。又给她宰牛造酒准备饭食,折腾十几天。到时,大家一同来装点乘浮之具,像出嫁女儿的枕席床帐一样,让这女孩坐在上面,放到河中漂行。起初漂在水面,漂流几十里就沉没了。那些有漂亮女子的人家,很害怕大巫婆替河神娶他们的女儿,因此大多带着女儿远远地逃离了。所以城里越来越空虚,人越来越少,更加贫困了,这种情况已经很久了。民间俗话说:'如果不给河神娶媳妇,河水冲来淹没田产,淹死那些老百姓。'"西门豹说:"等到为河神娶媳妇时,请巫婆、三老、父老们到河边去送新娘,希望也来告诉我,我也要去送新娘。"大家说:"是。"

　　那一天到了,西门豹到河边同大家相会。官吏、三老、豪绅以及乡间的父老们都到了,连同观看的百姓共二三千人。那个大巫婆是老太婆,年纪已有七十岁。随从的女弟子十几个,都穿着绸缎单衣,站在大巫婆后面。西门豹说:"把河神的媳妇叫过来,看看她美不美。"巫婆们就将新娘从帐子里扶出,来到西门豹面前。西门豹看了一看,回头对庙祝、三老、巫婆及父老们说:"这个女孩不美,烦劳大巫婆到河中报告河神,需要换一个漂亮女孩,后天送她来。"大巫婆就被士兵一齐抱起投进河里。过了一会儿,西门豹说:"大巫婆怎么去了这么久,还不回来呢?徒弟去催促她一下。"说完又把一个徒弟投进河中。过了一会

一人趣之！"复投一弟子河中。凡投三弟子。西门豹曰："巫妪弟子是女子也，不能白事，烦三老为入白之。"复投三老河中。西门豹簪笔磬折，向河立待良久。长老、吏傍观者皆惊恐。西门豹顾曰："巫妪、三老不来还，奈之何？"欲复使廷掾与豪长者一人入趣之。皆叩头，叩头且破，额血流地，色如死灰。西门豹曰："诺，且留待之须臾。"须臾，豹曰："廷掾起矣。状河伯留客之久，若皆罢去归矣。"邺吏民大惊恐，从是以后，不敢复言为河伯娶妇。

西门豹即发民凿十二渠，引河水灌民田，田皆溉。当其时，民治渠少烦苦，不欲也。豹曰："民可以乐成，不可与虑始。今父老子弟虽患苦我，然百岁后期令父老子孙思我言。"至今皆得水利，民人以给足富。十二渠经绝驰道，到汉之立，而长吏以为十二渠桥绝驰道，相比近，不可。欲合渠水，且至驰道合三渠为一桥。邺民人父老不肯听长吏，以为西门君所为也，贤君之法式不可更也。长吏终听置之。故西门豹为邺令，名闻天下，泽流后世，无绝已时，几可谓非贤大夫哉！

传曰："子产治郑，民不能欺；子贱治单父，民不忍欺；西门豹治邺，民不敢欺。"三子之才能谁最贤哉？辨治者当能别之。

儿，又说："徒弟怎么一去这么久不回来呢？再派一个人去催促她们！"说完又把一个徒弟投进河里。总共投进河里三个徒弟。西门豹说："巫婆、徒弟是女人，可能不会禀告事由，烦劳三老替我去禀告河神。"说完又把三老投进河里。西门豹头上插着笔，弯着腰，面对河水站着等了很长时间。官吏、长者和旁观者都非常害怕。西门豹回头说："巫婆、三老不回来，怎么办？"想再派廷掾和一个豪绅去催促他们。廷掾和豪绅都在地上跪着磕头，把头都磕破了，血流在地上，脸色如死灰一样。西门豹说："好吧，暂且等待一会儿。"待了一会儿，西门豹说："廷掾起来吧。看样子河神留客太久了，你们都离开这里回家吧。"邺县的官吏、百姓都很害怕，打这以后，不敢再说替河神娶媳妇了。

　　西门豹随即征发百姓开凿了十二条渠道，引漳河水浇灌农田，农田都得到灌溉。在开凿河渠时，老百姓开渠多少是有些劳苦的，很不愿意干。西门豹说："百姓可以同他们共享其成，却不可以同他们谋划事业的开创。现在父老子弟虽然认为我给他们带来辛苦，但是百年以后，希望让父老子弟们再想想我所说的话。"直到现在，那里都依然得到河水的利益，百姓因此富裕起来。十二条河渠横穿御道，到汉朝建立时，地方官吏认为十二条河渠上的桥梁截断了御道，彼此相距又很近，不可以。想要合并渠水，并且把流经御道的那段，三条渠水合为一条，只架一桥。邺地的百姓不肯听从地方官吏的意见，认为那些渠道是经西门先生规划开凿的，贤良长官的法度规范是不能更改的。地方长官终于听取了大家的意见，放弃了并渠计划。所以西门豹做邺县令，名闻天下，恩德泽及后世，难道能说他不是贤大夫吗？

　　古书上说："子产治理郑国，百姓不能欺骗他；子贱治理单父，百姓不忍心欺骗他；西门豹治理邺县，百姓不敢欺骗他。"他们三个人的才能，谁最高呢？研究治道的人，当会分辨出来。

日者列传第六十七

自古受命而王,王者之兴何尝不以卜筮决于天命哉!其于周尤甚,及秦可见。代王之入,任于卜者。太卜之起,由汉兴而有。

司马季主者,楚人也。卜于长安东市。

宋忠为中大夫,贾谊为博士,同日俱出洗沐,相从论议,诵易先王圣人之道术,究遍人情,相视而叹。贾谊曰:"吾闻古之圣人,不居朝廷,必在卜医之中。今吾已见三公九卿朝士大夫,皆可知矣。试之卜数中以观采。"二人即同舆而之市,游于卜肆中。天新雨,道少人,司马季主闲坐,弟子三四人侍,方辩天地之道,日月之运,阴阳吉凶之本。二大夫再拜谒。司马季主视其状貌,如类有知者,即礼之,使弟子延之坐。坐定,司马季主复理前语,分别天地之终始,日月星辰之纪,差次仁义之际,列吉凶之符,语数千言,莫不顺理。

宋忠、贾谊瞿然而悟,猎缨正襟危坐,曰:"吾望先生之状,听先生之辞,小子窃观于世,未尝见也。今何居之卑,何行之污?"

司马季主捧腹大笑曰:"观大夫类有道术者,今何言之陋也,何辞之野也!今夫子所贤者何也?所高者谁也?今何以卑污长者?"

二君曰:"尊官厚禄,世之所高也,贤才处之。今所处非其地,故谓之卑。言不信,行不验,取不当,故谓之污。夫卜筮者,世俗之所贱简也。世皆言曰:'夫卜者多言夸严以得人情,虚高人禄命以说人志,擅言祸灾以伤人心,矫言鬼神以尽人财,厚求拜谢以私于己。'此吾之所耻,故谓之卑污也。"

司马季主曰:"公且安坐。公见夫被发童子乎?日月照之则行,不照则止,问之日月疵瑕吉凶,则不能理。由是观之,能知别贤与不

自古以来承受天命的人方能成为国君，而君王的兴起又何尝不是用卜筮来决于天命呢！这种情形在周朝尤为盛行，到了秦代还可以看到。代王入朝继承王位，也是听任于占卜者。至于卜官的出现，在汉朝兴建以来就已经有了。

司马季主是楚地人。他在长安东市卜卦。

宋忠此时任中大夫，贾谊任博士，一天，二人一同外出洗沐，边走边谈，讨论先王圣人的治道方法，广泛地探究世道人情，相视慨叹。贾谊说："我听说古代的圣人，如不在朝做官，就必在卜者、医师行列之中。现在，我已见识过三公九卿及朝中士大夫，对他们的才学人品都可说了解了。我们试着去看看卜者的风采吧。"二人即同车到市区去，在卜筮的馆子里游览。天刚下过雨，路上行人很少，司马季主正坐于馆中，三四个弟子陪侍着他，正在讲解天地间的道理、日月运转的情形、阴阳吉凶的本源。两位大夫向司马季主拜了两拜。司马季主打量他们的状貌，好像是有知识的人，叫弟子引他们就座。坐定之后，司马季主重新疏解前面讲的内容，分析天地的起源与终止、日月星辰的运行法则，区分仁义的差别关系，列举祸福吉凶的征兆，讲了数千言，无不顺理成章。

宋忠、贾谊十分惊异而有所领悟，整冠理带，端正衣襟，恭敬地坐着，说："我们看先生的容貌，听先生的谈吐，晚辈私下观看当今之世，还未曾见到过。现在，您为什么地位如此低微，为什么从事如此污浊的职业？"

司马季主捧腹大笑说："两位大夫好像是有道术的人，现在怎么会说出这种浅薄的话，措辞这样粗野呢？你们所认为的贤者是什么样的人呢？所认为高尚的人是谁呢？凭什么将长者视为卑下污浊呢？"

两位大夫说："高官厚禄，是世人所认为高尚的，贤能的人占据那种地位。如今先生所处的不是那种地位，所以说是低微的。所言不真实，所行不应验，所取不恰当，所以说是污浊的。卜筮者，是世俗所鄙视的。世人都说：'卜者多用夸大怪诞之辞，来迎合人们的心意；虚假抬高人们的禄命，来取悦人心；编造灾祸，以使人悲伤；假借鬼神，以骗人钱财；贪求酬谢，以利于自身。'这都是我们认为可耻的行径，所以说是低微污浊的。"

司马季主说："二位暂且安坐。你们见过那披发童子吧？日月照着，他们就走路；不照，他们就不走。问他们日月之食和人事吉凶，就不能解释说明。由此

肖者寡矣。

"贤之行也,直道以正谏,三谏不听则退。其誉人也不望其报,恶人也不顾其怨,以便国家利众为务。故官非其任不处也,禄非其功不受也;见人不正,虽贵不敬也;见人有污,虽尊不下也;得不为喜,去不为恨;非其罪也,虽累辱而不愧也。

"今公所谓贤者,皆可为羞矣。卑疵而前,孅趋而言;相引以势,相导以利;比周宾正,以求尊誉,以受公奉;事私利,枉主法,猎农民;以官为威,以法为机,求利逆暴:譬无异于操白刃劫人者也。初试官时,倍力为巧诈,饰虚功执空文以罔主上,用居上为右;试官不让贤陈功,见伪增实,以无为有,以少为多,以求便势尊位;食饮驱驰,从姬歌儿,不顾于亲,犯法害民,虚公家:此夫为盗不操矛弧者也,攻而不用弦刃者也,欺父母未有罪而弑君未伐者也。何以为高贤才乎?

"盗贼发不能禁,夷貊不服不能摄,奸邪起不能塞,官秏乱不能治,四时不和不能调,岁谷不孰不能适。才贤不为,是不忠也;才不贤而托官位,利上奉,妨贤者处,是窃位也;有人者进,有财者礼,是伪也。子独不见鸱枭之与凤皇翔乎?兰芷芎藭弃于广野,蒿萧成林,使君子退而不显众,公等是也。

"述而不作,君子义也。今夫卜者,必法天地,象四时,顺于仁义,分策定卦,旋式正棊,然后言天地之利害,事之成败。昔先王之定国家,必先龟策日月,而后乃敢代;正时日,乃后入家;产子必先占吉凶,后乃有之。自伏羲作八卦,周文王演三百八十四爻而天下治。越王句践效文王八卦以破敌国,霸天下。由是言之,卜筮有何负哉!

"且夫卜筮者,埽除设坐,正其冠带,然后乃言事,此有礼也。言而鬼神或以飨,忠臣以事其上,孝子以养其亲,慈父以畜其子,此

看来，能识别贤与不肖的人太少了。

"大凡居官做事的贤者，都遵循正直之道以正言规劝君王，多次劝谏不被采纳就引退下来；他们称誉别人并不图其回报，憎恶别人也不顾其怨恨，只以对国家和百姓有利为己任。所以，官职不是自己所能胜任的就不担任，俸禄不是自己功劳所应得到的就不接受；看到心术不正的人，虽位居显位也不恭敬他；看到染有污点的人，虽高居尊位也不屈就他；得到荣华富贵也不以为喜，失去富贵荣华也不以为恨；如果不是他的过错，虽牵累受辱也不感到羞愧。

"现在你们所说的贤者，都是些足以为他们感到羞愧的人。他们低声下气地趋奉，过分谦恭地讲话；凭权势相勾引，以利益相诱导；植党营私，排斥正人君子，以骗取尊宠美誉，以享受公家俸禄；谋求个人的利益，歪曲君主的法令，去掠夺农民的财产；倚仗官位逞威风，利用法律做工具，追逐私利，逆行横暴：好像与手持利刃威胁别人没有什么不同。刚做官时，竭力要弄巧诈伎俩，粉饰虚假的功劳，拿着华而不实的文章去欺骗君王，以便爬上高位；被委任官职后，不肯让贤者陈述功劳，却自夸其功，把假的说成实的，把没有的变成有的，把少的改为多的，以求得权势尊位；大吃大喝，到处游乐，犬马声色，无所不有，不顾父母亲人死活，专做犯法害民勾当，肆意挥霍，虚耗公家：这其实是做强盗而不拿弓矛，攻击他人而不用刀箭，虐待父母而未曾定罪，杀害国君而未被讨伐的一伙人。凭什么认为他们是高明贤能者呢？

"盗贼发生而不能禁止，蛮夷不服而不能震慑，奸邪兴起而不能遏止，公家损耗而不能整治，四时不和而不能调节，年景不好而不能调济。有才学而不去做，这是不忠；没有才学而寄居官位，享受皇上的俸禄，妨碍贤能者的地位，这是窃居官位。有关系的就进用做官，有钱财的就礼遇尊敬，这叫作虚伪。你们难道没有见过鸱枭也同凤凰一起飞翔吗？兰芷芎䓖被遗弃在旷野里，而蒿萧却茂密成林，使正人君子隐退而不能扬名显众，即是在位诸公所致。

"述而不作，是君子的本意。如今卜者占卜，一定效法天地，取四时的变化之象，顺应仁义的原则，分辨筮策，判定卦象，旋转栻盘，占卜作卦，然后解说天地间的利害、人事的吉凶成败。以前先王安定国家，必先用龟策占卜日月，然后才敢代天治理百姓；选准吉日，随后才能进入国都；家中生子必先占卜吉凶，然后才敢养育。从伏羲氏创制八卦，周文王演化成三百八十四爻而后天下得以大治。越王勾践仿照文王八卦行事而大破敌国，称霸天下。由此说来，卜筮有什么值得指责的呢？

"再说卜筮者，洁净扫除然后设座，端正冠带然后谈论吉凶之事，这是合礼仪的表现。他们的言论，使鬼神或许因而享用祭品，忠臣因而奉侍他的国君，孝

有德者也。而以义置数十百钱，病者或以愈，且死或以生，患或以免，事或以成，嫁子娶妇或以养生：此之为德，岂直数十百钱哉！此夫老子所谓'上德不德，是以有德'。今夫卜筮者利大而谢少，老子之云岂异于是乎？

"庄子曰：'君子内无饥寒之患，外无劫夺之忧，居上而敬，居下不为害，君子之道也。'今夫卜筮者之为业也，积之无委聚，藏之不用府库，徙之不用辎车，负装之不重，止而用之无尽索之时。持不尽索之物，游于无穷之世，虽庄氏之行未能增于是也，子何故而云不可卜哉？天不足西北，星辰西北移；地不足东南，以海为池；日中必移，月满必亏；先王之道，乍存乍亡。公责卜者言必信，不亦惑乎！

"公见夫谈士辩人乎？虑事定计，必是人也，然不能以一言说人主意，故言必称先王，语必道上古；虑事定计，饰先王之成功，语其败害，以恐喜人主之志，以求其欲。多言夸严，莫大于此矣。然欲强国成功，尽忠于上，非此不立。今夫卜者，导惑教愚也。夫愚惑之人，岂能以一言而知之哉！言不厌多。

"故骐骥不能与罢驴为驷，而凤皇不与燕雀为群，而贤者亦不与不肖者同列。故君子处卑隐以辟众，自匿以辟伦，微见德顺以除群害，以明天性，助上养下，多其功利，不求尊誉。公之等喁喁者也，何知长者之道乎！"

宋忠、贾谊忽而自失，芒乎无色，怅然噤口不能言。于是摄衣而起，再拜而辞。行洋洋也，出门仅能自上车，伏轼低头，卒不能出气。

居三日，宋忠见贾谊于殿门外，乃相引屏语相谓自叹曰："道高益安，势高益危。居赫赫之势，失身且有日矣。夫卜而有不审，不见夺糈；为人主计而不审，身无所处。此相去远矣，犹天冠地屦也。此

子因而供养他的双亲，慈父因而抚育他的孩子，这是有道德的表现。而问卜者出于道义花费几十、上百个钱，生病的人或许因而痊愈，将死的人或许因而得生，祸患或许因而免除，事情或许因而成功，嫁女娶妇或许因而得以养生：这种功德，难道只值几十、上百个钱吗！这就是老子所说的'具有大德者并不以有德自居，所以他才有德'。今天的卜筮者待人好处多但受人之谢少，老子所说的难道同卜筮者的所作所为有什么不一样吗？

"庄子说：'君子内无饥寒的忧患，外无被劫夺的顾虑，慎重严谨居上位，处下位不妒忌他人，这就是君子之道。'如今，卜筮者所从事的职业，无须积蓄成堆，储藏不用府库，迁徙不用辎车，装备轻便简单，停留下来就能使用，并且没有用完之时。拿着使用不尽的东西，游于没有尽头的世上，即使庄子的行为也未必比这更好。你们为什么却说不可以卜筮呢？天不足西北，星辰移向西北；地不足东南，就以海为池；太阳到了中午必定向西移动，月亮到了满圆后必定出现亏缺；先王的圣道，忽亡忽存。而二位大夫要求卜筮者说话必定信实，不也足以令人疑惑不解吗？

"你们见过辩士说客吧？思考问题，决策谋划，必须靠这种人。然而他们不能用只言片语使人主喜悦，所以讲话必托称先王，论说必引述上古；考虑问题，谋划决策，或夸饰先王事业的成功，或述说其败坏失利的情形，使人主的心意或有所喜，或有所惧，以求得他们的欲望。多讲虚夸之词，没有比这更厉害的了。可是要想使国家富强，事业成功，能够效忠君王，不这样做又不行。现在的卜筮者，是解答人们的疑问、教化百姓的愚昧。那些愚昧迷惑的人，怎么能用一句话就能使他们聪明起来！因此，说话不厌其多。

"所以骐骥不能和疲驴同驾一车，凤凰不能同燕子麻雀为群，而贤者也不跟不肖者同伍。所以君子常处于卑下不显眼的地位，以避开大众，自己隐匿起来以避开人伦的束缚，暗中察明世间道德顺应之情状，以消除种种祸害，以表明上天的本性，帮助上天养育生灵，希求更多的功利，而不求什么尊位与荣誉。你们二位不过是随便发发议论的人，怎么会知道长者的道理呢！"

宋忠和贾谊听得精神恍惚而若有所失，茫然失色，神情惆怅，闭口不能说话。于是整衣起身，拜了又拜，辞别司马季主。二人走起路来，不辨东西南北，出门只能自己上车，趴在车栏上，不敢抬头，始终像是透不过气来。

过了三天，宋忠在殿门外见到贾谊，便凑到一起避开旁人谈论此事，慨叹地说："道德越高越安稳，权势越高越危险。处在显赫的地位，丧身将指日可待。卜筮即便不周密，也不会被夺去应得的精米；替君王出谋划策如果不周密，就没有立身之地。这二者相差太远了，就像天冠地屦不可同日而语一样。这正如老子

老子之所谓'无名者万物之始'也。天地旷旷，物之熙熙，或安或危，莫知居之。我与若，何足预彼哉！彼久而愈安，虽曾氏之义未有以异也。"

久之，宋忠使匈奴，不至而还，抵罪。而贾谊为梁怀王傅，王堕马薨，谊不食，毒恨而死。此务华绝根者也。

太史公曰：古者卜人所以不载者，多不见于篇。及至司马季主，余志而著之。

褚先生曰：臣为郎时，游观长安中，见卜筮之贤大夫，观其起居行步，坐起自动，誓正其衣冠而当乡人也，有君子之风。见性好解妇来卜，对之颜色严振，未尝见齿而笑也。从古以来，贤者避世，有居止舞泽者，有居民间闭口不言，有隐居卜筮间以全身者。夫司马季主者，楚贤大夫，游学长安，通易经，术黄帝、老子，博闻远见。观其对二大夫贵人之谈言，称引古明王圣人道，固非浅闻小数之能。及卜筮立名声千里者，各往往而在。传曰："富为上，贵次之；既贵各各学一伎能立其身。"黄直，大夫也；陈君夫，妇人也：以相马立名天下。齐张仲、曲成侯以善击刺学用剑，立名天下。留长孺以相彘立名。荥阳褚氏以相牛立名。能以伎能立名者甚多，皆有高世绝人之风，何可胜言。故曰："非其地，树之不生；非其意，教之不成。"夫家之教子孙，当视其所以好，好含苟生活之道，因而成之。故曰："制宅命子，足以观士；子有处所，可谓贤人。"

臣为郎时，与太卜待诏为郎者同署，言曰："孝武帝时，聚会占家问之，某日可取妇乎？五行家曰可，堪舆家曰不可，建除家曰不吉，丛辰家曰大凶，历家曰小凶，天人家曰小吉，太一家曰大吉。辩讼不决，以状闻。制曰：'避诸死忌，以五行为主。'"人取于五行者也。

所说的'无名是产生天地万物的本源'呵！天地空阔无边，万物和乐兴盛，有的安稳，有的危险，不知所处。我和你，哪里值得干预他们卜者之事呢！他们日子愈久就越安稳，即使曾子的主张也没有什么与此不同之处。"

过了很久，宋忠出使匈奴，还没有到达那里就返回来了，因而被判了罪。贾谊做梁怀王的太傅，梁怀王不慎坠马而死，贾谊引咎绝食，痛恨而死。这都是追求荣华富贵而丢掉性命的事例啊。

太史公说：古时候的卜者，之所以不被记载，是因为他们的事迹多不见于文献。待到司马季主，我便将其言行记述成篇。

褚先生说：我做郎官时，曾在长安城中游览，见过从事卜筮职业的贤士大夫，观察他们的起居行走，行动都由自己，接待乡野之民常常谨慎地整理好衣服帽子，有君子的风范。遇到性情喜爱解疑、乐于卜筮的妇人来问卜，态度严肃地对待她们，不曾露齿而笑。自古以来，贤者逃避世俗社会，有的栖息于荒芜的洼地，有的生活在民间而闭口不言，有的隐居在卜筮者中间以保全自己。司马季主是楚国的贤大夫，游学在长安，通晓《易经》，能够陈述黄帝、老子之道，知识广博，卓识远见。看他对答二位大夫贵人的话语，引述古代明王圣人的道理，原本不是能力低下见识浅薄之辈。至于以卜筮为业名扬千里之外的，往往到处都有。传记上说："富为上，贵次之；已经显贵了，各自还必须学会一技之长以立身于社会之中。"黄直是位大夫，陈君夫是个妇女，以擅长相马立名天下。齐国张仲和曲成侯以擅长用剑击刺而扬名天下。留长孺因善于相猪而出名。荥阳褚氏因善于相牛而成名。能够因技能立名的人很多，都有高于世俗和超过常人的风范，怎么能说得尽呢？所以说："不是适当之地，种什么也不生长；不合他的意向，教什么也难以成就。"多数家庭教育子女，应当看看他喜好什么，爱好如果包容生活之道，就顺其爱好因势利导而造就他。所以说："建造什么住宅，为子取用何名，足以看出士大夫的志趣所在；儿子有安身之处，可以称得上是贤人了。"

我做郎官的时候，与太卜待诏为郎官的同事在同一衙门办公，他们说："孝武帝时期，曾召集从事占卜的各类专家来询问：某日可以娶儿媳吗？可以，五行家说可以，堪舆家说不可以，建除家说不吉利，丛辰家说是大凶，历家说是小凶，天人家说是小吉，太一家又说是大吉。各家辩论争议，不能作出决定，只能将有关情况奏明皇上。皇上下令说：'避开死凶忌讳，应以五行家的意见为依据。'"这就是人们采用五行家学说的缘故。

龟策列传第六十八

　　太史公曰：自古圣王将建国受命，兴动事业，何尝不宝卜筮以助善！唐虞以上，不可记已。自三代之兴，各据祯祥。涂山之兆从而夏启世，飞燕之卜顺故殷兴，百谷之筮吉故周王。王者决定诸疑，参以卜筮，断以蓍龟，不易之道也。

　　蛮夷氐羌虽无君臣之序，亦有决疑之卜。或以金石，或以草木，国不同俗。然皆可以战伐攻击，推兵求胜，各信其神，以知来事。

　　略闻夏殷欲卜者，乃取蓍龟，已则弃去之，以为龟藏则不灵，蓍久则不神。至周室之卜官，常宝藏蓍龟；又其大小先后，各有所尚，要其归等耳。或以为圣王遭事无不定，决疑无不见，其设稽神求问之道者，以为后世衰微，愚不师智，人各自安，化分为百室，道散而无垠，故推归之至微，要絜于精神也。或以为昆虫之所长，圣人不能与争。其处吉凶，别然否，多中于人。至高祖时，因秦太卜官。天下始定，兵革未息。及孝惠享国日少，吕后女主，孝文、孝景因袭掌故，未遑讲试，虽父子畴官，世世相传，其精微深妙，多所遗失。至今上即位，博开艺能之路，悉延百端之学，通一伎之士咸得自效，绝伦超奇者为右，无所阿私，数年之间，太卜大集。会上欲击匈奴，西攘大宛，南收百越，卜筮至预见表象，先图其利。及猛将推锋执节，获胜于彼，而蓍龟时日亦有力于此。上尤加意，赏赐至或数千万。如丘子明之属，富溢贵宠，倾于朝廷。至以卜筮射蛊道，巫蛊时或颇中。素

太史公说：自古以来的圣明君王将要承受天命建立国家，兴办事业，哪有不曾尊用卜筮以助成善事的！唐尧虞舜以前的，自然无法记述了。从夏、商、周三代的兴起看，都是各有卜筮的吉祥之兆为根据的。大禹娶涂山氏之女卜兆得吉，于是夏启便建立了世代相传的夏朝；简狄吞飞燕之卵生契，卜兆吉顺，所以殷朝兴起；善于播种百谷的后稷蓍筮得吉，因而周国国君终于成为天下王。君王决断疑难事，参考用蓍龟所做的卜筮结果以作最后决定，这是沿用不变的办事传统程序。

蛮、夷、氐、羌，虽然没有华夏式的君臣上下等级，但也有决断疑惑的占卜习俗。有的用金石，有的用草木，占卜习俗各国不同。但都可以用来指导战争行动，研究、获取战争的胜利。各自崇信卜筮的神灵，借以预测未来的一些事务。

我大概听说，夏、殷时期，临到要卜筮时，才找来蓍龟，用完就丢弃，因为他们认为，龟甲蓍草，收藏久了，就丧失神灵了。到周朝，卜官却总是珍藏龟甲蓍草备用。另外，龟蓍的灵通谁大谁小？使用龟蓍，哪个在后哪个在前？每个朝代各有不同崇尚。但概括来看，用龟蓍卜筮办法帮助人们预测未来这一目的是一致的。有人认为，圣王遇上事，没有拿不定主意的时候；解决疑难，没有缺乏真知灼见的时候。他们之所以要搞一套求神问卜程式，是因为担心后代衰败，愚蠢人不向聪明人学习，人人都满足于自己的见识，教化分歧杂出，大道理被拆得七零八落无法掌握，所以才把物情事理推归到最微妙的境界，求纯真于精神。也有人认为，灵龟所擅长的，圣人是赶不上的。它的吉凶判断，是非区别，往往比人的预测更准确。到高祖继位后，因袭秦朝制度，设立太卜官。当时全国刚刚统一，战争还没有停止。到孝惠皇帝，在位时间短，吕后是女主，孝文帝和孝景帝也只是因袭旧制度，没有来得及对卜筮进行深入研究。所以卜官虽然父子相承，代代相传，但其中精微深妙的道理与方法，却已经失传了不少。到当今皇帝即位，广开贤能之士的上进之路，遍招各种学者，通晓一种技能的，都有献力效劳机会；技艺超众的，更得优待，实事求是，没有偏私，几年之间，太卜官署聚集了很多人才。正碰上此时皇帝要北击匈奴，西攻大宛，南取百越，卜筮能做到预测事情变化，提示趋利避害办法。到后来，猛将率兵受命冲锋，在疆场上获胜，这其中也含有卜筮在庙堂里事先谋划的贡献。皇帝因此对卜筮官愈加重视，赏赐有时多至数千万钱。如丘子明等人，财富暴增，大受宠幸，满朝公卿被压倒。甚

有眦睚不快，因公行诛，恣意所伤，以破族灭门者，不可胜数。百僚荡恐，皆曰龟策能言。后事觉奸穷，亦诛三族。

夫揵策定数，灼龟观兆，变化无穷，是以择贤而用占焉，可谓圣人重事者乎！周公卜三龟，而武王有瘳。纣为暴虐，而元龟不占。晋文将定襄王之位，卜得黄帝之兆，卒受彤弓之命。献公贪骊姬之色，卜而兆有口象，其祸竟流五世。楚灵将背周室，卜而龟逆，终被乾溪之败。兆应信诚于内，而时人明察见之于外，可不谓两合者哉！君子谓夫轻卜筮，无神明者，悖；背人道，信祯祥者，鬼神不得其正。故《书》建稽疑，五谋而卜筮居其二，五占从其多，明有而不专之道也。

余至江南，观其行事，问其长老，云龟千岁乃游莲叶之上，蓍百茎共一根。又其所生，兽无虎狼，草无毒螫。江傍家人常畜龟饮食之，以为能导引致气，有益于助衰养老，岂不信哉！

褚先生曰：臣以通经术，受业博士，治《春秋》，以高第为郎，幸得宿卫，出入宫殿中十有余年。窃好《太史公传》。太史公之传曰："三王不同龟，四夷各异卜，然各以决吉凶，略闚其要，故作《龟策列传》。"臣往来长安中，求《龟策列传》不能得，故之太卜官，问掌故文学长老习事者，写取龟策卜事，编于下方。

闻古五帝、三王发动举事，必先决蓍龟。传曰："下有伏灵，上有兔丝；上有捣蓍，下有神龟。"所谓伏灵者，在兔丝之下，状似飞鸟之形。新雨已，天清静无风，以夜捎兔丝去之，既以鉥烛此地烛之，火灭，即记其处，以新布四丈环置之，明即掘取之，入四尺至七尺，得矣，过七尺不可得。伏灵者，千岁松根也，食之不死。闻蓍生满百茎者，其下必有神龟守之，其上常有青云覆之。传曰："天下和平，王道得，而蓍茎长丈，其丛生满百茎。"方今世取蓍者，不能中古法度，不能得满百茎长丈者，取八十茎已上，蓍长八尺，

至以卜筮猜测巫蛊行为，巫蛊行为有时也能被猜得很准。对于平素稍稍得罪过他们的人，就寻机公报私仇、肆意迫害，因此而破族灭家的，无法计算。文武百官惶惶不安，都奉承龟策蓍草说的灵验。后来卜官诬陷的真相败露，也被灭了三族。

由于布列蓍草推定吉凶，烧灼龟甲来观察征兆，变化无穷，因此要选用贤人担任卜官，这可以说是圣人对卜筮大事的重视吧！周公连卜三龟，武王的病就好了。纣王暴虐，用大龟也得不到吉兆。晋文公准备安定周襄王的王位，卜得黄帝战胜于阪泉的吉兆，终于成功，获得周襄王的彤弓之赏，成为侯伯。晋献公有些贪图骊姬美色，要攻骊戎，卜得"胜而不吉"的口象之兆，这场伐骊戎的祸患竟然延及了晋国五世君主。楚灵王准备背叛周天子，占卜不吉利，终于招致乾溪败亡。龟兆预示出内在的趋势，当时人们能够看到外部的表现，能不说这是两相符合吗？君子认为，那些轻视卜筮不信神明的人，是糊涂；背弃人谋而只信从吉祥之兆，鬼神也得不到应有的对待。所以《尚书》记载了解决疑难的正确方法，要参考五种见解，卜和筮为其中两种，五种意见不一致时，其中占多数的意见要顺从，这表明，虽有卜筮，但并不专信卜筮。

我到江南考察时，了解过龟蓍的事，当地老年人我也访问过，他们说龟活到一千岁，能在莲叶上走动，蓍草长到一百枝梗茎仍然同有一条根。还说，龟蓍生长的地方，没有虎狼一类凶兽，没有毒草。江边居民经常养龟，供应其饮食，认为龟能帮人调节呼吸增加元气，可助人抗衰养老，这些话莫非不真实吗！

褚先生说：我由于学习经学，做博士弟子，研究《春秋》，所以考试成绩高，被任用为郎，有幸能得宿卫，出入宫殿十多年。私自喜好《太史公传》。太史公的《传》里说"夏、商、周三朝龟卜办法各有不同，四方各民族卜筮也各不一样，但都是用来判断吉凶，我统观它们的要点，写《龟策列传》。"我反复在长安城中寻找，没能找到《龟策列传》，所以往访太卜官，请教知道事情多年岁大的掌故、史学官员，写下了解到的龟筮事情，编在下面。

听说古代三王、五帝出发行动举办事情，必定事先卜筮以作决断。古代占卜书说："下面有伏灵，上面有兔丝；上面有丛蓍，下面有神龟。"所谓伏灵这种东西，在兔丝下面生长，样子像飞动的鸟。第一次春雨以后，如果天气没有风且清静，就可在夜里割去兔丝，拿灯笼来照，如果灯笼一照火就灭掉，就记住这个地方，把这个地方用四丈新布围起来，天亮了往下挖，挖到四尺至七尺之间就能挖得。超过七尺就没有了。千年老松树根就是伏灵，人吃了可以长生不死。据说蓍草枝梗长满一百根时，它下面就有神龟守护，上面常有青云笼罩。古书上说："天下和平，王道实现，蓍草就能长出一丈长的茎，一丛能长满一百条梗枝。"当今寻取蓍草，不能达到古书上的要求，找不到长满百茎长一丈的。寻取八十茎

即难得也。人民好用卦者，取满六十茎已上，长满六尺者，既可用矣。记曰："能得名龟者，财物归之，家必大富至千万。"一曰"北斗龟"，二曰"南辰龟"，三曰"五星龟"，四曰"八风龟"，五曰"二十八宿龟"，六曰"日月龟"，七曰"九州龟"，八曰"玉龟"：凡八名龟。龟图各有文在腹下，文云云者，此某之龟也。略记其大指，不写其图。取此龟不必满尺二寸，民人得长七八寸，可宝矣。今夫珠玉宝器，虽有所深藏，必见其光，必出其神明，其此之谓乎！故玉处于山而木润，渊生珠而岸不枯者，润泽之所加也。明月之珠出于江海，藏于蚌中，蛟龙伏之。王得之，长有天下，四夷宾服。能得百茎蓍，并得其下龟以卜者，百言百当，足以决吉凶。

神龟出于江水中，庐江郡常岁时生龟长尺二寸者二十枚输太卜官，太卜官因以吉日剔取其腹下甲。龟千岁乃满尺二寸。王者发军行将，必钻龟庙堂之上，以决吉凶。今高庙中有龟室，藏内以为神宝。

传曰："取前足臑骨穿佩之，取龟置室西北隅悬之，以入深山大林中，不惑。"臣为郎时，见《万毕石朱方》，传曰："有神龟在江南嘉林中。嘉林者，兽无虎狼，鸟无鸱枭，草无毒螫，野火不及，斧斤不至，是为嘉林。龟在其中，常巢于芳莲之上。左胁书文曰：'甲子重光，得我者匹夫为人君，有土正，诸侯得我为帝王。'求之于白蛇蟠杆林中者，斋戒以待，譩然，状如有人来告之，因以醮酒佗发，求之三宿而得。"由是观之，岂不伟哉！故龟可不敬与？

南方老人用龟支床足，行二十余岁，老人死，移床，龟尚生不死。龟能行气导引。问者曰："龟至神若此，然太卜官得生龟，何为辄杀取其甲乎？"近世江上人有得名龟，畜置之，家因大富。与人议，欲遣去。人教杀之勿遣，遣之破人家。龟见梦曰："送我水中，无杀吾也。"其家终杀之。杀之后，身死，家不利。人民与君王者异道。人民得名龟，其状类不宜杀也。以往古故事言之，古明王圣主皆杀而用之。

宋元王时得龟，亦杀而用之。谨连其事于左方，令好事者观择其

以上、八尺长的，就难得了。人民喜好用卦的，找到满六十茎以上、长满六尺的，就能用了。古书说："能得到名龟的，财物跟着就到，他家一定发大财，富到千万钱。"名龟中，第一叫"北斗龟"，二叫"南辰龟"，三叫"五星龟"，四叫"八风龟"，五叫"二十八宿龟"，六叫"日月龟"，七叫"九州龟"，八叫"玉龟"，名龟一共八种。古书所画龟图的腹下各有字，写明是哪种龟，我这里只略写出它们的名称，不画龟图。寻取这类龟，没必要满一尺二寸，民间得到七八寸长的，就是宝贝了。珠玉宝器，就是藏得再深，也会透露出光芒，显现出神灵，道理和名龟到来则财富到来一样。所以玉蕴藏在山里，山上树木就得到水分；深潭有珍珠，岸上草木就不枯，就是因为得到了玉石珍珠的润泽。有名的明月珠，出产在江海里，藏在蚌中，上面趴着蛟龙。君王若能得到它，就可长保天下，四夷来服。有谁能得到百茎的蓍草，同时又得到它下面的神龟用来占卜，那就能百问百应，足以决断吉凶。

神龟出在长江水中，庐江郡每年按时给太卜官送去一尺二寸的活龟二十个。太卜官在吉日剖取龟的腹甲。龟活一千岁才能长到一尺二寸长。君王调兵遣将，必先在庙堂上钻龟占卜以定吉凶。现在高庙中有一个龟室，藏着这种龟，并看作神宝。

古代占卜书说："断取龟的前足臑骨穿起来佩戴在身上，在室内西北角悬挂一只龟，这样，走进深山老林时就不会迷惑。"我做郎时，看过《万毕石朱方》，书中说："在江南嘉林中有神龟。嘉林地方，没有虎狼类猛兽、鸱枭类恶鸟，没有毒草，野火烧不到，樵夫砍柴足迹不到，所以叫嘉林。龟在嘉林中，常在芳莲上筑巢。它的胁上写着字：'甲子重光，得到我的，原是平民百姓的，可以成为官长；原是诸侯的，可以成为帝王。'在白蛇蟠杅林中寻取龟的人，都是斋戒了以后专程等候，就像专程等待别人来报信一样，同时敬酒祈祷，披散头发行礼，这样连续三天，才能得到龟。"由此看来，寻取龟的仪式多么庄严隆重！所以，对龟能不非常敬重吗？

有一位南方老人用龟垫床脚，过了二十多年，老人去世，移开床脚，龟还依然活着。这是因为龟具有一种特殊的调节呼吸的方法。有人问："龟的神通这样大，但为什么太卜官得到活龟总是杀了剖取其甲呢？"不久以前，长江边上有个人得到一只名龟，养在家里，因此家里发了大财。和人商量，要把龟放了。人教他别放，杀了。说放了，家要衰败。龟给他托梦说："把我放到水里去，不要杀我。"这家人到底把龟杀了。杀龟之后，这个人就死了，家庭也倒了霉。人民和君王处理事情应遵循的办法不一样。老百姓得到名龟，看来好像不应当杀。根据古代惯例来说，圣明君王得到名龟都是杀了，供占卜用。

宋元王时得到一只龟，也杀掉用了。现在谨把此事接写在下面，供有兴趣的

中焉。

宋元王二年，江使神龟使于河，至于泉阳，渔者豫且举网得而囚之。置之笼中。夜半，龟来见梦于宋元王曰："我为江使于河，而幕网当吾路。泉阳豫且得我，我不能去。身在患中，莫可告语。王有德义，故来告诉。"元王惕然而悟。乃召博士卫平而问之曰："今寡人梦见一丈夫，延颈而长头，衣玄绣之衣而乘辎车，来见梦于寡人曰：'我为江使于河，而幕网当吾路。泉阳豫且得我，我不能去。身在患中，莫可告语。王有德义，故来告诉。'是何物也？"卫平乃援式而起，仰天而视月之光，观斗所指，定日处乡。规矩为辅，副以权衡。四维已定，八卦相望。视其吉凶，介虫先见。乃对元王曰："今昔壬子，宿在牵牛。河水大会，鬼神相谋。汉正南北，江河固期，南风新至，江使先来。白云壅汉，万物尽留。斗柄指日，使者当囚。玄服而乘辎车，其名为龟。王急使人问而求之。"王曰："善。"于是王乃使人驰而往问泉阳令曰："渔者几何家？名谁为豫且？豫且得龟，见梦于王，王故使我求之。"泉阳令乃使吏案籍视图，水上渔者五十五家，上流之庐，名为豫且。泉阳令曰："诺。"乃与使者驰而问豫且曰："今昔汝渔何得？"豫且曰："夜半时举网得龟。"使者曰："今龟安在？"曰："在笼中。"使者曰："王知子得龟，故使我求之。"豫且曰："诺。"即系龟而出之笼中，献使者。

使者载行，出于泉阳之门。正昼无见，风雨晦冥。云盖其上，五采青黄；雷雨并起，风将而行。入于端门，见于东箱。身如流水，润泽有光。望见元王，延颈而前，三步而止，缩颈而却，复其故处。元王见而怪之，问卫平曰："龟见寡人，延颈而前，以何望也？缩颈而复，是何当也？"卫平对曰："龟在患中，而终昔囚，王有德义，使人活之。今延颈而前，以当谢也，缩颈而却，欲亟去也。"元王曰："善哉！神至如此乎，不可久留；趣驾送龟，勿令失期。"

卫平对曰："龟者是天下之宝也，先得此龟者为天子，且十言十当，十战十胜。生于深渊，长于黄土。知天之道，明于上古。游三千

人阅读参考。

　　宋元王二年，长江之神派遣神龟出使黄河。神龟游到泉阳，被打渔人豫且用网捞起来关在笼子里。半夜里，神龟托梦给宋元王说："我奉长江神之命出使黄河。鱼网挡住我的去路。泉阳的豫且捉住了我，我走不脱。身处患难之中，无处求告。听说您有德义，所以来向您求救。"元王听罢一惊，醒了。马上召来博士卫平商量："刚才我梦见一个男子，伸着脖子，长长的头，身穿带刺绣的黑衣，乘着辎车，来给我托梦。他说：'我奉长江神之命出使黄河。鱼网挡住我的去路。泉阳的豫且捉住了我，我走不脱。身处患难之中，无处求告。听说您有德义，所以来向您求救。'这来托梦的是什么东西呢？"卫平拿起式，仰天察看月光，观测北斗星斗柄的指向；估量太阳运行位置。先测定东、西、北、南方位，又测定东南、西南、西北、东北方位，于是布列好八卦。考察其中吉凶预兆，首先发现龟的形象。于是对元王说："昨夜是壬子日，太阳行至牵牛宿。正是河水大会、鬼神相谋的时候。银河正处于南北走向的时候。长江黄河之神原先有约，南风开始吹的时候，长江神使者先来拜会黄河神。现在天象是白云堵塞了银河，什么东西也无法航行了。北斗斗柄又指向太阳所在的星官，这是说长江神使者被囚禁了。您梦见的穿黑衣裳而乘辎车的男子，那是龟。请您马上派人去找。"王说："好。"于是王就派人乘车急去询问泉阳令："你县有几家渔民？谁的名字叫豫且？豫且捉到了龟，龟托梦给王，所以王叫我来找龟。"泉阳令就叫县吏查阅户籍簿和地区，发现本县河边渔民五十五家，上游地区住着一个渔民叫豫且。泉阳令说："好。"就和使者乘车急忙找到豫且说："昨天夜里你打鱼打到了什么？"豫且说："半夜时候一提网捉到了一只龟。"使者说："现在龟在哪里？"回答说："关在笼子里。"使者说："王知道你捉到了龟，所以叫我来找龟。"豫且说："好。"就用绳拴绑了龟，从笼里提出来，献给使者。

　　使者带龟上车驶出泉阳城门。这是白天，但又是风又是雨，一片昏暗。青黄五彩云罩在上空，接着雷电大作，风吹送车子前行。进了国都端门，在东厢房前取出龟。那龟身如流水，润泽有光。望见元王，伸长脖子往前爬，爬三步停住，又缩回脖子后退到原处。元王见了奇怪，问卫平说："龟见了我，伸长脖子往前爬，有什么目的呢？缩回脖子退到原处，又表示什么意思？"卫平回答："龟在患难中，整夜被囚禁，王有德义，派人解救它出来。现在伸脖子向前爬，是表示感谢；缩脖子后退，是希望尽快离开。"元王说："好啊！这龟神灵到这种地步，不可长期扣留它，立即派人驾车送龟，别让它耽误了出使期限。"

　　卫平回答说："龟是天下之宝，先得此龟的为天子，而且十言十灵、十战十胜。它生于深渊，长于黄土，知晓天道，明白上古以来大事。漫游三千年，不

岁,不出其域。安平静正,动不用力。寿蔽天地,莫知其极。与物变化,四时变色。居而自匿,伏而不食。春仓夏黄,秋白冬黑。明于阴阳,审于刑德。先知利害,察于祸福,以言而当,以战而胜,王能宝之,诸侯尽服。王勿遣也,以安社稷。"

元王曰:"龟甚神灵,降于上天,陷于深渊。在患难中。以我为贤。德厚而忠信,故来告寡人。寡人若不遣也,是渔者也。渔者利其肉,寡人贪其力,下为不仁,上为无德。君臣无礼,何从有福?寡人不忍,奈何勿遣!"

卫平对曰:"不然。臣闻盛德不报,重寄不归;天与不受,天夺之宝。今龟周流天下,还复其所,上至苍天,下薄泥涂。还遍九州,未尝愧辱,无所稽留。今至泉阳,渔者辱而囚之。王虽遣之,江河必怒,务求报仇。自以为侵,因神与谋。淫雨不霁,水不可治。若为枯旱,风而扬埃,蝗虫暴生,百姓失时。王行仁义,其罚必来。此无佗故,其祟在龟。后虽悔之,岂有及哉!王勿遣也。"

元王慨然而叹曰:"夫逆人之使,绝人之谋,是不暴乎?取人之有,以自为宝,是不强乎?寡人闻之,暴得者必暴亡,强取者必后无功。桀纣暴强,身死国亡。今我听子,是无仁义之名而有暴强之道。江河为汤武,我为桀纣。未见其利,恐离其咎。寡人狐疑,安事此宝,趣驾送龟,勿令久留。"卫平对曰:"不然,王其无患。天地之间,累石为山。高而不坏,地得为安。故云物或危而顾安,或轻而不可迁;人或忠信而不如诞谩,或丑恶而宜大官,或美好佳丽而为众人患。非神圣人,莫能尽言。春秋冬夏,或暑或寒。寒暑不和,贼气相奸。同岁异节,其时使然。故令春生夏长,秋收冬藏。或为仁义,或为暴强。暴强有乡,仁义有时。万物尽然,不可胜治。大王听臣,臣请悉言之。天出五色,以辨白黑。地生五谷,以知善恶。人民莫知辨

出它应游的地域。安详平稳,从容端庄,行动自然,不用拙力。寿命超过天地,没有谁知道它的寿命极限。它顺随万物变化,四时变化着体色。平时自己藏在里边,趴伏在那里不吃东西。春天呈现青色,夏天变为黄色,秋天呈为白色,冬天变成黑色。它懂得阴阳,精晓刑德。预知利害,明察祸福。卜问了它,则说话无失误,作战得胜利,王能将它当成宝藏住,诸侯都得降服。王不要放走它,用它来安定国家。"

元王说:"这龟很神灵,从天上降下来,陷在深渊中。在患难中。认为我贤明,敦厚而忠信,所以来求救于我。如果不放它走,我也成一个渔人了。渔人看重它的肉,我贪图它的神力,臣下不仁,君上无德。君臣无礼,国家还会有什么福?我不忍心这样办,为什么不放掉它!"

卫平回答说:"不是这样的,我听说,大恩德不会得到报答,贵重之物寄存出去得不到归还,现在天赐宝物你不接受,天就要夺回属于它的宝物了。这龟周游天下还要再回归原住地,它上达苍天,下至大地,九州走遍,也未曾受过辱,也未遇到阻拦。而现在到了泉阳,打鱼的却折辱了它,将它囚禁起来。王虽然施大恩放了它,长江黄河之神必怒,一定会设法报仇。龟自己认为被侵害了,要和神合谋报复。那时将淫雨不晴,大水泛滥无法治理。或者制造枯旱,大风扬尘,突然出现蝗虫,百姓错过农时。王施行了放龟的仁义,而天的惩罚必然降临。这并非别的原因,祸害出在龟身上。以后您就是后悔,难道还来得及吗?王别放掉龟啊。"

元王感叹地说:"这拦劫人家使者,破坏别人计划,不是凶暴吗?夺取别人的东西,当作自己的宝物,这不是强横吗?我听说,凶暴地夺来的东西,必然要被人凶暴地夺去;强抢别人东西,最后还是一无所获。桀纣都是强横凶暴不讲理的,自己被杀死,国家也亡了。如果我听了你的建议,这就丧失了仁义名声而有了凶暴强横不讲理的行为。黄河长江之神将成为仁义的汤武,我将成为凶暴强横而被征伐的桀纣。没看到什么好处,恐怕要陷进灾祸。我拿不定这个主意,怎么能奉侍好这个宝物,驾车赶快送龟走,不要让它在此久留。"卫平回答说:"不是这样,王不要担心。天地之间,有的地方石头与石头堆在一起,堆成了山,虽然高耸,并不坍塌,大地能得平安。所以说,有的东西看起来虽然危险,却很平安;看起来很轻,却搬移不动。有的人老实忠厚,并不如大言欺诈的人;有的人面貌丑恶,却适合于做大官;有的人漂亮,却成为危害大众的祸根。这些现象,不是圣人和神,说不清楚。春夏秋冬,有时热有时冷。冷热互不相融,而相互冲突区别。同一年内,有不同季节,这是根据四时冷热不同确定的。所以春天让植物出生,夏天成长,秋天要收获,冬天就收藏。有时要行仁义,有时要施强暴。强暴有目标,仁义有时机。万物都是这样,不可胜言。请大王接受我的建议,让

也,与禽兽相若。谷居而穴处,不知田作。天下祸乱,阴阳相错。恩恩疾疾,通而不相择。妖孽数见,传为单薄。圣人别其生,使无相获。禽兽有牝牡,置之山原;鸟有雌雄,布之林泽;有介之虫,置之溪谷。故牧人民,为之城郭,内经闾术,外为阡陌。夫妻男女,赋之田宅,列其室屋。为之图籍,别其名族。立官置吏,劝以爵禄。衣以桑麻,养以五谷。耕之耰之,鉏之耨之。口得所嗜,目得所美,身受其利。以是观之,非强不至。故曰田者不强,困仓不盈;商贾不强,不得其赢;妇女不强,布帛不精;官御不强,其势不成;大将不强,卒不使令;侯王不强,没世无名。故云强者,事之始也,分之理也,物之纪也。所求于强,无不有也。王以为不然,王独不闻玉椟只雉,出于昆山;明月之珠,出于四海;镌石拌蚌,传卖于市;圣人得之,以为大宝。大宝所在,乃为天子。今王自以为暴,不如拌蚌于海也;自以为强,不过镌石于昆山也。取者无咎,宝者无患。今龟使来抵网,而遭渔者得之,见梦自言,是国之宝也,王何忧焉。"

元王曰:"不然。寡人闻之,谏者福也,谀者贼也。人主听谀,是愚惑也。虽然,祸不妄至,福不徒来。天地合气,以生百财。阴阳有分,不离四时,十有二月,日至为期。圣人彻焉,身乃无灾。明王用之,人莫敢欺。故云福之至也,人自生之;祸之至也,人自成之。祸与福同,刑与德双。圣人察之,以知吉凶。桀纣之时,与天争功,拥遏鬼神,使不得通。是固已无道矣,谀臣有众。桀有谀臣,名曰赵梁。教为无道,劝以贪狼。系汤夏台,杀关龙逢。左右恐死,偷谀于傍。国危于累卵,皆曰无伤。称乐万岁,或曰未央。蔽其耳目,与之诈狂。汤卒伐桀,身死国亡。听其谀臣,身独受殃。《春秋》著之,至今不忘。纣有谀臣,名为左强。夸而目巧,教为象郎。将至于天,又有玉床。犀玉之器,象箸而羹。圣人剖其心,壮士斩其胻。箕子恐

我彻底说清楚。根据天的五种颜色,可以辨别白天黑夜。根据地生的五谷,可以分辨好坏植物。当初人民不懂得这样辨别,和禽兽一样。住在山谷洞穴里,不懂得种田,天下灾祸频生,阴阳季节混乱。匆匆忙忙过日子,大家都是这样,不会区分黑白善恶。妖孽常常出现,人民一代代勉强传留下来。后来圣人区分万物生存特点,使它们互相不侵害。禽兽有牝有牡,把它们放到山里;鸟有雌有雄,把它们放进树林、水边;带甲壳生物,安置在溪谷。所以管理人民,就为他们建立城郭,城内设立街巷,城外开辟田畦通路。根据夫妻男女,给他们田宅、房屋。建立户籍,一一登记其姓名。设立官吏,用爵位俸禄予以鼓励。种桑麻有衣穿,种五谷有饭吃。人民辛勤耕作,于是能吃到想吃的东西,看到想看的东西,穿到想穿的东西。由此可见,舍弃强力,就没有成果。所以,种地的不用强力,粮食不能丰收;商人不用强力,赚不到钱;妇女不用强力,布就织不好;当官的不用强力,就没有威势;大将不用强力,兵不听令;侯王不用强力,到死也没有大名。所以说,施用强力,是事业的起点,是当然的道理,是万物的法则。从施用强力入手,没有得不到的东西。大王如果不同意这个看法,您难道没听说过,那带有野鸡雕饰的玉匣,本出自昆山;明月之珠,本出于四海;凿雕昆山之石成为玉匣,割剥海中之蚌取出明月之珠传卖于市;圣人得到匣珠,当作大宝。得大宝的,就成了天子。现在大王您自以为凶暴,其实赶不上那剥蚌取珠的;现在您自认为强横,其实赶不上那凿昆山之石的。那些制匣取珠的没有错,宝藏匣珠的没有祸。现在龟因出使而碰网,被渔人抓获,又托梦给您自我介绍,这是国家之宝,您担心什么呢?"

元王说:"并不是这样。我听说,谏诤是国之福,阿谀是国之祸。君主听从阿谀奉承,是愚昧糊涂,一般道理虽然是这样,但祸也不会无缘无故降临,福也不会随便就来。天气地气相合,生出各种财富。各有阴阳界限,不偏离四时。一年十二个月,用夏至冬至定其周期。圣人明白这个道理,自己没有灾难。明王运用这个规律,谁敢来欺骗。所以,福的到来,是人自己创造的;灾难降临,是自己招致的。祸福的可能性同时存在,刑德互相关联。圣人辨察它们,预测吉凶。桀纣时,与天争功,阻遏鬼神,使它们不能通显其灵。这本来已经是无道了,而谄谀之臣又多。桀有谀臣,名叫赵梁。教桀做无道之事,怂恿他凶狠贪婪。把汤囚进夏台,杀害关龙逢。左右大臣怕死,都在一旁阿谀逢迎苟且偷生。国势危如累卵,却都说无妨。赞美欢呼万岁,或者说国运远没有完结。桀的耳目被蔽遮,和他一起自欺欺人。汤终于伐桀,桀身死,夏灭亡。听信谀臣,自己倒了霉。《春秋》写明了这段史实,至今使人不忘。纣有谀臣,名叫左强。浮夸不实,目测能力自诩很强,不必借助规矩绳墨就能设计施工,教纣筑造象廊。高达

死，被发佯狂。杀周太子历，囚文王昌。投之石室，将以昔至明。阴兢活之，与之俱亡。入于周地，得太公望。兴卒聚兵，与纣相攻。文王病死，载尸以行。太子发代将，号为武王。战于牧野，破之华山之阳。纣不胜败而还走，围之象郎。自杀宣室，身死不葬。头悬车轸，四马曳行。寡人念其如此，肠如涫汤。是人皆富有天下而贵至天子，然而大傲。欲无厌时，举事而喜高，贪很而骄。不用忠信，听其谀臣，而为天下笑。今寡人之邦，居诸侯之间，曾不如秋毫。举事不当，又安亡逃！"卫平对曰："不然。河虽神贤，不如昆仑之山；江之源理，不如四海，而人尚夺取其宝，诸侯争之，兵革为起。小国见亡，大国危殆，杀人父兄，虏人妻子，残国灭庙，以争此宝。战攻分争，是暴强也。故云取之以暴强而治以文理，无逆四时，必亲贤士；与阴阳化，鬼神为使；通于天地，与之为友。诸侯宾服，民众殷喜。邦家安宁，与世更始。汤武行之，乃取天子；《春秋》著之，以为经纪。王不自称汤武，而自比桀纣。桀纣为暴强也，固以为常。桀为瓦室，纣为象郎。征丝灼之，务以费。赋敛无度，杀戮无方。杀人六畜，以韦为囊。囊盛其血，与人县而射之，与天帝争强。逆乱四时，先百鬼尝。谏者辄死，谀者在傍。圣人伏匿，百姓莫行。天数枯旱，国多妖祥。螟虫岁生，五谷不成。民不安其处，鬼神不享。飘风日起，正昼晦冥。日月并蚀，灭息无光。列星奔乱，皆绝纪纲。以是观之，安得久长！虽无汤武，时固当亡。故汤伐桀，武王克纣，其时使然。乃为天子，子孙续世；终身无咎，后世称之，至今不已。是皆当时而行，见事而强，乃能成其帝王。今龟，大宝也，为圣人使，传之贤。不用手足，雷电将之；风雨送之，流水行之。侯王有德，乃得当之。今王有德而当此宝，恐不敢受；王若遣之，宋必有咎。后虽悔之，亦无及已。"元王大悦而喜。于是元王向日而谢，再拜而受。择日斋戒，甲乙最良。乃刑白雉，及与骊羊；以血灌龟，于坛中央。以

于天,室内又陈设犀玉玉床之器,用象牙筷子吃饭。剖圣人比干的心,砍断壮士的小腿。箕子怕死,披头散发装疯。纣王杀周太子历,囚禁周文王昌,投进石头屋子,打算从早到晚囚禁。阴兢救出文王,和他一块儿逃亡到周国。文王得到太公望,发动军队和纣作战。文王病死,大臣用车载着文王尸首前进。太子发替代文王统率军队,号为武王。和纣在牧野大战,在华山之南击溃纣军。纣不能胜,败退回去,武王把他围在象廊。纣自杀在宣室,死后也得不到安葬。头被砍下悬挂在车上,四匹马拉着车子走。我想到桀纣遭遇,肚子里如有开水滚沸。他们都曾富有天下贵为天子,但很骄傲。贪得无厌,办事就好高骛远。贪婪凶狠而又骄慢。不用老实忠诚的人,听信阿谀之臣,于是被天下人耻笑。现在我的国家处在诸侯之间,简直小如秋毫。办事一有不当之处,怎能逃脱灭亡下场。"卫平回答:"不是这样。黄河虽然贤明神灵,赶不上昆仑山;长江虽然水源通畅,不如四海浩荡。昆仑山四海,人还夺取其宝呢。那些宝物诸侯争夺,有时因此引起战争。小国被灭亡,大国遭遇危险。杀人父兄而为了这些宝物,虏人妻儿,割裂国土,毁人宗庙。攻战争夺,这就是强暴。所以说,夺取时应用强暴,统治时应用文理,不违背天时四季,总是亲近贤士;顺应阴阳变化,借助鬼神作用;了解协调同天地的关系,与天地为友。诸侯来归服,人民富裕愉快。国家民户安宁,与社会一同开创新局面。汤武这样做,于是取得天子之位;《春秋》记载了这些事,作为办事楷模。王不自比汤武,却自比桀纣。桀纣施行强暴,是把强暴看成永恒持续,不需要用仁义补充的办法。桀修瓦屋,纣建象廊。还征收丝絮用为燃料,一心要耗费人民资财。没有限度地敛税,杀人没有标准。杀了人民的牲畜,用熟皮做成袋。皮袋装牲畜血,悬挂起来带领人用箭射,与天帝争强。搅乱四时顺序,在祭祀鬼神之前抢先品尝四时产品。有人谏止,就会被杀死;只有谀臣,侍在身旁。圣人躲了,百姓不敢外出。天气多次干旱,国家多有妖异。螟虫年年有,五谷长不熟。人民不能安居,鬼神不能享用。天天刮大风,白天一片暗。日蚀又月蚀,熄灭无光亮。天上群星乱走,全然没有规律。从这些现象看,怎么能够久长?即使没有汤武,按时运来说也应当灭亡。所以汤伐桀,武王克纣,是那个时势造成的。他们由此才当了天子,子孙相继;终身无灾,后世赞颂,直到今天不停。这都是根据时势行动,按照事理要求须强就强,才成就了他们的帝王之业。现在,这个龟是大宝,为圣人出使,传给了贤明的王。它不用手足行动,雷电带着它,风雨护送它,流水浮涌它前进。侯王有德的,才能遇到它。现在王有德,遇到这个宝,却恐惧不敢接受;王如把龟放走,宋国必然有灾。以后即使后悔,也来不及了。"元王听了,大为高兴起来。于是元王对着太阳拜谢上天,拜了两次,接受了龟。选择吉日斋戒,认为甲乙两日最吉。于是杀了白雉和黑羊;

刀剥之，身全不伤。脯酒礼之，横其腹肠。荆支卜之，必制其创。理达于理，文相错迎。使工占之，所言尽当。邦福重宝，闻于傍乡。杀牛取革，被郑之桐。草木毕分，化为甲兵。战胜攻取，莫如元王。元王之时，卫平相宋，宋国最强，龟之力也。

故云神至能见梦于元王，而不能自出渔者之笼。身能十言尽当，不能通使于河，还报于江，贤能令人战胜攻取，不能自解于刀锋，免剥刺之患。圣能先知亟见，而不能令卫平无言。言事百全，至身而挛；当时不利，又焉事贤！贤者有恒常，士有适然。是故明有所不见，听有所不闻；人虽贤，不能左画方，右画圆；日月之明，而时蔽于浮云。羿名善射，不如雄渠、蠭门；禹名为辩智，而不能胜鬼神。地柱折，天故毋橡，又奈何责人于全？孔子闻之曰："神龟知吉凶，而骨直空枯。日为德而君于天下，辱于三足之乌。月为刑而相佐，见食于虾蟆。蝟辱于鹊，腾蛇之神而殆于即且。竹外有节理，中直空虚；松柏为百木长，而守门闾。日辰不全，故有孤虚。黄金有疵，白玉有瑕。事有所疾，亦有所徐。物有所拘，亦有所据。罔有所数，亦有所疏。人有所贵，亦有所不如。何可而适乎？物安可全乎？天尚不全，故世为屋，不成三瓦而陈之，以应之天。天下有阶，物不全乃生也。"

褚先生曰：渔者举网而得神龟，龟自见梦宋元王，元王召博士卫平告以梦龟状，平运式，定日月，分衡度，视吉凶，占龟与物色同，平谏王留神龟以为国重宝，美矣。古者筮必称龟者，以其令名，所从来久矣。余述而为传。

（传略）

在祭坛中央用血灌龟。用刀解剖，龟甲没有弄残。又用酒肉祭祀一遍，剔出腹肠。然后用荆枝烧灼，求兆。坚持要烧出兆纹来。果然兆纹显现，条理清楚。叫卜官占视，所说的都十分恰当。国家藏有如此重宝，消息径直传到国外。于是杀牛取皮，蒙在郑国产的桐木上作成了战鼓。分别草木特性制成各种武器。打起仗来，无人是元王的对手。元王时候，卫平做宋国的相，宋国力量在天下最强，这都是龟的神力。

所以说，龟虽有大到能托梦给元王的神灵，可是不能自己逃出渔人的笼子。自己能够每言必灵，却不能通使于黄河，还报长江。本领大到让别人战必胜攻必取，却不能使自己避开刀锋，免除被宰剥的灾难。非凡聪明能先知未来，祸福迅速看出，却不能让卫平不向宋元王说出不利于己的那番话。预言事情，都很周全，及于自身，却被拘禁不得解脱；事情一到个人头上就无法趋利避害，要贤能本领又有什么用？不过，话又说回来，贤只是指他有贤的一面，一般人也是这样。所以说，视力再好也会有看不到的地方，听力再好也有听不到的方面；人的本领再大，也不能同时既用左手画方又用右手画圆；日月明亮，有时却要被浮云遮挡。羿号称射箭技艺高，也有不如雄渠、蠭门之处；禹号称多智善辩，却不能胜过鬼神。地柱折断过，天本来也没有椽，为什么又要对人求全责备？孔子听了神龟和宋元王的事之后，说："神龟能知道事情吉凶，但自己只有一副中空的空骨架。太阳能普施恩德君临天下，却要受三只脚乌鸦的欺侮。月亮能动用刑罚辅佐太阳，却被蛤蟆啃咬。刺猬被喜鹊欺辱，有神通的腾蛇却不是蜈蚣的对手。竹子外面有节有段，里面却是又直又空；松柏是百木之长，却被栽在大门旁充当卫士。日辰也不能周全，所以有孤有虚。黄金有疵，白玉有瑕。事情有时进展快，有时进展慢。物品性能有局限，也有其专门擅长。网孔有时显得太细密，也有时显得太粗疏。人有贵过他人之处，也有不如人的地方。怎么办才好呢？怎样做才全面周到呢？天还不能十全十美呢，所以世人盖屋，少放三块瓦以便安放房栋，表示不是十全十美，以便和天的不十全十美相适应。天下万物有差异，事物都因为有所不全才得以生存于世间。"

褚先生说：渔人提网便捉到了神龟，龟自己托梦给宋元王，宋元王召博士卫平把梦见龟的情形告诉他，卫平拿起式推算，日月位置确定，分辨星官关系，推测吉凶，看出龟和所观测推算的形象相同，卫平力劝元王将神龟留住作为国宝，这件事真好啊。古时候谈到卜筮必然称道龟，因为龟有灵验的好名声，由来已久了。我因此写下这篇传记。

（传略）

货殖列传第六十九

《老子》曰:"至治之极,邻国相望,鸡狗之声相闻,民各甘其食,美其服,安其俗,乐其业,至老死不相往来。"必用此为务,挽近世涂民耳目,则几无行矣。

太史公曰:夫神农以前,吾不知已。至若《诗》《书》所述虞夏以来,耳目欲极声色之好,口欲穷刍豢之味,身安逸乐,而心夸矜埶能之荣使。俗之渐民久矣,虽户说以眇论,终不能化。故善者因之,其次利道之,其次教诲之,其次整齐之,最下者与之争。

夫山西饶材、竹、谷、纑、旄、玉石;山东多鱼、盐、漆、丝、声色;江南出柟、梓、姜、桂、金、锡、连、丹沙、犀、玳瑁、珠玑、齿革;龙门、碣石北多马、牛、羊、旃裘、筋角;铜、铁则千里往往山出棋置:此其大较也。皆中国人民所喜好,谣俗被服饮食奉生送死之具也。故待农而食之,虞而出之,工而成之,商而通之。此宁有政教发征期会哉?人各任其能,竭其力,以得所欲。故物贱之征贵,贵之征贱,各劝其业,乐其事,若水之趋下,日夜无休时,不召而自来,不求而民出之。岂非道之所符,而自然之验邪?

《周书》曰:"农不出则乏其食,工不出则乏其事,商不出则三宝绝,虞不出则财匮少。"财匮少而山泽不辟矣。此四者,民所衣食之原也。原大则饶,原小则鲜。上则富国,下则富家。贫富之道,莫之夺予,而巧者有余,拙者不足。故太公望封于营丘,地潟卤,人民

老子说："太平盛世到了极盛时期，虽然互相望得见邻近的国家，鸡鸣狗吠之声互相听得到，而各国人民却都以为自家的饮食最甘美、自己的服装最为漂亮，习惯于本地的习俗，喜爱自己所从事的行业，以至于老死也不相互往来。"到了近世，如果还要按这一套去办事，那就等于堵塞人民的耳目，可以说是无法行得通。

太史公说：我不了解，神农氏以前的情况。至于像《诗经》《尚书》所述虞舜、夏朝以来的情况则是人们耳目总要听到最好听的、看到最好看的，总想尝遍各种肉类的美味，身体安于舒适快乐的环境，心中又夸耀有才干、有权势的光荣。统治者让这种风气浸染百姓，已经很久了，即使用老子的这些妙论挨门逐户地去劝说开导，最后也不能感化谁。所以，最好的办法是听其自然，其次是随势引导，然后是加以教诲，再次是制定规章制度加以约束，最坏的做法是与民争利。

太行山以西盛产木材、楮木、竹子、野麻、旄牛尾、玉石；太行山以东多有鱼、漆、盐、丝、美女；江南出产楠木、桂花、梓树、生姜、金、锡、铅、朱砂、犀牛、玳瑁、珠子、象牙兽皮；龙门、碣石山以北地区盛产马、羊、牛、毡裘、兽筋兽角；铜和铁则分布在周围千里，山中到处都是，有如满布的棋子。这是关于各地物产分布的大致情况。这些都是中原人民所喜好的，习用的穿着、养生、饮食、送死之物。所以，人们要靠农民耕种，取得食物，要靠虞人进山开采、渔夫下水捕捉；物品获得，要靠工匠制造；取得器具，要靠商人贸易，流通货物。这难道还需要官府发布政令，征发百姓，限期会集吗？人们都凭自己的才能，竭尽自己的力量，来满足自己的欲望。所以，能够高价出售低价的货物，高价的货物能够低价购进。人们经营自己的本业各自努力，乐于从事自己的工作，就像水从高处流向低处那样，日夜没有休止的时候，不用招唤便会自动前来，不用请求便会生产出来。这岂不是符合规律而得以自然发展的证明吗？

《周书》里说："农民不种田，就会缺乏粮食；工匠不做工生产，就会缺少器具；商人不做买卖，就会断绝吃的、用的和钱财这三种宝物的来路；虞人不开发山泽，资源就会短缺；资源匮乏了，就不能进一步开发山泽。"农、商、工、虞这四个方面，是人民衣食的来源。来源大则富裕，来源小则贫困；来源大了，上可富国，下可富家。或贫或富，没有谁能剥夺或施予，但机敏的人总是财

寡，于是太公劝其女功，极技巧，通鱼盐，则人物归之，繦至而辐凑。故齐冠带衣履天下，海岱之间敛袂而往朝焉。其后齐中衰，管子修之，设轻重九府，则桓公以霸，九合诸侯，一匡天下；而管氏亦有三归，位在陪臣，富于列国之君。是以齐富强至于威、宣也。

故曰："仓廪实而知礼节，衣食足而知荣辱。"礼生于有而废于无。故君子富，好行其德；小人富，以适其力。渊深而鱼生之，山深而兽往之，人富而仁义附焉。富者得埶益彰，失埶则客无所之，以而不乐。夷狄益甚。谚曰："千金之子，不死于市。"此非空言也。故曰："天下熙熙，皆为利来；天下壤壤，皆为利往。"夫千乘之王，万家之侯，百室之君，尚犹患贫，而况匹夫编户之民乎！

昔者越王句践困于会稽之上，乃用范蠡、计然。计然曰："知斗则修备，时用则知物，二者形则万货之情可得而观已。故岁在金，穰；水，毁；木，饥；火，旱。旱则资舟，水则资车，物之理也。六岁穰，六岁旱，十二岁一大饥。夫粜，二十病农，九十病末。末病则财不出，农病则草不辟矣。上不过八十，下不减三十，则农末俱利，平粜齐物，关市不乏，治国之道也。积著之理，务完物，无息币。以物相贸易，腐败而食之货勿留，无敢居贵。论其有余不足，则知贵贱。贵上极则反贱，贱下极则反贵。贵出如粪土，贱取如珠玉。财币欲其行如流水。"修之十年，国富，厚赂战士，士赴矢石，如渴得

富绰绰有余，而愚笨的人往往衣食不足。所以，姜太公被封在营丘时，那里本来多是盐碱地，人烟稀少，于是姜太公便鼓励妇女致力于纺织刺绣，极力提倡工艺技巧，又让人们把鱼类、海盐贩运到其他地区去，结果别国的财物和人纷纷流归于齐国，就像钱串那样，络绎不绝；就像车辐那样，聚集在这儿。所以，齐国因能制作冠带衣履供应天下所用，泰山、东海之间的诸侯们便都整理衣袖去朝拜齐国。后来，齐国中途衰落，管仲重新修治姜太公的事业，设立九个官府管理财政，使齐桓公得以称霸，多次以霸主身份会合诸侯，使天下政治得到匡正；而管仲本人也有了三归台，虽只是陪臣官位，却比各国的君主还要富有。从此，齐国富强，一直延续到威王、宣王时期。

所以说："粮仓充实了，百姓就会懂得礼节；丰衣足食了，百姓就会知道荣辱。"礼产生于富有，而废弃于贫穷。因此，君子富有了，就喜好去做仁德之事；小人富有了，就会随心所欲地做他能做的事。江河深，在那里鱼就生存；山林深，野兽就在那里藏身；人富有了，仁义就会依附于他。富有者得了势越发显赫，失了势，依附于他的宾客便无处容身，因而心情不快。在夷狄那里，这种情况尤为突出。谚语说："家有千金的人，不会犯法受刑死于闹市。"这不是空话。所以说："天下之人，熙熙攘攘，都是为利而往，为利而来。"那些拥有千辆兵车的天子、享有万户封地的诸侯，占有百室封邑的大夫，尚且担心贫穷，何况编入户口册内的普通老百姓呢！

从前，越王勾践在会稽山上被围困，于是任用范蠡、计然。计然说："知道要打仗，就要做好战备；了解货物什么时候为人需求购用，才算懂得商品货物。善于将时与用二者相对照，那么各种货物的供需行情就能看得很清楚。所以，岁在金时，就会丰收；岁在水时，就歉收；岁在木时，就饥馑；岁在火时，就会干旱。旱时，就要备船以待涝；涝时，就要备车以待旱，这样做符合事物发展的规律。通常说来，六年一丰收，六年一干旱，十二年有一次大饥荒。出售粮食，每斗二十钱价格，农民会受损害；每斗价格九十钱，商人要受损失。商人受损失，钱财就不能流通到社会；农民受损害，就要荒芜田地。粮食每斗价格最高不超过八十钱，最低不少于三十钱，这样农民和商人都能得利。粮食平价出售，并平抑调整其他物价，关卡税收和市场供应都不缺乏，这就是治国之道。至于积储货物，应当务求完好牢靠，没有滞留的货币资金。买卖货物，凡属容易腐蚀和腐败的物品不要久藏，切忌冒险囤居以求高价。研究商品短缺或过剩的情况，就会懂得物价涨跌的道理。物价贵到极点，就会返归于贱；物价贱到极点，就要返归于贵。当货物贵到极点时，要及时卖出，视其如同粪土；当货物贱到极点时，要及时购进，视其如同珠宝。货物钱币的流通周转要如同流水那样。"勾践照计然的

饮，遂报强吴，观兵中国，称号"五霸"。

范蠡既雪会稽之耻，乃喟然而叹曰："计然之策七，越用其五而得意。既已施于国，吾欲用之家。"乃乘扁舟浮于江湖，变名易姓，适齐为鸱夷子皮，之陶为朱公。朱公以为陶天下之中，诸侯四通，货物所交易也。乃治产积居。与时逐而不责于人。故善治生者，能择人而任时。十九年之中三致千金，再分散与贫交疏昆弟。此所谓富好行其德者也。后年衰老而听子孙，子孙修业而息之，遂至巨万。故言富者皆称陶朱公。

子贡既学于仲尼，退而仕于卫，废著鬻财于曹、鲁之间，七十子之徒，赐最为饶益。原宪不厌糟糠，匿于穷巷。子贡结驷连骑，束帛之币以聘享诸侯，所至，国君无不分庭与之抗礼。夫使孔子名布扬于天下者，子贡先后之也。此所谓得埶而益彰者乎？

白圭，周人也。当魏文侯时，李克务尽地力，而白圭乐观时变，故人弃我取，人取我与。夫岁孰取谷，予之丝漆；茧出取帛絮，予之食。太阴在卯，穰；明岁衰恶。至午，旱；明岁美。至酉，穰；明岁衰恶。至子，大旱；明岁美，有水。至卯，积著率岁倍。欲长钱，取下谷；长石斗，取上种。能薄饮食，忍嗜欲，节衣服，与用事僮仆同苦乐，趋时若猛兽挚鸟之发。故曰："吾治生产，犹伊尹、吕尚之谋，孙吴用兵，商鞅行法是也。是故其智不足与权变，勇不足以决断，仁不能以取予，强不能有所守，虽欲学吾术，终不告之矣。"盖天下言治生祖白圭。白圭其有所试矣，能试有所长，非苟而已也。

策略治国十年，越国富有了，去收买兵士能用重金，使兵士们冲锋陷阵，不顾箭射石击，就像口渴时求得饮水那样，终于雪耻报仇，灭掉吴国，继而耀武扬威于中原，号称"五霸"之一。

范蠡协助越王洗雪会稽被困之耻后，便长叹道："计然的策略有七条，而越国只用了其中五条，就实现了雪耻的愿望。既然施用于治国很有效，我就要把它用于治家。"于是，他便乘坐小船漂泊江湖，改名换姓，到齐国改名叫鸱夷子皮，到陶邑改名叫朱公。朱公认为陶邑居于天下中心，与各诸侯国四通八达，交流货物十分便利。于是就治理产业，囤积居奇，随机应变，与时逐利，而不责求他人。所以，善于经营致富的人，要能把握时机并择用贤人。十九年间，他赚得千金之财三次，两次分散给贫穷的朋友和远房同姓的兄弟。这就是所谓君子富有便喜好去做仁德之事了。范蠡后来年老力衰而听凭子孙，子孙继承了他的事业并有所发展，终致有了巨万家财。所以，谈论富翁时，后世都称颂陶朱公。

子贡曾在孔子那里学习，从那儿离开后到卫国做官，又利用卖贵买贱的方法在曹国和鲁国之间经商，孔门七十多个高徒之中，端木赐（即子贡）最为富有。孔子的另一位高徒原宪穷得连糟糠都吃不饱，在简陋的小巷子里隐居。而子贡却乘坐四马并辔齐头牵引的车子，携带束帛厚礼去访问、馈赠诸侯，所到之处，国君与他只行宾主之礼，而不行君臣之礼。使孔子得以名扬天下的原因，是因为有子贡在人前人后辅助他。这就是所谓得到形势之助而使名声更加显著吧？

白圭是西周人。当魏文侯在位时，李克正致力于土地资源的开发，而白圭却喜欢观察市场行情和年景丰歉的变化，所以当货物低价抛售过剩时，他就收购；当货物不足高价索求时，他就出售。谷物成熟时，他买进粮食，出售漆、丝；蚕茧结成时，他买进绵絮绢帛，出售粮食。他了解，太岁在卯位时，五谷丰收；第二年年景会不好。太岁在午宫时，会有旱灾发生；第二年年景会很好。太岁在酉位时，五谷丰收；第二年年景会变坏。太岁在子位时，天下会大旱；第二年年景会很好，有雨水。太岁复至卯位时，他囤积的货物大概比常年要增加一倍。要增长钱财收入，他便收购质次的谷物；要谷子增长石斗的容量，他便去买上等的谷物。他能不讲究吃喝，控制嗜好，节省穿戴，与雇用的奴仆共甘同苦，捕捉赚钱的时机就像猛兽猛禽捕获食物那样迅捷。因此他说："我干经商致富之事，就像伊尹、吕尚筹划谋略，孙子、吴起用兵打仗，商鞅推行变法那样。所以，如果一个人的智慧不能随机应变，勇气够不上果敢决断，仁德不能够正确取舍，强健不能够有所坚守，虽然他很想学习我的经商致富之术，我终究不会教给他的。"因而，天下人谈论经商致富之道都效仿白圭。白圭大概是有所尝试，尝试而能有所成就，这不是随便马虎行事就能成功的。

猗顿用盬盐起。而邯郸郭纵以铁冶成业,与王者埒富。

乌氏倮畜牧,及众,斥卖,求奇缯物,间献遗戎王。戎王什倍其偿,与之畜,畜至用谷量马牛。秦始皇帝令倮比封君,以时与列臣朝请。而巴寡妇清,其先得丹穴,而擅其利数世,家亦不訾。清,寡妇也,能守其业,用财自卫,不见侵犯。秦皇帝以为贞妇而客之,为筑女怀清台。夫倮鄙人牧长,清穷乡寡妇,礼抗万乘,名显天下,岂非以富邪?

汉兴,海内为一,开关梁,弛山泽之禁,是以富商大贾周流天下,交易之物莫不通,得其所欲,而徙豪杰诸侯强族于京师。

关中自汧、雍以东至河、华,膏壤沃野千里,自虞夏之贡以为上田,而公刘适邠,大王、王季在岐,文王作丰,武王治镐,故其民犹有先王之遗风,好稼穑,殖五谷,地重,重为邪。及秦文、德、缪居雍,隙陇蜀之货物而多贾。献公徙栎邑,栎邑北却戎翟,东通三晋,亦多大贾。昭治咸阳,因以汉都,长安诸陵,四方辐凑并至而会,地小人众,故其民益玩巧而事末也。南则巴蜀。巴蜀亦沃野,地饶卮、姜、丹沙、石、铜、铁、竹、木之器。南御滇僰,僰僮。西近邛笮,笮马、旄牛。然四塞,栈道千里,无所不通,唯褒斜绾毂其口,以所多易所鲜。天水、陇西、北地、上郡与关中同俗,然西有羌中之利,北有戎翟之畜,畜牧为天下饶。然地亦穷险,唯京师要其道。故关中之地,于天下三分之一,而人众不过什三;然量其富,什居其六。

昔唐人都河东,殷人都河内,周人都河南。夫三河在天下之中,若鼎足,王者所更居也,建国各数百千岁,土地小狭,民人众,都国诸侯所聚会,故其俗纤俭习事。杨、平阳陈西贾秦、翟,北贾种、

猗顿是靠经营池盐起家。而邯郸郭纵则是以冶铁成就家业，其财富可与王侯相比。

乌氏倮经营畜牧业，等到牲畜繁殖众多之时，便全部卖掉，再购求各种奇异之物和丝织品，暗中献给戎王。戎王给他十倍于所献物品的东西，送他牲畜，多到以山谷为单位来计算牛马的数量。秦始皇诏令乌氏倮位与封君同列，同诸大臣按规定时间进宫朝拜。而巴郡寡妇清的先祖自得到朱砂矿，竟达好几代人独揽其利，家产也多得不计其数。清是个寡妇，能守住先人的家业，用钱财来保护自己，不被别人侵犯。秦始皇认为她是个贞妇而以客礼对待她，还为她修筑了女怀清台。乌氏倮不过是个畜牧主、边鄙之人，巴郡寡妇清是个穷乡僻壤的寡妇，却能与皇帝分庭抗礼，名扬天下，这难道不是因为他们富有吗？

汉朝兴起，天下统一，便开放要道关卡，解除开采山泽的禁令，因此富商大贾得以通行天下，交易的货物无不畅通，他们的欲望都能满足，汉朝政府又迁徙诸侯、豪杰和大户人家到京城。

关中地区自汧、雍二县以东至黄河、华山，方圆千里膏壤沃野。从有虞氏、夏后氏实行贡赋时起就把这里作为上等田地，公刘后来迁居到邠，周太王、王季迁居岐山，文王兴建丰邑，武王治理镐京，因而这些地方的人民仍有先王的遗风，喜好农事，种植五谷，重视土地的价值，把做坏事看得很严重。直到秦文公、缪公、德公定都雍邑，这里地处陇、蜀货物交流的要道，商人很多。秦献公迁居栎邑，栎邑北御戎狄，东通三晋，大商人也有许多。秦孝公和秦昭襄王治理咸阳，汉朝借此作为都城；长安附近的诸陵，四方人集中于此，地方很小，人口又多，所以当地百姓从事商业玩弄奇巧的兴致越来越浓。关中地区以南则有巴郡、蜀郡。巴蜀地区也是一片沃野，盛产栀子、铜、朱砂、生姜、石材、铁和竹木之类的器具。南边抵御滇、僰，僰地多出僮仆。西边邻近筰、邛，筰地出产马与牦牛。然而巴蜀地区四周闭塞，有千里栈道，与关中处处相通，唯有褒斜通道控扼其口，勾联四方道路，用多余之物来交换短缺之物。天水、陇西、北地和上郡与关中风俗相同，而西面有羌中的地利，北面有戎狄的牲畜，居天下畜牧业首位。可是这里地势险要，只有京城长安要约其通道。所以，整个关中之地占天下三分之一，而人口并没有超过天下十分之三；然而计算这里的财富，却占天下十分之六。

古时，唐尧定都河东晋阳，殷人定都河内殷墟，东周定都河南洛阳。河内、河东与河南这三地居于天下的中心，好像鼎的三个足，成为帝王们更迭建都的地方，建国各有数百年乃至上千年，这里土地狭小，有众多人口，是各国诸侯集中聚会之处，所以当地民俗为小气俭省，熟悉世故。杨与平阳两邑人民，向西经商

代。种、代，石北也，地边胡，数被寇。人民矜懻忮，好气，任侠为奸，不事农商。然迫近北夷，师旅亟往，中国委输时有奇羡。其民羯羠不均，自全晋之时固已患其剽悍，而武灵王益厉之，其谣俗犹有赵之风也。故杨、平阳陈掾其间，得所欲。温、轵西贾上党，北贾赵、中山。中山地薄人众，犹有沙丘纣淫地余民，民俗懁急，仰机利而食。丈夫相聚游戏，悲歌慷慨，起则相随椎剽，休则掘冢作巧奸冶，多美物，为倡优。女子则鼓鸣瑟，跕屣，游媚贵富，入后宫，遍诸侯。

然邯郸亦漳、河之间一都会也。北通燕、涿，南有郑、卫。郑、卫俗与赵相类，然近梁、鲁，微重而矜节。濮上之邑徙野王，野王好气任侠，卫之风也。

夫燕亦勃、碣之间一都会也。南通齐、赵，东北边胡。上谷至辽东，地踔远，人民希，数被寇，大与赵、代俗相类，而民雕捍少虑，有鱼盐枣栗之饶。北邻乌桓、夫余，东绾秽貊、朝鲜、真番之利。

洛阳东贾齐、鲁，南贾梁、楚。故泰山之阳则鲁，其阴则齐。

齐带山海，膏壤千里，宜桑麻，人民多文采布帛鱼盐。临菑亦海岱之间一都会也。其俗宽缓阔达，而足智，好议论，地重，难动摇，怯于众斗，勇于持刺，故多劫人者，大国之风也。其中具五民。

而邹、鲁滨洙、泗，犹有周公遗风，俗好儒，备于礼，故其民龊龊。颇有桑麻之业，无林泽之饶。地小人众，俭啬，畏罪远邪。及其衰，好贾趋利，甚于周人。

夫自鸿沟以东，芒、砀以北，属巨野，此梁、宋也。陶、睢阳亦一都会也。昔尧作成阳，舜渔于雷泽，汤止于亳。其俗犹有先王遗风，重厚多君子，好稼穑，虽无山川之饶，能恶衣食，致其蓄藏。

可到秦和戎狄地区，向北可到种、代地区经商。种、代在石邑以北，地靠匈奴，屡次遭受掠夺。人民崇尚好胜、强直，以扶弱抑强为己任，不愿从事农商诸业。但因邻近北方夷狄，军队经常往来，中原运输来的物资，常有剩余。当地人民强悍而不务耕耘，从三家尚未分晋之时就已经对其慓悍感到担忧，而到赵武灵王时就更加助长了这种风气，当地仍带有赵国的习俗遗风。所以杨和平阳两地的人民经营来往于其间，能得到他们所想要的东西。温、轵地区的人民经商向西可到上党地区，向北可到赵、中山一带。中山地薄人多，还有纣王留下的殷人后代在沙丘一带，百姓性情急躁，仰仗投机取巧度日谋生。男子们经常相聚游戏玩耍，慷慨悲声歌唱，白天纠合一起杀人抢劫，晚上挖坟盗墓、私铸钱币、制作赝品；多有美色男子，去当歌舞艺人。女子们常弹奏琴瑟，拖着鞋子，到处游走，向权贵富豪献媚讨好，有的被后宫纳入，遍及诸侯之家。

然而邯郸也是黄河、漳水之间的一个都市。北面通燕、涿，南面有郑、卫。郑、卫风俗与赵相似，但因地靠鲁、梁，稍显庄重而又注重节操。卫君曾从濮上的帝丘迁徙到野王，野王地区民俗崇尚气节，抑强扶弱，这是卫国的遗风。

燕国故都蓟也是渤海、碣石山之间的一个都市。南通齐、赵，东北与胡人交界。从上谷到辽东一带，地方遥远，人口稀少，多次遭侵扰，民俗大致与赵、代地区相似，而百姓迅捷凶悍，不爱思考问题，当地盛产鱼、枣、盐、栗。北邻近乌桓、夫余，东居于控扼秽貉、朝鲜、真番的有利地位。

洛阳东去经商可到齐、鲁，南可到梁、楚经商。所以泰山南部是鲁国故地，北部是齐国故地。

齐地被山海环抱，方圆千里一片沃土，适宜种植桑麻，人民多有彩色丝绸、布帛和鱼盐。临淄也是东海与泰山之间的一个都市。当地民俗宽厚豁达，通情达理，而又足智多谋，爱发议论，乡土观念很重，不易浮动外流，怯于聚众斗殴，而敢于暗中伤人，所以常有劫夺别人财物者，这是大国的风尚。这里士、工、农、商、贾五民俱备。

而邹、鲁两地靠近洙水、泗水，还保存着周公的风尚，民俗喜好儒术，讲究礼仪，所以当地百姓小心拘谨。颇多桑麻产业，而没有山林水泽的资源。土地少，人口多，人们节俭吝啬，害怕犯罪，远避邪恶。等到衰败之时，人们爱好追逐财利经商，比周地百姓还厉害。

从鸿沟以东，砀山、芒山以北，直到巨野，这是过去梁、宋的地方。陶邑、睢阳也是都会。以前，唐尧兴起于成阳，虞舜在雷泽打过鱼，商汤曾定都于亳。这里的民俗还存有先王遗风，宽厚庄重，君子很多，爱好农事，虽然没有富饶的山河物产，人们却能省吃俭用，以求得财富的积蓄。

越、楚则有三俗。夫自淮北沛、陈、汝南、南郡，此西楚也。其俗剽轻，易发怒，地薄，寡于积聚。江陵故郢都，西通巫、巴，东有云梦之饶。陈在楚夏之交，通鱼盐之货，其民多贾。徐、僮、取虑，则清刻，矜己诺。

　　彭城以东，东海、吴、广陵，此东楚也。其俗类徐、僮。朐、缯以北，俗则齐。浙江南则越。夫吴自阖庐、春申、王濞三人招致天下之喜游子弟，东有海盐之饶，章山之铜，三江、五湖之利，亦江东一都会也。

　　衡山、九江、江南、豫章、长沙，是南楚也，其俗大类西楚。郢之后徙寿春，亦一都会也。而合肥受南北潮，皮革、鲍、木输会也。与闽中、干越杂俗，故南楚好辞，巧说少信。江南卑湿，丈夫早夭。多竹木。豫章出黄金，长沙出连、锡，然堇堇物之所有，取之不足以更费。九疑、苍梧以南至儋耳者，与江南大同俗，而杨越多焉。番禺亦其一都会也，珠玑、犀、玳瑁、果、布之凑。

　　颍川、南阳，夏人之居也。夏人政尚忠朴，犹有先王之遗风。颍川敦愿。秦末世，迁不轨之民于南阳。南阳西通武关、郧关，东南受汉、江、淮。宛亦一都会也。俗杂好事，业多贾。其任侠，交通颍川，故至今谓之"夏人"。

　　夫天下物所鲜所多，人民谣俗，山东食海盐，山西食盐卤，岭南、沙北固往往出盐，大体如此矣。

　　总之，楚越之地，地广人希，饭稻羹鱼，或火耕而水耨，果隋蠃蛤，不待贾而足，地势饶食，无饥馑之患，以故呰窳偷生，无积聚而多贫。是故江淮以南，无冻饿之人，亦无千金之家。沂、泗水以北，宜五谷桑麻六畜，地小人众，数被水旱之害，民好畜藏，故秦、夏、梁、鲁好农而重民。三河、宛、陈亦然，加以商贾。齐、赵设智巧，仰机利。燕、代田畜而事蚕。

　　由此观之，贤人深谋于廊庙，论议朝廷，守信死节隐居岩穴之士

越、楚地带有西楚、东楚和南楚三个地区的三种不同风俗。从淮北沛郡到陈郡、汝南、南郡，这是西楚地区。这里民俗轻捷慓悍，容易发怒，土地贫瘠，少有蓄积。江陵原为楚国国都，西通巫县、巴郡，东有云梦，物产富饶。陈在楚、夏交界之地，流通鱼盐货物，居民多经商。僮、徐、取虑一带的居民苛严清廉，信守诺言。

彭城以东，包括东海、吴、广陵一带，这是东楚地区。这里与徐、僮一带风俗相似。朐、缯以北，风俗与齐地相同。浙江以南与越地风俗相同。吴地从吴王阖闾、楚春申君和汉初吴王刘濞招致天下喜好游说的子弟以来，东有丰富的海盐，以及章山的铜矿，有三江五湖的资源，也是江东的一个都市。

衡山、九江、江南、豫章、长沙一带是南楚地区。这里与西楚地区风俗大体相似。楚失郢都后，迁都寿春，寿春也是一个都市。而合肥县南有长江，北有淮河，是皮革、鲍鱼、木材汇聚之地。因习俗与闽中、于越混杂，所以南楚居民善于辞令，说话乖巧，少有信用。江南地方地势低下，气候潮湿，男子寿命不长。竹木很多。豫章出产黄金，长沙出产铅、锡。但矿产蕴藏量极为有限，开采所得不足以抵偿支出费用。九嶷山、苍梧以南至儋耳，与江南风俗大体相同，其中混杂着许多杨越风俗。番禺也是当地的一个都市，是珠玑、犀角、玳瑁、水果、葛布之类的集中地。

原夏朝人居住之地是颍川、南阳。夏人为政崇尚忠厚朴实，还有先王传留下来的风尚。颍川人敦厚老实。秦朝末年，曾经迁徙不法之民到南阳。南阳西通武关、郧关，东南面临汉水、长江、淮水。宛也是一个都市。当地民俗混杂，好事，多以经商为业。居民以抑强扶弱为己任，与颍川地区相交往，所以直到现在还被称为"夏人"。

天下物产各地不均，有少有多，民间习俗各有不同，山东地区吃海盐，山西地区吃池盐，岭南和大漠以北本来也有许多地方有盐出产，这方面情况大体如此。

总而言之，楚越地区，地广人稀，以稻米为饭，以鱼类为菜，刀耕火种，水耨除草，瓜果螺蛤，无须从外地购买，便能自足自给。地形有利，食物丰足，没有饥馑之患，因此人们苟且偷生，没有积蓄，多为贫穷人家。所以，江淮以南既无挨饿受冻之人，也没有千金富户。沂水、泗水以北地区，适合种植桑麻五谷，饲养六畜，地少人多，屡次遭受水旱灾害，百姓喜好积蓄财物，所以秦、夏、梁、鲁地区勤于农业而重视劳力。三河地区以及宛、陈等地也是这样，再加上经商贸易。齐、赵地区的居民灵巧聪明，靠投机求财利。燕、代地区的居民能种田、畜牧，并且养蚕。

由此看来，贤能之人在朝廷上划策出谋，论辩争议，守信尽节及隐居深山之

设为名高者安归乎？归于富厚也。是以廉吏久，久更富，廉贾归富。富者，人之情性，所不学而俱欲者也。故壮士在军，攻城先登，陷阵却敌，斩将搴旗，前蒙矢石，不避汤火之难者，为重赏使也。其在闾巷少年，攻剽椎埋，劫人作奸，掘冢铸币，任侠并兼，借交报仇，篡逐幽隐，不避法禁，走死地如骛者，其实皆为财用耳。今夫赵女郑姬，设形容，揳鸣琴，揄长袂，蹑利屣，目挑心招，出不远千里，不择老少者，奔富厚也。游闲公子，饰冠剑，连车骑，亦为富贵容也。弋射渔猎，犯晨夜，冒霜雪，驰坑谷，不避猛兽之害，为得味也。博戏驰逐，斗鸡走狗，作色相矜，必争胜者，重失负也。医方诸食技术之人，焦神极能，为重糈也。吏士舞文弄法，刻章伪书，不避刀锯之诛者，没于赂遗也。农工商贾畜长，固求富益货也。此有知尽能索耳，终不余力而让财矣。

谚曰："百里不贩樵，千里不贩籴。"居之一岁，种之以谷；十岁，树之以木；百岁，来之以德。德者，人物之谓也。今有无秩禄之奉，爵邑之入，而乐与之比者。命曰"素封"。封者食租税，岁率户二百。千户之君则二十万，朝觐聘享出其中。庶民农工商贾，率亦岁万息二千，百万之家则二十万，而更徭租赋出其中。衣食之欲，恣所好美矣。故曰陆地牧马二百蹄，牛蹄角千，千足羊，泽中千足彘，水居千石鱼陂，山居千章之材。安邑千树枣；燕、秦千树栗；蜀、汉、江陵千树橘；淮北、常山已南，河济之间千树萩；陈、夏千亩漆；齐、鲁千亩桑麻；渭川千亩竹；及名国万家之城，带郭千亩亩钟之田，若千亩卮茜，千畦姜韭：此其人皆与千户侯等。然是富给之资也，不窥市井，不行异邑，坐而待收，身有处士之义而取给焉。若至

士自命清高，保全名声，他们究竟都是为着什么呢？都是为了财富。因此，为官清廉就能长久做官，时间长了，便会更加富有；商人买卖公道，营业发达，就能多赚钱而致富。求富，是人们的本性，用不着学习，就都会去追求。所以，壮士在军队中，打仗时先登攻城，遇敌时冲锋陷阵，斩将夺旗，冒着箭射石击，不避蹈火赴汤，艰难险阻，是因为重赏的驱使。那些住在乡里的青少年，杀人埋尸，拦路抢劫，盗掘坟墓，私铸钱币，伪称侠义，霸占侵吞，借助同伙，图报私仇，暗中掠夺追逐，不避禁令法律，往死路上跑如同快马奔驰，其实都是为了钱财罢了。如今赵国、郑国的女子，打扮得漂漂亮亮，弹着琴瑟，长袖舞动，踩着轻便舞鞋，用眼挑逗，用心勾引，不远千里出外，不择年老年少，招来男人，也是为财利而奔忙。游手好闲的贵族公子，帽子宝剑装饰讲究，车辆马匹外出时成排结队，也是为大摆富贵的架子。猎人渔夫，起早贪黑，冒着霜雪，在深山大谷奔跑，不避猛兽伤害，为的是获得各种野味。进出赌场，斗鸡走狗，个个争得耳赤面红，自我夸耀，必定要争取胜利，是因为重视输赢。医生方士及各种靠技艺谋生的人，劳神过度，极尽其能，是为了得到更多的报酬。吏士官府，舞文弄墨，私刻公章，伪造文书，不避斫脚杀头，这是由于陷没在他人的贿赂当中。至于农、工、商、贾储蓄增殖，原本就是为了个人的财富谋求增添。如此绞尽脑汁，用尽力量地索取，终究是为了不遗余力地争夺财物。

谚语说："贩柴的不出一百里，贩粮的不出一千里。"在某地住上一年，就要种植谷物；住上十年，就要栽种树木；住上百年，就应招来德行。什么是德，就是人的才德名望和财物。现在有些人，没有俸禄官职或爵位封地收入，而生活欢乐富有，可与有官爵者相比，被称作"素封"。有封地的人享受租税，每年每户缴入二百钱。享有千户的封君，每年租税收入可达二十万钱，访问诸侯、朝拜天子和祭祀馈赠，都要从这里开支。普通百姓如农、工、商、贾，家有一万钱，每年可得二千钱利息，拥有一百万钱的人家，每年可得利息二十万钱，而更徭租赋的费用要从这里支出。这种人家，就能吃喝玩乐随心所欲了。所以说陆地牧马五十匹，养一百六、七十头牛，养二百五十只羊，草泽里养二百五十口猪，水中占有年产鱼一千石的鱼塘，山里拥有一千株成材大树。安邑有枣树千株；燕、秦有栗子树千株；蜀郡、汉水、江陵地区有千株橘树；淮北、常山以南和黄河、济水之间有楸树千株；陈、夏有千亩漆树；齐、鲁有千亩桑麻；渭川有千亩竹子；还有名扬万户人家、国内的都城，郊外有亩产一钟的千亩良田，或者千亩茜草、栀子，千畦生姜、韭菜：诸如此类的人，其财富都可与千户侯的财富相等。然而成为富足的这些资本，人们不用到市上去察看，不用到外地奔波，坐在家中即可不劳而获，身有处士之名，而丰足取用。至于那些贫穷人家，父母年老，儿女妻

家贫亲老，妻子软弱，岁时无以祭祀进醵，饮食被服不足以自通，如此不惭耻，则无所比矣。是以无财作力，少有斗智，既饶争时，此其大经也。今治生不待危身取给，则贤人勉焉。是故本富为上，末富次之，奸富最下。无岩处奇士之行，而长贫贱，好语仁义，亦足羞也。

凡编户之民，富相什则卑下之，伯则畏惮之，千则役，万则仆，物之理也。夫用贫求富，农不如工，工不如商，刺绣文不如倚市门，此言末业，贫者之资也。通邑大都，酤一岁千酿，醯酱千瓨，浆千甔，屠牛羊彘千皮，贩谷粜千钟，薪稿千车，船长千丈，木千章，竹竿万个，其轺车百乘，牛车千两，木器髤者千枚，铜器千钧，素木铁器若卮茜千石，马蹄躈千，牛千足，羊彘千双，僮手指千，筋角丹沙千斤，其帛絮细布千钧，文采千匹，榻布皮革千石，漆千斗，糵麹盐豉千答，鲐鮆千斤，鲰千石，鲍千钧，枣栗千石者三之，狐貂裘千皮，羔羊裘千石，旃席千具，佗果菜千钟，子贷金钱千贯，节驵会，贪贾三之，廉贾五之，此亦比千乘之家，其大率也。佗杂业不中什二，则非吾财也。

请略道当世千里之中，贤人所以富者，令后世得以观择焉。

蜀卓氏之先，赵人也，用铁冶富。秦破赵，迁卓氏。卓氏见虏略，独夫妻推辇，行诣迁处。诸迁虏少有余财，争与吏，求近处，处葭萌。唯卓氏曰："此地狭薄。吾闻汶山之下，沃野，下有蹲鸱，至死不饥。民工于市，易贾。"乃求远迁。致之临邛，大喜，即铁山鼓铸，运筹策，倾滇蜀之民，富至僮千人。田池射猎之乐，拟于人君。

程郑，山东迁虏也，亦冶铸，贾椎髻之民，富埒卓氏，俱居临邛。

子瘦弱不堪，逢年过节祖宗鬼神无钱祭祀、无钱赠人路费、无钱聚集饮食，吃喝穿戴都难以自足，如此贫困，还不感到羞愧，那就没有什么可比拟的了。所以，只能出卖劳力，因为没有钱财，稍有钱财便玩弄智巧，已经富足便争时逐利，这是正常的道理。如今谋求生计，谁能不冒生命危险，所需物品即可取得，那就应受到贤人的鼓励。所以，靠从事农业生产而致富为上，靠从事商工而致富次之，靠玩弄智巧，甚至违法而致富这是最低下的。没有深居山野不肯做官的隐士之行，而长期处于贫贱地位，就是不谈仁义，也足以感到羞愧了。

百姓凡是编户的，对于财富比自己多出十倍的人就会低声下气，多出百倍的就会惧怕人家，多出千倍的就会被人役使，多出万倍的就会为人奴仆，这又是事物的常理。要从贫穷达到富有，务农的不如做工，做工的不如经商，刺绣织锦的不如倚门卖笑，这里所说的经商末业，是穷人致富凭借的手段。在交通发达的大都市，每年酿酒一千瓮，醋一千缸，饮浆一千甔，屠宰牛羊猪皮一千张，贩卖一千钟谷物，一千车柴草，总长千丈的船只，一千株木材，一万根竹竿，马车一百辆，一千辆牛车，涂漆木器一千件，一千钧铜器，一千担原色木器、铁器及染料，二百匹马，牛二百五十头，一千只猪羊，一百个奴隶，一千斤筋角、丹砂，一千钧绵絮、细布，一千匹彩色丝绸，一千担粗布、皮革，漆一千斗，一千瓶酒曲、盐豆豉，一千斤鲐鱼、鮆鱼，一千石小杂鱼，腌咸鱼一千钧，三千石枣子、栗子，一千件狐貂皮衣，一千石羔羊皮衣，毛毡毯一千条，以及水果蔬菜一千种，还有一千贯放高利贷的资金，促成牲畜交易的掮客或贪心的商人获利有十分之三，廉正的商人获利十分之五，这一类人也可与千乘之家相比，这是大致的情况。至于其他杂业，如果利润不到十分之二，那就不是我说的好的致富行业。

请让我简略说明当时千里范围内那些贤能者之所以能够致富的情况，以便使后世的人得以考察选择。

蜀地卓氏的祖先是赵国人，靠冶铁致富。秦国击败赵国时，迁徙卓氏，卓氏被虏掠，只有他们夫妻二人推着车子，去往迁徙的地方。同时被迁徙的其他人，稍有一点多余的钱财，便争着送给主事的官吏，央求迁徙到近处，近处是在葭萌县。只有卓氏说："葭萌地方狭小，土地瘠薄，我听说汶山下面是肥沃的田野，地里长着大芋头，形状像蹲伏的鸱鸟，人到死也不会挨饿。那里的百姓善于交易，容易做买卖。"于是就要求迁到远处，结果却被迁移到临邛，他非常高兴，就在有铁矿的山里熔铁铸械，用心筹谋计划，财势压倒滇蜀地区的居民，以致富有到了奴仆多达一千人。他在田园水池尽享游玩射猎之乐，可以比得上国君。

程郑是自太行山以东迁徙来的降民，也经营冶铸业，常把铁器制品卖给西南地区少数民族，他的财富与卓氏相等，与卓氏同住在临邛。

宛孔氏之先，梁人也，用铁冶为业。秦伐魏，迁孔氏南阳。大鼓铸，规陂池，连车骑，游诸侯，因通商贾之利，有游闲公子之赐与名。然其赢得过当，愈于纤啬，家致富数千金，故南阳行贾尽法孔氏之雍容。

鲁人俗俭啬，而曹邴氏尤甚，以铁冶起，富至巨万。然家自父兄子孙约，俯有拾，仰有取，贳贷行贾遍郡国。邹、鲁以其故多去文学而趋利者，以曹邴氏也。

齐俗贱奴虏，而刀间独爱贵之。桀黠奴，人之所患也，唯刀间收取，使之逐渔盐商贾之利，或连车骑，交守相，然愈益任之。终得其力，起富数千万。故曰"宁爵毋刀"，言其能使豪奴自饶而尽其力。

周人既纤，而师史尤甚，转毂以百数，贾郡国，无所不至。洛阳街居在齐秦楚赵之中，贫人学事富家，相矜以久贾，数过邑不入门，设任此等，故师史能致七千万。

宣曲任氏之先，为督道仓吏。秦之败也，豪杰皆争取金玉，而任氏独窖仓粟。楚汉相距荥阳也，民不得耕种，米石至万，而豪杰金玉尽归任氏，任氏以此起富。富人争奢侈，而任氏折节为俭，力田畜。田畜人争取贱贾，任氏独取贵善。富者数世。然任公家约，非田畜所出弗衣食，公事不毕则身不得饮酒食肉。以此为闾里率，故富而主上重之。

塞之斥也，唯桥姚已致马千匹，牛倍之，羊万头，粟以万钟计。

吴楚七国兵起时，长安中列侯封君行从军旅，赍贷子钱，子钱家以为侯邑国在关东，关东成败未决，莫肯与。唯无盐氏出捐千金贷，其息什之。三月，吴楚平，一岁之中，则无盐氏之息什倍，用此富埒关中。

宛县孔氏的先祖是梁国人，以冶铁为业。秦国攻伐魏国后，把孔氏迁到南阳。他便大规模地经营冶铸业，并规划开辟鱼塘养鱼，成群结队的车马，并经常游访诸侯，借此牟取经商发财的便利，博得了游闲公子乐施好赐的美名。然而他赢利很多，大大超出施舍花费的那点钱，胜过吝啬小气的商人，家中多达数千金财富，所以，南阳人做生意全部效法孔氏的从容稳重和举止大方。

鲁地民俗吝啬节俭，而曹邴氏尤为突出，他靠冶铁起家，财富多达几万钱。然而，他家父兄子孙都遵守这样的家规：抬头低头都要有所得，一举一动都要不忘利。他家租赁、放债、做买卖遍及各地。由于这个原因，邹鲁地区有很多人丢弃儒学而追求发财，这是受曹邴氏的影响。

鄙视奴仆是齐地风俗，而刀间却偏偏重视他们。凶恶狡猾的奴仆是人们所担忧的，唯有刀间收留他们，让他们追逐渔盐商业上的利益，或者成队的车马让他们乘坐，去结交地方官员，并且更加信任他们。刀间终于获得他们的帮助，致富达数千万钱。所以有人说"与其出外求取官爵，不如在刀家为奴"，说的就是刀间能使豪奴自身富足且还能为他竭尽其力。

原本周地居民就很吝啬，而师史尤为突出，他以车载货贩运赚钱，车辆数以百计，经商于各郡诸侯之中，无所不到。洛阳地处齐、楚、秦、赵等国的中心，街巷的穷人在富家学做生意，常以自己在外经商时间长相互夸耀，路过乡里多次也不入家门。因能筹划任用这样的人，所以师史能致富达七千万钱。

督道仓的守吏，是宣曲任氏的先祖。秦朝败亡之时，豪杰全都争夺金银珠宝，而任氏独自用地窖储藏米粟。后来，楚汉两军于荥阳相峙，农民无法耕种田地，米价每石涨到一万钱，任氏卖谷大发其财，豪杰的金银珠宝全都归任氏，因此任氏发了财。一般富人都争相奢侈，而任氏却屈己从人，崇尚节俭，致力于农田畜牧。牲畜、田地，一般人都争着低价买进，任氏却专门买进贵而好的。任家数代都很富有。但任氏家约规定，不穿不吃不是自家种田养畜得来的物品，没有做完公事自身不得饮酒吃肉，以此作为乡里表率，所以他们富有而得到皇上的尊重。

开拓边疆地区之际，只有桥姚取得千匹马，二千头牛，一万只羊，以万钟计算的粟。

吴楚七国起兵反叛汉朝中央朝廷时，长安城里的列侯封君要从军出征，需借贷有息之钱，高利贷者认为列侯封君的食邑国都都在关东，而关东战事胜负尚未分晓，没有人肯把钱贷给他们。只有无盐氏拿出千金给他们放贷，其利息为本钱的十倍。三个月后，平定吴楚。一年之中，无盐氏得到高至本金十倍的利息，以此致富与关中富豪相匹敌。

关中富商大贾，大抵尽诸田，田啬、田兰。韦家栗氏，安陵、杜杜氏，亦巨万。

此其章章尤异者也。皆非有爵邑奉禄弄法犯奸而富，尽椎埋去就，与时俯仰，获其赢利，以末致财，用本守之，以武一切，用文持之，变化有概，故足术也。若至力农畜，工虞商贾，为权利以成富，大者倾郡，中者倾县，下者倾乡里者，不可胜数。

夫纤啬筋力，治生之正道也，而富者必用奇胜。田农，掘业，而秦扬以盖一州。掘冢，奸事也，而田叔以起。博戏，恶业也，而桓发用富。行贾，丈夫贱行也，而雍乐成以饶。贩脂，辱处也，而雍伯千金。卖浆，小业也，而张氏千万。洒削，薄技也，而郅氏鼎食。胃脯，简微耳，浊氏连骑。马医，浅方，张里击钟。此皆诚壹之所致。

由是观之，富无经业，则货无常主，能者辐凑，不肖者瓦解。千金之家比一都之君，巨万者乃与王者同乐。岂所谓"素封"者邪？非也？

关中地区的大贾富商，多是姓田的那些人家，如田啬、田兰。还有韦家栗氏、安陵和杜县的杜氏，家产也达万万钱。

以上这些人都是与众不同、赫赫有名的人物。他们都不是有爵位封邑、俸禄收入或者靠舞文弄法、作奸犯科而发财致富的，全是靠推测事理，取舍进退，随机应变，获得赢利，以经营商工末业致富，从事农业守财靠购置田产，以各种强有力的手段夺取一切，用法律政令等文字方式维持下去，变化多端大概如此，所以是值得记述的。至于那些致力于农业、畜牧、山林、手工、渔猎或经商的人，凭借财利和权势而成为富人，大者压倒一郡，中者压倒一县，小者压倒乡里，那更是多得数不胜数。

发财致富的正路是精打细算、勤劳节俭，但想要致富的人还必须出奇制胜。种田务农是笨重的行业，而靠它秦杨却成为一州的首富。盗墓本来是犯法的勾当，而田叔却靠它起家。赌博本来是恶劣的行径，而桓发致富却靠它。行走叫卖是男子汉的卑贱行业，而雍乐成却靠它发财。贩卖油脂是耻辱的行当，而雍伯靠它挣到了千金。卖水浆本是小本生意，而张氏靠它赚了一千万钱。磨刀本是小手艺，而郅氏靠它富到列鼎而食。卖羊肚儿本是微不足道的事，而浊氏靠它富至车马成行。给马治病是浅薄的小术，而张里靠它富到击钟佐食。这些人都是由于心志专一而致富的。

由此可见，致富并不靠固定的行业，而财货也没有固定的主人，有本领的人能够集聚财货，没有本领的人就会破败家财。有千金的人家可以比得上一个都会的封君，有家财巨万的富翁便能同国君一样享乐。这是不是所谓的"素封"者？难道不是吗？

太史公自序第七十

　　昔在颛顼,命南正重以司天,北正黎以司地。唐虞之际,绍重黎之后,使复典之,至于夏商,故重黎氏世序天地。其在周,程伯休甫其后也。当周宣王时,失其守而为司马氏。司马氏世典周史。惠襄之间,司马氏去周适晋。晋中军随会奔秦,而司马氏入少梁。

　　自司马氏去周适晋,分散,或在卫,或在赵,或在秦。其在卫者,相中山。在赵者,以传剑论显,蒯聩其后也。在秦者名错,与张仪争论,于是惠王使错将伐蜀,遂拔,因而守之。错孙靳,事武安君白起。而少梁更名曰夏阳。靳与武安君坑赵长平军,还而与之俱赐死杜邮,葬于华池。靳孙昌,昌为秦主铁官,当始皇之时。蒯聩玄孙卬为武信君将而徇朝歌。诸侯之相王,王卬于殷。汉之伐楚,卬归汉,以其地为河内郡。昌生无泽,无泽为汉市长。无泽生喜,喜为五大夫,卒,皆葬高门。喜生谈,谈为太史公。

　　太史公学天官于唐都,受《易》于杨何,习道论于黄子。太史公仕于建元元封之间,愍学者之不达其意而师悖,乃论六家之要指曰:

　　《易大传》:"天下一致而百虑,同归而殊涂。"夫阴阳、儒、墨、名、法、道德,此务为治者也,直所从言之异路,有省不省耳。尝窃观阴阳之术,大祥而众忌讳,使人拘而多所畏;然其序四时之大顺,不可失也。儒者博而寡要,劳而少功,是以其事难尽从;然其序君臣父子之礼,列夫妇长幼之别,不可易也。墨者俭而难遵,是以其

从前颛顼统治天下时，任命南正重掌管天文、北正黎掌管地理。唐虞之际，又让重、黎的后代继续掌管天文、地理，一直到夏商时期。所以，重黎氏世代掌管天文地理。周朝时候，程伯休甫就是他们的后裔。到了周宣王的时候，重黎氏因失去官守而成为司马氏。司马氏世代掌管周史。周惠王和周襄王统治时期，司马氏离开周都，到了晋国。后来，晋国中军元帅随会逃奔到秦国，司马氏也迁居少梁。

自从司马氏离开周都到了晋国之后，族人分散各地，有的在卫国，有的在赵国，有的在秦国。在卫国的，做了中山国的相。在赵国的，以传授剑术理论而显扬于世，蒯聩就是他们的后代。在秦国的名叫司马错，曾与张仪发生争论，于是秦惠王派司马错率军攻打蜀国，攻取后，又任命他做了蜀地郡守。司马错之孙司马靳，侍奉武安君白起。这时候少梁已更名为夏阳。司马靳与武安君坑杀赵国长平军，回来后与武安君一起被赐死于杜邮，埋葬在华池。司马靳之孙司马昌，是秦国主管冶铸铁器的官员，生活在秦始皇时代。蒯聩玄孙司马卬，曾为武安君部将并带兵攻占朝歌。诸侯争相为王时，司马卬在殷地称王。汉王刘邦攻打楚霸王项羽之际，司马卬归降汉王，汉把殷地设为河内郡。司马昌生司马无泽，司马无泽担任汉朝市长之职。无泽生司马喜，司马喜封爵五大夫，死后都埋葬在高门。司马喜生司马谈，司马谈做了太史公。

太史公跟着唐都学习天文，跟着杨何学习《易经》，跟着黄子学习道家理论。太史公在建元至元封年间做官，他忧虑学者不能通晓各学派的要义而所学悖谬，于是论述阴阳、儒、墨、名、法和道德六家的要旨说：

《周易·系辞传》说："天下人的追求相同，而具体策划却多种多样；达到的目的相同，而采取的途径却不一样。"阴阳家、儒家、墨家、名家、法家和道家都是致力于如何达到太平治世的学派，只是他们所遵循依从的学说不是一个路子，有的显明，有的不显明罢了。我曾经在私下里研究过阴阳之术，发现它注重吉凶祸福的预兆，禁忌避讳很多，使人受到一些束缚并多有所畏惧，但阴阳家关于一年四季运行顺序的道理，是不可丢弃的。儒家学说广博但殊少抓住要领，花费了气力却很少见到功效，因此该学派的主张难以完全遵从；然而它所序列的君臣父子之礼、夫妇长幼之别则是不可改变的。墨家俭啬而难以依遵，因此该派

事不可遍循；然其强本节用，不可废也。法家严而少恩；然其正君臣上下之分，不可改矣。名家使人俭而善失真；然其正名实，不可不察也。道家使人精神专一，动合无形，赡足万物。其为术也，因阴阳之大顺，采儒墨之善，撮名法之要，与时迁移，应物变化，立俗施事，无所不宜，指约而易操，事少而功多。儒者则不然。以为人主天下之仪表也，主倡而臣和，主先而臣随。如此则主劳而臣逸。至于大道之要，去健羡，绌聪明，释此而任术。夫神大用则竭，形大劳则敝。形神骚动，欲与天地长久，非所闻也。

夫阴阳四时、八位、十二度、二十四节各有教令，顺之者昌，逆之者不死则亡，未必然也，故曰"使人拘而多畏"。夫春生夏长，秋收冬藏，此天道之大经也，弗顺则无以为天下纲纪，故曰"四时之大顺，不可失也"。

夫儒者以六艺为法。六艺经传以千万数，累世不能通其学，当年不能究其礼，故曰"博而寡要，劳而少功"。若夫列君臣父子之礼，序夫妇长幼之别，虽百家弗能易也。

墨者亦尚尧舜道，言其德行曰："堂高三尺，土阶三等，茅茨不翦，采椽不刮。食土簋，啜土刑，粝粱之食，藜藿之羹。夏日葛衣，冬日鹿裘。"其送死，桐棺三寸，举音不尽其哀。教丧礼，必以此为万民之率。使天下法若此，则尊卑无别也。夫世异时移，事业不必同，故曰"俭而难遵"。要曰强本节用，则人给家足之道也。此墨子之所长，虽百长弗能废也。

法家不别亲疏，不殊贵贱，一断于法，则亲亲尊尊之恩绝矣。可以行一时之计，而不可长用也，故曰"严而少恩"。若尊主卑臣，明分职不得相逾越，虽百家弗能改也。

名家苛察缴绕，使人不得反其意，专决于名而失人情，故曰"使

的主张不能全部遵循，但它提出的强本节用的主张，则是不可废弃的。法家主张严刑峻法却刻薄寡恩，但它辩正君臣上下名分的主张，则是不可更改的。名家使人受约束而容易失去真实性；但它辩正名与实的关系，则是不能不认真察考的。道家是使人精神专一，行动合乎无形之道，使万物丰足。道家之术依据阴阳家关于四时运行顺序之说，吸收儒墨两家之长，撮取名、法两家之精要，随着时势发展，顺应事物的变化，树立良好风俗，应用于人事，无不适宜，意旨简单扼要而容易掌握，用力少而功效多。儒家则不是这样。他们认为君主是天下人的表率，君主倡导，臣下应和，君主先行，臣下随从。这样一来，君主劳累了而臣下却安逸了。至于大道的要旨，是舍弃刚强与贪欲，去掉聪明智慧，将这些放置一边而用智术治理天下。精神过度使用就会衰竭，身体过度劳累就会疲惫，身体和精神受到扰乱，不得安宁，却想要与天地共长久，则是从未听说过的事。

阴阳家认为四时、八位、十二度和二十四节气各有一套宜忌规定，顺应了它就会昌盛，违背了它不死也亡。这未必是对的，所以说阴阳家"使人受束缚而多所畏惧"。春生、夏长、秋收、冬藏，这是自然界的重要规律，不顺应它就无法制定天下纲纪，所以说"四时的运行是不能舍弃的"。

儒家以《诗经》《尚书》《易经》《礼记》《春秋》《乐经》等"六艺"为法式，而"六艺"的本文和释传以千万计，几代相继不能弄通其学问，有生之年不能穷究其礼仪，所以说儒家学说"广博但殊少抓住要领，花费了力气却很少收到功效"。至于序列君臣父子之礼，夫妇长幼之别，即使是百家之说也不能改变它。

墨家也崇尚尧舜之道，谈论他们的品德行为说："堂口三尺高，堂下土阶只有三层，用茅草搭盖屋顶而不加修剪，用栎木做椽子而不经刮削。用陶簋吃饭，用陶铏喝汤，吃的是糙米粗饭和藜藿做的野菜羹。夏天穿葛布衣，冬天穿鹿皮裘"。墨家为死者送葬的时候只做一副厚仅三寸的桐木棺材，送葬者恸哭而不能尽诉其哀痛。教民丧礼，必须以此作为万民的统一标准。假使天下都照此法去做。那贵贱尊卑就没有区别了。世代不同，时势变化，人们所做的事业不一定会相同，所以说墨家"俭啬而难以遵从"。墨家学说的要旨为强本节用，则是人人丰足、家家富裕之道。这是墨子学说的长处，即使是百家学说也不能废弃它。

法家不区别亲疏远近，不区分贵贱尊卑，一律依据法令来决断，那么亲近亲属、尊敬长上的恩情就断绝了。这些可作为一时之计来施行，却不可长用，所以说法家"严酷而刻薄寡恩"。至于说到法家使君主尊贵，使臣子卑下，使上下名分、职分明确，不得相互逾越等主张，即使百家之说也是不能更改的。

名家刻细烦琐，纠缠不清，使人不能反求其意，一切取决于概念名称却失去

人俭而善失真"。若夫控名责实，参伍不失，此不可不察也。

　　道家无为，又曰无不为，其实易行，其辞难知。其术以虚无为本，以因循为用。无成埶，无常形，故能究万物之情。不为物先，不为物后，故能为万物主。有法无法，因时为业；有度无度，因物与合。故曰"圣人不朽，时变是守。虚者道之常也，因者君之纲"也。群臣并至，使各自明也。其实中其声者谓之端，实不中其声者谓之窾。窾言不听，奸乃不生，贤不肖自分，白黑乃形。在所欲用耳，何事不成。乃合大道，混混冥冥。光燿天下，复反无名。凡人所生者神也，所托者形也。神大用则竭，形大劳则敝，形神离则死。死者不可复生，离者不可复反，故圣人重之。由是观之，神者生之本也，形者生之具也。不先定其神，而曰"我有以治天下"，何由哉？

　　太史公既掌天官，不治民。有子曰迁。
　　迁生龙门，耕牧河山之阳。年十岁则诵古文。二十而南游江、淮，上会稽，探禹穴，窥九疑，浮于沅、湘；北涉汶、泗，讲业齐、鲁之都，观孔子之遗风，乡射邹、峄；厄困鄱、薛、彭城，过梁、楚以归。于是迁仕为郎中，奉使西征巴、蜀以南，南略邛、笮、昆明，还报命。
　　是岁天子始建汉家之封，而太史公留滞周南，不得与从事，故发愤且卒。而子迁适使反，见父于河洛之间。太史公执迁手而泣曰："余先周室之太史也。自上世尝显功名于虞夏，典天官事。后世中衰，绝于予乎？汝复为太史，则续吾祖矣。今天子接千岁之统，封泰山，而余不得从行，是命也夫，命也夫！余死，汝必为太史；为太史，无忘吾所欲论著矣。且夫孝始于事亲，中于事君，终于立身。扬

了一般常理，所以说它"使人受约束而容易丧失人的真实性"。至于循名责实，要求名称与实际进行比较验证，这是不可不予以认真考察的。

　　道家讲"无为"，又说"无不为"，其实际主张容易施行，其文辞则幽深微妙，难以明白通晓。其学说以虚无为理论基础，以顺应自然为实用原则。道家认为事物没有既成不变之势，没有常存不变之形，所以能够探求万物的情理。不做超越自然规律的事，也不做落后于自然规律的事，所以能够成为万物的主宰。内心有法而不任法以为法，要顺应时势以成其业；内心有度而不恃度以为度，要根据万物之形各成其度而与之相合。所以说"圣人的思想和业绩之所以不可磨灭，就在于能够顺应时势的变化。虚无是道的永恒规律，顺天应人是国君治国理民的纲要"。群臣一齐来到面前，君主应让他们各自明确自己的职分。其实际情况符合其言论名声者，叫作"端"；实际情况不符合其言论声名者，叫作"窾"。不听信"窾言"即空话，奸邪就不会产生，贤与不肖自然分清，黑白也就分明。问题在于想不想依照而行，只要肯运用，什么事办不成呢？这样才会合乎大道，一派混混冥冥的境界。光辉照耀天下，重又返归于无名的状态。大凡人活着是因为有精神，而精神又寄托于形体。精神过度使用就会精力衰竭，形体过度劳累就会身体疲惫，形、神分离就会死亡。死去的人不能复生，神、形分离便不能重新结合在一起，所以圣人重视这个问题。由此看来，精神是人生命的根本，形体是生命的依托。不先安定自己的精神和身体，却侈谈"我有办法治理天下"，凭借的又是什么呢？

　　太史公执掌天文之后，不管民事。他有个儿子名叫司马迁。

　　司马迁生于龙门，在黄河之北、龙门山之南，过着耕种畜牧生活。年仅十岁便已习诵古文。二十岁开始南游江、淮地区，登会稽山，探察禹穴，游览九疑山，泛舟于沅水、湘水之上；北渡汶水、泗水，在齐、鲁两地的都会与人研讨学问，考察孔子的遗风，在邹县、峄山行乡射之礼；在鄱、薛、彭城遭到困厄，经过梁、楚之地回到家乡。于是司马迁出仕为郎中，奉命西征巴蜀以南，往南经略邛、笮、昆明，归来向朝廷复命。

　　这一年，天子开始举行汉朝的封禅典礼，而太史公被滞留在周南，不能参与其事，所以心中愤懑，致病将死。其子司马迁恰逢出使归来，在黄河、洛水之间拜见了父亲。太史公谈握着司马迁的手哭着说："我们的先祖是周朝的太史。远在上古虞夏之世便显扬功名，执掌天文之事。后世衰落了，现在会断绝在我手里吗？你继任做太史，就能接续我们祖先的事业了。现在天子继承汉朝千年一统的大业，在泰山举行封禅典礼，而我不能随行，这是命啊，是命啊！我死之后，你必定要做太史；做了太史，不要忘记我想要撰写的著述啊。再说孝道始于奉养

名于后世，以显父母，此孝之大者。夫天下称诵周公，言其能论歌文武之德，宣周邵之风，达太王王季之思虑，爰及公刘，以尊后稷也。幽厉之后，王道缺，礼乐衰，孔子修旧起废，论《诗》《书》，作《春秋》，则学者至今则之。自获麟以来四百有余岁，而诸侯相兼，史记放绝。今汉兴，海内一统，明主贤君忠臣死义之士，余为太史而弗论载，废天下之史文，余甚惧焉，汝其念哉！"迁俯首流涕曰："小子不敏，请悉论先人所次旧闻，弗敢阙。"

卒三岁而迁为太史令，䌷史记石室金匮之书。五年而当太初元年，十一月甲子朔旦冬至，天历始改，建于明堂，诸神受纪。

太史公曰："先人有言：'自周公卒五百岁而有孔子。孔子卒后至于今五百岁，有能绍明世，正《易传》，继《春秋》，本《诗》《书》《礼》《乐》之际？'意在斯乎！意在斯乎！小子何敢让焉。"

上大夫壶遂曰："昔孔子何为而作《春秋》哉？"太史公曰："余闻董生曰：'周道衰废，孔子为鲁司寇，诸侯害之，大夫壅之。孔子知言之不用，道之不行也，是非二百四十二年之中，以为天下仪表，贬天子，退诸侯，讨大夫，以达王事而已矣。'子曰：'我欲载之空言，不如见之于行事之深切著明也。'夫《春秋》，上明三王之道，下辨人事之纪，别嫌疑，明是非，定犹豫，善善恶恶，贤贤贱不肖，存亡国，继绝世，补敝起废，王道之大者也。《易》著天地阴阳四时五行，故长于变；《礼》经纪人伦，故长于行；《书》记先王之事，故长于政；《诗》记山川溪谷禽兽草木牝牡雌雄，故长于风；《乐》乐所以立，故长于和；《春秋》辩是非，故长于治人。是故《礼》以节人，《乐》以发和，《书》以道事，《诗》以达意，

双亲，进而侍奉君主，最终在于立身扬名。扬名后世来显耀父母，这是最大的孝道。天下称道歌颂周公，说他能够论述歌颂文王、武王的功德，宣扬周、邵的风尚，通晓太王、王季的思虑，乃至于公刘的功业，并尊崇始祖后稷。周幽王、厉王以后，王道衰败，礼乐衰颓，孔子研究整理旧有的典籍，修复振兴被废弃破坏的礼乐，论述《诗经》《尚书》，写作《春秋》，学者至今以之为准则。自春秋末期以来四百余年，诸侯相互兼并，史书被丢弃殆尽。如今汉朝兴起，海内统一，明主贤君忠臣死义之士，我作为太史却未能予以论评载录，断绝了天下的修史传统，对此我甚感惶恐，你可要记在心上啊！"司马迁低下头流着眼泪说："儿子虽然驽笨，但我会详述先人所整理的历史旧闻，不敢稍有缺漏。"

司马谈去世三年后，司马迁任太史令，开始缀集历史书籍及国家收藏的档案文献。司马迁任太史令五年，正当汉太初元年，十一月甲子朔旦冬至，汉朝的历法开始改用夏正，即以农历一月为正月，天子在明堂举行了实施新历法的仪式，诸神皆受瑞纪。

太史公说："先人说过：'自周公死后五百年而有孔子。孔子死后到现在五百年，有能继承清明之世，正定《易传》，接续《春秋》，意本《诗经》《尚书》《礼记》《乐经》的人吗？'其用意就在于此，在于此吧！我又怎敢推辞呢？"

上大夫壶遂问："从前孔子为什么要作《春秋》呢？"太史公说："我听董生讲：'周朝王道衰败废弛，孔子担任鲁国司寇，诸侯嫉害他，卿大夫阻挠他。孔子知道自己的意见不被君主采纳，政治主张无法实行，便褒贬评定二百四十二年间的是非，作为天下评判是非的标准，贬抑无道的天子，斥责为非的诸侯，声讨乱政的大夫，为的是使国家政事通达而已'。孔子说：'我与其载述空洞的说教，不如举出在位者所作所为来显现他的是非美恶，这样就更加深切显明了。'《春秋》这部书，上阐明三王的治道，下辨别人事的纪纲，辨别嫌疑，判明是非，论定犹豫不决之事，褒善怨恶，尊重贤能，贱视不肖，使灭亡的国家存在下去，使断绝了的世系继续下去，补救衰敝之事，振兴废弛之业，这是最大的王道。《易经》载述天地、阴阳、四时、五行，所以在说明变化方面见长；《礼记》规范人伦，所以在行事方面见长；《尚书》记述先王事迹，所以在政治方面见长；《诗经》记山川溪谷、禽兽草木、牝牡雌雄，所以在风土人情方面见长；《乐经》是论述音乐立人的经典，所以在和谐方面见长；《春秋》论辩是非，所以在治人方面见长。由此可见《礼记》是用来节制约束人的，《乐经》是用来诱发人心平和的，《尚书》是述说政事的，《诗经》是用来表达情意的，《易经》是用来讲变化之道的，《春秋》是用来论述道义的。平定乱世，使之复

《易》以道化，《春秋》以道义。拨乱世反之正，莫近于《春秋》。《春秋》文成数万，其指数千。万物之散聚皆在《春秋》。《春秋》之中，弑君三十六，亡国五十二，诸侯奔走不得保其社稷者不可胜数。察其所以，皆失其本已。故《易》曰'失之豪釐，差以千里'。故曰'臣弑君，子弑父，非一旦一夕之故也，其渐久矣'。故有国者不可以不知《春秋》，前有谗而弗见，后有贼而不知。为人臣者不可以不知《春秋》，守经事而不知其宜，遭变事而不知其权。

为人君父而不通于《春秋》之义者，必蒙首恶之名。为人臣子而不通于《春秋》之义者，必陷篡弑之诛，死罪之名。其实皆以为善，为之不知其义，被之空言而不敢辞。夫不通礼义之旨，至于君不君，臣不臣，父不父，子不子。夫君不君则犯，臣不臣则诛，父不父则无道，子不子则不孝。此四行者，天下之大过也。以天下之大过予之，则受而弗敢辞。故《春秋》者，礼义之大宗也。夫礼禁未然之前，法施已然之后；法之所为用者易见，而礼之所为禁者难知。"

壶遂曰："孔子之时，上无明君，下不得任用，故作《春秋》，垂空文以断礼义，当一王之法。今夫子上遇明天子，下得守职，万事既具，咸各序其宜，夫子所论，欲以何明？"

太史公曰："唯唯，否否，不然。余闻之先人曰：'伏羲至纯厚，作易八卦。尧舜之盛，《尚书》载之，礼乐作焉。汤武之隆，诗人歌之。《春秋》采善贬恶，推三代之德，褒周室，非独刺讥而已也。'汉兴以来，至明天子，获符瑞，封禅，改正朔，易服色，受命于穆清，泽流罔极，海外殊俗，重译款塞，请来献见者，不可胜道。臣下百官力诵圣德，犹不能宣尽其意。且士贤能而不用，有国者之耻；主上明圣而德不布闻，有司之过也。且余尝掌其官，废明圣盛德不载，灭功臣世家贤大夫之业不述，堕先人所言，罪莫大焉。余所谓

归正道,没有什么著作比《春秋》更切近有效了。《春秋》不过数万字,而其要旨就有数千条。万物的离散聚合都在《春秋》之中。在《春秋》一书中,记载弑君事件三十六起,被灭亡的国家五十二个,诸侯出奔逃亡不能保其国家的数不胜数。考察其变乱败亡的原因,都是丢掉了作为立国立身根本的春秋大义。所以《易经》中讲'失之毫厘,差以千里'。所以说'臣弑君,子弑父,并非一朝一夕的缘故,其发展渐进已是很久了'。因此,做国君的不可以不知《春秋》,否则就是谗佞之徒站在面前也看不见,奸贼之臣紧跟在后面也不会发觉。做人臣者不可以不知《春秋》,否则就只会墨守常规之事却不懂得因事制宜,遇到突发事件则不知如何灵活应对。

做人君、人父的人若不通晓《春秋》的要义,必定会蒙受首恶之名。做人臣、人子的人如不通晓《春秋》要义,必定会陷入篡位杀上而被诛伐的境地,并蒙死罪之名。其实他们都认为是好事而去做,只因为不懂得《春秋》大义,而蒙受史家口诛笔伐的不实之言却不敢推卸罪名。如不明了礼义的要旨,就会弄到君不像君、臣不像臣、父不像父、子不像子的地步。君不像君就会被臣下干犯,臣不像臣就会被诛杀,父不像父就会昏聩无道,子不像子就会忤逆不孝。这四种恶行,是天下最大的罪过。把天下最大的罪过加在他身上,也只得接受而不敢推卸。所以《春秋》这部经典是礼义根本之所在。礼是在事情发生之前禁绝坏事,法规是在坏事发生之后施行的;法规施行的作用显而易见,而礼教禁绝的作用却隐而难知。"

壶遂说:"孔子时候,在上没有圣明君主,他处在下面又得不到任用,所以撰写《春秋》,留下一部空洞的史文来裁断礼义,当作一代帝王的法典。现在先生上遇圣明天子,下能当官供职,万事已经具备,而且全部各得其所,井然相宜,先生所撰述的想要阐明什么呢?"

太史公说:"是,是啊,不不,不完全是这么回事。我听先人说过:'伏羲最为纯厚,作《易经》八卦。尧舜的强盛,《尚书》里面作了记载,礼乐在那时兴起。商汤周武时代的隆盛,诗人予以歌颂。《春秋》扬善贬恶,推崇夏、商、周三代盛德,褒扬周王室,并非仅仅讽刺讥斥呀'。汉朝兴建以来,到当今英明天子,获见符瑞,举行封禅大典,改订历法,变换服色,受命于上天,恩泽流布无边,海外不同习俗的国家,辗转几重翻译到中原边关来,请求进献朝见的不可胜数。臣下百官竭力颂扬天子的功德,仍不能完全表达出他们的心意。再说士贤能而不被任用,是做国君的耻辱;君主明圣而功德不能被广泛传扬到大家都知道,是有关官员的罪过。况且我曾担任太史令的职务,若弃置天子明圣盛德而不予记载,埋没功臣、世家、贤大夫的功业而不予载述,违背先父的临终遗言,罪

述故事，整齐其世传，非所谓作也，而君比之于《春秋》，谬矣。"

于是论次其文。七年而太史公遭李陵之祸，幽于缧绁。乃喟然而叹曰："是余之罪也夫！是余之罪也夫！身毁不用矣。"退而深惟曰："夫《诗》《书》隐约者，欲遂其志之思也。昔西伯拘羑里，演《周易》；孔子厄陈蔡，作《春秋》；屈原放逐，著《离骚》；左丘失明，厥有国语；孙子膑脚，而论兵法；不韦迁蜀，世传《吕览》；韩非囚秦，《说难》《孤愤》；《诗》三百篇，大抵贤圣发愤之所为作也。此人皆意有所郁结，不得通其道也，故述往事，思来者。"于是卒述陶唐以来，至于麟止，自黄帝始。

维昔黄帝，法天则地，四圣遵序，各成法度；唐尧逊位，虞舜不台；厥美帝功，万世载之。作《五帝本纪》第一。

维禹之功，九州攸同，光唐虞际，德流苗裔；夏桀淫骄，乃放鸣条。作《夏本纪》第二。

维契作商，爰及成汤；太甲居桐，德盛阿衡；武丁得说，乃称高宗；帝辛湛湎，诸侯不享。作《殷本纪》第三。

维弃作稷，德盛西伯；武王牧野，实抚天下；幽厉昏乱，既丧酆镐；陵迟至赧；洛邑不祀。作《周本纪》第四。

维秦之先，伯翳佐禹；缪公思义，悼豪之旅；以人为殉，诗歌黄鸟；昭襄业帝。作《秦本纪》第五。

始皇既立，并兼六国，销锋铸镰，维偃干革，尊号称帝，矜武任力；二世受运，子婴降虏。作《始皇本纪》第六。

秦失其道，豪桀并扰；项梁业之，子羽接之；杀庆救赵，诸侯立之；诛婴背怀，天下非之。作《项羽本纪》第七。

子羽暴虐，汉行功德；愤发蜀汉，还定三秦；诛籍业帝，天下惟

过就实在太大了。我所说的缀述旧事，整理有关人物的家世传记，并非所谓著作呀，而您拿它与《春秋》相比，那就错了。"

于是太史公就开始论述编次所得文献和材料。到了第七年，太史公遭逢李陵之祸，被囚禁狱中，于是喟然而叹道："这是我的罪过啊！这是我的罪过啊！身体残毁没有用了。"回过头来深思道："《诗经》《尚书》含义隐微而言辞简约，是作者想要表达他们的心志和情绪。从前周文王被拘禁羑里，推演了《周易》；孔子遭遇陈蔡的困厄，作有《春秋》；屈原被放逐，写成《离骚》；左丘明双目失明，才编撰了《国语》，孙子的腿受了膑刑，却论述兵法；吕不韦被贬徙蜀郡，世上才流传《吕览》；韩非被囚禁在秦国，才写有《说难》《孤愤》；《诗经》三百篇，大都是圣人贤士抒发愤懑而作的。这些人都是心中聚集郁闷忧愁，理想主张不得实现，所以追述往事，思考未来。"于是我终于下定决心记述唐尧以来直到武帝获白麟那一年的历史，从黄帝开始。

从前黄帝以天地为法则，颛顼、帝喾、尧、舜四位圣明帝王先后相继，各建成一定的法度；唐尧让位于虞舜，虞舜因觉自己不能胜其任而不悦；这些帝王的美德丰功，万世流传。作《五帝本纪》第一。

大禹治水之功，九州同享他的成就，光耀唐虞之际，恩德流传后世；夏桀荒淫骄横，于是被放逐鸣条。作《夏本纪》第二。

契建立商国，传到成汤；太甲被放逐居桐地改过反善，阿衡功德隆盛；武丁得到傅说的辅佐，所以被称为高宗；帝辛沉湎无道，诸侯不再进贡。作《殷本纪》第三。

弃发明种谷，西伯姬昌美德美名传遍天下；武王在牧野伐纣，安抚天下百姓；幽王、厉王昏暴淫乱，丧失了丰、镐二京；王室衰败直至赧王，洛邑断绝了周室宗庙的祭祀。作《周本纪》第四。

秦的祖先伯翳，曾经辅佐大禹；秦缪公思及君义，祭悼秦国在崤战死的将士；缪公死后以活人殉葬，《黄鸟》一诗诉其哀伤；昭襄王开创了帝业。作《秦本纪》第五。

秦始皇即位，兼并了六国，销毁兵器，铸为钟镰，希望能够使干戈止息，尊号称为皇帝，耀武扬威，专凭暴力，秦二世承受国运继位，子婴投降做了俘虏。作《秦始皇本纪》第六。

秦朝丧失了王道，豪杰并起反抗暴秦；项梁开创反秦大业，项羽接续；项羽杀了卿子冠军宋义，解救了赵国，诸侯拥立他，可他诛杀子婴，背弃义帝怀王，天下都责难他。作《项羽本纪》第七。

项羽残酷暴虐，汉王施行仁德；发愤于蜀、汉，率军北还平定三秦；诛灭项

宁，改制易俗。作《高祖本纪》第八。

惠之早霣，诸吕不台；崇强禄、产，诸侯谋之；杀隐幽友，大臣洞疑，遂及宗祸。作《吕太后本纪》第九。

汉既初兴，继嗣不明，迎王践祚，天下归心；蠲除肉刑，开通关梁，广恩博施，厥称太宗。作《孝文本纪》第十。

诸侯骄恣，吴首为乱，京师行诛，七国伏辜，天下翕然，大安殷富。作《孝景本纪》第十一。

汉兴五世，隆在建元，外攘夷狄，内修法度，封禅，改正朔，易服色。作《今上本纪》第十二。

维三代尚矣，年纪不可考，盖取之谱牒旧闻，本于兹，于是略推，作《三代世表》第一。

幽厉之后，周室衰微，诸侯专政，春秋有所不纪；而谱牒经略，五霸更盛衰，欲睹周世相先后之意，作《十二诸侯年表》第二。

春秋之后，陪臣秉政，强国相王；以至于秦，卒并诸夏，灭封地，擅其号。作《六国年表》第三。

秦既暴虐，楚人发难，项氏遂乱，汉乃扶义征伐；八年之间，天下三嬗，事繁变众，故详著《秦楚之际月表》第四。

汉兴已来，至于太初百年，诸侯废立分削，谱纪不明，有司靡踵，强弱之原云以世。作《汉兴已来诸侯年表》第五。

维高祖元功，辅臣股肱，剖符而爵，泽流苗裔，忘其昭穆，或杀身陨国。作《高祖功臣侯者年表》第六。

惠景之间，维申功臣宗属爵邑，作《惠景间侯者年表》第七。

北讨强胡，南诛劲越，征伐夷蛮，武功爰列。作《建元以来侯者年表》第八。

诸侯既强，七国为从，子弟众多，无爵封邑，推恩行义，其埶销弱，德归京师。作《王子侯者年表》第九。

羽建立帝业，安定了天下，又改革制度，更易风俗。作《高祖本纪》第八。

惠帝早逝，诸吕用事使百姓不悦；吕后提高吕禄、吕产的地位，加强他们的权力，诸侯图谋剪除他们；吕后杀害赵隐王，又囚杀赵幽王刘友，朝中大臣疑惧，终于导致了吕氏宗族覆灭。作《吕太后本纪》第九。

汉朝初建，惠帝死后帝位继承人不明确，众臣迎立代王刘恒即位，天下于是心服；文帝废除肉刑，开通水陆要道，博施恩惠，死后被称为太宗。作《孝文本纪》第十。

诸侯王骄横恣肆，吴王率先叛乱，朝廷派兵讨伐，七国叛乱先后伏罪，天下安定，太平富裕。作《孝景本纪》第十一。

汉朝兴建五世，在建元年间兴隆盛世，天子外攘夷狄，内修法度，举行封禅，修订历法，改变服色。作《今上本纪》（也即《孝武本纪》）第十二。

夏、商、周三代太久远了，具体年代已经不可考证，大致取之于传世的谱牒旧闻，以此为据，进而大略地推断，作《三代世表》第一。

幽王、厉王之后，周朝王室衰落，诸侯各自为政，《春秋》有些未作记载；而谱牒只记概要，五霸又交替盛衰，为考察周朝各诸侯国的先后关系，作《十二诸侯年表》第二。

春秋以后，陪臣执政，强国之君竞相称王，等到秦王嬴政的时候，终于吞并各国，铲除封地，独享尊号。作《六国年表》第三。

秦二世暴虐，楚人陈胜发难，项氏又自乱反秦阵营，汉王于是仗义征伐。八年之间，天下三易其主，事变繁多，所以详著《秦楚之际月表》第四。

汉朝自兴建以来，直到太初一百年间，诸侯废立分化削弱的情况，谱录记载不明，主管的官员也无法接着记下去，但可据其世系推知其强弱的原因。作《汉兴以来诸侯王年表》第五。

高祖始取天下，辅佐他创业的功臣，都剖符封爵，恩泽传到他们的子孙后代，有的忘了亲疏远近，分不出辈分，也有的竟至杀身亡国。作《高祖功臣侯者年表》第六。

惠帝、景帝年间，增封功臣宗属爵位和食邑。作《惠景间侯者年表》第七。

北面攻打强悍的匈奴，南面诛讨强劲的越人，征伐四方蛮夷，不少人因为军功封侯。作《建元以来侯者年表》第八。

诸侯国家日渐强大，吴楚等七国南北连成一片，诸侯王子弟众多，很多人没有爵位封邑，朝廷下令推行恩义，分封诸侯王子弟为侯，致使王国势力日益削弱，而德义却归于朝廷。作《建元以来王子侯者年表》第九。

国有贤相良将，民之师表也。维见汉兴以来将相名臣年表，贤者记其治，不贤者彰其事。作《汉兴以来将相名臣年表》第十。

维三代之礼，所损益各殊务，然要以近性情，通王道，故礼因人质为之节文，略协古今之变。作《礼书》第一。

乐者，所以移风易俗也。自《雅》《颂》声兴，则已好郑卫之音，郑卫之音所从来久矣。人情之所感，远俗则怀。比《乐书》以述来古，作《乐书》第二。

非兵不强，非德不昌，黄帝、汤、武以兴，桀、纣、二世以崩，可不慎欤？《司马法》所从来尚矣，太公、孙、吴、王子能绍而明之，切近世，极人变。作《律书》第三。

律居阴而治阳，历居阳而治阴，律历更相治，间不容翲忽。五家之文怫异，维太初之元论。作《历书》第四。

星气之书，多杂禨祥，不经；推其文，考其应，不殊。比集论其行事，验于轨度以次，作《天官书》第五。

受命而王，封禅之符罕用，用则万灵罔不禋祀。追本诸神名山大川礼，作《封禅书》第六。

维禹浚川，九州攸宁；爰及宣防，决渎通沟。作《河渠书》第七。

维币之行，以通农商；其极则玩巧，并兼兹殖，争于机利，去本趋末。作《平准书》以观事变，第八。

太伯避历，江蛮是适；文武攸兴，古公王迹。阖庐弑僚，宾服荆楚；夫差克齐，子胥鸱夷；信嚭亲越，吴国既灭。嘉伯之让，作《吴世家》第一。

申、吕肖矣，尚父侧微，卒归西伯，文武是师；功冠群公，缪权于幽；番番黄发，爰飨营丘。不背柯盟，桓公以昌，九合诸侯，霸功显彰。田阚争宠，姜姓解亡。嘉父之谋，作《齐太公世家》第二。

国家的贤相良将，是民众的表率。曾看到汉兴以来将相名臣年表，对其中的贤者记录他的治绩，对不贤者则明其劣迹。作《汉兴以来将相名臣年表》第十。

夏、商、周三代之礼，各有所增减而不同，但总的来看，其要领都在于使礼切近人的情性，通于王道，所以礼是根据人的质朴本性而制成，减掉了那些繁文缛节，大体顺应了古今之变。作《礼书》第一。

乐，是用来移风易俗的。自《雅》《颂》之声兴起，人们就已经喜好郑、卫之音，郑、卫之音由来已久了。被人情所感发，那远方异俗之人就会来归附。仿照已有《乐书》来论述自古以来音乐的兴衰，作《乐书》第二。

没有军队国家就不会强大，不施行德政国家就不会昌盛，黄帝、商汤、周武王因为懂得这个道理而兴，夏桀、商纣、秦二世因为不懂这点而亡，怎么可以对此不慎重呢？《司马法》产生已很久了，姜太公、孙武、吴起、王子成甫能继承并有所发明，切合近世情况，极尽人事之变。作《律书》第三。

乐律处于阴而治阳，历法处于阳而治阴，律历交替相治，其间不容许丝毫差错。原有五家的历书相互悖逆不同，只有太初元年所论历法为是。作《历书》第四。

星气之书，夹杂着许多求福去灾、预兆吉凶的内容，荒诞不经；推究其文辞，考察其应验，并无什么特别之处。待到武帝召集专人研讨此事，并依次用轨度加以验证。作《天官书》第五。

承受天命做了帝王，封禅这样的符瑞之事不可轻易举行，如果举行，那么一切神灵没有不受祭祀的。追溯祭祀名山大川诸神之礼，作《封禅书》第六。

大禹疏通河川，九州才得以安宁；及至建立宣防宫之时，河道沟渠更被疏浚。作《河渠书》第七。

钱币的流通，是为沟通农商；其弊端竟发展到玩弄智巧，兼并发财，争相投机牟利的地步，这就是舍本逐末了。作《平准书》来考察事情的变化发展，这是第八。

太伯为让季历继位，避居到江南蛮夷之地，文王、武王才得以振兴周邦，发展了古公亶父的王业。阖闾杀了吴王僚，夺取王位，降服了楚国；夫差战胜齐国，逼杀伍子胥以革囊盛其尸；听信伯嚭的话亲善越国，最终被越国所灭。为赞许太伯让位的美德，作《吴太伯世家》第一。

申、吕两国衰弱，尚父微贱坎坷，终于投归西伯侯，为文王、武王之师；他的功劳为群臣之首，擅长暗中设计权谋；头发斑白的时候受封于齐，建都营丘，成为齐国始祖。齐桓公不背弃与鲁国在柯地所订盟约，事业由此昌盛，多次会合诸侯，成就霸业。田恒与阚止争宠，姜姓齐国于是瓦解灭亡。为赞美尚父的宏谋，作《齐太公世家》第二。

依之违之，周公绥之；愤发文德，天下和之；辅翼成王，诸侯宗周。隐桓之际，是独何哉？三桓争强，鲁乃不昌。嘉旦《金縢》，作《周公世家》第三。

武王克纣，天下未协而崩。成王既幼，管蔡疑之，淮夷叛之，于是召公率德，安集王室，以宁东土。燕之禅，乃成祸乱。嘉《甘棠》之诗，作《燕世家》第四。

管蔡相武庚，将宁旧商；及旦摄政，二叔不飨；杀鲜放度，周公为盟；大任十子，周以宗强。嘉仲悔过，作《管蔡世家》第五。

王后不绝，舜禹是说；维德休明，苗裔蒙烈。百世享祀，爰周陈杞，楚实灭之。齐田既起，舜何人哉？作《陈杞世家》第六。

收殷余民，叔封始邑，申以商乱，《酒》《材》是告，及朔之生，卫顷不宁；南子恶蒯聩，子父易名。周德卑微，战国既强，卫以小弱，角独后亡。喜彼《康诰》，作《卫世家》第七。

嗟箕子乎！嗟箕子乎！正言不用，乃反为奴。武庚既死，周封微子。襄公伤于泓，君子孰称。景公谦德，荧惑退行。剔成暴虐，宋乃灭亡。喜微子问太师，作《宋世家》第八。

武王既崩，叔虞邑唐。君子讥名，卒灭武公。骊姬之爱，乱者五世；重耳不得意，乃能成霸。六卿专权，晋国以秏。嘉文公锡圭鬯，作《晋世家》第九。

重黎业之，吴回接之；殷之季世，鬻子牒之。周用熊绎，熊渠是续。庄王之贤，乃复国陈；既赦郑伯，班师华元。怀王客死，兰咎屈原；好谀信谗，楚并于秦。嘉庄王之义，作《楚世家》第十。

少康之子，实宾南海，文身断发，鼋鳝与处，既守封禹，奉禹之祀。句践困彼，乃用种、蠡。嘉句践夷蛮能修其德，灭强吴以尊周室，作《越王句践世家》第十一。

诸侯和部属对周无论是依顺的，还是违抗的，周公都安抚他们；他努力宣扬文德，天下人都响应附和他；他辅佐护佑成王，诸侯以周天子为天下宗主。隐公、桓公之际却屡屡发生悖德非礼之事，这是为什么呢？只因三桓争强，鲁国国运不昌。赞美周公旦的《金縢》策文，作《周公世家》第三。

武王战胜商纣，天下尚未协洽他便驾崩了。成王年幼，管叔、蔡叔怀疑周公篡位，淮夷也起兵叛乱，于是召公凭借他的高德率先支持周公，使王室团结安定，保证了周公东征的胜利，使东方得以安宁。燕王哙的禅位，才造成了祸乱。赞赏《甘棠》诗篇，作《燕召公世家》第四。

管蔡二叔辅佐武庚，想要安定商朝旧地；周公旦摄政，二叔不服，周公便杀死管叔鲜，流放蔡叔度，周公盟誓忠于成王，太任生育十个儿子，周室因为宗族繁盛而强大。表彰蔡仲的悔过，作《管蔡世家》第五。

先王后代延继不断，舜、禹为此而感到高兴；他们功德美好清明，后代得以承其功业。百世享受祭祀，到了周时，封有陈国、杞国，后来被楚国灭掉。齐田氏又使之兴起，舜是位多么了不起的人啊！作《陈杞世家》第六。

收纳殷的遗民，康叔始封邑。周公用商朝乱德亡国的教训申饬他，写了《酒诰》《梓材》等辞来告诫他。到卫公子朔出生，卫国开始倾危不宁；南子憎恶蒯聩，造成儿子和父亲名分颠倒。周朝统治日益衰微，各诸侯国日益强大，卫国因为弱小，国君角反而后亡。赞美《康诰》，作《卫康叔世家》第七。

可叹啊，箕子！可叹啊，箕子！正确的意见没有被采纳，反被迫害装疯为奴。武庚死后，周朝封微子于宋。宋襄公在泓水之战中受伤，又有哪位君子称道？景公自谦爱民，荧惑之徒为之退行。剔成暴虐无道，宋国因而灭亡。赞美微子请教太师这件事，作《宋微子世家》第八。

武王去世后，叔虞封邑于唐。君子讥讽晋缪公为儿子取名之事，武公终于灭而代之。献公宠爱骊姬，造成五世之乱；重耳开始的时候不得志，却能威霸诸侯。六卿专权，晋国渐渐衰亡。赞美文公因功得天子圭鬯，作《晋世家》第九。

重黎创业，吴回继承；殷朝末年，有简札记述鬻子为楚国始祖。周成王任用熊绎封为楚子，熊渠继承先世之业。楚庄王贤明，又恢复了陈国，赦免了郑伯之罪，又因华元之言而班师回国。怀王客死于秦，子兰归咎于屈原，楚君喜欢阿谀轻信谗言，终于被秦所吞并。赞美庄王的德义，作《楚世家》第十。

少康之子远居南海，纹身断发，与鼋鳝相处，守在封山禹山，侍奉大禹的祭祀。勾践受到夫差的困辱，于是任用文种、范蠡。赞美勾践身在夷蛮能修养自己的品德，消灭强大吴国以尊奉周室，作《越王勾践世家》第十一。

桓公之东，太史是庸。及侵周禾，王人是议。祭仲要盟，郑久不昌。子产之仁，绍世称贤。三晋侵伐，郑纳于韩。嘉厉公纳惠王，作《郑世家》第十二。

维骥骆耳，乃章造父。赵夙事献，衰续厥绪。佐文尊王，卒为晋辅。襄子困辱，乃禽智伯。主父生缚，饿死探爵。王迁辟淫，良将是斥。嘉鞅讨周乱，作《赵世家》第十三。

毕万爵魏，卜人知之。及绛戮干，戎翟和之。文侯慕义，子夏师之。惠王自矜，齐秦攻之。既疑信陵，诸侯罢之。卒亡大梁，王假厮之。嘉武佐晋文申霸道，作《魏世家》第十四。

韩厥阴德，赵武攸兴。绍绝立废，晋人宗之。昭侯显列，申子庸之。疑非不信，秦人袭之。嘉厥辅晋匡周天子之赋，作《韩世家》第十五。

完子避难，适齐为援，阴施五世，齐人歌之。成子得政，田和为侯。王建动心，乃迁于共。嘉威、宣能拨浊世而独宗周，作《田敬仲完世家》第十六。

周室既衰，诸侯恣行。仲尼悼礼废乐崩，追修经术，以达王道，匡乱世反之于正，见其文辞，为天下制仪法，垂六艺之统纪于后世。作《孔子世家》第十七。

桀、纣失其道而汤、武作，周失其道而春秋作。秦失其政，而陈涉发迹，诸侯作难，风起云蒸，卒亡秦族。天下之端，自涉发难。作《陈涉世家》第十八。

成皋之台，薄氏始基。诎意适代，厥崇诸窦。栗姬偩贵，王氏乃遂。陈后太骄，卒尊子夫。嘉夫德若斯，作《外戚世家》十九。

汉既谲谋，禽信于陈；越荆剽轻，乃封弟交为楚王，爱都彭城，以强淮泗，为汉宗藩。戊溺于邪，礼复绍之。嘉游辅祖，作《楚元王世家》二十。

维祖师旅，刘贾是与；为布所袭，丧其荆、吴。营陵激吕，乃王

桓公东迁，信用太史之言。庄公派兵侵犯周土，受到周王臣民的非议。祭仲被宋胁迫结盟，郑国长期得不到昌兴。子产的仁政，后世还在称道贤明。三晋侵犯征伐，郑终被韩吞并。赞美郑厉公接纳周惠王，作《郑世家》第十二。

　　骥騄耳骏马使造父彰显名声。赵夙侍奉晋献公，赵衰继承他的事业，辅佐晋文公尊奉周王，终于成为晋国辅臣。赵襄子被困辱，却擒捉了智伯。主父遭到臣子围困，掏雀充饥，后来被活活饿死。赵王迁邪僻淫乱，贬斥迫害良将。表彰赵鞅子讨伐平定周王室之乱，作《赵世家》第十三。

　　毕万在魏封爵，卜官预知其后代必昌盛。及至魏绛羞辱杨干，负罪完成与戎翟媾和之命。文侯仰慕仁义，拜子夏为师。惠王骄傲自大，受到齐国秦国的攻打。安釐王怀疑信陵君，因而诸侯疏远魏国。魏终于被秦所灭，魏王假做了厮养卒。赞美魏武子佐助晋文公创立霸业，作《魏世家》第十四。

　　韩阙善积阴德，赵武才得兴立。他使灭国者重新振起，使废弃者得以再立，晋人尊崇他。韩昭侯在诸侯中地位显要，重用申不害。韩王怀疑韩非而不信任他，秦攻袭韩。赞赏韩厥辅佐晋君、匡正周王室的赋，作《韩世家》第十五。

　　完子避难，出奔到齐国请求援助，田氏暗地里施恩惠于民，相继五世，齐人歌颂他。田成子夺得齐国政权，田和成为诸侯。齐王建被奸计说动，使齐迁于共。赞赏齐威王、齐宣王能冲破污浊之世而独尊崇周天子的行为，作《田敬仲完世家》第十六。

　　周王室衰落以后，诸侯恣意而行。孔子为礼乐崩废而伤感，因而追研经术，以重建王道，匡正乱世，使之返于正道，观其著述，为天下制定礼仪法度。留下《六艺》纲纪于后世。作《孔子世家》第十七。

　　桀、纣丧失王道而汤、武兴起，周丧失王道而《春秋》一书问世。秦丧失了为政之道，陈涉发起反秦义举，诸侯相继造反，风起云涌，终于灭掉了秦国。天下亡秦之端，始于陈涉发难。作《陈涉世家》第十八。

　　成皋台是薄氏的肇基之地。窦太后被迫到了代国，才使窦氏家族得以富贵。栗姬倚仗地位尊贵而自骄于人，王氏才得以顺达显贵。陈皇后过于娇贵，终于使卫子夫受到尊宠。赞美卫子夫德行如此之好，作《外戚世家》第十九。

　　汉高祖设诡计在陈擒拿韩信；越、楚之民慓悍轻捷，于是封其弟刘交做了楚王，建都彭城，以加强淮、泗地区的统治，成为汉王朝的宗属国。楚王刘戊沉溺于邪僻，合谋反叛，刘礼又被封为楚王继承王业。赞赏刘交辅佐高祖，作《楚元王世家》第二十。

　　高祖率军反秦，刘贾加入其行列，后被英布攻袭，丧失了他的荆、吴之地。

琅邪；怵午信齐，往而不归，遂西入关，遭立孝文，获复王燕。天下未集，贾、泽以族，为汉藩辅。作《荆燕世家》第二十一。

天下已平，亲属既寡；悼惠先壮，实镇东土。哀王擅兴，发怒诸吕，驷钧暴戾，京师弗许。厉之内淫，祸成主父。嘉肥股肱，作《齐悼惠王世家》第二十二。

楚人围我荥阳，相守三年；萧何填抚山西，推计踵兵，给粮食不绝，使百姓爱汉，不乐为楚。作《萧相国世家》第二十三。

与信定魏，破赵拔齐，遂弱楚人。续何相国，不变不革，黎庶攸宁。嘉参不伐功矜能，作《曹相国世家》第二十四。

运筹帷幄之中，制胜于无形，子房计谋其事，无知名，无勇功，图难于易，为大于细。作《留侯世家》第二十五。

六奇既用，诸侯宾从于汉；吕氏之事，平为本谋，终安宗庙，定社稷。作《陈丞相世家》第二十六。

诸吕为从，谋弱京师，而勃反经合于权；吴楚之兵，亚夫驻于昌邑，以戹齐赵，而出委以梁。作《绛侯世家》第二十七。

七国叛逆，蕃屏京师，唯梁为捍；偩爱矜功，几获于祸。嘉其能距吴楚，作《梁孝王世家》第二十八。

五宗既王，亲属洽和，诸侯大小为藩，爰得其宜，僭拟之事稍衰贬矣。作《五宗世家》第二十九。

三子之王，文辞可观。作《三王世家》第三十。

末世争利，维彼奔义；让国饿死，天下称之。作《伯夷列传》第一。

晏子俭矣，夷吾则奢；齐桓以霸，景公以治。作《管晏列传》第二。

李耳无为自化，清净自正；韩非揣事情，循执理。作《老子韩非

营陵侯使人游说感动吕后，被封为琅邪王；被祝午诱骗轻信齐王，前往齐国不得归返，用计离开齐国，西入关中，又遇到迎立孝文帝的事，获封燕王。当天下未安定之时，刘贾、刘泽以高祖同族兄弟身份，成为其藩属。作《荆燕世家》第二十一。

天下平定后，高祖亲属已不多。齐悼惠王先长大成人，镇守东部国土。齐哀王擅自出兵是因为对诸吕用事感到愤怒；驷钧粗暴乖戾，朝廷因此不准立齐王为帝。厉王亲属内部淫乱，杀身之祸成于主父偃之手。表彰悼惠王刘肥为辅佐天子的股肱，作《齐悼惠王世家》第二十二。

楚霸王在荥阳围困汉军，相持三年；萧何镇抚山西，计算人口输送兵员，粮食供给不断，使百姓爱戴汉王，而不愿为楚王出力。作《萧相国世家》第二十三。

曹参与韩信一起平定了魏地，又打败赵国，攻取齐地，削弱了楚霸王的势力。接替萧何成为汉朝相国，凡事不做变更，百姓得以安宁。赞美曹参不夸耀自己的功劳和才能，作《曹相国世家》第二十四。

张良运筹策划于帷幄之中，无形之中克敌制胜，谋划克敌制胜之事，没有智巧之名，没有勇武之功，从易处着手解决难题，从小处着手成就大事。作《留侯世家》第二十五。

六出奇计都被高祖采用，使诸侯归附于汉；消灭诸吕之事，陈平为主谋，终于安定了王室和国家。作《陈丞相世家》第二十六。

诸吕勾结，阴谋削弱皇室，周勃在剪灭诸吕的问题上，背离常规而合于权变之道；吴楚七国起兵叛乱，周亚夫驻军于昌邑，以扼制齐赵之军，放弃了求救的梁王。作《绛侯周勃世家》第二十七。

吴楚七国叛逆，藩屏天子的同姓王中只有梁孝王抵御敌国；但他自恃宠爱夸耀前功，几乎遭到杀身之祸。表彰他能抵抗吴楚叛军，作《梁孝王世家》第二十八。

五宗封王以后，天子亲属之间融洽和睦，诸侯或大或小皆为藩屏，各得其宜，僭位而自拟于天子之事逐渐减少。作《五宗世家》第二十九。

当今皇上三位皇子被封为王，策文文辞典雅可观。作《三王世家》第三十。

末世争权夺利，而伯夷、叔齐兄弟却趋向仁义，为让君位，双双饿死，天下称赞他们的美德。作《伯夷列传》第一。

晏子节俭，管仲则奢侈：齐桓公因得管仲辅佐而称霸，齐景公因得晏子辅佐而国家大治。作《管晏列传》第二。

李耳主张无为而治，使百姓自化于善；清静寡欲，使百姓自归于正。韩非揣

列传》第三。

自古王者而有司马法，穰苴能申明之。作《司马穰苴列传》第四。

非信廉仁勇不能传兵论剑，与道同符，内可以治身，外可以应变，君子比德焉。作《孙子吴起列传》第五。

维建遇谗，爰及子奢，尚既匡父，伍员奔吴。作《伍子胥列传》第六。

孔氏述文，弟子兴业，咸为师傅，崇仁厉义。作《仲尼弟子列传》第七。

鞅去卫适秦，能明其术，强霸孝公，后世遵其法。作《商君列传》第八。

天下患衡秦毋餍，而苏子能存诸侯，约从以抑贪强。作《苏秦列传》第九。

六国既从亲，而张仪能明其说，复散解诸侯。作《张仪列传》第十。

秦所以东攘雄诸侯，樗里、甘茂之策。作《樗里甘茂列传》第十一。

苞河山，围大梁，使诸侯敛手而事秦者，魏厓之功。作《穰侯列传》第十二。

南拔鄢郢，北摧长平，遂围邯郸，武安为率；破荆灭赵，王翦之计。作《白起王翦列传》第十三。

猎儒墨之遗文，明礼义之统纪，绝惠王利端，列往世兴衰。作《孟子荀卿列传》第十四。

好客喜士，士归于薛，为齐捍楚魏。作《孟尝君列传》第十五。

争冯亭以权，如楚以救邯郸之围，使其君复称于诸侯。作《平原君虞卿列传》第十六。

能以富贵下贫贱，贤能诎于不肖，唯信陵君为能行之。作《魏公子列传》第十七。

以身徇君，遂脱强秦，使驰说之士南乡走楚者，黄歇之义。作《春申君列传》第十八。

度事物的实际情况,遵循事物发展的趋势和道理。作《老子韩非列传》第三。

自古做帝王的都有《司马法》,穰苴能够对其阐述发挥。作《司马穰苴列传》第四。

没有信、廉、仁、勇,不能传授兵法论说剑术,兵法剑术与道相符,内可以修身,外可以应变,君子对此重视并以之为德。作《孙子吴起列传》第五。

太子建遭到谗毁,灾祸殃及伍奢,伍尚救父,伍员逃奔吴国。作《伍子胥列传》第六。

孔子传述文德,他的弟子振兴其业,都成为师傅,教导人们尊仁行义。作《仲尼弟子列传》第七。

商鞅离卫到秦,能阐明实施他的治国之术,使秦孝公强盛称霸,后世遵循其法度。作《商君列传》第八。

天下忧虑连横之下秦国将贪得无厌,苏秦能保存诸侯的利益,约定合纵来抑制秦的贪婪强横。作《苏秦列传》第九。

六国合纵后相互亲近,而张仪明了连横的主张,所以能针锋相对,使联合起来的诸侯再次离散瓦解。作《张仪列传》第十。

秦国之所以能够向东侵伐,称雄于诸侯,是出自樗里、甘茂的良策。作《樗里子甘茂列传》第十一。

席卷河山,围困大梁,使诸侯拱手而屈服于秦国,是魏冉的功劳。作《穰侯列传》第十二。

南面攻占鄢郢,北面摧毁长平守军,进而围困赵都邯郸,武安君白起是主将;破楚灭赵,是王翦的计谋。作《白起王翦列传》第十三。

涉猎儒墨的遗文,阐明礼义的纪纲,断绝梁惠王逐利的念头,陈述往世的兴衰。作《孟子荀卿列传》第十四。

孟尝君喜好门客、士人,士人归附于薛,为齐抵御楚、魏。作《孟尝君列传》第十五。

平原君出于权变争得冯亭所献上党之地,为解邯郸之围亲自赴楚救赵,使其国君得以再次称雄于诸侯。作《平原君虞卿列传》第十六。

身处富贵而能尊重贫贱者,自身贤能而能屈就不肖,只有信陵君能够做到这样。作《魏公子列传》第十七。

舍身以救其主,终于使主公逃离强秦,使游说之士向南趋赴楚国,这是黄歇的忠义所致。作《春申君列传》第十八。

能忍詬于魏齐，而信威于强秦，推贤让位，二子有之。作《范雎蔡泽列传》第十九。

率行其谋，连五国兵，为弱燕报强齐之仇，雪其先君之耻。作《乐毅列传》第二十。

能信意强秦，而屈体廉子，用徇其君，俱重于诸侯。作《廉颇蔺相如列传》第二十一。

湣王既失临淄而奔莒，唯田单用即墨破走骑劫，遂存齐社稷。作《田单列传》第二十二。

能设诡说解患于围城，轻爵禄，乐肆志。作《鲁仲连邹阳列传》第二十三。

作辞以讽谏，连类以争义，离骚有之。作《屈原贾生列传》第二十四。

结子楚亲，使诸侯之士斐然争入事秦。作《吕不韦列传》第二十五。

曹子匕首，鲁获其田，齐明其信；豫让义不为二心。作《刺客列传》第二十六。

能明其画，因时推秦，遂得意于海内，斯为谋首。作《李斯列传》第二十七。

为秦开地益众，北靡匈奴，据河为塞，因山为固，建榆中。作《蒙恬列传》第二十八。

填赵塞常山以广河内，弱楚权，明汉王之信于天下。作《张耳陈余列传》第二十九。

收西河、上党之兵，从至彭城；越之侵掠梁地以苦项羽。作《魏豹彭越列传》第三十。

以淮南叛楚归汉，汉用得大司马殷，卒破子羽于垓下。作《黥布列传》第三十一。

楚人迫我京索，而信拔魏赵，定燕齐，使汉三分天下有其二，以灭项籍。作《淮阴侯列传》第三十二。

能忍受屈辱于魏齐,却在强秦扬威,推举贤能让出相位,范雎、蔡泽都有这样的美德。作《范雎蔡泽列传》第十九。

身为主将施展谋略,联合五国军队,为弱燕报复了强齐侵凌的仇恨,洗雪了燕国先君的耻辱。作《乐毅列传》第二十。

能在强秦朝廷上彰显诚信与意志,又能对廉颇忍让谦恭,为其君尽忠,将相二人名重于诸侯。作《廉颇蔺相如列传》第二十一。

齐湣王丢失临淄后逃到莒邑,只有田单凭借即墨,打败燕军驱逐骑劫,才保住了齐国江山。作《田单列传》第二十二。

能用巧妙的说辞解除围城之患,轻视爵位利禄,却以尽其志趣为乐。作《鲁仲连邹阳列传》第二十三。

创作诗赋文章进行讽喻,用连类比附来伸张正义,《离骚》有这样的特色。作《屈原贾生列传》第二十四。

与子楚结交,使各诸侯国的士人争相入秦,为秦效力。作《吕不韦列传》第二十五。

曹沫凭借匕首使鲁国重获失去的土地,也使齐桓公昭信于诸侯;豫让守义,忠于其君而无二心。作《刺客列传》第二十六。

能够阐明自己的谋略,顺应时势推尊秦国,终于使秦得志于海内,李斯实为谋臣之首。作《李斯列传》第二十七。

为秦开拓疆土,增聚民众,北面击败匈奴,占据黄河为要塞,依傍山岭为固垒,建榆中。作《蒙恬列传》第二十八。

平定赵国要塞常山,扩张河内,削弱西楚霸王的势力,向天下人彰明汉王的信义。作《张耳陈余列传》第二十九。

魏豹收拢西河、上党之兵,跟随高祖直到彭城;彭越侵掠梁地以困扰项羽。作《魏豹彭越列传》第三十。

黥布以淮南之地叛楚投奔汉王,汉王通过他而得到楚大司马周殷,最后在垓下打败项羽。作《黥布列传》第三十一。

楚军困迫汉军于京、索,韩信攻克魏、赵,平定燕、齐,使三分天下中汉得其二,奠定消灭项羽的基础。作《淮阴侯列传》第三十二。

楚汉相距巩洛，而韩信为填颍川，卢绾绝籍粮饷。作《韩信卢绾列传》第三十三。

诸侯畔项王，唯齐连子羽城阳，汉得以间遂入彭城。作《田儋列传》第三十四。

攻城野战，获功归报，哙、商有力焉，非独鞭策，又与之脱难。作《樊郦列传》第三十五。

汉既初定，文理未明，苍为主计，整齐度量，序律历。作《张丞相列传》第三十六。

结言通使，约怀诸侯；诸侯咸亲，归汉为藩辅。作《郦生陆贾列传》第三十七。

欲详知秦楚之事，维周绁常从高祖，平定诸侯。作《傅靳蒯成列传》第三十八。

徙强族，都关中，和约匈奴；明朝廷礼，次宗庙仪法。作《刘敬叔孙通列传》第三十九。

能摧刚作柔，卒为列臣；栾公不劫于执而倍死。作《季布栾布列传》第四十。

敢犯颜色以达主义，不顾其身，为国家树长画。作《袁盎晁错列传》第四十一。

守法不失大理，言古贤人，增主之明。作《张释之冯唐列传》第四十二。

敦厚慈孝，讷于言，敏于行，务在鞠躬，君子长者。作《万石张叔列传》第四十三。

守节切直，义足以言廉，行足以厉贤，任重权不可以非理挠。作《田叔列传》第四十四。

扁鹊言医，为方者宗，守数精明；后世序，弗能易也，而仓公可谓近之矣。作《扁鹊仓公列传》第四十五。

维仲之省，厥濞王吴，遭汉初定，以填抚江淮之间。作《吴王濞列传》第四十六。

楚汉相峙于巩、洛,韩信为汉镇守颍川,卢绾断绝了项羽军队的粮饷。作《韩信卢绾列传》第三十三。

诸侯背叛项王,唯有齐王在城阳牵制项羽,使汉王得到机会攻入彭城。作《田儋列传》第三十四。

不管是攻打城池还是战于旷野,获功归报,樊哙、郦商是出力最多的战将,不仅随时听候汉王的驱遣,又常和汉王一起摆脱危难。作《樊郦滕灌列传》第三十五。

汉朝天下初定的时候,文治条理未明,张苍担任主计,统一度量衡,编订律历。作《张丞相列传》第三十六。

游说通使,笼抚诸侯;使诸侯都亲附汉朝,归汉成为藩属辅臣。作《郦生陆贾列传》第三十七。

想要详细了解秦楚之际的事情,只有周绁最清楚,因为他经常跟随高祖,参加平定诸侯的军事活动。作《傅靳蒯成列传》第三十八。

使豪强大族迁徙,最终建都关中,与匈奴和亲;明辨朝廷之礼,制定宗庙仪法。作《刘敬叔孙通列传》第三十九。

季布能改其刚戾而为柔顺,终于成为汉朝名臣;栾布不为威势所迫背叛死者。作《季布栾布列传》第四十。

敢于犯颜强谏,使主上言行合于道义,而不顾自身安危,为国家建立长远的谋划方案。作《袁盎晁错列传》第四十一。

维护法律不失大节,言称古代贤人,增长君主之明。作《张释之冯唐列传》第四十二。

敦厚慈孝,不善言辞,敏于行事,谦和恭谨,堪为君子长者。作《万石张叔列传》第四十三。

恪守节操,恳切刚直,义足以称清廉,行足以激励贤能,担任要职而不能以无理使之屈服。作《田叔列传》第四十四。

扁鹊论医,为医家所尊奉,医术精细高明;后世遵循其法,不能改易,而仓公可谓接近扁鹊之术了。作《扁鹊仓公列传》第四十五。

刘仲被削夺王爵,其子刘濞受封做了吴王,适逢汉朝初定天下,让他镇抚江淮之间。作《吴王濞列传》第四十六。

吴楚为乱，宗属唯婴贤而喜士，士乡之，率师抗山东荥阳。作《魏其武安列传》第四十七。

智足以应近世之变，宽足用得人。作《韩长孺列传》第四十八。

勇于当敌，仁爱士卒，号令不烦，师徒乡之。作《李将军列传》第四十九。

自三代以来，匈奴常为中国患害；欲知强弱之时，设备征讨，作《匈奴列传》第五十。

直曲塞，广河南，破祁连，通西国，靡北胡。作《卫将军骠骑列传》第五十一。

大臣宗室以侈靡相高，唯弘用节衣食为百吏先。作《平津侯列传》第五十二。

汉既平中国，而佗能集杨越以保南藩，纳贡职。作《南越列传》第五十三。

吴之叛逆，瓯人斩濞，葆守封禺为臣。作《越列传》第五十四。

燕丹散乱辽间，满收其亡民，厥聚海东，以集真藩，葆塞为外臣。作《朝鲜列传》第五十五。

唐蒙使略通夜郎，而邛笮之君请为内臣受吏。作《西南夷列传》第五十六。

子虚之事，大人赋说，靡丽多夸，然其指风谏，归于无为。作《司马相如列传》第五十七。

黥布叛逆，子长国之，以填江淮之南，安剽楚庶民。作《淮南衡山列传》第五十八。

奉法循理之吏，不伐功矜能，百姓无称，亦无过行。作《循吏列传》第五十九。

正衣冠立于朝廷，而群臣莫敢言浮说，长孺矜焉；好荐人，称长者，壮有溉。作《汲郑列传》第六十。

自孔子卒，京师莫崇庠序，唯建元元狩之间，文辞粲如也。作

吴、楚叛乱，宗室亲属中只有窦婴贤能而喜好士人，士人归心于他，率军在荥阳抵抗叛军。作《魏其武安侯列传》第四十七。

智谋足以应付近世之变，宽厚足以得人心。作《韩长孺列传》第四十八。

勇于抗敌，仁爱士卒，号令简明不烦，将士归心于他。作《李将军列传》第四十九。

自夏、商、周三代以来，匈奴常为中原大患与祸害，想要了解强弱时势，设防征讨，作《匈奴列传》第五十。

拓直曲曲折折的边塞，扩展河南之地，攻破祁连山，打开通往西域各国的道路，击败北方匈奴。作《卫将军骠骑列传》第五十一。

大臣和宗室以奢侈浪费争高强，只有公孙弘节衣缩食为百官表率。作《平津侯主父列传》第五十二。

汉朝已经平定中原，而赵佗能安定杨越而保卫南方藩属之地，使之纳贡尽职。作《南越列传》第五十三。

吴国叛逆，东瓯人斩杀刘濞，保卫封禺山，终为汉臣。作《东越列传》第五十四。

燕太子丹败散于辽东地区，卫满收拢逃亡的百姓，聚集在海东，以安定真藩等部，保卫边塞而成为塞外之臣。作《朝鲜列传》第五十五。

唐蒙出使，经略西南，通使夜郎，而邛、笮之君请求成为汉朝内臣，并接受朝廷所派官吏。作《西南夷列传》第五十六。

司马相如作《子虚赋》《大人赋》，深得君主喜欢，虽然文辞过于华丽夸张，但其旨意在于讽谏，归结于无为而治。作《司马相如列传》第五十七。

黥布叛逆，高祖少子刘长封为那里的国王，镇守江淮之间，安抚剽悍的楚地百姓。作《淮南衡山列传》第五十八。

遵奉法律、按照情理办事的官吏，不自夸其功劳贤能，百姓对其无所称赞，也没有什么过失行为。作《循吏列传》第五十九。

端正衣冠立于朝廷，群臣没人敢说虚浮不实的话，汲长孺刚正庄重；好荐贤人，称道长者，郑庄慷慨有节操。作《汲郑列传》第六十。

自孔子去世以后，京师没有谁再重视学校教育，只有在建元至元狩之间，文

《儒林列传》第六十一。

民倍本多巧，奸轨弄法，善人不能化，唯一切严削为能齐之。作《酷吏列传》第六十二。

汉既通使大夏，而西极远蛮，引领内乡，欲观中国。作《大宛列传》第六十三。

救人于厄，振人不赡，仁者有乎；不既信，不倍言，义者有取焉。作《游侠列传》第六十四。

夫事人君能说主耳目，和主颜色，而获亲近，非独色爱，能亦各有所长。作《佞幸列传》第六十五。

不流世俗，不争执利，上下无所凝滞，人莫之害，以道之用。作《滑稽列传》第六十六。

齐、楚、秦、赵为日者，各有俗所用。欲循观其大旨，作《日者列传》第六十七。

三王不同龟，四夷各异卜，然各以决吉凶。略窥其要，作《龟策列传》第六十八。

布衣匹夫之人，不害于政，不妨百姓，取与以时而息财富，智者有采焉。作《货殖列传》第六十九。

维我汉继五帝末流，接三代业。周道废，秦拨去古文，焚灭《诗》《书》，故明堂石室金匮玉版图籍散乱。于是汉兴，萧何次律令，韩信申军法，张苍为章程，叔孙通定礼仪，则文学彬彬稍进，《诗》《书》往往间出矣。自曹参荐盖公言黄老，而贾生、晁错明申、商，公孙弘以儒显，百年之间，天下遗文古事靡不毕集太史公。太史公仍父子相续纂其职。曰："於戏！余维先人尝掌斯事，显于唐虞，至于周，复典之，故司马氏世主天官。至于余乎，钦念哉！钦念哉！"罔罗天下放失旧闻，王迹所兴，原始察终，见盛观衰，论考之行事，略推三代，录秦汉，上记轩辕，下至于兹，著十二本纪，既科条之矣。并时异世，年差不明，作十表。礼乐损益，律历改易，兵

教事业灿烂辉煌。作《儒林列传》第六十一。

人们背弃本业而多巧诈，作奸犯科，玩弄法律的空隙，善人也不能感化他们，只有一切依法严酷惩治才能使他们整齐划一、遵守社会秩序。作《酷吏列传》第六十二。

汉与大夏通使之后，西方极远的蛮族，伸长脖子望着内地，想观瞻中原文明。作《大宛列传》第六十三。

救人于难，济人于贫，仁者有这样的美德；不失信用，不背诺言，义者有可取之处。作《游侠列传》第六十四。

侍奉君主能使其耳目愉快、脸色和悦，同时得到主上的亲近，这不仅是因为美色招人喜爱，技能也各有特长。作《佞幸列传》第六十五。

不同流于世俗，不争夺势利，上下无所阻碍，没有人能伤害他们，因为能够善用其道。作《滑稽列传》第六十六。

齐、楚、秦、赵占卜者，各有随俗所用的方法。想要总览其要旨，作《日者列传》第六十七。

夏、商、周三代君主占卜之法不同，四方蛮夷卜筮风俗各异，但都以卜筮判断吉凶祸福。粗略考察卜筮的要略，作《龟策列传》第六十八。

布衣匹夫这种普普通通的人，不妨害政令，也不妨害百姓，顺应潮流买卖货物增殖财富，智者在他们那里可取得借鉴。作《货殖列传》第六十九。

想我大汉王朝继承五帝的遗风，接续三代中断的大业。周朝王道废弛，秦朝毁弃古代文化典籍，焚毁《诗经》《尚书》，所以明堂、石室金匮玉版图籍散失错乱。这时汉朝兴起，萧何修订法律，韩信申明军法，张苍制立章程，叔孙通制定礼仪，于是品学兼优的文学之士逐渐被进用。《诗经》《尚书》不断地在各地发现。自曹参举荐盖公讲论黄老之道，而贾生、晁错通晓申不害、商鞅之法，公孙弘以儒术显贵以来，百年之间，天下遗文古事无不汇集于太史公。太史公父子相继执掌这职务。太史公说："呜呼！我先人曾执掌此事，扬名于唐虞之世，直到周朝，再次执掌其事，所以司马氏世代相继主掌天官之事。难道中止于我这一代吗？谨记在心，谨记在心啊！"网罗搜集天下散失的旧闻，探究帝王兴起的事迹，既要看到它的兴盛，也要看到它的衰亡，研讨考察各代所行之事，简略推断三代，详细载录秦汉，上起自轩辕，下至于今，著十二本纪，已按类别加以排列。有的同时异世，年代差误不明，作十表。礼乐增减，律历改易，兵法

权山川鬼神，天人之际，承敝通变，作八书。二十八宿环北辰，三十辐共一毂，运行无穷，辅拂股肱之臣配焉，忠信行道，以奉主上，作三十世家。扶义俶傥，不令己失时，立功名于天下，作七十列传。凡百三十篇，五十二万六千五百字，为《太史公书》。序略，以拾遗补蓺，成一家之言，厥协《六经》异传，整齐百家杂语，藏之名山，副在京师，俟后世圣人君子。第七十。

太史公曰：余述历黄帝以来至太初而讫，百三十篇。

权谋，山川鬼神，天和人的关系，趁其衰败实行变革，作八书。二十八宿列星环绕着北辰，三十根车辐集于车毂，运行无穷，辅弼股肱之臣与此相当，他们忠信行道，以侍奉主上，作三十世家。有些人仗义而行，倜傥不羁，不使自己失去时机，立功名于天下，作七十列传。总计一百三十篇，五十二万六千五百字，称为《太史公书》。序略，以拾遗补充六艺，成为一家之言，协合《六经》异传，整齐百家杂语，藏之于名山，留副本在京都，留待后世圣人君子观览。第七十。

太史公说：我历述黄帝以来史事至太初年止，共一百三十篇。